UNSERE GESCHICHTE

Band 2

UNSERE GESCHICHTE

Herausgegeben von Wolfgang Hug

Band 2

Vom Beginn der Neuzeit bis zum Ende des 19. Jahrhunderts

Von Wilfried Danner, Wolfgang Hug, Franz Bahl und Hejo Busley

Verlag Moritz Diesterweg

Frankfurt am Main

UNSERE GESCHICHTE

Band 1
Von der Steinzeit bis zum Ende des Mittelalters

Band 2
Vom Beginn der Neuzeit bis zum Ende des 19. Jahrhunderts

Band 3
Von der Zeit des Imperialismus bis zur Gegenwart

Bildzusammenstellung: Werner Bautsch, Frankfurt am Main
Kartenzeichnungen: Rudi Hubert, München, Horst Harms, Berlin, und Joachim Zwick, Gießen
Skizzen: Karl-F. Harig, Reinheim und Carmen Lotz, Wiesbaden (nach Vorlagen von Hagen Schneider, Herne, und Burghart Kaiser, Oberried)

Genehmigt für den Gebrauch in Schulen.
Genehmigungsdaten teilt der Verlag auf Anfrage mit.

ISBN 3-425-03292-5

Satz u. Druck: Oscar Brandstetter Druckerei GmbH & Co. KG, Wiesbaden
Bindearbeiten: C. Fikentscher KG, Darmstadt

Inhaltsverzeichnis

Worauf es ankommt

Woher wir kommen. Wozu man Lesen, Schreiben und Rechnen lernt und was einem zum Beispiel Mathematik, Englisch oder Sport im Leben nützen können, ist leicht einzusehen. Wie steht es aber mit Geschichte? Vielleicht kann ein Vergleich erklären, welchen Sinn es hat, Geschichte zu lernen.
Auf einer Bergwanderung kann es passieren, daß wir die Orientierung verloren haben und keiner mehr recht weiß, wie weit es noch zum Ziel ist oder welchen Weg wir weitergehen sollen. Da hilft es, sich zu besinnen, woher wir gekommen sind, in welcher Zeit und auf welchem Weg wir bis hierher gelangt sind.
Ähnlich ist es auch im Leben. Wie leicht verliert einer in unserer Zeit die Orientierung und fragt ratlos, wie es weitergehen und für welchen Weg er sich entscheiden soll. Da nützt es nachzudenken, woher wir kommen, wie sich die Verhältnisse entwickelt haben und wie es früher war. Denn es gibt keine Zukunft ohne die Vergangenheit.

Früher und heute. Die Verbindung zwischen einst und jetzt reißt niemals ganz ab. Alles, was Menschen getan und erduldet haben, wirkt in irgend einer Form weiter, nützt oder schadet den Späteren, schafft bestimmte Möglichkeiten der Entwicklung und macht andere zunichte. Es lohnt sich daher, darüber nachzudenken, was wir der Geschichte – im guten wie im schlechten Sinne – zu „verdanken" haben.
Andererseits ist alles, was früher war, vergangen und kann nicht wiederholt werden. Man kann das Rad der Geschichte weder aufhalten, noch zurückdrehen. Die Entwicklung geht unaufhörlich weiter. Wie es früher war, kann man nicht einfach dem gleichsetzen, was heute ist. Wer Früheres mit Heutigem verknüpfen oder beides miteinander vergleichen will, muß genau hinsehen und prüfen: Was war anders, was ist ähnlich geblieben? Die Kapitel dieses Buches stellen einzelne Zeitabschnitte unserer Geschichte in ihrer Eigenart dar, zum Beispiel: Die Zeit der ersten Eisenbahnen (vor rund 150 Jahren); die Zeit, in der die Schulpflicht für alle Kinder eingeführt wurde (vor etwa 200 Jahren); die Zeit, als Kolumbus Amerika für die Europäer entdeckte (vor fast 500 Jahren), oder die Zeit, als sich die Völker ihr Recht erkämpften, in Wahlen die Regierung selbst zu bestimmen (im 19. Jahrhundert). Erst wer die Eigenart früherer Zeiten und ihrer Menschen zu begreifen lernt, kann auch geschichtlich erklären, was uns heute mit ihnen verbindet und von ihnen trennt.

Lernen, was Geschichte uns zu sagen hat. Geschichte wird besonders dann interessant, wenn man sich selbst darin wiedererkennt. Darum ist unsere Geschichte in diesem Buch so dargestellt, daß Menschen vorkommen, mit denen man sich ein Stück weit identifizieren kann. Die Geschichte ist nicht nur von oben, aus der Sicht der Mächtigen betrachtet – und schon gar nicht aus der Vogelperspektive, sondern möglichst von nahem und von unten. Darum kommt auch das Schicksal der kleinen Leute darin vor, nicht nur das von Staatsmännern, Königen und Heerführern (die nicht fehlen dürfen). Es begegnen euch auch Kinder und Jugendliche, Frauen, Arbeiter und Soldaten, Handwerker und Künstler. Vieles, was sie geschaffen haben, macht unser Leben leichter, freier oder reicher. Anderes ist mit schuld daran, daß bis heute Unrecht, Armut oder unüberbrückbare Gegensätze in der Welt bestehen. Jeder wird selbst zu entscheiden haben, worin er einen Fortschritt in der Geschichte sieht und wie er ihn verteidigen möchte. Lehrt die Geschichte doch, daß alles, was durch Fortschritt einmal erreicht worden ist, durch neuen „Fortschritt" auch wieder verloren gehen kann.

Wie ist „Unsere Geschichte" aufgebaut? Wer mit dem 1. Band gearbeitet hat, kennt seinen Aufbau schon. Jedes Kapitel hat vier Teile. Sie entsprechen vier Grundschritten im Umgang mit der Geschichte:

1. Ein Einführungsteil stellt das Thema des Kapitels vor und versucht, mit einem Bild, einem Zitat, einer Karikatur oder ähnlichem das Interesse zu wecken und auf zentrale Fragen hinzulenken, von denen das Kapitel handelt. Um etwas zu lernen, muß man daran interessiert sein, muß Fragen dazu stellen und darauf aufmerksam geworden sein. Dazu regt der Einführungsteil an.

2. Ein Darstellungsteil erzählt in jedem Kapitel über die Ereignisse der entsprechenden Zeit und schildert die damaligen Verhältnisse. Dabei mußten die Autoren eine Auswahl treffen, Schwerpunkte setzen, einen Standpunkt einnehmen. Sie gingen von den Ergebnissen der Geschichtsforschung aus. Doch in der Geschichte ist nicht alles aufgeklärt. Darum können die Informationen im Darstellungsteil nur eine Grundlage zur selbständigen Auseinandersetzung mit der Geschichte sein. Die roten Ziffern am

Ende einzelner Absätze verweisen auf entsprechende Materialien im Aufgabenteil.

3. Der Aufgabenteil fordert besonders zum Nachdenken heraus. Hier werden bestimmte Aspekte des Themas mit Hilfe von unterschiedlichen Materialien (Bildern, Quellentexten, Karten, Tabellen usw.) vorgestellt. Mit ihnen muß man sich auseinandersetzen und sie genauer untersuchen. Die Arbeit mit dem Aufgabenteil macht es leichter, sich selbst ein eigenes Urteil zu bilden.

4. Ein Wiederholungsteil regt mit Aufgaben dazu an, sich etwas einzuprägen oder zu überprüfen, was man behalten hat. Einzelne Hinweise dienen dazu, das Gelernte auf heutige Fragen anzuwenden oder mit anderen Wissensgebieten zu verknüpfen. Im Wiederholungsteil findet man außerdem eine Zeittafel zur chronologischen Orientierung und Lesetips zur ergänzenden Lektüre. Aufgeführt sind Jugendbücher (abgekürzt: JB) zum jeweiligen Thema, Sachbücher (SB), Wissenschaftliche Darstellungen (WD), soweit sie nicht zu schwierig erscheinen, und Historische Romane (HR).

Fachgemäße Arbeitsweisen. Wie in jedem Fach gibt es für den Umgang mit Geschichte bestimmte Arbeitsweisen und Verfahren. Sie sind mit diesem Buch zu lernen oder in ihm anzuwenden. Drei Beispiele können das verdeutlichen:

1. Die Arbeit an schriftlichen Quellen.
Quellen stammen von Zeugen und Zeitgenossen der Ereignisse, über die sie berichten. Sie sind im Buch klein gedruckt und durch ein [Q] am Ende des Textes gekennzeichnet. Um solche Quellen auszuwerten, muß man zum einen ihren Inhalt herausarbeiten und z. B. fragen:
- *Wovon handelt der Text?*
- *Was steht im Mittelpunkt?*
- *Was erfährt man aus dem Text, was nicht?*

Dann sollte man Aufbau und Zweck des Textes untersuchen und z. B. fragen:
- *Was für eine Quellengattung (z. B. ein Brief, eine Rede usw.) ist es?*
- *Wann, von wem und für wen wurde der Text verfaßt?*
- *Was sollte er bewirken?*

Schließlich wird man den Text im geschichtlichen Zusammenhang deuten und interpretieren, indem man z. B. fragt:
- *Was bezeugt (beweist) der Text?*
- *Was erklärt er, was nicht?*
- *Wie ist er einzuschätzen (wichtig, zuverlässig, einseitig usw.)?*

2. Die Arbeit an Abbildungen.
Auch die Bilder sind in mehreren Schritten zu erschließen. Man muß ihren Inhalt klären, indem man z. B. fragt:
- *Was ist im einzelnen zu erkennen?*
- *Um wen oder um was handelt es sich?*
- *Welche Situation ist wiedergegeben?*

Bei vielen Bildern sind Form und Aufbau zu erklären, wobei man z. B. fragt:
- *Was steht im Vordergrund, im Mittelpunkt?*
- *Welche Techniken, welche Ausdrucksmittel sind verwendet?*
- *Welcher Stilrichtung gehört das Werk an?*

Schließlich sind Funktion und Wirkung zu untersuchen mit Fragen wie z. B.:
- *Was wollte der Künstler ausdrücken?*
- *Für wen, für welchen Zweck hat er das Werk geschaffen?*
- *Was gefällt mir, was nicht?*

3. Die Arbeit an Darstellungen.
Auch im Darstellungsteil sollte man sich zunächst den Inhalt der einzelnen Abschnitte klar machen und z. B. fragen:
- *Was ist daraus zu erfahren?*
- *Was ist mir unklar geblieben?*
- *Was will ich mir merken, notieren?*

Dann sollte man die Darstellung hinterfragen und z. B. prüfen:
- *Warum ist gerade das ausgewählt und betont worden?*
- *Was fehlt oder sollte ergänzt und vertieft werden?*
- *Wie – von welchem Standpunkt aus und nach welchen Maßstäben – wurde etwas bewertet und beurteilt?*

Schließlich sollte man die Darstellung in Zusammenhänge einordnen, indem man z. B. fragt:
- *Was weiß ich darüber?*
- *Wo gibt es weitere Informationen dazu?*
- *Was interessiert mich daran am meisten?*

Erläuterung des Umschlagbildes:

Das auf einem Vorsprung des Königsstuhls aus rotem Sandstein erbaute Heidelberger Schloß, das aus einer Burganlage entstanden ist und von den pfälzischen Kurfürsten im Stile der Gotik und der Renaissance mehrfach erweitert und umgebaut wurde. Das Schloß wurde von den Truppen Ludwigs XIV. 1689 und 1693 verwüstet (vgl. S. 76) und nach Erneuerung der Dächer 1764 durch Blitzschlag zerstört. Auf dem Bild sichtbar sind der restaurierte Friedrichsbau (1601–1607) und der daran anschließende Gläserne Saalbau (erbaut seit 1544). An der nicht sichtbaren Ostseite liegt der bedeutende Ottheinrichsbau (1556–1559).

1. Beginn der Neuzeit: Neues Denken und „Neue Welt"

1.1. Erfindungen und Fortschritte

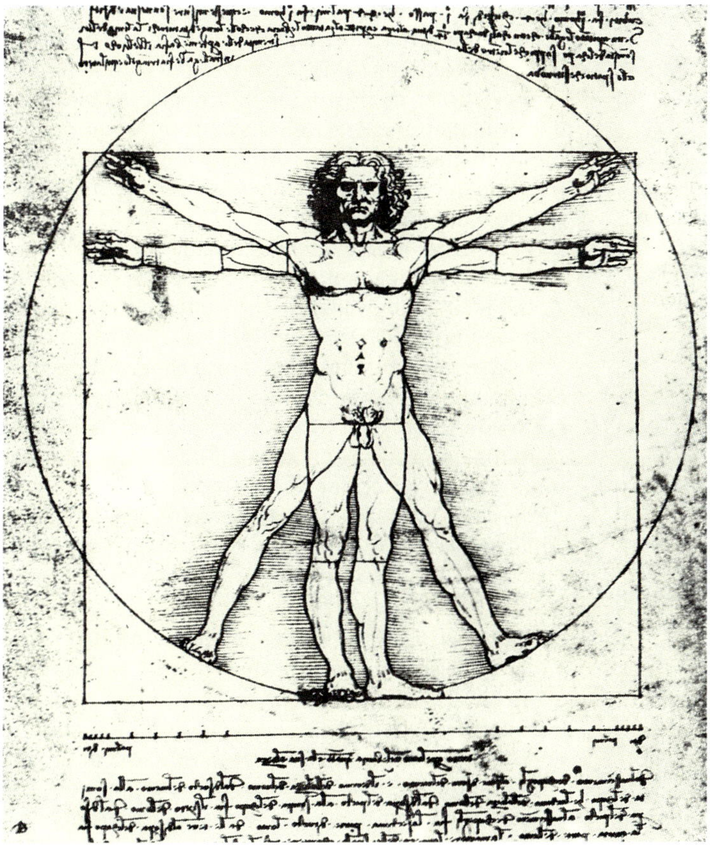

Die Proportionen (Größenverhältnisse) des menschlichen Körpers. Zeichnung von Leonardo da Vinci.

Ein italienischer Gelehrter schrieb im Jahr 1452:

„Die Welt ist wohl von Gott geschaffen, aber der Mensch hat sie verwandelt und verbessert. Denn alles, was uns umgibt, ist unser eigenes Werk, das Werk des Menschen; alle Wohnstätten, alle Schlösser, alle Gebäude aus der ganzen Welt . . . Von uns sind die Gemälde, die Skulpturen; von uns kommen der Handel, die Wissenschaften und philosophischen Systeme. Von uns kommen alle Erfindungen und alle Arten von Sprachen . . .!" (1) Q

Im Mittelalter wurde alles von Gott abgeleitet. Für die Menschen der Neuzeit steht der Mensch im Mittelpunkt. Das hat auch unsere Geschichte verändert.

- Wie sahen die Menschen die Welt? Was erwarteten sie vom Leben? Welche Bedeutung gewann der Mensch?
- Wodurch wurden die Lebensbedingungen verbessert? Welche Erfindungen wurden gemacht – und wem nützten sie?
- Inwiefern beginnt mit der „Neuzeit" auch „unsere Zeit"? Welchen Auffassungen der damaligen Menschen stimmen wir auch heute zu, welchen nicht?

Erfindung des Buchdrucks. Im Mittelalter blieb Bildung ein Vorrecht für wenige. Auf dem Land, wo mindestens 85 Prozent der Bevölkerung lebten, gab es kaum Schulen. In den Städten jedoch wurde es üblich, daß Handwerksmeister, Geschäftsleute und fürstliche oder städtische Beamte ihre Söhne zur Schule schickten oder durch einen Hauslehrer unterrichten ließen. Da Bücher von Hand geschrieben werden mußten, gab es verhältnismäßig wenige; außerdem waren sie sehr teuer. Darum versuchte man, Texte in Spiegelschrift auf Holztafeln zu schnitzen und sie abzudrucken. Aber das war sehr umständlich, und die Tafeln wurden bald rissig. Da geschah folgendes, wie ein Zeitgenosse berichtet:

„Zu dieser Zeit [1450] wurde zu Mainz . . . jene wunderbare und früher unerhörte Kunst, Bücher mittels Buchstaben zusammenzusetzen und zu drucken, durch Johannes Gutenberg, einen Mainzer Bürger, erfunden und ausgedacht. Nachdem er beinahe sein ganzes Vermögen für die Erfindung dieser Kunst aufgewendet hatte, vollbrachte er, mit übergroßen Schwierigkeiten kämpfend, doch endlich mit dem Rat und den Vorschüssen des Johann Fust, ebenfalls Bürger von Mainz, die angefangene Sache . . . Sie erfanden die Kunst, die Formen aller Buchstaben des lateinischen Alphabets zu gießen. Diese Formen nannten sie Matrizen, und aus ihnen gossen sie wiederum eherne oder zinnerne, zu jeglichem Drucke geeignete Buchstaben; solche hatte man früher mit den Händen geschnitzt . . . Sie hielten ihre Art und Weise, zu drucken, einige Zeit geheim, bis sie durch Gehilfen, ohne deren Mitwirkung sie die Kunst nicht selbst ausüben konnten, zuerst bei den Straßburgern und schließlich bei allen Nationen verbreitet wurde." (2) → (1)

„Renaissance" und „Humanismus". In Italien war zu dieser Zeit ein neues Interesse am Altertum erwacht. Man entdeckte wieder die römische und griechische Vergangenheit: alte Bauten, Kunstwerke, Schriften. Die vergangenen Jahrhunderte, das sogenannte Mittelalter, wollte man überwinden durch eine „Wiedergeburt" der Antike, d. h. durch eine *Renaissance**. Bei den Dichtern und Philosophen des Altertums suchte man eine Antwort auf die Probleme der eigenen Zeit. In ihren Schriften sollte man die Welt und den Menschen studieren, nicht in den Werken christlicher Schriftsteller des Mittelalters, die das Leben als eine Vorbereitung auf das Jenseits geschildert hatten. Jetzt sollte der Mensch seine Fähigkeiten und seine Kräfte im Diesseits entfalten und die Welt gestalten. Er selbst rückte in den Mittelpunkt auch des wissenschaftlichen Interesses. Darum erhielt die geistige Bewegung, die sich von Florenz aus über Italien in ganz Europa ausbreitete, den Namen *Humanismus**.

Ein Humanist war, wer als Lehrer, Wissenschaftler oder Berater eines Fürsten seine Bildung für praktische Aufgaben benutzte. Er mußte sich dabei im Stil der römischen Schriftsteller in klassischem Latein ausdrücken können. Die Humanisten gewannen neue Erkenntnisse, indem sie begannen, die Welt zu erforschen, und zwar durch Erfahrung, Beobachtung und Experimente. Je mehr sie sich mit der Natur beschäftigten, desto genauer erkannten sie ihre Gesetzmäßigkeiten. So begründeten die Humanisten den Aufstieg der Naturwissenschaften.
→ (2) (3)

Auch die Künstler konzentrierten sich auf den Menschen und die Natur, wobei christliche Motive oft als Vorwand dienten. Wie in der Antike stellten die Künstler jetzt auch wieder den nackten Menschen dar. Künstler und Ärzte studierten die Anatomie des menschlichen Körpers. Architekten konstruierten mit Hilfe geometrischer Regeln neuartige Bauwerke mit gewaltigen Kuppeln.

Im Mittelalter sind Kunstwerke fast nur für Kirchen und Klöster geschaffen worden; jetzt arbeiteten Architekten und Künstler im Auftrag von Fürsten, Stadtherren und reichen Patriziern. Diese ließen sich mächtige Paläste, eigene Kirchen, Altäre oder prachtvolle Grabmonumente errichten und kostbare Gemälde anfertigen. So wollten sie sich selbst ein Denkmal setzen, denn diese Kunstwerke dienten nicht mehr zuerst der Verherrlichung Gottes, sondern der Darstellung des Menschen. Der größte Auftraggeber der damaligen Künstler war der Stadtherr von Florenz, Lorenzo de' Medici. → (5)

Fortschritte in Naturwissenschaften, Medizin und Technik. Große Fortschritte wurden in der Medizin erreicht. Ein berühmter Arzt zu jener Zeit war Paracelsus (1493–1541). Er hatte in Italien studiert und dann halb Europa kennengelernt, bis er sich in Basel niederließ. Als Universitätsprofessor benützte er erstmals statt des üblichen Latein die deutsche Sprache. Anstelle so seltsamer Heilmittel wie Taubenmist, bei Vollmond gesammelte Kräuter oder Schlangenblut führte er chemische Medikamente ein, deren Dosierung er durch Experimente genau bestimmte. Er betonte den Zusammenhang zwischen seelischem Zustand und Körpererkrankung, untersuchte die Ursachen bestimmter Berufskrankheiten und verordnete Wasserheilkuren.

Handwerker verbesserten ihre Technik. Im Bergbau wurden mächtige Hebewerke konstruiert und die Schachtanlagen tiefer in die Erde getrieben. Zahlreiche Erfindungen stammen aus dieser Zeit, außer dem Buchdruck z. B. Brille, Papiermühle, Spinnrad mit Flügeln, verbesserter Kompaß, erste tragbare Uhr, Schießpulver, Handfeuerwaffen, Kanonen. Der spanische Arzt Servet (gest. 1553) entdeckte den Blutkreislauf. → (4)

Ein neues Bild von der Welt. Astronomen kamen zu Erkenntnissen, die das Bild von der Welt völlig veränderten. Nikolaus Kopernikus, Domherr in Frauenberg (gest. 1543), stellte fest: ,,Nicht die Erde ist der Mittelpunkt unseres Weltalls, sondern alle Bahnkreise der Sterne umgeben die Sonne, als stünde sie in aller Mitte, und daher liegt der Mittelpunkt der Welt in Sonnennähe.'' Die alte Ansicht, nach der die Erde in der Gestalt einer Scheibe der Mittelpunkt der Welt sei, über dem sich der Himmel mit seinen Gestirnen wölbte, war widerlegt. Es dauerte allerdings noch lange, bis diese Erkenntnis des Kopernikus (*heliozentrisches Weltbild**) überall anerkannt wurde (vgl. auch S. 128).

Links: Mönch und Laie in der Schreibstube. Malerei in einer Echternacher Handschrift (1039–1043). Rechts: Druckerwerkstatt im 16. Jh. Kupferstich.

(1) **Die Technik des Buchdrucks: Was für ein Fortschritt?**

(a) Beschreibt die beiden Bilder und nennt die wesentlichen Unterschiede der Buchherstellung.

(b) Erklärt an der folgenden Skizze die Herstellung einer Letter.

(c) Was für Druckverfahren gibt es heute?

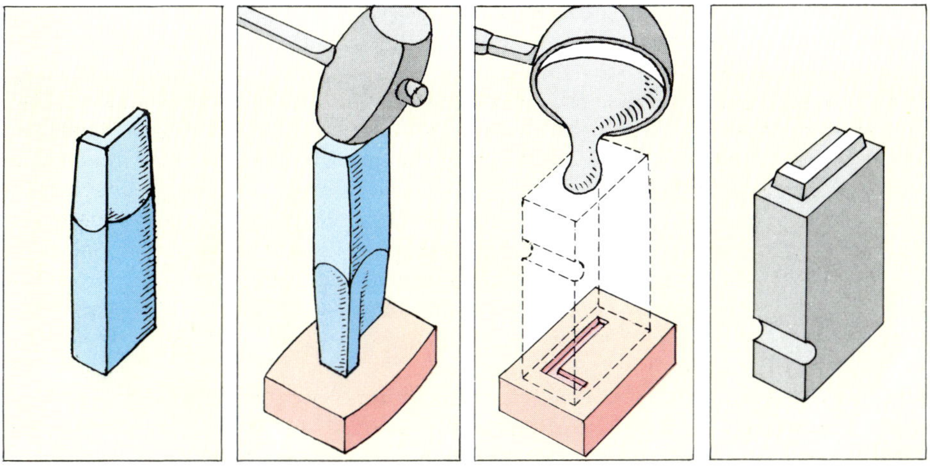

Ansicht der Stadt Florenz (Anfang 16. Jh.). Links neben der vierten Brücke über den Arno sieht man das Stadthaus (Palazzo Vecchio) und die 1436 vollendete Kuppel des Domes, das Wahrzeichen der Stadt. Ihr Erbauer, Filippo Brunelleschi, der in Rom die Ruinen des Altertums genau vermessen hatte, begründete die Baukunst der Renaissance.

(2) Aus dem Tagesablauf eines Humanisten

Macchiavelli, ein italienischer Humanist, schreibt:

„Abends gehe ich heim und trete in mein Arbeitszimmer. An der Schwelle lege ich die schmutz- und kotbespritzten Bauernkleider ab und hülle mich in königliche und festliche Gewänder; so würdig angetan, trete ich unter die Männer des Altertums. Freundlich von ihnen empfangen, nähre ich mich von der Speise, die allein die meine ist und für die ich geboren ward. Ich scheue mich nicht, mit ihnen zu sprechen und sie nach den Gründen ihres Handelns zu fragen, und sie in ihrer Leutseligkeit stehen mir Rede und Antwort. Vier Stunden lang empfinde ich keinen Verdruß, vergesse alle Beschwerden, fürchte nicht die Armut, ängstige mich nicht vor dem Tode; ich lebe ganz in ihnen. Und da Dante [italienischer Dichter] sagt, das sei kein Wissen, etwas verstanden zu haben, ohne es sich zu merken, so habe ich aufgezeichnet, was ich aus dem Umgang mit ihnen gewonnen habe, und eine kleine Schrift verfaßt: *De principatibus* [über die Herrschaftsverhältnisse]; ich versenke mich darin, soweit es mir nur möglich ist, in diese Gedankenwelt und erörtere das Wesen der Herrschaft, ihre verschiedenen Arten, die Mittel zu ihrer Erwerbung und Behauptung, die Ursachen ihres Verlustes; und wenn Euch je eine meiner Grillen gefiel, so dürfte Euch diese nicht mißfallen.
Einem Fürsten, und zumal einem neu zur Herrschaft gelangten, müßte sie willkommen sein ... Ich halte mich Euch empfohlen." (3) Q

(a) Erklärt, wie der Humanist Macchiavelli zu den Gelehrten des Altertums steht.

(b) Worüber denkt er nach? Was erforscht er?

(3) Wie wichtig ist Bildung?

Zwei Humanisten schreiben:

„Was ist der Mensch ohne Bildung, und mag er noch so reich und noch so mächtig sein! Welchen Unterschied gibt es zwischen einem bildungslosen Menschen und einem Standbild aus Stein? Kein Herzog, kein König, kein Kaiser hat ohne wissenschaftliche Bildung irgendwie Wert und Bedeutung." (4) Q

Ansicht einer idealen Stadt. Gemälde von Piero della Francesca (um 1475). An diesem Bild kann man die Wirkung der Zentralperspektive erkennen und erklären, wodurch sie zustande kommt. Auch sie war eine Entdeckung der Renaissance.

„O Jahrhundert, o Wissenschaften! Es ist eine Lust zu leben.
Ausgerottet und verjagt werden müssen diejenigen, welche sich als hindernde Wolke der aufgehenden Sonne der Bildung entgegenstellen. Die schönen Wissenschaften müssen wieder aufleben. Deutschland muß der Bildung gewonnen werden; die Barbarei muß über die Wüste hinaus verstoßen werden!" (5) Q

(a) Beschreibt die Einstellung der beiden Humanisten zu Bildung und Wissenschaft und sagt, was ihr darüber denkt.

(b) „Wissenschaft bedeutet Fortschritt der Menschheit". Versucht, ein Streitgespräch über diesen Ausspruch zu führen. Bedenkt dabei auch, daß zur Zeit der Humanisten 80–90% der Bevölkerung Analphabeten waren.

(4) Fortschritte im Bergbau

(a) Beschreibt die einzelnen Tätigkeiten der Bergleute.

(b) Welche technischen Geräte haben sie?

(5) Ein genialer Künstler – und was noch?

Leonardo da Vinci (1452–1519), von dem so berühmte Gemälde wie die Mona Lisa (im Louvre in Paris) und das Abendmahl (in Mailand) stammen, war Künstler, Wissenschaftler und Techniker in einem.

Aus einem Brief von Leonardo da Vinci an den Herzog von Mailand, 1492:

„1. Ich habe Pläne für sehr leichte, aber dabei starke Brücken, die sich ganz leicht befördern lassen und mit denen man den Feind verfolgen und manchmal auch fliehen kann, und solche für andere, feste Brücken, die weder durch Feuer noch im Kampf zerstört und leicht und bequem abgebrochen und errichtet werden können, und auch Pläne, um die des Feindes zu verbrennen und zu zerstören.
2. Ich kann bei der Belagerung eines Platzes das Wasser aus den Gräben ableiten und zahlreiche Brücken, Rammböcke, Sturmleitern und andere zu einem solchen Unternehmen gehörende Geräte machen ...
10. In Friedenszeiten kann ich mich wohl mit jedem andern in der Baukunst messen, sei es bei der Errichtung

Abbildungen aus dem Bergbaubuch des Agricola (1557). Links: Verschiedene Schachtsysteme und die Einfahrtmethoden der Bergleute. – Rechts: Ein durch einen langen Hebel gedrehter Wellbaum (Göpel) zum Antrieb von zwei Blasebälgen. Darunter ein Tretrad, das von einem Pferd bewegt wird. Ganz unten Blasebälge zur Bewetterung der Schachtanlage.

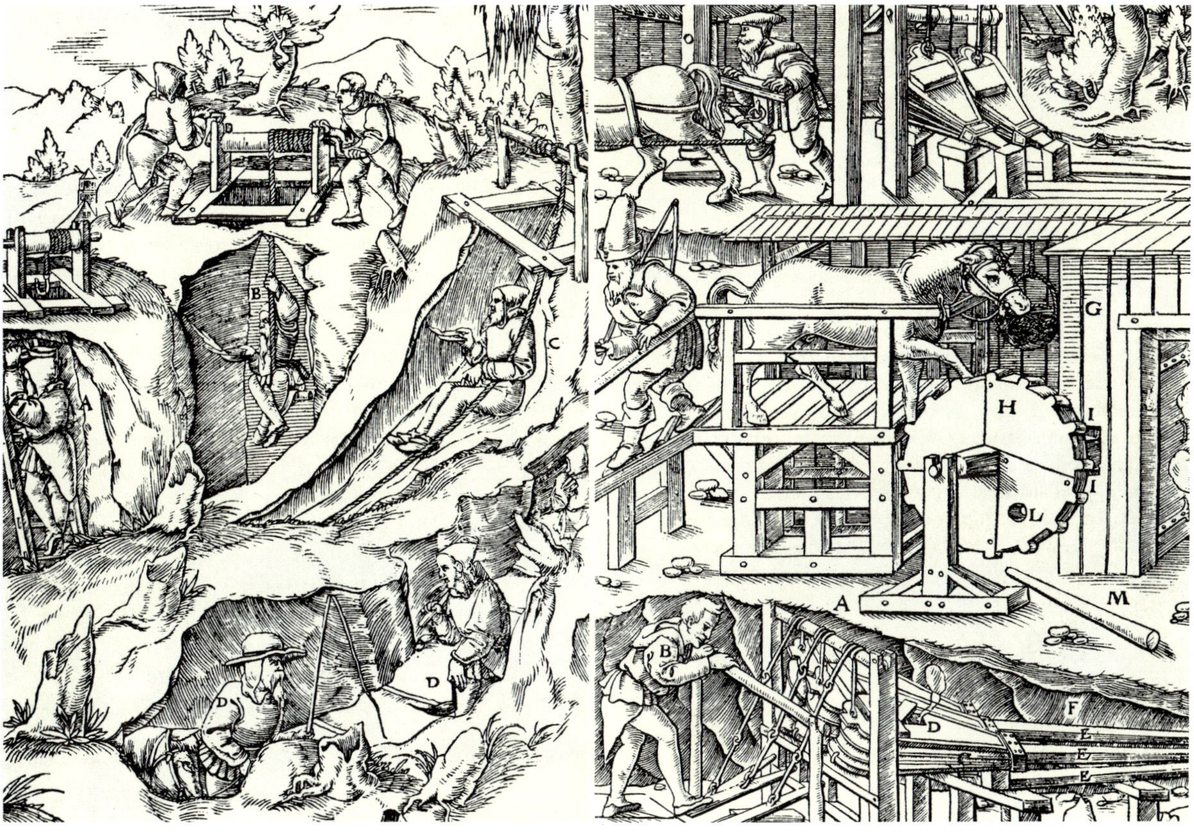

Selbstbildnis des Leonardo da Vinci (1512).

öffentlicher und privater Gebäude oder bei der Leitung des Wassers von einem Ort zu einem andern.
Ferner werde ich bei der Bearbeitung von Marmor, Erz und Ton sowie in der Malerei wohl etwas leisten, was sich vor jedem andern, wer immer es sei, sehen lassen kann." (6) Q

Aus dem Brief eines Humanisten, der Leonardo im Atelier besuchte, 1517:

„Dieser ausgezeichnete Mann hat eine Anatomie verfaßt, die, durch Zeichnungen verdeutlicht, bis ins einzelne geht, sowohl was die Gliedmaßen, wie Muskeln, Sehnen, Adern, Gelenke und Eingeweide anbelangt, und er vermag über dies alles so ausführlich zu sprechen, sowohl was den männlichen wie den weiblichen Körper anbelangt, wie bisher noch niemand. Dies haben wir mit eigenen Augen gesehen, und er sagte, daß er bereits mehr als dreißig Männer- und Frauenkörper jeglichen Alters anatomisch untersucht hat. Er hat auch Notizen und Zeichnungen zusammengestellt über die Natur des Wassers, über mannigfache Maschinen und andere Gegenstände . . ." (7) Q

(a) Wie beurteilt Leonardo sich selbst, wie sehen ihn andere?

(b) Nach welcher Methode arbeitete Leonardo?

(c) Inwiefern war Leonardo von Auftraggebern abhängig?

1. Ein deutscher Gelehrter schrieb vor rund 500 Jahren: „Auf keine Erfindung können wir Deutsche so stolz sein wie auf die des Bücherdrucks. Welch ein anderes Leben regt sich jetzt in allen Klassen des Volkes!" Was meinst du zu dieser Auffassung? Wie hat sich die Erfindung des Buchdrucks auf Menge und Preis der Bücher ausgewirkt?

2. Berichte über einen Künstler der Renaissance und zeige, für wen er arbeitete, welche Fähigkeiten und welches Ansehen er besaß.

3. Auf wen würdest du die Bezeichnung „Universalgenie" anwenden? Begründe.

4. Warum erschien vielen Geistlichen die Lehre des Kopernikus als gefährlich für die Religion?

Heliozentrisches Weltbild: (Griechisch: „helios" = Sonne). Ein Weltbild, das auf die Sonne bezogen ist und das die Sonne als Mittelpunkt des Planetensystems darstellt. Es steht im Gegensatz zum „geozentrischen" Weltbild, bei dem die Erde den Mittelpunkt des Weltalls bildet (Griechisch: „ge" = Erde).

Humanismus: (Lateinisch: „humanus" = menschlich). Wissenschaftliche Bewegung im 14.–16. Jh., in der man die griechische und lateinische Sprache, Kultur und Wissenschaft wiederentdeckt und angewandt hat. Der Humanismus verbreitete sich von Italien aus in ganz Europa.

Renaissance: (Französisch = Wiedergeburt). Name für die Zeit vom 14. bis 16. Jh., in der man – zuerst in Italien – das Altertum (die Antike) als Vorbild betrachtete. Man verwendet den Begriff besonders für die Kunst jener Zeit, bezeichnet aber auch die ganze Epoche am Übergang vom Mittelalter zur Neuzeit als „Renaissance".

Mitte 14. Jh.	Handfeuerwaffen
1445	Gutenberg erfindet Buchdruck mit beweglichen Lettern
Ende 15. Jh.	Verbesserter Kompaß
1507	Nikolaus Kopernikus entdeckt heliozentrisches Weltbild
1510	Erste tragbare Uhr von Peter Henlein, Nürnberg
1518	Brille für Kurzsichtige
1541	Paracelsus, Arzt in Basel, gestorben
1553	Servet, Entdecker des Blutkreislaufs, gestorben

Quellennachweis

(1) Ghianozzo Manetti im Jahr 1452. Zitiert aus: J. R. Hale: Fürsten, Künstler, Humanisten. Rowohlt Life 35. Reinbek bei Hamburg 1973, S. 26.
(2) Abt Trithemius von Sponheim in den Annalen des Klosters Hirsau zum Jahr 1450. In: Historisch-politisches Quellenbuch, Band 1. Diesterweg 7376, S. 267 f., leicht gekürzt.
(3) Macchiavelli in einem Brief vom 10. Dezember 1513 an einen Freund. Zitiert aus: H. Krieger: Materialien für den Geschichtsunterricht, Bd. IV. Diesterweg 7333, S. 2.
(4) Aeneas Silvius, um 1450. In: H. Krieger: Materialien für den Geschichtsunterricht, Bd. IV, a.a.O., S. 2.
(5) Ulrich Hutten in einem Brief an Pirckheimer vom Jahr 1518. In: Geschichtliche Quellenhefte mit Überblick, Heft 4/5. Diesterweg 7344, S. 23, leicht gekürzt.
(6) H. Krieger: Materialien für den Geschichtsunterricht, Bd. IV, a.a.O., S. 2 f.
(7) Antonio de Beatis in einem Brief vom Jahr 1517. Zitiert aus: H. Schimank: Epochen der Naturforschung. München 1964, S. 38 f.

Lesetip

B. Brentjes, S. Richter, R. Sonnemann: Geschichte der Technik. Aulis, Köln 1978 (SB)
F. Feld: Johannes Gutenberg. Boje, Stuttgart 1979 (JB)
F. Habeck: Taten und Abenteuer des Doktor Faustus. Hamburg 1974 (JB)
J. R. Hale: Fürsten, Künstler, Humanisten. Rowohlt Life 35, Reinbek bei Hamburg 1973 (SB)
L. Moritzberger: Das Geheimnis der Planeten. Bitter, Recklinghausen 1980 (JB)
L. Ugolini: Fliegen wie Ikarus. Der Roman des Leonardo da Vinci. Styria, Graz 1975 (HR)
Zeitbild: Die Welt im Aufbruch 1492–1507. Überreuter, Wien-Heidelberg 1976 (SB)

Die Schule von Athen. Wandgemälde des italienischen Malers Raffael (um 1510) im Vatikan in Rom. Dargestellt ist eine Versammlung von Philosophen, Gelehrten und Künstlern der Antike: in der Mitte Aristoteles und Platon (mit weißem Bart), dem Raffael die Züge Leonardo da Vincis verlieh. Im zweiten Porträt von rechts hat sich Raffael selbst dargestellt. Mit welchen Mitteln stellt Raffael die Wiedergeburt des antiken Denkens in der Renaissance dar?

1.2. Wirtschaftliche Entwicklungen

Der Marktplatz in Augsburg um 1530. Gemälde von Jörg Breu.

Anstieg der Preise und Löhne von 1470 bis 1618:

	Anstieg insgesamt (in Prozent der Werte von 1470)	Dem entspricht ein durchschnittlicher Anstieg pro Jahr von
Getreide	260%	0,87%
Fleisch	180%	0,77%
Textilien	40%	0,23%
Metallwaren	80%	0,40%
Löhne	120%	0,54%

Wenn es wirtschaftlich aufwärts geht, sind die meisten Menschen zufrieden. Geht es abwärts, breiten sich Angst, Unruhe und Not aus. Aber wovon hängt die wirtschaftliche Entwicklung eigentlich ab?

- Wie entwickelte sich die Wirtschaft am Anfang der Neuzeit?
- Wer wurde damals reich, wer wurde arm? Warum war das so?
- „Gerechte Preise", „erlaubte Gewinne" – was verstand man damals darunter?

Die Bevölkerungsentwicklung war bis ins 19. Jh. ein Gradmesser dafür, wie gut oder wie schlecht es den Menschen ging. In der frühen Neuzeit nahm die Zahl der Menschen in ganz Europa langsam, aber stetig zu. Man schätzt, daß zwischen 1470 und 1620 die Bevölkerung in Deutschland von 10 auf 16 Millionen, in ganz Europa von 60 auf 90 Millionen anstieg. Es gab große Unterschiede von Region zu Region. Im Gebiet um Zürich oder in Oberschwaben hat sich die Bevölkerung innerhalb von 50 Jahren beinahe verdoppelt. Waren die Familien größer geworden? Gab es mehr Kinder? Wir wissen es nicht genau. Sicher ist: Die Menschen konnten sich besser ernähren, die Landwirtschaft machte Fortschritte, Neuland wurde gewonnen, neue Arbeitsstellen entstanden im Gewerbe, Bergbau, Handel und Transport. Die Zahl der „Erwerbsstellen" stieg, und das war auch für die Bevölkerungsentwicklung wichtig. Nur wer eine Erwerbsstelle bekam, konnte heiraten. Man mußte einen Hof oder Handwerksbetrieb erwerben, wenn man eine Familie gründen wollte. Mit der Zahl der Stellen wuchs auch die Zahl der Ehen. Die Frau wurde von den Eltern des Mannes ausgesucht. Sie mußte auf den Hof passen oder eine rechtschaffene Bürgersfrau abgeben; Liebe war kaum gefragt. Die Frau war bei der Heirat etwa Mitte zwanzig (der Mann im Durchschnitt zwei Jahre älter). Viele Mütter schenkten im Lauf ihrer Ehe fünf bis zehn Kindern das Leben; aber davon starb die Hälfte meist im Kleinkindalter. So blieben die Familien kleiner, als man aufgrund der hohen Geburtenzahl meinen könnte: Sie umfaßten im Durchschnitt 4 bis 6 Personen. Die Frauen arbeiteten auf dem Feld wie die Männer und halfen auch im Handwerksbetrieb; vor allem waren sie im Hausgewerbe – beim Spinnen und Weben – unentbehrlich. Hier mußten auch Kinder mithelfen; vom achten Lebensjahr an arbeiteten sie schon. Mit elf oder zwölf Jahren verließen Buben und Mädchen gewöhnlich das Elternhaus, verdingten sich als Hütekinder und wurden später Knechte oder Mägde oder gingen bei einem Handwerker in die Lehre.

Die Bedeutung der Städte. Um 1500 lebten kaum mehr als 10% der Deutschen in Städten. Die Städte waren auch ein Motor der wirtschaftlichen Entwicklung. Es gab rund 3 000 Städte auf deutschem Gebiet, aber nur 12 bis 15 hatten mehr als 10 000 Einwohner. Augsburg war mit über 20 000 Menschen damals die volkreichste deutsche Stadt; im Laufe des 16. Jh. erreichten Hamburg und Danzig, Köln, Straßburg und Breslau eine ähnliche Größe. Doch Großstädte mit über 100 000 Einwohnern gab es um 1500 in ganz Europa nur vier: Paris, Rom, Neapel und Venedig. Um 1600, also hundert Jahre später, sechs weitere: Palermo, Sevilla, Lissabon, London, Antwerpen und Amsterdam, ausnahmslos Hafenstädte, eine Folge der großen Entdeckungen (vgl. S. 15ff.).
Gut die Hälfte der städtischen Bevölkerung war im Gewerbe (Handwerk) beschäftigt und meist in Zünften organisiert. Das sollte bis in die Zeit um 1800 so bleiben. Daneben wuchs aber die Zahl der Lohn- und Heimarbeiter. Die Handwerker waren stark spezialisiert, ihre Erzeugnisse international geschätzt. Die Geschäfte liefen im allgemeinen recht gut. In Straßburg zählte man um 1500 über 500 Berufe; in Nürnberg gab es kaum weniger. Hier fertigte Peter Henlein die erste tragbare Uhr; es gab 11 Brillenmacher in der Stadt. Kunst-, Silber- und Goldschmiedearbeiten aus Augsburg waren in aller Welt geschätzt. Mancher Handwerksmeister gelangte zu Wohlstand, konnte ein stattliches Wohnhaus bauen, wertvolles Tafelgeschirr oder kunstvoll verzierte Waffen erwerben, einen Altar oder eine Kapelle stiften. Auch der Bergbau florierte. Deutschland war damals das rohstoffreichste Land in Europa. Allein in Schwaz bei Innsbruck arbeiteten über 12 000 Bergleute. → (1)
Besonders reich konnten manche Kaufleute werden. Ihre Zahl war beträchtlich gestiegen. Aus Köln sind 500 Kaufleute aus jener Zeit bekannt, die Handel mit Antwerpen trieben. Das Risiko der Fernhändler war groß. Die weiten Transportwege, die schlechten Straßen, die Gefahren auf See brachten Schwierigkeiten und Verluste, aber man erzielte auch hohen Gewinn. Man konnte manche Orientwaren, z. B. Gewürze oder Seide, für den zehnfachen Preis weiterverkaufen. In den Städten blieben indes Vermögen und Einkommen ungleich verteilt. Es gab Handelsstädte, in denen die Hälfte des vorhandenen Vermögens nur 10% der Bevölkerung gehörte.

Neue Organisationsformen. Während im hohen Mittelalter der Handwerker auf Bestellung, kaum auf Vorrat arbeitete, nahmen in der Folgezeit längerfristige Aufträge zu, die von Fürsten oder den Städten vergeben wurden. Der einzelne Handwerker tat sich schwer, für längere Zeit eigenes Kapital vorzustrecken, bis er aus dem Erlös seiner Produkte wieder zu seinem Geld kommen konnte. Das Risiko stieg in dem Maße, wie sich der Markt erweiterte, d. h. über die eigene Stadt und das eigene Land hinauswuchs. Das führte zu neuen Formen der Organisation: Händler und Handwerker taten sich zusammen, kapitalkräftige Leute ließen Heimarbeiten gegen Stücklohn produzieren. Es entstand das *Verlagssystem**. → (2)

Erfolgreiche Geschäftsleute und Unternehmer. Die italienischen Städte, vor allem Florenz und Venedig, besaßen in der Zeit der Renaissance nicht nur die meisten Kunstschätze (vgl. S. 2), sie waren auch wirtschaftlich führend. Das bedeutendste Florentiner Handelshaus gehörte der Familie Medici. Sie hatte mit dem Wollhandel begonnen und war dann in das Geldgeschäft eingestiegen. Neben ihrer Hauptbank in Florenz verfügte sie über Filialen in Rom, Venedig, Mailand und Pisa, in Genf, Lyon, Avignon, Brügge und London. Die Medici arbeiteten mit zahlreichen Fürsten und Bischöfen zusammen und waren das Bankhaus der Päpste, die ihnen das Monopol für den Verkauf von Alaun übertrugen. Dieser chemische Stoff diente zur Reinigung der Wollfaser und wurde zum Färben der Wollstoffe benötigt. Die Medici waren so einflußreich, daß sie Florenz als ungekrönte Herren regierten.

Der Aufstieg der Fugger. In der Zeit nach 1500 verloren die Medici ihre führende Stellung. In dieser Zeit wurden die Fugger das größte Handelsunternehmen Europas. Diese Unternehmerfamilie aus Augsburg hatte mit Leinenweben begonnen, war dann zum Handel mit Tuchen übergegangen, weil das mehr Gewinn brachte. Einige Fugger ließen sich auch in die Zunft der Goldschmiede aufnehmen, um mit Gold, Silber, Juwelen und Perlen handeln zu können. Dieses Geschäft brachte sie mit adligen Herren in enge Verbindung. Wenn ein Fürst oder Landesherr einen Kredit brauchte, ließen die Fugger sich mit dem Recht abfinden, nach Kupfer und Silber zu schürfen. Daneben kauften sie planmäßig Bergwerke und Hütten auf und nahmen allmählich fast alle Erzgruben in Süd- und Ostdeutschland in Besitz. Kaiser Maximilian, dem Tirol gehörte, verlieh den Fuggern zum Dank für einen hohen Kredit das Recht, als einzige Firma das Tiroler Silber zu kaufen und zu verkaufen. Sein Nachfolger, Karl V. (vgl. S. 46 ff.), war bei den Fuggern noch mehr verschuldet und erweiterte ihre Rechte zu dem Monopol, fast den gesamten Metallhandel im Reich zu betreiben. Die Fugger verstanden es, gewinnbringende Geschäfte abzuschließen. Das Unternehmen war hervorragend organisiert und besaß Niederlassungen in ganz Europa. Die Zentrale blieb in Augsburg. Jakob Fugger, genannt der Reiche († 1525), stiftete hier eine Wohnsiedlung für arme Leute, in der fast 100 Familien auf seine Kosten in kleinen Einzelhäusern wohnten. Sie zahlten nur eine ganz geringe Miete, sollten aber als Gegenleistung täglich für das Seelenheil des Stifters, seiner Vorfahren und Nachkommen beten. Diese *Fuggerei** ist noch heute bewohnt, und die Mieter zahlen lediglich DM 1,72 im Jahr an die Familie Fugger, die noch immer in Augsburg lebt. → (3)

Beginn des „Frühkapitalismus". Ein Mann wie Jakob Fugger der Reiche besaß wohl kein ganz reines Gewissen. Die Kirche hatte im Sinn des Evangeliums verboten, Zins für Kredite zu nehmen. Darüber hatten die Fugger sich ebenso wie andere Zeitgenossen hinweggesetzt. Die Stiftung der Fuggerei sollte nicht zuletzt eine moralische Wiedergutmachung sein. Wohl deshalb berief Jakob der Reiche auch den Ingolstädter Universitätsprofessor Johannes Eck als Pfarrer an die Moritzkirche nach Augsburg, denn der hatte einige Jahre zuvor das Zinsnehmen bis zu 5% des geliehenen Kapitals verteidigt. Noch heftiger als um den „gerechten Zins" stritt man um die Rechtfertigung der Monopole, mit denen Großunternehmer wie die Fugger ihre Konkurrenten verdrängten. Wiederholt wurden daher Monopole vom Reichstag verboten. Aber der Kaiser, der auf das Geld der Fugger angewiesen war, hob das Monopolverbot wieder auf. → (4)

---

(1) **Wohlstand – worin zeigte er sich, worauf beruhte er?**

Ein Reisebericht aus Deutschland vom Beginn der Neuzeit:

„Es gibt viel angebautes Land; Weizen und Gerste sind zwar nicht sehr gebräuchlich, dagegen ernten sie Roggen und Korn in Menge, auch Hülsenfrüchte. Kleine rote Kühe werden in großer Menge gehalten, auch Schafe und Schweine. Die Käse sind nicht besonders gut. An Obst fanden wir gute Weichselkirschen, zahlreiche große Apfel- und Birnbäume fast überall, auch Pflaumenbäume.
Die Frauen halten zwar ihr Geschirr sehr sauber, sie selbst aber sind in der Regel unsauber, alle nach derselben Weise in ganz einfache Stoffe gekleidet; sie sind aber schön und anmutig. Die meisten Frauen niederen Standes gehen barfuß, und wenn sie Schuhe anhaben, so tragen sie keine Strümpfe. Die großen und reichen Damen tragen gewisse sehr breite Kopftücher und darüber einen weißen, dichten und fein gearbeiteten Schleier, der festgemacht und in Falten gelegt ist, so daß sie sehr majestätisch aussehen.
Allgemein in Deutschland gibt es sehr schöne Brunnen und viele Bäche, welche Mühlen treiben. An Fischen aus Seen und Flüssen und guten Forellen fehlt es nirgends, denn jeder Wirt hat vor seinem Gasthaus einen oder zwei Fischkasten aus Holz und verschließbar, worin sie lebende Fische halten und in welchen Brunnenwasser so ein- und

Stube im Dürerhaus in Nürnberg (vgl. S. 37).

ausfließt, daß sich die Fische lange Zeit und gut lebend erhalten.
Die Häuser sind zwar meistens aus Holz, aber sehr schön und anmutig von außen und im Innern nicht unbequem; sehr gebräuchlich sind reich verzierte Erker, bald mit zwei, bald mit drei Seiten, um bequem die Straße beobachten zu können, manchmal ganz bemalt mit Wappen und sehr schönen Heiligenfiguren und mit Ziegeln gedeckt.
Die Kirchtürme sind hoch und spitz. Sie haben sehr schöne Glocken; und es gibt kein noch so kleines Dorf, das nicht wenigstens eine schöne Kirche hätte mit so großen, schönen und kunstreichen Glasfenstern, als man sich nur denken kann." (1) Q

(a) Welche Zeichen des Wohlstands konnte der Reisende in Deutschland feststellen?

(b) Beschreibt die Stube: Was ist anders als in modernen Wohnzimmern? Worin drückt sich der Wohlstand aus? Beschafft Prospekte, Postkarten u. ä. von alten Bürgerhäusern z. B. aus Augsburg, Straßburg, Nürnberg, Würzburg oder Basel und gestaltet eine Bildtafel zum Thema „Bürgerliches Wohnen vor 300 bis 500 Jahren".

(c) Wie konnte man in jener Zeit zu Wohlstand gelangen? Berücksichtigt persönliche Leistung und allgemeine Umstände. Wer blieb arm?

(2) Zunfthandwerk und Verlagssystem

(a) Beschreibt und erklärt anhand der untenstehenden Schaubilder Zunfthandwerk und Verlagssystem.

(b) Schildert am Beispiel der Tuchherstellung die möglichen Unterschiede zwischen den beiden Formen des Gewerbes. Beurteilt Vor- und Nachteile aus der Sicht des Handwerks, des Heimarbeiters, des Kunden.

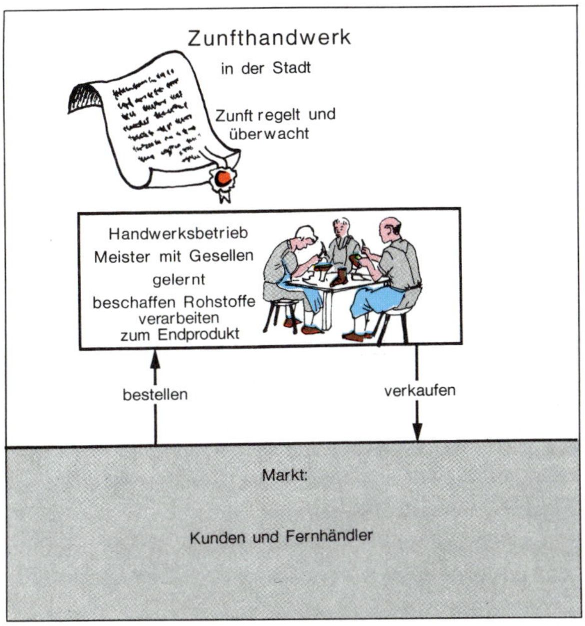

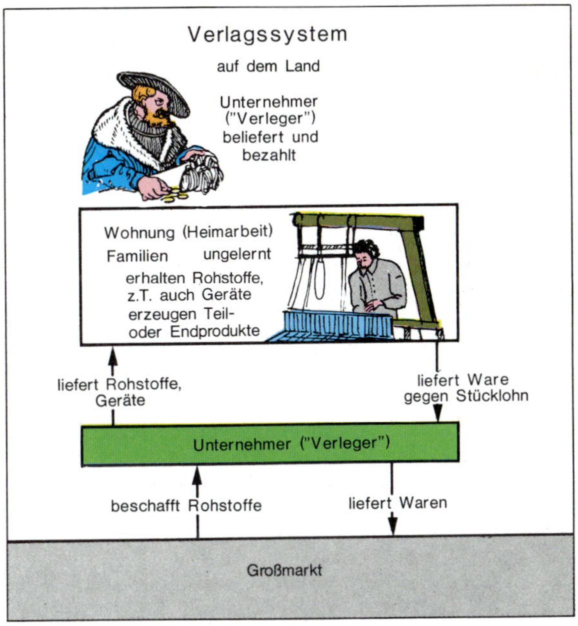

Wirtschaft und Handel der Fugger und Medici. Faktorei bedeutet dasselbe wie Kontor. Manufakturen waren handwerkliche Großbetriebe.

(3) Die Fugger als Bergbau-Unternehmer

Aus einem Vertrag zwischen Johann und Georg Thurzo einerseits und Jakob Fugger anderseits über einen gemeinsamen Bergwerkshandel in Neusohl/Ungarn (heute: Tschechoslowakei), März 1495:

„Wir, Johann Thurzo, und Georg Thurzo, mein Sohn, Bürger zu Krakau, haben mit Jakob Fugger . . . den folgenden Vertrag über ein gemeinsames Bergwerksunternehmen geschlossen.

Dieser Vertrag betrifft ein Haus und zwei Bergwerke (Erbstollen und Neustollen genannt), vier Dörfer und zwei halbe Dörfer, einen Meierhof, Äcker und Wiesen – alles in und um Neusohl in Ungarn gelegen. Der Bischof von Fünfkirchen, Sigmund, hat uns, Johann Thurzo, diese Güter für 10 Jahre verpachtet, die Pacht beträgt jährlich 3 000 Gulden.

Diese Güter und Bergwerke wollen Jakob Fugger und wir in den genannten 10 Jahren gemeinsam unter folgenden Bedingungen betreiben:

Wir, Johann und Georg Thurzo, werden in Neusohl ein Hüttenwerk errichten, in dem wir das gesamte Kupfer aus den Bergwerken nach unserer besten Kenntnis verarbeiten wollen.

Das Hüttenwerk wird 1 000 Gulden kosten; dazu benötigen wir nochmals 1 000 Gulden für einen Vorrat an Holz und Kohlen . . .

In dem Hüttenwerk sollen wöchentlich 300 Zentner Kupfer verarbeitet werden . . .

Wir, Johann und Georg Thurzo, erhalten vom erarbeiteten Gewinn jährlich 1 000 Gulden vorab. Der übrige Gewinn wird zwischen uns und den Fuggern geteilt.

Alles Geld, das für den Bergwerks- und Hüttenbetrieb notwendig ist [Bau, Unterhaltskosten, Pacht usw.], strekken die Fugger in den ersten drei Jahren vor. Nach Ablauf der drei Jahre erhalten die Fugger das ausgelegte Geld aus dem erzielten Gewinn zurück." (2) Q

(a) Zeigt an der Karte die Bergbaugebiete und gebt die Länder an, in denen sie liegen. Sprecht über die Handels- und Verkehrswege.

(b) Klärt anhand des Vertrags, was die beiden Partner zu geben hatten und was sie erhielten.

(c) Erläutert das Schaubild auf S. 13.

(4) Vom Ansehen und Reichtum der Fugger

Eine zeitgenössische Chronik berichtet über Jakob Fugger:

„Kaiser, Könige, Fürsten und Herren haben zu ihm ihre Botschaft geschickt. Der Papst hat ihn als seinen lieben Sohn begrüßt und empfangen, die Kardinäle sind vor ihm aufgestanden. Alle Kaufleute der Welt haben ihn einen erleuchteten Mann genannt, und die Heiden sind ob ihm verwundert. Er ist eine Zierde des ganzen deutschen Landes.“ (3) Q

Bilanz des Hauses Fugger nach dem Tod Jakob Fuggers, des „Reichen“, aufgestellt im Jahre 1527:

Aktiva (Guthaben)	
Bergwerke und Bergsanteile	270.000 Gulden
Sonstige Immobilien (unbewegliche Habe)	150.000 Gulden
Waren (vor allem Kupfer, aber auch Leinen, Seide, Messing, Silber usw.)	380.000 Gulden
Bargeld	50.000 Gulden
Ausstände (noch an die Fugger zu zahlen)	1.650.000 Gulden
Guthaben von Familienmitgliedern (= Gesellschaftern)	430.000 Gulden
Laufende Geschäfte	70.000 Gulden
	3.000.000 Gulden
Passiva (noch von den Fuggern zu zahlen)	870.000 Gulden
Somit bleibt ein *Gesamtvermögen*	2.130.000 Gulden
1511 betrug das *Anlagekapital*	197.000 Gulden
Somit bleibt ein *Gewinn* von 1511 bis 1527 (also in 17 Jahren)	1.933.000 Gulden

(4)

Links: Struktur eines Handelsunternehmens.
Rechts: Jakob Fugger in einem Kontor mit seinem Hauptbuchhalter Matthäus Schwarz. Schwarz trat nach seiner Lehrzeit in Italien in den Dienst Fuggers und ist Verfasser eines der ersten Lehrbücher über doppelte Buchführung (1519). Einige Jahre darauf gab er eine biographische Bilderfolge in Auftrag, aus der auch die untenstehende Abbildung stammt. Die Schilder im Hintergrund nennen Orte, an denen sich Kontore (Handelsniederlassungen) Fuggers befanden.

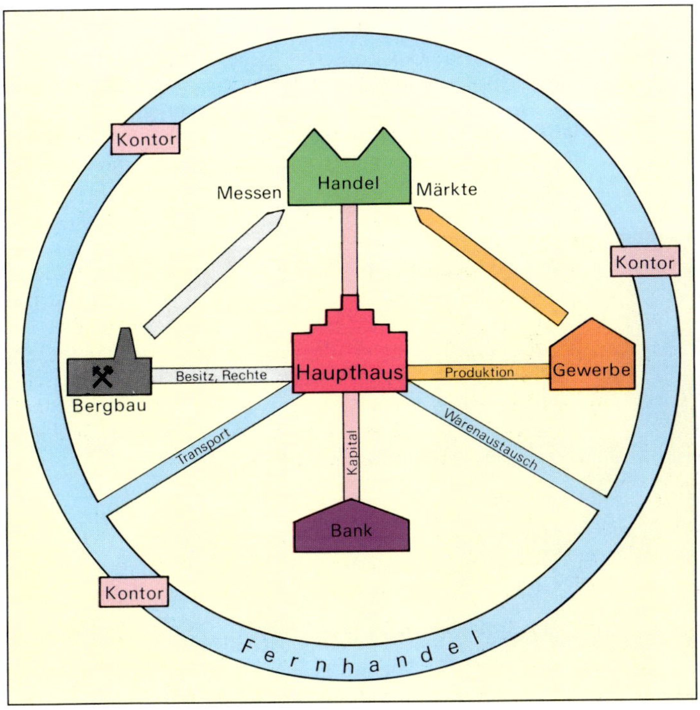

(a) Versucht, den Gewinn in Prozenten pro Jahr zu berechnen, wobei ihr der Einfachheit halber für jedes Jahr den gleichen Ertrag (d. h. 1/17 des Gesamtgewinns) zugrunde legen könnt.

(b) Worauf ist nach eurer Meinung der Reichtum der Fugger zurückzuführen?

(c) Sprecht über die Frage des „gerechten Zinses" und das Recht, Monopole zu bilden – unter moralischen und unter wirtschaftlichen Gesichtspunkten.

1. Stelle die Bevölkerungsentwicklung von 1470 bis 1620 in einem Säulendiagramm dar.

2. Stelle in einer Tabelle die Großstädte der Frühen Neuzeit (a: über 50 000, b: über 100 000 Einwohner) zusammen und ergänze die Angaben für eine dieser Städte durch Informationen aus einem Lexikon.

3. Wer profitierte vom Reichtum der Fugger? In welcher Form?

Fuggerei: Siedlung für arme Bürger in Augsburg, 1514 von Jakob Fugger gegründet. Die jährliche Miete betrug früher einen rheinischen Gulden, heute DM 1,72.

Verlagssystem: Unternehmensform, bei der ein Großkaufmann Heimarbeitern Rohstoffe und z. T. auch Geräte zur Verfügung stellt, die fertigen Waren abholt und verkauft. Die Heimarbeiter werden im Stücklohn für ihre Arbeit bezahlt; dabei werden die Rohstoffe, die der Unternehmer „vorgelegt" hat (daher: „Verleger"), mit dem Lohn verrechnet. Heute ist der Verlag ein Unternehmen zur Produktion von Büchern.

15./16. Jh.	Blütezeit des Bergbaus in Tirol und Ungarn
1449–1492	Lorenzo de' Medici, „der Prächtige", in Florenz
1459–1525	Jakob Fugger, „der Reiche", in Augsburg

Quellennachweis

(1) Antonio de Beatis: Beschreibung der Reise des Kardinals d'Aragona; zitiert aus: H. Krieger: Materialien für den Geschichtsunterricht, a. a. O., S. 33 f.

(2) Vertrag zwischen Johann und Georg Thurzo einerseits und Jakob Fugger andererseits vom März 1495. Zitiert aus: H. Buszello: Die Hanse. Die Große Ravensburger Handelsgesellschaft. Die Fugger. Paderborn 1983, Schöningh 15219, S. 33 ff.

(3) Propyläen Geschichte Europas, Band 1. Frankfurt 1975, S. 227.

(4) Historisch-politisches Quellenbuch, Bd. I, a. a. O., S. 312.

Lesetip

U. Engmann: Das große Berggeschrei. Anrich, Kevelaer 1983 (JB)

E. Ortner, C. Hohoff: Glück und Macht der Fugger. Ehrenwirth, München 1978 (SB)

W. Piechocki: Die Halloren. Leipzig 1981 (JB)

F. Stöckle: Fahrende Gesellen. Arena, Würzburg 1980 (SB)

Familienbild des Basler Zunftmeisters Hans Rudolf Faesch. Gemälde von Hans Hug Keuber, 1559. Anläßlich eines Festmahls ist der Tisch mit kostbarem Tafelgeschirr gedeckt.

1.3. Die großen Entdeckungen

Kolumbus landet auf der Insel Guanahani, der er den Namen „San Salvador" gibt. Getönter Stich von Theodor de Bry in „Geschichte Amerikas", Frankfurt 1596.

Hans Traxler, ein Karikaturist, schildert in der Serie „Leute von gestern" die Entdeckung Amerikas folgendermaßen:

> Kolumbus wird schon langsam grantig:
> Kein Ende nimmt der Nordatlantik.
> Da knirscht der Kiel, da staubt der Sand.
> Kolumbus schreit: „Ich sehe Land!"
> Die Wilden haben sich versteckt.
> „He, kommt da raus, Ihr seid entdeckt!" (1)

Die Abbildung aus dem 16. Jh. und der Text des Karikaturisten lassen erkennen, wie Europäer damals sich selbst und die „Eingeborenen" der fremden Kontinente sahen. Was hat sich seither geändert?

- Warum wollten die Europäer damals neue Seewege erforschen? Warum segelten sie los, die „Erde zu entdecken"?
- Wie behandelten Europäer die Menschen in anderen Erdteilen?
- Was bedeutete die Entdeckung neuer Erdteile für das Weltbild der Europäer?

Motive und Voraussetzungen der Entdeckungsfahrten. Europa war im Mittelalter im Norden und Westen vom Meer, im Süden und Südosten von islamischen Mächten umgeben. Als die Türken 1453 Byzanz (Ostrom) erobert hatten, beherrschten sie den Landweg und die alte Handelsstraße nach Osten. Die europäischen Kaufleute konnten Gewürze und Seidenstoffe, Parfüme und Farben, Elfenbein, Silber und Gold nicht mehr direkt besorgen. Hohe Zölle und Handelsgewinne der Türken und Araber trieben die Preise für diese Luxuswaren nach oben. War dies zu ändern?

Zwar gelang es, die Araber z.B. aus Spanien hinauszudrängen (1492). Der Zugang zu den Schätzen Asiens jedoch blieb den Europäern versperrt. Gab es eine Möglichkeit, die arabischen Herrschaftsgebiete zu umsegeln und mit den „Indern" (so nannte man die Völker in Asien) direkt ins Geschäft zu kommen? Konnte man vielleicht über die offene See um Afrika herum Indien erreichen? Seeleute erzählten zwar Schauergeschichten wie: Im Weltmeer hausten schreckliche Ungeheuer; es gäbe Magnetberge, die alle Nägel aus den Planken zögen, und das Wasser würde im Süden zu einer zähen, sirupartigen Masse. Aber viele nahmen jetzt nicht mehr ungeprüft hin, was Menschen seit Jahrhunderten glaubten. Als erste wagten sich portugiesische Seeleute entlang der Küste Afrikas weiter nach Süden. Sie suchten Sklaven und Gold. Beides kaufte man bisher von arabischen Händlern, die ihre „Waren" mit Karawanen nach Nordafrika brachten.

„Solche Reisen [die Fahrten der Entdecker in der Zeit um 1500] wären noch vor hundert Jahren undenkbar gewesen. Doch inzwischen hatten sich die plumpen Rundschiffe des Nordens und die mittelländischen Küstengaleeren zu seetüchtigen ‚Karracken' und ihren schlankeren Schwestern, den Galeonen, entwickelt, die die Fahrt auf offener See nicht schreckte. Sie vereinten in sich den robusten Schiffskörper der nordischen Handelsschiffe mit den eleganten Linien der südlichen Galeeren. Vom Norden hatten sie die viereckigen Segel an drei oder vier Masten, vom Süden die Lateinsegel zur besseren Manövrierung und vom Norden wiederum das Steuerruder zur verläßlicheren Kontrolle. Für eine Erhöhung der Geschwindigkeit wurden Spriet-, Mars- und Bramsegel gesetzt. Auf Deck erschienen die Kanonen, und einige Zeit später wurden sie auch unter Deck durch Stückpforten [Luken für Geschützrohre] abgeschossen. Auch Handelsschiffe waren gezwungen, sich gegen eventuelle Überfälle durch islamische Piraten oder nordische Freibeuter zu bewaffnen.

Die Steuerung dieser großen Schiffe auf hoher See, in unbekannten Weiten, erforderte neue Einsichten in die Kunst der Navigation. Kompaß, Stundenglas und Log wurden zu alltäglichen Schiffsgeräten. Weitere Fortschritte waren das Resultat eingehender Studien in Portugal, wo Prinz Heinrich der Seefahrer eine Art Seefahrtsakademie gegründet hatte, an die er die besten Köpfe der Zeit, sowohl Christen, Juden als auch Mohammedaner berief. Vom Jahr 1418 an begann er, die Theorie in die Praxis umzusetzen, und sandte die portugiesischen Schiffe auf immer weitere Reisen, . . . und die Erfahrungen dieser Reisen wurden dann in Handbüchern der Navigation zusammengefaßt und in See- und Landkarten eingetragen, denn die damaligen Entdecker waren gleichzeitig gute Kartenzeichner." (2) → (2)

Portugiesen in Indien. Im Sommer 1497 verließ eine kleine Flotte von 4 Schiffen unter der Führung des erfahrenen Kapitäns Vasco da Gama Lissabon mit dem Auftrag des Königs, einen Seeweg nach Indien zu erkunden. Nach mehr als drei Monaten umschiffte da Gama als erster das Südkap von Afrika und gelangte nordwärts der Küste entlang zur Hafenstadt Mosambik. Schließlich erreichte er 1498 mit Hilfe eines indischen Lotsen, der seit langem die Araber auf ihren Handelsfahrten zwischen Ostafrika und Südindien begleitete, Kalikut an der Malabarküste. Zwischen Arabern und Indern bestanden gute Handelsbeziehungen, vor allem seit in Indien muslimische Herrscher regierten (*Mogulreich**). Die arabischen Händler sahen den europäischen Eindringling nur ungern. So konnte da Gama nur wenige Waren nach Lissabon mitbringen, wo er nach zwei Jahren mit nur 44 von ursprünglich 170 Matrosen eintraf. Aber der König von Portugal erkannte die Chance und war überzeugt, bald ganz Europa mit Gewürzen und Edelsteinen aus Indien zu versorgen. Und er behielt recht:

„Von diesem winzigen Punkt an der Malabar-Küste ausgehend, schuf das kleine und so ungeheuer weit entfernte Portugal im gesamten Arabischen Meer ein bedeutendes Handelsmonopol. Seine Schiffe fuhren bald regelmäßig viele stark befestigte Forts an der ganzen Westküste Indiens an . . . und kehrten mit wertvollen Frachten über Mosambik nach Europa zurück.

Der durchschlagende Erfolg der Portugiesen ist auf eine Reihe von Ursachen zurückzuführen . . . In zivilisierten Gebieten wie der Malabar-Küste kam den Portugiesen die Überlegenheit ihrer Waffen zugute; in weniger entwickelten Gebieten wie auf Ceylon half ihnen der zusätzliche Vorteil der Überraschung. Von den ersten portugiesischen Seeleuten, die auf Ceylon erschienen, berichtet ein lokaler Chronist, daß sie ‚eine Rasse von sehr weißen und schönen Menschen sind, die Stiefel tragen und Hüte aus Eisen und niemals an einem Ort haltmachen. Sie essen eine Art weißen Stein [Zwieback] und trinken Blut [Wein] . . . Sie haben Kanonen mit dem Geräusch eines Donners, und ein Ball aus einer von ihnen durchdringt noch, nachdem er fünf Kilometer durchflogen hat, eine Burg aus Marmor.' . . .

Als die Portugiesen an der indischen Küste eine Organisation aufgebaut hatten, die ihren Handel sicherte, wandten sie ihre Aufmerksamkeit weiter nach Osten – zu den reichsten Gebieten Ostasiens. Sie gründeten Handelsstationen auf den Molukken, die oft auch Gewürzinseln genannt werden." (3) → (5)

„Westwärts" – nach Indien. Schon viele Jahre vor Kopernikus (vgl. S. 3) war der Gelehrte Toscanelli aus Florenz davon überzeugt, daß die Erde eine Kugel sei. Dies bedeutete: Auch auf dem Weg „nach Westen" konnte man Indien „im Osten" des Abendlandes erreichen. → (1)

Was Toscanelli am Schreibtisch dachte, wollte ein Seemann aus Genua, Christoph Kolumbus, durch die Tat nachweisen. Lange versuchte Kolumbus vergeblich, vom König von Portugal die notwendigen Schiffe für eine Expedition nach Westen zu erhalten. Schließlich gab ihm die spanische Königin drei Schiffe mit einer Besatzung von 120 Mann. Das größte Schiff war nur 23 Meter lang und 6,7 Meter breit; es hieß „Santa Maria". 1492 segelte das kleine Geschwader nach Westen. Die Fahrt über das fremde Meer dauerte länger, als Kolumbus angenommen hatte. Am 11. und 12. Oktober sichtete man endlich Land. Als erster Europäer landete Kolumbus mit seiner Mannschaft auf einer Insel vor Mittelamerika. Obwohl Kolumbus nach seiner Rückkehr noch dreimal nach Westen segelte und dabei auch die Küste von Mittelamerika erreichte, blieb er überzeugt, das „Ende des Orients" (*Westindien**) gefunden zu haben. Die Bewohner des neuentdeckten Landes wurden von den Spaniern als *Indios** bezeichnet. Erst nach dem Tod des Kolumbus überquerte ein spanischer Seefahrer die Landenge von Panama und bewies damit, daß Kolumbus einen neuen Erdteil entdeckt hatte: Amerika, wie man den Kontinent nach einem Forschungsreisenden (Amerigo Vespucci) taufte. → (3) (4)

(1) Was wußte ein Geograph vor rund 500 Jahren von der Erde?

Der italienische Geograph Toscanelli schrieb um 1480 an Kolumbus in einem Brief:

„Ich habe Kenntnis genommen von Deinem hochherzigen und großartigen Plan, auf dem Wege nach Westen, den die Dir gesandte Karte anzeigt, zu den Ländern des Ostens zu segeln. Besser hätte er sich mit Hilfe einer runden Kugel klarmachen lassen. Es freut mich, daß Du mich richtig verstanden hast. Der genannte Weg ist nicht nur möglich, sondern wahr und sicher . . .
Eine solche Reise führt zu mächtigen Königreichen, berühmten Städten und Provinzen, die alles im Überfluß besitzen, was wir benötigen, und alle Arten von Gewürzen in reicher Menge wie auch Edelsteine in großer Fülle aufweisen. Die Fürsten und Könige, zu denen man kommt, dürften noch mehr als wir erfreut sein, daß sie mit Christen unserer Länder in Verbindung kommen, da viele von ihnen Christen sind, aber auch weil sie mit gelehrten und geistreichen Männern von hier sowohl über Religion

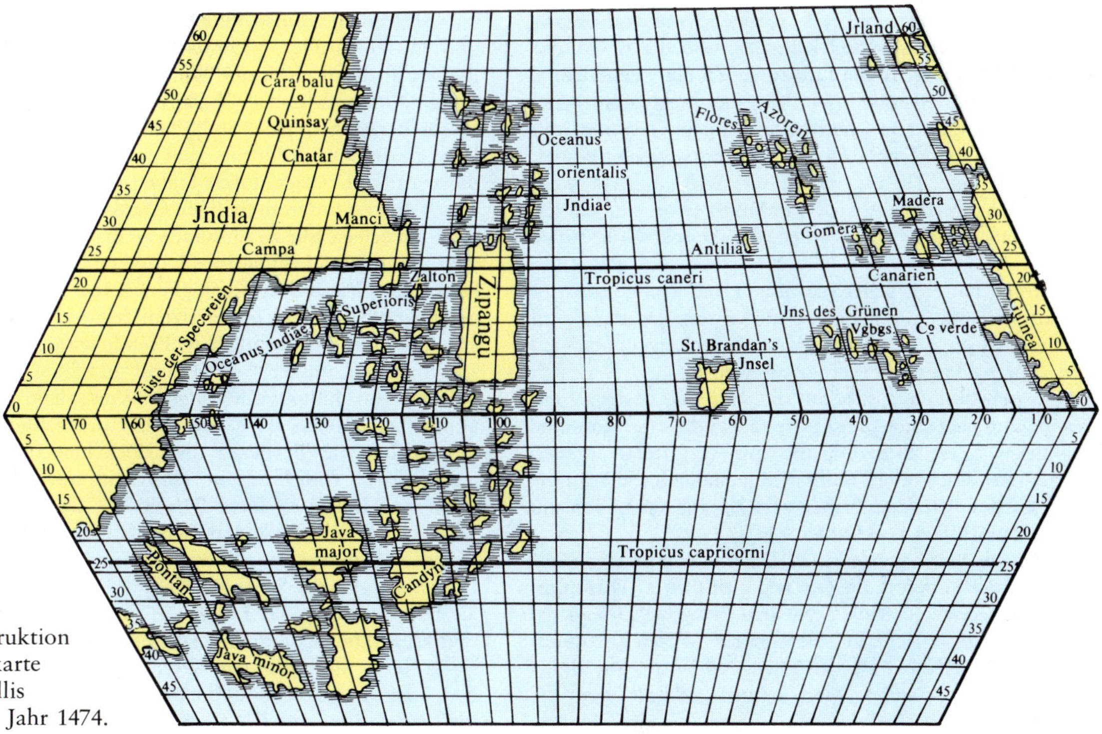

Rekonstruktion der Erdkarte Toscanellis aus dem Jahr 1474.

wie Wissenschaft Unterhaltungen pflegen können auf Grund des hohen Ruhms, den unsere Staaten und Regierungen dort genießen . . .“ (4) Q

In einem weiteren Brief schreibt er:

„. . . So habe ich Seiner Majestät eine von mir selbst gezeichnete Karte geschickt, auf der die Küsten Eures Landes, die Inseln, von denen aus Ihr Eure Fahrt nach dem Westen ohne jede Kursänderung antreten werdet, eingezeichnet sind. Auf dieser Karte werdet Ihr die Länder finden, zu denen Ihr gelangen werdet, mit den genauen Angaben der Entfernungen, die Ihr sowohl dem Pol als dem Äquator gegenüber einhalten müßt. Auf Grund dieser Karte werdet Ihr auch die Seemeilen errechnen können, die Ihr zurückzulegen haben werdet, um die Gegenden zu erreichen, die so überaus reich an Gewürzen und Edelsteinen sind . . .“ (5) Q

(a) Erklärt, warum Toscanelli annehmen konnte, von Europa aus auf dem Weg nach Westen an die Ostküste Asiens zu kommen.

(b) Zählt Gründe auf, die Toscanelli für die Expedition nennt. Unterscheidet dabei zwischen ideellen und materiellen Gründen.

(c) Betrachtet die Karte Toscanellis genau und stellt fest, welche Fehler sie aufweist.

(2) Was man in Afrika vorfand

In einer Reisebeschreibung des 16. Jh. lesen wir:

„Das Reich von Timbuktu ist nach der gleichnamigen Stadt benannt, die im Jahre 610 der Hedschra gegründet wurde. Die Stadt bietet einen prächtigen Anblick, hier gibt es zahlreiche Händler und Künstler, und die Bewohner sind meist sehr reich. Die Frauen gehen alle verschleiert, nur die Sklavinnen und die Marktweiber nicht. Zahlreiche Zisternen sorgen für Frischwasser, auch Getreide und Vieh gibt es genug, aber an Salz herrscht großer Mangel. Das muß von Tegasa, etwa 500 Meilen weit weg, hergebracht werden. Als ich Timbuktu besuchte, sah ich selbst, daß man für eine Kamellast Salz acht Goldstücke zahlte.
Der König hat eine sehr vornehme Hofhaltung. Sooft er auszureiten pflegt, besteigt er ein Kamel, das dann von einigen Adligen geführt wird, so auch im Kriege, obgleich alle seine Soldaten mit Pferden ausgerüstet sind. Wer sich zum ersten Mal naht, fällt auf die Knie und bestreut sein Haupt mit Erde. Stets hat er dreitausend Reiter und eine gewaltige Schar Fußvolk, die mit vergifteten Pfeilen ausgerüstet sind, unter Waffen, um sogleich die Stämme zu bekriegen, die ihm Tribut verweigern, aber auch um Sklaven gewinnen zu können.“ (6) Q

„Gao ist eine sehr große Stadt. Die Einwohner der Stadt sind reiche Kaufleute, die beständig mit ihren Waren im Land umherziehen. Viele Schwarze bringen Gold in die Stadt, um europäische und berberische Waren einzuhandeln. Aber sie finden niemals genügend Ware, um all ihr Gold dafür auszugeben, und nehmen deshalb stets die Hälfte oder zwei Drittel davon wieder mit nach Hause. Die Stadt ist im Vergleich zu Timbuktu wohlverwaltet. Brot und Fleisch gibt es im Überfluß, aber Wein und Früchte sind nicht aufzutreiben. Es gibt Melonen, Gurken und hervorragende Kürbisse in Mengen, und sie haben große Mengen Reis. Die Süßwasserbrunnen der Stadt sind sehr zahlreich. Es ist auch ein großer Marktplatz vorhanden, wo man an Markttagen zahllose . . . Sklaven verkauft. Ein 15jähriges Mädchen ist etwa sechs Dukaten wert, und ein junger Mann kostet ungefähr ebenso viel. Kleine Kinder und ältere Sklaven kosten dagegen nur die Hälfte dieses Betrages.“ (7) Q

(a) Stellt aus den beiden Beschreibungen zusammen, was sie über die wirtschaftlichen und politischen Verhältnisse in den erwähnten afrikanischen Staaten berichten.

(b) Diskutiert die Meinung, die Bevölkerung Afrikas sei bis zur Ankunft der Europäer „primitiv“ gewesen.

(3) Kolumbus und die Indianer

Kolumbus berichtet in seinem Bordtagebuch:

„Donnerstag und Freitag, den 11. und 12. Oktober 1492 . . . Um 2 Uhr morgens kam dann also tatsächlich Land in Sicht, von dem wir etwa acht Seemeilen entfernt waren. Wir holten alle Segel ein und fuhren nur mit einem Großsegel ohne Nebensegel. Dann legten wir bei und warteten bis zum Anbruch des Tages, der ein Freitag war, an welchem wir zu einer Insel gelangten, die in der Indianersprache ‚Guanahani‘ hieß. Ich begab mich, begleitet von Martin Alonso Pinzon, dem Kapitän der ‚Pinta‘, und dessen Bruder Vicente Yánez, dem Kapitän der ‚Nina‘, an Bord eines mit Waffen versehenen Bootes an Land. Dort entfaltete ich die königliche Flagge . . . Sofort sammelten sich an jener Stelle zahlreiche Eingeborene der Insel an. In der Erkenntnis, daß es sich um Leute handle, die man weit besser durch Liebe als mit dem Schwerte retten und zu unserem heiligen Glauben bekehren könne, gedachte ich sie mir zu Freunden zu machen und schenkte also einigen unter ihnen rote Kappen und Halsketten aus Glas und noch andere Kleinigkeiten von geringem Wert, worüber sie sich ungemein erfreut zeigten. Sie wurden so gute Freunde, daß es eine helle Freude war. Sie erreichten schwimmend unsere Schiffe und brachten Papageien, Knäuel von Baumwolle, lange Wurfspieße und viele andere Dinge noch, die sie mit dem eintauschten, was wir ihnen gaben wie Glasperlen und Glöckchen. Sie gaben und nahmen alles vom Herzen gern. Allein, mir schien es, als litten sie Mangel an allen Dingen . . . Sie führten keine Waffen mit sich, die ihnen nicht einmal bekannt waren. Ich zeigte ihnen die Schwerter, und da sie sie aus Unkenntnis bei der Scheide anfaßten, so schnitten sie sich. Sie besaßen keine Art Eisen . . . Sie müssen gewiß treue und kluge Diener sein, da ich die Erfahrung machte, daß sie in Kürze alles, was ich sagte, zu wiederholen verstanden. Überdies glaube ich, daß sie leicht zum Christentum übertreten können . . .“ (8) Q

Christoph Kolumbus. Zeitgenössisches Gemälde von Sebastiano del Piombo.

(a) Wie verhielt sich Kolumbus, wie verhielten sich die „Eingeborenen" bei der ersten Begegnung? Welche Geschenke wurden ausgetauscht? Vgl. auch das Bild S. 15.

(b) Wie urteilte Kolumbus über die Menschen, die er in der „neuen Welt" traf?

(c) Erklärt die Bezeichnungen „Westindien", „Indianer" bzw. „Indios".

(d) Das Wort „Eingeborene" wird von Menschen in anderen Kontinenten abgelehnt. Ersetzt es durch einen geeigneten Ausdruck.

(e) Welche Rolle spielt das Christentum im Bericht von Kolumbus?

(4) Von den Strapazen einer Seereise in der Entdeckungszeit

„Die Sonne ist in dieser Gegend (Äquator) sengend heiß, und wir hatten sehr unter der großen Hitze zu leiden. Da wir, außer den beiden kargen Mahlzeiten, kein weiteres Süßwasser oder andere Getränke erhielten, wurden wir ungemein vom Durst gepeinigt. Persönlich machte ich die Erfahrung, daß mir fast der Atem ausgegangen ist vor Durst, und ich konnte für mehr als eine Stunde kein Wort sprechen. Man kann sich daher leicht erklären, daß die Seeleute unter solchen Umständen es als ihr größtes Glück ansähen, würde das Meer sich plötzlich in ganz normales Süßwasser verwandeln ...

Ende April 1558. – Unsere letzte Speise bestand aus den Resten, die wir im Schiffsraum, wo unser Schiffszwieback aufbewahrt wurde, zusammenfegten. Wir fanden dort allerdings mehr Würmer und Rattenkot als Brotkrümel. Das Ergebnis verteilten wir löffelweise und verarbeiteten es zu einem Brei, der so schwarz und bitter wie Ruß war. Man kann sich ausmalen, wie vergnügt wir uns über diese Mahlzeit hermachten. Manche Leute besaßen noch Affen und Papageien, während andere ihre Tiere schon längst verzehrt hatten. Um ihnen Worte einer Sprache beizubringen, die sie noch nicht kannten, beförderten sie die Tiere, indem sie sich ihrer als Nahrungsmittel bedienten, in das Kabinett ihrer Erinnerung.

Anfang Mai 1558. – Seit Anfang Mai fehlte es uns an allen üblichen Lebensmitteln. Zwei Matrosen starben am Wahnsinn vor Hunger. Anstatt sie zu bestatten, wurden sie – wie auf See üblich – über Bord geworfen ...

Die Schiffsjungen wurden so vom Hunger gequält, daß sie alle Hornteile der Schiffslaternen (von denen es an Bord der seegehenden Schiffe sehr viele gibt) aßen. Ebenso machten sie sich über alle Talgkerzen her, deren sie habhaft werden konnten. Trotz unserer Körperschwäche und der Gefahr, unterzugehen und mehr Wasser trinken zu müssen, als wir Essen bekamen, nahmen wir ununterbrochen, Tag und Nacht, die schwere Arbeit auf uns, welche die Bedienung der Pumpen erforderte ...

Der Durst aber quälte uns weit mehr noch als der Hunger. Regnete es, breiteten wir Leinentücher aus, in deren Mitte sich eine Eisenkugel befand, und so leiteten wir das Wasser in die Gefäße. Wir hielten auch das Regenwasser fest, das auf Deck in kleinen Rinnsalen herniederrieselte. Wegen des Schmutzes, der teilweise auch von den Füßen herrührte, war es dreckiger als das Regenwasser in den Straßen der Stadt. Trotzdem konnten wir es nicht unterlassen, davon zu trinken." (9) Q

(a) Beschreibt die Gefahren und Entbehrungen, denen Matrosen auf einer Seereise ausgesetzt waren.

(b) Erklärt, warum eine Seereise im 16. Jahrhundert ein großes Wagnis war.

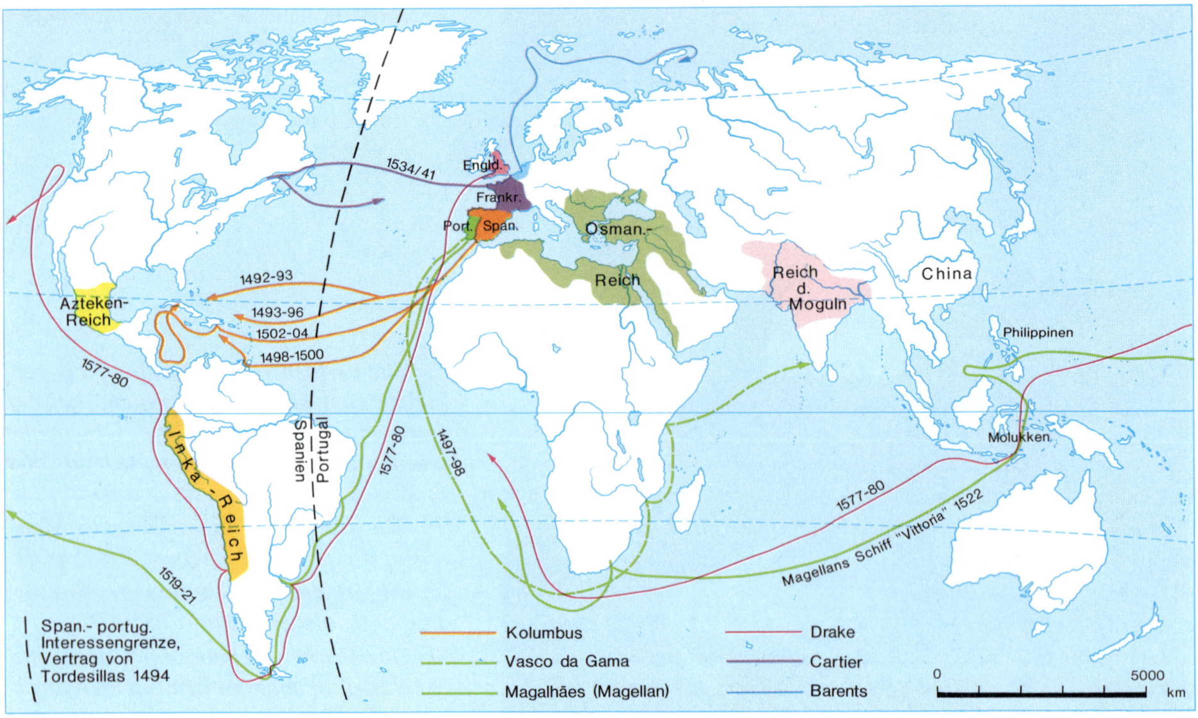

Entdeckungsfahrten im 15. und 16. Jahrhundert.

(5) **Berühmte Entdeckungsfahrten im 15./16. Jahrhundert**

(a) Beschreibt mit Hilfe der Karte die Fahrrouten der folgenden Entdecker: Vasco da Gama, Magellan, Cartier, Drake, Barents.

(b) Stellt fest, aus welchen Ländern diese Entdecker aufbrachen.

1. Erläutere, welche Bedeutung die Darstellung der Erde als „Globus“ für die Entdeckungsfahrten im 15./16. Jahrhundert hatte. Zähle auch auf, über welche technischen Hilfsmittel die Seeleute verfügen mußten, damit sie auf Entdeckungsfahrt gehen konnten.

2. Berichte über die Ankunft von Kolumbus in Amerika und über sein Verhalten im neu entdeckten Land.

3. Zähle Regionen der Erde auf, die erst seit dem 16. Jahrhundert den Europäern bekannt sind.

4. Trage in eine Liste verschiedene Ursachen und Motive für die Entdeckungen ein; denke an Könige, Kaufleute, Kapitäne und Matrosen, Missionare, Wissenschaftler.

5. Erkläre, wie die Berichte über Entdeckungen das Bild von der Welt veränderten, das die Europäer hatten.

Der älteste erhaltene Erdglobus des Nürnbergers Martin Behaim (1459–1507).

1419 Madeira-Inselgruppe entdeckt
1487 Kap der guten Hoffnung durch Bartolomeo Diaz entdeckt
1492 Globus von Martin Behaim, Nürnberg
1492 Kolumbus entdeckt die Westindischen Inseln (Guanahani, Kuba, Haiti)
1498 Vasco da Gama entdeckt den Seeweg nach Indien um Afrika herum
1500 Entdeckung Brasiliens
1513 Entdeckung des Stillen Ozeans
1519–1521 Erste Weltumsegelung durch Fernando Magellan

Indio: Spanische Bezeichnung für die Bewohner Mittel- und Südamerikas bei der Ankunft der Europäer.

Mogulreich: Es wurde in Indien im 16. Jh. von Nachkommen der Mongolenherrscher aus dem Geschlecht der Timuriden gegründet. Timur Leng (oder Timurlan, d. h. Timur der Lahme) hatte um 1400 in Samarkand regiert und Eroberungszüge nach Persien, Bagdad, Delhi unternommen. Sein Enkel Ulug Beg gilt als einer der größten Wissenschaftler der Welt. Die Timuriden unterwarfen im 16. Jh. Indien und regierten ihr Reich bis zur Eroberung Indiens durch die Engländer im 18. und 19. Jh.

Westindien: Bezeichnung für die Inseln, die der Nordküste Mittelamerikas vorgelagert sind (Bahama-Inselgruppe und Antillen). Der Name stammt von Kolumbus, der 1492 diese Inselgruppe entdeckte, aber glaubte, den westlichen Weg nach Indien gefunden zu haben.

Quellennachweis

(1) Zeit-Magazin vom 21. 1., Hamburg 1984
(2) C. Canby: Geschichte der Seefahrt. Edition Rencontre, Lausanne 1965, S. 43 ff.
(3) J. R. Hale: Die Reisen der Entdecker. Rowohlt Life 21, Reinbek bei Hamburg 1971, S. 106 f.
(4) G. Guggenbühl: Quellen zur allgemeinen Geschichte, Bd. 3, Zürich 1965, S. 5.
(5) Toscanelli an Fernan Martins in Lissabon im Jahr 1474. Zitiert aus: H. Krieger: Materialien für den Geschichtsunterricht, Bd. IV, a.a.O., S. 19.
(6) Leo Africanus: Beschreibung Afrikas. 1525. In: Kulturgeschichte aus erster Hand. Würzburg 1963, S. 186.
(7) Leo Africanus: Beschreibung Afrikas. In: B. Davidson: Afrika. Stämme, Staaten, Königreiche. Rowohlt Life 28. Reinbek bei Hamburg 1972, S. 89.
(8) Columbus: Bordbuch, Briefe, Berichte, Dokumente. Hrsg. v. E. G. Jacob. Bremen 1956, S. 42 f.
(9) J. de Lery: Brasilianisches Tagebuch 1557. Zitiert aus: Geschichtliche Weltkunde. Quellenlesebuch, Band 2. Diesterweg 3302, S. 29 f.

Lesetip

H. Baumann: Der Sohn des Kolumbus. Loewes, Bundlach 1985 (JB)
A. Hageni: „Ich will nach Indien". Christoph Columbus. dtv junior Tb. 7213 (JB)
H. Harrer: Entdeckungsgeschichte aus erster Hand. Würzburg 1976 (QS)
H. Schreiber: Weltgeschichte der Seefahrt. Würzburg 1973 (SB)
K. R. Seufert: 3000 Jahre Afrika. Baden-Baden 1973 (SB)
R. Siebert: Magellan-Entdecker im Zwielicht. Spurensuche in Südostasien. Arena Würzburg 1987 (SB)

Eine europäische Darstellung Westafrikas aus dem Jahre 1500. Diese spanische Karte zeigt, daß die Europäer nicht auf einen Kontinent ohne Kultur stießen. Die Mittel der Darstellung entsprechen allerdings nicht der Realität. Könnt ihr diese Behauptung begründen?

1.4. Herrschaft über Kolonien

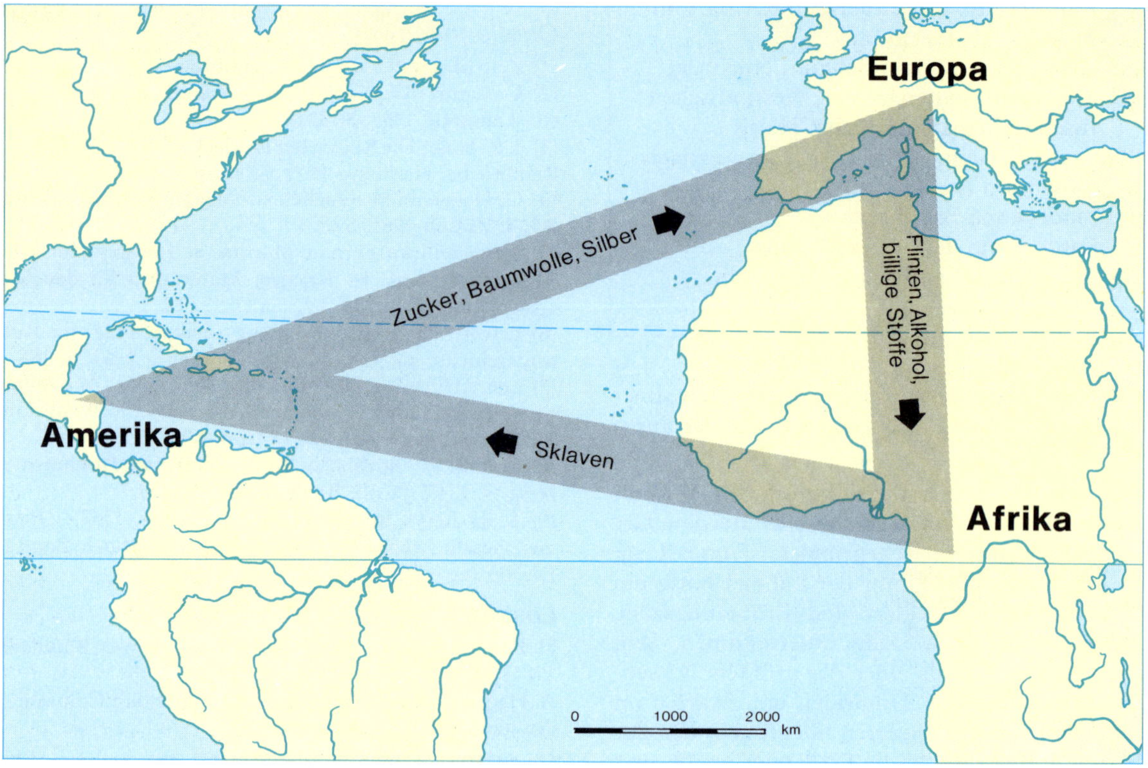

Dreieckshandel.

„Es entwickelte sich ein gewinnbringendes Dreiecks-Geschäft: mit billigen Tauschwaren befrachtet, segelten die Schiffe von Europa nach Afrika, handelten dort von den Häuptlingen der Küste das ‚schwarze Elfenbein' ein, löschten diese Ladung in den amerikanischen Häfen und kehrten von dort mit den Erzeugnissen der Plantagen nach ihren Heimathäfen zurück. Träger des Sklavenhandels und Besitzer der Küstenfestungen in Afrika waren meist Privatunternehmen, die staatliche Patente [Handelsgenehmigungen] besaßen. Der Grundstock für den bürgerlichen Wohlstand mancher westeuropäischen Hafenstadt ruht auf dem Sklavenhandel. Allmählich sicherte sich England den entscheidenden Geschäftsanteil." (1)

Sklavenhandel → Zucker, Baumwolle, Silber → Wohlstand in Europa → Armut in der Dritten Welt ... Die Gedankenkette vereinfacht die Entwicklung erheblich. Aber gibt sie nicht doch zu denken?

- Welche Staaten gab es in Mittel- und Südamerika vor der Ankunft der Europäer?
- Wie lebten die Menschen dort? Wie verhielten sie sich zu den Europäern? Wie wurden sie von den Europäern behandelt? Warum waren die Indianer den Europäern unterlegen?
- Welche Vorteile zogen die Europäer aus den *Kolonien** ?
- Welche Folgen hatte die europäische Herrschaft für Mittel- und Südamerika?

Zerstörung des Aztekenreiches. Seit Kolumbus folgte eine Expedition der anderen; man entdeckte Mittel- und Südamerika (*Lateinamerika**). Der spanische Ritter Hernán Cortés unternahm mit einer Truppe von 550 Mann eine Expedition in das *Aztekenreich** in Mexiko. Er wollte das Gold des Königs Montezuma, von dem die Indianer sagenhafte Geschichten erzählten. Mit Hilfe anderer Indianerstämme, die gegen den Aztekenherrscher rebellierten, gelangte Cortés in die Hauptstadt Tenochtitlán, die mit ihren rund 300 000 Einwohnern wie ein zweites Venedig mitten in einem See lag.

Die Azteken betrachteten die „kalkgesichtigen" Fremden als Boten einer weißen Gottheit. Als die Spanier ihre Gottesdienste störten, um sie zum Christentum zu bekehren, kam es zum Kampf. Cortés konnte sich mit wenigen Überlebenden retten. Im nächsten Jahr kam er mit Verstärkung zurück, eroberte und zerstörte Tenochtitlán und nahm das Aztekenreich in spanische Verwaltung (1521). Es erhielt den Namen „Vizekönigreich Neuspanien". → (1)

Das Ende der Inkas. Auch das *Inkareich** in Peru erregte wegen seines Goldschatzes das Interesse der Spanier. Das Land in den Anden war mit kunstvollen Anlagen bewässert, es wurden z. B. Tabak und Kartoffeln angebaut. Die Indios mußten Gemeinschaftsarbeit leisten; Luxus war verboten, Faulheit galt als Verbrechen. Beauftragte des Inka wachten darüber, daß die Alten und Kranken von den Dorfgemeinschaften versorgt wurden. Bei Mißernten wurde die Bevölkerung aus den staatlichen Vorratshäusern versorgt, wo der Großteil der in Form von Naturalien geleisteten Abgaben gesammelt und aufbewahrt wurde. Die Inkas besaßen ein großes Heer und konnten ihr Land mit zahlreichen Bergfestungen, die aus mächtigen Quadern gebaut waren, gegen die zahlenmäßig unterlegene Expeditionstruppe der Spanier verteidigen. Da nahm der spanische Feldherr Pizarro den Inkaherrscher, der ohne Waffen zu einer Unterredung gekommen war, gefangen und forderte von der Bevölkerung ein unvergleichliches Lösegeld: Ein ganzes Zimmer von rund 100 qm Fläche sollte mit Gold gefüllt werden. Obwohl die Inkas dieser Forderung nachkamen und Gold im Wert von mehr als 30 Millionen Mark aufbrachten, ließ Pizarro den Fürsten erwürgen, nachdem man ihn vorher zur Taufe gezwungen hatte. Das Volk gab seinen Widerstand auf, und das Inkareich wurde spanisch. → (2)

Handel mit den neuen Kolonien. Aus dem fernen „Indien" kamen jährlich ein paar Dutzend portugiesische Schiffe nach Lissabon, beladen mit Pfeffer, Zimt, Muskatnüssen und Gewürznelken, zum Teil auch mit Gold und Elfenbein, Seide und Porzellan. Weit wichtiger als der portugiesische Orienthandel wurde jedoch der Warenaustausch zwischen Spanien und der „Neuen Welt". Über den Atlantik verkehrten jährlich 50 bis 100 Schiffe, von denen jedes im Durchschnitt ein paar hundert Tonnen Fracht laden konnte. Sie fuhren meist im Geleitzug, zum Schutz gegen Piraten. Aus Sevilla brachten sie Stoffe, Waffen, Haushaltsgegenstände, Glas, Papier, Bücher und all die Güter, die die spanischen Kolonisten aus ihrer Heimat gewohnt waren. Die spanische Regierung duldete nicht, daß man sie in der Neuen Welt selbst herstellte, denn sie wollte das europäische Gewerbe schützen; darum mußten sie importiert werden.

Die Kolonien lieferten dafür ihre Erzeugnisse: Zukker, den man auf großen Plantagen anbaute, Tabak und Kakao, später auch Baumwolle, – und vor allem Edelmetall. Das Gold, das die Eroberer in Mexiko und Peru an sich gerissen hatten, stammte aus Schätzen, die in Palästen und Tempeln gehortet waren. Sie waren schnell verbraucht, aber um 1550 entdeckten die Spanier bei Potosí im heutigen Bolivien die reichsten Silberminen der Welt. Unter Anleitung deutscher Bergbaufachleute mußten Zehntausende indianischer Zwangsarbeiter das Erz abbauen. Der spanischen Herrenschicht in den Kolonien brachte der Bergbau noch mehr Gewinn als die Plantagenwirtschaft. Das Silber strömte nach Spanien; ein Fünftel ging an die Krone, mit dem übrigen wurden vor allem Importe bezahlt. → (4)

Folgen der „Silberschwemme". Von 1550 bis 1600 stieg die Einfuhr von Silber aus Amerika auf das Fünfzehnfache: von 17 500 kg auf 270 000 kg Silber pro Jahr. Das Silber finanzierte nicht nur den Warenbedarf der Spanier in Übersee. Auch das Mutterland kaufte jetzt Getreide, Weine, Gewebe, Metallwaren, Pulver und Kanonen in Frankreich, Italien, den Niederlanden, in Deutschland und England in wachsendem Umfang. Während die Silberproduktion in Amerika anstieg, sank der Wert des Metalls und die Preise stiegen: Es herrschte eine Inflation. Zwischen 1500 und 1600 verlor in Europa das Geld rund drei Viertel seines Wertes. Wer um 1600 Brotgetreide kaufte, bezahlte dafür im Durchschnitt den vierfachen Preis, den es 100 Jahre zuvor gekostet hatte. Am härtesten traf diese Entwicklung das spanische Mutterland. Da die Spanier es versäumten, Gewerbe und Landwirtschaft im eigenen Land mit dem Geld aus Übersee zu fördern, und weil sie statt dessen die Einnahmen aus den Kolonien für den Import aus den europäischen Nachbarländern verbrauchten, ist ihr Land durch den Überseehandel am Ende ärmer geworden als vor dem Erwerb der Kolonien.

Folgen für die Indios. Für die meisten Indios schien sich zunächst durch die spanische Eroberung wenig zu verändern. Aber mit den gewohnten Herrschern und den alten Göttern verschwand auch die alte Ordnung. In Peru verfielen die Bewässerungsanlagen, die Organisation der Städte und Dörfer in Mexiko brach zusammen. Die Indios übernahmen das Christentum, das – wie sie glaubten – die weißen Eindringlinge so überlegen gemacht hatte. Aber auch die getauften Indios blieben rechtlos. Die weißen Herren eigneten sich nicht nur das Land an. Viele indianische Mädchen bekamen Kinder von Spaniern; diese, Mestizen genannt, standen im Ansehen zwischen Weißen und Indios. So entstand eine abgestufte Gesellschaft mit wachsenden Gegensätzen.

Verheerend wirkte sich etwas aus, was die Spanier ohne Absicht in die Kolonien einschleppten: Seuchen wie Pocken, Typhus, vielleicht auch die Syphilis, außerdem Masern und Grippe, denen die Indios wegen der mangelnden Widerstandskraft ihres Körpers erlagen. Mexiko verlor bis zum Jahre 1600 ungefähr 80% seiner Bevölkerung; in Peru wurden die einst dichtbesiedelten Gebiete menschenleer. → (5)

Schwarze Sklaven nach Amerika. Viele Indios mußten als Zwangsarbeiter auf Plantagen, in Bergwerken und Goldwäschereien arbeiten. Gegen die unmenschliche Behandlung, der sie dabei ausgesetzt waren, protestierte Las Casas, ein Dominikanermönch und Bischof, indem er die Zustände dem König in Madrid berichtete. Der erließ Gesetze zu Gunsten der indianischen Arbeiter, aber sie wurden nicht befolgt. Viele Indios gingen elend zugrunde. Da holte man Negersklaven aus Afrika in die Bergwerke und auf die Plantagen. So wurde ein Übel durch ein anderes ersetzt, denn nun lebte die Sklaverei in neuer Form wieder auf.

Mehr als dreihundert Jahre lang trieben die Europäer den Sklavenhandel. Menschen wurden als Ware behandelt. An den Küsten und im Innern Afrikas wurden sie gejagt und gefangen, auf Schiffe gepfercht, unter qualvollen Umständen nach Amerika gebracht und wie Vieh verkauft. Als Sklaven mußten sie dann ein Leben lang schuften, den Launen der Herren und ihrer Aufseher ausgeliefert, beim geringsten Vergehen von barbarischen Strafen bedroht; sie kannten kein Familienleben, keine Hoffnung. Mit der Ware Mensch waren gute Geschäfte zu machen: Wenn der König den Höchstpreis für den Ankauf auf 100 Dukaten festsetzte, erhielt man beim Verkauf ein Vielfaches davon. Die Transportkosten waren gering, und mochten auch oft dreißig von hundert auf der Überfahrt sterben, die Ladung brachte noch immer einen Profit von 100 Prozent und mehr. Afrika verlor insgesamt mindestens 20 Millionen Menschen. → (3)

Die Darstellung aus einer mexikanischen Bilderhandschrift zeigt Cortés, wie er mit Hilfe einer indianischen Dolmetscherin mit den Tlaxcalteken verhandelt. Dieser Indianerstamm war mit den Azteken verfeindet, verbündete sich mit den Spaniern und stellte ihnen Lebensmittel, Futter für die Pferde und Hilfstruppen zur Verfügung.

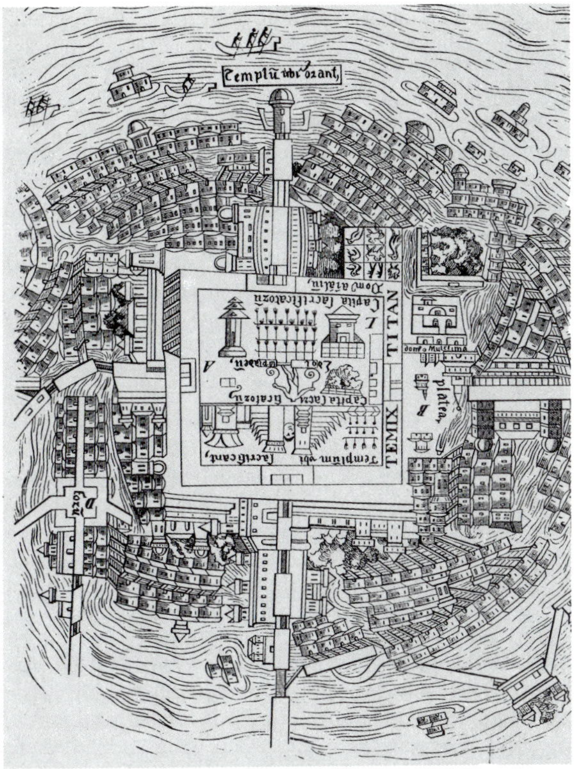

(1) Wie reich waren die Azteken?

Cortés berichtet an Kaiser Karl V. (vgl. S. 46 ff.) über Tenochtitlán, die Hauptstadt des Aztekenreiches:

„Die Stadt hat viele öffentliche Plätze, auf denen beständig Markt gehalten wird. Dann hat sie auch einen anderen öffentlichen Platz, rundum ganz mit Säulenhallen umgeben, wo sich täglich über 60 000 Seelen zusammenfinden: Käufer und Verkäufer von Lebensmitteln, Kleinodien aus Gold und Silber, Blech, Messing, Knochen, Muscheln, Hummerschalen und Federn ... Es gibt Apotheken, wo man zubereitete Arzneien verkauft, Tränke und auch Salben und Pflaster. Es gibt Häuser, wo man für Geld Essen und Trinken verabreicht. Es gibt Leute zum Lasttragen. Man verkauft viel Holz, tönerne Kohlenpfannen und Matten von ganz verschiedener Art, teils Schlafmatten, teils feinere zu Sitz- und Fußdecken in Sälen und Zimmern ... Es gibt in dieser Stadt viele sehr gute und sehr große Häuser. Es gibt so viele vornehme Häuser, weil alle großen Herren des Landes und Vasallen des Montezuma ihre Häuser in der Stadt haben und dort eine gewisse Zeit des Jahres residieren; aber auch sonst gibt es viele reiche Bürger, die gleichfalls sehr schöne Häuser besitzen. Sie alle haben außer sehr schönen, großen Gemächern auch sehr hübsche Blumengärten ... An allen Eingängen der Stadt und wo die Kähne ausgeladen werden, also an den Stellen, durch die der größere Teil aller Lebensmittel in die Stadt gelangt, sind Hütten gebaut, wo sich Wachtposten aufhalten, die eine Abgabe von allem erheben, was eingeht. Ich weiß aber nicht, ob diese Beträge für den Herrscher oder für die Stadt erhoben werden." (2) Q

Links: Plan der Stadt Tenochtitlán (= Mexiko) im Jahre 1524. In der Mitte liegt der große Opferplatz mit dem königlichen Tiergarten. Die Spanier bauten die Stadt nach der Zerstörung entsprechend der früheren Anlage wieder auf. Der Plan befindet sich in einem Bericht des Hernán Cortés an Kaiser Karl V.

(a) Was hat Cortés, was hat euch an Tenochtilán beeindruckt?

(b) Worin sind sich Tenochtitlán und Venedig ähnlich?

(c) Erläutert die Bilder S. 24 und 25.

Eine Federkrone, die vermutlich zu den Gastgeschenken gehörte, welche Montezuma dem Eroberer Cortés 1519 überreicht hat.

Die Götter und die religiösen Bräuche spielten im Leben der Azteken eine große Rolle. Zu diesen Bräuchen gehörten auch Menschenopfer (aus einer mexikanischen Bilderhandschrift).

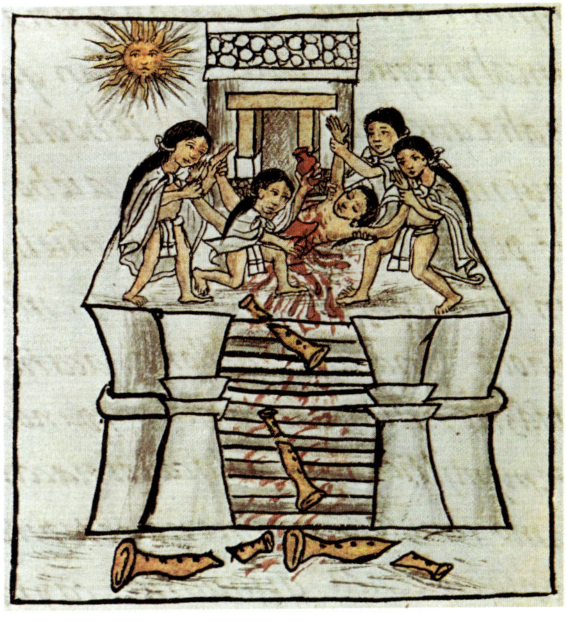

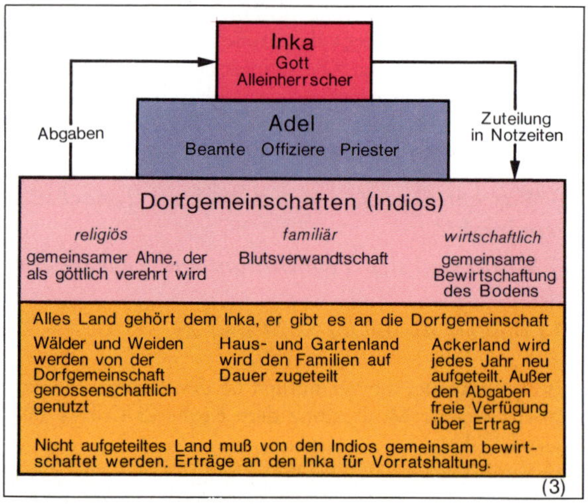

(2) **Staats- und Gesellschaftsaufbau im Reich der Inkas**

(a) Beschreibt die Herrschafts- und Rangordnung im Inkareich.

(b) Nennt die Aufgaben von Indios und Inka.

(c) Erläutert die Regelungen für das Eigentum im Inkareich.

(d) Warum hatten die Spanier besonderes Interesse daran, den Inka in ihre Hand zu bekommen?

(3) **Wie wurden Indios durch Europäer behandelt?**

Aus zeitgenössischen Berichten erfahren wir:

„Aus der Stadt und Gemarkung Cuzco nahmen die Spanier auf ihrem Entdeckerzug eine große Menge von Lamas, Bekleidung und andere Vorräte mit; [Indios,] die nicht freiwillig folgten, mußten, in langen Kolonnen mit Seilen und Ketten aneinander gefesselt, halbtot vor Hunger, den Tag über schwere Lasten tragen und wurden nachts auch an den schaurigsten und rauhesten Orten nicht losgebunden. Dies sprach sich schnell im Land herum, so daß die Eingeborenen sich nicht mehr getrauten, in ihren Dörfern die Spanier zu erwarten. Sie verließen ihre Wohnungen, Vorräte und Herden, und die Spanier verfügten frei darüber. Wenn keine Indios als Träger zur Stelle waren und keine Weiber zu ihrer Bedienung, taten sich in einem Dorf jeweils 10 oder 20 oder auch nur 4 bis 5 Spanier zusammen und machten unter dem Vorwand, daß die Indios in diesem Gebiet aufständisch seien, große Razzien [überraschende Fahndungen], legten die gefangenen Indios in Ketten und verschleppten sie samt ihren Frauen und Kindern." (4) Q

„Die spanischen Aufseher behandelten die versklavten Indianer mit solcher Strenge und Härte und derart unmenschlich, daß man sie nur für Teufelsknechte halten konnte, sie ließen ihnen bei Tag und Nacht nicht einen Augenblick Ruhe. Sie gaben ihnen Stock- und Rutenhiebe, Ohrfeigen, Peitschenschläge, Fußtritte und nannten sie nie anders als Hunde. Bei der fortgesetzten unmenschlich harten Behandlung, der pausenlosen unerträglichen Arbeit, bei der man sie niemals ausruhen ließ, und da sie genau wußten, daß nur der Tod sie davon befreien werde, wie ihre Leidensgenossen, die sie neben sich sterben sahen, ergriff sie eine Verzweiflung wie die Verdammten im Höllenfeuer, und einzelne flohen in die Berge, um sich dort zu verstecken ..." (5) Q

(a) Beschreibt und besprecht anhand der Texte und Bilder das Verhalten von Spaniern gegenüber den Indios.

Grausamkeiten der Spanier in Mexiko. Mexikanische Bilderhandschrift.

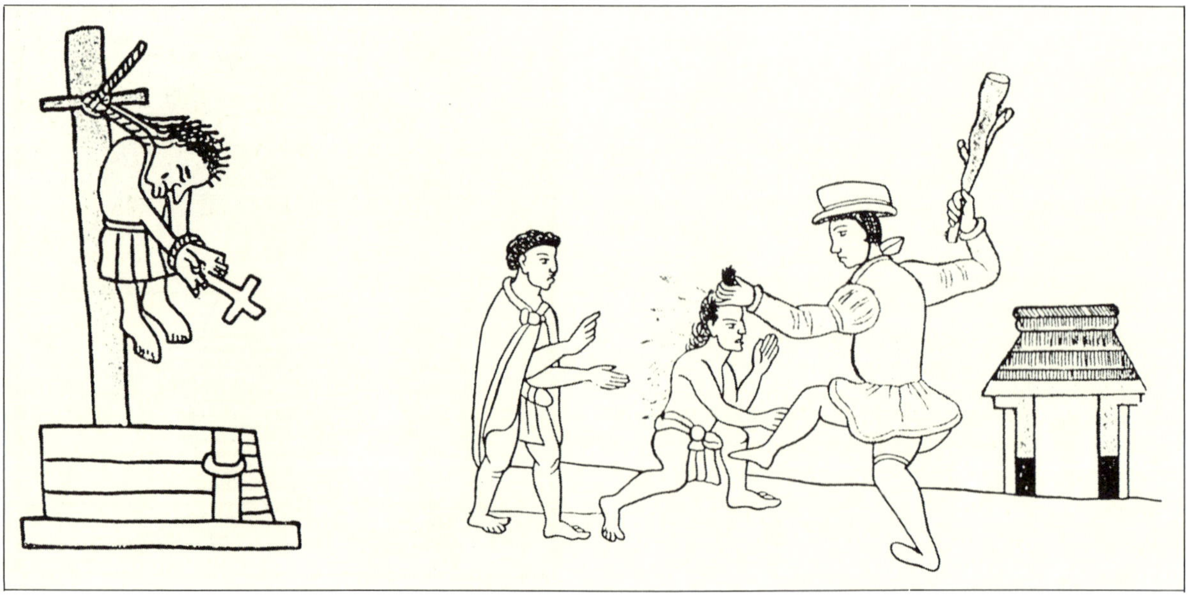

(b) Der Verfasser des zweiten Textes, der Bischof Las Casas, war selbst Spanier. Was wollte er mit seinem Bericht bewirken?

(c) Die spanische Regierung erließ immer wieder Gesetze zum Schutz der Indios. Wodurch war die Durchführung der Gesetze wohl behindert?

(4) Warenaustausch zwischen der „Alten" und der „Neuen" Welt

Europäer brachten nach Amerika: Pferde, Rinder, Schafe, Schweine, Hühner, Weizen, Zuckerrohr, Kaffee, Oliven-, Orangen-, Zitronenbäume, Rebstöcke.
Aus Amerika kamen nach Europa: Mais, Erdnüsse, Kakao, Tabak, Ananas, Kartoffeln, Tomaten, Silber, Gold.

(a) Erörtert die Bedeutung der Waren, die neu für Amerika bzw. neu für Europa waren.

(b) Prüft die Behauptung: Durch die Entdeckung Amerikas wurden wichtige Nahrungsmittel in Europa bekannt. Welche Rolle spielen sie heute?

(c) Inwiefern kann man sagen, der Reichtum europäischer Handelsnationen im 17. und 18. Jh. beruhe auf der Ausbeutung von Kolonien?

(5) Die Bevölkerungsentwicklung in Mittelamerika

Die Bevölkerung Mittelamerikas (Schätzung):

1519	11 000 000 Menschen
1540	6 427 466 Menschen
1565	4 409 180 Menschen
1597	2 500 000 Menschen

(a) Erläutert die Tabelle.

(b) Aus welchen Gründen ist die Bevölkerungszahl so stark zurückgegangen (vgl. S. 24)?

(c) Informiert euch über die heutige Bevölkerungsentwicklung in Lateinamerika.

(6) Mexiko entdeckt seine Geschichte

Das Hauptgebäude der Universität in Mexiko.

(a) Woran erinnert euch die Darstellung am Universitäts-Gebäude?

(b) Was soll die Erneuerung solcher Traditionen bewirken?

Teilstück der Pyramide des altmexikanischen Gottes Quetzalcoatl im Tempelbezirk von Teotihuacan.

1. Schildere am Beispiel des Azteken- oder Inkareiches, welche kulturellen und wirtschaftlichen Verhältnisse die Indios hatten, bevor die Spanier kamen.

2. Beurteile das Verhalten der Spanier in Mittel- und Südamerika. Berücksichtige, daß sie das Christentum verbreiten wollten.

3. Erläutere das Schaubild auf der Titelseite des Kapitels.

4. Schreib auf, welche positiven oder negativen Auswirkungen die Ausbeutung der Kolonien für Spanien hatte.

Azteken: Indianerstamm in Mexiko mit der Hauptstadt Tenochtitlán (heute Mexiko-City). Oberste Gottheit war der Sonnengott Huitzlipochtli, dem Menschenopfer dargebracht wurden.

Inka: Herrschertitel und zugleich Bezeichnung für einen Indianerstamm in Südamerika. Der Inkaherrscher galt als Sohn der Sonne und wurde nach seinem Tod als Gott verehrt. Das Inkareich besaß eine hohe Kultur und einen gut organisierten Staat.

Kolonie: Gebiet, das von einer fremden Macht abhängig ist. In der Neuzeit handelt es sich besonders um Besitzungen in Übersee, die von europäischen Staaten erobert oder erworben wurden. Vgl. die griechischen „Kolonien" im Altertum.

Lateinamerika: Weil die Bevölkerung in den heutigen Staaten Mittel- und Südamerikas die Sprache ihrer ehemaligen Kolonialherren – d. h. der Spanier und Portugiesen – spricht und weil diese Sprachen aus dem Lateinischen hervorgegangen sind, nennt man diesen Teil Amerikas Lateinamerika.

1519–21 Hernán Cortéz erobert und zerstört das Azteken-Reich (Mexiko)
1531–34 Francisco Pizarro erobert und zerstört das Inka-Reich (Peru)
seit 1510/11 Schwarze Sklaven nach Mittelamerika

Quellennachweis

(1) F. Ansprenger: Afrika. Eine politische Länderkunde. Colloquium Verlag, Berlin 1969, S. 14.
(2) Die Eroberung von Mexiko. Drei eigenhändige Berichte von Cortés an Kaiser Karl V. Zitiert aus: Geschichtliche Quellenhefte mit Überblick, Heft 4/5, a.a.O., S. 35 ff.
(3) Nach: Süß / Bickel / Petry: Curriculum Geschichte III/1, Diesterweg 7958, S. 10
(4) Christobal de Molina: Unterdrückung der Indios. Zitiert aus: L. und T. Engl: Die Eroberung Perus in Augenzeugenberichten. München 1975, S. 189.
(5) Las Casas: Bericht über die Verwüstung Indiens. Zitiert aus: Geschichtliche Weltkunde, Band 2. Diesterweg 3312, S. 26.

Lesetip

H. Baumann: Gold und Götter in Peru. Ravensburger Tb. 151 (JB)
J. Bayer: Hernando Cortés. Arena, Würzburg 1984 (JB)
C. A. Burland: Montezuma. Ploetz Bildbiografie. Würzburg 1977 (WD)
N. Davies: Die Azteken. rororo Tb. 6950 (WD)
Hans D. Disselhoff: Das Imperium der Inka. Heyne Tb. 7060 (WD)
Klaus Gröper: Schwarze Fracht nach Westen. Arena, Würzburg (JB)
Hans Helfritz: Amerika. Inka, Maya und Azteken. Überreuter, Wien/Heidelberg 1979 (SB)
So lebten sie zur Zeit der Maja, Azteken und Inka. Tessloff, Hamburg
J. Wassermann: Das Gold von Caxamalca. Reclam Universal-Bibl. 6900 (HR)

Die Reste von Machu-Picchu, einer Grenzfestung der Inkas. Steinerne Treppen führen zu den verfallenen Mauern aus gewaltigen geschliffenen Granitklötzen. Es gab einen Herrscherpalast, Tempel und Straßen mit Wohnhäusern und Werkstätten.

2. Trennung im Glauben, Kampf um den Glauben: Die Reformation und ihre Folgen

2.1. Martin Luther, Reformator des Glaubens und der Kirche

Albrecht Dürer: Die falschen und die wahren Apostel Christi. Einblattdruck, Anfang des 16. Jahrhunderts.

Von rund 1,2 Mrd. Christen in der Welt gehören über 700 Mio. der katholischen Kirche, rund 350 Mio. protestantischen Kirchen, etwa 140 Mio. orthodoxen Kirchen an. In „Ökumenischen Gottesdiensten" beten Priester und Gläubige verschiedener Konfessionen gemeinsam. Aber die Kirchen sind immer noch getrennt.

- Seit wann gibt es evangelische und katholische Christen? Was trennt, was verbindet sie?
- Wer war Martin Luther? Was lehrte er? Warum hatte seine Lehre so großen Erfolg?
- Kann man entscheiden, wer die „falschen" und wer die „wahren" Apostel Christi sind?

Mißstände in der Kirche. Vor 500 Jahren war ganz Europa katholisch. Der Papst leitete die Kirche und entschied über ihre Lehre. Religion war keine Privatsache. Die Kirche stand mitten im öffentlichen Leben, Pfarrer und Geistliche waren zuständig für Hochzeit und Begräbnis, Erziehung und Schule, Armenfürsorge und Krankenpflege. Sie sollten den Menschen ein Beispiel sein. Aber viele Pfarrer, Mönche, Äbte, Bischöfe und sogar Päpste waren alles andere als Vorbilder. Sie wollten aufwendig leben, genießen, Macht haben und herrschen. Ihre Ausbildung war oft äußerst mangelhaft. Dagegen wuchs die Zahl gebildeter Laien, vor allem in den Städten. Man wußte mehr als früher. Deshalb nahm auch die Kritik an der Kirche zu. In Florenz fand der Mönch Savonarola bei den Bürgern lauten Beifall, als er gegen die politischen und moralischen Mißstände in der Stadt predigte und einen „Gottesstaat" auf Erden errichten wollte. Aber der Papst verbot Savonarola zu predigen und erreichte, daß er 1498 als Ketzer verbrannt wurde. → (1) (2)

Beginn der Reformation. Die Kritik verstummte nicht; zwanzig Jahre nach Savonarola wurde ein anderer zu ihrem Wortführer: Martin Luther (1483–1546). Seine Wirkung beschränkte sich nicht auf seine Zuhörer in Wittenberg, wo Luther seit 1513 als Professor der Bibelkunde an der kursächsischen Landesuniversität und als Prediger in der Schloßkirche wirkte.
Im Herbst 1517 wurde Luther mit einem Schlag im ganzen Reich bekannt. Der Papst plante den Bau einer neuen Peterskirche in Rom. Er brauchte dafür viel Geld. Darum versprach er in einem Rundschreiben allen Christen einen *Ablaß**, wenn sie Geld für den Bau spendeten. Ursprünglich war der Ablaß als Hilfe für die Gläubigen gedacht, denen für begangene Sünden harte Bußstrafen (z. B. mühselige Pilgerfahrten oder Fasten bei Wasser und Brot) auferlegt worden waren. Die Zahlung von Geld sollte diese Strafen erträglicher machen. Jetzt aber benutzte der Papst den Ablaß einfach als Geldquelle.

„Prediger wanderten durch Europa. Was sie sagten, kam [oft] dem Versprechen gleich, daß der bloße Kauf dieses Ablasses den Eintritt in den Himmel sichern würde, nicht nur für die Spender, sondern auch für ihre toten Verwandten, die im *Fegefeuer** ihre Sünden büßten. Es gab viele Ablaßprediger in Europa; der bemerkenswerteste unter ihnen war der Dominikanermönch Johannes Tetzel (1465–1519). Er war ein ausgezeichneter Händler und ein vollendeter Schausteller, und seine Ankunft in einer Stadt hatte etwas von dem Einzug eines Zirkus. Er war ein großer Geldeintreiber für Rom, aber allen ernsthaften Menschen ein Greuel. Im April 1517 errichtete er eine prunkvolle Kanzel in der unmittelbaren Umgebung von Wittenberg . . ." (1)

Auch Leute aus Wittenberg kauften sich Ablaßbriefe bei Tetzel. Als sie nun zu Martin Luther kamen, um zu beichten und dabei so große Sünden wie Ehebruch, Wucher und Diebstahl bekannten, wollte sie Luther nicht absolvieren (lossprechen), weil sie nicht zur wirklichen Buße bereit waren. Da beriefen sich die Beichtenden auf ihre Ablaßbriefe, die sie von Tetzel hatten.
Darauf wandte sich Luther im Oktober 1517 an die zuständigen Bischöfe, u. a. an den Erzbischof Albrecht von Mainz, mit der Bitte, den Mißbrauch mit dem Ablaß doch einzustellen. Aber Albrecht war selbst an dem Geschäft beteiligt: Er erhielt die Hälfte der Einnahmen aus dem Verkauf des Ablasses und zahlte damit seine Schulden zurück. Er hatte nämlich beim Bankhaus der Fugger einen hohen Kredit aufgenommen – nach heutiger Währung wohl einige Millionen Mark –, weil der Papst eine Sondergebühr dafür verlangt hatte, daß er ihn zum Bischof mehrerer Bistümer gemacht hatte. Luther legte seinem Schreiben an die Bischöfe 95 Thesen zur Ablaßfrage bei, die er auch öffentlich bekannt machte. → (3) (4)

Bruch mit der „Römischen Kirche". Als Tetzel Luthers Thesen las, prahlte er: „Der Ketzer soll mir in drei Wochen ins Feuer geworfen werden." Die Sache wurde nach Rom berichtet. Der Papst hielt das Ganze mehr für ein „Mönchsgezänk", schickte aber schließlich einen Legaten (Gesandten), der die Sache mit Luther – wie dieser selbst berichtet – zunächst „freundlich und väterlich schlichten wollte", ihm dann aber die Forderung stellte, „den Irrtum zu widerrufen". Das lehnte Luther ab und forderte eine öffentliche Diskussion, in der er seine Äußerungen verteidigen wollte.
Diese neue, jetzt öffentliche Auseinandersetzung fand im Sommer 1519 in Leipzig statt. Als Vertreter der alten Lehre stand Professor Eck aus Ingolstadt Martin Luther gegenüber. Eck verlangte, daß jeder die Autorität des Papstes bedingungslos anerkenne. Luther bestritt die oberste Kirchengewalt des Papstes und äußerte, der Papst und selbst Konzilien könnten sich irren, die Heilige Schrift sei die einzige Quelle des Glaubens. Mit dieser Auffassung trat Luther in klaren Widerspruch zur Auffassung der römisch-katholischen Kirche, die davon ausgeht, daß der Glaube nicht nur auf der Bibel, sondern auch auf der „Überlieferung" aufbaut, d. h. auf Glaubenssätzen, die im Laufe der Zeit vom Papst und den Bischöfen verkündet und von den Gläubigen befolgt worden sind. → (5)

Luthers Lehre. Luther war ein sehr gewissenhafter Mensch, der sein Mönchtum ernst nahm. Die Frage quälte ihn: „Wie bekomme ich einen gnädigen Gott, wie kann ich des Heiles gewiß werden, wie kann ich den majestätischen Gott lieben?" Im andächtigen Studium der Heiligen Schrift hatte Luther um das rechte Verständnis der christlichen Lehre gerungen. Er wollte allein das Wort der Bibel gelten lassen. Im Evangelium sollte jeder Christ selbst erfahren, was Gott ihm zu sagen habe. Die Heilige Schrift allein, nicht die gelehrten Abhandlungen der Theologen bildeten für Luther die Quelle des Glaubens. Indem er die Gläubigen lehrte, daß der sündige Mensch sich weder selbst vor Gott rechtfertigen, noch seine Schuld aus eigener Kraft wiedergutmachen könne, gab er ihnen zugleich die Hoffnung, daß Gott jedem Verzeihung und Gnade schenken werde, der sich im Glauben seiner Gerechtigkeit anvertraut. Luther war der Meinung, daß die Äußerlichkeiten im religiösen Leben – die Wallfahrten, Kirchen- und Glockenweihen, der Handel mit Reliquien, Heiligenbildern und Ablaßbriefen – den wahren, eigentlichen Glauben verdeckten. Er lehrte die Menschen, daß „gute Werke" ohne gläubige Gesinnung nichts wert seien. Luther vertrat die Auffassung, daß mit der Taufe jeder Christ einen „geistlichen Stand" erwerbe und daß es darum keinen besonderen Priesterstand gebe. Alle Amtsträger der Kirche seien von der Gemeinde zu wählen, der sie vorstehen sollen.

Wirkung auf die Öffentlichkeit. Nach der Leipziger Disputation sprach man landauf und landab von dem Doktor Luther. Die Menschen kamen in Massen zu seinen Predigten. Seine Schüler aus der Universität trugen seine Gedanken hinaus in das Land. Und vor allem schrieb Luther zahlreiche Flugblätter, Abhandlungen und volkstümlich gehaltene Darstellungen seiner Lehre. Er setzte sich mit den Mißständen in der Kirche auseinander und rief dazu auf, diese Mißstände zu beseitigen, also die Kirche zu „reformieren". Die Titel der wichtigsten Schriften lauteten: „An den christlichen Adel deutscher Nation", „Von der babylonischen Gefangenschaft der Kirche" und „Von der Freiheit eines Christenmenschen" (1520). Mit diesen Schriften wurde Luther zum Volkshelden, denn die Unzufriedenheit mit der „Römischen" Kirche war groß. Die Buchdrucker hatten alle Hände voll zu tun; noch nie hatte Gedrucktes so reißenden Absatz gefunden. Jeder fühlte sich angesprochen.

Kirchenbann und Reichsacht. Schritt für Schritt war Luther mit seinen Ideen immer mehr in Gegensatz zur Kirche geraten. Er bestritt eine Reihe von *Sakramenten** und ließ nur Taufe, Buße und Abendmahl gelten. Er lehrte, daß ein Christ frei sei und in Glaubensfragen auch nicht dem Papst unterstehe. Lange zögerte der Papst, und zwar aus politischen Gründen, gegen Luther entschieden vorzugehen. Im Sommer 1520 war es so weit: Eine päpstliche Bulle (Erlaß) wurde nach Wittenberg geschickt, in der Luthers Schriften verdammt und ihre Verbrennung befohlen war. Luther erhielt 60 Tage Zeit, um zu widerrufen, andernfalls war er exkommuniziert, d. h. aus der Kirche ausgestoßen. Doch Luther verbrannte in Gegenwart seiner Studenten die Bannandrohungsbulle öffentlich, und als der Papst nun die Exkommunikation verkündete, mußte der päpstliche Nuntius (Botschafter) erkennen:

„Ganz Deutschland ist in hellem Aufruhr. Für neun Zehntel ist das Feldgeschrei ‚Luther', für die übrigen, falls ihnen Luther gleichgültig ist, wenigstens ‚Tod der Römischen Kurie', und jedermann verlangt und schreit nach einem Konzil." (2) Q

Nach geltendem Recht hätte dem Kirchenbann die *Reichsacht** unverzüglich nachfolgen müssen. Aber im Juni 1519 war Karl V. zum Kaiser gewählt worden. Er hatte den Fürsten das Zugeständnis gemacht, keinen Deutschen ohne Verhör zu verurteilen.

1521 trat ein Reichstag in Worms zusammen, und Luther war geladen. Das Volk feierte ihn auf seinem Weg nach Worms. Er erwartete eine gründliche theologische Auseinandersetzung mit seinen Gegnern. Doch er hatte sich getäuscht: Man fragte nur, ob er sich zu seinen Büchern und Schriften bekenne oder ob er sie widerrufe. Luther widerrief nicht. Einen Monat später wurde im *Wormser Edikt** die Reichsacht über Luther verhängt. Er war vogelfrei. Auch seine Anhänger verfielen der Acht. Niemand durfte seine Schriften lesen, verbreiten oder drukken. Luther hatte das kaiserliche Edikt nicht abgewartet, sondern Worms frühzeitig verlassen. Sein Landesherr, der sächsische Kurfürst, war entschlossen, „seinen Professor" gegen Papst und Kaiser zu schützen. Er ließ ihn zum Schein überfallen und auf die Wartburg bei Eisenach bringen, damit der Eindruck entstehe, Luther sei verschwunden. → (6)

Auf der Wartburg. Die Monate erzwungener Ruhe benutzte Luther zu gesteigerter Arbeit. Er verfaßte mehrere Schriften und übersetzte die Bibel (zunächst das Neue Testament) ins Deutsche. Dabei benutzte er eine Sprachform, die sowohl in Nord- als auch in Süddeutschland verstanden wurde. 1534 gab es erstmals eine deutschsprachige Gesamtausgabe der Bibel („Lutherbibel"). Die in Augsburg, Nürnberg und an anderen Orten Süddeutschlands erscheinenden Ausgaben der Bibel bedurften anfangs noch zahlreicher Wortänderungen und Worterklärungen. Die Verbreitung der Bibel nahm aber einen solchen Umfang an, daß sich das von Luther geprägte Hochdeutsch Mitte des 17. Jh. endgültig durchsetzte und zur herrschenden Schriftsprache in ganz Deutschland wurde. → (7)

(1) Volksfrömmigkeit

„Aus allen Gegenden strömte eine Menge Volks zusammen zur glorreichen Jungfrau, die demütigen Pilgern viel Heilungen und Guttaten erwies. Wunderlich zu erzählen: es kamen herbei, gleich als ob sie besessen wären, Knaben, Jünglinge, Mädchen, Mütter und Männer. Wer von ihnen Werkzeuge oder ein Gerät in der Hand hatte, der nahm es mit; doch keiner von ihnen trug ein Reisebündel bei sich. Und sie hatten es so eilig, daß viele von ihnen halbnackt, der Sinne und der Stimme beraubt, nachdem sie ohne Speise und Trank Tag und Nacht gelaufen, gänzlich erschöpft anlangten.
Und wenn sie die Stätte erreicht hatten, fielen weitaus die meisten von ihnen, wie in Ekstase [Verzückung], schluchzend zur Erde. Nach geraumer Zeit sich erhebend, sahen sie sich auf die Mildherzigkeit der Bürger angewiesen, die bemüht waren, sie zu Bewußtsein zu bringen und in die Heimat zurückzubefördern.
Auf dem freien Platz vor dem gnadenreichen Bildnis lagen so viele Geldbeutel und Gegenstände herum, welche von den Pilgern verloren waren, daß man damit mehrere Wagen hätte anfüllen können. So sehr nahm der Auflauf zu, daß gar mancher, sogar aus entlegenen Gegenden, es vorzog, freiwillig die Stätte aufzusuchen, damit er nicht dem Zwang verfalle, herbeizulaufen.“ (3) Q

(a) Beschreibt das Bild genau: Wie verhalten sich die Menschen? Was tragen sie zur Kirche? Welche Gegenstände hängen an der Kirche?

(b) Sprecht darüber, welche Art von Frömmigkeit sich in diesem Verhalten ausdrückt.

(c) „Religiöser Massenwahn“. Versucht diesen Begriff zu erklären. Kennt ihr Beispiele aus der heutigen Zeit?

(2) Pater Savonarola, Bußpredigt in Florenz, 1494

„Tuet Buße, denn das Himmelreich ist nahe! Sehet an, Geliebteste, wie groß doch die Liebe Gottes ist, welchen ihr mit euren Sünden so sehr und so lange beleidigt habt, und dennoch wartet er auf euch, daß ihr Buße tut und er euch nicht zu züchtigen brauche. Darum säumet nicht länger, bekehret euch nunmehr und tuet Buße, zögert nicht mehr ...
Ihr Priester, höret meine Worte! Ihr Geistlichen, ihr

Wallfahrt zur Kapelle der schönen Maria in Regensburg 1519. Holzschnitt von Michael Osterdorfer. Die Kirche war an der Stelle erbaut, wo früher die Synagoge der aus der Stadt vertriebenen Juden gestanden hatte.

Die Verbrennung Savonarolas auf der Piazza della Signoria in Florenz 1498. Links der Dom, rechts der Palazzo Vecchio und die Loggia dei Lanzi, im Hintergrund das Arnotal.

Prälaten der Kirche Christi, lasset die Pfründen, welche ihr nicht mit Recht haben könnt, lasset euren Prunk, eure Schmausereien und Festmahle, welche ihr so üppig begeht! ... Ihr Mönche! Lasset euren Überfluß an Gewändern und an Silbergeräten, lasset eure fetten Abteien und Pfründen, befleißigt euch der Einfachheit und lebet wie einst die Mönche der Vorzeit, eure Väter und Vorgänger, von eurer Hände Arbeit, sonst müßt ihr gezwungen tun, was ihr freiwillig nicht tun wolltet!

Ihr Nonnen! Lasset auch ihr euren Überfluß, lasset euch die Aufnahme eurer Novizen nicht mehr mit Geld bezahlen, lasset all das eitle Gepränge bei den Einkleidungen, lasset die mehrstimmigen Kirchengesänge! Weinet dagegen über eure Mängel und Fehltritte ...

Ihr meine Bettelmönche! Auch euch rufe ich zu: lasset euren Überfluß, eure Gemälde und eure Nichtigkeiten! Machet eure Kutten enger und von grobem Tuche, merkt ihr denn nicht, daß ihr mit eurem überflüssigen Aufwande den Armen das Almosen wegnehmt? ...

Ihr Kaufleute! Lasset euren Wucher! Erstattet das unrecht erworbene und fremde Gut zurück, sonst verliert ihr alles! Ihr alle, die ihr Überflüssiges habt! Schenket es den Armen, es gehört euch nicht, bringet es der Bruderschaft von Sankt Martin zur Verteilung an verschämte Arme, welche so häufig Hungers sterben, während ihr im Überflusse schwelgt ...

Und ihr Mütter, die ihr eure Töchter mit soviel eitlem, überflüssigem Zeuge und Haarputze schmückt, bringet alles zu mir, um es ins Feuer zu werfen, auf daß Gott, wenn er in seinem Zorne naht, nicht solche Dinge in euren Häusern finde!" (4) Q

(a) Zählt auf, an wen sich Savonarola wandte.

(b) Erklärt aus den Ermahnungen Savonarolas das Verhalten der Menschen in Florenz.

(c) Faßt zusammen, welches Bild Savonarola von der Kirche gibt, und schildert, wie es ihm erging.

Die um 1532 entstandene Zeichnung zeigt den Bau der neuen Peterskirche, in der noch Teile der alten Basilika stehengeblieben sind. Über der offenen Vierung erhob sich später die gewaltige Kuppel, die 1590 nach Plänen Michelangelos vollendet wurde.

Ablaßhandel. Holzschnitt von Hans Holbein d. Ä.

(3) Handel mit Ablässen

(a) Welche Personen werden auf dem Bild dargestellt? Was tun sie?

(b) Berichtet, aus welchem Grund der Papst 1517 einen Ablaß erließ und aus welchem Grund der Erzbischof von Mainz Interesse am „Vertrieb" dieses Ablasses hatte (vgl. S. 30).

(4) Aus Martin Luthers 95 Thesen

„Da unser Meister und Herr Jesus Christus spricht: Tut Buße, so will er, daß das ganze Leben seiner Gläubigen auf Erden eine stete und fortgesetzte Buße sei.
Die kirchlichen Bußgesetze sind bloß den Lebenden auferlegt und können die Sterbenden gar nicht treffen.
Deshalb irren die Ablaßprediger, die da sagen, daß durch des Papstes Ablaß der Mensch von aller Strafe frei werde.
Die predigen menschliche Dummheit, welche sagen, daß sobald der Groschen im Kasten klingt, die Seele in den Himmel springt ...
Der rechte wahre Schatz der Kirche ist das heilige Evangelium der Herrlichkeit und Gnade Gottes." (5) Q

(a) Erläutert den Standpunkt Luthers zur Ablaßfrage.

(b) Warum waren die Thesen Luthers für die Bischöfe besonders unangenehm?

(5) Disputation zwischen Theologen: Luther – Eck

Luther:

„Es ist nicht heilsnotwendig zu glauben, die römische Kirche sei allen anderen überlegen. Ich weiß, daß unzählige Griechen [griechisch-orthodoxe Christen] das Heil erlangt haben, obgleich sie nie etwas von der Autorität des römischen Papstes gehört haben ... Auch ein Konzil kann bisweilen irren und hat bisweilen geirrt, haben doch Konzile einander widersprochen."

Eck:

„Luther leugnete, ... daß der kirchliche Gehorsam vom göttlichen Recht her komme, sondern er sei aus menschlichem Übereinkommen oder Einführung durch den Kaiser entstanden. Er leugnete, daß auf Petrus die Kirche gebaut sei ..., weil Christus der Grundstein der Kirche sei ... Er hat die Griechen verteidigt, und zwar die im Schisma [Kichenspaltung] leben, die noch selig würden, wenn sie auch nicht unter dem Gehorsam des Papstes stünden ... Und viele andere Anstoß erregende und unsinnige Dinge

Der junge Luther als Mönch. Kupferstich von Lucas Cranach d. Ä. (1520).

Links: Titel der Bannbulle des Papstes Leo X. Lateinische Originalausgabe mit Doppelkrone, Schlüssel Petri und der Überschrift „Bulle gegen die Irrlehren Martin Luthers und seiner Anhänger". – Rechts: Papst Leo X. mit den Kardinälen Giulio Medici, dem späteren Papst Clemens VII., und Ludovico de' Rossi. Gemälde von Raffael.

hat er gesagt, das Konzil könnte irren, weil es sich aus Menschen zusammensetzte, aus der Heiligen Schrift könnte nicht bewiesen werden, daß es ein Fegfeuer gäbe usw." (6) Q

(a) Schreibt auf, welche Ansichten Luther und Eck über Papst und Konzilien vertreten.

(b) Wie steht Luther zu den griechisch-orthodoxen Christen, die den Papst nicht anerkennen? Welche Haltung nimmt Eck ein?

(c) Erkundigt euch über das heutige Verhältnis zwischen katholischer Kirche und griechisch- bzw. russisch-orthodoxen Kirchen.

(6) Keine Verständigung zwischen Luther und dem Kaiser, 1521

Luther auf dem Reichstag von Worms:

„Wenn ich nicht durch Zeugnisse der Schrift oder einleuchtende Gründe überführt werde – denn ich glaube weder dem Papst noch den Konzilien allein, da es feststeht, daß sie öfter geirrt und sich selbst widersprochen haben, – so bin ich überwunden durch die von mir angeführten Schriftstellen, und mein Gewissen ist gefangen in Gottes Wort; widerrufen kann und will ich nichts, da gegen das Gewissen zu handeln weder ungefährlich, noch ehrenhaft ist. Gott helfe mir. Amen." (7) Q

Antwort Kaiser Karls V.:

„[Ich] bin entschlossen, alles zu halten, was meine Vorgänger und ich bis zum gegenwärtigen Augenblick gehalten haben, insbesondere was sie auf dem Konzil zu Konstanz und anderen [Konzilien] angeordnet haben. Denn es ist sicher, daß ein einzelner Bruder in seiner Meinung irrt, wenn diese gegen die der ganzen Christenheit, wie sie seit mehr als tausend Jahren und heute gelehrt wird, steht, denn sonst hätte ja die ganze Christenheit heute und immer geirrt. Deshalb bin ich fest entschlossen, an diese Sache meine Reiche und Herrschaften, meine Freunde, meinen Leib, mein Blut, mein Leben und meine Seele zu setzen. Denn es wäre eine große Schande für mich und für euch, die ihr die edle und berühmte deutsche Nation darstellt, für uns, die wir durch besondere und einzigartige Auszeichnung zu Verteidigern und Schützern des katholischen Glaubens berufen sind, wenn zu unseren Zeiten und durch unsere Pflichtvergessenheit die Häresie [Irrlehre] ja auch nur der Verdacht der Häresie oder einer Minderung der christlichen Religion zu unserer und unserer Nachkommen ewiger Unehre zurückbliebe ... Ich bin entschlossen, mich gegen ihn wie gegen einen notorischen [offenkundigen] Häretiker zu verhalten ..." (8) Q

Titelblatt und eine Seite aus der ersten vollständigen Bibelübersetzung Martin Luthers, gedruckt von Hans Lufft in Wittenberg (1534). Auf der Textseite steht der Anfang des ersten Psalms. Das Erscheinen der Lutherbibel war auch von großer sprachgeschichtlicher Bedeutung.

(a) Faßt die Aussage Luthers und Kaiser Karl V. zusammen. Vergleicht, wie beide ihre Standpunkte begründen.

(b) Warum hatte Luther nach dem Reichstag von Worms keine Möglichkeit mehr, öffentlich zu lehren und zu predigen?

(7) **Die neue Bibelübersetzung**

(a) Lest den Titel und die abgebildete Seite der Bibel. Warum ist dies nicht einfach?

(b) Beschreibt die Bilder, die zur Verzierung dienen. Was sollen sie bedeuten?

1. Schildere Mißstände in der Kirche um 1500.

2. Erläutere mit Hilfe des folgenden Ausspruches die Problematik des Ablaßhandels: „Sobald das Geld im Kasten klingt, die Seele in den Himmel springt.“

3. Ordne folgende Sätze der Römischen Kirche bzw. Luther zu und begründe deine Entscheidung:

(a) Vergebung der Sünden erlangt der Gläubige nicht durch sein Verdienst, sondern durch Gottes Gnade – um Christi willen.

(b) Die Kirche verwaltet einen reichen Schatz an guten Werken, den Christus und die Heiligen angehäuft haben.

4. Zeichne ein Schaubild nach der folgenden Vorlage und trage die Ereignisse ein, die die Trennung Luthers und der Römischen Kirche beschleunigten.

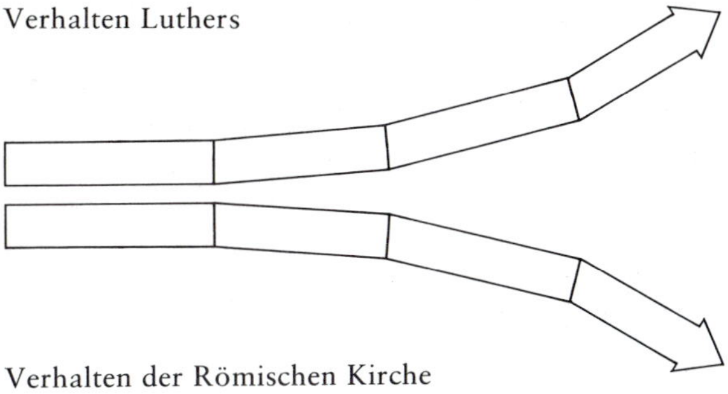

Ablaß: Nach katholischer Lehre Nachlaß verhängter Kirchenstrafen und zeitlicher Sündenstrafen. Dafür müssen fromme Werke vollbracht oder – im 16. Jahrhundert – auch Geldbeträge geleistet werden. Der Ablaß ist nur nach einer Beichte möglich.

Fegefeuer: Nach der Lehre der katholischen Kirche der Aufenthaltsort der Seelen, die sich vor dem Eintritt in das Paradies noch läutern müssen.

Reichsacht: Gerichtsspruch, der im ganzen Reich galt und eine Person für „recht- und friedlos" erklärte; d. h. der Geächtete wurde aus der Gemeinschaft ausgeschlossen, verlor Haus und Vermögen und durfte von niemandem unterstützt werden. Wer einem Geächteten half, verfiel selber der Acht. Seit dem 13. Jh. hatte der Kirchenbann stets die Reichsacht zur Folge.

Sakramente: Nach der Lehre der katholischen Kirche die „heiligen Handlungen": Taufe, Abendmahl, Firmung, Buße, Letzte Ölung, Eheschließung, Priesterweihe.

Wormser Edikt: Spruch des Reichstages zu Worms 1521, mit dem über Martin Luther die Reichsacht verhängt wurde.

1517	Martin Luthers Thesen gegen Ablaß
1519	Disputation zwischen Luther und Eck in Leipzig
1520	Kirchenbann gegen Luther
1521	Reichsacht gegen Luther

Quellennachweis

(1) E. Simon: Ketzer, Bauern, Jesuiten. Rowohlt Life, Hamburg 1979, S. 36 f., leicht gekürzt.
(2) Aleander in einem Brief, 1521: In: Handbuch der Kirchengeschichte, hrsg. v. H. Jedin, Bd. 4. Freiburg 1967, S. 77.
(3) K. Fina (Hrsg.): Geschichte konkret. Würzburg 1975, S. 46.
(4) K. H. Neubig (Hrsg.): Renaissance und Reformation. München 1962, S. 17 ff.
(5) Geschichtliche Quellen mit Überblick, Heft 4/5. Diesterweg 7344, S. 48.
(6) Brennpunkte der Kirchengeschichte. Paderborn 1976, S. 131.
(7) Geschichtliche Quellen 4/5, a. a. O., S. 54.
(8) Geschichte in Quellen, Bd. III. München 1966, S. 126.

Lesetip

H. Junghans: Die Reformation in Augenzeugenberichten. dtv 2075 (QS)
J. Mitterle: Martin Luther. Schneider, München 1983 (SB)
A. Zittelmann: „Widerrufen kann ich nicht." Beltz und Gelberg, Weinheim 1983 (SB)

Der Maler und Kupferstecher Albrecht Dürer (1471–1528) schenkte 1526 die beiden Tafeln mit der Darstellung der Vier Apostel (Petrus, Johannes, Paulus und Markus) seiner Heimatstadt Nürnberg für den Ratssaal. Die Anordnung der Figuren und der monumentale Faltenwurf der Gewänder zeigen den Einfluß der italienischen Renaissancekunst.

2.2. Der Bauernkrieg in Deutschland

Links: Bauern schwören auf die Bundschuhfahne. Holzschnitt von Pamphilus Gengenbach, Basel 1514. – Rechts: Bewaffnete Bauern versammeln sich. Holzschnitt von Hans Tirol, 1530.

„Der Bauer ist an Ochsen statt,
nur daß er keine Hörner hat!“

„Als Adam grub und Eva spann,
wo war denn da der Edelmann?“

Zur Zeit der Reformation gärte es in der Bevölkerung nicht nur aus religiösen Gründen. Widerstand richtete sich gegen Unrecht und unverschuldete Abhängigkeit. Bauern und arme Leute erhoben sich und forderten Freiheit! Freiheit wovon? Freiheit wozu?

- Worum ging es den Aufständischen? Auf welche Weise versuchten die Bauern, sich Recht zu verschaffen?
- Wie verliefen die Auseinandersetzungen zwischen Bauern und Herren?
- Warum erlitten die Bauern eine Niederlage, und welche Folgen hatte das?

Lebensbedingungen im Dorf. Bis vor rund 200 Jahren war es normal, auf dem Land zu wohnen und von der Landwirtschaft zu leben. Rund 90% aller Menschen zählten zur Landbevölkerung, und die meisten Städte sahen ähnlich aus wie ein Dorf. Die allermeisten lebten als Bauer, Winzer oder Fischer, als Landarbeiter, Knecht oder Taglöhner. Viele besaßen nur eine Zwerglandwirtschaft und waren auf Nebenerwerb angewiesen, z. B. als Holzmacher, Korbflechter, Nagelschmied oder Fuhrmann – oder als Heimarbeiter für einen Verleger. Alle, die sich durch Handarbeit ernähren mußten – auch die Handwerker, Krämersleute, Hafenarbeiter und Seeleute – zählten zum niederen Stand, zu den „gemeinen", d. h. einfachen Leuten. In seinen Stand wurde man geboren und blieb in der Regel darin. Dabei gab es zahlreiche Abstufungen. Höchstens ein Drittel der Dorfbewohner waren Bauern mit einem großen Hof. Ein weiteres Drittel besaß nur eine Kleinlandwirtschaft, und der Rest hauste in kleinen Hütten, hielt sich ein paar Ziegen und Schafe, vielleicht eine Kuh. Diese Leute lebten arm und meist „von der Hand in den Mund". Abhängig waren die Dorfbewohner alle in irgendeiner Form: Den Grundherren gehörte das Feld, das die Bauern bewirtschafteten – gegen Abgaben und Dienste; die Gerichtsherren sorgten für Sicherheit, Recht und Ordnung – gegen Abgaben und Dienste; die Leibherren schützten ihre Leibeigenen in Notsituationen, und auch diese bezahlten den Schutz durch Abgaben und Dienste. Der Kirche, die die Seelsorge ausübte, war der „Zehnte" (ein Zehntel der Ernteerträge) zu zahlen. Der Landesherr forderte Steuerabgaben, z. B. für das Heer. Manchmal vereinigte ein Herr alle Rechte in einer Person. Oft unterstanden die Bauern aber auch verschiedenen Herren. Die Abgaben waren sehr unterschiedlich bemessen; im Durchschnitt betrugen sie etwa 30–40% der Ernteerträge. Die Frondienste waren um 1500 in der Regel auf wenige Tage im Monat, höchstens 1 bis 2 Tage pro Woche begrenzt. →(1)

Rechtsmißbrauch durch die Obrigkeit. Im Jahr 1524 wehrten sich Bauern am Oberrhein (zuerst bei Stühlingen) und klagten beim Kaiser, sie müßten Abgaben bezahlen, ohne den Grund dafür zu kennen, vor Gericht benachteilige man sie und begünstige die adligen Herren, bei Treibjagden verwüsteten die Herren ihre Äcker und weigerten sich, für den Schaden aufzukommen. Andere beschwerten sich, daß sie als Leibeigene gehalten wurden und nicht wegziehen durften. Solche und ähnliche Klagen bezeugen, daß es den Bauern vor allem um ihr Recht ging. Sie sahen, daß sie im Dorf immer weniger zu sagen hatten, daß sie abhängiger wurden; denn die Obrigkeit dehnte auf vielerlei Arten ihre Macht aus: Sie setzte z. B. Amtleute ein, die sich nicht mehr an das seit Jahrhunderten geltende Gewohnheitsrecht hielten, sondern nach dem neu eingeführten römischen Recht urteilten, das die Bauern nicht kannten. Die Obrigkeit schränkte auch Rechte der Bauern auf der „Allmende" ein, also auf den von ihnen gemeinschaftlich genutzten Weiden und Wäldern. Manchmal vergrößerten Gerichtsherren die Maßeinheiten. Die Bauern mußten also mehr Getreide abliefern, obwohl die Anzahl der abzuliefernden Malter (Hohlmaß für Getreide) nicht erhöht worden war.

Nicht alle Bauern traf das gleiche Los. Da die Bevölkerung zu Beginn der Neuzeit stetig zunahm (vgl. S. 9), waren landwirtschaftliche Erzeugnisse gefragt. Zugleich wurde der Boden knapper und mußte immer mehr Menschen ernähren. Bauern mit großen Höfen konnten Brotgetreide und Vieh zu steigenden Preisen verkaufen. Wer aber selbst Nahrungsmittel kaufen mußte, und das betraf gut die Hälfte der Landbevölkerung, in schlechten Erntejahren noch mehr, konnte sie kaum mehr bezahlen. Die wohlhabenden Bauern wehrten sich in dieser Lage selbstbewußt dagegen, daß die Landesherren ihre Rechte beschnitten und ihnen die Mitsprache verweigerten. Die Armen und die kleinen Leute dagegen empörten sich aus Verzweiflung und Not.

Forderungen der Bauern. Schon seit dem 14. Jh. hatte es Bauernaufstände gegeben.

Am Oberrhein kam es zu Verschwörungen unter dem Zeichen des bäuerlichen *Bundschuhs**. In Württemberg erhoben sich Bauern gegen die Willkür der Obrigkeit. Als schließlich die Lehre Martin Luthers in ganz Deutschland bekannt wurde, begeisterten sich dafür viele Bauern, denn Luther sprach „von der Freiheit des Christenmenschen". Er ermahnte die Fürsten, ihre Bauern nicht länger wie „Wild zu jagen und zu treiben". Die Bauern beriefen sich auf diese Worte. Was sie forderten, wirkte revolutionär: Die Beseitigung adliger Vorrechte. Sie sangen: „Als Adam grub und Eva spann, wo war denn da der Edelmann?"

Ein Mann aus der Stadt, der Kürschnergeselle Sebastian Lotzer, half einer Gruppe von Bauern, die sich im Frühjahr 1525 bei Memmingen versammelt hatten: Er faßte ihre Forderungen zu einem Programm zusammen, in den *Zwölf Artikeln** der Bauern. →(2) (3)

Der Bauernkrieg. Die „Zwölf Artikel" wurden schnell verbreitet, und die Bauern erhoben sich: im Schwarzwald, im Breisgau, im Elsaß, im Odenwald, in Franken, Hessen, Thüringen, in Westfalen, im Allgäu

und in Tirol. Die Unruhen blieben zunächst gewaltlos. Die Bauern rotteten sich zusammen, aber nur, um ihren Forderungen Nachdruck zu verleihen. Als dies nichts nützte, kam es zum Kampf. Die Bauern vereinigten sich zu sog. „Bauernhaufen", oft bis zu 30 000 Mann. Sie waren mit Äxten, Sensen und Keulen bewaffnet. An vielen Orten konnten sie die Adligen zunächst besiegen und ihre Forderungen durchsetzen.
Der Erhebung der Bauern haben sich vielerorts die unteren Schichten der Stadtbewohner und die Bergknappen angeschlossen: Wie nie zuvor in Deutschland kam es zu einem Aufstand des *gemeinen Mannes**, der die breiten Bevölkerungsschichten erfaßte.

„Ihre Anfangserfolge waren gewaltig. Sogar die Fürsten von Mainz und von der Pfalz konnten dazu gezwungen werden, die ‚Zwölf Artikel' anzuerkennen. Über die ersten Forderungen hinaus entwarfen die Bauernführer Reformpläne für das ganze Reich. Ihr Elan wurde von einer Entschlossenheit getrieben, zu der es kaum eine Parallele in der Geschichte Deutschlands gibt. Die Bauern zweifelten nicht im mindesten an ihrem bevorstehenden Triumph . . ." (1)

Bauern und Adlige führten den Krieg äußerst grausam. Martin Luther hatte zunächst beide Seiten zum Frieden ermahnt, aber dann eindeutig gegen die Bauern Stellung bezogen, weil er einen Aufstand gegen die Obrigkeit für Sünde hielt. Er ermunterte die Fürsten sogar, die aufständischen Bauern totzuschlagen wie „tolle Hunde".

Niederlage der Bauern. Als die adligen Herren und die Fürsten gemeinsam ein Heer aufstellten, hatten die Bauern keine Chance mehr, den Krieg zu gewinnen. Wie sollten sie mit ihren schlechten Waffen, ohne Kriegserfahrung und ohne ausgebildete Offiziere gegen ein organisiertes Söldnerheer erfolgreich bleiben? Die Söldner der Fürsten schlugen die Bauern in mehreren Schlachten, in denen insgesamt 70–75 000 Bauern getötet wurden. Die Rache der Fürsten war grausam; überall wurden die Rädelsführer hingerichtet. Rund eine Viertelmillionen Gulden mußten die Bauern an Schadenersatz zahlen.

Die Folgen der Niederlage werden heute widersprüchlich beurteilt. Auf dem Reichstag in Speyer wurden 1526 zahlreiche Forderungen der Bauern als berechtigt anerkannt, und es wurde empfohlen, „daß sich eine jede Obrigkeit davor hüten sollte, ihre Untertanen unbillig zu belästigen". In Memmingen war während des Aufstandes die Leibeigenschaft aufgehoben und den Bauern freie Jagd und Fischerei zugestanden worden. Dabei blieb es auch nach dem Bauernkrieg.

„Wenn auch fast 100 000 Personen (Bauern, Familienangehörige, unterbäuerliche Gruppen der Dörfer und Städte) getötet wurden, so wurde doch durch diese Aufstände die Weiterentwicklung zu einer zweiten Leibeigenschaft in Westdeutschland verhindert. Die bäuerlichen Lasten stiegen zwar weiter, teilweise parallel zu den Agrarpreisen. Die bäuerlichen Rechte wurden aber nicht wesentlich verschlechtert . . ." (2)

Aufs Ganze gesehen hatten die Bauern ihre Ziele nicht erreicht. Im Osten Deutschlands verschlechterte sich die Lage der Landbevölkerung in der folgenden Zeit immer mehr. Hier wurden die Bauern durchweg zu Gutsuntertanen, die den Großgrundbesitz der Gutsherren zu bewirtschaften hatten (*Gutswirtschaft**). Um 1500 war ein Bauer z. B. in Mecklenburg an dreieinhalb Tagen im Jahr verpflichtet, auf dem Hof des Gutsherrn zu arbeiten, 1517 alle drei Wochen einen Tag, 1550 einen Tag pro Woche und um 1600 drei Tage in jeder Woche.

(1) Wie hart war das Landleben?

Ein Chronist, Johannes Boemus, schreibt 1520:

„Der letzte Stand ist derer, die auf dem Lande in Dörfern und Gehöften wohnen und dasselbe bebauen und deshalb Landleute genannt werden. Ihre Lage ist ziemlich bedauernswert und hart. Sie wohnen abgesondert voneinander, demütig mit ihren Angehörigen und ihrem Viehstand. Die Hütten bestehen aus Lehm und Holz, ragen wenig über die Erde empor, sind mit Stroh gedeckt: das sind ihre Häuser. Geringes Brot, Haferbrei oder gekochtes Gemüse ist ihre Speise, Wasser und Molken ihr Getränk. Ein leinener Rock, ein paar Stiefel, ein brauner Hut ist ihre Kleidung. Das Volk ist jederzeit ohne Ruhe, arbeitsam, unsauber. In die nahen Städte bringt es zum Verkaufe, was es vom Acker, vom Vieh gewinnt, und kauft sich wiederum hier ein, was es bedarf; denn Handwerker wohnen keine oder nur wenige unter ihnen. In der Kirche, von denen eine für die einzelnen Gehöfte gewöhnlich vorhanden ist, kommen sie an Festtagen vormittags alle zusammen und hören von ihrem Priester Gottes Wort und die Messe, nachmittags verhandeln sie unter der Linde oder an einem anderen öffentlichen Orte ihre Angelegenheiten, die Jüngeren tanzen darauf nach der Musik des Pfeifers, die Alten gehen in die Schenke und trinken Wein. Ohne Waffen geht kein Mann aus: sie sind für alle Fälle mit dem

Der Monat August. Monatsbild von Hans Wertinger (1470–1533).

Schwerte umgürtet. Die einzelnen Dörfer wählen aus sich zwei oder vier Männer, die sie Bauermeister nennen, das sind die Vermittler bei Streitigkeiten und Verträgen und die Rechnungsführer der Gemeinde. Die Verwaltung aber haben nicht sie, sondern die Herren oder die Schulzen, die von jenen bestellt werden. Den Herren fronen sie oftmals im Jahre, bauen das Feld, besäen es, ernten die Früchte, bringen sie in die Scheunen, hauen Holz, bauen Häuser, graben Gräben. Es gibt nichts, was dieses sklavische und elende Volk ihnen nicht schuldig sein soll, nichts, was es, sobald es befohlen wird, ohne Gefahr zu tun verweigert: der Schuldige wird streng bestraft. Aber am härtesten ist es für die Leute, daß der größte Teil der Güter, die sie besitzen, nicht ihnen, sondern den Herren gehört, und daß sie sich durch einen bestimmten Teil der Ernte jedes Jahr von ihnen loskaufen müssen.“ (3) Q

Sprichwörter im 16. Jahrhundert:

„Der Bauer wird am meisten geschoren.“
„Ein Bauer und sein Stier, das sind zwei grobe Tier.“
„Der Bauer ist an Ochsen statt, nur daß er keine Hörner hat.“
„Hat der Bauer Geld, so hat's die ganze Welt.“
„Wenn die Bauern nicht wären und ihr Geld, wär Bettelsack der Edelleut Schild.“ Q

(a) Schreibt auf, welche Begebenheiten im bäuerlichen Leben abgebildet sind. Wo verweist das Bild auf persönliches oder allgemeines Schicksal? Wo auf andere Menschen, von denen der Bauer abhängig ist (Adlige, Geistliche usw.)?

(b) Erläutert, warum die Lage der Dorfbevölkerung als „ziemlich bedauernswert und hart“ zu bezeichnen ist.

(c) Auf wessen Seite steht der Verfasser des Berichtes? Begründet eure Meinung.

(d) Was sagen euch die Sprichwörter?

Niederrheinischer Holzschnitt um 1470.

(2) Widerstand von Bauern

Die Bauern haben ihre Abhängigkeit nicht immer und überall geduldig ertragen. Bäuerliche Widerstandsbewegungen gab es zum Beispiel:

1357/58 in Frankreich
1381 in England
1420–1436 in Böhmen
1476 in Franken („Pfeifer von Niklashausen")
1493 im Elsaß
1513 in der Schweiz
1514 in Ungarn, in Württemberg („Armer Konrad")
1517 am Oberrhein („Bundschuh")

Vom Bauernaufstand in England (1381) berichtet ein Zeitgenosse:

„Ein Priester aus der Grafschaft Kent, der Hans Balle hieß, wegen seiner tollen Reden war vom Erzbischof von Canterbury mehrmals eingesperrt worden; denn dieser Hans Balle pflegte an Sonntagen nach der Messe, wenn die Leute aus der Kirche kamen, zur Kirchentür zu kommen, und predigte dann und scharte das Volk um sich und sagte:
‚Gute Leute, die Dinge können in England nicht gut gehen und werden nicht gut gehen, bis aller Besitz gemeinsam ist und bis es weder Edelmann mehr gibt noch Bauer und bis wir alle gleich sind. Aus welchem Grunde sind die, so wir Herren nennen, mehr Herren als wir? Womit haben sie das verdient? Warum halten sie uns in Knechtschaft? Stammen wir doch alle von einem Vater und einer Mutter, von Adam und Eva! Inwiefern können sie behaupten oder erweisen, daß sie mit besserem Rechte Herren sind als wir, als damit, daß sie uns das erweiden und erpflügen lassen, was sie ausgeben! Sie gehen in Samt und Seide, mit Bunt- und Graupelz, und wir sind in ärmliche Tuche gekleidet. Sie haben die Weine, die Gewürze und guten Brote, wir haben den Roggen, das Stroh und die Kleie und trinken Wasser.

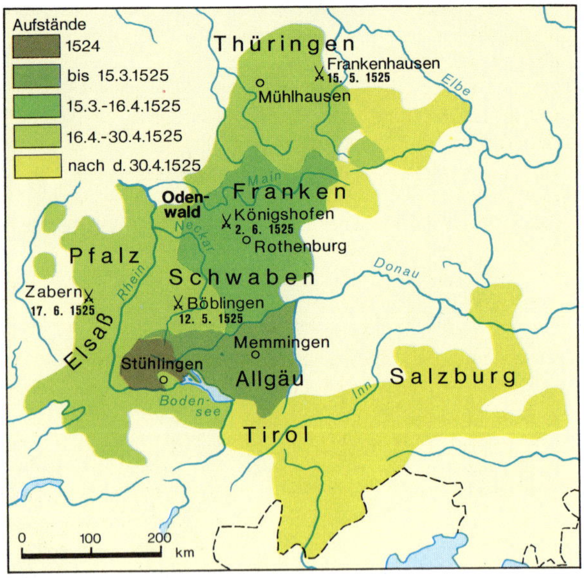

Gebiete des Bauernkrieges 1524/26.

Bauern mit der Bundschuhfahne bedrohen einen Ritter. Holzschnitt von Hans Schäuffelin (1480–1540).

Sie haben Muße und schöne Landsitze, und wir haben Mühe und Arbeit und Regen und Wind auf den Feldern, und von uns und unserer Arbeit muß das einkommen, womit sie ihren Aufwand bestreiten. Wir heißen Knechte und werden geschlagen, wenn wir nicht rasch ihnen Dienst tun, und überdies haben wir keinen Oberherrn, bei dem wir Klage erheben könnten, und der darin wollte Recht hören und Recht geben. Laßt uns zum König gehen – er ist jung – und ihm unsere Knechtschaft darlegen und ihm sagen, daß wir wollen, daß es damit anders werde, oder wir werden selbst auf Abhilfe sinnen. Wenn wir dorthingehen, und zwar alle zusammen, so werden uns allerart Leute, die Knecht genannt und in Knechtschaft erhalten werden, folgen, um frei zu werden. Und wenn der König uns sehen oder hören wird, gütlich oder anders, so wird er für Abhilfe sorgen.'
Also und derlei sprach Hans Balle alle Sonntage, wenn die Leute aus der Messe in die Dörfer heimgingen, und allzuviel kleines Volk lobte ihn deshalben. Manche, die auf nichts Gutes sannen, sprachen: ‚Er sagt die Wahrheit' und raunten und sprachen zueinander auf den Feldern oder, wenn sie zusammen gingen oder in ihren Häusern: ‚So sagt Hans Balle und hat in allem Recht.' Der Erzbischof von Canterbury, der davon verständigt wurde, ließ Hans festnehmen und ins Gefängnis werfen und hielt ihn zwei oder drei Monate darin, um ihm den Kopf zurechtzusetzen; und besser wäre gewesen, wenn er ihn gleich beim ersten Male für immer eingesperrt oder hätte hinrichten lassen, als das, was er dann tat; denn er ließ ihn wieder los und brachte es nicht über sein Gewissen, ihn hinzurichten. Und als Hans aus dem Kerker des Erzbischofs heraus war, kam er auf seine alten Schliche wie zuvor.
[Der Aufstand wurde bald darauf blutig niedergeschlagen, die Anführer wurden hingerichtet.]" (4) Q

(a) Berichtet, was der Anführer der Bauern für unrecht hielt und was die Leute darüber dachten.

(b) Sprecht über die Lage der Bauern und über die Grundherrschaft. Lest dazu den Text S. 39.

(c) Nehmt Stellung zu den Argumenten des Hans Balle. Für welche Zeit galten sie?

(3) Die Zwölf Artikel, ein revolutionäres Programm?

„... Die Bauern wollen keinen Aufruhr und keine Gewalt, sondern nur die Lehren des Evangeliums: Frieden, Geduld und Einigkeit sollen Wirklichkeit werden.

1. Jeder Gemeinde steht das Recht zu, ihren Pfarrer selbst zu wählen und abzusetzen. Dieser soll das Evangelium lauter und klar, ohne menschlichen Zusatz predigen.
2. Die Bauern sind gewillt, den Kornzehnten weiterzuzahlen, aber er soll für den Unterhalt des Pfarrers und für die Armen verwendet werden.
3. Die Leibeigenschaft soll aufgehoben werden. Die Bauern werden der von Gott eingesetzten Obrigkeit allezeit gehorsam sein.

Bauern plündern das Kloster Weißenau in Oberschwaben. Federzeichnung aus einer Handschrift des Abtes Jakob Murer. Er schrieb 1525/26 einen knappen Bericht seiner Erlebnisse, die er vermutlich von einem Mönch seines Klosters illustrieren ließ.

Gefangene Bauern werden abgeführt. Zeitgenössischer Holzschnitt.

4. Die Bauern fordern, daß sie frei jagen und fischen dürfen.
5. Die Bauern wollen ihr Holz frei aus dem Gemeindewald nehmen, sie wollen es nicht mehr vom Burgherrn oder von der Kirche gegen Geld kaufen.
6. Die Dienstleistungen, die Hand- und Spanndienste, sind auf ein erträgliches Maß herabzusetzen.
7. Die Bauern fordern, daß sie weitere Dienste darüber hinaus bezahlt bekommen.
8. Zinsen, Steuern und andere Abgaben sollen nach der Ertragslage eines Hofes neu festgesetzt werden.
9. Die Bauern verlangen, daß Recht nach dem alten geschriebenen Gesetz gesprochen wird.
10. Gemeindeland, das einige zu Unrecht sich angeeignet haben, soll wieder zurückgegeben werden.
11. Im Fall, daß der Bauer stirbt, sollen Witwe und Waisen nicht mehr mit dem ‚Todfall' (Abgabe zum Zeichen der Leibeigenschaft) belastet werden.
12. Jeden Artikel, der nicht mit der Heiligen Schrift übereinstimmt, wollen die Bauern sofort fallen lassen. Der Friede Gottes sei mit euch allen." (5) Q

(a) Welche Forderungen könnten für einen Bauern am wichtigsten gewesen sein? Begründet eure Antwort.

(b) Welche Forderungen erscheinen euch maßvoll, welche radikal?

(c) In welchen Artikeln berufen sich die Bauern auf die Heilige Schrift?

(d) Stellt fest, welche Forderungen für die Herren am gefährlichsten waren.

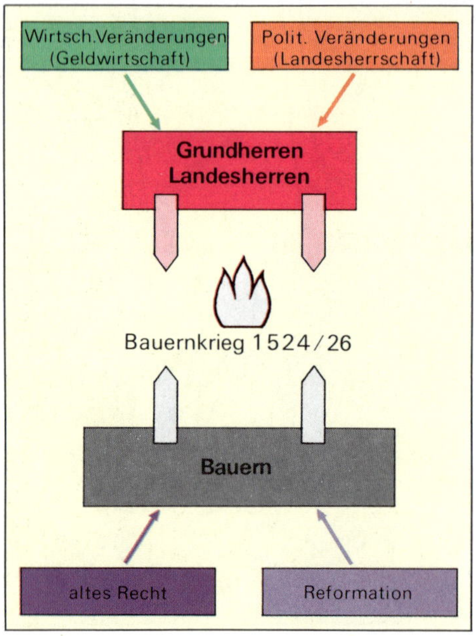

1. Deute die Bilder S. 38 und 42 ff. und erläutere, welche der folgenden Wörter zu ihnen passen: Empörung, Diskussion, Solidarität, Widerstand, Zusammenschluß, Gewaltmaßnahmen.

2. Erläutere mit Hilfe des Schaubildes Ursachen des Bauernkrieges.

3. Benenne Landschaften, in denen der Bauernkrieg geführt wurde (vgl. Karte S. 42).

4. Zähle Gründe für die Niederlage der Bauern auf und berichte über die Behandlung der Bauern durch die Sieger.

5. Nimm Stellung zur Behauptung: Die Niederlage im Bauernkrieg brachte den Bauern eine lang andauernde Verschlechterung ihrer rechtlichen und wirtschaftlichen Lage.

Bundschuh: Mit Riemen über dem Knöchel festgebundener Schuh. Seit dem 13. Jh. Symbol der Bauernschaft (z. B. im Gegensatz zum Ritterstiefel). Vereinigung aufständischer Bauern. Die „Bundschuhaufstände" am Oberrhein wurden rasch niedergeschlagen.

Gemeiner Mann: Bezeichnung für einen einfachen Mann, der nicht zu einem höheren Stand gehörte, also z. B. kein Adliger oder Geistlicher war; allgemeine Bezeichnung für die einfachen Land- und Stadtbewohner.

Gutswirtschaft: Ausgedehnter gutsherrlicher Besitz in Ostdeutschland, Polen und Rußland. Der Gutsherr ließ einen großen eigenen Hof bewirtschaften; die Bauern hatten ihm Dienst zu leisten. Der Gutsherr, in der Regel ein Adliger, war auch Dorf- und Gerichtsherr.

Zwölf Artikel: Programm der aufständischen Bauern in Schwaben (1525); wurde in kurzer Zeit zum Manifest der Bauernbewegung in Deutschland. (Forderungen: Freiheit der Jagd, Unparteilichkeit der Rechtspechung, Abschaffung ungerechter Abgaben und Frondienste, Aufhebung der Leibeigenschaft, Wahl der Pfarrer).

Juni 1524	Aufstand in Stühlingen (Schwarzwald)
Febr. 1525	Aufstand am Bodensee Memminger „Zwölf Artikel"
März 1525	Aufstand in Franken
April/Mai 1525	Aufstand in Thüringen, Hessen, Württemberg, Elsaß, Tirol
Juni 1525	Schlacht bei Königshofen (Niederlage der Bauern)

Lesetip

Ch. Dericum-Pross: Des Geyers schwarze Haufen. Bertelsmann, München 1980 (HR)

M. Müller-Gögler: Die Truchsessin. Thorbecke, Sigmaringen 1980 (HR)

H. Pleticha: Landsknecht, Bundschuh, Söldner. Arena, Würzburg 1974 (SB)

O. Zierer: Aus Knechtschaft zur Freiheit. Geschichte des Bauerntums. Salzburg 1979 (SB)

Quellennachweis

(1) H. Diwald: Geschichte der Deutschen. Frankfurt 1978, S. 617.

(2) F.-W. Henning: Das vorindustrielle Deutschland 800–1800. Paderborn 1974, S. 227.

(3) Johannes Boemus: De Germania. Zitiert aus: G. Franz: Deutsche Agrargeschichte von den Anfängen bis zur Gegenwart. Stuttgart, 2. Aufl. 1966, S. 9 f.

(4) Jean Froissard: Geschichte seiner Zeit. Zitiert aus: v. d. Leyen (Hrsg.): Sagen und Geschichten aus dem alten Frankenreich und England. In: Geschichtliche Weltkunde, Quellenlesebuch, Bd. 1, S. 289 f.

(5) Die Memminger 12 Artikel von 1525. In: W. Rüdiger: Die Welt der Renaissance. München 1970, S. 95 f.

Vorbereitung einer Folterung. Holzschnitt von Hans Burgkmair (1473–1531).

2.3. Katholischer Kaiser – Protestantische Fürsten

Der katholische Kaiser im Kampf gegen die protestantischen Fürsten. Das Gemälde von Tizian (um 1480–1576) zeigt Karl V. in der Schlacht von Mühlberg 1547. Dort erzwangen die Truppen des Kaisers den Elbübergang und nahmen den Kurfürsten von Sachsen und bald danach auch den Landgrafen Philipp von Hessen gefangen.

Die Spaltung der Christen in verschiedene Konfessionen ist eine Folge der Reformation. Viele fragen sich, ob es zu dieser Spaltung kommen mußte und wer die Schuld an ihr trägt.

- Welche Rolle spielte bei der religiösen Spaltung die Politik?
- Welche Folgen hatte die Spaltung für die Machtverhältnisse im Reich? Welche Folgen hatte sie für die Menschen?
- Wer konnte über die Konfession entscheiden: Der einzelne nach seinem Gewissen – oder die Obrigkeit?

Karl V., Kaiser eines Weltreiches. Der Habsburger Karl V. – von 1519 bis 1556 Kaiser des Römischen Reiches deutscher Nation – war zugleich König von Spanien, von Neapel und Sizilien, Herzog von Burgund und der Niederlande und Herr der spanischen Gebiete in Übersee. Österreich, das er ebenfalls erbte, gab er seinem Bruder Ferdinand, dem 1526 auch noch Ungarn und Böhmen durch Erbschaft zufielen. Die Dynastie der Habsburger regierte über ein ,,Weltreich''. Karl V. war überzeugt, daß die Einheit dieses Reiches im Kaisertum beruhe und daß er als Kaiser die Einheit im Glauben erhalten müsse. In Worms schwor er 1521, den katholischen Glauben in der ganzen Welt zu verteidigen. Doch gegen die lutherfreundlichen Fürsten, gegen den Adel und die städtischen Bürger konnte er nichts tun. In Kursachsen, Preußen, Hessen, Württemberg, in der Pfalz und in den meisten Reichsstädten galt Luthers Lehre.

Karl V. mußte sich in der Zeit nach 1521 um die Außenpolitik kümmern. Er führte Krieg mit Frankreich, vor allem in Italien. Seine Truppen errangen mehrere Siege, den größten 1525 bei Pavia; sie eroberten und plünderten 1527 sogar Rom, die ,,Heilige Stadt'', und der französische König Franz I. mußte Italien aufgeben. Gleichzeitig bekämpfte Karl V. die Türken, die 1526 Ungarn eroberten und 1529 bis Wien vorstießen. Die Stadt konnte zwar die Belagerung abwehren, aber fast ganz Ungarn blieb in türkischer Hand. Außerdem eroberten arabische Korsaren [Seeräuber] Algier und Tunis; Süditalien war bedroht. Vergeblich versuchte der Kaiser, die Araber aus Nordafrika zu vertreiben. → (1) (2)

,,Protest'' der Reichsfürsten. Karl V. war seit dem Reichstag von 1521 ständig außerhalb Deutschlands. Da er alle Kräfte für seine Kriege benötigte, mußte er den deutschen Fürsten in Religionsfragen nachgeben. Man einigte sich 1526 auf einem Reichstag in Speyer, daß jeder es mit der lutherischen Lehre so halte, wie er es vor Gott und dem Kaiser verantworten könne. Als 1529 Ferdinand in Vertretung des Kaisers mit den katholisch gebliebenen Fürsten die strenge Anwendung des Wormser Edikts durchsetzen wollte, spaltete sich der wieder in Speyer tagende Reichstag in zwei Parteien: Mehrere Fürsten und 14 Reichsstädte protestierten gegen die Entscheidung Ferdinands. Sie wurden ,,protestantische Stände'' genannt, und so entstand der Name *Protestanten** für alle diejenigen, die sich von der römischen Kirche lossagten.

,,1530 kam Karl V. nach Deutschland und berief einen Reichstag nach Augsburg, zu dem er führende Theologen beider Bekenntnisse kommen ließ, mit Ausnahme Luthers, der noch immer geächtet war. Beide Parteien trafen sich im Geist der Versöhnung. Die Protestanten, die noch einmal versuchten – es sollte das letzte Mal sein –, von der Kirche akzeptiert zu werden, bemühten sich, zu beweisen, daß der lutherische Glaube nichts enthielte, was unvereinbar mit der Heiligen Schrift oder mit der römischen Kirchenlehre wäre. Sie legten eine allgemeine Erklärung über ihre Glaubensartikel vor, deren Kardinalpunkt die Rechtfertigung durch den Glauben allein war. (Diese Erklärung, die als Augsburger Konfession in die Geschichte einging, ist bis heute das Glaubensbekenntnis der lutherischen Kirche geblieben und hat die Abfassung späterer Glaubensbekenntnisse beeinflußt.) Die Theologen versuchten zu disputieren, konnten jedoch zu keiner Einigung gelangen. Der Kaiser entließ den Reichstag mit dem Versprechen, den Papst um Einberufung eines ökumenischen Konzils zu ersuchen, das über die strittigen Fragen entscheiden sollte. Den Lutheranern wurde befohlen, in der Zwischenzeit zum katholischen Glauben zurückzukehren . . .'' (1)

Der Schmalkaldische Krieg. Nach dem gescheiterten Versöhnungsversuch von 1530 schlossen protestantische Fürsten und Städte ein Bündnis, den *Schmalkaldischen Bund**. Der Kaiser war weiterhin durch Kriege gebunden. Erst 1544 – nach einem Friedensschluß mit dem französischen König und einem Waffenstillstand mit den Türken – erhielt er freie Hand. Nun entschloß er sich zum Krieg gegen die Protestanten. Er wollte die Selbständigkeit der Reichsfürsten beseitigen und erreichen, daß in Deutschland die Macht ganz beim Kaiser lag. Danach sollte die lutherische Konfession ausgerottet und die alte Kirche mit Hilfe eines allgemeinen Konzils reformiert werden. Der Kaiser hatte zunächst Erfolg: Die Protestanten wurden 1547 bei Mühlberg an der Elbe geschlagen. Aber je mehr die deutschen Reichsfürsten den Plan des Kaisers durchschauten, desto entschlossener verteidigten sie ihre politische Macht und Selbständigkeit. Fürsten wie Moritz von Sachsen, die zuvor zum Kaiser gehalten hatten, wechselten das politische Lager und zwangen den Kaiser mit einem überraschenden Angriff zum Nachgeben. Karl V. übertrug die Verhandlungen mit den Protestanten seinem Bruder Ferdinand und legte schließlich 1556 die Kaiserkrone freiwillig nieder. → (3)

Der Augsburger Religionsfrieden. Ferdinand schloß mit den Gegnern einen Waffenstillstand und berief für das Jahr 1555 einen Reichstag nach Augsburg, auf dem die beiden Parteien – Katholiken und Lutheraner – sich auf einen ,,immerwährenden Religionsfrieden'' einigten. Der *Augsburger Religionsfrieden** enthielt folgende Punkte:

- Fürsten und Reichsstädte mit lutherischem Bekenntnis sind denen katholischer Konfession

gleichberechtigt. Keiner darf dem andern Schaden zufügen.
- Die Untertanen müssen das Bekenntnis des Landesherrn annehmen: „Cuius regio, eius religio" (= Wer regiert, bestimmt die Religion der Bevölkerung). Andersgläubige dürfen auswandern.
- Die protestantischen Landesherren dürfen die ehemaligen Kirchengüter behalten.
- In den Reichsstädten mit konfessionell gemischter Bevölkerung haben beide Kirchen das Recht, ihre Religion auszuüben.

Die religiöse Spaltung Deutschlands war mit diesem Frieden besiegelt. → (5)

Evangelische Landeskirchen. Inzwischen hatte die neue Lehre große Veränderungen bewirkt:

„Die Klöster waren leer, viele Pfarrer hatten geheiratet und kümmerten sich weder um Kirche noch Schule; Gottesdienste fanden kaum noch statt, das gesamte geistliche Wesen – einschließlich seiner unentbehrlichen sozialen und karitativen Aufgaben – lag darnieder. Zur Behebung dieser trostlosen Zustände wurden Kirchenordnungen entworfen (zuerst in Kursachsen 1528). Sie regelten die Besetzung der Pfarrstellen, Tätigkeit und Besoldung der Pfarrer und organisierten die Kirchen- und Schulaufsicht. Der Vereinheitlichung der Lehre dienten neue, verbindlich gemachte Kirchenbücher (1526 Luthers ‚Deutsche Messe und Ordnung des Gottesdienstes', 1528 Großer und Kleiner Katechismus) . . . Das Kirchengut wurde in den protestantischen Territorien fast ausnahmslos säkularisiert [d. h. verstaatlicht], zum Teil weiterverkauft, meist aber dem Besitz des Landesherren zugeschlagen. Einen Teil verwendete man zur Besoldung der Pfarrer, für den Unterhalt von Schulen und für die Armenpflege. Die erste protestantische Universitätsgründung (Marburg 1527) erfolgte ebenfalls aus beschlagnahmtem Kirchenbesitz." (2)

In den protestantisch gewordenen Ländern übernahmen die Landesherren mit Luthers Zustimmung die Rolle von „Notbischöfen" und wurden später Landesbischöfe, jeder in seinem Gebiet. Sie ernannten die Pfarrer und geistlichen Würdenträger, an der Spitze den „Superintendenten". Zusammen mit einem Kirchenrat leiteten sie ihre *Landeskirche**. Sie setzten „Visitatoren" ein, die über Lebenswandel und Pflichterfüllung der Pfarrer in Gottesdienst, Schule und Seelsorge zu wachen hatten. → (4)

(1) Karls V. langer Titel

„Wir Karl V. von Gottes Gnaden Römischer Kaiser, zu allen Zeiten Mehrer des Reichs, König in Germanien, zu Kastilien und Aragon, Leon, beider Sizilien, Jerusalem, Ungarn, Dalmatien, Kroatien, Navarra, Granada, Toledo, Valencia, Sardinien, Gibraltar, der Kanarischen und Indianischen Inseln und des Festlandes des Ozeanischen Meeres usw., Erzherzog zu Österreich, Herzog zu Burgund, zu Lothringen, zu Brabant, zu Steiermark, zu Kärnten, zu Limburg, zu Athen und Württemberg usw., Graf zu Habsburg, zu Flandern, zu Tirol, Landgraf im Elsaß, Markgraf zu Burgau und des Heiligen Römischen Reiches Fürst zu Schwaben . . ." (3) Q

(a) Wie wirkt dieser Titel?

(b) Sucht möglichst viele Orte, die im Titel genannt sind, auf der Landkarte.

(c) War der Kaiser so mächtig, wie es seine vielen Titel nahelegen?

(2) Kriegs-Handwerk

Ein Söldnerführer über die Schlacht bei Pavia, 1525:

„Im Jahr 1524 bin ich auf meine eigenen Kosten, als der König von Frankreich [*Franz I.*] zu Novara lag, nach Mailand zu der Kaiserlichen Majestät Haufen gezogen. Dort habe ich dabei geholfen, die Franzosen und Schweizer, die wohl 4000 Mann stark gewesen waren, zu vertreiben. Beim Abzug wurden deren viele erlegt und etwa 1700 Schweizer im Po ertränkt. Und am St. Bernhardsberg . . . ist ihnen alles Geschütz genommen worden, [nachdem] man ihnen drei Tage nachgeeilt war. Hernach, zu Alexandria, haben wir 3000 französische Kürassiere ausgenommen. Diese haben wir jedoch mit ihrer Habe abziehen lassen. Desgleichen haben wir zu Asti 3000 Reiter – bei 300 Reisigen – ausgenommen . . .
Wir haben ihn [den König von Frankreich] mit Hilfe Gottes nach harten Kämpfen geschlagen, ungefähr 10000 Personen, in der Hauptsache Schweizer, die schändlich geflohen sind, im Tessin ertränkt. Die Knechte aber, die sich tapfer gewehrt haben, wurden erstochen." (4) Q

Über die Eroberung Roms, 1527:

„Am 6. Mai haben wir Rom im Sturm erobert, ungefähr 6000 Mann darin totgeschlagen und die ganze Stadt geplündert. In den Kirchen und von der Erde haben wir alles genommen, was wir gefunden haben, einen guten Teil der Stadt haben wir abgebrannt und seltsam hausgehalten. Die Copistereien, Register, Briefe und Cortisaneien [Archive] haben wir zerrissen und zerschlagen . . .
Wir hatten Rom noch keine zwei Monate innegehabt, da sind uns etwa 5000 Knechte und Angehörige des Kriegsvolkes an der Pest gestorben, die wegen der toten Körper, die nicht vergraben worden waren, ausgebrochen ist." (5) Q

Das Reich Karls V.

(a) Welche Kriege werden beschrieben?

(b) Aus welcher Sicht schreibt der Berichterstatter? Was hebt er besonders hervor?

(c) Beschreibt und erklärt das Bild S. 50.

(d) Diskutiert über die Behauptung: Kriege waren früher nicht so schlimm wie heute.

(3) Entschluß Karls V. zum Krieg gegen die Protestanten, 1546

Aus einem Brief an seine Schwester Maria, Statthalterin der Niederlande:

„Du weißt, daß ich alles aufbieten würde, um auf irgendeine Weise die deutschen Angelegenheiten zu ordnen und zum Frieden zu bringen und dabei den Weg der Gewalt bis zum äußersten zu vermeiden. Es hat mir nicht gelingen wollen. Die Fürsten kommen nicht mehr zum Reichstag. Ihr Streben ist dahin gerichtet, die kaiserliche Autorität gänzlich zu entkräften und eine Ordnung der Dinge aufzurichten, in der die geistlichen Fürsten nicht mehr Raum haben. Diese überschütten mich mit Klagen und Beschwerden. Darum habe ich mich mit meinem Bruder [Ferdinand] und mit dem Herzog von Bayern beraten. Sie sind der Meinung, daß es kein anderes Mittel gibt, als den Abgewichenen mit Gewalt zu widerstehen und sie dadurch zu erträglichen Bedingungen zu bringen, damit, wenn auch sonst alles erfolglos bleibt, man doch wenigsten dem Unheil entgegentrete, alles unrettbar zu verlieren. Sie glauben ferner, daß die Umstände günstig sind ... Ich bin also entschlossen, gegen den Kurfürsten von Sachsen und den Landgrafen von Hessen als Störer des Landfriedens den Krieg zu beginnen." (6) Q

(a) Mit welchen Argumenten begründete Karl V. den Entschluß zum Krieg?

(b) Beschreibt das Verhältnis zwischen Reichsfürsten und Kaiser.

(c) Wie wird der Kaiser auf S. 46 dargestellt? Was will sein „Leibmaler" Tizian ausdrücken?

Kampf der „Landsknechte" bei Pavia. Holzschnitt von Hans Schäuffelin. „Landsknechte" waren Söldner aus der Schweiz und aus Deutschland. Sie waren zunächst mit Schwertern, später auch mit Musketen, den ersten Feuerwaffen, ausgerüstet. Mit ihren Hellebarden (Stoßlanzen) setzten sie sich vor allem gegen Reiterangriffe zur Wehr.

(4) Luther über die Pflicht der weltlichen Obrigkeit zur Ordnung der Kirche, 1526

„Weil aber uns allen, sonderlich der Oberkeit, geboten ist, vor allen Dingen doch die arme Jugend, so täglich geboren wird und daher wächst, zu ziehen und zu Gottesfurcht und Zucht [anzu]halten, muß man Schulen und Prediger und Pfarrer haben. Wollen die Eltern ja nicht, mögen sie immer zum Teufel hinfahren. Aber wo die Jugend versäumt und unerzogen bleibt, da ist die Schuld der Oberkeit, und wird dazu das Land voll wilder, loser Leute, daß nicht allein Gottes Gebot, sondern auch unser aller Not zwingt, hierin Wegs vorzuwenden.
Nu aber in E. K. F. G. [Euer Kurfürstlichen Gnaden] Fürstentum päpstlich und geistlicher Zwang und Ordnung aus ist, und alle Klöster und Stift E. K. F. G. als dem obersten Haupt in die Hände fallen, kommen zugleich mit auch die Pflicht und Beschwerde, solches Ding zu ordnen; denn sich's sonst Niemand annimmt noch annehmen kann noch soll ...
Wo eine Stadt oder Dorf ist, die des Vermögens sind, hat E. K. F. G. Macht, sie zu zwingen, daß sie Schulen, Predigstühle, Pfarren halten. Wollen sie es nicht zu ihrer Seligkeit tun noch bedenken, so ist E. K. F. G. da als oberster Vormund der Jugend und aller, die es bedürfen, und sollt sie mit Gewalt dazu halten, daß sie es tun müssen; gleich als wenn sie mit Gewalt zwingt, daß sie zur Brücken, Steg oder Weg oder sonst zufälliger Landsnot geben oder dienen müssen." (7) Q

(a) Schreibt auf, aus welchen Gründen der Landesherr die Kirche zu ordnen hatte.

(b) Sprecht darüber, welchen Machtzuwachs der Landesherr durch die Ordnung der Kirche erhielt.

(c) Staat und Kirche – sollen beide getrennt sein oder nicht? Diskutiert in der Klasse über diese Frage. Erkundigt euch, wie das heute in der Bundesrepublik Deutschland ist.

(5) Der Augsburger Religionsfrieden

Auf dem Reichstag von Augsburg wurde 1555 ein Religionsfrieden geschlossen (vgl. S. 47 f.). Der Papst lehnte ihn ab; in Rom meinte man, der Teufel habe den Frieden gemacht. Auch die Protestanten waren nicht alle zufrieden.

(a) Findet und erörtert Argumente, die für und gegen die Reichstagsbestimmungen sprechen.

(b) Kann man die Vereinbarung von Augsburg als „Frieden" bezeichnen?

1. Berichte über Auseinandersetzungen zwischen Karl V. und den deutschen Reichsfürsten.

2. Erkläre die Bezeichnung „Evangelische Landeskirche" und erläutere dabei die Bedeutung des Landesfürsten.

3. Zeichne nach folgender Skizze eine Waage und trage Vor- und Nachteile des Augsburger Religionsfriedens für Kaiser, Fürsten, Bevölkerung ein.

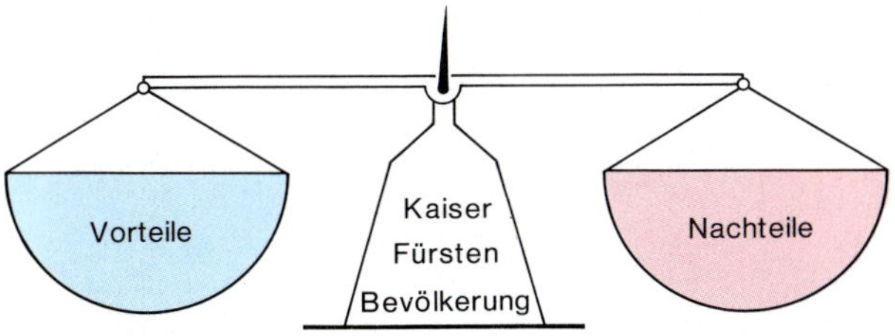

4. Ergänze den folgenden Satz und erläutere ihn: „Wer das Land . . ., bestimmt auch, was die Bevölkerung zu . . . hat."

5. Erläutere mit Hilfe der Karte S. 49 die Außenpolitik Karls V.

Augsburger Religionsfrieden: Reichsgesetz zur Beendigung der Religionskämpfe; wurde nach langen Verhandlungen zwischen Ferdinand I., den katholischen und protestantischen Fürsten auf dem Augsburger Reichstag 1555 verkündet.

Landeskirche: Evangelische Kirchenorganisation, die auf das Gebiet eines Fürsten begrenzt ist. Der Landesherr hat das Recht zur Regelung der Kirchenordnung.

Protestanten: Ursprünglich die Fürsten und Reichsstädte, die auf dem Reichstag in Speyer 1529 entschieden gegen den Mehrheitsbeschluß „protestierten" (Einspruch einlegten), in dem alle religiösen Neuerungen unterbunden werden sollten. Heute Bezeichnung für alle Christen, die den Lehren der Reformatoren (z. B. Luther, Zwingli, Calvin) folgen.

Schmalkaldischer Bund: Bündnis der evangelischen Fürsten und Reichsstädte in Schmalkalden, 1531. Das Bündnis sollte verhindern, daß katholische Fürsten und Kaiser mit Waffengewalt den Reichstagsbeschluß von 1530, in dem die neue Lehre wiederum verboten worden war, durchsetzen.

1519	Wahl Karls V.
1521–47	Kriege Karls V. gegen Franz I. von Frankreich
1521	Reichstag in Worms
1527	Eroberung und Plünderung Roms
1529	Türken vor Wien
1530	Reichstag in Augsburg; Augsburger Konfession
1546–1547	Schmalkaldischer Krieg
1555	Augsburger Religionsfriede
1556	Abdankung Karls V.

Quellennachweis

(1) E. Simon: Ketzer, a. a. O., S. 77.

(2) I. Mieck: Europäische Geschichte der frühen Neuzeit. Stuttgart 1970, S. 106 f.

(3) H. Krieger: Materialien, Bd. IV., a. a. O., S. 57.

(4) S. Schärtlin von Burtenbach: Lebensbeschreibung. Zitiert aus: Sebastian Schärtlin, Burkhard Stickel: Schwäbische Landsknechte. Bearb. von Helmut Breimesser. Heidenheim 1972, S. 30 f., S. 37 f. Abgedruckt in: Geschichtliche Weltkunde, Quellenlesebuch 2, a. a. O., S. 53 f.

(5) ebenda.

(6) S. Schärtlin, a. a. O. In: H. Krieger: Materialien, Bd. IV, a. a. O., S. 61.

(7) ebenda, S. 57 f.

Lesetip

H. Breimesser (Hrsg.): Schwäbische Landsknechte. Heidenheimer Verlagsanstalt, Heidenheim 1972 (SB)

P. Lahnstein: Auf den Spuren Karls V. List, München 1979 (SB)

H. Nette: Karl V. in Selbstzeugnissen und Bilddokumenten. Rowohlt, Reinbek bei Hamburg 1979 (QS)

Zeitbild: Die Reformation. Ueberreuter, Wien/Heidelberg 1980 (SB)

2.4. Reformation und Gegenreformation in Europa

Bekenntnisse in Europa um 1650.

Konfessionszugehörigkeit der Bevölkerung in Europa (1965). Angaben in Prozent (ohne Nichtchristen):

	Mitteleuropa	Nordeuropa	Westeuropa	Osteuropa	Südeuropa	Europa insges.
Katholiken	57	0,5	51	24	92	56
Protestanten	37	98	31	8	0,5	26
Orthodoxe	0,5	0,5	0,5	54	8	9

Die meisten Italiener, Spanier und Franzosen sind heute Katholiken, die meisten Engländer und Skandinavier Protestanten. Das hat historische Gründe.

- Warum sind die Menschen in einigen Ländern „katholisch" geblieben, in anderen „protestantisch" geworden?
- Wie wirkte sich die Reformation auf die katholische Kirche aus?
- Wie hat die katholische Kirche verhindert, daß die Reformation ganz West- und Südeuropa erfaßte?

Auch in England: Trennung von der Römischen Kirche. Als Luther in Deutschland wirkte, regierte in England König Heinrich VIII. (1509–1547). Wegen seiner Ehe geriet er in Konflikt mit dem Papst. Er wollte die Hofdame Anna Boleyn heiraten. Darum sollte der Papst seine erste Ehe für ungültig erklären. Der Papst zögerte, worauf Heinrich einen ergebenen Mann zum neuen Oberhirten des Landes, zum Erzbischof von Canterbury, ernannte. Dieser bestätigte, was der König brauchte: die Ungültigkeit der ersten Ehe und die kirchliche Anerkennung der inzwischen heimlich vollzogenen Trauung mit Anna Boleyn. Nun reagierte der Papst: Er schloß den König aus der Kirche aus und erklärte seine Heirat mit Anna Boleyn für ungültig. Damit war der Bruch vollzogen.

Die Engländer hielten zu ihrem König. Er war beim Volk beliebt, und der Papst galt hier wenig. Außerdem hatte er den englischen Nationalstolz verletzt. Heinrich konnte das englische Parlament 1534 veranlassen, in einem Sondergesetz den König zum Oberhaupt der Kirche von England zu machen. Er verlangte vom gesamten Klerus den Gehorsamseid. An der kirchlichen Lehre und am Gottesdienst wurde zunächst wenig geändert. Erst die Nachfolger Heinrichs VIII. machten die von Rom unabhängige „anglikanische Kirche" zu einer besonderen Konfession, die in der Lehre dem Protestantismus, im äußeren Aufbau und in der Gestaltung des Gottesdienstes eher der katholischen Kirche gleicht. Unter Königin Elisabeth I., die 1558–1603 regierte, wurde England zur führenden protestantischen Großmacht in Europa. → (1)

Reformatoren in der Schweiz. Zur Zeit Luthers entwickelten Ulrich Zwingli in Zürich und Jean Calvin in Genf eigene reformatorische Lehren. Auch sie beunruhigte die Frage nach der Gnade Gottes; aber ihre Erkenntnisse waren anders als die Martin Luthers. Calvin lehrte die Vorherbestimmung des Menschen durch Gott (*Prädestination**). Außerdem war er überzeugt, daß der Christ die ganze Welt zum Reich Gottes umgestalten müsse. Der Staat habe für das sittliche Leben seiner Bürger zu sorgen. Wenn eine Obrigkeit die von Mißständen gereinigte „reformierte" Kirche nicht anerkennt und unterstützt, verliert sie nach Meinung Calvins das Recht auf die Herrschaft. Auch soll die Kirchengemeinde einer solchen Obrigkeit Widerstand leisten, notfalls mit Waffengewalt. Diese Auffassung war ein Grund für spätere Religionskriege, z. B. in Frankreich. → (2)

Genf, ein „Gottesstaat". Calvin erreichte, daß der Rat der Stadt Genf 1541 eine Kirchenordnung erließ, die das öffentliche und private Leben der Bürger bis ins kleinste regelte. Die Grundlage war demokratisch: Alle Bürger wählten den Großen und den Kleinen Rat der Stadt, bestehend aus 200 bzw. 25 Mitgliedern. Daneben tagte wöchentlich die „Versammlung der Prediger", die über kirchliche Fragen beriet und neue Prediger aussuchte, die dann vom Rat ernannt und von der Gemeinde bestätigt werden mußten. Das wichtigste Organ war das Konsistorium, ein aus Pfarrern und Laien zusammengesetztes Sittengericht. Es überwachte alle Bürger und prüfte, ob sie christlich lebten, das Tanzen, Kartenspielen, den Besuch von Theatern und Wirtshäusern mieden und die Gottesdienste besuchten. Wer sich schuldig machte, wurde mit Geldbußen, Ausschluß vom Abendmahl, Gefängnis, Ausweisung oder sogar mit der Hinrichtung bestraft. Im Genfer „Gottesstaat" gab es keine Toleranz (Duldsamkeit). Calvin bestimmte 23 Jahre lang, bis zu seinem Tod, zusammen mit den Predigern, was erlaubt war und was nicht. In vier Jahren wurden z. B. von 15 000 Einwohnern 900 verhaftet, 76 verbannt und 58 hingerichtet. Genf entwickelte sich in dieser Zeit zu einer Musterstadt an Fleiß und Ordnung. Die sozialen Unterschiede zwischen Armen und Reichen verringerten sich. Spitäler und Schulen waren vorbildlich. Eine neue Universität bildete calvinistische Prediger vor allem für die Missionsarbeit in anderen Ländern Europas aus.

Calvinisten und Lutheraner in Europa. Zwingli hatte ähnliche Gedanken wie Calvin entwickelt. Die Calvinisten vereinigten sich deshalb mit den Anhängern Zwinglis: Viele Schweizer nahmen den neuen Glauben an. Sie nannten sich im Unterschied zu den Lutheranern „Reformierte". Anhänger von Calvins Lehre gab es auch in Süddeutschland, in den Niederlanden und in Ungarn. In Schottland nannten sich die Calvinisten *Puritaner** (d. h. „die Reinen"), in Frankreich wurden sie als *Hugenotten** bezeichnet. Die Calvinisten standen fast überall im Gegensatz zur herrschenden Obrigkeit und stützten sich vor allem auf die mittleren Schichten, auf die Bürger. Deshalb nahm die calvinistische Bewegung einen vorwiegend demokratischen, aber auch kämpferischen Charakter an.

Im Deutschen Reich, dem Ursprungsland der Reformation, übernahmen bis zur Mitte des 16. Jh. nahezu alle Länder und Städte im Norden und Westen das lutherische Bekenntnis. Nur südlich der Donau hielten sich rein katholische Gebiete wie Bayern und Österreich. Auch die skandinavischen Länder wurden bald protestantisch. Die Dänen führten 1536 die lutherische Religion ein und zwangen auch Norwegen, sie anzunehmen. Der schwedische König Gustav Wasa zwang 1527 Reichstag und Volk seines

Landes zur Reformation, weil er den reichen Kirchenbesitz verstaatlichen wollte. Auch in Polen und Litauen sickerten protestantische Lehren ein, doch konnte sich hier der Katholizismus besser behaupten. Spanien, Portugal und Italien blieben katholisch.

Das Konzil der Römischen Kirche. Die Reformation hatte die Christenheit gespalten. Nun standen sich zwei Blöcke gegenüber. Beide glaubten, im Recht zu sein, beide suchten die Wahrheit; beide hofften, alle Christen zu überzeugen, so daß am Ende die Einheit im Glauben wiederhergestellt würde. Als der Papst schließlich 1545 eine Kirchenversammlung nach Trient einberief, verweigerten die Protestanten die Teilnahme, weil das Konzil nach ihrer Meinung nicht von Vertretern des Papstes geleitet werden durfte. Die Aufgabe des Konzils umriß ein Kardinal mit den Worten: „Aus drei Ursachen ist das Konzil versammelt: um die falschen Lehren auszurotten, um die Kirche zu reformieren und um den Frieden zu erlangen."

Das Konzil brachte keinen Frieden zwischen den Konfessionen. Nach 18 Jahren wurde es beendet. Die Lehren Luthers, Zwinglis und Calvins wurden verworfen. Der alte Glaube wurde gegenüber den „Irrlehren" abgegrenzt und eindeutiger formuliert. Die Zahl der Sakramente wurde endgültig auf sieben festgelegt. Die Mißstände in der Kirche sollten überwunden werden durch klare Bestimmungen über die Rechte und Pflichten von Papst, Bischöfen und Priestern. Der Papst wurde als oberste Autorität der Kirche bestätigt. Die Amtspflichten der Bischöfe in den Diözesen wurden genau festgelegt, Häufung und Kauf von geistlichen Ämtern wurden verboten. Priester sollten in kirchlichen Seminarien unter Aufsicht der Bischöfe ausgebildet werden.

Eine friedliche Aussöhnung mit den Protestanten hatte das Konzil weder gewollt noch ermöglicht. Aber die Erneuerung der katholischen Kirche konnte beginnen. Neben dieser „inneren Reform" der Kirche wurde eine *Gegenreformation** eingeleitet: Protestanten sollten wieder zum katholischen Bekenntnis zurückgeführt werden.

Die Jesuiten. Diese Gegenreformation wurde unterstützt durch die „Jesuiten", Mitglieder eines neuen Ordens, den ein ehemaliger spanischer Offizier, Ignatius von Loyola, 1534 gegründet hatte. Unter der Führung eines Ordensgenerals stellten sich die Jesuiten dem Papst bedingungslos zur Verfügung. Die Jesuiten konzentrierten den Kampf gegen die „Ketzer" auf wichtige Punkte: Sie setzten ihre Leute an den katholischen Fürstenhöfen als Prinzenerzieher und Beichtväter ein, schickten die besten Prediger auf „Volksmission", wo sie den katholischen Glauben – besonders in großen Städten – auf volkstümliche Weise lehrten. Vor allem aber widmeten sich die Jesuiten der Erziehung. Um 1600 leiteten sie viele Schulen in den katholischen Gebieten Europas. Außerdem gewannen die Jesuiten protestantische Christen der katholischen Kirche zurück. Sie arbeiteten aber auch in der Mission in Übersee und hatten sogar erheblichen Einfluß am Hof der chinesischen Kaiser. Der Orden wuchs rasch an Zahl und Bedeutung; viele Jesuiten waren hervorragende Gelehrte. → (3)

Frankreich und Spanien bleiben katholisch. In Frankreich wandten sich zunächst viele Bürger, aber auch Adlige dem Calvinismus zu. Sie nannten sich Hugenotten und hatten großen politischen Einfluß. Die Mehrheit der Franzosen blieb jedoch mit dem Königshaus der katholischen Lehre treu. Am Königshof in Paris entschloß man sich, die Hugenotten mit Gewalt zu beseitigen. 2000 Hugenotten, die wegen der Hochzeit des hugenottischen Prinzen Heinrich von Navarra in Paris weilten, wurden in der Nacht zum 24. August 1572 auf Anstiften der Königinmutter ermordet. Im ganzen sollen 13 000 Menschen umgebracht worden sein. Doch die überlebenden Hugenotten kämpften weiter. Im Jahr 1589 kam Heinrich IV. aus dem Hause Bourbon – selbst Hugenotte – auf den französischen Königsthron. Er war überzeugt, daß er die überwiegend katholischen Franzosen nicht als Hugenotte regieren könnte. Deshalb kehrte er zum katholischen Glauben zurück. Erst durch das „Edikt von Nantes" (1598) erhielten die Hugenotten das Recht auf eigene Gotteshäuser, Schulen und Friedhöfe.

Keine Regierung verfolgte die „Ketzerei" der reformatorischen Lehren so unerbittlich wie der König von Spanien. Hier regierte der Sohn Karls V., Philipp II. (1556–1598), von dem man sagt, er sei katholischer als der Papst gewesen. Philipp ließ die „Inquisition" (kirchliches Gericht) gegen jeden rücksichtslos vorgehen, der im Verdacht stand, vom rechten Glauben abzuweichen. Wer angeklagt war und seinem „Irrtum" nicht abschwor, wurde gefoltert. Ankläger und Zeugen seiner Schuld blieben geheim. Wer auf seiner abweichenden Meinung beharrte, wurde öffentlich hingerichtet, meist auf dem Scheiterhaufen verbrannt. Die Juden mußten unter Philipp II. das Land verlassen, und selbst Mauren (Spanier arabischer Abkunft), die Christen geworden waren, vertrieb man aus Spanien. Diese Ausweisung traf nicht nur die Verbannten, sie schädigte auch das ganze Land, das eine halbe Million tüchtiger Handwerker und Kaufleute verlor. Als Philipp die spanischen Niederlande (Holland und Belgien), wo sich der Protestantismus ausbreitete, mit Waffengewalt und blutigen Strafen zum Katholizismus zurückzwingen wollte, verhärtete sich hier der Widerstand. 1581 erklärten die nördlichen Niederlande ihre Unabhängigkeit. → (4) (5)

(1) Wer hat die anglikanische Kirche zu leiten?

Aus den anglikanischen Glaubensartikeln, 1562:

„Des Königs Majestät hat in diesem Königreich England und in seinen anderen Staaten die höchste Gewalt; ihm kommt in allen streitigen Fällen die oberste Herrschaft über alle Stände des Reiches zu, sie mögen geistlich oder weltlich sein; er ist keiner ausländischen Gerichtsbarkeit unterworfen und soll ihr auch nicht unterworfen sein.
Indem wir des Königs Majestät die höchste Regierungsgewalt beilegen, ... so übertragen wir damit unserem Fürsten nicht das Amt der Prediger und der Auslegung des göttlichen Wortes und der Verwaltung der Sakramente, ... sondern wir geben ihnen das einzige Vorrecht, welches Gott selbst, wie wir sehen, allen frommen Fürsten in der Heiligen Schrift stets verliehen hat und welches darin besteht, daß sie alle Stände und Klassen, geistliche sowie auch weltliche, die ihrer Aufsicht und Sorgfalt von Gott anvertraut sind, regieren und die Widerspenstigen und Übeltäter mit dem weltlichen Schwert in Schranken halten. Der Bischof zu Rom hat keine Gerichtsbarkeit in diesem Königreich England.
Die Reichsgesetze mögen solche Christen, die grober und schwerer Verbrechen schuldig befunden sind, mit dem Tode bestrafen. Es ist den Christen erlaubt, auf Befehl der Obrigkeit Waffen zu tragen und im Kriege zu dienen." (1)
Q

(a) Beschreibt die Stellung des Königs in der anglikanischen Kirche.

(b) Nehmt Stellung zur Behauptung: Die anglikanische Kirche ist vor allem aus politischen Gründen entstanden.

(c) Wie ließen sich König Heinrich VIII. und Königin Elisabeth I. darstellen?

(2) Calvin über die Vorherbestimmung

„Als Zuvorbestimmung bezeichnen wir den ewigen göttlichen Beschluß, durch den Gott bei sich selbst festsetzte, was mit jedem Menschen werden sollte. Denn es werden nicht alle für eine gleiche Lage geschaffen, sondern es wird den einen ewiges Leben, den andern ewige Verdammnis zuvorverordnet. Je nachdem nun ein Mensch für dieses oder jenes Ziel geschaffen ward, sagen wir, daß er zum Leben oder zum Tode prädestiniert sei ... Dieser Ratschluß gründet sich für die Auserwählten auf Gottes freie Gnade, nicht auf irgendein menschliches Verdienst; wel-

Links: Heinrich VIII. von England. Gemälde von Hans Holbein d. J. (1497–1563), dem Hofmaler des Königs. – Rechts: Königin Elisabeth I. Gemälde eines unbekannten Meisters.

che er aber für das Verderben bestimmt hat, denen verschließt er nach seinem gerechten und über jeden Tadel erhabenen, für uns freilich unbegreiflichen Urteil den Zugang zum [ewigen] Leben.
Nun stellt man uns die Frage, mit welchem Rechte Gott seinen Kreaturen zürne, die ihn durch keine Beleidigung zuvor gereizt haben. Ins Verderben zu stoßen, welche er will – das sei mehr die Art tyrannischer Laune als die eines ordnungsmäßigen Richterspruchs ... Wenn frommen Menschen solche Gedanken in den Sinn kommen wollen, sollen sie sich einfach sagen: Gott hat so gehandelt, weil er wollte ... Aber wir leugnen, daß er schuldig ist, Rechenschaft zu geben. Wir leugnen auch, daß wir geeignete Richter sind, um aus eigenem Verstande über eine solche Sache das Urteil zu sprechen ..." (2) Q

(a) Schreibt auf, was Calvin unter Vorherbestimmung („Zuvorbestimmung") des Menschen verstand.

(b) Erkundigt euch, was die evangelisch-lutherische Kirche und die katholische Kirche über dieses Problem lehren.

(c) Der Calvinismus hat den Fleiß und das Leistungsstreben der Menschen gefördert. Warum?

Das Jesuitenkolleg in München. Kupferstich von Matthäus Merian. Rechts die im Stil der Renaissance zwischen 1583 und 1597 erbaute Jesuitenkirche St. Michael, das bedeutendste Baudenkmal der Gegenreformation in Deutschland.

(3) Erziehung im Jesuitenkolleg

Aus der Tag-Ordnung eines Jesuiten-Schülers, 1732:

„Morgens umb 5 Uhr würdt er aufgeweckhet, stehet alsdan ohne Verzug auf, kleidett sich ehrbarlich an, waschet die Hend, und daß Angesicht, und kämplet die Haar, doch also, daß alles dieses in einer Viertl stündt gewisse vollzogen werde ... Ein viertl nach 5 Uhr fangt er sein Morgen Gebett andechtig an zuverrichten ...
Umb halbe 6 Uhr fangt er an zu studiren bis umb halbe 7 Uhr ... Umb halbe 7 Uhr damit der gesundheit gepflogen werde, soll ihm ein Morgensuppen gegeben werden, nicht aber Theé od. cavé ... damit er gleich umb 3. Viertl 7 in dem Gymnasio seye ... Von 7 Uhr bis halbere 8 Uhr bei anhörung der hl. Messe ... Umb 10 Uhr besucht er andächtig das Venerabile und geht den geraden Weg allein, od. in Begleitung eines praeceptoris ... Umb 11 Uhr soll das Mittag Essen eingenommen werden ...
Umb 12 Uhr nach dem er den Englischen Gruß ... andächtig verrichtet hat, studirt er wider bis auf 1 Uhr. Umb 1 Uhr wan es ihn dürstet, kan er trinkhen und ein wenig Brodt darzu essen und verfügt sich (viertel nach 1 Uhr) zu der Schul ...
Umb 4 Uhr geht er nochmals züchtig aus dem Haus ... daß er 1. Viertl nach 4 Uhr wider bey seinem Studir Tisch sich einfinde und studire, welches studiren aneinand bis 6 Uhr soll fortgesetzt werden.
Umb 6 Uhr soll er ... sein Nacht Essen einnehmen. Nach dem Nacht Essen folgt mehrmals biß auf 7 Uhr nemblich ein halbe stundtlang, die gewöhnliche Recreation [Erholung]. Von 7 bis halbe 8 Uhr ist nochmals die Studir Zeit.

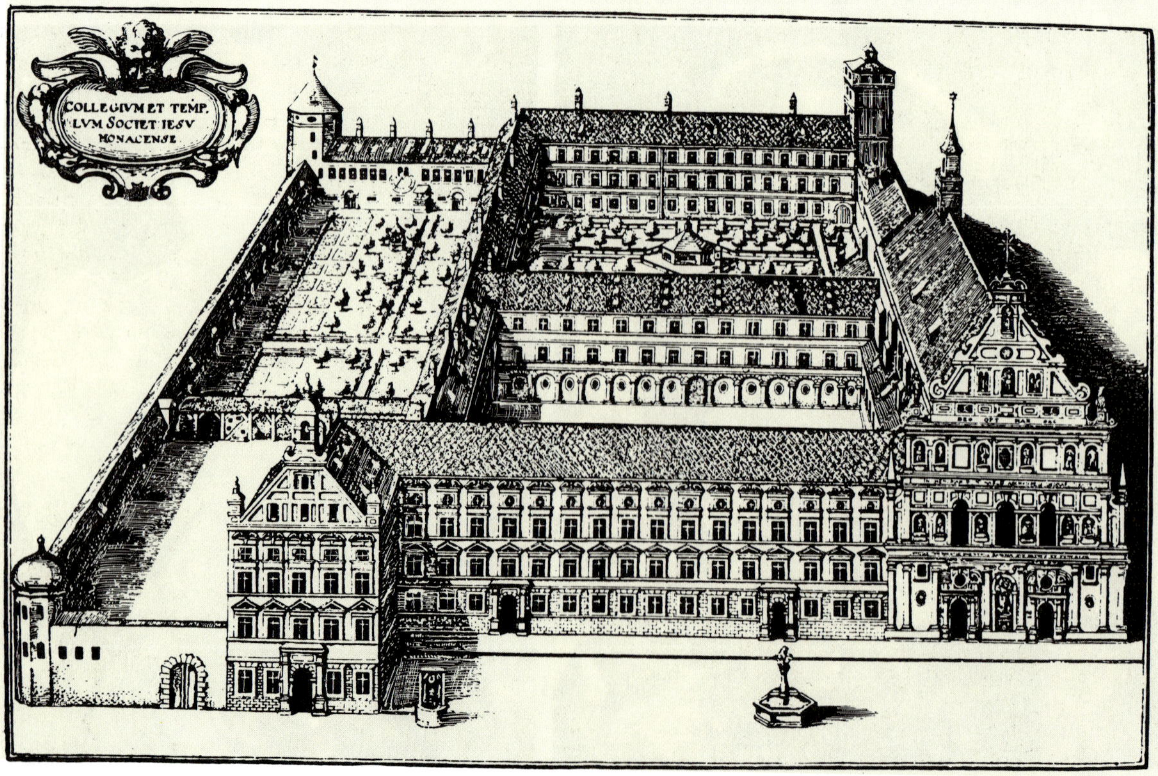

Die Bartholomäusnacht. Das zeitgenössische Gemälde faßt mehrere zeitlich aufeinanderfolgende Episoden zusammen.

Umb halbe 8 Uhr machet er sein Examen und verrichtet das Nacht gebett ...
Umb 3. Viertl auf 8 Uhr kleidet er sich erbarlich auß, und gehet in Gottes Namen also schlaffen, daß es umb 8 Uhr, es seye Sommer od Winther, gewiß in der Ruhe seye." (3)

Q

(a) Schreibt den Tageslauf eines Jesuitenschülers in Form eines Studienplanes auf.

(b) Was will diese Erziehung erreichen?

(c) Nennt Unterschiede zwischen dem damaligen und dem heutigen Deutsch.

(4) Bartholomäusnacht in Paris

Der Herzog von Anjou, ein Hugenotte:

„In der ganzen Stadt häuften sich im Handumdrehen die Leichen, jeden Geschlechts und jeden Alters; es herrschte eine derartige Verwirrung und ein solches Drunter und Drüber, daß jeder töten konnte, wen er wollte, ob von der Religion oder nicht, wenn nur etwas bei ihm zu holen war oder wenn einer ein Feind war, so daß selbst manche Papisten [Katholiken] ihr Leben lassen mußten und sogar manche Äbte und andere hohe Geistliche, nur damit ihre Pfründen in neue Hände kamen. Der größten Mordwut aber fielen wir zum Opfer; und um den Mördern noch fettere Beute hinzuwerfen, befahl man ihnen, die Häuser zu plündern und zu brandschatzen, damit sich die Wüstlinge, Beutelschneider, Lumpen und Taugenichtse, deren es ja immer eine Menge gibt, mit noch gierigerer Lust auf uns stürzten, denn sie hofften ja auf Beute. Es sei denn, diese wäre zufällig einmal zu groß gewesen, dann behielten die obersten Anführer sie für sich ...
Es wurde aber nicht nur gemordet und geplündert, vielen Frauen und Mädchen wurde auch Gewalt angetan, jeglicher Unzucht waren sie ausgesetzt, besonders die, deren Eltern oder Ehegatten sich unbeliebt gemacht hatten; ihre Namen könnten wir nennen, wenn es notwendig wäre. Kurz, diese drei schweren Laster wüteten in der Stadt, nämlich: Mord, Diebstahl und Unzucht. Es ist unbeschreiblich, mit welcher Grausamkeit diese Personen und zahllose andere an jenem Sonntag und an den darauffolgenden Tagen hingemetzelt wurden. Die meisten brachte man ums Leben, indem man sie erdolchte oder mit dem Schwert erstach; andere hatte man an sämtlichen Körperteilen mißhandelt, ihre Glieder verstümmelt, sie verhöhnt und beleidigt mit beißendem Spott, der feiner stach als die Spitze einer dünnen Lanze." (4) Q

(a) Beschreibt, was das Gemälde zeigt; vergleicht die dargestellten Vorgänge mit dem Bericht.

(b) Nehmt Stellung zu den Untaten, die in Paris angeblich aus „religiösem Eifer" begangen wurden.

(c) Sind euch andere Massenmorde in der Geschichte bekannt?

Links: Autodafè (= öffentliche Vollstreckung eines Inquisitionsurteils) in Spanien. Gemälde von Pedro Berruguete (gest. 1540). – Rechts: Philipp II. von Spanien. Gemälde von Tizian.

(5) Freiheit für die Niederlande

Aus der Unabhängigkeitserklärung der Niederlande, 1581:

„Ein Volk ist nicht wegen des Fürsten, sondern ein Fürst um des Volkes willen geschaffen, denn ohne das Volk wäre er ja kein Fürst. Er ist dazu da, daß er seine Untertanen nach Recht und Billigkeit regiere. Behandelt er sie aber nicht so, sondern bloß wie Sklaven, dann hört er auf, ein Fürst zu sein und ist ein Tyrann. Und so erklären wir denn jetzt den König von Spanien verlustig jedes Anspruchs auf die Herrschaft in den Niederlanden. Wir entbinden alle Amtsleute, Obrigkeit, Herren, Vasallen und Einwohner von dem einst dem König von Spanien geleisteten Eid des Gehorsams und der Treue." (5) Q

(a) Wie begründen die Niederländer das Recht auf Widerstand?

(b) In den Niederlanden ging es nicht nur um religiöse Fragen, sondern zugleich um die nationale Unabhängigkeit. Wie ist das zu verstehen?

(c) Goethes Drama „Egmont" und Schillers „Don Carlos" handeln u. a. vom Freiheitskampf der Niederlande. Informiert euch darüber.

---

1. *Erkläre die Bezeichnung „anglikanische Kirche" und berichte über die Entstehung dieser Kirche.*

2. *Berichte über die Reformation Calvins und mit Hilfe des Bildes auf der nächsten Seite über die neue Form des Gottesdienstes.*

3. *Zähle Beispiele religiöser Intoleranz aus dem 16. Jahrhundert auf.*

4. Ang – ent – ge – Hu – iten – Je – ka – Kon – li – ner – not – su – ten – Tri – von – zil.
Aus den obenstehenden Silben lassen sich Wörter mit folgender Bedeutung bilden:
(a) Mitglieder der englischen Staatskirche
(b) Name für französische Calvinisten
(c) Katholische Kirchenversammlung 1545–1563
(d) Mitglieder der „Gesellschaft Jesu"

5. Stelle eine Liste zusammen, in die du einträgst:

(a) Erwartungen der Protestanten an ein Konzil.
(b) Erwartungen der Katholiken an ein Konzil.

6. Mach einen Vorschlag, wie es zu einer wirklichen Aussöhnung zwischen den Konfessionen hätte kommen können. Welche Vorbedingungen galten damals – welche würden heute gelten?

Gegenreformation: Gegenbewegung der katholischen Kirche gegen die Reformation mit dem Ziel, die Kirche zu erneuern und die Länder, die sich der Reformation angeschlossen hatten, zu rekatholisieren.

Hugenotten: (vermutlich von „Eidgenossen") Protestanten in Frankreich, die die Lehre des Genfer Reformators Calvin annahmen. Die Verfolgung der Hugenotten in Frankreich führte zu mehreren Kriegen (1562–98). 1598 erhielten sie vom König Sonderrechte, die 1685 widerrufen wurden. Danach wanderten zahlreiche Hugenotten in Nachbarländer aus.

Prädestination: (= Vorherbestimmung). Lehre, nach der für den Menschen schon mit seiner Geburt feststeht, ob er von Gott nach seinem Tod zur ewigen Seligkeit oder zur Verdammnis bestimmt ist.

Puritaner: Anhänger einer kirchlichen Reformbewegung in England im 16. Jh. Sie wollten die Kirche von allen katholischen und unbiblischen Resten befreien und standen im Gegensatz zur anglikanischen Staatskirche.

1522	Reformation durch Ulrich Zwingli in Zürich
1534	Entstehung der anglikanischen Staatskirche
1534	Gründung des Jesuitenordens
1541	Reformation Calvins in Genf
1545–1563	Konzil von Trient
1572	Bartholomäusnacht in Paris
1581	Unabhängigkeitserklärung der Niederlande

Quellennachweis

(1) H. Krieger: Materialien, Bd. IV, a. a. O., S. 66.
(2) ebenda, S. 63.
(3) Bayerische Quellen zur deutschen Geschichte. Diesterweg 7357, S. 103.
(4) Herzog von Anjou, zitiert aus: Julien Coudy: Die Hugenottenkriege in Augenzeugenberichten. Düsseldorf 1965, S. 191.
(5) Historisch-politisches Quellenbuch, Bd. 1, a. a. O., S. 291, gekürzt.

Lesetip

J. Coudy (Hrsg.): Die Hugenottenkriege in Augenzeugenberichten. dtv Tb. 2707 (QS)
F. Habeck: Der einäugige Reiter. Jugend und Volk, Wien o. J. (JB)
W. Knapp: Giordano Bruno. Der Ketzer von Nola. Urachhaus, Stuttgart 1982 (SB)
E. Simon: Ketzer, Bauern, Jesuiten. Rowohlt Life 36, Reinbek bei Hamburg 1979 (SB)
H. Schreiber: Spanien aus erster Hand. Arena, Würzburg 1974 (QS)

Taufgottesdienst in einem von den Calvinisten 1564 erworbenen und zur Kirche umgebauten Haus in Lyon.

2.5. Der Dreißigjährige Krieg

Zeitgenössische Bilder aus dem Dreißigjährigen Krieg von H. U. Franck und J. Callot.

Von zwei Weltkriegen (1914–1918 und 1939–1945) sind weite Teile Europas und der Welt hart betroffen worden. Millionen von Menschen wurden Opfer der Katastrophen des Krieges; etwa 10 Mill. wurden im Ersten und etwa 60 Mill. im Zweiten Weltkrieg getötet. Auch vor 350 Jahren wütete in Europa ein furchtbarer Krieg; er dauerte 30 Jahre.

- Wer kämpfte im Dreißigjährigen Krieg gegen wen? Warum? Was wollten die kriegführenden Regierungen? Was erreichten sie?
- Warum dauerte der Krieg so lange? Wer hatte am meisten zu leiden?
- Was brachte der Frieden?

Neue Unruhe in der Konfessionsfrage. Nach dem Augsburger Religionsfrieden von 1555 duldeten sich in Deutschland Katholiken und Lutheraner gegenseitig. Es kam zu keiner gewaltsamen Gegenreformation, und die Protestanten gewannen noch weitere Anhänger. Erst um 1600 verschärften sich die Gegensätze erneut. Nun war keiner mehr zu weiteren Kompromissen bereit, weder im kleinen, noch in der großen Politik.

„Die Stimmung war gesunken. In aller Munde waren neuerdings die Vorgänge in Donauwörth. Hier war durch die Jesuiten von dem benachbarten Dillingen aus die kleine katholische Gemeinde [in der mehrheitlich protestantischen Stadt] gestärkt worden. 1603 ließ sie eine Prozession mit fliegenden Fahnen halten, was der Rat beanstandete; sie hätten höchstens eingerollt sein dürfen. Der Kaiser legte den Schutz der Katholiken in die Hände des Herzogs von Bayern. Gleichwohl hinderte noch 1607 der von der erregten öffentlichen Meinung getriebene Stadtrat die feierliche Prozession. Der Kaiser ächtete die Stadt und der Herzog vollstreckte die Acht. Die protestantische Pfarrkirche wurde den Jesuiten eingeräumt. Später ließ sich der Herzog die Stadt als Ersatz für seine Kosten auch noch verpfänden.“ (1)

Kurfürst Friedrich von der Pfalz, Anhänger des Calvinismus, lehnte sich dagegen auf, daß in verschiedenen Reichsbehörden z. B. im Reichskammergericht und im Reichshofrat, mehr Katholiken als Protestanten waren. Auf sein Betreiben hin schlossen die evangelischen Landesfürsten und Reichsstände 1608 ein Bündnis: die protestantische *Union**. Im folgenden Jahr schlossen die katholischen Fürsten, Bischöfe und Äbte unter Führung des Herzogs Maximilian von Bayern ein Gegenbündnis: die katholische *Liga**.

Spannungen in Böhmen führen zum „großen Krieg“. In Böhmen war die Lage besonders gespannt: Zum konfessionellen Gegensatz zwischen den vielen Protestanten im Land und dem katholischen Herrscherhaus, den Habsburgern, trat ein zweiter hinzu: Die böhmischen Landstände (die Vertretung von Adel, Kirche und Bürgertum) besaßen das Recht der Mitbestimmung, das sie nicht aufgeben wollten. Dies verlangte aber Ferdinand II., der 1617 böhmischer König und bald darauf deutscher Kaiser (1619–1637) wurde. Er mißachtete die Verträge, die seine Vorgänger den Böhmen gewährt hatten, so den „Majestätsbrief“ von 1609, der den Böhmen Gewissensfreiheit und freie Religionsausübung für Protestanten verbürgte. Ferdinand zwang die tschechischen Bauern auf seinen Gütern, den katholischen Glauben anzunehmen, und ließ zu, daß protestantische Kirchen geschlossen und sogar abgerissen wurden.

Da versammelten sich im Mai 1618 böhmische Adlige mit protestantischen Bürgern in Prag, drangen in das Schloß ein, wo die Statthalter des Königs residierten. Dort ergriffen sie die beiden obersten Landhofrichter und warfen sie samt ihrem Sekretär zum Fenster hinaus. Die Gestürzten überlebten, denn sie fielen auf einen Misthaufen. Aber dieser „Fenstersturz zu Prag“ führte zum Religionskrieg. Die böhmischen Stände verboten den Jesuitenorden und zwangen die katholischen Adligen und Kirchenfürsten, das Land zu verlassen. Da rüstete Ferdinand zum Krieg gegen die „Rebellen“. Diese erklärten, daß er ein Tyrann sei, dem sie sich nicht mehr untertan fühlten. Sie wählten einen neuen König, den Führer der protestantischen Union, Friedrich von der Pfalz, der im Herbst 1619 in die Prager Burg einzog. Ferdinand schloß ein Bündnis mit der katholischen Liga, erhielt Hilfstruppen von Spanien und vom Papst und unterstellte die Armee dem Oberbefehl Maximilians von Bayern.

Dreißig Jahre Krieg in Deutschland. Unter Tilly, dem Feldherrn der katholischen Liga, wurden die Böhmen, die kaum Hilfe erhielten, 1620 geschlagen. Friedrich floh nach Holland und verlor die Kurwürde an Maximilian von Bayern. Prag ergab sich, in Böhmen regierte wieder Ferdinand von Habsburg. Den aufständischen Adel traf eine harte Strafe: Viele, die nicht ins Ausland geflohen waren, wurden öffentlich hingerichtet; die Güter wurden beschlagnahmt. Fast Dreiviertel des böhmischen Grundbesitzes kam in neue Hände. Ferdinand zerschnitt den „Majestätsbrief“ mit eigener Hand und erklärte die katholische Religion zur einzig erlaubten. Viele Böhmen wanderten aus, die anderen mußten katholisch werden.
Aber die böhmischen Flüchtlinge fanden Verbündete bei den protestantischen Fürsten, und sie gewannen Söldnerführer, die sich mit ihren Landsknechten in den Dienst des vertriebenen Königs Friedrich stellten. So ging der Krieg weiter. Er dauerte insgesamt 30 Jahre. Auch ausländische Herrscher beteiligten sich: der König von Dänemark (1625), König Gustav Adolf von Schweden (1630) und der König von Frankreich (1635). Alle drei halfen den Protestanten. In vielen Gebieten Europas wurde gekämpft. → (2)

Ein Geschäft für „Kriegsunternehmer“. Als die Protestanten sich unter Führung des Dänenkönigs dem Heer der Liga entgegenstellten, kam der Kaiser in Bedrängnis. Er nahm deshalb das Angebot eines böhmischen Adligen, Albrecht von Wallenstein, an, der auf eigene Kosten ein Heer aufstellen wollte, wenn er den Oberbefehl erhielt. Dieser Mann hatte zahlreiche Güter von verurteilten oder geflohenen böhmischen Adligen zu Spottpreisen erworben. Nun ließ er 20 000, dann 50 000, bald 100 000 und mehr Soldaten anwerben, alle auf seine persönlichen Kosten, gleichsam als Angestellte eines großen Unternehmens. Solche Heerführer, die eine Söldnertruppe wie ein privates Unternehmen aufstellten, um sie an kriegführende Herrscher gegen Gewinn zu vermieten, gab es zu jener Zeit viele. Wallenstein war der größte. → (1)

„Die Männer, die das ‚Rohmaterial' eines solchen Heeres ausmachten, stammten aus ganz Europa; es waren zähe Gesellen, Abenteurer, die sich jedem vermieteten, der sie bezahlen wollte. Ihr Geschäft war das Töten, und es war ihnen einerlei, ob ihre Opfer Franzosen waren, Engländer oder Deutsche, Katholiken, Lutheraner oder Calvinisten. Wurden sie gefangengenommen, traten sie häufig in die Armee dessen ein, der sie gefangengenommen hatte. Wurden sie nicht bezahlt, desertierten sie. Wurden sie nicht ernährt, plünderten sie. Die Aufgabe, in einer solchen Armee ... die Disziplin aufrechtzuerhalten, war unvorstellbar ..." (2)

Die Söldner respektierten Wallenstein. Er zahlte gut und sorgte für ausreichende Verpflegung und Ausrüstung. Er ließ eigene Mühlen, Bäckereien, Brauereien für seine Armee arbeiten. Der Verbrauch war recht groß, innerhalb von drei Tagen z. B. 248 Faß Bier, 150 000 Pfund Brot, 169 Ochsen, 1359 Schafe und 1872 Scheffel Hafer. Während der Feldzüge „requirierten" (beschlagnahmten) Soldaten und Offiziere bedenkenlos alles, was sie brauchten. Wer sich wehrte, wurde verspottet und mißhandelt.
Militärisch operierte Wallenstein vorsichtig und hatte damit Erfolg. Der Kaiser, für den er mit Tilly zusammen ganz Norddeutschland erobert hatte, erhob ihn zum Herzog von Mecklenburg. Aber Reichtum und Titel genügten ihm nicht. Seine wahren Ziele kennt man bis heute nicht sicher. Ein spanischer Diplomat hatte den Eindruck, daß Wallenstein der alleinige Herr sei und dem Kaiser kaum etwas anderes als den Titel ließ. Einmal erreichten die mißtrauischen, neidischen Fürsten, daß Wallenstein abgesetzt wurde, doch der Kaiser mußte ihn nach Tillys Tod erneut als Generalissimus berufen. Schließlich erfuhr man in Wien, daß Wallenstein mit dem Gegner eigenmächtig über den Frieden verhandle. Ein Sondergericht verurteilte ihn wegen Hochverrats zum Tode. In einer stürmischen Februarnacht des Jahres 1634 wurde das Urteil vollstreckt: Häscher des Kaisers töteten Wallenstein in Eger.

Unsagbares Elend. Am meisten litt die „Zivilbevölkerung" der Landschaften, in denen der Krieg wütete. Plünderungen, Brandschatzungen, Vernichtung der Ernte, Vergewaltigung, Totschlag und Mord waren fast „normal", wenn Soldaten in die Dörfer kamen. Seuchen brachen aus, besonders die Pest. Hunderttausende starben. Teuerungen machten jeden Wohlstand zunichte, Hunderttausende verarmten. Fast hundert Jahre vergingen, bis wieder so viele Menschen in Deutschland lebten wie 1618 vor dem Krieg. → (3) (4)

1648, endlich Frieden. Allmählich erlosch der Krieg, wie ein Feuer ausbrennt, wenn es keine Nahrung mehr hat. In Münster und Osnabrück wurde 1648 der *Westfälische Frieden** von Diplomaten ausgehandelt. Jeder suchte die größte Beute für sein Land zu erschachern. Frankreich erhielt 10 Städte im Ober- und Unterelsaß und zwei rechtsrheinische Brückenköpfe (vgl. Karte S. 66). Schweden bekam Vorpommern, die Insel Rügen und das Gebiet um Bremen. Die Niederlande und die Schweiz schieden endgültig aus dem Deutschen Reich aus. Die deutschen Fürsten erhielten das Recht, Bündnisse untereinander und mit dem Ausland zu schließen: Ein paar hundert deutsche Einzelstaaten konnten künftig selbständig europäische Politik machen. Deutschland, das sich erst nach Jahrzehnten von den Kriegsfolgen erholte, hatte seine Führungsrolle in Europa verloren. → (5)

(1) Wallenstein, ein „Kriegsunternehmer"

„War ein berühmter General,
an Siegen groß, an Worten kahl,
hielt seinen Sinn verschlossen.
Hat so in mancher Feldschlacht heiß
gesparet keine Mühn noch Fleiß,
sein ritterlich Blut vergossen.

Doch Feind und Freund übel traktiert,
daran man lange denken wird.
Gebrandschatzt und geplündert.
Groß Reichtum auch an Gut und Geld
erworben sich damit im Feld,
doch seinen Ruhm gemindert.

Sucht letztlich gar als Siegeslohn
für sein Haupt eine Königskron
im Reiche zu erwerben.
Das gab dem Kaiser große Not,
alsdann beschlossen ward sein Tod,
mußt dadurch elend sterben ..." (3) Q

Links: Albrecht von Wallenstein. – Rechts: König Gustav Adolf von Schweden. Ausschnitte aus Gemälden von Anthonis van Dyck (um 1630).

(a) Wie wird Wallenstein in diesem Lied geschildert?

(b) „Kriegsunternehmer" – was ist damit gemeint? Wie organisierte, wie führte Wallenstein seine Armee? (Lest hierzu den Text auf S. 61 f.)

(c) Wallenstein „verdiente" am Krieg. Wer kann heute Geschäfte am Krieg machen?

(2) Kriegsgründe und Kriegsvorbereitungen der Großmacht Schweden

Aus der Erklärung des schwedischen Reichsrates, 1629:

„Man weiß, daß der Kaiser [Ferdinand II.] einen unauslöschlichen Haß gegen Schweden trägt, nicht allein in seinem unwiderruflichen Vorsatz aller Papisten [Katholiken], alle Evangelischen auszurotten, sondern auch in dem alten brennenden Verlangen des Hauses Habsburg nach der unumschränkten Herrschaft. Drei Mächte sind allein in der Lage, dieses Verlangen zu verhindern: Frankreich, Holland, Schweden ... Es gibt keinen besseren Schutz für die Ostsee – und damit keine andere Sicherheit für Schweden – als die Offensive ... Auch würde es vor Gott und den Menschen unverantwortlich sein, wenn Schweden seine Bundes- und Religionsverwandten, vor allem Stralsund, das es in seinen Schutz genommen, so plötzlich verließe ..." (4) Q

In einem Vertrag mit dem König von Frankreich vereinbarten die Schweden:

„Es soll ein Bündnis geschlossen werden zwischen den durchlauchtigsten Königen von Schweden und Frankreich zum Zweck der Verteidigung ihrer gemeinsamen Bundesgenossen, der Sicherheit der Ost- und Nordsee, der Freiheit des Handels und der Wiederherstellung der unterdrückten Stände des Römischen Reiches ... Zu diesem Zweck soll der König von Schweden 30 000 Mann zu Fuß und 6 000 Reiter auf seine Kosten nach Deutschland führen. Der König von Frankreich soll 40 000 Reichstaler jährlich zahlen und liefern ..." (5) Q

(a) Schreibt die Kriegsgründe und Kriegsziele der schwedischen Regierung auf; unterscheidet dabei zwischen religiösen und politischen Gründen.

(b) Besprecht das Sprichwort: „Meines Feindes Feind ist mein Freund."

(3) Die Schrecken des Krieges in zeitgenössischen Berichten

Plünderungen:

„Das Gotteshaus war voll Gestank und Pferde-Mist, auf den Altären Überbleibsel von Futter, die Opferstöcke alle zerbrochen, und die Grabstätte des Stifters geöffnet, jedoch waren die Altäre und die Bildnisse derselben alle unverletzt, ausgenommen die Bildnisse des hl. Rasso, die gestümmelt, und mit Kot bedecket außer dem Gotteshaus gefunden worden. Was an Kirchenwäsche und Paramenten [Altardecken] geraubt worden, ist von keinem großen Wert, da alles Bessere aus dem Wege geräumt worden.

Übrigens war im ganzen Kloster eine abscheuliche Verwüstung; keine ganze Tür, kein Schloß, kein Kasten, kein Schrank, kein Fenster, das nicht zerbrochen war; alle Gänge, alle Zimmer, das Refectorium [Speisesaal], Dormitorium [Schlafsaal], Colloquium [Sprechraum] waren mit Stroh, zerschlagenen Fenster- und Tür- und Kästen-Splittern, mit Pferd- und Menschen-Unrat, mit Gestank und Grausen so angefüllet, daß 5 Mann 10 Tage genug zu tun gehabt, das Kloster nur vom größten Unrat zu reinigen. Vom ganzen Hausrat, von Kuchel- und Tischgeräten war nichts mehr da, oder zerbrochen. Von der Menge von Betten fand man kaum eines und das andere und diese ohne Leinenzeuge, ohne Kissen und Polster. Von anderen lagen die Federn in den Gängen und Zimmern mit anderem Unrat zerstreut.“ (6)

Folterungen:

„Darauf zogen mich die Knechte nackend aus und legten mir ein Hemd ohne Ärmel an, unterdessen stieß mir einer den glühenden eisernen Ring vorne in den Leib und die linke Brust, dabei fragte er, ob ich das aushalten könne. Damit man mich aber nicht schreien hörte, haben sie von den mir abgezogenen Strümpfen zwei zusammengeknüpft, diesen Ballen mir ins Maul gestoßen, und danach Mund, Augen und Ohren verbunden, daß ich weder sehen, hören noch schreien konnte. Sie legten mich auf das Angesicht nieder und banden mir beide Hände wieder auf dem Rücken zusammen und die Füße an eine Säule. Alsdann hielten sie die glühenden Eisen an den Leib und fuhren damit auf und ab mit welchem Sengen und Brennen sie gewiß bis drei Stunden zubrachten.“ (7)

Teuerung:

„Es war auch in diesem Jahr [1626] eine solche Teuerung, daß ganze Scharen nicht bloß einzelner Bettler, sondern ganzer Familien, durch den Hunger ausgetrieben und aus ihrem Vaterland flüchtig, umherwanderten und die Häuser der Bürger belagerten. Mit vieler Mühe und Anstrengung brachte ichs dahin, daß öffentliche Almosen Mann für Mann gesammelt wurden, teils um der Not der Bürger zu Hilfe zu kommen, teils auch, um die Fremden mit einer mäßigen Wegzehrung weiterzubefördern.“ (8)

Pest:

„Obwohl die 2 Häuser gleich anfänglich von Gerichtswegen proscribiert [wörtlich: geächtet], und Aus- und Eingang verboten, und bewachet wurden, griff das Übel doch weiter, und nahm in Zeit von 2 und einem halben Monat 21 Personen. Das Traurigste war, daß solch Verstorbene niemand begraben wollte. Der Mann mußte das Weib, die Eltern ihre Kinder, die Kinder ihre Eltern, Geschwisterte ihre Geschwister nächtlicher Weile ohne alle Ceremonie zu Grabe bringen ...“
Den ganzen Herbst grassierte wiederum die leidige Pest, sowohl in Baiern, als vorzüglich in Schwaben, das doch schon bisher mehr als viele andere Provinz, sowohl an Contagion [Ansteckung], als Krieg gelitten hatte. Besonders nahm dieses Übel die Reichsstädte her, die die ersten waren, so den Feind zu ihrem und zu unserem Untergang aus Septentrio [Norden] her gerufen haben. Augsburg, das vorher 80 000 Einwohner zählte, hatte nach ihrer Procription nicht mehrer als 18 000 derselben, und so verhielt es sich auch mit Ulm.“ (9)

Die Eroberung Magdeburgs. Stich von Merian 1631. Die Stadt wurde von Tilly beschossen und von General Pappenheim erstürmt. Bei der Plünderung entstand ein Brand. Daraus entwickelte sich eine Feuersbrunst, der die ganze Stadt bis auf den Dom (ganz links) und eine Klosterkirche zum Opfer fiel.

Überfall und Plünderung eines Dorfes. Radierung aus den „Großen Schrecken des Krieges" von Jacques Callot (1633).

(a) Stellt einen Bericht zusammen über das unmenschliche Verhalten der Söldner und über die Leiden der Zivilbevölkerung im Krieg.

(b) Sprecht über die Unmenschlichkeit, Menschen zu foltern, um Geld oder Geständnisse zu erpressen.

(c) Erkundigt euch, in welchen Ländern heute noch Menschen gefoltert werden.

(d) Warum gab es in Kriegszeiten oft Pestepidemien? Sprecht über die Auswirkungen einer Pestepidemie.

(4) Deutschland am Ende des Krieges

„Wie jämmerlich stehen nun die großen Städte! Wo zuvor tausend Gassen waren, sind nun nicht mehr hundert. Wie elend stehen die kleinen Städte ... Da liegen sie verbrannt, zerfallen, zerstört, daß weder Dach, Gebälk, Türen oder Fenster zu sehen sind. Wie sind sie mit den Kirchen umgegangen? Sie haben sie verbrannt, zu Pferdeställen und Marketenderhäusern gemacht, die Altäre entweiht, die Glocken hinweggeführt ... Wie jämmerlich steht es auf den Dörfern! Man wandert bis zu zehn Meilen und sieht nicht einen Menschen, nicht ein Vieh, nicht einen Sperling, höchstens sind an etlichen Orten ein alter Mann oder ein paar alte Frauen zu finden. In allen Dörfern sind die Häuser voller Leichname ... Mann, Weib, Kinder und Gesinde, Pferde, Schweine, Kühe und Ochsen neben- und untereinander, vom Hunger und von der Pest erwürgt ..." (10) Q

(a) Beschreibt, wie viele Gebiete in Deutschland um 1648 aussahen.

(b) Sprecht über die Schwierigkeiten des täglichen Lebens für Menschen in zerstörten Dörfern und Städten.

(5) Friedensregelungen

(a) Schreibt mit Hilfe der Karte S. 66 in Stichwörtern auf: Was gewannen 1) Schweden, 2) Frankreich, 3) die Schweiz und die Niederlande, 4) die deutschen Fürsten?

(b) Erklärt das Bild S. 67.

(c) Sprecht darüber, ob eine solche Friedensregelung von Dauer sein kann; was spricht dafür, was dagegen?

Jacques Callot: Kriegsinvalide (1633).

1. Nenne zu den folgenden Jahreszahlen wichtige Kriegsereignisse: 1618, 1620, 1625, 1630, 1635, 1648.

2. Erkläre den Satz: „Der Krieg ernährt den Krieg.“

3. Welche Kriegsziele verfolgten die schwedischen und die französischen Herrscher?

4. Nenne und erörtere Schwierigkeiten, die bei den internationalen Friedenskonferenzen 1648 in Münster und Osnabrück bestanden. Warum sind „Friedenskonferenzen“ so schwierig?

5. Erkundige dich in deiner Heimat nach Bezeichnungen wie „Schwedenstraße“, „Schwedenschanze“ usw. und erkläre die Herkunft dieser Namen.

Liga: Zusammenschluß, Bündnis; die Liga von 1609 war das Bündnis der katholischen Reichsstände gegen die protestantische „Union“.

Union: Politischer oder militärischer Zusammenschluß; die Union von 1608 war ein Bündnis der protestantischen Reichsstände. Union und Liga waren die Gegner zu Beginn des Dreißigjährigen Krieges.

Westfälischer Friede: Bezeichnung für die Friedensverträge, die 1648 in Münster und Osnabrück zwischen den kriegführenden Staaten geschlossen wurden (Ende des Dreißigjährigen Krieges).

Der Westfälische Friede 1648.

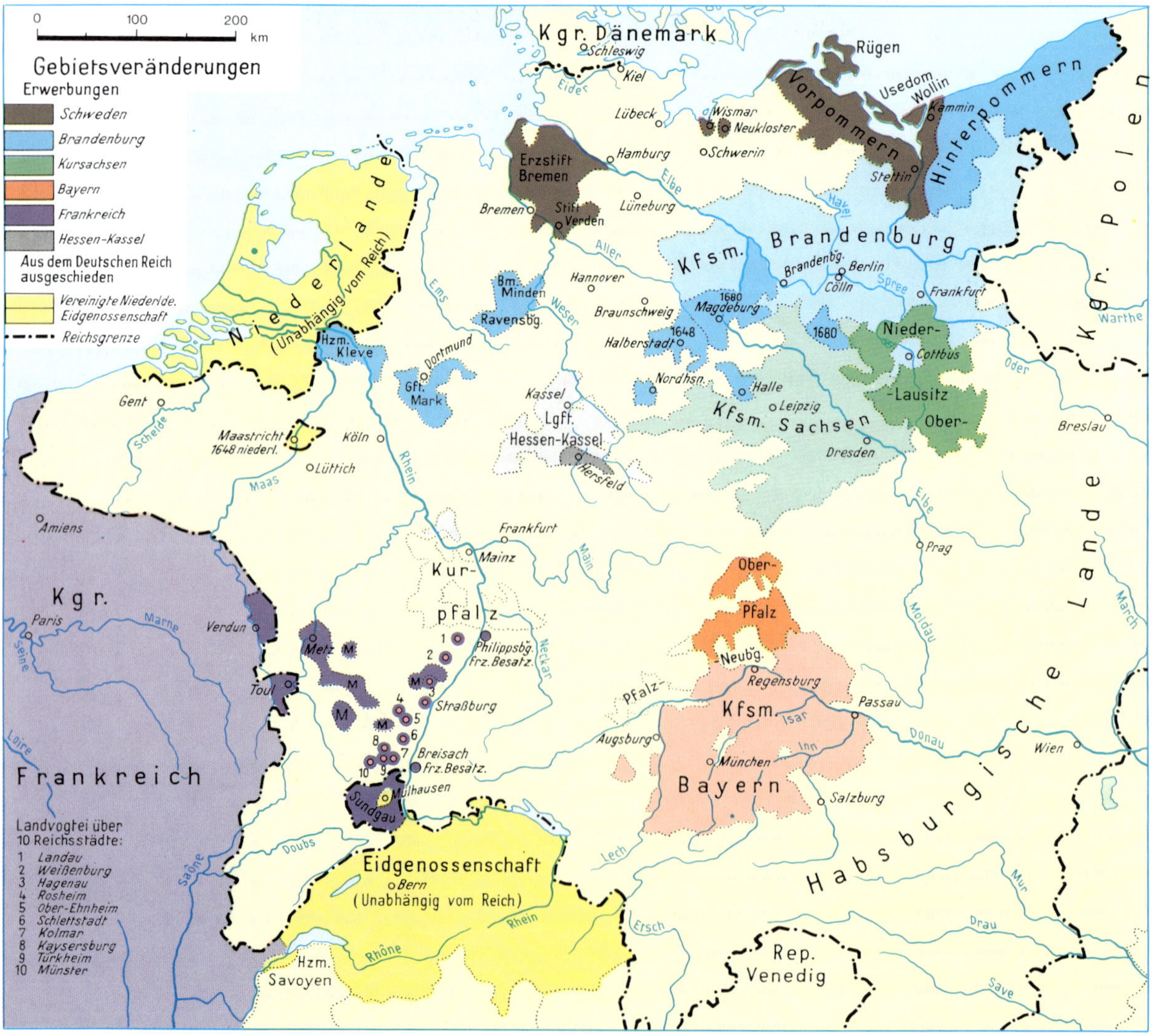

Als der Krieg beendet war, ritten Friedensboten durch das Land. Ein solcher Friedensbote ist auf diesem Flugblatt mit der Friedensnachricht abgebildet.

1618	Prager Fenstersturz
1620	Niederlage der Böhmen
1625	Kriegseintritt Dänemarks
1630	Kriegseintritt Schwedens
1634	Tod Wallensteins
1635	Kriegseintritt Frankreichs
1648	Westfälischer Friede

Lesetip

L. Andersen: Hexenfieber. Benziger, Zürich 1977 u. dtv junior 7363 (JB)
J. Bayer: Der Teufelskreis. Arena Tb. 1299 (JB)
J. Engelhardt: Hexen in der Stadt. dtv junior 7196 (JB)
M. Friesenegger: Tagebuch aus dem 30jährigen Krieg. München 1974 (Q)
Ch. Grimmelshausen: Leben und Abenteuer des Simplicissimus. Hoch, Düsseldorf 1975 (HR)
R. Huch: Der Dreißigjährige Krieg. 2 Bde. Insel Tb. 22/23 (SB)
W. zu Mondfeld: Wallenstein. Bertelsmann, München 1978 (JB)
F. Röhrig: In dreihundert Jahren vielleicht. Arena, Würzburg (JB)
Zeitbild: Der Dreißigjährige Krieg. Ueberreuter, Wien/Heidelberg 1977 (SB)

Quellennachweis

(1) K. Brandi: Deutsche Geschichte im Zeitalter der Reformation und Gegenreformation. Darmstadt 1960, S. 448 (leicht gekürzt).
(2) Ch. Blitzer: Söldner, Diener, Majestäten. Hamburg 1973, S. 36f.
(3) H. Jessen (Hrsg.): Der Dreißigjährige Krieg in Augenzeugenberichten. München 1972, S. 362f.
(4) Geschichtliche Quellenhefte 4/5, a. a. O., S. 106f.
(5) Aus dem Vertrag von Bärwalde; ebenda, S. 109.
(6) Maurus Friesenegger: Tagebuch aus dem 30jährigen Krieg. Hrsg. von W. Matteis. München 1974, S. 26ff.
(7) Zusammengestellt nach: Christmann (Hrsg.): Quellen zur baden-württembergischen Landesgeschichte. Heidenheim 1971, S. 43f.
(8) J. V. Andreä, zitiert aus: Geschichtliche Weltkunde, Quellenlesebuch Bd. 2, Diesterweg, 3302, Frankfurt 1980, S. 69.
(9) Maurus Friesenegger: Tagebuch, a. a. O., S. 16f.
(10) Joachim Baetkius: Das Ende Germaniens. In: G. Guggenbühl: Quellen, Bd. 3, a. a. O., S. 162.

3. „Der Staat, das bin ich“: Macht und Prunk im Absolutismus

3.1. König Ludwig XIV. und seine Untertanen

Ludwig XIV. Lebensgroßes Bildnis von Hyacinthe Rigaud (1701). Der König steht vor dem Thron, bekleidet mit dem schweren Krönungsornat: blauer Samtmantel, mit weißem Hermelin gefüttert und bestickt mit den goldenen Lilien der Bourbonen.

„Gott, der die Könige über die Menschen gesetzt hat, hat gewollt, daß man sie als seine Stellvertreter achte ... Man kann sagen, daß die Untertanen ein Teil unserer eigenen Person sind. Wir sind gleichsam das Haupt des Körpers, dessen Glieder sie sind“ (Ludwig XIV.).

- Welche Stellung hatte der König im Staat – und wo standen die Untertanen?
- Wie wurde der Staat verwaltet? Wie lebten die Menschen in Frankreich?
- Was heißt das: „Absolutismus“, und wie denken wir heute über diese Regierungsform?

Frankreich nach dem Dreißigjährigen Krieg. Frankreich war nach dem Krieg nicht verwüstet wie große Teile Deutschlands. Die Bevölkerung hatte unter dem Krieg nicht unmittelbar gelitten. In Frankreich lebten fast 20 Millionen Menschen; kein Land in Europa war so dicht besiedelt. Dort regierte der mächtigste König seiner Zeit: Ludwig XIV., der „Sonnenkönig" (1643–1715). Ludwig war mit 5 Jahren König geworden. Kardinal Mazarin führte die Regierungsgeschäfte, und zwar nach dem Grundsatz seines Vorgängers, des Kardinals Richelieu: „Die Herrschaft soll bei einem, der Gehorsam bei allen sein." Richelieu und Mazarin taten alles, um aus Frankreich einen starken und geschlossenen Staat zu machen. Der König aber war entschlossen, Frankreich an die Spitze von Europa zu führen.

Ludwigs neuer Regierungsstil. Als Mazarin 1661 starb, war Ludwig 23 Jahre alt.

„Ludwigs erster Schritt bestand darin, daß er seine Regierung mit Männern besetzte, die ihn bedingungslos als alleinige Autorität anerkannten. Bisher waren die wichtigsten Posten mit hohen Adligen besetzt gewesen, die auf diese Positionen ein Recht zu haben glaubten und die manchmal in Übereinstimmung mit den Wünschen des Königs handelten, manchmal auch nicht. Ludwig machte sich daran, das zu ändern. Im offiziellen Protokoll seines Rates vom 9. März 1661 steht: Der König versammelte ‚alle, die er gewöhnlich rief – und entließ sie überaus höflich mit der Bemerkung, wenn er ihren Rat brauche, werde er sie rufen lassen.' In Wirklichkeit rief er sie fast überhaupt nie. Statt dessen ernannte er Ratgeber, die weitgehend dem Mittelstand entstammten und nicht mehr Macht beanspruchten, als der König ihnen zugestand. Diese Ratgeber wußten, daß der König das, was er zu geben geruhte, auch jeden Moment wieder zurücknehmen konnte." (1) → (1) (2)

Ein Volk – drei Stände. Seit dem Mittelalter unterschied man drei Stände: die Betenden (die „Geistlichkeit"), die Kämpfenden (den „Adel") und die Arbeitenden (den „Dritten Stand"). Zum „Dritten Stand" gehörten in Frankreich beim Regierungsantritt Ludwigs XIV. gut 15 Millionen Landleute, dazu eine knappe Million Arbeiter, die in den Städten wohnten, sodann etwa 2 bis 3 Millionen Angehörige der städtischen „Mittelschicht" – kleine Ladenbesitzer, Handwerksmeister, Leiter kleiner Betriebe. Adel und Geistlichkeit zählten zusammen kaum eine Million Menschen. Die Oberschicht umfaßte rund 100 000 Familien, denen ein Drittel des gesamten Grundbesitzes gehörte, ein weiteres Drittel gehörte der Kirche oder dem König, der Rest war Eigentum von Bauern. Der größte Teil der Bevölkerung bewirtschaftete den Boden von Grundherren, die bis zu einem Drittel der Ernte als „Zinsen" einzogen. Wenn man die übrigen Lasten hinzurechnet, den Kirchenzehnt, die Umlage für die Dorfgemeide und vor allem die Steuern, die der König kassieren ließ (Grundsteuer, Salzsteuer, Getränkesteuer und allerlei Kriegssteuern), dann blieb den Bauern selbst in besten Jahren nicht einmal die Hälfte dessen übrig, was sie erwirtschafteten. Man darf die Unterschiede in der ländlichen Bevölkerung aber nicht übersehen:

„Ein Dorf mit hundert Haushalten zählte zu seinen Bewohnern ein oder zwei durch ihre Pflüge, ihre Gespanne, ihr Vieh und ihre Schuldforderungen mächtige Großbauern; etwa zehn Bauern waren mehr oder weniger selbständig, ebenso viele oder etwas mehr arme Teufel, das heißt nur im Besitz einer Hütte, eines Gartens, eines Schafes oder, schlicht gesagt, Bettler; die übrigen – arme Schlucker, Tagelöhner, Lastträger, Winzer, Holzfäller, Weber – waren kleine Leute, die von winzigen Äckerchen und Zwergpachten kümmerlich lebten, sich aber auf alle möglichen kleinen handwerklichen Fertigkeiten verstanden. Die zehn ‚dicken' Bauern – in manchen Gegenden ein einziger Großbauer im Dorf – waren im Besitz aller Werkzeuge, Gespanne, Viehbestände und der Arbeitsmöglichkeiten, die den anderen wenigstens in guten Jahren zu existieren erlaubten. Nirgends gab es weniger Gleichheit als in einem französischen Dorf." (2) → (3) (4)

Zentrale Staatsverwaltung. In einem modernen Staat gibt es fast für alle Lebensbereiche Gesetze und Verordnungen. Die Staatsverwaltung achtet darauf, daß sie eingehalten werden. Die Entwicklung zur zentral geregelten Staatsverwaltung wurde vor 300 Jahren vor allem durch König Ludwig XIV. von Frankreich vorangetrieben. Er begann, den Adligen, die bis dahin – wie überall in Europa – das Volk beherrschten, die Macht zu nehmen. Beamte des Königs sollten nach seinen Anweisungen den Staat verwalten. Er setzte für jeden Amtsbezirk einen Kommissar ein, der den Einzug der Steuern kontrollierte und mit Hilfe von Amtsdienern und Polizisten die öffentliche Ordnung überwachte. Die Kommissare, die man *Intendanten** nannte, berichteten dem König regelmäßig über alles, was vorfiel; sie waren auch zuständig für Landstraßen und Stadtmauern, für Zolleinnahmen, Gerichtsprozesse und die Aushebung von Rekruten. Der König konnte sie jederzeit versetzen oder entlassen, wenn sie ihre Pflicht nicht erfüllten. In großen Städten (zuerst in Paris, das damals schon an die 400 000 Einwohner zählte) setzte der König einen Polizeidirektor ein, der nicht nur gegen Verbrechen und Bettlerwesen vorging, sondern auch für Feuerwehr, Straßenbeleuchtung und Müllbeseitigung sorgte. → (5)

Alle Macht dem König. Die „Generalstände", d. h. die Versammlung der Geistlichen, des Adels und der

Vertreter des Volkes aus Städten und Dörfern (vgl. S. 143), konnten in Frankreich schon seit 1614 nicht mehr zusammentreten. Über Gesetze und Steuern, über die Ernennung von Ministern und Beamten und selbst über Krieg und Frieden entschied der König allein. Er ließ sich von Ministern beraten, tüchtigen Männern, die dem König treu dienten. Viele Posten in der Armee und im Zivildienst vergab der König als Ehrenämter an Adlige, andere wurden an Leute aus dem Bürgertum verkauft, die solche Posten teuer bezahlten. Alle Steuereinnahmen, auch die Mittel aus dem Ämterverkauf, kamen in die Staatskasse. Über die Ausgaben verfügte der König. Er hatte die alleinige Gewalt in seinem Staat. Da nach der damaligen Auffassung alle Gewalt von Gott ausging, betrachtete sich der Herrscher als „König von Gottes Gnaden". → (2)

„Der Staat, das bin ich" – so dachte Ludwig XIV. Zwar hat der französische König diesen Ausspruch nicht wörtlich getan; er entsprach aber seiner Auffassung vom Königtum. Er verglich seine Rolle im Staat mit der Aufgabe der Sonne im Weltsystem. Ohne ihn konnte und sollte nichts geschehen. Er war Mittelpunkt des Hofes und der Staatsverwaltung. Ludwig XIV. regierte sein Land als absoluter Monarch, keinem irdischen Gesetz unterworfen, keiner Kontrolle (*Absolutismus**). Nur die Gebote Gottes sollte er befolgen und „fundamentale Gesetze des Königreichs" beachten, z. B. Gesetze über die Erbfolge.

Dem König schien es unerträglich, daß ein Teil seiner Untertanen einen anderen Glauben hatte als er selbst. Deshalb verfolgte er die Hugenotten, die etwa ein Zehntel der französischen Bevölkerung ausmachten. Er hob im Jahre 1685 das Edikt von Nantes auf (vgl. S. 54). Mehr als eine halbe Million Menschen verließen Frankreich.

(1) **Amtsauffassung Ludwigs XIV. und sein neuer Regierungsstil**

„Wie schön ist es, wenn man es verdient, daß sie einen nicht nur als ihren Herrn, sondern auch als ihren Vater betrachten! Mögen wir auch kraft unserer Abstammung ihre Herren sein, darf doch unser Ehrgeiz kein schöneres Ziel kennen, als von ihnen Vater genannt zu werden. Ich weiß wohl, wieviel Mühe es macht, diesen schönen Titel zu erringen; aber wie bei allen Unternehmungen, die uns Ruhm und Ehre einbringen können, so darf uns auch hier keine Schwierigkeit aufhalten. Nur schwache Seelen schrecken vor einer Arbeit zurück, und es bedeutet eine Schwäche, vorteilhafte und gerechte Pläne nicht auszuführen. Bei Männern unseres Ranges steht die Trägheit ebensosehr im Gegensatz zum Mut wie die Furcht, und ein Monarch, der verpflichtet ist, für das öffentliche Wohl zu sorgen, verdient mehr Tadel, wenn er vor einer nützlichen Anstrengung zurückschreckt, als wenn ihn eine drohende Gefahr aufhält. Denn Furcht vor Gefahren kann fast stets als Klugheit gedeutet werden, während Arbeitsscheu auf nichts anderes zurückführen kann als auf unentschuldbare Schlaffheit." (3) Q

Einzug Ludwigs XIV. und seiner Gemahlin Marie Therese in Arras (1667). Gemälde von Adam Frans van der Meulen. Im Hintergrund die Stadt Arras mit den vom königlichen Festungsbaumeister Vauban erbauten Befestigungswerken. Der König und sein Bruder zu Pferd, die Königin mit ihren Hofdamen in der Karosse.

Der absolutistische Staat.

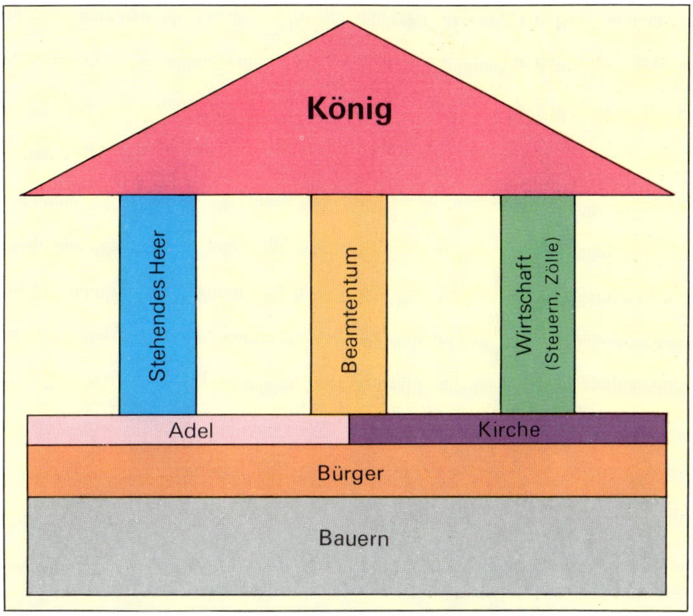

„... Ich habe es mir zum Gesetz gemacht, regelmäßig zweimal am Tag zu arbeiten, jedesmal zwei oder drei Stunden mit jeweils verschiedenen Mitarbeitern, nicht gerechnet die Stunden, wo ich für mich allein tätig war, oder die Zeit, die ich von Fall zu Fall über das gewöhnliche Maß hinaus für besondere Geschäfte verwendet habe ... Ich bin über alles unterrichtet, höre auch meine geringsten Untertanen an, weiß jederzeit über Stärke und Ausbildungsstand meiner Truppen und über den Zustand meiner Festungen Bescheid, gebe unverzüglich meine Befehle zu ihrer Versorgung, verhandle unmittelbar mit fremden Gesandten, empfange und lese die Depeschen [Berichte der Botschafter] und entwerfe teilweise selber die Antworten, während ich für die übrigen meinen Sekretären das Wesentliche angebe. Ich regle Einnahmen und Ausgaben des Staates und lasse mir von denen, die ich mit wichtigen Ämtern betraue, persönlich Rechenschaft ablegen ... Ich halte meine Angelegenheiten so geheim wie das kein anderer vor mir getan hat, verteile meine Gnadenerweise nach meiner Wahl.“ (4) Q

(a) Erläutert, nach welchen Grundsätzen Ludwig XIV. regieren wollte.

(b) Welche Anforderungen stellte Ludwig XIV. an sich selber?

(c) Sprecht über Vor- und Nachteile dieser Regierungsweise aus der Sicht der Regierten.

(2) Gottes Gewalt für den König

Der Erzieher des französischen Thronfolgers, Bossuet (1627–1704), schrieb:

„Wir haben schon gesehen, daß jede Gewalt von Gott kommt ... Die Fürsten handeln also als Gottes Diener und Statthalter auf Erden ... Deshalb ist ... der königliche Thron nicht der Thron eines Menschen, sondern Gottes selber ... Aus alledem ergibt sich, daß die Person der Könige geheiligt ist, wer sich an ihnen vergeht, begeht ein Sakrileg [ein Vergehen gegen das Heilige].
Kommt ihre Gewalt von oben, so dürfen sie doch nicht glauben, sie seien Herren über sie, um nach Belieben davon Gebrauch zu machen. Vielmehr sollen sie sich ihrer mit Scheu und Zurückhaltung bedienen, als einer ihnen von Gott anvertrauten Sache, über die Gott von ihnen Rechenschaft fordern wird ...
Die königliche Gewalt ist absolut ... Ohne diese absolute Gewalt kann er [der König] weder das Gute tun, noch das Böse unterdrücken: Seine Macht muß so groß sein, daß niemand hoffen kann, ihm zu entrinnen. Der einzige Schutz des Untertanen gegen die Staatsgewalt muß seine Unschuld sein.“ (5) Q

(a) Warum sollte der König so große Macht haben?

(b) In welchem Verhältnis steht er – nach damaliger Ansicht – zu Gott?

(c) Darf der König „willkürlich“ herrschen?

(d) Erläutert am Schaubild den Begriff „absoluter König“.

(3) Bauern-Leben

Ein Berater des Königs schrieb im Jahr 1698 über die Verhältnisse in Frankreich folgenden Bericht:

„Durch langjährige Studien bin ich zu der Wahrnehmung gelangt, daß in der letzten Zeit fast ein Zehntel der Bevölkerung an den Bettelstab geraten ist und sich tatsächlich durch Betteln am Leben erhält; daß von den übrigen neun Zehnteln fünf nicht in der Lage sind, die Ärmsten durch Almosen zu unterstützen, weil sie selber nur um Haaresbreite ihrem Schicksal entgingen. Von den restlichen vier Zehnteln sind drei außerordentlich schlecht gestellt und von Schulden und Prozessen bedrängt ... Nach meinem Eindruck hat man in Frankreich von jeher nicht genügend Rücksicht auf das niedere Volk genommen und zu wenig Aufhebens von ihm gemacht. Daher ist es denn auch die am meisten ruinierte und elendeste Schicht im Königreich, andererseits aber durch seine Zahl und durch die wirklichen und nützlichen Dienste, die es dem Staate leistet, die bedeutendste Schicht ..., die durch ihre Arbeit, ihren Handel, ihre Abgaben den König und sein ganzes Reich emporbringt. Sie stellt Soldaten und Matrosen für Heer und Flotte, dazu zahlreiche Offiziere, alle Kaufleute und die unteren Justizbeamten. Sie übt alle Künste und Gewerbe aus, sie betreibt den ganzen Handel

Der französische Maler Louis de Nain (1593–1648) hat das Leben der Bauern jener Zeit in zahlreichen Gemälden festgehalten.

und die Manufakturen des Königreiches, sie stellt die Arbeiter, Weingärtner und Tagelöhner auf dem Land, sie pflegt und füttert das Vieh, sät und erntet das Korn, bestellt die Weingärten und keltert den Wein . . ." (6) Q

(a) Woher hatte der Verfasser seine Kenntnisse? Welche Stelle im Text gibt darüber Auskunft?

(b) Beschreibt die Lebensweise der bäuerlichen Bevölkerung. Worüber klagte man besonders?

(c) Gebt an, wem der Verfasser des Berichts näher steht: dem König, dem Volk? Begründet eure Meinung.

(d) Beschreibt das Bild der Bauernfamilie; was paßt zum Bericht, was nicht?

(4) Hungerunruhen in Paris

Aus einem Brief Liselottes von der Pfalz, der Schwägerin Ludwigs XIV., vom 22. 8. 1709:

„Wie ich eben in Paris durch die pfort St. Honoré fuhr, sah ich alle leute laufen und ganz verstöbert aussehen; etliche sagten: ‚Oh mein Gott!', alle fenster waren voll leute, etliche waren auf die dächer geklettert, unten sah man alle boutiques zumachen und die türen von den häusern verschließen. Ich konnte nicht begreifen, was das bedeut; wie ich aber ausstieg, kam eine bürgersfrau, so ich nicht kenne, und sagt zu mir: ‚Wissen Sie, Madame, daß eine revolte in Paris ist, die dauert schon seit vier Uhr morgens?' Ich meinte, die frau wäre närrisch geworden und fing an zu lachen; sie sagte aber: ‚Ich bin nicht närrisch, Madame; was ich sage, ist wahr, so wahr, daß schon vierzig personen getötet sind.'
Ich fragte die ursach von der révolte; die war daß man an dem wall und porte St. Martin arbeit und jedem arbeiter drei sols und einen laib brot gibt; es waren zweitausend, so arbeiten, selbigen morgen aber waren, ohne daß man sichs versehen hatte, viertausend kommen, die forderten brot und geld mit ungestüme, und wie mans nicht hatte, und ein weib sehr insolent [unverschämt] war, nahm man sie und setzte sie au carcan [ins Halseisen]. Da ging der lärmen an, und anstatt viertausend kamen gleich noch sechstausend dazu und rissen das weib vom carcan los. Es hatten sich viele abgedankte lakaien dazu geschlagen, die riefen, man müßte plündern, liefen zu bäckershäusern, welche sie plünderten. Man rief die gardesoldaten, um auf die canaille [das Pack] zu schießen; sie merkten aber, daß man es nur getan, um sie zu erschrecken; es war kein blei in den musketen; da riefen sie: ‚Drauf los, sie haben kein blei!' Also waren die soldaten obligiert [gezwungen], etliche niederzuschießen.
Das währte so von vier morgens bis um zwölf, da fuhren von ungefähr der maréchal de Boufflers und duc de Grammont durch den ort, wo die révolte war und die stein flogen; sie stiegen aus ihrer kutsch, sprachen dem pöbel zu und wurfen geld aus und versprachen, dem König zu sagen, wie man ihnen brot und geld versprochen und nicht gegeben hätte. Da wurde der aufruhr gestillt, sie warfen gleich ihre hüte in die luft und riefen: ‚Es lebe der König; wir wollen brot.' Es seind doch gute leute, die Pariser, sich sogleich wieder zu besänftigen." (7) Q

(a) Beschreibt Ursache und Verlauf der Revolte.

(b) Was sagt ein solcher Aufstand aus über den damaligen Lebensstandard in Frankreich?

(5) Willkürliche Verhaftung

Der König an den Gouverneur der Inseln von Sainte-Marguerite, 16. Februar 1694:

„Auf Bitten der nächsten Verwandten des Jean-Philippe de Villeneuve de Languedoue habe Ich seine Überführung auf die Inseln von Sainte-Villeneuve befohlen, um die ärgerlichen Folgen, die sein liederliches Leben haben könnte, zu verhindern. Ich schreibe Ihnen diesen Brief, um Ihnen mitzuteilen, daß es Mein Wille ist, daß er dort aufgenommen und bis auf anderweitigen Befehl festgehalten werden soll. Nahrung und Unterhalt trägt seine Familie." (8) Q

(a) Wer stellte den Haftbefehl aus? Wer verlangte ihn? Wer bezahlte die Haftkosten? Wie lange dauerte die Haft?

(b) Warum ist dieser Haftbefehl ein Beispiel für Rechtsunsicherheit im absolutistisch regierten Staat?

(c) Erkundigt euch, wer heute in der Bundesrepublik Deutschland einen Haftbefehl ausstellen kann und welche Voraussetzungen dazu erfüllt sein müssen.

1. Beschreibe das Selbstverständnis Ludwigs XIV. mit Hilfe der Schaumünze. Welche Arbeitshaltung hatte er, welche Zielsetzung?

2. Versuche, in einer Schemazeichnung darzustellen, wie die Bevölkerung in einem Dorf zusammengesetzt war.

3. Erkläre das Schaubild S. 71.

4. Nimm Stellung zur Behauptung: Die zentrale Verwaltung ist wichtig für einen „modernen" Staat.

Rückseite einer Medaille, die Ludwig XIV. prägen ließ. Die lateinische Inschrift sagt, daß es kaum etwas gibt, dem der „Sonnenkönig" nicht ebenbürtig ist.

Absolutismus: (von lat. „absolutus" = losgelöst) Regierungsform, in der ein Fürst alleiniger Inhaber der obersten staatlichen Gewalt ist, losgelöst von allen irdischen Bindungen. Er kann Gesetze erlassen, Steuern erheben, Recht sprechen. Die Macht wird von Gott abgeleitet („von Gottes Gnaden"): der Fürst ist nur Gott gegenüber verantwortlich. Absolutismus ist auch die Bezeichnung für das Zeitalter vom Dreißigjährigen Krieg bis zur Französischen Revolution.

Intendant: Hoher Verwaltungsbeamter des Königs in der Provinz; führt die Anweisungen des Königs unmittelbar aus. Heute: Leiter eines Theaters, eines Rundfunks, eines Fernsehsenders.

1661	Regierungsantritt Ludwigs XIV.
1685	Aufhebung des Ediktes von Nantes
1715	Tod Ludwigs des XIV.

Quellennachweis

(1) Ch. Blitzer: Söldner, a. a. O., S. 57.
(2) P. Goubert: Ludwig XIV. und zwanzig Millionen Franzosen. Berlin 1973, S. 32.
(3) Ludwig XIV.: Memoiren. Basel 1931, S. 81 f.
(4) Ludwig XIV.: Memoiren. Zitiert aus: Geschichte in Quellen, Bd. III, a. a. O., S. 425 f.
(5) H. Krieger: Materialien, Bd. IV, a. a. O., S. 125.
(6) Vauban, zitiert aus: Geschichte in Quellen, Bd. III, a. a. O., S. 460 f.
(7) Grundzüge der Geschichte, Quellentaschenbuch 3. Diesterweg 7963, S. 5.
(8) ebenda, S. 2.

Lesetip

Ch. Blitzer: Söldner, Diener, Majestäten. Rowohlt Life 37, Reinbek bei Hamburg 1973 (SB)
Saint-Simon: Erinnerungen. Der Hof Ludwigs XIV., Reclam 1983 (QS)
So lebten sie zur Zeit der Musketiere. Tessloff, Hamburg (SB)

3.2. Merkantilismus und Machtpolitik

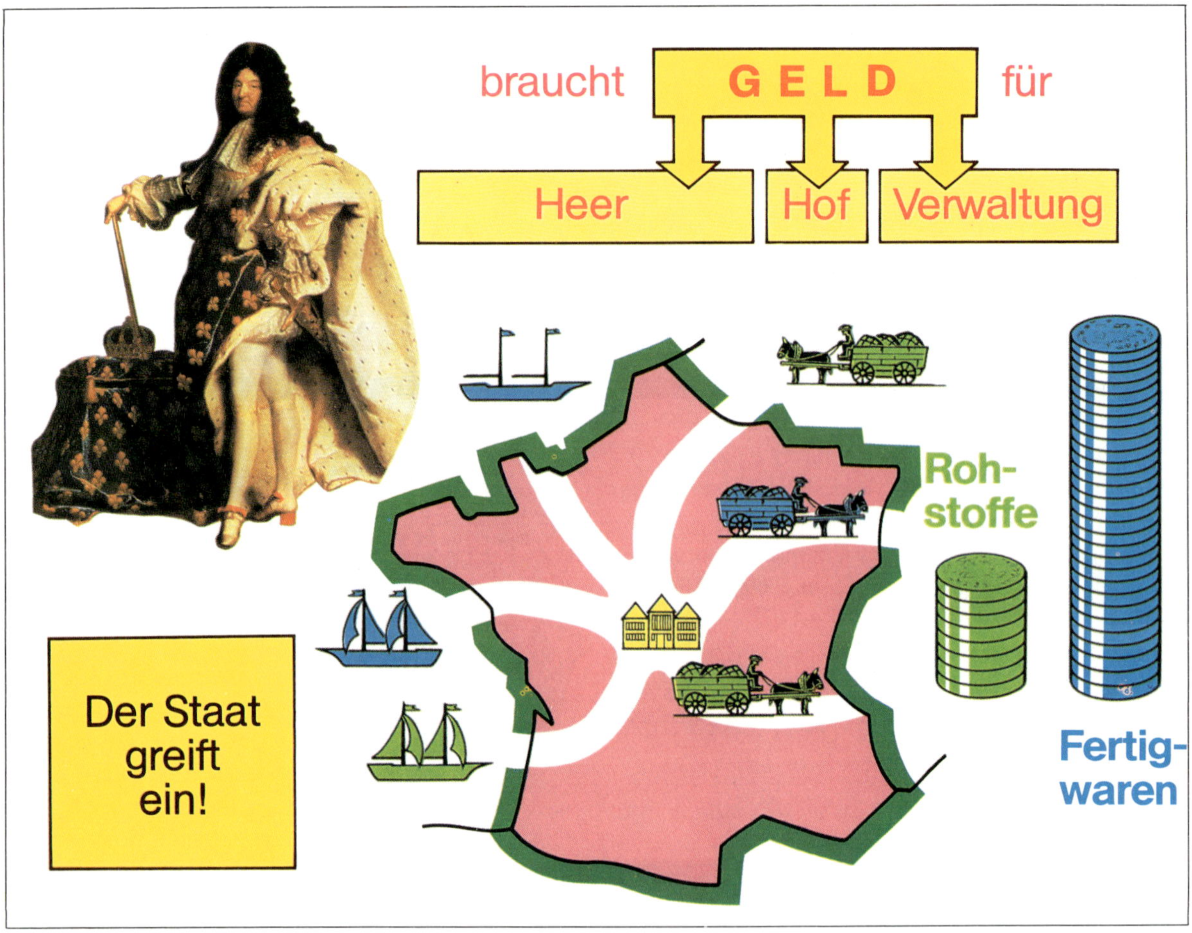

Viele Menschen messen Macht und Ansehen eines Staates an den Erfolgen seiner Regierung in der Wirtschafts- und Außenpolitik: Ein reicher Staat ist angesehener als ein armes Land.

- Welche Bedeutung bekam damals die Wirtschaft für den Reichtum und die Macht eines Landes?
- Welcher Zusammenhang besteht zwischen Wirtschaftsmacht und Außenpolitik?
- Was wollte Ludwig XIV. mit seiner Außenpolitik erreichen? Was hat er erreicht?

Streben nach Reichtum. Ein König war um so mächtiger, je reicher sein Land war. Die Könige des Absolutismus lernten, daß man den Reichtum eines Landes vermehren konnte, indem man Wirtschaftspolitik trieb. Der Mann, der Frankreich zum reichsten und wirtschaftlich unabhängigen Land machen wollte, war der Sohn eines Tuchhändlers; er kannte sein Leben lang nichts als Arbeit. Tag und Nacht saß er über Akten, – er trank kannenweise Kaffee, um nicht zu ermüden, – schrieb Verordnungen und jagte hinter allem her, was dem Staat Geld einbringen konnte. Es war Monsieur Colbert. Er handelte als Minister nach den gleichen Grundsätzen wie ein bürgerlicher Geschäftsmann: Immer mehr produzieren, wenig verbrauchen, viel leisten, kein Geld für Unnützes ausgeben. Ganz Frankreich sollte nach diesen Grundsätzen handeln. Das Land sollte mehr Waren herstellen, als die eigene Bevölkerung brauchte; es sollte den Überschuß ausführen, aber umgekehrt nur das einführen, was man unbedingt brauchte. Dazu trieb Colbert alle Untertanen des Königs unablässig zur Arbeit.

„Er rafft überall zusammen, was er finden kann, entleiht, kauft und stiehlt im Ausland, was seiner Meinung nach dem Ruhm des Königs dienen könnte: Menschen, Maschinen, Verfahren, Waren. Er hat ein Auge auf die Rechtsprechung, die Finanzen, die Bautätigkeiten, den Zoll, die Häfen, die Schiffe, auf Werkstätten und auf Ernten, auf das Wohlverhalten der Künstler, den Gehorsam der Handwerker und Lebenswandel der Gesellen ..." (1)

Merkantilismus – ein neues Wirtschaftssystem. Am meisten förderte Colbert das Gewerbe und den Handel; er vernachlässigte die Landwirtschaft, obwohl noch immer mehr als zwei Drittel aller Franzosen von der Landwirtschaft lebten. Auch die kleinen Handwerker wurden von Colbert kaum unterstützt. Er förderte vielmehr den Bau großer Betriebe, in denen hochwertige Güter wie Teppiche, Spiegel, Kutschen, Uniformen und Möbel in großer Zahl, und zwar durch Hunderte von Spezialisten und Hilfsarbeitern hergestellt wurden. Solche *Manufakturen** erhielten staatliche Zuschüsse und wurden häufig von Abgaben, Steuern und städtischen Dienstleistungen befreit. Um die Qualität der Erzeugnisse zu verbessern, gewann Colbert Fachkräfte im Ausland, die in den Manufakturen einheimische Arbeiter anlernen mußten. Um den Handel zu fördern, ließ Colbert Straßen bauen, Kanäle anlegen, Häfen erweitern, Schiffe bauen. Ausländische Waren wurden hoch verzollt, sie waren deshalb teuer, und so wurden die französischen Erzeugnisse mehr gekauft. Colbert regte die Gründung von Handelsgesellschaften an, die den Warenaustausch mit anderen Ländern sogar bis nach Übersee organisierten. Dort (in Nordamerika, an der afrikanischen Küste und in Indien) hatten Franzosen mit Hilfe des Staates Land in Besitz genommen und Kolonien gegründet.
Es gab keinen Bereich der Wirtschaft, von der Landwirtschaft abgesehen, in den sich der Staat nicht einmischte. Die Folge war, daß viele Geschäftsleute wenig Lust zu eigener Initiative zeigten. Als der König die protestantischen Hugenotten aus Frankreich auswies, fehlten in vielen Betrieben die Fachkräfte oder die leitenden Unternehmer. Auf das, was das einfache Volk brauchte, nahm die Wirtschaftspolitik Colberts wenig Rücksicht. Sein oberstes Ziel blieb, Geld in die Staatskasse zu bringen. Daneben sollte die Wirtschaft die Bedürfnisse der adligen Oberschicht und vor allem des Königs und seiner Armee befriedigen. Die gleiche Wirtschaftspolitik betrieben damals fast alle Regierungen Europas. Man bezeichnet sie als *Merkantilismus**. → (1)

Bedingungen des wirtschaftlichen Aufschwungs. Die französische Wirtschaft machte durch den Merkantilismus bedeutende Fortschritte. Hatten früher, im Mittelalter, die Menschen das meiste von dem, was sie brauchten, selbst hergestellt oder erzeugt, so kauften sie jetzt viel mehr. Im ganzen Land entstand ein Netz von Verkehrswegen, Häfen, Märkten. Die *Infrastruktur** wurde ausgebaut. Staatliche Aufträge kurbelten die Produktion an. Die größten Lieferungen gingen an das Militär. Die staatliche Unterstützung des Exports bewirkte, daß der Wert der Ausfuhr fast das Doppelte der Einfuhr betrug.
Aber der Staat verbrauchte immer größere Summen, die Steuerlast stieg. Die jährlichen Einnahmen des Königs betrugen im Durchschnitt 100 Millionen Livres; die Ausgaben waren fast doppelt so hoch. Am Ende der Regierungszeit Ludwigs XIV. war der Staat mit rund 2 Milliarden Livres verschuldet. Den größten Nutzen aus der Entwicklung der Wirtschaft zogen die Großhändler, Reeder und hohen Beamten. Der kleine Mann bezahlte den Aufschwung mit seiner Arbeit.

„Colbert betrachtete die Königlichen Manufakturen als eine Art von Klöstern, in denen sich die Arbeiter der Arbeit weihten, wie andere sich dem Dienst Gottes weihen. Man trat sehr früh, zuweilen schon mit elf Jahren, in die Lehre. Die Arbeitszeit war lang, 10 Stunden bei Robais, anderwärts 12 oder 14 Stunden. Die Pariser Bauarbeiter schafften im Sommer von 5 Uhr früh bis 7 Uhr abends, im Winter von 6 Uhr früh bis 6 Uhr abends ... Dafür gab es allerdings viele Feste, an denen die Arbeit ruhte. In Paris waren es, wenn man die Sonntage nicht einrechnet, 60 Feiertage ..." (2) → (2) (3)

Modernes Militär. Die Wirtschaft verdankte ihren Aufschwung besonders den hohen Militärausgaben.

Das Heer wurde erheblich vergrößert und straff organisiert. Während man früher die Söldnerhaufen erst für den Fall des Krieges zusammentrommelte, stand jetzt eine ständig einsatzfähige Truppe, ein *stehendes Heer** unter Waffen, nach Kompanien und Regimentern gegliedert, einheitlich uniformiert (Uniform = Einheitskleidung) und in Kasernen untergebracht oder in bestimmten Gebieten einquartiert. Neben den Hauptleuten und Obristen, die aufgrund alter Privilegien aus dem Adel kamen, aber oft wenig leisteten, traten Leutnants und Oberstleutnants, die je nach Ausbildung und Leistung ernannt und befördert wurden. → (4)
Die militärische Ausbildung änderte sich völlig: Marschordnung, Angriff und Verteidigung wurden im Kasernenhof oder beim Manöver gedrillt. Man entwickelte neue Waffen. Die Infanteristen erhielten ,,Steinschloßgewehre'', mit denen sie mehrere Schuß pro Minute abfeuern konnten. Artillerie und die mit schweren Kanonen bestückte Marine wurden zu wichtigen Waffengattungen, ebenso die ,,Pioniere'', die sich auf Festungs-, Brücken- und Straßenbau wie auf Belagerungstechnik verstanden. Man führte eine begrenzte Wehrpflicht ein; nur noch ein Viertel oder ein Drittel der Truppen bestand aus ausländischen Söldnern. Alle Soldaten erhielten einen nach Rang und Dienstalter abgestuften Sold. Veteranen und Invaliden erhielten staatliche Unterstützung. In Paris entstand eine riesige Anlage für Invaliden. Die Zahl der Truppen stieg immer weiter: Frankreich hatte 1664 etwa 45 000, 1683 mehr als 290 000 und um 1703 fast 400 000 Mann unter Waffen.

Anspruch auf Vorherrschaft. Mit dem Militär konnte Ludwig XIV. nicht nur die unumschränkte Herrschaft im Innern durchsetzen; mit ihm wollte er Frankreich auch zum mächtigsten Staat in Europa machen. Kriege waren zwar von den meisten Menschen gefürchtet, Staatsmänner sahen aber in ihnen ein ,,normales Mittel'' der Politik. Rechts- und Erbstreitigkeiten nahm man als Vorwand, Krieg zu erklären. In Wirklichkeit ging es um Macht, wirtschaftliche Vorteile, Landgewinn. Um sich die ,,Mitgift'' seiner Frau, einer spanischen Prinzessin, zu holen, griff Ludwig XIV. die Spanischen Niederlande (Belgien) an, fiel in Holland ein (das er als wirtschaftlichen Konkurrenten ansah) und gewann schließlich im Frieden von Nimwegen 1678 einen Teil der Spanischen Niederlande sowie die ,,Freigrafschaft Burgund'' (um Besançon); auch Freiburg im Breisgau fiel damals an Frankreich. Im Volksmund sprach man vom Frieden ,,Nimm-weg''. In der Folge beanspruchte der französische König Gebiete im Elsaß und in Lothringen, die irgendwann einmal mit Frankreich verbunden waren. So gewann er Straßburg und das ganze Elsaß. Um ,,Erbansprüche'' der Frau seines Bruders (Liselotte von der Pfalz) durchzusetzen, ließ Ludwig Truppen in die Pfalz einmarschieren, wo sie entsetzlich wüteten. Heidelberg, Speyer und Worms gingen mit anderen Städten und Hunderten von Dörfern in Flammen auf.
Auch auf diplomatischem Weg versuchte der Sonnenkönig, sich an die Spitze Europas zu setzen. In Verhandlungen zwang er den spanischen König, den französischen Gesandten überall den Vortritt zu lassen. In jener Zeit richteten die führenden Staaten in den Hauptstädten anderer Länder Botschaften ein. Die Botschafter und Diplomaten sollten regelmäßig über den anderen Staat berichten, aber auch Einfluß auf die fremden Regierungen nehmen. Man schrieb Berichte nach Hause, um über die Stärke der Truppen, die Finanzlage anderer Staaten und über Bündnisse zu unterrichten. Die Diplomaten vermittelten Verträge und Bündnisse (*Koalitionen**) von Land zu Land. Auf diplomatischem Weg wurden Kriege vorbereitet, Friedensschlüsse herbeigeführt und kaltblütig die Chancen für neue Kriege berechnet.
Frankreich hatte das moderne Militär und die moderne Diplomatie zuerst entwickelt. Aber die anderen Staaten folgten. Seit 1700 wurden die Kriege für Ludwig XIV. immer verlustreicher. Eine einzige Schlacht im Jahr 1709 endete mit 40 000 Toten und vielen Verwundeten. Eine ,,Große Koalition'' der europäischen Staaten zwang Ludwig XIV. in einem langen Krieg, darauf zu verzichten, Spanien mit Frankreich zu vereinen. Er konnte zwar das Elsaß und Lothringen behalten, mußte aber Holland und die Spanischen Niederlande zurückgeben. Als der Sonnenkönig 1715 starb, war sein Land finanziell erschöpft. An die Stelle französischer Vorherrschaft war in Europa ein ,,Gleichgewicht'' der Großmächte getreten (vgl. S. 94). → (5) (6)

(1) Merkantilismus – das neue Wirtschaftssystem

Minister Colbert in einer Denkschrift 1664:

„Ich glaube, man wird ohne weiteres in dem Grundsatz einig sein, daß es einzig und allein der Reichtum an Geld ist, der die Unterschiede an Größe und Macht zwischen den Staaten begründet. Was dies betrifft, so ist sicher, daß jährlich aus dem Königreich [Frankreich] einheimische Erzeugnisse (Wein, Branntwein, Weinessig, Eisen, Obst, Papier, Leinwand, Eisenwaren, Seide, Kurzwaren) im Wert von 12 bis 18 Millionen Livres ins Ausland gehen. Das sind die Goldminen unseres Königreiches, um deren Erhaltung wir uns sorgfältig bemühen müssen ... Außer den Vorteilen, die die Einfuhr einer größeren Menge Bargeld in das Königreich mit sich bringt, wird sicherlich durch die Manufakturen eine Million zur Zeit arbeitsloser Menschen ihren Lebensunterhalt gewinnen. Eine ebenso beträchtliche Anzahl wird in der Schiffahrt und in den Seehäfen Verdienst finden, und die fast unbegrenzte Vermehrung der Schiffe wird im gleichen Verhältnis Größe und Macht des Staates vermehren. Dies sind die Ziele, nach denen der König meines Erachtens aus guter Gesinnung und Liebe zu seinem Volk streben sollte ..." (3) Q

Der Gesandte Venedigs in einem Bericht 1665:

„Monsieur Colbert will Frankreich jedem anderen Land an Reichtum überlegen machen, so daß es an Waren Überfluß hat, an Kunstfertigkeiten reich und an Gütern aller Art fruchtbar ist, nichts entbehrt, aber den anderen Staaten liefern kann, was sie brauchen ... Er unterläßt nichts, um in Frankreich die Industrie anderer Länder heimisch zu machen ... Holland hat man die Art der Tuchmacherei entlehnt wie auch den Käse, die Butter und andere Besonderheiten. Deutschland hat man die Hutmacherei und die Fabrikation des Weißblechs und viele andere gewerbliche Arbeiten entnommen, Italien die Spitzenstickerei und die Spiegelherstellung. Fünf- oder sechstausend Frauen arbeiten hier in der Spitzenfabrikation, und viele Werkmeisterinnen aus Venedig sind hierher gekommen. Man bemüht sich, die Blüte von allem zu nehmen, was die ganze Welt hervorbringt. Man hat von Persien die Teppicharbeit gelernt, und man stellt in Paris schon sehr schöne und elegante Stücke her. Man führt ein und verkauft die schönsten Seltenheiten Indiens, und in gleicher Weise hat man Afrika die Mehrzahl seiner Erzeugnisse genommen. Das Beste, was man in allen Weltteilen hat, stellt man jetzt in Frankreich her, und so groß ist die Beliebtheit dieser Erzeugnisse, daß von allen Seiten die Bestellungen einlaufen, um sich damit zu versehen." (4) Q

(a) Zählt die Ziele der neuen Wirtschaftspolitik auf, die Minister Colbert in seiner Denkschrift nennt.

(b) Prüft nach, ob diese Ziele erreicht wurden; lest hierzu den Bericht des venezianischen Gesandten.

(c) Aus welchen Gründen könnte der venezianische Gesandte seinen Bericht abgefaßt haben?

(2) Manufaktur – Unterschied zum Handwerksbetrieb

(a) Stellt die Unterschiede in der Herstellung von Nadeln in einem Handwerksbetrieb und in einer Manufaktur fest.

(b) Was bedeuten die beiden Begriffe „Bedarfsdeckung" und „Bedarfsweckung" bei Handwerksbetrieb und Manufaktur?

Der Nadler. Holzschnitt von Jost Amman, 1568. – Rechts: Arbeitsteilige Stecknadelherstellung in einer französischen Manufaktur um 1760.

(3) Löhne und Preise

Löhne (pro Tag, Feiertage sind unbezahlt)	
Landarbeiter im Sommer	8 Sous[1]
im Winter	9 Sous
Dachdecker	16 Sous
Maurer	16 Sous
Grubenarbeiter	15–16 Sous
Stepper	20–25 Sous
Leineweber	12–15 Sous
Schlosser in Paris	30 Sous
Preise	
1 Pfund Kalbfleisch	6 Sous
1 Pfund Reis	2 Sous
1 Pfund Butter	$4\,^3/_4$ Sous
1 Paar Schuhe	2 Livres, 10 Sous
1 Hemd (feines Leinen)	4 Livres
1 Pfund Weißbrot	1–2 Sous
1 Pfund Ochsenfleisch	2–3 Sous
1 Pinte Wein	2–3 Sous
1 Pfund Kerzen	6–10 Sous

[1] 20 Sous = 1 Livre (Pfund) (5)

(a) Stellt fest, wer den höchsten, wer den niedersten Lohn hatte.

(b) Versucht, den Monats- und den Jahreslohn auszurechnen.

(c) Sprecht über das Verhältnis zwischen Löhnen und Preisen. Wieviel der angegebenen Nahrungsmittel konnte ein Arbeiter im Monat kaufen?

(d) Erkundigt euch, wieviel von den genannten Waren ein heutiger Arbeiter von seinem Monatslohn kaufen könnte.

(4) Soldaten und Befestigungen

(a) Welche Vorteile hatte diese Formation der Infanteristen (Bild unten)?

(b) Beschreibt die Befestigung der Stadt Nancy.

(c) Sprecht über die Vor- und Nachteile solcher Formationen und Befestigungen im Krieg.

(d) Vergleicht das „Stehende Heer“ im Staat Ludwigs XIV. mit dem Heer im Römerreich, den Söldnerheeren im 30jährigen Krieg, der Bundeswehr heute: Was ist ähnlich, was ist anders?

(5) Kritiker Ludwigs XIV.

Fénélon, Mahnwort an Ludwig XIV. (um 1699):

„Man hat blutige Kriege entzündet. Ich weiß wohl, daß die erfolgreichen Friedensschlüsse die Ungerechtigkeit der Eroberung zu decken scheint ... Aber ein Krieg, der in seinem Beginn ungerecht ist, wird durch ein glückliches Ende niemals gerecht. Das Bedürfnis, die Grenze zu sichern, gibt Ihnen noch keinen Rechtsgrund, Ihrem Nachbarn sein Land zu nehmen. Fragen Sie darüber vernünftige und ehrenwerte Männer, und sie werden Ihnen bekennen, daß meine Behauptung so klar ist wie der Tag.“ (6) Q

(a) Faßt zusammen, was der Kritiker über die Politik Ludwigs XIV. sagt.

(b) Was sagt man heute zur Rechtfertigung von Kriegen?

Links: Abbildung aus einer Drillvorschrift. Infanteristen stehen in einer Abwehrformation, die von Pikenieren umgeben ist. In der Mitte die Fahnenträger, außen Offiziere, Trommler und Kanonen. – Rechts: Die von Vauban, dem Festungsbaumeister Ludwigs XIV., befestigte Stadt Nancy.

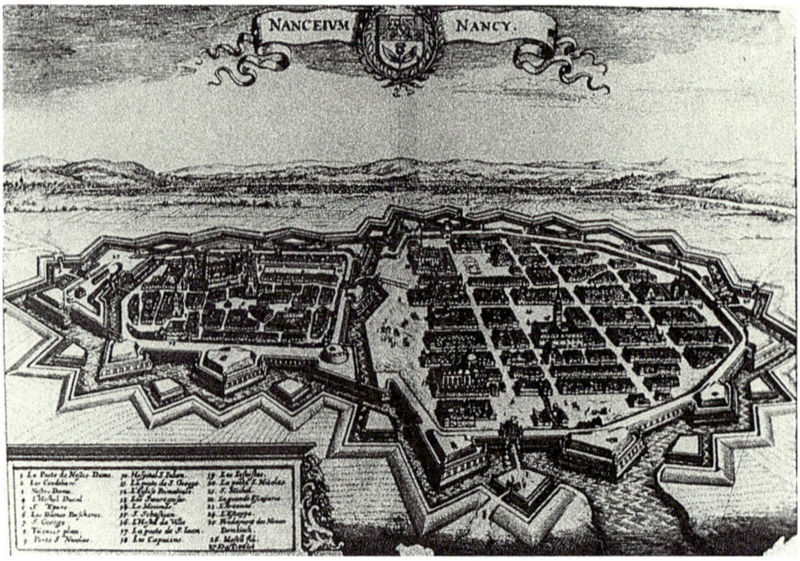

Die Verschiebung der deutschen Westgrenze im 17. Jh.

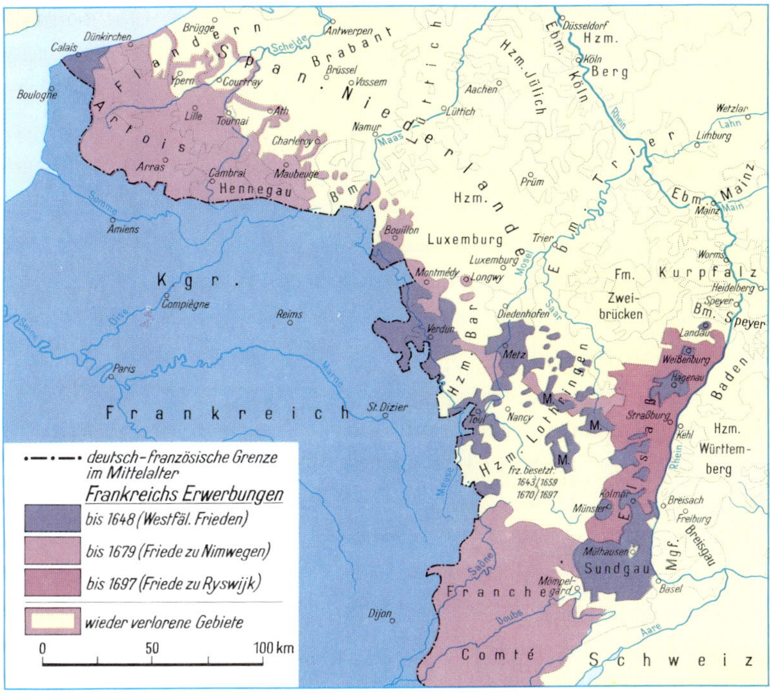

(6) Neue Grenzen

(a) Stellt mit Hilfe der Karte die Gebietserwerbungen Frankreichs im 17. Jh. zusammen.

(b) Wie wurde die Grenze zwischen Deutschland und Frankreich verändert?

1. Erläutere mit Hilfe des Schaubildes auf S. 74 den Merkantilismus und die außenpolitischen Auswirkungen dieses Wirtschaftssystems.

2. Erkläre mit Hilfe folgender Angaben die Besonderheiten des Merkantilismus:

- *Manufakturarbeitern wird das Verlassen des Landes als „Fahnenflucht" ausgelegt und mit der Todesstrafe bedroht.*
- *Arbeiter in den Staatsmanufakturen sind befreit von direkten Steuern und vom Militärdienst.*
- *Produkte besonders geförderter Manufakturen sind: Spitzen, venezianisches Glas, Samt, Seidenstrümpfe, Silber- und Goldstoff.*
- *In Südfrankreich wird der Canal du Midi gebaut.*

3. Schreibe Ziele, Mittel und Ergebnisse der Außenpolitik Ludwigs XIV. in eine Liste mit drei Spalten.

4. Versuche abzuwägen, ob Ludwig XIV. mehr Vor- oder mehr Nachteile für Frankreich brachte.

Infrastruktur: Alle Einrichtungen, die den wirtschaftlichen Beziehungen in einem Staat zugrunde liegen und für das Zusammenleben und die Versorgung der Menschen notwendig sind, z. B. Geldwesen, Transport und Verkehr, Krankenhäuser, Schulen, Hochschulen, Post usw.

Koalition: Zusammenschluß oder Bündnis mehrerer Staaten zu einem gemeinsamen politischen Ziel, im 18. Jh. z. B. zur Bekämpfung der französischen Machtansprüche (mehrere „Koalitionskriege"). Auch Zusammenschluß mehrerer Parteien zur Bildung einer Regierung.

Manufaktur: (lat. „manu facere" = mit der Hand machen). Betrieb, in dem die Waren großteils in Handarbeit hergestellt werden. Die Manufaktur unterscheidet sich vom Handwerksbetrieb durch die Arbeitsteilung; Arbeiter spezialisieren sich auf einzelne Arbeitsschritte bei der Herstellung einer Ware. Im Unterschied zur fabrikmäßigen Herstellung werden die Waren in der Manufaktur nicht maschinell hergestellt.

Merkantilismus: Wirtschaftspolitik im Zeitalter des Absolutismus. Die Regierung lenkt die Wirtschaft; sie sorgt dafür, daß möglichst große Geldmittel für Heer, Hof und Staatsverwaltung bereitgestellt werden können. Deshalb sollen mehr Waren ins Ausland ausgeführt als von dort eingeführt werden.

Stehendes Heer: Die Soldaten des stehenden Heeres sollen zu jeder Zeit kampfbereit sein; das Heer wird nicht erst im Kriegsfall aufgestellt, die Soldaten leben schon in Friedenszeiten in Kasernen.

1661–1683	Amtszeit des Finanzministers Colbert
1667/68	Krieg Frankreich gegen Spanien
1672–1678	Krieg Frankreich gegen Holland
1681	Besetzung und Annexion Straßburgs durch Frankreich
1689	Zerstörung Heidelbergs im „Pfälzischen Erbfolgekrieg"

Quellennachweis

(1) P. Goubert: Ludwig XIV., a. a. O., S. 111.
(2) P. Gaxotte: Ludwig XIV., Frankreichs Aufstieg in Europa. München 1951, S. 53 f.
(3) Colbert: Denkschrift zur Wirtschaftspolitik, 1664. In: Politische Weltkunde I, 3 (hrsg. v. A. Moser u. a.). Stuttgart 1972, S. 51.
(4) Geschichtliche Quellenhefte mit Überblick, Heft 6/7. Diesterweg 7346, S. 45.
(5) P. Gaxotte: Ludwig XIV., a. a. O., S. 54 f. (Die Angaben gelten für das Jahr 1698).
(6) H. Schnee (Hrsg.): Das Zeitalter des Absolutismus. Paderborn 1958, S. 44.

Lesetip

K. Malettke: Jean-Baptiste Colbert. Aufstieg im Dienste des Königs. Muster-Schmidt, Göttingen 1977 (WD)
H.-O. Meissner: Louisiana für meinen König. Moewig, München 1978 (SB)

Ludwig XIV. besucht zusammen mit Colbert (links hinter ihm) die königliche Manufaktur für Gobelins (handgewirkte Bildteppiche). Auch diese Darstellung befindet sich auf einem Wandteppich (1667). Außer Gobelins wurden in diesen Manufakturen auch andere Luxusgegenstände hergestellt. Welche sind zu erkennen?

3.3. Versailles und die höfische Gesellschaft

Das Schloß von Versailles. Gemälde von Pierre-Denis Martin (um 1722). Nach den Plänen von Louis le Vau wurden zwischen 1668 und 1671 zwei neue Seitenflügel gebaut. 1678 übernahm Jules Hardouin-Mansart den weiteren Ausbau des Schlosses. Le Nôtre schuf die großartigen Parkanlagen.

Wie das Schloß von Versailles sollte auch das Leben der Hof-Gesellschaft sein: Geordnet, überschaubar, erhaben, großartig und pompös.

- Welchen Zweck sollte ein so großartig gebautes Schloß erfüllen?
- Wie lebten die Menschen in einem solchen Schloß? Wie war ihr Tagesablauf?
- Was kostete das Leben in Versailles? Wie sind die Kosten finanziert worden?
- Welchen Eindruck machte das Hofleben auf die Untertanen?

Die Residenz des „Sonnenkönigs“. Das Schloß von Versailles zeigt, wie das Haus eines Herrschers zum Mittelpunkt eines Königreichs wurde.

„Hier [in Versailles] sollte eine *Residenz** errichtet werden, die dem mächtigsten Monarchen angemessen war. Zehntausende von Arbeitern fronten jahrzehntelang, um sie zu bauen. Enorme Gelder wurden darauf verwandt, die feinsten Materialien zu beschaffen, die fähigsten Handwerker, die größten Architekten, Künstler, Bildhauer und Gärtner. Ingenieure versuchten sogar, den Fluß Eure abzuleiten, um mit seinem Wasser Seen, Teiche und Springbrunnen zu füllen; es gelang ihnen zwar nicht, den Lauf des Flusses zu ändern, aber sie legten Teiche und Springbrunnen an, die noch heute ihresgleichen suchen. Als die Arbeit beendet war, besaß Ludwig in der Tat das größte und prächtigste Gebäude, das je für rein weltliche Zwecke errichtet wurde. Allein die Ausmaße von Versailles sind überwältigend. Ein französischer Bürger jener Zeit, der vor der 415 Meter langen Fassade oder in dem 73 Meter langen Spiegelsaal stand, wurde fast gewaltsam an seine eigene Bedeutungslosigkeit erinnert.“ (1)

Treffpunkt der „guten Gesellschaft“. Ein einfacher Bürger erhielt kaum Gelegenheit, Versailles von innen zu sehen, es sei denn, der König empfing die Bittsteller persönlich, was er von Zeit zu Zeit tat. Dagegen fuhren fast täglich im Schloßhof die adligen Herrschaften mehrspännig mit ihren Karossen vor: Diplomaten, Fürsten und vornehme Gäste des Königs, die Seiner Majestät ihre Aufwartung machten. Wer etwas Dienstliches vortragen wollte, mußte „antichambrieren“, d. h. im Vorzimmer warten, bis der König geruhte, ihn zu empfangen. Hunderte von adligen Herrschaften wohnten im Schloß; zusammen mit der Dienerschaft beherbergte Versailles ein paar Tausend Menschen. Dabei war das Schloß höchst unpraktisch eingerichtet. Es gab nur wenige Toiletten, und die vornehmsten Herren verrichteten ihre Notdurft oft auf Treppen oder in Kamine. Es fehlten Bäder, doch überdeckten die Damen den Körpergeruch mit starkem Parfüm. Es gab zwar ein Heer von Köchen, Küchenjungen und Kochmamsells, aber das Essen kam häufig kalt auf den Tisch, weil der Speisesaal viel zu weit von der Küche entfernt lag. Nur wenige Räume konnte man heizen, und überall herrschte ein Gedränge wie in einem Bahnhof. Aber wer in Frankreich etwas werden, etwas bedeuten wollte, mußte sich in die Nähe des Königs begeben und alles tun, um ihm aufzufallen. Dabei wurden keine Kosten gescheut. → (1) (2)

Hofetikette. Das Vorbild gab der König selbst. „In Versailles ist alles von vornherein festgelegt, die gesellschaftlichen Unterhaltungen und Feste sind streng geregelt, und stets herrscht der Zwang der *Etikette**“, berichtet einer der Höflinge. Schon beim Aufstehen, beim „Lever“ des Königs, verlief jede Bewegung, wie es das Zeremoniell befahl. Nacheinander durften fünf Gruppen – ausschließlich Herren und Damen von Adel – eintreten, um beim täglichen „Staatsakt“ anwesend zu sein.

„Die ersten beiden Gruppen wurden zugelassen, wenn der König noch im Bett war. Dabei trug der König eine kleine Perücke; er zeigte sich niemals ohne Perücke, auch dann nicht, wenn er im Bett lag. Wenn er aufgestanden war und der Großkämmerer mit dem ersten Kammerherrn ihm die Robe hingelegt hatten, rief man die folgende Gruppe . . . Der König nahm seine Robe. Der maitre de la garderobe [Garderobenmeister] zog das Nachthemd beim rechten Ärmel, der erste Diener der Garderobe beim linken; das Taghemd wurde von dem Großkämmerer oder von einem der Söhne des Königs, der gerade anwesend war, herbeigebracht. Der erste Kammerdiener hielt den rechten Ärmel, der erste Diener der Garderobe den linken. So zog der König das Hemd an.“ (2)

Titel statt Leistung. Die Adligen am Hof verbrachten die meiste Zeit damit, auf die Jagd, zu Festgelagen, zum Tanzen, ins Theater oder zu Glücksspielen zu gehen; einer versuchte den andern durch die Eleganz seiner Kleidung, den Schmuck seiner Dame oder die Zahl seiner Diener zu übertreffen, und jeder bemühte sich, im Rang eine Stufe höher zu klettern. Der König förderte dieses Verhalten des Adels nach Kräften, denn so geriet die ehemals führende Schicht des Landes ganz in seine Abhängigkeit. Die mächtigen Herzöge und Grafen begnügten sich mit Titeln und Ehrenämtern, die eigentliche Macht lag beim König und seinen Beamten. Aus mehr oder minder selbständigen Herren waren Höflinge geworden. Ihr Ehrgeiz und Stolz blieb nur noch auf Äußerlichkeiten gerichtet, auf eine Gunstbezeugung des Königs, eine Einladung Seiner Majestät zur Teilnahme an einem Schauspiel, einer Promenade, einem Ausritt zur Jagd. Dies alles war für den Adel ebenso aufwendig wie unproduktiv. Manche reiche und vornehme Familie verlor im Laufe der Zeit ihr Vermögen und ruinierte sich finanziell. Dennoch strebte die Oberschicht danach, am Hofe zu leben oder selbst den König in verkleinertem Maßstab nachzuahmen und in einem eigenen Adelspalast „Hof zu halten“, zu *repräsentieren**. → (3) (4)

Die Rolle des Adels. Da sich der Adel um den König scharte und vom König bestimmte Ehrenämter und Titel erhielt, behielt er das Gefühl, etwas Besonderes zu sein. Er war dem König zu Dank verpflichtet, gleichzeitig an den Hof gefesselt. Das täuschte den Adel über den Verlust seiner politischen Macht. Viele Aufgaben im Staat wurden nämlich von Bürgerlichen wahrgenommen. Der Adel lebte vom

Glanz, nicht von der Leistung. Das Bürgertum dagegen, fleißig und produktiv, erwirtschaftete sich Reichtum und Einfluß. → (5)
Ludwig XIV. wählte seine Minister aus dem Bürgertum und vergab zahlreiche Posten an reich gewordene Bürgerliche, die dafür viel Geld bezahlten; aber die Vorrechte und der Lebensstil der höfischen Gesellschaft verlockten auch sie; und bald kannten sie kein höheres Ziel, als den alten Adel im Ansehen und Rang zu übertreffen. Auch sie suchten die Gunst des Königs. So gelang es Ludwig XIV., Adel und aufsteigendes Bürgertum gegenseitig im Gleichgewicht zu halten und auf diese Weise beiden gegenüber unabhängig und absolut zu regieren. → (6)

(1) Beschwernisse des Hoflebens

Aus einem Brief der Liselotte von der Pfalz an die Herzogin Sophie von Hannover, 22. Mai 1675:

„Die unerhörte Menge Menschen, so täglich zu mir kommen sein, haben mich verhindert bis auf heute, zu antworten. Hernach bin ich nach Hof, da seind alle [zum] Abschied acht ganzer Tag nacheinander kommen, welche alle nach der Armée gangen. Dabei stehet man hier erstlich um halb elf auf, gegen zwölf geht man in die Meß, nach der Meß schwätzt man mit denen, so sich bei der Meß einfunden; gegen zwei geht man zur Tafel. Nach der Tafel kommen Damens; dieses währet bis um halb sechs, hernach kommen alle Mannsleute von Qualität, so hier sein; dann spielet Monsieur à la bassette [ein Glücksspiel mit Karten] und ich muß an einer andern Tafel auch spielen ... oder ich muß die übrigen in die Opéra führen, welche bis neun währt. Wann ich von der Opéra komme, dann muß ich wieder spielen bis um zehn oder halb elf, dann zu Bett. Da können Euer Liebden denken, wieviel Zeit mir übrig blieben." (3) Q

Herzogin von Choiseul über den Dienst als Hofdame:

„Eben habe ich mich von meinem Bett losgerissen, um eine gestern angefangene Frisur zu vollenden: vier schwere Hände kneten an meinem armen Kopf herum. Das ist aber noch nicht das schlimmste für ihn: in meine Ohren lärmen das Brenneisen und die Papilloten [Haarwickel]. Es ist sehr heiß ... Welchen Putz befehlen Madame für heute? ... Dazu wird dies Kleid passen ... Angéelique, mach' die Haube zurecht; Marianne, halt den Reifrock bereit. – Sie hat große Mühe, meine Uhr mit einem alten Handschuh zu putzen, sie zeigt mir, daß die Rückseite immer noch schwarz ist. Das ist nicht alles. Ein Offizier macht viele Worte über die Vertreibung der Jesuiten. Zwei Ärzte sprechen, glaube ich, von Krieg, in den sie vielleicht kommen könnten; ein Erzbischof zeigt mir ein architektonisches Ornament. Der eine verlangt meine Blicke, der andere meinen Verstand, alle meine Aufmerksamkeit ... Aus dem anderen Zimmer ruft man: Madame, es ist drei Viertel, der König schickt sich an, zur Messe zu fahren. Also, rasch, rasch, meinen Hut, meine Haube, meinen Muff, meinen Fächer, das Gebetbuch; ärgern wir niemand! Meine Sänfte, meine Träger, vorwärts! – Ich komme aus der Messe nach Hause; eine meiner Freundinnen tritt mit mir zugleich ein; mein sehr kleines Kabinett ist völlig von ihrem riesigen Reifrock ausgefüllt. Ich soll weiterschreiben ... Endlich geht sie fort. Ich will meinen Brief beenden, aber man meldet mir, daß der Bote nach Paris abreiten soll. Er läßt fragen, ob Madame Befehle für ihn hat. Ach gewiß, er soll warten. – Eine junge Irländerin bittet mich um eine Gnade, die ich ihr nicht verschaffen kann. Ein Kaufmann aus Tours dankt mir für einen Vorteil, den ich ihm nicht besorgt habe. Einer will mir seinen Bruder vorstellen, den ich nicht empfangen werde ..." (4) Q

(a) Faßt zusammen, warum das Leben am Hof so anstrengend für die Hofgesellschaft war.

(b) Welchen Eindruck hatten wohl die Untertanen von der Hofgesellschaft?

(2) „Hofklatsch"

Aus den Memoiren des Prinzen von Ligne:

„Mein Vater hieß mich zu ihm in den Wagen steigen und brachte mich nach Wien ... Ich komme in ein Haus, wo eine Menge allerliebster Frauen waren; verheiratet oder zum Heiraten: das wußte ich nicht. Ich kam an die Seite der allerjüngsten ... Acht Tage darauf heiratete ich. Ich war 20, meine kleine Frau 15 Jahre. Wir hatten kein Wort miteinander gesprochen. So tat ich den Schritt, der als der ernsteste im Leben gilt. Ein paar Wochen lang war sie mir amüsant, nachher gleichgültig."

Als der alte Marschall von Richelieu, der wegen seines Zynismus bekannt war, seine Frau bei einem zärtlichen Zusammensein mit seinem Stallmeister überraschte, sagte er:

„Denken Sie, Madame, in welche Verlegenheit Sie geraten wären, wenn irgendein anderer als ich ins Zimmer getreten wäre!" (5) Q

(a) Was sagen die Geschichten über das Leben der Adligen im 18. Jh. aus?

(b) Es gibt auch heute noch Klatschgeschichten. Wo kann man sie finden?

(3) Adelsgebäude; Häuser zum Repräsentieren

„Leute von Stand" bauten ihr eigenes Palais oder „Hotel", wie man in Frankreich die Schlösser nannte. Diese Gebäude waren alle nach dem gleichen Muster errichtet, hatten eine prächtige Fassade, hinter der sich die Empfangshalle und ein Festsaal für „gesellschaftliche Anlässe" befanden; sie stellten den Mittelpunkt des Palastes dar, denn auch im Leben des Adels standen die Festlichkeiten im Mittelpunkt. Zwei Flügel des Schlosses begrenzten den Innenhof; in dem einen Flügel befanden sich die Gemächer des Hausherrn, im anderen die Gemächer der Dame. Ein Familienleben konnte sich hier kaum entfalten. Alles war auf die Repräsentation ausgerichtet: Je zahlreicher und je vornehmer die Gäste, desto höher das gesellschaftliche Ansehen, das man selber genoß. Eine zahlreiche Dienerschaft tat die Arbeit, wobei die feinen Herrschaften strenge Distanz zum Personal hielten. Die Schlafkammern der Bediensteten lagen im Parterre bei den Ställen und Küchen; oben befanden sich die Salons. Die „Leute von Stand" hielten sich an strenge Regeln der „Höflichkeit" und Etikette.

(a) Stellt fest, welche Räume das Adelshaus hatte; wozu dienten sie?

(b) Wo wohnte der Herr, wo die Dame? Erörtert anhand des Planes die Frage nach der „Gleichberechtigung" der adligen Dame.

(b) Vergleicht den Grundriß mit dem Bild des Schlosses von Versailles.

(4) Ein Adelspaar

(a) Beschreibt Kleidung und Haltung des nebenstehend abgebildeten Paares.

(b) Erläutert die genannten Begriffe und erklärt ihre Entstehung aus dem Gesellschaftsleben am Hof.

(5) Machtverlust des Adels

Ein Schriftsteller aus der Zeit Ludwigs XIV.:

„Während die Adligen es versäumen, sich mit den Interessen des Staates vertraut zu machen, während sie nichts vom Wirtschaften und Sorgen eines Familienvaters wissen und sich ihrer Unkenntnis sogar rühmen, während sie sich von ihren Verwaltern ausbeuten und beherrschen lassen, während sie sich damit begnügen, Feinschmecker und Weinkenner zu sein ..., unterrichten sich Bürger über die inneren und äußeren Angelegenheiten eines Reiches, machen sich mit der Regierungskunst vertraut, gewinnen Einsicht und politischen Sinn, lernen die Stärke und die

Grundriß eines „Hotels", d. h. eines Adelsgebäudes in der Stadt. (Musterplan, abgedruckt in der „Encyclopédie" von Diderot und d'Alembert).

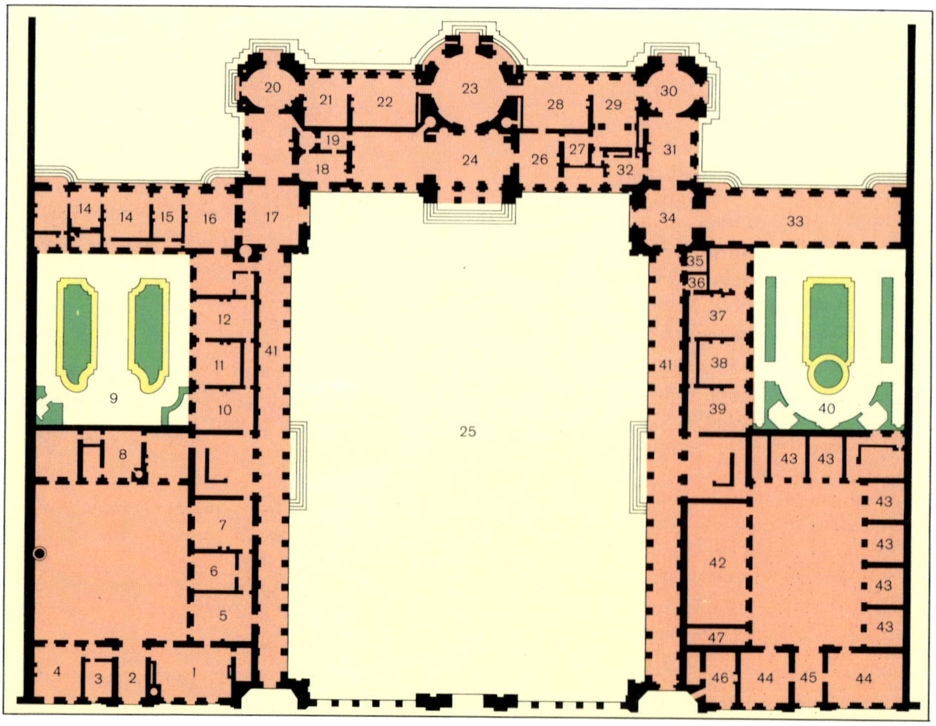

1 Küche – 2 Nebeneingang (zur Küche) – 3 Schlächterei – 4 Aufenthaltsraum für die Dienerschaft – 5 Küchengehilfen – 6 Wäscherei – 7 Aufenthaltsraum der Offiziere – 8 Offiziersräume – 9 Blumengarten – 10 Vorzimmer – 11 Herrenzimmer – 12 Schlafzimmer des Herrn – 13 Raum zum Aufwärmen der Speisen – 14 Bad – 15 Vorraum – 16 Anrichte – 17 Speisezimmer – 18 Vorzimmer – 19 Wache – 20 Kleiner Salon – 21 Kabinett – 22 Versammlungsraum – 23 Salon – 24 Vorhalle – 25 Innenhof – 26 Vorzimmer – 27 Wache – 28 Sitzungsraum – 29 Paradezimmer – 30 Kabinett – 31 Hinterzimmer – 32 Aktenzimmer – 33 Galerie – 34 Salon der Dame – 35 Wache – 36 WC – 37 Schlafzimmer der Dame – 38 Damenzimmer – 39 Vorzimmer – 40 Blumengarten – 41 Wandelhalle – 42 Pferdeställe – 43 Schuppen für Kutschen und Wagen – 44 Ställe – 45 Nebeneingang zu den Ställen – 46 Unterkunft der „Schweizer" (Wachsoldaten) – 47 Sattelkammer.

Schwäche eines Staates kennen und trachten danach, ihre Stellung zu verbessern, steigen immer weiter empor ... Die Adligen, die vordem auf sie herabsahen, erweisen ihnen Achtung und sind glücklich, wenn sie ihre Schwiegersöhne werden." (6) Q

(a) Wie beurteilt der Verfasser die Adligen, die Bürgerlichen? Trifft sein Urteil zu?

(b) Manche sagen, Adlige seien Parasiten (Schmarotzer) der Gesellschaft gewesen. Sprecht darüber.

(6) Kritik an Ludwig XIV.

Der Herzog Saint Simon schrieb nach dem Tod des Königs:

„In allem liebte er Glanz, Verschwendung, Fülle. Es war wohlberechnet, daß er die Sucht, ihm hierin nachzueifern, in jeder Weise begünstigte. Er impfte sie seinem ganzen Hofe ein. Wer alles draufgehn ließ für Küche, Kleidung, Wagen, Haushalt und Spiel, der gewann sein Wohlwollen. Um solcher Dinge willen redete er die Leute an. Indem er so den Luxus gewissermaßen zur Ehrensache und für manche zur Notwendigkeit machte, richtete er nacheinander alle zugrunde, bis sie schließlich einzig und allein von seiner Gnade abhingen. So befriedigte er seinen Hochmut und seinen Ehrgeiz. Sein Hof war blendend, und die Rangunterschiede verschwanden in einem allgemeinen Wirrwarr. Er hat dem Lande damit eine Wunde geschlagen, die wie ein Krebsschaden an allem frißt. Vom Hofe aus hat die Verschwendungssucht Paris, die Provinzen, das Heer ergriffen. Man schätzt einen jeden, der eine gewisse Stellung einnimmt, nur noch nach seinem Aufwand in Küche und Haus ein." (7) Q

(a) Zählt auf, in welchen Punkten Saint-Simon den König kritisierte.

(b) Wie beurteilte Saint-Simon das gesellschaftliche Leben?

1. Erläutere das Auftreten der höfischen Gesellschaft mit Hilfe der Bilder S. 70, 80, 81 und 85.

2. Berichte, wie Ludwig XIV. den Adel von politischer Arbeit ferngehalten hat.

3. Versuche, König und Hofgesellschaft zu beurteilen; z.B. aus der Sichtweise eines Bauern, eines Adligen und eines Mitgliedes der königlichen Familie.

Etikette: (franz.) Festgelegte, vornehme Form des gesellschaftlichen Lebens; auch Liste (Hofetikette), in die alle bei Hof Zugelassenen mit ihrem Rang verzeichnet waren.

Repräsentation: (lat.) Standesgemäßes Auftreten, prunkvolle Selbstdarstellung. Heute auch Interessenvertretung. In der heutigen Demokratie wird z. B. die Bevölkerung im Parlament „repräsentiert".

Residenz: (lat.) Wohnsitz eines Staatsoberhauptes, eines weltlichen oder geistlichen Fürsten.

1661–1684	Bau des Schlosses von Versailles
um 1700	Der Hof von Versailles wird Vorbild für die europäischen Fürsten

Quellennachweis

(1) Ch. Blitzer: Söldner, a. a. O., S. 66 f.
(2) N. Elias: Die höfische Gesellschaft. Neuwied 1969, S. 128.
(3) H. Krieger: Materialien, Bd. IV, a. a. O., S. 132.
(4) R. Pechel: Rokoko. Berlin 1913, S. 66 f.
(5) ebenda, S. 104 f.
(6) J. de la Bruyère: Die Charaktere oder die Sitten des Jahrhunderts. In: Politische Weltkunde I, 3. Aufl. 1972, a.a.O., S. 53.
(7) Saint-Simon, zitiert aus: Geschichte in Quellen, Bd. III, a. a. O., S. 433.

Lesetip

Ch. Blitzer: Söldner, Diener, Majestäten. Rowohlt Life 37, Reinbek bei Hamburg 1973 (SB)
R. H. Foerster: Das Barock-Schloß. Geschichte und Architektur. Du Mont Tb., Köln 1981 (WD)
G. Ziegler: Der Hof Ludwigs XIV. in Augenzeugenberichten. dtv 2711 (QS)

3.4. Absolutismus und Barock in Deutschland

Wie Ludwig XIV. verlegten auch viele deutsche Fürsten ihre Residenz aus der bisherigen Hauptstadt, wobei es manchmal neben dem Schloßbau zur Gründung neuer Städte kam (z. B. Mannheim). Der Markgraf Karl Wilhelm von Baden-Durlach ließ 1715 mitten im Wald seine neue Residenz Karlsruhe anlegen. Welche Bedeutung hatte die Anlage der neuen Stadt, bei der alle Straßen strahlenförmig vom oben abgebildeten Schloß ausgehen?

Der Absolutismus hat auch bei uns seine Spuren hinterlassen. Es sind die prunkvollen Bauwerke, die barocken Schlösser, Kirchen und Residenzen, die an jene Zeit erinnern. Sie locken nicht nur Touristen an, sondern sind Zeugnisse der Macht ihrer Erbauer.

- Warum ließen so viele Fürsten so aufwendige Schlösser und Residenzen bauen?
- Wie wurde das alles finanziert?
- Was wollten die Künstler damals mit ihren Werken ausdrücken?

Ehrgeizige Landesherren ahmen den Sonnenkönig nach. In ganz Europa galt Ludwig XIV. als Vorbild. Nicht nur so mächtige Herrscher wie der Kaiser in Wien oder der russische Zar, auch die Fürsten kleiner und kleinster Staaten wollten regieren und repräsentieren wie er. Sie bauten prächtige Schlösser, umgaben sich mit einer Schar von Höflingen, trieben eine eigene Außenpolitik, stellten ein eigenes Heer auf und regierten ihr Land oder Ländchen als absolute Monarchen. In ihren Schlössern ahmten die Fürsten – auch diejenigen geistlichen Standes wie Äbte und Bischöfe – den französischen Lebensstil nach, sie hielten Hof und feierten großartige Feste. Sie brauchten viel Geld, teils für persönliche Ausgaben (z. B. Geschenke für ihre *Maitressen**), teils für das Heer und die Bautätigkeit. Das Geld preßten sie aus dem Land heraus, indem sie versuchten, mit den Mitteln des Merkantilismus die Erträge der Wirtschaft zu steigern und mit höheren Steuern größere Einnahmen zu erzielen. →(1) (2) (3)

Gewerbe und Handel kamen in vielen Ländern mächtig voran. Man errichtete Spinnereien, Webereien und begründete auch eine Seidenindustrie; Eisenwerke und Waffenfabriken sollten von teuren Einfuhren unabhängig machen. Porzellanmanufakturen entstanden, nachdem J. F. Böttger im Dienst des sächsischen Kurfürsten die Herstellung des „weißen Goldes" gelungen war: zuerst 1710 in Meißen, bald darauf in Wien, Nymphenburg, Ludwigsburg und Berlin. Andere Betriebe stellten Schmuck (z. B. „Bijouteriewaren" in Pforzheim), Kutschen, Peitschen, Uhren her. Wo Wasserkraft zur Verfügung stand, baute man Hammer-, Löffel- und Nagelschmieden. Frauen und Kinder stellten Strohhüte und Spankörbe her. Einfallsreiche Landesfürsten wie der badische Markgraf Karl Friedrich gaben den Bauern Anweisungen, wie sie besseres Obst, mehr Wein und gesünderes Vieh züchten, den Heu- und Getreideertrag steigern und die Vorräte vor Schädlingen schützen könnten. Sie ließen Wälder aufforsten, Holzabfuhrwege anlegen, Kanäle bauen. Überregionale Straßen führten (erstmals mit Wegweisern versehen) ins Ausland, z. B. von Stuttgart nach Schaffhausen.

Die Untertanen. Unentwegt waren die Fürsten auf der Suche nach neuen Geldquellen. Die Landstände bewilligten, wenn auch widerstrebend, immer neue Steuererhöhungen. Sie gingen natürlich zu Lasten der breiten Bevölkerungsschichten; Adel und Geistlichkeit zahlten wenig. Auf den Verkauf bestimmter Waren wie Salz oder Tabak wurde eine Verbrauchssteuer (Akzise) gelegt; zugleich zwang man die Leute, solche Waren zu kaufen. Überhaupt versuchten die absolutistischen Fürsten, mit unzähligen Verordnungen in das alltägliche Leben der Untertanen hineinzuregieren. Es gab Vorschriften, wer welche Kleider zu tragen habe (*Kleiderordnung**), wie Feste zu feiern oder Häuser zu bauen seien. Eine wachsende Zahl von Beamten kontrollierte das Volk und trieb die Steuern ein. Für die Leitung ihrer Verwaltung suchten die Fürsten tüchtige und ergebene Leute; sie stellten oft Landfremde in ihren Dienst, darunter nicht selten Adlige mit abenteuerlichem Lebenswandel. Oft konnten die Fürsten kaum das Geld für die Gehälter oder den Sold für Offiziere und Soldaten aufbringen. Dann borgten sie sich große Summen, vor allem bei reichen Juden. Manchmal beschafften sie sich die Mittel sogar durch den Verkauf von Landeskindern als Söldner an auswärtige Mächte.

Die Untertanen wurden zur Arbeit angehalten. Bettler steckte man in Armenhäuser, Sträflinge in Zuchthäuser, Waisenkinder in Waisenhäuser – und all diesen Häusern wurden Manufakturen angegliedert, in denen die Leute für geringeren Lohn beschäftigt waren oder nur „Kost und Wohnung" verdienten. Man suchte Fachkräfte aus dem Ausland zu gewinnen, die technisches Können und bestimmte „Künste" mitbrachten. Flüchtlinge, die aus religiösen Gründen ihre Heimat verlassen mußten, wurden als Einwanderer angesiedelt: In der Pfalz nahm man Hugenotten aus Frankreich auf, in Württemberg Waldenser aus Savoyen. Viele Fürsten kümmerten sich auch um die Ausbildung von Handwerkern, Werkmeistern und Ingenieuren, schickten sie zu anerkannten Meistern ins Ausland oder holten Fachkräfte von dort als Bauleiter, Aufseher oder „Generalunternehmer" ins Land.

Trotz vieler Neuerungen blieb der Großteil der Bevölkerung bei den überlieferten Lebensgewohnheiten. Im Handwerk galten noch immer starre und umständliche Zunftgesetze. Die meisten Bauern wirtschafteten wie eh und je und blieben an ihre Herren gebunden. Der Druck stieg sogar, zumal sie für die gewaltige Bautätigkeit jener Zeit zu zahlreichen Frondiensten herangezogen wurden, z. B. beim Bau von Schlössern, Abteien und Residenzen. Es wurden aber auch Amtshäuser, Rathäuser, Kirchen, Pfarrhäuser und Kasernen gebaut, Wege und Straßen angelegt, Parkanlagen geschaffen, Gutshöfe erneuert, Manufakturen errichtet – und immer wieder mußten die Untertanen zahlen und fronen. →(5)

Barockkultur. Im Stil der Bauwerke jener Zeit ahmte man wie bei der Regierungsform den französischen König nach. Versailles war im *Barockstil** erbaut, und dieser Kunstrichtung entsprachen auch Theateraufführungen, Konzerte, Malerei und Bildhauerkunst jener Zeit in Deutschland, ja in ganz Europa. Der Barockstil war von Italien ausgegangen und zeichnet sich aus durch die Verbindung von erhabenem Prunk mit eleganter Verzierung, von lebhafter Bewegung mit großartiger Symmetrie. Prunkvolle Räume und weit ausschwingende Treppenhäuser lassen eine festliche Stimmung entstehen. Später wurden die barocken Schmuckformen im Stil des Rokoko weitergebildet. Elegante Innenausstattungen mit zarten Blumengirlanden und feingeschwungenen Zweigen wurden zum Ausdruck einer verfeinerten Empfindung. Bayern und Österreich wurden Zentren des neuen Kunststils. Schloß Sanssouci in Potsdam oder der „Zwinger" in Dresden sind Beispiele dafür, daß diese Formen auch in Mittel- und Norddeutschland geschätzt wurden. → (4)

Neben der Baukunst erreichte die Musik damals in Deutschland einen Höhepunkt. Auch hier war Wien neben anderen Städten ein Mittelpunkt des künstlerischen Lebens, insbesondere auf dem Gebiet der Oper. Mit ihr entstand ein Kunstwerk, in dem Schauspiel, Dichtung, Gesang, Instrumentalmusik und Bühnenbild zusammenwirken. Das Hoftheater der Fürsten brachte aufwendige Aufführungen. Der bedeutendste Komponist der Barockzeit, Johann Sebastian Bach, wirkte in Leipzig. Sein Hauptinstrument war die Orgel, für die er eine große Zahl von Fugen, Präludien und Toccaten schrieb. Die meisten Werke entstanden für den Gottesdienst: Kantaten, Messen, Choräle, Passionen. Auch weltliche Musik für Violine, Cembalo, Klavier und Flöte gehört zu seinen zahlreichen Kompositionen. Bachs berühmtester Zeitgenosse war Georg Friedrich Händel. Er verbrachte viele Jahre seines Lebens in England.

(1) Fürstliche Residenzen

(a) Was drücken die Schlösser der absolutistischen Herrscher aus? Welchen Zwecken dienten sie?

(b) Einzelne Schlösser bekamen französische Namen wie: Favorite, Sanssouci, Monrepos oder Solitude. Versucht die Namen zu erklären: Fragt den Lehrer nach der Übersetzung.

(c) Gibt es in der Nähe eures Wohnortes eine barocke Schloßanlage? Beschreibt sie.

(2) Hofstaat des Herzogs Karl Eugen von Württemberg, 1768

Es gehörten zur persönlichen Bedienung:

„16 Hofdamen und Offiziere, der Leibarzt Breyer, 3 Pagen, 2 Geheimsekretäre, 1 Hofkaplan, 2 Kammertürken, 3 Kammerlakaien, 2 Kammerhusaren, 2 Leibheiducken [hier persönliche Diener], 4 Leiblakaien, 2 Läufer, 1 Kabinettskanzleidiener, 6 Hofwächter, 6 Mägde, 2 Pförtner, 2 Sänftenträger, 1 Lichterjunge.

In der Küche: 1 Tafelmeister, 1 Küchenmeister, 1 Küchenschreiber, 4 Chefköche, 2 Back- und Bratenmeister, 4

Herzog Eberhard Ludwig verlegte seine Residenz 1709 von Stuttgart nach Ludwigsburg, wo seit 1704 die hier abgebildete Schloßanlage entstand. Auch hier diente Versailles als Vorbild.

Kurfürst Max II. Emanuel reitet zur Reiherbeize aus. Links neben ihm die Kurfürstin Maria Antonia und sein Bruder Joseph Clemens, Kurfürst und Erzbischof von Köln.

Köche, 7 Küchenjungen, 2 Possler [Handlanger], 3 Mägde, 1 Hühnermagd, 1 Fischer.
Im Keller: 2 Mundschenken, 1 Kellerjunge, 1 Küferknecht.
In der Silberkammer: 1 Kämmerer und 3 Mägde.
In der Kaffeekammer: 1 Kaffeesieder, 1 Hoflakai, 1 Magd.
In der Hofwäscherei: 1 Leinewandverwalterin, 1 Hofwäscherin, 3 Mägde.
In der Jägerei: 1 Pirschmeister, 1 Büchsenspanner, 2 Jägerburschen.
Im Stall: 1 Stallmeister, 1 Oberwageninspektor, 1 Futterverwalter, 1 Hufschmied, 1 Sattelknecht, 1 Oberknecht, 1 Leibkutscher, 1 Sattlergeselle, 3 Leib-, 1 Hand- und 6 Klepperknechte, 30 Kutscher, Vorreiter und Beiläufer, 16 Postillons und Vorreiter, 4 Zugknechte, 2 Tragtierknechte, 4 Extraknechte, 2 Kastenknechte, 2 Heubinder.
In der Leibgarde: 1 erster Oberleibhusar, 2 Oberleibhusaren, 3 Trompeter, 30 Leibjäger und Leibhusaren, 2 Friseure, 10 Knechte.
Außerdem: 1 Gardepauker, 3 Husarentrompeter, 19 Grenadiere von der Ludwigsburger Garnison. 45 Musiker mit 13 Dienern, 8 Sängerinnen und Sänger mit 3 Dienern, 20 Ballettänzerinnen und 16 Personen zur Begleitung und Bedienung, 1 Theatermaschinist, 1 Ballettschneider mit 2 Gesellen, 1 Perückenmacher.
Aus der Hofküche werden mittags und nachts 452 Personen gespeist, außer diesen befindet sich noch ein Militärkommando von 78 Leuten im Schloß." (1) Q

(a) Wieviel Bedienstete beschäftigte der Herzog in seinem Haushalt? Was hatten die einzelnen wohl zu tun?

(b) Erörtert Schwierigkeiten, wenn der Herzog mit seinem Hof reiste.

(3) Feste am Hof

Staatsbesuch des Erzbischofs von Salzburg beim Kurfürsten von Bayern:

„Ein reitender Herold eröffnete nun den Zug. An der Spitze ritt eine Abteilung Bürgergarde, alle mit Büffellederkoller und mit blauen Schärpen angetan, die Hüte bedeckt mit weißen und blauen Federn, die Pferde sämtlich geharnischt. Man sah weiter, umgeben von der Leibgarde, die große kurfürstliche Prunkkarosse, mit purpurfarbenem Sammet ausgeschlagen, besetzt mit breiten Goldborten und von innen und außen so reich verziert, daß sie einem Triumphwagen glich. Die Livreen des Kutschers und der Postillone waren ebenfalls aus purpurfarbenem Sammet mit breiten Goldborten. Bespannt war die Karosse mit sechs der schönsten Pferde, mit goldenem und seidenem Zaumzeug und mit vergoldeten, silbernen Quasten geschmückt.
Die drei Kapitäne der kurfürstlichen Leibgarde ritten in großer Gala auf edelsten Rossen an dem Wagenschlag, dann folgte eine große Anzahl Pagen und Kammerdiener der Prinzen, Minister und Herren der beiden Höfe, mit Trompeten und Pauken, die den von ihren Leutnants angeführten Arkebusieren [Schützen] und der Schweren Reiterei voranritten.

Der Ausflug nach dem Starnberger See war eine der köstlichsten und königlichsten Zerstreuungen, die man sich denken kann. Die Fürstlichkeiten brachen in der Frühe von München auf und machten erst mittags auf halbem Wege halt. Die ganze Gesellschaft speiste nun unter so wohlgeordnet aufgestellten und so zahlreichen Zelten, daß es schien, man habe ein gut ausgestattetes Feldlager vor sich. Nach der Tafel reiste man weiter. Kaum gewahrte man den See, als schon vom Schlosse Salutschüsse abgefeuert wurden. Überrascht erblickten nun der Erzbischof und sein Hofstaat den Bucentauro [ein Prunkschiff]. Alle Herrlichkeiten und Merkwürdigkeiten, die man in Bayern zu sehen bekommt, überflügelt dieser Bucentauro leicht, wenn er auf dem eine Meile breiten und sechs Meilen langen Starnberger See dahinsegelt ...
Nun segelt man dem Schloß zu, das auf einer Anhöhe, von der man den ganzen See überblicken kann, erbaut ist. Auf den Wällen wurden die Stücke [Geschütze] gelöst, der Bucentauro antwortete mit seinen Kanonen, und dazwischen donnerten die Mörser auf dem Deck ihren Part in dieses kriegerische Konzert. Man soupierte und schlief auf dem Schlosse ...
Am Nachmittag kehrte man auf die Schiffe zurück, um sich an der Jagd auf dem Wasser zu ergötzen. Die große Menge der Hirsche, die, durch die Hunde verfolgt, sich in den See stürzten, um dem Tod zu entgehen, fanden ihn durch die Hand und die Geschicklichkeit der Fürsten.
Nach diesem Vergnügen vertrieb man sich die Zeit mit Angeln und Perlenfischerei. Nach der Abendtafel im Schlosse schiffte man sich zum dritten Male ein, um einem wundervollen Schauspiel von Branderschiffen und Feuerwerk auf dem Wasser beizuwohnen. So verging dieses herrlichste Fest.
Nach drei Tagen, nachdem der ganze Hof zu Schleißheim gespeist hatte, wurde zu Ehren des Erzbischofs eine große Jagd auf über 400 Hirsche veranstaltet." (2) Q

(a) Zählt auf, welche Beschäftigungen der Fürsten der Berichterstatter besonders erwähnt.

(b) Aus welchen Formulierungen ist eine Stellungnahme des Berichterstatters für die Fürsten zu erkennen?

(c) Sprecht darüber, wie diese Festlichkeiten auf die Bevölkerung gewirkt haben können.

(d) Beschreibt und deutet das Bild auf S. 89.

(4) Kirchen in der Zeit des Barock und Rokoko

(a) Beschreibt, was euch an den Kirchen oben und auf S. 116 auffällt, was euch gefällt, was euch nicht gefällt.

(b) Besorgt euch Prospekte, Abbildungen, Beschreibungen von einer Kirche aus der Barockzeit in der Umgebung. Erkundigt euch über die Geschichte des Bauwerkes.

(c) Erklärt den Begriff „Barock".

Das Innere der Wallfahrtskirche „Die Wies" bei Steingaden.

(5) Untertanenschicksale

Ein Beispiel aus Württemberg:

„Von einer schwäbischen Adligen jener Zeit, Frau von Woellwarth, erzählt der Pfarrer von Neubronn, sie habe es als gewiß angesehen, daß Adel und gemeine Leute zwei verschiedene Rassen des Menschengeschlechts darstellen und daß dieser Unterschied auch im künftigen Leben fortdauern würde. Infolgedessen redete sie jeden Nichtadligen, selbst einen Geistlichen oder Beamten, nur mit ‚Er' an. Sie betrachtete ihre Untertanen als ihre Sklaven und ließ sie nicht anders als nach Ablegung der Schuhe ihre Zimmer betreten. Da die Herrin jeden Tag im Bette zubrachte und man also nicht der Sitte gemäß ihren Rock küssen konnte, mußten Personen weiblichen Geschlechts diese Huldigung dem Zipfel ihres Bettuches erweisen." (3)

Verordnung über die Einrichtung eines „Zuchthauses" in München, 1682:

„Damit unheilvolles Gesindel vertrieben, übermütige Herrendiener, schlechte Ehegatten und schlechte Dienstboten, liederliche Handwerksburschen, nichtsnutzige Lehrjungen und sträfliche Schüler in besserem Zaum, Gehorsam und Respekt gegen ihre Herrschaften, Meister und Lehrer gehalten, die ungeratenen Kinder gegen ihre Eltern zu einem besseren Gehorsam gebracht werden, faule Handlanger und Tagwerker, die lieber feiern als um Lohn arbeiten zur Buße, Arbeit und besserem Lebenswandel gebracht werden oder an einen solchen Ort gesetzt werden, an dem sie niemanden mehr belästigen, hat Ihre Kurfürstliche Durchlaucht beschlossen, ein Zuchthaus in München errichten zu lassen. Darin sind bereits schlimme Leute untergebracht und werden bei schlechtem Essen und harter Arbeit mit Rutenzüchtigung oder auf anderem Weg empfindlich bestraft. Auch diejenigen, die gegen Geistliche und Weltliche allerhand Lügen aufbringen und die diese Verordnung schmähen, gehören hier hinein." (4) Q

(a) Wie verhält sich die „Herrin" gegenüber ihren Untertanen?

(b) Wozu diente das Zuchthaus? Wie wurden die Gefangenen behandelt?

(c) Erläutert, warum die Fürsten Interesse an solchen Arbeitshäusern hatten.

1. Begründe folgende Behauptung: Das unten abgebildete Treppenhaus zeigt das Selbstbewußtsein eines Fürsten im Zeitalter des Absolutismus.

2. Berichte über die Auswirkungen absolutistischer Regierungsweise auf die Gesellschaft und Wirtschaft eines kleinen Staates.

Barock: Bezeichnung für eine Stilrichtung in der Kunst zwischen 1600 und 1750. Das Wort stammt aus dem Portugiesischen: „barocco" = unregelmäßige Perle.

Kleiderordnung: Polizeivorschrift, nach der sich Angehörige bestimmter Stände nur nach einer vorgeschriebenen Mode und mit vorgeschriebenen Stoffen bekleiden durften.

Maitresse: Geliebte eines Fürsten, die neben der angetrauten Frau am Hof lebte. Die Maitresse spielte im fürstlichen Hofstaat eine wichtige Rolle.

1679–1726	Kurfürst Max II. Emanuel von Bayern
1693–1733	Herzog Eberhard Ludwig von Württemberg
ab 1701	Bau des Schlosses Schleißheim
ab 1704	Bau von Schloß und Stadt Ludwigsburg
1709–1738	Markgraf Karl Wilhelm von Baden-Durlach
1715	Gründung von Karlsruhe
1720	Mannheim wird Residenzstadt
1750	Joh. Sebastian Bach gestorben
1753	Balthasar Neumann gestorben

Quellennachweis

(1) H. Christmann: Quellen zur baden-württembergischen Landesgeschichte. Heidenheim 1971, S. 51, 52.
(2) E. Stahleder: Absolutismus und Aufklärung. München 1974, S. 8–11.
(3) Ein Jahrtausend deutscher Kultur. Bd. II, Leipzig 1926, S. 34f.
(4) P. Lahnstein: Das Leben im Barock. Stuttgart 1974, S. 142 (Text heutiger Schreibweise angeglichen und leicht gekürzt.)

Lesetip

P. Lahnstein: Das Leben im Barock. Kohlhammer, Stuttgart 1975 (QS)
P. Lahnstein: Schwäbisches Leben in alter Zeit. Neckar, Villingen 1980 (QS)
E. Stahleder: Absolutismus und Aufklärung. München 1974 (WD)

Besonderen Wert legten die Barockbaumeister auf die Gestaltung der Treppenhäuser. Das großartige Treppenhaus der fürstbischöflichen Residenz in Würzburg ist, wie das Schloß selbst (vollendet 1744), ein Werk von Balthasar Neumann.

4. Großmächte und Gleichgewicht: Das europäische Mächtesystem im 17./18. Jahrhundert

4.1. Die Entwicklung Englands

Parlamentseröffnung durch Königin Elisabeth II. am 6. November 1984. Diese Zeremonie hat eine Tradition von 700 Jahren.

„Man kann ohne Übertreibung feststellen, daß heute die britische Regierungsform in der Welt die weitaus populärste ist.“ So urteilt ein Autor unserer Zeit.

- Worin besteht die Eigenart der britischen Regierungsform – und wie ist sie entstanden?
- Welche Rolle spielt dabei das englische Parlament?
- Wie groß war (und wie groß ist) die Macht des Königs von England?
- Worauf beruhte Englands Reichtum und sein politischer Einfluß in Europa?

König und Parlament. Seit dem späten Mittelalter lösten sich die meisten Herrscher in Europa vom Einfluß des hohen Adels und der Geistlichkeit. Anders verlief die Entwicklung in England. Dort gab es eine selbständige Versammlung der Bischöfe und Barone, aber auch der reichen Bürger und der Landedelleute: das Parlament. Ohne Zustimmung des Unterhauses (House of Commons) und des Oberhauses (House of Lords) durfte der König keine Steuern erheben. → (2)
Im 16. und 17. Jh. mißachteten die englischen Könige weitgehend das Mitspracherecht des Parlaments. Nur selten riefen sie das Parlament zusammen: Königin Elisabeth I. (1558–1603) in 45 Jahren nur zehnmal, König Karl I. (1625–1649) 11 Jahre lang überhaupt nicht. Er wollte als absoluter Herrscher regieren. Als er jedoch für den Krieg gegen Schottland (1640) dringend Geld brauchte, mußte er das Parlament wieder einberufen. Aber das Parlament fügte sich den Wünschen des Königs nicht mehr. → (1)

Erfolge des Parlaments. Die Parlamentsversammlungen von 1640/41 konnten dem König gegenüber folgende Rechte durchsetzen:

- Der König muß das Parlament innerhalb von drei Jahren mindestens einmal einberufen. Wenn er dies unterläßt, kann das Parlament aus eigenem Entschluß zusammentreten.
- Das Parlament darf vom König nicht mehr aufgelöst werden. Die Mitglieder des Parlaments müssen der Auflösung zustimmen.
- Alle Steuern müssen vom Parlament genehmigt werden.
- Alle königlichen Ämter, die nur eingerichtet worden sind, um die Macht des Königs zu vergrößern, werden aufgehoben.

Einige Parlamentsmitglieder widersetzten sich sogar offen dem König. Als Karl I. deshalb während einer Parlamentssitzung fünf Mitglieder des Unterhauses verhaften lassen wollte, mußte er feststellen, daß die gesuchten Abgeordneten geflohen waren. Nie zuvor hatte es ein englischer König gewagt, die Unverletzlichkeit des Parlaments während einer Sitzung so zu bedrohen. Jetzt war der offene Kampf unvermeidlich geworden. König und Parlament riefen zum Kriegszug gegeneinander auf. Beide behaupteten, im Recht zu sein.

Niederlage und Hinrichtung des Königs. Im Bürgerkrieg zwischen den Parlamentsanhängern und den Anhängern des Königs siegten die Truppen des Parlaments.

„Das Parlament hatte Vorteile, die sich mit der Dauer des Krieges zu seinen Gunsten auswirken mußten. London, das weitaus wichtigste Finanz- und Handelszentrum, war in seiner Hand, desgleichen der Südosten, also der bevölkerungsreichste und wohlhabendste Teil des Landes. Hier ließen sich reguläre Steuern erheben, während der Reichtum der „Kavaliere" [der Königstreuen] vorwiegend aus landwirtschaftlichen Renten bestand, die naturgemäß bei einem inneren Krieg bald versiegen mußten. Die meisten Häfen lagen in dem vom Parlament beherrschten Gebiet." (1)

Führer der siegreichen Truppen war Oliver Cromwell. Mit Waffengewalt vertrieb er alle Parlamentsmitglieder, die Verhandlungen mit dem König befürworteten. Die übriggebliebenen 60 Abgeordneten waren bereit, den König zum Tode verurteilen zu lassen. Karl I. wurde 1649 öffentlich hingerichtet. Es war ein für die damalige Zeit „unerhörtes Ereignis", daß ein gesalbter und gekrönter König hingerichtet wurde. England wurde zur Republik erklärt. Als sogenannter „Lordprotektor" regierte Oliver Cromwell wie ein Diktator.

Endgültiger Sieg des Parlaments. Schon 1660 – nach elf Jahren Republik – wurde die Monarchie vom Parlament wiederhergestellt. Aber auch mit den neuen Königen (Karl II. und Jakob II.) kam es zu zahlreichen Auseinandersetzungen, vor allem in Konfessionsfragen.
Deshalb boten Parlamentsmitglieder dem protestantischen Statthalter der Niederlande, Wilhelm III. von Oranien, 1688 die englische Königskrone an. Dieser landete mit einem großen Heer in England. Er konnte ohne Blutvergießen in London einziehen, denn König Jakob II. war nach Frankreich geflohen. Bevor Wilhelm und seine Frau zum König und zur Königin gekrönt wurden, mußten sie 1689 einen Vertrag mit dem Parlament unterschreiben, in dem nochmals die Rechte des Parlaments festgelegt waren (*Bill of Rights**). → (4)

Kein Absolutismus. Während die Könige und Fürsten des 17./18. Jh. fast überall in Europa „absolut" regierten, entstand in England auf diese Weise die sogenannte *Parlamentarische Monarchie**. Ein Grund dafür war, daß der König kein stehendes Heer hatte. Außerdem hatten Adel und Parlament im Volk einen starken Rückhalt und konnten sich überdies auf ihre „alten Rechte" dem König gegenüber berufen. Vor allem aber war der Inselstaat England bereits zu einer festen Einheit zusammengewachsen, als in den Staaten des Kontinents absolut regierende Herrscher die einzelnen Landesteile erst zu einem einheitlichen Staat zusammenfügten. Die Parlamentarische Monarchie war noch keine „Demokratie" im heutigen Sinn. Im Oberhaus saß der hohe Adel, im Unterhaus waren fast nur Gutsbesitzer und reiche Kaufleute. Parlamentsentscheidungen wurden deshalb fast nur im Interesse der wohlhabenden Adligen und der Bürger getroffen: Was ihnen nützte, sollte geschehen. Oft fielen die Entscheidungen erst nach langen Debatten, die zwischen den Anhängern der Regierung und der *Opposition** geführt wurden. → (3) (5)

In der Handelspolitik paßten die Interessen des Staates und der privaten Unternehmer besonders gut zusammen. Im Auftrag oder unter dem Schutz der englischen Krone machten englische Seeleute weite Entdeckungsfahrten. Francis Drake umsegelte als erster nach dem Portugiesen Magellan die Welt (1577–1580). Englische Händler und Siedler schufen Niederlassungen an den Küsten Nordamerikas, Afrikas und Indiens. Die einzelnen Kaufleute schlossen sich zu Handelsgesellschaften zusammen. 1600 entstand die Britische Ostindische Handelskompanie, ein Vorläufer moderner Aktiengesellschaften. Der Staat erteilte diesen Händlern und Kompanien Vollmachten und Schutzbriefe; so konnten sie die Verwaltung ihres Kolonialbesitzes selbständig regeln. Überhaupt ließen die Gesetze den englischen Kaufleuten – anders als in den absolutistisch regierten Staaten – möglichst viel Freiheit. Zugleich unterstützte die Regierung den Handel durch Gesetze wie das Schiffahrtsgesetz von 1651 (sog. Navigationsakte), das den Warentransport aus Übersee den englischen Schiffen vorbehielt und die Konkurrenz ausschaltete. Gegen Holland führte der englische Staat so lange Handelskriege, bis die Holländer nachgaben und England die Vorherrschaft zur See überließen.

Gleichgewichtspolitik. Im Verhältnis der europäischen Staaten zueinander duldeten die Engländer keine Vorherrschaft einer einzelnen Macht, wie das vor allem Ludwig XIV. anstrebte. Als im Jahr 1700 der letzte habsburgische König in Spanien starb, rief Ludwig XIV. seinen Enkel zum Nachfolger aus und schickte ihn mit französischen Truppen nach Madrid. Darauf brachte Wilhelm von Oranien, der englische König, ein großes Bündnis zwischen England, Holland und Österreich zusammen, dem sich viele Fürsten anschlossen. In ganz Europa wurde gekämpft (1701–1714). Prinz Eugen, der Feldherr des deutschen Kaisers, kämpfte zusammen mit dem Engländer Marlborough in den Niederlanden, in Süddeutschland und am Oberrhein. Auch in Oberitalien und in Spanien wurde gekämpft. Die Engländer nahmen Gibraltar. Dann setzten sie die blutigen Auseinandersetzungen auf dem Ozean und in den Kolonien fort. Es war der erste große See- und Kolonialkrieg.
Die Engländer wollten unter allen Umständen erreichen, daß Spanien unabhängig blieb. Als die Habsburger den deutschen Kaiser Karl VI. auch zum spanischen König machen wollten, schloß die englische Regierung in Utrecht Frieden mit den Franzosen (1713). Die englischen Unterhändler erklärten sich damit einverstanden, daß Ludwigs Enkel den spanischen Thron erhielt. Allerdings durften Spanien und Frankreich niemals in einer Hand vereinigt werden. An Österreich fielen zum Ausgleich die Spanischen Niederlande, Mailand, Neapel und Sardinien. Am meisten bekam England: Die großen französischen Besitzungen Neufundland, Neuschottland und die Länder um die Hudsonbai. Das Ergebnis des Krieges zeigt, daß es der englischen Politik gelungen war, den Grundsatz des europäischen Gleichgewichts durchzusetzen. Er beeinflußt bis zum heutigen Tag die europäische Politik. → (6)

(1) König und Parlament: Wer hat recht?

Jakob I. über die Rechtsgrundlage des Königtums, 1598:

„Die Könige von Schottland [Jakob war König von England und Schottland] waren schon da, bevor es Stände oder Abstufungen innerhalb derselben gab, bevor Parlamente gehalten oder Gesetze gemacht wurden. Sie verteilten das Land, das ursprünglich in seiner Gesamtheit ihnen gehörte, sie riefen Ständeversammlungen durch ihren Befehl ins Leben, sie entwarfen Regierungsformen und richteten sie ein ... Daraus folgt mit Notwendigkeit, daß die Könige die Urheber und Schöpfer der Gesetze waren und nicht umgekehrt ...“ (2) Q

Stellungnahmen von Parlamentsversammlungen, 1628:

„Fürs erste halten wir für ein altes, allgemeines und unzweifelbares Recht des Parlaments, über alle Angelegenheiten, die den Untertan, sein Recht und seine tatsächliche Lage betreffen, frei zu debattieren. Wird diese Diskussion beeinträchtigt, so ist damit die Freiheit des Parlaments ... zerstört.“
„Unseren obersten Herrn, den König, machen wir, die geistlichen und weltlichen Lords und die Gemeinen, im Parlament versammelt, untertänigst darauf aufmerksam, daß durch ein Gesetz aus der Zeit König Eduards I. [1272 bis 1307] erklärt ... wurde, daß durch den König ... in diesem Reiche keine Steuer erhoben werden dürfe ohne die

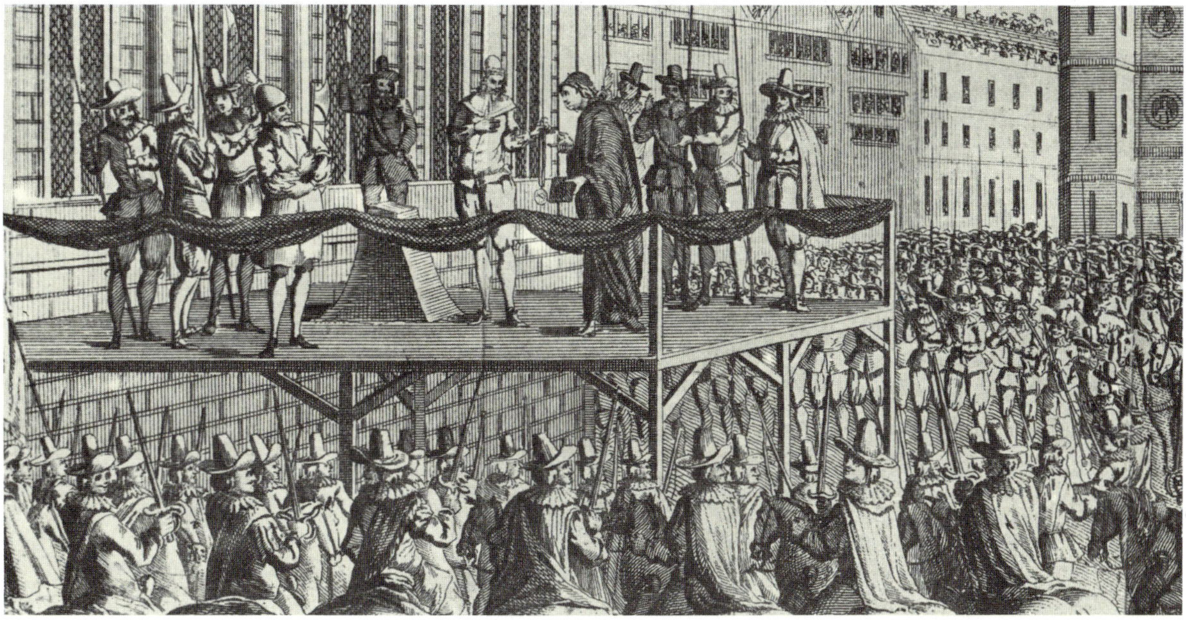

Karl I. vor seiner Hinrichtung am 30. Januar 1649. Wiedergabe nach einem Druck, der kurze Zeit nach diesem Ereignis veröffentlicht wurde. Der König übergibt vor dem Richtblock seine Ordenskette oder seine Uhr dem Geistlichen. Beachte die Soldaten und Reiter vor dem Gerüst sowie die Massen der Zuschauer an den Fenstern und auf den Dächern.

Zustimmung der Erzbischöfe, Bischöfe, Barone, Ritter, Bürger und anderer freier Männer der Gesamtheit dieses Reiches." (3) Q

(a) Jakob I. meint, das Land sei Eigentum des Königs. Welche Folgerungen zieht er daraus?

(b) Nennt Stände, die im Parlament vertreten waren.

(c) Vergleicht die Auffassung des Königs mit der Auffassung des Parlaments.

(2) Wer durfte wählen?

„Das Oberhaus [hatte] etwa 230 Mitglieder, von denen etwa 26 Bischöfe der anglikanischen Kirche waren ... Jeder der 200 weltlichen Lords gehörte der Kammer auf Grund persönlichen Rechts an; die meisten hatten ihren Sitz geerbt ...

Das Unterhaus bestand aus 558 Abgeordneten, die von den städtischen Wahlbezirken und Grafschaften entsandt wurden. In jeder Grafschaft hatten alle Männer, die Grundbesitz mit einem Jahreseinkommen von vierzig Schillingen nachweisen konnten, das Recht ... [zwei Vertreter der Grafschaft in das Parlament zu wählen]. Vier Fünftel der Unterhausabgeordneten vertraten Städte, aber die meisten dieser städtischen Abgeordneten waren Landedelleute. Etwa seit 1600 kamen die Parlamentsmitglieder selber für ihre Unkosten auf." (4)

(a) Zählt auf: Wer durfte in einer Grafschaft wählen? Wer konnte gewählt werden?

(b) Erörtert die Behauptung: Die Parlamentsmitglieder vertreten die gesamte Bevölkerung. Beachtet: 1696 gab es unter 5,5 Millionen Einwohnern etwa 1,3 Mill. Arme, die auf Armenunterstützung angewiesen waren, und 1,8 Mill. abhängige Leute.

Bildnis Oliver Cromwells auf einem Medaillon. Die Umschrift lautet nach einer biblischen Formulierung: „The Lord of Hosts" (= Der Herr der Heerscharen).

(3) **Soziale Schichtung in England um 1688**

(a) Beschreibt den Aufbau der Gesellschaft nach dem Schaubild.

(b) Welche Volksschichten waren mit Sicherheit nicht im Parlament vertreten?

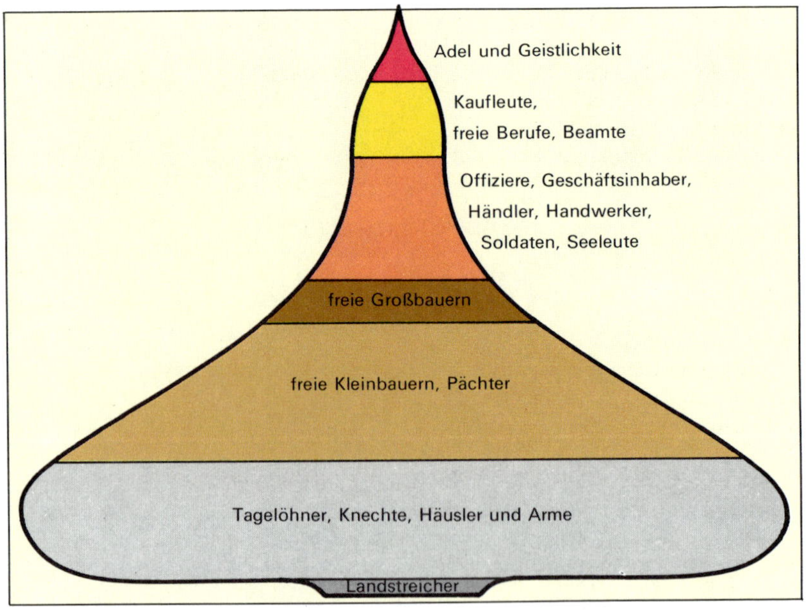

(4) **Bill of Rights, 1689**

Der König garantierte den Parlamentsabgeordneten:

„1. Daß die in Anspruch genommene Befugnis, Gesetze vorübergehend außer Kraft zu setzen, ohne Zustimmung des Parlamentes ungesetzlich ist.
2. Daß die in Anspruch genommene Befugnis, von Gesetzen zu entbinden oder von der Ausführung von Gesetzen auf bloße königliche Ermächtigung hin, ungesetzlich ist ...
4. Daß die Erhebung von Geld für Zwecke der Krone ohne Bewilligung des Parlamentes, für längere Zeit oder in anderer Weise, als die Bewilligung bestimmt oder bestimmen wird, ungesetzlich ist.
5. Daß die Untertanen das Recht der Bittschriften an den König haben und daß alle Verhaftungen und Verfolgungen wegen solcher Bittschriften ungesetzlich sind.
6. Daß die Aufstellung und Unterhaltung eines stehenden Heeres im Königreich in Friedenszeiten, ohne Bewilligung des Parlamentes, ungesetzlich ist.
7. Daß die Untertanen, die Protestanten sind, Waffen tragen dürfen zu ihrer Verteidigung, wie es ihren Verhältnissen entspricht und wie es gesetzlich gestattet ist.
8. Daß die Wahlen zum Parlament frei sein sollen.
9. Daß Redefreiheit, Debatten und Verhandlungen im Parlament außerhalb des Parlamentes nicht zum Gegenstand einer Anklage oder einer Untersuchung vor Gericht oder sonstwo gemacht werden dürfen.
10. Daß übertrieben hohe Bürgschaften nicht gefordert, ebensolche Geldbußen nicht auferlegt werden dürfen; ebensowenig dürfen grausame und ungewöhnliche Strafen verhängt werden ...
13. Und daß zur Abstellung von Beschwerden, zur Verbesserung, Befestigung und Erhaltung der Gesetze Parlamente häufig gehalten werden sollen.“ (6) Q

(a) Schreibt auf, welche Rechte die Macht des Königs besonders einschränken; begründet eure Meinung.

(b) Zeigt, wie Parlament und König sich gegenseitig kontrollieren.

(c) Erörtert die Behauptung: „Wilhelm III. von Oranien kann zwar als König regieren, aber nicht herrschen.“

(d) Stimmt der Satz: „Das Steuerbewilligungsrecht ist eines der wichtigsten Rechte des Parlaments“?

(5) **Parlamentssitzungen**

Ein Besucher aus Deutschland berichtet 1782:

„An den Seiten des Hauses rund umher unter der Galerie sind die Bänke der Parlamentsmitglieder, mit grünem Tuch ausgeschlagen, immer eine höher als die andere, wie unsere Chöre in den Kirchen, damit derjenige, welcher redet, immer über die vor ihm Sitzenden wegsehen kann. Die Parlamentsmitglieder behalten die Hüte auf, aber die Zuschauer auf der Galerie sind unbedeckt.
Die Parlamentsmitglieder im Unterhaus haben nichts Unterscheidendes in ihrer Kleidung; sie kommen im Überrock und mit Stiefeln und Sporen herein. Es ist nichts Ungewöhnliches, ein Parlamentsmitglied auf einer von den Bänken ausgestreckt liegen zu sehen, indessen die anderen debattieren. Einige knacken Nüsse, andere essen Apfelsinen oder was sonst die Jahreszeit mit sich bringt. Das Ein- und Ausgehen dauert fast beständig, und sooft jemand hinausgehen will, stellt er sich erst vor den Sprecher und macht ihm seine Referenz, gleichsam, als ob er ihn, wie ein Schulknabe seinen Lehrer, um Erlaubnis bittet.

Das Reden geschieht ohne alle Feierlichkeit, einer steht bloß von seinem Sitz auf, nimmt seinen Hut ab, wendet sich gegen den Sprecher, an den alle Reden gerichtet sind, behält Hut und Stock in einer Hand, und mit der anderen macht er seine Gesten.
Redet einer schlecht oder hat das, was er sagt, für die meisten nicht Interesse genug, so ist oft ein solches Lärmen und Gelächter, daß der Redende kaum sein eigenes Wort hören kann, welches für diesen eine sehr ängstliche Lage sein muß; und dann hat es sehr viel Komisches, wenn der Sprecher auf seinem Stuhl wie ein Lehrer zu wiederholtem Mal Ordnung gebietet, indem er ausruft: ‚To order, to order!', ohne daß eben viel darauf geachtet wird.
Sobald hingegen einer gut und zweckmäßig redet, so herrscht die äußerste Stille, und einer nach dem andern gibt seinen Beifall dadurch zu erkennen, daß er ‚Hear him!' (Hört ihn) ruft, welches denn freilich oft vom ganzen Hause auf einmal geschieht und auf die Weise ein solches Geräusch verursacht, daß der Redende wiederum durch eben dieses ‚Hear him!' oft unterbrochen wird. Demungeachtet ist dieser Zuruf immer eine große Aufmunterung, und ich habe oft bemerkt, daß einer, der mit einiger Furchtsamkeit oder Kälte zu reden anfängt, am Ende dadurch in ein solches Feuer gesetzt wird, daß er mit einem Strom von Beredsamkeit spricht." (7) Q

(a) Berichtet, was Karl Philipp Moritz an der Parlamentssitzung besonders beeindruckte.

(b) Betrachtet in einer Fernsehsendung eine Sitzung des Deutschen Bundestages und stellt fest, nach welchen Regeln die Sitzung verläuft.

(6) Politik des Gleichgewichts

Appell des englischen Oberhauses an den König, 1701:

„Im übrigen ersuchen wir Euere Majestät alleruntertänigst, daß Sie inzwischen mit allen Fürsten und Ständen, welche die Balance in Europa zu erhalten beabsichtigen, in Verhandlungen und Bündnisse treten, mit Versicherung, daß wir alle nötigen Mittel und Wege finden werden, um die Ehre von England und dessen Alliierten, die Erhaltung der Religion und die Freiheit von Europa zu gewährleisten." (8) Q

Die englische Königin Anna an die deutschen Fürsten:

„Es ist auch zur Genüge bekannt, daß die feierlich verbriefte Ruhe Europas nicht anders zu schützen ist als dadurch, daß die Macht Frankreichs allseits so beschnitten und in Schranken gehalten wird, daß es nicht mehr die geringste Möglichkeit hat, diese Ruhe durch Gewalt oder Betrug zu stören. Die augenblicklichen Zustände sprechen für sich, und die Zeit fordert, daß die Verbündeten ohne

Europa um 1720.

Ausflüchte, vereint und von allen Seiten mit äußerster Kraft gegen den gemeinsamen Feind vorgehen und dem Widerspenstigen mit Waffengewalt einen Frieden abzwingen, den sie auf Kongressen in freundschaftlichen Verhandlungen nie erreichen werden.
Wir jedenfalls haben die Absicht, alle Kräfte anzuspannen, um den Trotz der Feinde vollständig zu brechen, und Wir haben die Hoffnung, daß Unsere Bundesgenossen bis auf den letzten Mann im selben Geist mit Uns in dieser Not zusammenstehen werden, damit die Feinde endlich erkennen, daß sie der Verbündeten zu ihrem eigenen schweren Unheil gespottet haben.“ (9) Q

(a) Schreibt auf, wie der Krieg von den Lords im Oberhaus und von der Königin begründet wurde.

(b) Erklärt anhand der Darstellung S. 94 den Ausdruck „Gleichgewichtspolitik“.

(c) Was verstehen wir heute unter „Gleichgewicht in Europa“?

(7) Die Bedeutung der Kolonien für England

„Hinsichtlich der Waren interessierten zunächst vornehmlich die exotischen Kostbarkeiten: Gewürze, Arzneimittel, Parfüms und Juwelen der indisch-ostasischen Welt; das Gold, Elfenbein, die Sklaven und die fremden Tiere Afrikas; die Edelmetalle, Perlen und ‚indianische‘ Exotika Amerikas. Schon im 16. Jh. kamen aber in Mittel- und Südamerika Massengüter hinzu, das Salz der Karibischen See, Tabak kam von den Kolonien Nordamerikas. Amerika wurde auch bald der Hauptlieferant der namentlich in England aufblühenden Baumwollindustrie.“ (10)

(a) Erläutert das Bild (Speicher, Hebekran, Schiffe, Waren, Händler, Arbeiter).

(b) Was sagt euch die Entwicklung der Wareneinfuhr aus Übersee über den englischen Handel?

(c) Wo lagen die Schwerpunkte des englischen Kolonialgebietes bis 1763? Zu welchen Staaten gehören diese Gebiete heute?

Die Ostindiendocks im Hafen von London, der teilweise für Schiffe des Orientverkehrs reserviert war (um 1702). Gemälde von Samuel Scott.

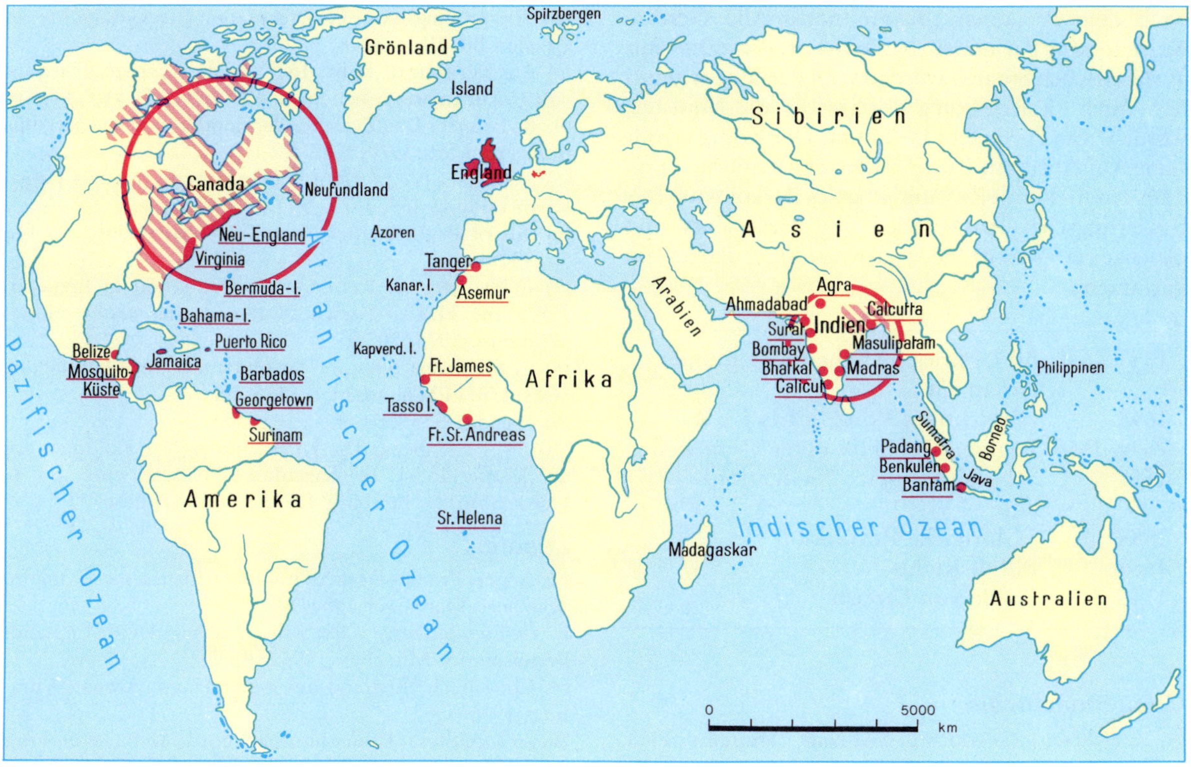

England und seine Kolonien bis 1763.

1. Zähle die Rechte auf, die das englische Parlament gegen den König beanspruchte.

2. Berichte über den Machtkampf zwischen König und Parlament.

3. Vergleiche mit Hilfe der Begriffserläuterung „Parlamentarische Monarchie" die Stellung des Parlaments 1689 und heute; lege eine Tabelle nach folgendem Muster an:

	1689	heute
Wer bestimmt die Minister (die Regierung)?		
Wer genehmigt Verträge mit dem Ausland?		
Wer hat den Oberbefehl über die Armee?		
Wer ist im Parlament vertreten?		
Welche Gruppen bestehen im Parlament?		

4. Erläutere, warum sich in England der Absolutismus nicht durchsetzte.

5. Zeige an der Karte S. 97 die fünf europäischen Großmächte und erläutere, wie man im Frieden von Utrecht das „Gleichgewicht" zwischen ihnen herstellte.

Bill of Rights: Gesetz von grundlegender Bedeutung für den englischen Staat (1689); darin werden die Rechte des Königs eingegrenzt und die des Parlaments festgesetzt.

Opposition: Abgeordnetengruppe in einem Parlament, die nicht die Mehrheit hat und deshalb auch nicht die Regierung bilden kann. Sie kontrolliert die Regierung, arbeitet Gegenvorschläge zu Regierungsvorlagen aus, unterstützt aber auch die Regierung bei Übereinstimmung. Die Opposition sollte in der Lage sein, bei einer Änderung der Mehrheitsverhältnisse selber die Regierung zu bilden.

Parlamentarische Monarchie: Staatsform, in der der König (der Monarch) nicht selbständig regieren darf, sondern sich in wesentlichen Entscheidungen nach dem Parlament richten muß. Alle Gesetze werden vom Parlament beschlossen; Verträge mit ausländischen Staaten werden vom Parlament gebilligt. Auch die Regierung des Staates, die Minister, werden vom Parlament bestimmt. Der König erfüllt seine Aufgaben mit Zustimmung der Regierung und damit indirekt mit Zustimmung des Parlaments. Der Regierungschef ist Mitglied des Parlaments und gleichzeitig Vorsitzender der größten Partei im Parlament.

1642–1648	Bürgerkrieg zwischen König und Parlament
1649	Hinrichtung König Karls I.
1649–1660	England Republik unter Cromwell
1651	Schiffahrtsgesetz: Navigationsakte
1688	„Glorreiche Revolution"
1689	Bill of Rights
1713	Friede von Utrecht

Quellennachweis

(1) K. Kluxen: Geschichte Englands. Stuttgart 1968, S. 309.

(2) Übersetzung von F. Dickmann, in: Geschichte in Quellen Bd. III, a. a. O., S. 362.

(3) Aus Petition of right, 1628. Beide Auszüge übersetzt von F. Dickmann: ebenda, S. 358 und 365.

(4) R. Palmer: Das Zeitalter der demokratischen Revolution. Frankfurt 1970, S. 57 f.

(5) Aus: Das 19. Jahrhundert. Informationen zur Politischen Bildung 164, 1975, S. 5.

(6) Bill of Rights, zitiert aus: G. Guggenbühl, a. a. O., S. 243 f.

(7) C. Ph. Moritz: Reisen eines Deutschen in England, 1782. In: H. Ch. Kirsch: England aus erster Hand. Würzburg 1975, 202 ff.

(8) E. Stahleder (Hrsg.): Absolutismus und Aufklärung 1648–1789. Ebenhausen 1964, S. 58.

(9) ebenda: S. 59.

(10) H. Kellenbenz: Die Rückwirkung der Kolonien auf die Mutterländer. In: Saeculum Weltgeschichte, Bd. 6. Herder Verlag, Freiburg 1971, S. 128, gekürzt.

Lesetip

M. Anger: Francis Drake. Pirat im Dienste seiner Königin. Weichert, Hannover 1980 (SB)

E. zu Freudenberg: Elisabeth I., Königin von England. Bertelsmann, München 1978 (SB)

H.-Ch. Kirsch: England aus erster Hand. Arena, Würzburg 1975 (QS)

W. zu Mondfeld: Ruder hart backbord. Arena, Würzburg 1974 (JB)

Der Tower, die von Wilhelm dem Eroberer angelegte, bis zum 13. Jh. ausgebaute Zitadelle im Osten der City von London am Themseufer. Ursprünglich diente der Tower als Residenz, später als Staatsgefängnis. Kupferstich von Wenzeslaus Hollar (1607–1677).

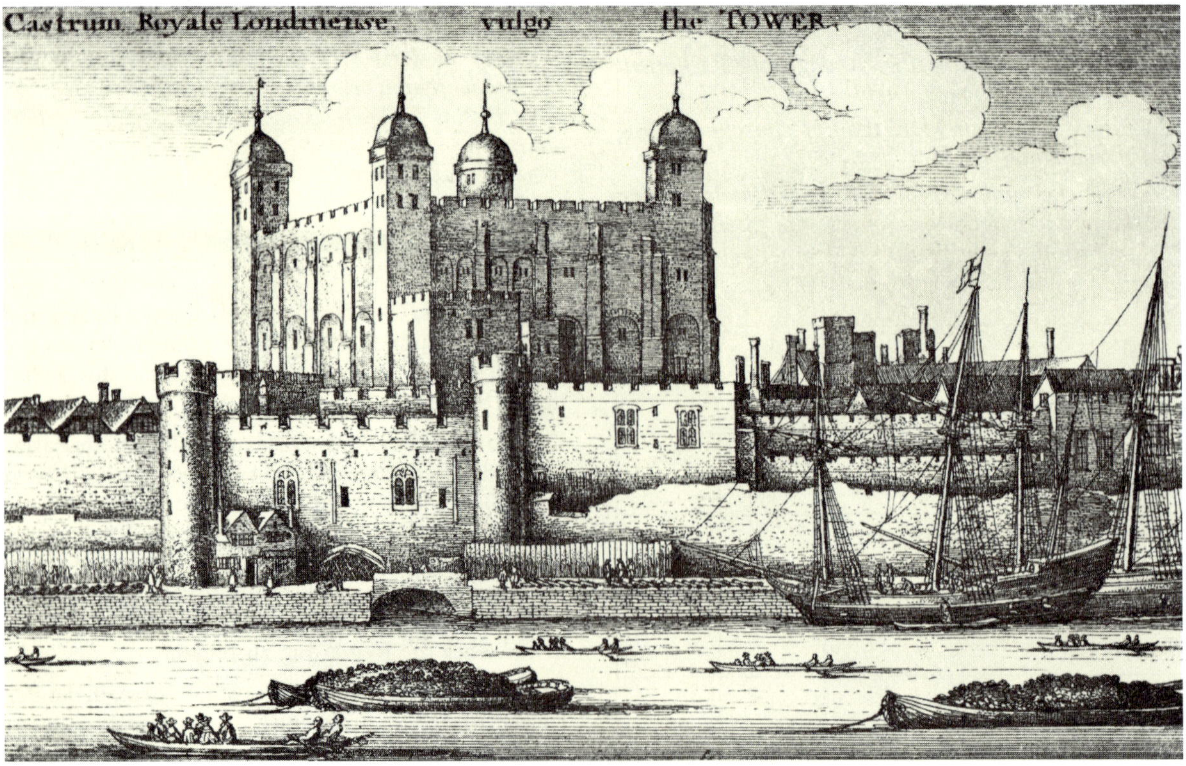

4.2. Rußland wird europäische Großmacht

Links: Peter der Große. Stich von Jakob Houbraken. – Rechts: Der Zar belegte die Bärte seiner Untertanen mit einer Steuer (Russischer Holzschnitt). Wer für seinen Bart keine Steuern zahlen wollte, mußte ihn abschneiden lassen. Was bezweckte der Zar mit dieser Maßnahme?

Zar Peter I. beim Stapellauf eines Kriegsschiffes, 1714:

„Brüder, ist wohl ein einziger unter Euch, der sich vor dreißig Jahren hätte vorstellen können, daß er das baltische Meer, nach der Weise der gesittetsten fremden Nationen, mit russischen Flotten bedecket sehn, und Land-Armeen, die nach der genauesten Mannszucht in Europa gebildet sind, finden würde, durch welche uns Gott in den Stand gesetzt hat, solche erstaunliche Eroberungen zu machen, daß unsre Nation gegenwärtig von der ganzen übrigen Welt mit Bewunderung angesehen wird, daß er Schulen der Wissenschaften, Manufakturen, und alle Gewerbe in dem Grade würde blühen sehen, daß uns die entferntesten Nationen ehren und sich um unsre Freundschaft bewerben?" (1) Q

Heute ist die Sowjetunion eine Weltmacht mit rund 270 Mio. Einwohnern. Sie besitzt eine große Handels- und Kriegsflotte, und sie umfaßt ein riesiges Gebiet. Kein Staat der Welt ist flächenmäßig größer.

- Wie waren die Verhältnisse in Rußland vor 300 Jahren?
- Welche Schwierigkeiten hatte Zar Peter I. bei der Modernisierung des Landes?
- Auf welche Weise und in welche Richtung vergrößerten die Zaren im 17. und 18. Jh. das russische Reich?
- Was bedeutete diese Ausdehnung für die weitere russische Geschichte?

Das alte Rußland. Als man Versailles baute, war Rußland noch ein rückständiges Land. Seit etwa 1250 standen die Russen unter mongolischer Fremdherrschaft, bis der Großfürst von Moskau das Land wieder befreite (vgl. Bd. 1, S. 263). Die Russen waren orthodoxe Christen, sie gehörten zur östlichen Kirche, deren Mittelpunkt in Konstantinopel war. Als 1453 Konstantinopel an die muslimischen Türken fiel, übernahm Moskau die Führung einer selbständigen Ostkirche. Der Westen galt als ketzerisch. Den Moskowitern war unter Strafe verboten, ins Ausland zu reisen.

Im 17. Jh. kamen zwar europäische Fachleute – Geschützmeister, Uhrmacher, Offiziere, Ärzte u. a. – in das Land, aber sie mußten abgesondert von der übrigen Bevölkerung in Fremdensiedlungen leben. Der Patriarch von Moskau, das geistliche Oberhaupt des Landes, hätte am liebsten alle Fremden des Landes verwiesen. Ein Diplomat aus Holland vermutete, die Zaren hielten alles Neue von ihren Untertanen fern, damit sie nichts lernten und in ihrer Unwissenheit sich nicht dagegen wehrten, Sklaven zu sein. Denn die Zaren besaßen eine gewaltige Macht. Es hieß, der Wille des Zaren sei Gottes Wille. Man nannte ihn auch den „Hausmeister Gottes", und wenn jemand eine unlösbare Frage gestellt bekam, pflegte er zu sagen: „Das weiß nur Gott und der großmächtige Zar." → (1)

Die Wende. Wer ein halbes Jahrhundert später, etwa um 1720, nach Rußland kam, lernte ein ganz anderes Land kennen. Die Veränderungen bewirkte Zar Peter I. (1689–1725). Als Junge mißachtete er die Tradition und verbrachte seine Zeit am liebsten in der Ausländervorstadt von Moskau. Hier kannte er viele Werkstätten, weil er wissen wollte, wie man Geschütze und Eisenwaren herstellt, wie eine Uhr läuft, wie man Webstühle bedient. Sein besonderes Interesse gehörte dem Seewesen, dem Bau von Schiffen. Als er mit 17 Jahren an die Regierung kam, begann er, das Land zu verändern. Er setzte überall europäische Berater und Offiziere ein, schickte russische Adlige zum Studium ins westliche Ausland und nahm selbst – als Unteroffizier verkleidet – an einer Gesandtschaft teil, die ein ganzes Jahr durch Europa reiste. Alles war ungewöhnlich an dieser Reise. Noch nie zuvor war ein regierender Zar in Westeuropa gewesen. Peter wollte gleich ganz Europa auf einmal erkunden.

Wenn der Gast mit seinen Leuten in vornehme Gesellschaft kam, war er zunächst verlegen, so z. B. bei einem Besuch in Hannover.

„Bald hatte sich aber seine Verlegenheit gelegt, Peter wurde gesprächig, bezauberte seine Gastgeberinnen, ließ sie sich mitsamt ihrer Suite nach Moskauer Rezept einen Rausch antrinken, gestand, daß er weder Musik, noch die Jagd liebe, wohl aber gern zur See fahre, Schiffe baue und Feuerwerke abbrenne, zeigte ihnen seine schwieligen Hände, nahm am Tanze teil, wobei die Moskauer Kavaliere die Korsetts ihrer deutschen Damen für deren Rippen hielten, hob die zehnjährige Prinzessin, die zukünftige Mutter Friedrichs des Großen, an den Ohren hoch, küßte sie und brachte ihre ganze Frisur in Unordnung ... (2)

In Königsberg ließ sich Peter zum Kanonier, im holländischen Zaandam zum Schiffszimmermann ausbilden. Seine Briefe trugen ein Siegel mit der Umschrift „Im Stande eines Lernenden bin ich und Lehrende suche ich mir!" Die Nachricht von einem Aufstand der Moskauer Leibgarde zwang ihn, seine Reise vorzeitig abzubrechen. → (2)

Modernisierung Rußlands. Die Erfahrungen, die Peter auf seiner Europareise machte, bestätigten ihm, daß Rußland eine moderne Armee, eine merkantilistische Wirtschaft und ein zuverlässiges Beamtentum brauchte. Er beseitigte zuerst die Leibgarde und ließ eine ständig einsatzbereite Armee nach westlichem Vorbild ausbilden. Man zwang jährlich 30 000 bis 40 000 junge Männer vom Land in die Armee, die bald mehr als 200 000 Mann zählte. Die meisten dienten lebenslang und sahen ihre Angehörigen nie wieder. In den Kasernen und auf langen Märschen wurden die Rekruten hart gedrillt, an der Front nicht geschont. Die Verluste waren verheerend, neue Rekruten mußten die Lücken füllen. Ausbilder, Techniker, Offiziere kamen zum großen Teil aus dem westlichen Ausland. Mit ausländischer Hilfe wurde eine Flotte gebaut, die schließlich fast 850 Schiffe umfaßte.

Das neue Heer und die Flotte regten die wirtschaftliche Entwicklung an: Die Soldaten mußten versorgt und ausgerüstet werden. Man kaufte zwar noch vieles im Ausland, doch im Ural entstanden z. B. schon Eisenhütten, die bald Eisen nach England ausführen konnten. Man vergrößerte Pulver- und Waffenfabriken, baute Schiffswerften, stellte Uniform- und Segeltuch in eigenen Manufakturen her und konnte in der Leder- und Papierherstellung vom Ausland unabhängig werden. Um 1725 produzierten rund 200 Manufakturen in Rußland, deren Technik dem westlichen Vorbild entsprach. Die eigene Landwirtschaft exportierte z. B. Hanf, Juchten (weiches Leder), Flachs und Leinwand. Aus Sibirien, das besiedelt und dem Handel erschlossen wurde, kamen Kaviar, Lachs und Pelze in den europäischen Westen. Im Süden, an den Ufern des Dnjepr, ließ Peter I. Weinreben anpflanzen und Tabak anbauen. Die Entwicklung der Wirtschaft brachte dem Staat mehr Steuereinnahmen. → (3)

Eine neue Gesellschaftsordnung. Eine neue Rangordnung für den Staatsdienst bestimmte, welchen Platz ein Offizier oder Beamter einnahm, und zwar je nach Tüchtigkeit und Verdienst. Leute aus nichtadligem Stand konnten in den Dienstadel gelangen, wenn sie Glück hatten und etwas leisteten. Wie der Zar selbst gelernt hatte, sollte die führende Schicht des Landes lernen. Der Schulbesuch blieb den Söhnen der Adligen und Geistlichen vorbehalten. Sie sollten in die „Ziffernschule" und in das Gymnasium für Kavaliere oder in die Kadettenanstalt gehen. Wer nicht lernte, wurde bestraft: Er konnte nicht Offizier werden, oder er durfte nicht heiraten. Man studierte Bücher aus dem Westen, die ins Russische übersetzt wurden. Damals erschien auch die erste russische Zeitung. Der Adel sollte sich bilden und dem Staat dienen. Dafür behielt er seine Privilegien. Er war von Steuern befreit und konnte auf seinen Gütern die Bauern für sich arbeiten lassen.
Den Bauern ging es schlecht; der Zar verlangte jetzt eine Kopfsteuer, und die Grundherren zwangen sie zu Fronarbeiten. Sie konnten nicht einmal vor Gericht gehen, wenn ihnen Unrecht geschah. Sie waren leibeigen geworden. → (5)

Rußlands Außenpolitik. Im 17. Jh. hatten die Zaren ihr Reich nach Osten ausgedehnt. Als unternehmungsfreudige Kaufleute waren die Stroganows, vom Zar unterstützt, in den Ural vorgedrungen, hatten mit Salzsiedereien und durch den Handel mit Pelzen großen Reichtum erworben. Kosaken übernahmen den Schutz der Niederlassungen und setzten die Erkundung und Eroberung des Ostens fort. Die Kosaken waren ehemalige Bauern, die in der sibirischen Steppe selbständige Gemeinschaften bildeten. In weniger als 70 Jahren durchdrangen sie ganz Sibirien. 1649 gründeten sie Ochotsk am Stillen Ozean, den die Russen früher erreichten als das Schwarze Meer und die Ostsee. Seit dem 18. Jh. galten die Kosaken als besonders zarentreue Elite-Reiterverbände, die oft zum Grenzschutz gegen Türken und Tataren eingesetzt wurden.
Peter der Große führte seinen ersten Feldzug gegen die Türken, denen er Asow am Schwarzen Meer abnahm. Dann wandte er sich nach Westen. Dort war Schweden seit dem Dreißigjährigen Krieg die stärkste Macht; es beherrschte die Ostsee, hatte sich aber mit seinen Nachbarn verfeindet. Mit dem sächsischen Kurfürsten August dem Starken, der zugleich König von Polen war, schloß Peter ein Bündnis, um den blutjungen Schwedenkönig Karl XII. zu überfallen. Der Krieg mit den Schweden sollte (mit Unterbrechungen) 20 Jahre lang dauern. Peter konnte zunächst die baltischen Länder erobern und ließ, mitten in einem Sumpfgelände, eine neue Hauptstadt als „Tor zum Westen" erbauen: St. Petersburg. Doch Karl wehrte sich und führte seine Truppen nach Rußland, bevor Peter seine Armee wieder bereitstellen konnte. Karl griff die Russen bei Narwa 1704 an und schlug den fünffach stärkeren Gegner. Dem jungen Sieger fielen 140 Geschütze, die ganze Kriegskasse und gewaltige Vorräte durch die Eroberung des russischen Lagers in die Hand. 4 Jahre später beschloß Karl, nach Moskau zu marschieren. Er wählte nicht den direkten Weg über Smolensk, sondern zog durch die Ukraine, um die Kosaken zu gewinnen. Ein neues Heer des Zaren stellte sich und schlug 1709 die schwedische Armee bei Poltawa. Der schwerverwundete König konnte nach Süden zu den Türken fliehen. Schweden erholte sich nie wieder von diesem Schlag. Es verlor die Vormachtstellung im Ostseeraum. Für Peter den Großen war dieser Sieg die Grundlage des russischen Aufstiegs: „Jetzt erst ist Petersburg festgegründet mit Gottes Hilfe." → (4)
Der Nordische Krieg endete zwischen 1719 und 1721 durch mehrere Friedensschlüsse, wobei Schweden fast den gesamten Besitz in Deutschland verlor: Bremen und Verden an Hannover, Vorderpommern bis zur Peene an Preußen. Den größten Gewinn erzielte Peter der Große: Ingermanland, Estland, Livland und fast ganz Karelien. So erlangte er vorzügliche Ostseehäfen, und die Stellung Rußlands als *Großmacht** war gesichert.

Die Herrschaft der „großen Zarin". Unter den Nachfolgern Peter I., des Großen, nahm der Einfluß der Ausländer noch weiter zu: Minister und oberste Ratgeber am Hof kamen aus dem Westen. Zarentöchter heirateten europäische Prinzen, und als Peter III., der Enkel Peters I., ermordet wurde, kam seine Witwe Katharina II. (1762–1796), eine deutsche Fürstentochter, auf den russischen Kaiserthron. Sie empfand sich als eine Anhängerin der Aufklärung (vgl. S. 133).
Der westliche Einfluß brachte, neben Wissenschaft und Technik, neue politische Ideen nach Rußland. Danach sollte das Zarenreich eine Verfassung erhalten, alle Bürger sollten den gleichen Gesetzen unterworfen sein, die Reichen sollten arme Bürger nicht mehr unterdrücken, Beamte ihre Amtsstellungen nicht mehr zum eigenen Vorteil mißbrauchen. Was aber geschah in Wirklichkeit?
Katharina bevorzugte ihre Günstlinge, Liebhaber, Schmeichler und Höflinge, denen sie Ämter und Vollmachten gab, Land und Zehntausende leibeigener Bauern schenkte. Der Adel behielt alle Vorrechte im Staat, er wurde sogar vom Dienst in der Armee und Verwaltung befreit. Die Grundherren durften mit

ihren Leibeigenen ungestraft machen, was sie wollten. Verzweifelte Bauernaufstände wurden blutig niedergeschlagen. Die versprochene Verfassung und die neuen Gesetze kamen nicht zustande. Die Macht des Zaren blieb unbeschränkt.
Katharina II. setzte die Außenpolitik Peters I. fort. Im Süden führte sie Krieg gegen die Türkei, die das nördliche Ufer des Schwarzen Meeres ganz verlor. Im Osten besetzten Kosaken weitere Teile Sibiriens; auch im Westen suchte Katharina II. neues Land zu gewinnen. →(6)

Die Aufteilung Polens. Im Westen stieß der russische Ausdehnungswillen auf Polen, das einst mit Litauen vereint zur unbestrittenen Großmacht in Osteuropa aufgestiegen war. Doch diese Rolle hatte Polen verloren. Statt nach dem Beispiel Ludwigs XIV. ihre Macht zu steigern, mußten die polnischen Könige sich seit dem 17. Jh. dem Willen des Adels beugen. Dieser Adel umfaßte ein paar tausend Familien, darunter über einhundert „Magnaten", Besitzer riesiger Ländereien. Sie bildeten den polnischen Reichsrat, in dem der König kein Gesetz durchbrachte, wenn ein einziger Adelsvertreter dagegen Einspruch erhob. Die Einschränkung der Monarchie führte in Polen jedoch nicht wie in England zu einer parlamentarischen Ordnung, denn die Masse des polnischen Volkes blieb politisch rechtlos. Zwei Drittel der rund 11 Millionen Einwohner Polens waren leibeigene Bauern; das Bürgertum hatte sich kaum entwickelt. Der Adel entfaltete zusammen mit der Geistlichkeit ein reiches kulturelles Leben, hielt sich aber von wirtschaftlicher Tätigkeit fern und überließ sie gern den Juden, von denen rund 1 Million – wohl die Hälfte aller Juden in der damaligen Welt – in Polen lebte, die meisten von ihnen als kleine Handwerker, Kleinhändler, Makler und Pächter, oft arm, aber von tiefer Frömmigkeit und religiöser Bildung. Im übrigen war das Land religiös gespalten, denn die im 16./17. Jh. herrschende Toleranz hatte in Polen verschiedenen Konfessionen die Ausbreitung erlaubt.
Die russischen Zaren griffen unter dem Vorwand, die orthodoxen Christen in Polen schützen zu müssen, wiederholt in Polen ein; sie eroberten in Kriegen polnisches Land (das Gebiet um Smolensk und Teile der Ukraine). Estland und Livland gingen an Schweden verloren, dem es Peter d. Gr. abnahm. Das ehemalige Deutschordensgebiet (Ost-) Preußen war als weltliches Herzogtum durch Erbfolge an Brandenburg gefallen.
Katharina II. hatte einen ihrer Günstlinge auf den polnischen Königsthron gebracht und erstrebte nun eine „Schutz-Herrschaft" über das ganze polnische Reich. Preußen und Österreich waren dagegen, stimmten aber dann dem Vorschlag zu, Polen untereinander aufzuteilen. Man ging schrittweise vor. Zuerst verlor Polen 1772 in der ersten Teilung etwa 30% seines Gebietes mit über 40% der Bevölkerung. Als König und Adel versuchten, das Land durch Reformen zu festigen, schritt die Zarin ein. Rußland und Preußen erzwangen eine weitere Teilung im Jahr 1793; dann wurde schließlich 1795 ganz Polen unter die Nachbarstaaten aufgeteilt: Der „große Raub" war vollendet. →(7)

(1) Beschreibung des Moskowitischen Reiches

Adam Olearius, 1656:

„Die Russen lieben keine Künste und hohen Wissenschaften, viel weniger haben sie Lust, sich darinnen zu üben. Es pflegen die meisten von hohen und ihnen unbekannten natürlichen Wissenschaften und Künsten, wenn sie etwa selbige an den Ausländern vernehmen, gar grobe und unverständige Urteile zu fällen ...
Sklaven und Leibeigene sind sie alle miteinander. Es bringt die Art, vor einem sich zu demütigen, ihr sklavisch Gemüt an den Tag, indem sie vor einem vornehmen Mann zur Erde greifen, ihr Haupt tief, ja auf die Erde schlagen, sich zu eines Füßen niederwerfen, auch für die Schläge und Strafe also zu danken pflegen. Gleich wie alle Untertanen, hohen und niedrigen Standes Personen, des Zaren Cholopen, Sklaven und Leibeigene sich nennen und schätzen müssen, also haben auch die großen Herren und vornehmen Leute hinwiederum ihre Sklaven und leibeigenen Knechte und Bauern ...
Der Zar ist keinen Gesetzen unterworfen, mag aber nach seinem Gutdünken und Belieben Gesetze und Befehle geben und ordnen, welche alle,wie sie auch sein mögen, ohne Widerrede, ja so gehorsam, als wenn sie Gott selbst gegeben, aufgenommen und gehalten werden, denn sie halten davor ... daß der Großfürst alles mit dem Willen Gottes tue ... Er setzt Obrigkeiten ein und ab, ja verjagt sie und läßt sie hinrichten, wenn er will ...
Er behält für sich allein das Recht, Krieg fremden Völkern anzukünden udn nach seinem Belieben zu führen." (3) Q

(a) Welche Zustände sind besonders bemerkenswert? Zählt auf.

(b) Wie wird der Zar geschildert? Die Adligen?

(c) Beschreibt die Ansicht des Kremls von Moskau.

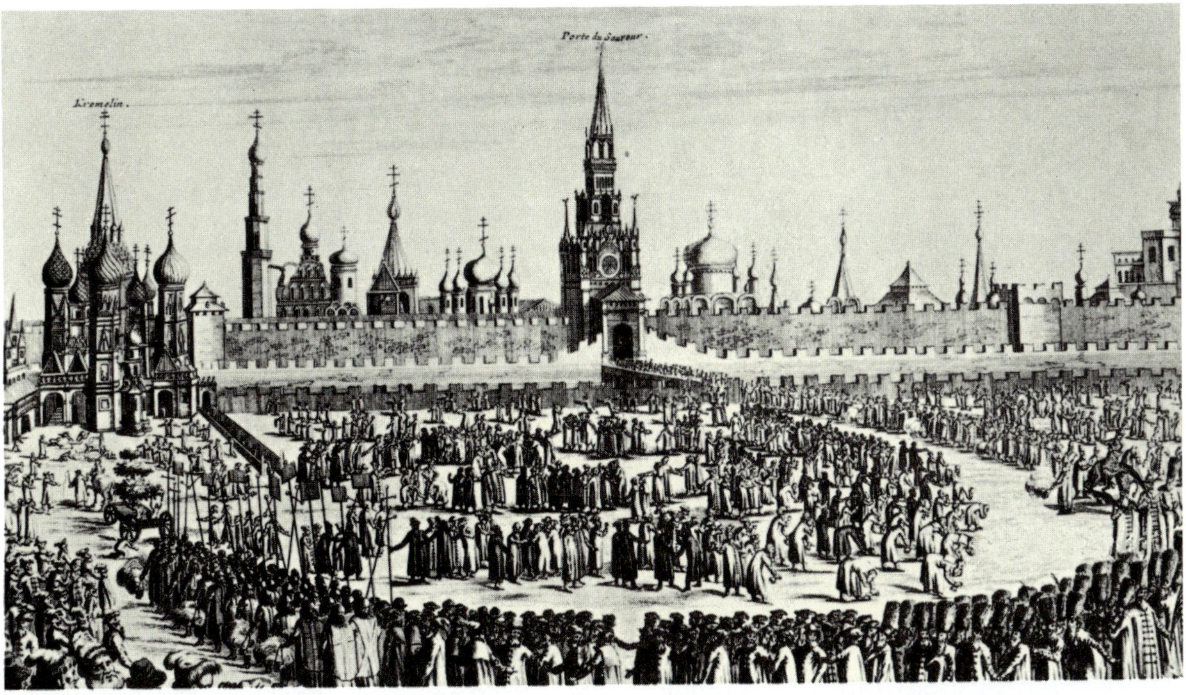

Prozession am Palmsonntag vor dem Kreml (=befestigter Stadtteil) in Moskau. Kupferstich aus Olearius' moskowitischer und persischer Reise (1656). Seit dem Beginn der Herrschaft des Hauses Romanow 1613 war die vorher weitgehend zerstörte Stadt neu aufgebaut worden. Schon im 17. Jh. hieß die Stadtmitte „Roter (=schöner) Platz".

(2) Instruktion Peters des Großen für Studienreisen junger Leute ins Ausland, 1697

„1. Zeichnungen und Karten, Kompasse und sonstige Geräte der Schiffahrt kennenzulernen.

2. Ein Schiff zu beherrschen, sowohl in der Schlacht als auch bei gewöhnlichem Gang. Das Takelwerk und alle zugehörigen Instrumente kennenzulernen: Segel, Taue, auf Galeeren und anderen Fahrzeugen auch die Ruder usw.

3. Nach Möglichkeit Gelegenheit suchen, an einer Seeschlacht teilzunehmen; wer nicht dazukommt, soll sich mit Fleiß darüber belehren lassen, wie man sich während einer Seeschlacht zu verhalten hat ...

4. Wer nach seiner Rückkehr eine noch größere Gnade erhalten will, soll, außer den obengenannten Befehlen, auch zu erlernen trachten, wie man jene Schiffe baut, auf denen sie ihre Ausbildung erhalten haben werden." (4) Q

(a) Warum sollten junge Adlige aus Rußland diese Fähigkeiten und Kenntnisse erwerben?

(b) Woher hatte Peter d. Gr. selbst diese Kenntnisse?

(3) Reformen Peters I.

Der Offizier Alexander Gordon schreibt 1765:

„Außerdem befahl der Zar, daß die Männer jedes Standes ihre Bärte scheren und Männer wie auch Frauen sich nach englischer, französischer oder deutscher Mode kleiden sollten. Es war verboten, sich in der Öffentlichkeit in russischer Tracht zu zeigen, bei Strafe von hundert Rubeln für jeden Fall einer Zuwiderhandlung gegen diesen Befehl; bloß die Kosaken, Kalmücken und Tataren waren davon ausgenommen. Eine weitere Verordnung betraf die Freiheit des Umgangs mit Frauen, die früher solchen Einschränkungen unterworfen waren, daß nicht einmal ihre nächsten Verwandten sie sehen durften, außer in Gegenwart des Ehemannes, und auch nur bei außerordentlichen Gelegenheiten. Um in dieser Hinsicht freieren Anschauungen zum Durchbruch zu verhelfen, veranstaltete Peter der Große öffentliche Schauspiele, Konzerte, Bälle sowie andere in der gesitteten Welt übliche Bräuche und Lustbarkeiten. An diese neuen Sitten gewöhnten sich sowohl die verheirateten als auch die unverheirateten Frauen gar bald. In der Tat wurde dadurch eine gewisse barbarische Gewohnheit ganz und gar abgeschafft. Wenn früher ein junger Herr willens war, sich zu verheiraten, so wurde die Heirat stets durch die Eltern vereinbart; von den jungen Eheleuten bekam keines das andere vor der Hochzeit zu sehen. Mithin konnte die Braut blind oder lahm und manchmal beides zugleich sein, ohne daß der Bräutigam etwas davon wußte ... Viele Ehen schlugen daher denn auch höchst unglücklich aus. Der Zar hielt dies für grausam, und daher wollte er, daß die Partner sich, wie er es bei andern Nationen auf seinen Reisen gesehen hatte, frei besuchen und kennenlernen sollten, damit sie aneinander Gefallen finden konnten ...

Binnen wenigen Jahren war diese Nation völlig umgewan-

St. Petersburg im 18. Jahrhundert. Kupferstich von Niquet. Im Vordergrund die „Fontanka", einer der zahlreichen Kanäle. Links das „Neue Palais". In der Mitte führt der berühmte „Newskij Prospekt" über die Brücke hinunter zur Admiralität, deren Turm zu sehen ist.

delt, und zwar gar sehr nach dem Geschmack des jungen Volkes. Nun fingen die Ausländer an, sich mit den Landeskindern zu verheiraten; der Zar selbst gab ihnen ein Beispiel, indem er zunächst einmal seinen Sohn, den Zarewitsch, mit einer Prinzessin von Wolfenbüttel, ... vermählte, ohne sich durch den Unterschied der Konfession davon abhalten zu lassen. Zu gleicher Zeit führte er auch Handwerker und neue Gewerbe ein. Man hatte zwar in Rußland bereits seit langem ziemlich gute Leinwand verfertigt; nun aber haben es die Russen auch in ihrer Wollenmanufaktur sehr weit gebracht ...
Unter anderen Beweisen für das Geschick Peters des Großen ist auch anzuführen, wie er seinen Untertanen einen kriegerischen Geist einzuflößen verstand, ohne dabei Gewalt zu gebrauchen. Da er wußte, wie groß die Abneigung war, welche die Nation allem Kriegswesen entgegenbrachte, so trat er selber, um ein gutes Beispiel zu geben, in die untersten Ränge des Soldatenstandes ein; er schlug die Trommel, trug sein Gewehr, ward Korporal, Sergeant und so fort. Ebenso machte er es beim Seewesen." (5) Q

(a) Schreibt auf, welche Neuerungen Peter I. einführte.

(b) Was bedeuteten die Neuerungen für die Bevölkerung? Wer gewann, wer verlor an Berechtigung und Einfluß? Sprecht darüber.

(c) Mußte Peter I. mit Opposition rechnen? Aus welchen Bevölkerungskreisen?

(d) A. Gordon war Offizier in der russischen Armee; er war aus Schottland nach Rußland gekommen. Wie „urteilt" er in seinem Bericht?

(4) St. Petersburg – die neue Residenz

„Ein Fenster nach Europa durchzubrechen", war das höchste Ziel des Zaren, und so zögerte er nicht, den Bau der neuen Stadt mit dem rücksichtslosesten Einsatz aller Kräfte zu betreiben ... Auf sumpfigem Gelände, welches oft von Überschwemmungen heimgesucht wurde, ließ der Zar nach und nach wohl Hunderttausende von Erdarbeitern und Handwerkern antreten, die unter schrecklichen Existenzbedingungen, durch Unterernährung und Epidemien immer wieder dezimiert, Entwässerungskanäle zu graben, Baumstämme in den Boden zu hämmern und auf den mühsam gelegten Fundamenten palastartige öffentliche Gebäude aufzuführen hatten. Um alle Steinmetzen und Maurer zu zwingen, sich nach Petersburg zu begeben, befahl Peter – und diese Verordnung galt jahrelang – im ganzen übrigen Reich nur noch hölzerne Häuser zu errichten ... Petersburg nannte er sein ‚Paradies', und er liebte es von ganzer Seele!" (6)

(a) Urteilt über die Art und Weise, in der St. Petersburg gebaut wurde. Welcher Baustil ist zu erkennen?

(b) Vergleicht das Bild von St. Petersburg mit der Abbildung des Kremls von Moskau (S. 105). Warum konnte damals St. Petersburg als „moderne“ Stadt gelten?

(5) Zar Peter I. wird beurteilt

Alexander Gordon:

„Für seine eigene Person machte der Zar wenig oder gar keinen Aufwand. Da er eher wie ein Privatedelmann lebte als wie ein Fürst, so fielen alle die Unkosten weg, die andere Monarchen haben, wenn sie den Glanz ihres Hofstaates unterhalten wollen. Er trat nur ungern im ganzen Pomp der Majestät auf und bequemte sich bloß dazu, wenn es schlechterdings nicht zu umgehen war, wie etwa beim Empfang von Gesandten fremder Mächte oder bei anderen derartigen Anlässen.“ (7) Q

Ein russischer Botschafter:

„Dieser Monarch hat unser Vaterland in eine Linie mit den andern gebracht, hat erkennen gelehrt, daß auch wir Menschen sind; mit einem Wort, worauf man in Rußland auch blicken mag, alles hat ihn zum Anfang, und was hinfort auch geschehen möge, aus dieser Quelle werden sie es schöpfen!“ (8) Q

Aus Gerichtsakten:

Aussage eines Bauern: „Seit Gott diesem Zaren den Thron gegeben, haben wir keine heiteren Tage mehr erlebt; alle werden bedrückt; stets gibt es neue Steuern; wir müssen unentgeltlich Pferde und Wagen liefern; man läßt uns Bauern gar nicht zu Atem kommen.“
Aussage eines Bojarensohnes: „Was ist das für ein Zar? Uns alle hat er zum Dienste gezwungen; unsere Bauern und unser Gesinde schleppt er zur Armee; nirgends kann man sich vor ihm verbergen; alle kommen um; dabei nimmt er selbst am Dienste teil.“
Aussagen von Soldaten- und Bauersfrauen: „Was ist er für ein Zar? Er hat unsere Männer völlig ruiniert und ihre Familien dazu, indem er sie zu Soldaten machte; wir und unsere Kinder sind schutz- und hilflos geblieben; wir können nur unser Leben mit Tränen verbringen.“
Aussage eines Leibeigenen: „Wenn er (Peter) noch lange am Leben bleibt, dann wird er uns alle umbringen; ich begreife nicht, wie man ihn bisher nicht getötet hat, da er doch oft ganz frühmorgens oder spätabends oder auch in der Nacht mit geringer Begleitung oder auch ganz allein herumfährt; was ist das für ein Zar? Er ist der Feind des Volkes ...“ (9) Q

(a) Besprecht die Urteile über Zar Peter I. Warum wird er gut, warum schlecht beurteilt? Welcher Schicht gehören die Menschen an, die urteilen?

(b) Diskutiert: Verdient Peter I. den Beinamen „der Große“? Welche Gesichtspunkte sind bei der Vergabe solcher Beinamen üblich?

Die Entwicklung Rußlands im 17./18. Jahrhundert. Jahreszahlen bei sibirischen Städten geben den Zeitpunkt der russischen Eroberung an.

(6) Ausdehnung Rußlands im 17./18. Jahrhundert

(a) Schreibt auf, in welcher Zeit Rußland um viele Gebiete im Westen und im Osten vergrößert wurde; benützt hierzu die Karte S. 107.

(b) Vergleicht die Größe Rußlands mit der Westeuropas. Schätzt ab, um wieviel das russische Reich größer als das Heilige Römische Reich Deutscher Nation war.

(c) Was bedeutet die Größe der Sowjetunion heute für die Weltpolitik?

(7) Die Aufteilung Polens

Friedrich der Große rechtfertigte „den großen Raub" später so:

„Es bedurfte des Zusammentreffens einzigartiger Umstände, um diese Teilung herbeizuführen und die Gemüter dafür zu gewinnen; sie mußte erfolgen, um einem allgemeinen Kriege vorzubeugen. Man stand vor der Wahl, Rußland im Laufe seiner gewaltigen Eroberungen aufzuhalten, oder was klüger war, daraus auf geschickte Weise Nutzen zu ziehen. Das kostete viele Unterhandlungen, die Geduld, Festigkeit und Geschick verlangten. Für diesmal gelang es, Europa vor einem allgemeinen Kriege zu behüten, dessen Ausbruch nahe bevorstand. So widerstreitende Interessen wie die der Russen und Österreicher waren schwer zu vereinbaren. Um die Russen für ihre Eroberungen zu entschädigen, die sie auf Österreichs Verlangen der Pforte [der Türkei] zurückerstatten sollten, gab es kein anderes Mittel, als ihnen Erwerbungen in Polen zuzuweisen. Die Kaiserin-Königin hatte durch die militärische Besetzung der Herrschaft Zips das Beispiel dazu gegeben. Um das Gleichgewicht zwischen den nordischen Mächten einigermaßen aufrechtzuerhalten, mußte sich der König [d. h. Friedrich II. selbst] an dieser Teilung notwendig beteiligen." (10) Q

Maria Theresia sträubte sich eine Zeitlang gegen diesen Handel. Sie meinte in einem Brief:

„In dieser Sach, wo nit allein das offenbare Recht himmelschreiend wider uns, sondern auch alle Billigkeit und die gesunde Vernunft wider uns ist, muß bekennen, daß zeitlebens nit so beängstigt mich befunden und mich sehen zu lassen schäme. Bedenk der Fürst, was wir aller Welt für ein Exempel [= Beispiel] geben, wenn wir um ein elendes Stück Polen unsre Ehr und Reputation [= Ansehen] in die Schanz schlagen." Q

Karikatur auf die Teilung Polens 1772. Zeitgenössischer Stich von F.L. Nilson. Links Katharina II., ihr gegenüber Friedrich der Große und Joseph II. In der Mitte König Stanislaus von Polen, der Günstling Katharinas, der nach oben zeigt und das Recht beschwört, 23 Jahre später aber doch seine Krone verliert.

Die Teilungen Polens.

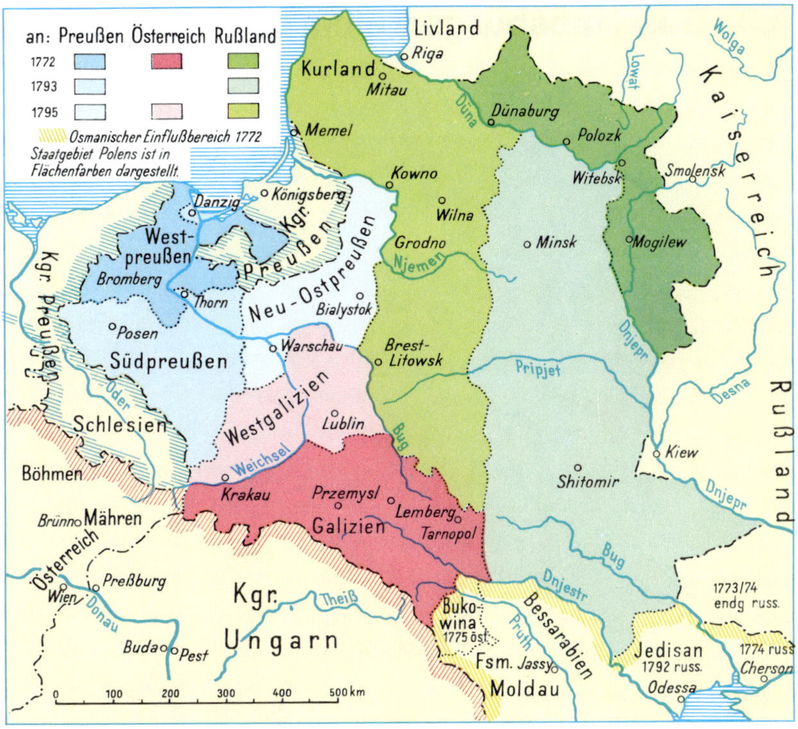

(a) *Wie ist Polen 1772, 1793 und 1795 aufgeteilt worden? Welcher Staat hatte besonders viele Vorteile davon?*

(b) *Erläutert die Karikatur über die Teilung von 1772.*

(c) *Interpretiert und beurteilt die Äußerungen von Friedrich d. Gr. und Maria Theresia. Friedrich meinte über Maria Theresia: „Sie weint und nimmt." Warum?*

1. *Nenne Reformmaßnahmen des Zaren Peter I. und erläutere ihre Auswirkungen auf Adel und Bauern in Rußland.*
2. *Erläutere das Bild S. 101 rechts.*
3. *Erkläre, was Zar Peter I. für die Geschichte Rußlands bedeutet.*
4. *Nenne wichtige Gebiete, die Rußland sich im 17./18. Jh. im Osten, Süden und Westen einverleibte.*

Großmacht: Staat, der entscheidenden Einfluß auf die internationale Politik hat und bei Verhandlungen über Krieg und Frieden berücksichtigt werden muß. Voraussetzungen für eine Großmacht sind Größe des Staatsgebiets, Bevölkerungszahl, wirtschaftliche Leistungsfähigkeit, militärische Stärke.

1682–1725	Zar Peter I., der Große
1697/98	Europareise Peters I.
1703	Gründung von St. Petersburg
1700–1721	Nordischer Krieg
1762–1796	Zarin Katharina II., die Große
1772	Erste Teilung Polens
1795	Dritte Teilung Polens

Quellennachweis:

(1) Geschichte in Quellen Bd. III, a. a. O., S. 565.
(2) W. O. Kljutschewskij: Russische Geschichte, Bd. 1. Zürich 1949, S. 98.
(3) H. Krieger: Materialien, Bd. IV, a. a. O., S. 142 f.
(4) Grundzüge der Geschichte, Quellentaschenbuch 3, a. a. O., S. 15.
(5) G. Guggenbühl: Quellen, Bd. 3, a. a. O., S. 263 ff.
(6) V. Gitermann: Geschichte Rußlands, Bd. 2, Hamburg 1949, S. 85.
(7) wie Anm. 5.
(8) Der Russische Botschafter in Istanbul, 1725. In: W. O. Kljutschewskij: Russische Geschichte, Bd. 4. Stuttgart 1926, S. 217.
(9) H. Krieger: Materialien, Bd. IV, a. a. O., S. 149.
(10) Friedrich der Große, Werke, hrsg. v. Volz; abgedr. in: Geschichtliche Quellenhefte mit Überblick, a. a. O., S. 69

Lesetip

H. Baumann: Demetrius und die falschen Zaren. dtv junior 7226 (JB)

R. Federmann: Rußland aus erster Hand. Arena, Würzburg 1971 (QS)

H. Jessen: Katharina von Rußland in Augenzeugenberichten. dtv 1386 (QS)

K. Staemmler: Polen aus erster Hand. Arena, Würzburg 1975 (QS)

Zaren, Popen und Bojaren. Rowohlt Life 38, Reinbek bei Hamburg (SB)

4.3. Das Habsburgerreich im Südosten Europas

Erwerbungen und Verluste Habsburgs im 17. und 18. Jh.

Ein Wahlspruch im alten Österreich lautete abgekürzt: AEIOU, d.h. „Alles Erdreich ist Oesterreich untertan!“ (in lateinischer Sprache: „Austriae est imperare orbi universo!“). Hatte Österreich vor 250 Jahren diese Bedeutung?

- Wie errangen die Habsburger ihre Herrschaft in Südosteuropa?
- Wie wurde der Vielvölkerstaat des Habsburgerreiches regiert? Was hielt ihn zusammen?
- Was machte Österreich auch kulturell weltberühmt?

Die Länder der Habsburger. Bis in die Zeit vor 250 Jahren besaß Österreich unbestritten die führende Rolle im Deutschen Reich. Mehr als 350 Jahre lang (von 1438 bis 1806) sind die Habsburger Kaiser gewesen. Wien war Kaiserstadt und hatte um 1750 weit mehr Einwohner als Berlin. Die Habsburger besaßen mehr Land und regierten über mehr Menschen als irgendein anderer Fürst in Deutschland. Seit 1648 hatte jedoch das Kaisertum seine Bedeutung weitgehend verloren; um so wichtiger war daher für die Kaiser ihre „Hausmacht", d. h. die habsburgischen Lande, über die sie als Landesherren regierten.
Als Herrscher hatten die Habsburger in den verschiedenen Gebieten unterschiedliche Rechte; eine einheitliche Verwaltung wie in Frankreich gab es im 17. Jh. nicht. Im Jahr 1713 wurde erstmals in einem Erbvertrag (der *Pragmatischen Sanktion**) festgelegt, daß immer nur ein einziger Herrscher die Krone aller habsburgischen Lande tragen dürfe und daß bei seinem Tod die Macht über das unteilbare Reich dem nächsten Verwandten des Verstorbenen zufalle, dem ältesten Sohn oder – falls keine Söhne leben – der ältesten Tochter. So wurden die Länder der „habsburgischen Krone" durch eine gemeinsame Dynastie zusammengehalten. Habsburg-Österreich befand sich damals auf dem Weg zu seiner größten Machtausdehnung. → (1)

Krieg mit den Türken. Im Südosten Europas herrschten seit dem 14./15. Jh. die Türken. Sie hatten bereits unter Sultan Osman I. (1299–1326) Kleinasien erobert, hatten Gebiete im Vorderen Orient und in Afrika unterworfen und schließlich 1453 Konstantinopel erstürmt. So war das große Osmanische Reich entstanden, das seit dem türkischen Sieg über die Ungarn bis zum heutigen Budapest reichte. In den unterworfenen Ländern wurde die Bevölkerung oft versklavt. Die muslimischen Türken bildeten die Oberschicht. Juden und Christen konnten in der Regel ihre Religion behalten; sie mußten aber pünktlich ihre Steuern bezahlen und durften nicht gegen die öffentliche Ordnung verstoßen.
Schlagkräftig und besonders gefürchtet waren die Janitscharen, die Elitetruppe der Türken. Sie waren ursprünglich meist Christen, die schon als Kinder Muslime werden mußten und an besonderen Schulen ausgebildet wurden. Dafür erhielten sie später viele Vergünstigungen. Mit den stets kampfbereiten Janitscharen verfügte der Sultan lange vor den europäischen Herrschern über ein „stehendes Heer" (vgl. S. 76).
1683 drangen die Türken – wie schon 1529 – erneut nach Mitteleuropa vor und belagerten Wien. Die Stadt hielt zwei Monate stand. Als sie gerade im Begriff war, wegen der herrschenden Hungersnot zu kapitulieren, kam Hilfe durch ein Heer, das Karl von Lothringen und Johann von Sobieski, der König von Polen, anführten. Die Türken wurden geschlagen, Wien war befreit. Die kaiserlichen Truppen verfolgten die Türken und eroberten fast ganz Ungarn zurück. Nun übertrug der Kaiser die Führung Prinz Eugen von Savoyen, einem jungen Offizier, der aus Frankreich gekommen war und sich in österreichischem Dienst glänzend bewährt hatte. Er brachte den Türken 1697 in Serbien eine vernichtende Niederlage bei und konnte 1699 im Friedensschluß mit dem Sultan die Grenzen Österreichs so ausdehnen, daß Ungarn, Siebenbürgen, Kroatien und Slowenien fest zu Habsburg gehörten. → (2)
Im Jahr 1716 kam es erneut zum Krieg mit den Türken; diesmal griffen die Österreicher an. Die Türken wurden zurückgedrängt. Prinz Eugen schloß ihre Armee in Belgrad ein und eroberte schließlich die Festung. Nach diesem Sieg wurde ein neuer Friede geschlossen (1718), der auch Teile Serbiens und der Walachei an Habsburg brachte. Eine *Militärgrenze** sicherte das eroberte Land; sie zog sich in ca. 50 km Breite fast 2000 km hin. Hier durften nur Bauern siedeln, die zugleich Soldaten waren. Um das Banat und den ganzen Süden Ungarns nach den Verwüstungen der Kriegszeit neu zu kultivieren, rief man Kolonisten aus Süddeutschland. Da sie mit Schiffen die Donau abwärts fuhren, nannte man sie *Donauschwaben**. Sie machten aus dem verwüsteten Land eine fruchtbare Getreidelandschaft.

Reformen unter Maria Theresia und Joseph II. Der Erbvertrag von 1713 bestimmte, daß auch eine Frau den Thron der Habsburger erben könne. So kam im Jahr 1740 Maria Theresia (1740–1780) zur Regierung. Der Preußenkönig Friedrich II. hielt sie für politisch bedeutungslos und begann einen Krieg, in dem er das habsburgische Schlesien leicht zu gewinnen hoffte (vgl. S. 120). Maria Theresia verteidigte ihr Reich in drei Kriegen, mußte aber im Frieden von Hubertusburg 1763 auf die Provinz Schlesien verzichten.
Erfolgreich war sie aber bei der Regierung ihres Reiches. Sie verstand es, ihre Länder durch Reformen in der Verwaltung, in der Wirtschaft und in der Kirche zu modernisieren. In Wien wurde eine oberste Finanz- und Verwaltungsbehörde für alle habsburgischen Länder eingerichtet. Hier wurden die Gesetze und Verordnungen zentral erlassen, Gesuche bearbeitet, Bittsteller empfangen, Verträge unterzeichnet. Ein oberster Gerichtshof wurde geschaffen, dem die Landesgerichte unterstanden. Die Kontrolle über die Behörden übertrug Maria Theresia einem Staatsrat. → (4)

Sie ließ auch die Aufhebung der Leibeigenschaft und der Frondienste vorbereiten. Ihr Sohn und Nachfolger, Joseph II. (1765–1790), verkündete das Gesetz im Jahr 1781 zuerst in Böhmen. Hier konnte jetzt jeder Untertan heiraten, ein Handwerk erlernen, sich einen neuen Wohnsitz suchen, ohne seinen Herrn um Erlaubnis zu bitten.

Schließlich begann Maria Theresia damit, die Kirche der Staatsaufsicht zu unterstellen. Die Regierung besetzte die kirchlichen Stellen und besteuerte die Geistlichen. Den Jesuiten wurde das Erziehungswesen und die Leitung der Universitäten entzogen. 1781 erließ Joseph II. ein *Toleranzedikt**, das allen Untertanen die freie Religionsausübung zusicherte.

Im Auftrag Maria Theresias erarbeitete ein erfahrener Fachmann eine „Schulordnung", die 1774 für das gesamte Habsburgerreich Gesetz wurde. Die Schulordnung bestimmte die Einrichtung von Volksschulen, an denen Lesen, Schreiben und Rechnen gelehrt wurde; ihnen wurden Hauptschulen übergeordnet, wo sogar Latein unterrichtet werden sollte. Gleichzeitig entstanden „Normalschulen" zur Ausbildung der Lehrer. → (3)

Joseph II. und seine Beamten gingen in ihrem Reformeifer zuweilen zu weit. Alles sollte der Staat nach den Grundsätzen der Zweckmäßigkeit und Sparsamkeit regeln: Klöster, die keinen wirtschaftlichen Nutzen brachten, wurden geschlossen. Im Zeitraum von 9 Jahren wurden 6000 Verordnungen erlassen. Sie bestimmten z. B.:

- Prozessionen, Wallfahrten und aufwendige Begräbnisse sind verboten,
- die Zahl der Kerzen, die im Gottesdienst gebraucht werden dürfen, ist genau festgelegt,
- heranwachsende Mädchen dürfen kein Mieder tragen,
- zu einem genauen Termin müssen die Bäume von Raupen befreit werden,
- in jedem Distrikt ist ein staatlich besoldeter Arzt anzustellen,
- eine Volkszählung wird durchgeführt (Ergebnis: 25 498 979 Menschen).

Das Jodeln war nur an bestimmten Tagen erlaubt, und sogar das „Fensterln" wollte Joseph II. verbieten. Viele Gesetze standen aber nur auf dem Papier, und manche Reform blieb unausgeführt. → (5)

Österreich, Land der Barockkultur. Nach dem Dreißigjährigen Krieg und dem Sieg über die Türken entwickelten der hohe Adel und die reichen geistlichen Orden in Österreich eine Bautätigkeit ohnegleichen. Sie übertrafen sogar den Kaiser als Bauherren. Anfänglich kamen die Baumeister und Künstler aus Italien, seit der Wende zum 18. Jh. überwogen einheimische Fachleute: So der geniale Johann Bernhard Fischer von Erlach, der das Kaiserschloß Schönbrunn mit seinen weiten Flügeln und die Karlskirche in Wien baute; Lukas von Hildebrand, der für den Prinzen Eugen das Schloß Belvedere schuf; Jakob Prandauer, der die prachtvoll gelegenen Klöster Melk an der Donau und St. Florian bei Linz errichtete. Wien wurde neben Paris zum bedeutendsten Mittelpunkt der Künste in ganz Europa (vgl. S. 88). Prächtige Garten- und Parkanlagen, Stadtpaläste, Kirchen und Klöster entstanden im barocken Stil. Man erlebte berühmte Schauspieler, Sänger und Musikanten in der Stadt bei ihren Aufführungen. Komponisten schufen zahlreiche Werke für die Kaiser oder für kunstliebende Adlige des Landes. An zahlreichen Adelshöfen ahmte man die kaiserliche Hofhaltung nach. Die musikalische Tradition von Wien wurde gegen Ende des 18. Jh. von den Komponisten Haydn, Mozart und Beethoven zu ihrer höchsten Vollendung gebracht. → (6)

(1) Ausdehnung des Habsburger-Reiches

(a) Betrachtet die Karte S. 110 und schreibt auf, welche Gebiete bis 1795 unter die Herrschaft der Habsburger kamen.

(b) Welche habsburgischen Länder lagen außerhalb des Heiligen Römischen Reiches Deutscher Nation?

(c) Wo war die sog. „Militärgrenze"?

(d) Sprecht über die Schwierigkeiten, die entstehen können, wenn innerhalb eines Reiches mehrere Völker zusammenleben.

(2) Befreiung Wiens von den Türken, 1683

Kriegsbericht eines Türken:

„Als nun die Truppen um den Großwesir sahen, wie der Feind auf beiden Seiten stürmend vordrang und das Heer des Islams sich zur Flucht zu wenden begann, da schwand jedem von ihnen die Kraft und die Lust zu Kampf und Streit, und es stellten sich die Anzeichen jener Verwirrung ein, die immer eine Niederlage im Gefolge hat.

Da der Polenkönig mit seinen Truppen geradewegs gegen die heilige Fahne vorstieß, stieg der Großwesir zu Pferde, und zu seiner Rechten und Linken hielten sich die Leute

Die Entsatzschlacht gegen die Türken vor Wien am 12. September 1683. Zeitgenössisches Gemälde. Von links anstürmend die Befreier, bayerische und polnische Truppen, durch ihre Banner kenntlich. Rechts, mit sinkenden Fahnen zur Flucht gewandt, die Türken. Ganz hinten in Pulverdampf und Rauch der Sprengungen das befreite Wien mit Stephansdom und Donaufluß.

seines Gefolges, der Scheich Vani Efendi sowie die Sipâh und Silihdar [Reiter, Leibgarde des Großwesirs] bereit. Während die Paschas auf beiden Flügeln schon zurückzuweichen begannen, stand im Herzen des Heeres der Großwesir mit seiner Umgebung fest und unerschüttert. Aber die Angriffe der Giauren [Ungläubige] wurden immer stärker, der Kampf nahm an Heftigkeit ständig zu und zog sich bereits fünf oder sechs Stunden hin; das Heer des Islams wurde von den Kugeln aus den Geschützen und Flinten der Feinde wie mit einem Regen überschüttet. Da erkannten die Muslims, daß alles verloren war (und die Katastrophe nicht mehr abgewendet werden konnte). Kämpfend und fechtend wandten sich die Massen der Krieger in der Umgebung des Großwesirs zur Flucht; die meisten flohen geradewegs zu ihren Zelten hin und dachten nur noch daran, ihr Leben und ihre Habe zu retten.
Der Großwesir zog sich mit seinem engsten Gefolge und mit der heiligen Fahne kämpfend zu seiner Zeltburg zurück, während die Glaubensfeinde bereits hier und dort in die Zelte des Lagers eindrangen. Nunmehr erging auch an die Truppen in den Gräben der Befehl, diese zu räumen.“ (1) Q

Aus einem Brief König Johanns von Polen an seine Frau:

„Einzige Freude meiner Seele, reizende und vielgeliebte Marie!
Gott sei hochgelobt in Ewigkeit! Er hat unserer Nation den Sieg verliehen; er hat ihr einen solchen Triumph gegeben, wie die vergangenen Jahrhunderte nie einen sahen. Die ganze Artillerie, das ganze Lager der Muselmanen, unermeßliche Reichtümer sind uns in die Hände gefallen. Die Laufgräben der Stadt, ihre Umgebungen sind mit den Toten der ungläubigen Armee bedeckt, und der Rest flieht in größter Bestürzung. Unsere Leute bringen uns jeden Augenblick Kamele, Maultiere, Rinder, Schafe, die der Feind bei sich hatte, und überdies eine unzählige Menge Gefangener. Ferner kommt eine große Menge Überläufer, größtenteils Renegaten [Glaubensabtrünnige], die gut gekleidet und gut beritten sind. Der Sieg war so schnell und so außerordentlich, daß man in der Stadt wie in unserem Lager immer noch in Unruhe war; man glaubte den Feind jeden Augenblick zurückkommen zu sehen. Er hat für mehr als eine Million Gulden Pulver und Munition zurückgelassen.
Diese Nacht war ich Zeuge eines Schauspiels, das ich lange gewünscht hatte. Unsere Trainknechte [Troßknechte] haben an mehreren Orten das Pulver angezündet; es war ein Knall wie am jüngsten Gericht, jedoch wurde niemand verwundet ...

Der Vezier [Wesir] hat auf seiner Flucht alles zurückgelassen; er hat nur sein Kleid und sein Pferd behalten. Ich habe mich zu seinem Erben eingesetzt; denn der größte Teil seiner Reichtümer ist mir in die Hände gefallen.“ (2) Q

(a) Versucht mit Hilfe des Bildes und der Berichte zu beschreiben, wie die Belagerung Wiens durch die Türken vor sich ging.

(b) Schildert die Ereignisse vom 12. September 1683.

(c) Wie werden die Christen beschrieben, wie die Türken?

(d) Wie bewertet der Polenkönig den Sieg?

(3) Das neue Schulgesetz

„Wir Maria Theresia von Gottes Gnaden Römische Kaiserin ... geben euch hiermit gnädigst zu vernehmen:
Da Uns nichts so sehr als das wahre Wohl der von Gott Unserer Verwaltung anvertrauten Länder am Herzen liegt, ... so haben wir wahrgenommen, daß die Erziehung der Jugend, beiderlei Geschlechts, als die wichtigste Grundlage der wahren Glückseligkeit der Nationen ein genaueres Einsehen ... erfordere ... Von einer guten Erziehung ... [hängt] die ganze künftige Lebensart aller Menschen und die Bildung des Genies und der Denkensart ganzer Völkerschaften [ab] ..., die niemals erreicht werden kann, wenn nicht durch wohlgetroffene Erziehungs- und Lehranstalten die Finsterniß der Unwissenheit aufgekläret und jedem der seinem Stande angemessene Unterricht verschaffet wird ... Bei dem Unterrichte muß nicht bloß auf das Gedächtniß gesehen, noch die Jugend mit dem auswendig Lernen über die Nothwendigkeit geplagt, sondern der Verstand derselben aufgekläret, ihr alles verständlich gemacht und die Anleitung gegeben werden, über das Erlernte sich ruhig und vollständig auszudrücken, Kinder beiderlei Geschlechts ... gehören ohne Ausnahme in die Schule, und zwar sobald sie das 6te Lebensjahr angetreten haben, von welchem an sie, bis zu vollständiger Erlernung der für ihren künftigen Stand und Lebensart erforderlichen Gegenstände [dort bleiben] müssen [, weil sie das] wohl schwerlich von dem 12ten Jahre ... gründlich vollbringen können. Die gesamten deutschen Schulen [die staatlichen Pflichtschulen, von deren Besuch nur Gymnasiasten und Kinder mit Hausunterricht befreit waren] sollten in drei Arten gegliedert sein, in

- ‚Normalschulen‘ [Musterschulen, an denen auch die Lehrer ausgebildet wurden, in jeder Provinz wenigstens eine]
- ‚Hauptschulen‘ [Mittelschulen in jedem Distrikt]
- ‚gemeine oder Trivialschulen‘ [Volksschulen in jeder Pfarrgemeinde].“ (3) Q

(a) Schreibt auf, aus welchen Gründen die Schulpflicht eingeführt wurde. Erklärt das Bild.

(b) Für wen galt die Schulpflicht, und welche Auswirkungen hatte sie für die Menschen?

(4) Maria Theresia in den Augen des preußischen Gesandten

„Ihr Wuchs ist eher über als unter Mittelgröße. Sie war vor ihrer Heirat sehr schön, aber die zahlreichen Geburten, die sie durchgemacht hat, dazu ihre Körperfülle, haben sie äußerst schwerfällig werden lassen. Trotzdem hat sie einen ziemlich freien Gang und eine majestätische Haltung. Ihr Aussehen ist vornehm, obgleich sie es verdirbt durch die Art, sich zu kleiden, und obgleich sie der kleine, englische Reifrock, den sie trägt, entstellt.
Sie hat ein rundes, volles Gesicht, und eine freie Stirn. Die gut gezeichneten Augenbrauen sind, wie auch die Haare,

Unterricht in einer österreichischen Knabenschule. Gemälde eines unbekannten Malers, um 1750.

Maria Theresia mit ihrer Familie auf der Terrasse des Schönbrunner Schlosses. In der Mitte des großen Sterns auf dem Fußboden der Thronfolger Joseph. Gemälde von Martin van Meytens.

blond, ohne ins Rötliche zu schimmern. Die Augen sind groß, lebhaft und zugleich voll Sanftmut, wozu ihre Farbe, die von einem hellen Blau ist, beiträgt . . .
Bei ihrer Thronbesteigung fand sie das Geheimnis, sich die Liebe und Bewunderung aller Welt zu erringen. Ihr Geschlecht, ihre Schönheit, ihr Unglück trugen nicht wenig dazu bei, daß die Lobeserhebungen, an denen die vom Hofe besoldeten Journalisten nicht sparten, günstig aufgenommen wurden. Sie nahm sich in acht und zeigte sich nur von der guten Seite, leutselig, fromm, freigebig, wohltätig, volkstümlich, mutig, hochherzig, gewann sie sich bald die Herzen ihrer Untertanen . . . Sie gab jedem Audienz und las selbst die Bittschriften, kümmerte sich um die Rechtspflege, ließ sich die Regierungsgeschäfte angelegen sein, bedachte den einen mit guten Worten, den anderen mit einem Lächeln oder einer verbindlichen Wendung, machte ihre abschlägigen Antworten erträglich, gab großartige Versprechungen, trug äußerste Frömmigkeit zur Schau, indem sie oft sagte, sie werde all ihr Vertrauen auf Gott setzen, ehrte die Geistlichkeit, bezeugte viel Ehrfurcht vor der Religion, kehrte ihre Liebe zu den Armen hervor, gründete Hospitäler, verteilte Gelder unter die Soldaten, liebte den Prunk, ließ Schauspiele aufführen, sprach selbst in der Versammlung der Landstände, indem sie sich in erhabener und rührender Weise über ihre Lage verbreitete, und beklagte sich über das Unglück, in das ihre Feinde sie gestürzt hätten, nannte sich untröstlich (Lieblingsausdruck), wider ihren Willen gezwungen zu sein, ihre Widerwärtigkeiten mit ihren treuen Untertanen teilen zu müssen, versprach, bei Gelegenheit den Eifer eines jeden zu belohnen, versicherte den Ungarn, ihre alten Vorrechte wiederherstellen und bestätigen und ihren alten Beschwerden abhelfen zu wollen, trug Geistesstärke zur Schau, bot ihrem Unglück Trotz und versuchte, durch ihren Mut ihren Untertanen solchen einzuflößen." (4) Q

(a) Nach welchen Gesichtspunkten beschreibt der preußische Gesandte die Monarchin? Welche Vorzüge hebt er hervor?

(b) Vergleicht mit dem Bild oben und beschreibt, wie sie durch den Maler dargestellt wurde.

(c) Frauen als Herrscherinnen – was meint ihr dazu? Vergleicht auch Königin Elisabeth I. und Zarin Katharina II.

Kirche Sankt Karl Borromäus in Wien, von Kaiser Karl VI., dem Vater Maria Theresias, während einer Pest zu Ehren seines Namenspatrons gelobt, 1717 von Johann Bernhard Fischer von Erlach begonnen und von dessen Sohn 1739 zu Ende geführt. Die Triumphsäulen zu beiden Seiten des Portals erinnern an die Trajanssäule in Rom.

(5) „Befreiung" der Juden durch Joseph II.

„Da Wir die jüdische Nation hauptsächlich durch besseren Unterricht und Aufklärung ihrer Jugend und durch Hinwendung auf Wissenschaften, Künste und Handwerke dem Staate nützlicher und brauchbarer zu machen, zum Ziele nehmen, so erlauben und befehlen Wir gnädigst den tolerierten Juden in jenen Orten, wo sie keine eigenen Schulen haben, ihre Kinder in die christlichen Normal- und Realschulen zu schicken. Zur Erleichterung ihres künftigen Unterhalts und Vorbereitung der nötigen Erwerbswege gestatten Wir ihnen gnädigst, daß sie von nun an alle Gattungen von Handwerken und Gewerben bei christlichen Meistern erlernen können. Wir verleihen weiter hiermit der jüdischen Nation die allgemeine Befugnis, alle Gattungen von Gewerben, jedoch ohne Bürger- und Meisterrecht, wovon sie ausgeschlossen bleiben, auf freie Hand treiben zu können. Durch gegenwärtige Verordnung kommen Wir von der bisherigen Beschränkung auf bestimmte Judenhäuser ab, und erlauben den tolerierten Juden, eigene Wohnungen sowohl in der Stadt als in den Vorstädten zu mieten. Nicht minder heben Wir die von fremden Juden bisher entrichtete Leibmaut [Leibzoll] gänzlich auf ... Überhaupt alle bisher gewöhnlichen Unterscheidungen, wie das Tragen der Bärte, das Verbot, an Sonn- und Feiertagen vor zwölf nicht auszugehen, öffentliche Belustigungsorte zu besuchen und dergleichen, aufgehoben [sind]." (5) Q

(a) Was durften die Juden künftig tun, was nicht?

(b) Versucht im Gespräch zu klären, aus welcher Einstellung heraus Joseph II. dieses Gesetz gemacht hat.

(c) Erkundigt euch, warum Juden vorher unter einer Sondergesetzgebung standen.

(6) Barockbauten in Wien

(a) Zeigt an den Bauwerken S. 116, 117 und 88 ff. die barocken Stilelemente.

(b) Was sagen die barocken Kirchen über die Frömmigkeit der Menschen der damaligen Zeit aus? (Vgl. auch Text und Bild auf S. 90).

(c) Welche Bedeutung haben die Außenanlagen der Schlösser (Parks, Gärten, Wasserspiele usw.)?

1. Erläutere das folgende Lied: Auf welches Ereignis wird darin angespielt?

„Prinz Eugen, der edle Ritter,
wollt dem Kaiser wiedrum kriegen
Stadt und Festung Belgerad.
Er ließ schlagen einen Brucken,
daß man konnt hinüberrucken
mit d'r Armee wohl vor die Stadt."

2. Welche der folgenden „Reformen" stammen von Maria Theresia oder Joseph II.?
Aufhebung der Leibeigenschaft – Abhaltung freier Wahlen – Einführung der Schulpflicht – Gleichberechtigung der Frauen – Befreiung der Juden.

3. Was gefällt dir an dem Schloß S. 117 besonders gut? Beschreibe das Bauwerk.

Donauschwaben: Auswanderer aus Süddeutschland, die im Banat und im Süden Ungarns als Bauern siedelten.

Militärgrenze: Südostgrenze des Habsburgerreiches gegen die Türken, deren Verlauf sich mehrfach änderte. Die Bewohner des Grenzgebietes hatten die Verpflichtung zur Verteidigung der Grenze; sie erhielten dafür einige Privilegien, wie z. B. Freiheit von Steuerabgaben.

Pragmatische Sanktion: Regelung einer wichtigen Staatsangelegenheit. Bezeichnung für das Gesetz von 1713, in dem Kaiser Karl VI. die Länder Habsburgs für unteilbar erklärte und ermöglichte, daß die Tochter Maria Theresia seine Nachfolgerin werden konnte.

Toleranz: Duldung verschiedener Meinungen und persönlicher Überzeugungen aufgrund der Auffassung, daß kein Mensch die alleingültige Wahrheit besitzt. Im engeren Sinn Duldung verschiedener Religionen oder Konfessionen in einem Staat, Voraussetzung für Religions-, Glaubens- und Meinungsfreiheit.

1683	Belagerung Wiens durch die Türken
1713	Pragmatische Sanktion
1717	Eroberung Belgrads
1740–1780	Maria Theresia
1765–1790	Kaiser Joseph II.
1781	Aufhebung der Leibeigenschaft

Quellennachweis

(1) R. F. Kreutel (Hrsg.): Kara Mustafa vor Wien. Graz 1967, S. 31 ff.
(2) E. Stahleder (Hrsg.): Absolutismus und Aufklärung 1648–1789, a. a. O., S. 36 ff.
(3) Allgemeine Schulordnung von 1774. Zit. nach: Erinnern und urteilen II. Stuttgart 1981, S. 10. 28.
(4) E. Prokosch (Hrsg.): Krieg und Sieg in Ungarn. Graz 1976, S. 24.
(5) H. Krieger: Materialien zum Geschichtsunterricht. Bd. IV, a. a. O., S. 180 (gekürzt).

Lesetip

P. Carter: Kampf um Wien. Thienemann, Stuttgart 1983
K. Eigl: Tagebuch eines Augenzeugen. Buch- und Kunstverlag, Wien 1983 (QS)
F. Habeck: Der Kampf um die Barbacane. Jugend und Volk, Wien (JB)
R. Kreutel (Hrsg.): Kara Mustapha vor Wien. dtv-Dokumente 450 (QS)
L. Mikoletzky: Kaiser Joseph II., Muster-Schmidt, Göttingen 1980 (WD)
A. Wandruska: Maria Theresia. Muster-Schmidt, Göttingen 1980 (WD)

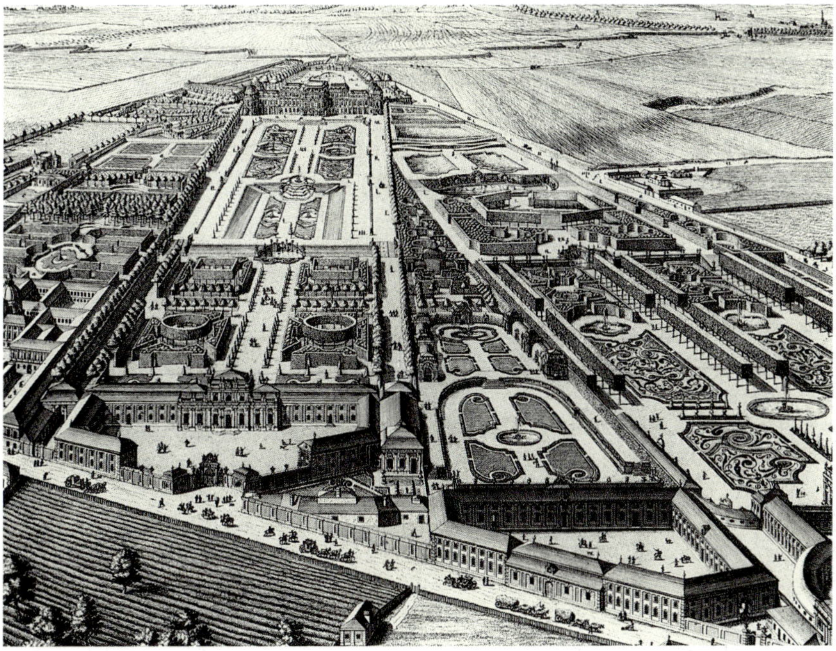

Das für den Prinzen Eugen errichtete Schloß „Belvedere" in Wien. Stich von Johann August Corvinus nach einer Zeichnung von Salomon Kleiner. Die Anlage wurde 1693–1724 nach Plänen von Lukas von Hildebrandt erbaut. Das Obere Belvedere sollte den Empfängen und Festen dienen, das Untere Belvedere wurde als Wohnschloß mit Wirtschaftsgebäuden und Orangerie errichtet. Das Parkgelände ist in der Mitte durch eine terrassenförmige Aufmauerung mit Brunnen und Treppe erhöht.

4.4. Großmacht Preußen – Staat der Hohenzollern

Friedrich der Große reitet zur Besichtigung des ersten Bataillons Garde. Aquarell von Daniel Chodowiecki.

„Die Religionen", schrieb Friedrich der Große 1740, „müssen alle toleriert werden, denn ein jeder soll hier nach seiner Façon selig werden."
Ein einfacher Bauer im Schwäbischen kratzte sich bei der Nachricht vom Tode Friedrichs ratlos den Kopf und fragte: „Wer wird nun die Welt regieren?"

Wer vor 100 Jahren Deutschland sagte, meinte meistens Preußen. Damals gehörten zwei Drittel der Fläche und über 60% der Bevölkerung Deutschlands zu Preußen. Heute ist Preußen von der politischen Landkarte verschwunden.

- Wann, durch wen und mit welchen Mitteln ist die Großmacht Preußen geschaffen worden?
- Wodurch zeichneten sich der preußische Staat und seine Bewohner aus?
- Was ist an Preußen zu bewundern, zu kritisieren?

Der „Große Kurfürst". Die Mark Brandenburg, in der seit 1415 die Hohenzollern als Kurfürsten regierten, war arm an Menschen, noch ärmer an Bodenschätzen: „Des Deutschen Reiches Streusandbüchse" nannte man das Land. Weitere Gebiete erwarben die Hohenzollern hinzu: die Grafschaft Ravensberg an der Weser, das Herzogtum Kleve am Niederrhein und die Herrschaft Mark (das heutige Ruhrgebiet). Vier Tagereisen von der Landeshauptstadt Berlin entfernt lag im Osten das Herzogtum Preußen, das seit der Reformation den Hohenzollern gehörte. Nach dem Dreißigjährigen Krieg gewann der damalige Landesherr Friedrich Wilhelm, der „Große Kurfürst", Hinterpommern und die Bistümer Minden, Halberstadt und Magdeburg. Die Zersplitterung des Landes schwächte den Staat. Darum erneuerte der Große Kurfürst die Verwaltung, reformierte das Heer und förderte die Wirtschaft. „Allianzen [Bündnisse] sind gut, eigene Kräfte sind besser", lautete sein Wahlspruch. So hielt er ständig fast 30 000 Mann unter Waffen. Weil er „Handel und Commercien für die fürnehmsten Säulen eines Staates" hielt, ließ er neue Straßen bauen, ein Kanalsystem planen, Berlin zur wichtigen Hafenstadt für die Flußschiffahrt von Breslau bis Hamburg ausbauen. Er siedelte Einwanderer aus Holland und Frankreich an, Hugenotten, die ihre Heimat verlassen mußten. In Berlin lebten im 17. Jh. 4000 Franzosen, die gesamte Einwohnerzahl betrug 11 000. Neue Manufakturen entstanden, besonders für feine Bekleidungsstoffe, für Metall- und Glaswaren. Berühmt wurde die Kristallfabrik auf der Pfaueninsel bei Berlin. Der wachsende Reichtum ermöglichte den Ausbau der Hauptstadt. Die Straße „Unter den Linden" entstand, erste Kunstsammlungen wurden angelegt, berühmte Gelehrte (z. B. Samuel Pufendorf) kamen und förderten die Wissenschaften. Dem Sohn des Großen Kurfürsten, Friedrich, gelang es, dem aufsteigenden Staat in Norddeutschland den würdigen Titel zu verschaffen. Er krönte sich mit Zustimmung des Kaisers 1701 in Königsberg zum „König in Preußen". Die Königskrone bewirkte ein Zusammengehörigkeitsgefühl aller Untertanen der Hohenzollern. Man gewöhnte sich daran, den ganzen Staat der Hohenzollern als Preußen zu bezeichnen. → (1)

Der „Soldatenkönig". Der zweite Preußenkönig, Friedrich Wilhelm I., wirkte als sparsamer und strenger Hausvater. Er ließ im ganzen Land Kornspeicher für Notzeiten anlegen. In den Staatsgütern (Domänen) steigerte er den Ertrag auf das Doppelte: Mit 3,5 Mio. Talern erwirtschafteten sie fast die Hälfte des Staatshaushaltes. Eine oberste Rechnungskammer prüfte alle Einnahmen und Ausgaben staatlicher Ämter genau nach und erzog so die Beamten zu strenger Dienstauffassung und Gewissenhaftigkeit. Man belächelte zwar spöttisch die preußische Sparsamkeit, aber als der König starb, lagerten 8 Mio. Taler in Fässern verpackt als Notpfennig im Schloßkeller. Von den 7,5 Mio. Talern, die der preußische Staat jährlich einnahm, verbrauchte der König für seine Armee 5 Millionen. Er vermehrte sein Heer auf 85 000 Mann, darunter eine Leibgarde von „langen Kerls", die alle größer als 2 Meter waren. Friedrich Wilhelm I. trug nicht zufällig den Beinamen „Soldatenkönig"; seine ganze Regierungsweise war militärisch. Er verdoppelte die Zahl der preußischen Soldaten, und sein Sohn Friedrich II. erhöhte die Armeestärke nochmals um das Zweifache. Von den 150 000 bis 190 000 Mann kamen zwei Drittel aus preußischen Dörfern, die gezwungen waren, eine bestimmte Anzahl Soldaten zu stellen; die übrigen schleppten Werber aus dem Ausland an. Die Offiziere kamen aus dem preußischen Adel.

Die Soldaten mußten eine eiserne Disziplin ertragen. Der „preußische Drill" war berühmt und berüchtigt. So bestrafte man Ungehorsam mit Spießrutenlaufen, und obwohl einer, der zu desertieren versuchte, das Leben riskierte, flohen so viele, daß man spottete, in der preußischen Armee brauchte man für jeden Soldaten einen zweiten, der auf ihn aufpasse. Andererseits entstand unter dem Druck der harten Disziplin eine starke Armee. Sie gewann in Europa den Ruf, im Krieg unbesiegbar zu sein. Die Armee wurde auch zu einem Motor der preußischen Wirtschaft. Die Soldaten benötigten Uniformen, Gewehre, Tornister und Säbel. Kasernen wurden gebaut. Pulvermühlen und Waffenschmieden entstanden. Die Armee mußte ernährt werden: Als billigstes Nahrungsmittel verordnete der König den Militärköchen Kartoffeln, die jetzt überall angebaut wurden. Billige Kohle verdrängte das Holz als Brennmaterial in den „Kanonenöfen". Die Soldaten sollten zum Vorbild des preußischen Untertanen werden: gehorsam, bedürfnislos, pünktlich und pflichtbewußt. In Friedenszeiten standen sie 3 Monate des Jahres im Dienst, den Rest mußten sie in den Manufakturen oder auf den Feldern arbeiten, um den spärlichen Sold aufzubessern. Wer es zum Unteroffizier gebracht hatte, konnte als Invalide oder im Alter eine kleine Beamtenstelle bekommen, z. B. als Volksschullehrer oder als Steuereinnehmer in einer Kleinstadt. Auch da hatte er wie ein Soldat seine Pflicht zu erfüllen, war von früh bis in die Nacht zur Stelle und erledigte seine Aufgaben pünktlich und gewissenhaft, denn die Kontrollen waren peinlich genau. → (2)

Friedrich II. und die „Schlesischen Kriege". Der Sohn des Soldatenkönigs hatte andere Neigungen als sein Vater. Als junger Mann war Friedrich II. feinfühlig, empfindsam, liebte französische Bücher, spielte Flöte und kleidete sich modisch. Erst nach einer schweren Auseinandersetzung mit dem Vater wandte er sich den politischen Aufgaben zu und lernte die Regierungsgeschäfte von Grund auf. Er war überzeugt, daß ein Staatsmann stets den Einsichten der Vernunft folgen müsse. Er studierte mit Eifer philosophische Werke, war mit dem französischen Gelehrten und Schriftsteller Voltaire befreundet, begann selbst, Bücher zu schreiben und Musikstücke zu komponieren. Kaum war er 1740 mit 28 Jahren König geworden, schaffte er die Folter ab (außer gegen Hochverräter und Bandenräuber), ließ die Berliner Akademie der Wissenschaften neu gestalten und zog Gelehrte und Künstler nach Berlin. Wirklich ein Friedenskönig, so dachten viele. → (3)

Da starb der Kaiser in Wien. Maria Theresia erbte die habsburgischen Länder. Während die anderen Staaten noch zögerten, ob sie die neue Herrscherin anerkennen sollten, handelte Friedrich, kühl seinen Vorteil ausnutzend, und marschierte noch im Dezember 1740 in Schlesien ein, um es für Preußen zu erobern. Sachsen und Bayern, selbst die Franzosen erklärten nun ebenfalls Maria Theresia den Krieg. Als in Wien die Nachricht eintraf, fielen, wie der englische Botschafter berichtete, die Minister leichenblaß in ihre Stühle; nur die Königin blieb standhaft. Sie reiste nach Preßburg, um die Hilfe der Ungarn zu erbitten. Im Trauerkleid, die Krone auf dem Haupt, hielt sie eine Ansprache vor dem ungarischen Reichstag und gewann seine Hilfe. Jetzt konnte sie die Bayern und Franzosen aus Böhmen vertreiben; mit dem Preußenkönig aber mußte sie verhandeln und ihm Schlesien abtreten. Weil Friedrich II. wußte, daß Maria Theresia bei der ersten Gelegenheit die Provinz zurückerobern würde, führte er noch zweimal Krieg gegen sie, um Schlesien zu behaupten. Zuletzt sah er sich selbst einer großen Koalition der Regierungen von Österreich, Rußland und Frankreich gegenüber. Sieg und Niederlage wechselten in zahlreichen Schlachten. Dieser dritte Krieg zog sich sieben Jahre lang hin.

Friedrich verlor seine besten Heerführer, oft war er selbst leidend. Alles schien zusammenzubrechen, als er die Vereinigung der Österreicher und Russen nicht verhindern konnte. Mit 53 000 Mann mußte er gegen eine Übermacht von 70 000 Gegnern bei Kunersdorf antreten. Nach einem mörderischen Kampf wurden zunächst die Russen zurückgeworfen, doch die Österreicher behaupteten das Feld, sie siegten (1759). Auf der Flucht, in völliger Hoffnungslosigkeit, schrieb Friedrich mit Bleistift an seinen Minister in Berlin: „Alles ist verloren; retten Sie die königliche Familie. Adieu für immer!"

Da trat „das Wunder des Hauses Brandenburg" ein. Die russische Zarin Elisabeth starb (1762), und der neue Zar Peter III. verehrte schwärmerisch den Preußenkönig. Er löste das Bündnis mit Österreich und unterstützte Preußen. In Rußland folgte zwar nach wenigen Monaten ein neuer Thronwechsel, doch Katharina II., die neue Zarin, blieb neutral. Sie bestätigte den Friedensvertrag und zog alle russischen Truppen aus Ostpreußen zurück. Indessen hatten auch Frankreich und England, die in den Kolonien in Nordamerika gegeneinander kämpften, einen Vorfrieden abgeschlossen. Die allgemeine Erschöpfung erzwang ein Ende der Feindseligkeiten. Auf dem sächsischen Jagdschloß Hubertusburg trafen sich die Unterhändler und schlossen Frieden. Preußen behielt Schlesien und versprach dem Sohne Maria Theresias seine Stimme für die Wahl zum römischen König (1763).

Friedrichs II. Ansehen war gestiegen, sein Staat fand Anerkennung als jüngste Großmacht in Europa. Allerdings bedeutete Preußens Aufstieg zur zweiten deutschen Macht neben Österreich eine Doppelherrschaft *(Dualismus*)* in Deutschland. → (4) (5)

Reformen eines „aufgeklärten" Königs. Sogleich nach dem Ende des Krieges ging Friedrich an den Wiederaufbau des Landes mit dem Ziel, die Verhältnisse gründlich zu verbessern. Er förderte die Einwanderung und verbot die Auswanderung. Auf diese Weise stieg die Einwohnerzahl Preußens während seiner Regierungszeit von 2,5 auf 5,5 Millionen. Das Sumpfland an der Oder, an der Warthe und Netze ließ er trocken legen. Als er die blühende Landwirtschaft des neubesiedelten Landes besichtigte, sagte er: „Hier habe ich eine Provinz im Frieden erobert." Über 900 Dörfer waren angelegt worden. Auf ausgedehnten Inspektionsreisen, seinem Vater ähnlich, drängte er zu rastlosem Fleiß. Mit eindringlichen Belehrungen und mit Zwang sorgte er für den Anbau der Kartoffel. Er ließ auch die neue Sitte der Viehfütterung im Stall, die aus England kam, in seinem Lande verbreiten. So mußte man nicht mehr das meiste Vieh im Herbst schlachten und einpökeln.

Die Entwicklung Preußens hing besonders von seinem Gewerbe und Handel ab. In Schlesien nahm der Eisenbergbau einen kräftigen Aufschwung, als die Verkehrswege über die Oder und die neuen Kanäle nach Berlin ausgebaut waren. Nach Berlin zogen jetzt viele Menschen: finanzkräftige Leute, Ausländer wie Inländer, die Fabriken und Niederlassungen gründeten und den Handel ausweiteten. Der König gründete die erste preußische Staatsbank, die Kredite an Unternehmen gab. Metallfabriken, Porzellanmanufakturen, Zuckersiedereien und die – damals sehr wichtige – Seidenindustrie beschäftigten viele Menschen der Hauptstadt. In Städten an Flüssen und Kanälen, besonders in Breslau und Stettin, siedelten sich ebenfalls Betriebe an, deren Bedarf an Rohstoffen und Brennmaterial den Umsatz im ganzen Land steigerte.

Der König modernisierte auch das Gerichtswesen. Alle Untertanen waren vor dem Gesetz gleich. Rechtsgelehrte begannen, das Recht in eine schriftliche Form zu bringen (= kodifizieren): Das spätere *Allgemeine Preußische Landrecht** entstand. In Preußen fingen auch die Konfessionen an, ihre Gegensätze zurückzustellen und miteinander zu leben. Der König wünschte, daß sie im Frieden auskamen; er selbst „tolerierte" sie alle nebeneinander. Die allgemeine Schulpflicht wurde verordnet, aber nicht im ganzen Land durchgeführt. Viele Lehrer lernten erst mit den Kindern, was sie ihnen beibringen sollten. Sie waren kaum ausgebildet und verdienten nur den zehnten Teil dessen, was ein Offizier im ersten Dienstgrad erhielt (vgl. S. 129).

In ihrer Rechtsstellung waren die Untertanen noch immer sehr verschieden. Das sollte nach dem Willen des Königs so bleiben. An erster Stelle im Staat stand der Adel. Er stellte die Beamten der Verwaltung und die Offiziere des Heeres und besaß dafür besondere Privilegien. Der König schützte die Güter der Adelsfamilien. Viele Beobachter verurteilten den preußischen „Junkerstaat", in dem die Schicht der Gutsherren mit stolzem Selbstbewußtsein die ländliche Bevölkerung beherrschte. Dem Bürgertum der Städte (und nur ihm) kam es zu, im Gewerbe oder Handel wirtschaftlich tätig zu sein. Die Bauern und Taglöhner aber blieben die „Lasttiere" der Gesellschaft. Sie waren meist „gutsuntertänig" und hatten nur wenig eigenes Land, mußten für den adligen Gutsherrn arbeiten und konnten nicht wegziehen an einen anderen Ort. Der König begann allerdings, wenigstens die Lage der Bauern auf den Staatsdomänen zu verbessern, indem er für sie die Leibeigenschaft aufhob.

Mit den Bürgern und Bauern war der größte Teil der Bevölkerung von Regierung und Verwaltung ausgeschlossen. Auch der Adel mußte trotz seiner Vorrechte dienen. Nur der König bestimmte und leitete alles, wenngleich auch er die Herrschaft nicht genoß, sondern sein Amt als Dienst betrachtete. Er sah sich als „ersten Diener seines Staates". Die Art, wie er nach Grundsätzen der Vernunft regierte, nennt man *aufgeklärten Absolutismus** (vgl. S. 127ff.). → (6)

---

(1) **Preußen wird größer und größer**

(a) Zeigt an der Karte S. 125, um welche Gebiete Preußen jeweils vergrößert wurde. Versucht, die Größe der jeweiligen Fläche zu schätzen.

(b) Besprecht die Lage der Gebiete und die Probleme für Verwaltung und Wirtschaft des Staates, die sich daraus ergaben.

(c) In welchen Bundesländern bzw. in welchen Staaten liegen die Gebiete heute?

(2) **Preußen, ein Militärstaat?**

(a) Was sagt das Bild S. 122 aus?

(b) Informiert euch im Text S. 119 über die Bedeutung des Militärs für das Königtum, die Bevölkerung, die Wirtschaft Preußens.

Ulrich Bräker, ein preußischer Soldat (1756):

„Bald alle Wochen hörten wir nämlich neue ängstigende Geschichten von eingebrachten Deserteurs, die, wenn sie noch so viele List gebraucht, sich in Schiffer und andre Handwerksleuthe, oder gar in Weibsbilder verkleidet, in Tonnen und Fässer versteckt, u.d.gl. dennoch ertappt wurden. Da mußten wir zusehen, wie man sie durch 200 Mann, achtmal die lange Gasse auf und ab Spießruthen laufen ließ, bis sie atemlos hinsanken – und des folgenden Tags aufs neue dran mußten; die Kleider ihnen vom zerhackten Rücken heruntergerissen, und wieder frisch drauf losgehauen wurde, bis Fetzen geronnenen Bluts ihnen über die Hosen hinabhingen. Dann sahen Schärer und ich einander zitternd und todtblaß an, und flüsterten einander in die Ohren: ‚Die verdammten Barbaren!' Was hiernächst auch auf dem Exerzierplatz vorgieng, gab uns zu ähnlichen Betrachtungen Anlaß. Auch da war des Fluchens . . . von prügelsüchtigen Jünkerlins, und hinwieder des Lamentierens der Geprügelten kein Ende. Wir selber zwar waren immer von den ersten auf der Stelle, und tummelten uns wacker. Aber es that uns nicht minder in der Seele weh, andre um jeder Kleinigkeit willen so unbarmherzig behandelt, und uns selber so, Jahr ein Jahr aus, coujoniert [gequält] zu sehn; oft ganzer fünf Stunden lang in unsrer Montur eingeschnürt wie geschraubt stehn, in die Kreutz und Querre pfahlgerecht marschieren, und ununterbrochen blitzschnelle Handgriffe machen zu müs-

Das „ehrliche" Gassenlaufen und die „unehrliche" Stäupung. Kupferstich von Daniel Chodowiecki (1774). Das Spießrutenlaufen galt im Unterschied zur (harmloseren) Stäupung als ehrenhaft. Der Verurteilte wurde dabei (oft mehrmals hintereinander) durch die „Gasse" seiner Kameraden getrieben, die ihm den Rücken mit Spießruten blutig schlugen.

sen; und das alles auf Geheiß eines Offiziers, der mit einem furiosen Gesicht und aufgehobnem Stock vor uns stuhnd, und alle Augenblick wie unter Kabisköpfe [Kohlköpfe] drein zu hauen drohete. Bey einem solchen Traktament mußte auch der starknervigste Kerl halb lahm, und der geduldigste rasend werden. Und kamen wir dann todmüde ins Quartier, so giengs schon wieder über Hals und Kopf, unsre Wäsche zurecht zu machen, und jedes Fleckgen auszumustern; denn bis auf den blauen Rock war unsre ganze Uniform weiß. Gewehr, Patrontasche, Koppel, jeder Knopf an der Montur, alles mußte spiegelblank geputzt seyn. Zeigte sich an einem dieser Stücke die geringste Unthat, oder stand ein Haar in der Frisur nicht recht, so war, wenn er auf den Platz kam, die erste Begrüßung eine derbe Tracht Prügel ... Selbst den Sonntag hatten wir nicht frey; denn da mußten wir auf das properste Kirchenparade machen." (1) Q

(c) Bringt Bild und Bericht in einen Zusammenhang. Berichtet über Leben und Verhalten der Soldaten in Preußen.

(d) Erklärt, welche Vorstellungen man von der Ehre hatte.

(e) Drill – Schikane: Was bedeuten die beiden Begriffe. Erkundigt euch, wie man darüber in der Bundeswehr denkt und welche Vorschriften hierfür gelten.

(3) Kronprinz Friedrich im Vater-Sohn-Konflikt

„Im Unterschied zu seinem Vater Friedrich Wilhelm I. liebte der junge Fritz Genuß, Mode, Kultur, Abwechslung und Vergnügen. Er machte sogar – für seinen Vater ungeheuerlich – Schulden. Der Vater beobachtete ihn mit wachsendem Mißmut, denn aus dem Kronprinzen sollte ‚ein frommer Christ, ein tüchtiger Soldat und ein sparsamer Haushalter' werden. Er suchte den Prinzen mit Härte zu ändern, aber der Sohn spottete über alles, was dem Vater wert war. Die Erziehungsmaßnahmen waren streng: Es gab Exerzierübungen, anstrengende Inspektionsreisen und Stockschläge.
Das wollte Friedrich, in seinem Stolz getroffen und erniedrigt, nicht länger ertragen. Er machte, während er seinen Vater auf einer Reise nach Süddeutschland begleitete, einen Fluchtversuch. Dieser schlug fehl. Des Vaters Zorn kannte keine Grenzen. Da der Prinz und sein Freund, Leutnant Katte, der ihn begleiten wollte, Soldaten waren, ließ der König beide als ‚Deserteure' vor ein Kriegsgericht stellen. Das Gericht verurteilte Katte zum Tode, erklärte sich aber für den Kronprinzen für unzuständig. Nur der Herrscher könne über den Thronfolger richten.

Friedrich mußte der Hinrichtung seines Freundes durchs Fenster der Gefängniszelle zusehen. Er brach zusammen. Eine wochenlange Festungshaft verwandelte ihn völlig, so daß der König ihm Gelegenheit bot, durch Arbeit und Diensteifer seine neue Gesinnung zu beweisen. In der Provinzialregierung in Küstrin lernte der junge Herr alle Teile des Staatswesens kennen; die Finanz-, Polizei- und Domänenverwaltung. Er bekam Einblick in Landwirtschaft und Industrie. Und er begann, die Regierung seines Vaters anzuerkennen und zu schätzen. Das führte zur Versöhnung, besonders nachdem Friedrich auch in die Ehe mit einer ungeliebten Prinzessin einwilligte.
Später wurde Friedrich Kommandeur eines Regiments. Er bewohnte das Schloß Rheinsberg und konnte dort in freier Weise sein Leben gestalten. Es zeigte sich hier, daß er ein strenges Pflichtgefühl besaß, daß er seine Aufgaben ernstnahm. Er führte sein Regiment so gut, daß es von seinem Vater als eines der besten anerkannt wurde." (2)

(a) Wie reagierte Friedrich auf die Erziehungsmethoden seines Vaters – zuerst, später?

(b) Was für einen Eindruck gewinnt ihr von der Persönlichkeit Friedrichs?

(4) Friedrich II. über den Krieg

„Von allen Kriegen die berechtigsten und unvermeidlichsten sind die Verteidigungskriege, sobald Feindseligkeiten ihrer Gegner die Fürsten zu wirksamen Gegenmaßregeln wider ihre Angreifer zwingen und sie Gewalt mit Gewalt abwehren müssen.
Nicht weniger wohlbegründet als die genannten Kriege sind solche, durch die ein Herrscher bestimmte Rechte oder bestimmte Ansprüche, die man ihm bestreiten will, behauptet. Über Könige gibt's keinen Gerichtshof mehr, keine Obrigkeit hat über ihre Händel ein Urteil zu fällen, so muß denn das Schwert über ihre Rechte und die Stichhaltigkeit ihrer Beweismittel entscheiden.
Auch Angriffskriege gibt's, die ihre Rechtfertigung in sich tragen, ebenso wie die eben besprochenen: Es sind das die vorbeugenden Kriege. Klugheit empfiehlt immer die Wahl des kleineren Übels und ein Handeln, solange man seines Handelns Herr ist. Besser also zum Angriffskriege schreiten, solange man noch zwischen Ölzweig und Lorbeer zu wählen hat, als bis zu dem Zeitpunkt warten, wo alles so verzweifelt steht, daß eine Kriegserklärung nur noch einen Aufschub der völligen Knechtung und des Untergangs um Augenblicke bedeutet." (3) Q

„[Es] zwangen mich gewichtige Gründe, zu Beginn meiner Regierung Zeichen von Stärke und Festigkeit zu zeigen, dem Heer Gelegenheit zu geben, Ruhm zu ernten, meiner Nation Respekt in Europa zu verschaffen ... Die geringsten Fürsten machten sich ein Vergnügen daraus, die Preußen zu beleidigen; sogar der Bischof von Lüttich erlaubte sich Kränkungen gegen den König ...
Diese Vorfälle lehrten mich, daß einem Fürsten nichts mehr am Herzen liegen muß als sein Ansehen (réputation), daß ein Handeln nach sittlichen Grundsätzen den Staats-

Das 1745–1747 erbaute Schloß Sanssouci bei Potsdam war der Lieblingsaufenthalt Friedrichs des Großen.

Friedrich II. von Preußen als Kronprinz (1736). Gemälde von Antoine Pesne.

männern wegen der Verderbnis unserer Zeit nun einmal versagt ist, und, als von besonderer Wichtigkeit, daß ich zum Besten meiner Völker mit Festigkeit auftreten müsse, um die Eindrücke der Vergangenheit auszulöschen und meine Nachbarn durch Furcht zu zwingen, ihr ungewöhnliches Betragen, das der verstorbene König in seiner Nachgiebigkeit hingenommen hatte, zu ändern." (4) Q

(a) Gebt den Inhalt der zwei Texte in eigenen Worten wieder und formuliert für jeden Text eine Überschrift.

(b) Inwiefern handelte Friedrich in bezug auf den Krieg „vernünftig" oder „unvernünftig"?

(c) Sucht Argumente, die für Frieden statt für Krieg sprechen.

(5) Der Siebenjährige Krieg, ein Weltkrieg

Während Frankreich im Siebenjährigen Krieg mit Österreich verbündet war und seine Truppen gegen Friedrich II. einsetzte, unterstützte England das verbündete Preußen mit Geldmitteln. Beide Großmächte kämpften jedoch gleichzeitig in den Kolonien – in Nordamerika und Indien – gegeneinander.

„Die Franzosen legten eine weite Kette von Forts in einem Halbbogen an, der vom Sankt-Lorenzstrom über die großen Seen zum Mississippi bis nach New Orleans reichte. Im Norden betrieben sie Fischfang, im Landesinnern Pelztierjagd. Sie standen mit den Indianern recht gut. Da aber wesentlich mehr Engländer einwanderten und das Land besiedelten, fühlten sie sich durch die französische Befestigungskette eingeschnürt. Sie drängten vom schmalen Küstenstrich über das Waldgebirge der Appalachen hinweg in das fruchtbare Ohiotal. Dort stießen sie mit den Franzosen zusammen. Auf dem Hintergrund einer ungeheuren Wildnis entbrannte ein Siedlerkampf voll List und Härte, in dem große Indianerstämme mitkämpften. Die Engländer entrissen den Franzosen das Fort Duquesne, das sie in Pittsburgh umbenannten; im Jahr danach eroberten sie Quebec, das Tor nach Kanada. Damit brach der französische Verteidigungsbogen zusammen. In wenigen Jahren mußte Frankreich sein Kolonialreich in Nordamerika aufgeben.
Auch in Indien siegten die Engländer. Robert Clive, der frühere Schreiber der Ostindischen Kompanie, eroberte mit 800 Landsleuten und 2000 indischen Söldnern die Provinz Bengalen mit Kalkutta. Vom neuen Nabob (= Fürsten) des Landes ließ er sich Gold und Juwelen im Werte von 3 $^1/_2$ Millionen Pfund ‚schenken', wovon er eine Viertelmillion für sich behielt. Etwa 200 Jahre lang floß Indiens Reichtum nach Britannien." (5)

(a) Sucht die genannten Gebiete auf der Karte S. 99.

(b) Inwiefern hat das Ergebnis des Siebenjährigen Krieges die deutsche, die europäische und die Weltgeschichte bestimmt?

(6) Friedrich II., ein „aufgeklärter Fürst"

Friedrich II. schreibt über sich selbst und sein Amt:

„In einem Staate wie Preußen ist es durchaus notwendig, daß der Herrscher seine Geschäfte selbst führt; denn ist er klug, wird er nur dem öffentlichen Interesse folgen, das auch das seine ist ... Und wie es nötig ist, daß der Fürst die inneren Angelegenheiten selbst regelt, so wird es um so notwendiger, daß er seine Außenpolitik allein leitet, daß er die Bündnisse schließt, die ihm gutdünken, daß er seine Pläne selbst entwirft und zumindest in schwierigen Lagen allein entscheidet ... Ich verschließe meine Geheimnisse in mir selbst. Nur einen einzigen Sekretär, von dessen Treue ich überzeugt bin, ziehe ich heran. Sofern man mich also nicht selbst besticht, ist es unmöglich, meine Absichten zu erraten." (6) Q

„Ein Herrscher ist nicht zu seinem hohen Rang erhoben, man hat ihm nicht die höchste Macht anvertraut, damit er in Verweichlichung dahinlebe, sich vom Mark des Volkes mäste und glücklich sei, während alles Hunger leidet. Der Herrscher ist der erste Diener des Staates. Er wird gut besoldet, damit er die Würde seiner Stellung aufrecht erhalte. Man fordert aber von ihm, daß er tatkräftig für das Wohl des Staates arbeitet und die Hauptgeschäfte sorgfältig erledigt." (7) Q

Das Wachstum Brandenburg-Preußens.

Aus der Lebensbeschreibung eines preußischen Landrats:

„Wenige Wochen nach Abschluß des Hubertusburger Friedens erschienen die gesamten Landräte auf dem Schloß, und der Landrat von Neßler führte das Wort sehr lebhaft. Der König antwortete: ‚Sei Er stille und lasse Er mich reden. Hat Er Crayon [Bleistift]?' ‚Ja'. ‚Nun, so schreib Er auf, die Herren sollen aufsetzen, wieviel Roggen zum Brot, wieviel Sommersaat, wieviel Pferde, Ochsen, Kühe ihre Kreise höchstnötig gebrauchen. Überlegen Sie das recht und kommen Sie übermorgen wieder zu mir, alsdann will ich mich darauf erklären. Sie müssen aber alles so genau als möglich einrichten, weil ich nicht viel geben kann.'" (8) Q

Aus den Aufzeichnungen eines preußischen Oberamtmanns:

„Wer seid Ihr? – Euer Majestät, ich bin der Beamte hier von Fehrbellin. – Wie heißt Ihr? – Fromm. – Haha! Ihr seid ein Sohn von dem Landrat Fromm? – Euer Majestät halten zu Gnaden, mein Vater ist Amtsrat im Amte Lehnin gewesen. – Amtsrat! Amtsrat! Das ist nicht wahr! Euer Vater ist Landrat gewesen. Ich habe ihn recht gut gekannt. Sagt mir einmal, hat Euch die Abgrabung des Sumpfes hier viel geholfen? – O ja, Euer Majestät. – Haltet Ihr mehr Vieh als Euer Vorfahr? – Ja, Euer Majestät! Auf diesem Vorwerk halte ich vierzig, auf allen Vorwerken siebzig Kühe mehr. – Das ist gut. Die Viehseuche ist doch nicht hier in der Gegend? – Nein, Euer Majestät! – Habt Ihr die Viehseuche hier gehabt? – Ja! – Braucht nur fleißig Steinsalz, dann werdet Ihr die Viehseuche nicht wiederbekommen." (9) Q

(a) Schreibt die Worte aus den beiden ersten Texten heraus, die deutlich machen, wie Friedrich II. über das Königtum dachte.

(b) In welchem Verhältnis stehen Denken und Handeln bei Friedrich II.?

(c) Die beiden Szenen, die in den letzten Texten dargestellt sind, könnte man in einem Stegreifspiel vorführen.

(d) Inwieweit denkt und handelt Friedrich II. im Interesse der Untertanen?

1. Zeige an der Karte den Grenzverlauf Preußens 1640, 1740, 1786. Zähle einzelne Landesteile auf.

2. Manche nannten Friedrich II. „den Philosophen auf dem Königsthron", andere (so Maria Theresia) das „preußische Ungeheuer", wieder andere „Friedrich den Großen". Warum?

3. Formuliere einige Stichworte über die Schlesischen Kriege zu folgenden Gesichtspunkten:
Kriegsursachen – Kriegsziele – Kriegsende – Kriegsfolgen.

4. Berichte mit Hilfe des Bildes S. 122 über Disziplin und Gehorsam in der preußischen Armee.

5. Welche der folgenden „Tugenden" sind nach deiner Meinung typisch preußisch?
Toleranz – Fürsorge – Faulheit – Sparsamkeit – Freiheitswillen – Disziplin – Fleiß – Frömmigkeit – Gewissenhaftigkeit – Pflichterfüllung.

6. In einer Zeitung stand kürzlich folgende Denksportaufgabe:

„Von Friedrich dem Großen wird berichtet, daß er im Siebenjährigen Krieg – mutlos nach einer fast verlorenen Schlacht, hungernd und frierend – in einem Bahnwärterhäuschen Schutz suchte und dem Bahnwärter für eine Tasse nicht einmal des besten, wohl aber des heißesten Kaffees seines Lebens einen Golddukaten spendierte. Da der König allerdings ohne seine ständige Begleitung, ja sogar ohne seinen persönlichen Adjutanten diese Episode erlebte, zweifeln die Historiker an ihrem Wahrheitsgehalt. Und wie ist es mit Ihnen? Hätten Sie das vom ‚Alten Fritz' gedacht?"

Könnte auch etwas anderes an der Geschichte nicht stimmen?

Allgemeines Landrecht: Einheitliches Rechtsbuch für Preußen 1794; es enthält die geltenden Bestimmungen des Zivil-, Straf- und Staatsrechts und blieb praktisch bis 1900 in Kraft. Im Allgemeinen Landrecht wird die königliche Gewalt beschränkt, Rechte des einzelnen und Stellung der Richter sind gesichert.

Aufgeklärter Absolutismus: Während im reinen Absolutismus sich der Monarch als Stellvertreter Gottes („Gottesgnadentum") betrachtet, gilt er im „aufgeklärten Absolutismus", der sich im 18. Jh. u. a. in Preußen und Österreich durchsetzt, als Diener seines Staates, der an Einsichten der Vernunft gebunden, also „aufgeklärt" ist (vgl. S. 133).

Dualismus: Nebeneinander von zwei Großmächten (Österreich und Preußen) im Deutschen Reich, das dadurch geschwächt wird. Beide Großmächte betreiben eigenständige Außenpolitik und werden zu Rivalen im Anspruch auf die Führung Deutschlands.

1640–1688	Der „Große Kurfürst"
1701	Preußen wird Königreich
1713–1740	Friedrich Wilhelm I., der „Soldatenkönig"
1740–1786	Friedrich II., der Große
1756–1763	Siebenjähriger Krieg
1794	Allgemeines Preußisches Landrecht

Quellennachweis

(1) H. Weder (Hrsg.): Ulrich Bräker Lesebuch. Frankfurt 1973, S. 131 ff.
(2) H.-E. Mager: Spiegel der Zeiten, Bd. 3, Diesterweg 3323, S. 43 f.
(3) Friedrich II., Antimachiavell.
(4) Friedrich II.: Geschichte meiner Zeit. Zitiert aus: H. Schnee (Hrsg.): Das Zeitalter des Absolutismus II, Paderborn 1958, S. 7 f.
(5) H.-E. Mager, a. a. O., S. 51 f.
(6) Friedrich II.: Politisches Testament. Zitiert aus: H. Schnee, a. a. O., S. 10 f.
(7) ebda. S. 10.
(8) Aus der Lebensbeschreibung des Landrats Karl Gottlob von Neßler.
(9) Bericht über eine Inspektionsreise Friedrichs II. am 23. 7. 1779. Zitiert aus: Geschichte in Quellen, Band III, a. a. O., S. 620 f.

Lesetip

J. Hirschinger: Nennen Sie das Gerechtigkeit, Sire? Thienemann, Stuttgart 1978
M. Hoffmann: Der Landreiter von Fehrbellin. Anrich, Kevelaer (JB)
G. Holmsten: Friedrich II. in Selbstzeugnissen und Bilddokumenten. Rowohlt-Monographie 159 (QS)
H. Höfling: Der Gefangene des Königs. Friedrich Freiherr von der Trenck. Bertelsmann, München 1980 (JB)
G. Österreich: Friedrich Wilhelm II. Muster-Schmidt, Göttingen 1977 (WD)

5. Neue Ideen – „unbegrenzte Möglichkeiten“: Die europäische Aufklärung und die Entstehung der USA

5.1. Aufklärung im Denken und Handeln

Wegbereiter der „Aufklärung“: René Descartes, 1596–1650 (oben links), John Locke, 1632–1704 (oben rechts), Voltaire, eigentlich François Marie Arouet, 1694–1778 (unten links), Immanuel Kant, 1724–1804 (unten rechts). Zeitgenössische Darstellungen.

„Ich denke, also bin ich“ (Descartes).
„Habe Mut, dich deines eigenen Verstandes zu bedienen“ (Kant).
„Die Vernunft lehrt die Menschen, daß wir alle gleich und unabhängig sind“ (Locke).
„Lieber Gott, wenn es dich gibt, sei meiner Seele gnädig, wenn ich eine habe“ (Voltaire).
„Geben Sie Gedankenfreiheit!“ (Schiller). Q

Nicht Glaube und Gefühl allein verhelfen zu neuen wissenschaftlichen Erkenntnissen, sondern Denken, Forschen, Berechnen und Experimentieren, d. h. „aufgeklärtes“ Verhalten.

- Was ist neu an solchen Auffassungen?
- Welche Rolle spielt die Vernunft? Was ist überhaupt vernünftig?
- Wie hat das „neue Denken“ den Glauben und das Leben der Menschen beeinflußt? War die Kirche betroffen, der Staat?

Kritisches Prüfen. Niemand wird heute in der Bibel nachlesen wollen, wie ein Sonnensystem funktioniert, wie alt die Erde ist oder wie die Blutbahnen verlaufen. Auch würden nur „naive" Menschen solche Fragen nach dem „Gefühl" beantworten. Wer erklären will, wie irgend etwas in der Welt beschaffen ist, muß sich an das halten, was sich beobachten oder beweisen läßt.
Wer kritisch prüft, Beweise verlangt und den Dingen auf den Grund geht – statt in naiver Weise zu glauben, was andere glauben –, der verhält sich „aufgeklärt". Diese moderne Einstellung hat sich im 17. und 18. Jh. in Europa durchgesetzt, und man nennt diese Jahrhunderte deshalb auch das „Zeitalter der *Aufklärung**".
Die Aufklärung kam nicht plötzlich. Schon zur Zeit des Humanismus und der Renaissance begannen sich Denken, Forschen und künstlerisches Schaffen von der Kirche zu lösen. Der Aufstieg der Naturwissenschaften hatte begonnen. Um 1600 entdeckten holländische Brillenmacher z. B., daß man verschiedene Linsen aus geschliffenem Glas zusammenstellen und damit die Reichweite des menschlichen Auges vergrößern könne. Galilei, ein italienischer Gelehrter an der Universität von Padua, nutzte diese Entdeckung und baute die erste Sternwarte mit Fernrohren (Observatorium) zur Beobachtung der Gestirne. Er richtete sein Fernrohr auf Jupiter und sah vier Monde, die um den Planeten kreisen. Daraus schloß er, daß Kopernikus recht hatte mit seiner Auffassung, die er schon fast hundert Jahre zuvor vertreten hatte (vgl. S. 3): Nicht die Sonne dreht sich um die Erde, sondern die Erde und die Planeten umkreisen die Sonne – wie die Monde den Jupiter. Jetzt lag ein Beweis für die Lehre des Kopernikus vor, und Galilei machte seine Entdeckung allen Leuten bekannt.
Die römische Kirche wollte ein allein auf Beobachtung und wissenschaftlichen Beweisen beruhendes Weltbild nicht dulden. Die Menschen sollten sich weiterhin nur auf den Glauben verlassen. Darum mußte Galilei schwören, er werde an seiner Meinung, daß die Sonne der Mittelpunkt der Welt sei, um den sich auch die Erde drehe, künftig nicht mehr festhalten. Es wird jedoch berichtet, Galilei habe sich nach dem Schwur erhoben, auf den Boden gestampft und gemurmelt: „Und sie bewegt sich doch!"

Sieg der Naturwissenschaften. Die Erkenntnisse, die Galilei und andere durch Beobachtung des Sternenhimmels gewonnen hatten, ließen sich nicht aufhalten. In vielen Ländern entstanden Observatorien. Man studierte den Himmel; Forscher beobachteten über Jahre hinweg einzelne Sterne, zeichneten ihren Lauf auf Himmelskarten und suchten das Gesetz zu ergründen, dem sie folgen. Der deutsche Gelehrte Kepler entdeckte, daß zwischen Geschwindigkeit und Entfernung eines Planeten von der Sonne eine regelmäßige Beziehung besteht, und er berechnete diese Beziehung mit einer mathematischen Formel. Der englische Wissenschaftler Newton machte die Entdeckung, daß das Gesetz der Schwerkraft, das er erkannte, den Grund für Bewegung und Zusammenhalt aller Körper in der gesamten Natur – auf der Erde wie in den Sonnensystemen – darstellt.
Aufgrund solcher Erkenntnisse bemühten sich die Naturwissenschaftler, alles was sie beobachteten und „empirisch" (durch Erfahrung) erfassen konnten, auf allgemeine Gesetze zurückzuführen. Mit Hilfe von Experimenten prüften sie, ob die Regeln, nach denen sich eine Sache verhielt, allgemeingültig waren und welche Ausnahmen es gab. So wurde die Welt nach und nach entzaubert und „aufgeklärt". Die ganze Natur sollte untersucht werden; man entdeckte den inneren Bau der Pflanzen und Tiere, den Aufbau der Zellen, die Wirkung des Luftdrucks, das Gesetz der Elastizität, die Berechnung von Unbekannten und die Regeln der Wahrscheinlichkeitsrechnung. Neue Instrumente wurden entwikkelt, z. B. das Barometer und das Thermometer, das Mikroskop und das Fernrohr mit Universalgelenk. So wurden die Beobachtungen immer exakter. Die Gelehrten tauschten ihre Ergebnisse untereinander aus, kurz: Im 17. und 18. Jh. begann eine Bestandsaufnahme der ganzen Welt, die bis heute nicht abgeschlossen ist. → (1)

Kritik an der Kirche und neuer Vernunftglaube. Für den Verstand schien es keine Grenzen zu geben. Ein Denker wie der Franzose Descartes lehrte, die Welt richte sich streng nach Gesetzen der Vernunft (*Rationalismus**). Auch die Lehren der Kirche mußten sich neue Fragen gefallen lassen: Waren sie vernünftig, logisch? Man überprüfte kirchliche Lehrsätze, bezweifelte Glaubensüberlieferungen und Wunder und fragte, ob es überhaupt einen Gott gebe. Manche meinten, es müsse einen Gott geben, der gleichsam wie ein Uhrmacher das Universum mit seinen Gesetzen gebaut habe und der in den Gesetzen der Natur zu erkennen sei; deshalb wurzelten alle Religionen in der Natur, und es sei unvernünftig, daß sie sich gegenseitig bekämpften. Die Menschen sollten statt dessen lernen, tolerant zu sein. Viele Aufklärer sahen das Ziel des menschlichen Lebens nicht mehr im Jenseits, sondern in der Aufgabe, auf dieser Erde glücklich zu werden und anderen Glück zu bereiten. Sie lehrten, der Mensch finde das höchste Glück und die vollkommenste Tugend, wenn er die Gesetze der Sittlichkeit mit der

Vernunft einsehen lerne; dann werde jeder sein Verhalten nur nach diesen Gesetzen ausrichten. Der Glaube an den Fortschritt der Wissenschaften und der Kultur ersetzte bei vielen die christliche Hoffnung auf Gott. → (2) (3)

Eine neue Auffassung vom Staat. So kritisch, wie die Aufklärer an die Religion herangingen, betrachteten sie auch den Staat. War es wirklich recht, daß der König allein die Staatsmacht verkörperte, daß er absolut regierte? Sollte es immer so bleiben, daß die Herrscher allein „von Gottes Gnaden" abhängen? Sagte nicht die Vernunft, daß auch sie nur Menschen wie ihre Untertanen waren? Wie stand es überhaupt mit den Rechten des Menschen?
Die neue Auffassung vom Staat enthielt politische Forderungen: Die Herrscher sollten so regieren, daß sie das Glück und die Wohlfahrt förderten, die Würde des Menschen achteten und die Freiheit des Denkens gestatteten. Staat und Kirche sollten Andersgläubige tolerieren, die Folter sollte aus dem Strafrecht verschwinden. Die „Leibeigenschaft" der Bauern sollte abgeschafft werden, die Juden sollten nicht mehr als Menschen zweiter Klasse gelten. Manche Herrscher in Europa ließen sich von diesen Gedanken beeindrucken und machten sie zu Grundsätzen ihres Handelns (Aufgeklärter Absolutismus, vgl. S. 111 f. und 120 f.).
Die Gelehrten der Aufklärung dachten aber nicht nur in den Grenzen der bestehenden Herrschaftsform, der Monarchie. Sie stellten auch die Frage, wie diese Herrschaft überhaupt zustande gekommen war. Sie fragten nach den Ursprüngen des Staates und suchten nach den vernünftigsten Regeln für das Verhalten der Menschen und ihr Zusammenleben in der Gesellschaft. Die Aufklärer begründeten so die Wissenschaften von der menschlichen Seele, von der Gesellschaft und vom Staat (Psychologie, Soziologie und Staatslehre).
Der aus Genf stammende Jean Jacques Rousseau behauptete, daß ursprünglich alle politische Macht beim einzelnen Menschen liege. Deshalb sei der Staat durch den freiwilligen Zusammenschluß von einzelnen Menschen zustande gekommen (*Gesellschaftsvertrag**). Die Staatsgewalt ruhe also beim souveränen (selbständigen) Volk. Nur soweit es die Staatsgewalt nicht selbst ausüben könne, übertrage es diese an Beauftragte. Eine Regierung, also auch ein Monarch, sei keine Gewalt für sich und könne vom Volk jederzeit wieder abgesetzt werden.
→ (4) (5)

Fortschritt durch Erziehung und Schule. Die Ideen der Aufklärer konnten den absoluten Fürsten gefährlich werden. In Frankreich verbot der König viele von ihnen veröffentlichte Schriften; er fürchtete, sie könnten dazu führen, daß die abhängigen Bauern gegen ihre Herren rebellierten und schließlich das ganze Volk sich gegen den König erhebe.
Aber die Bauern konnten solche Schriften überhaupt nicht lesen. Um die Mitte des 18. Jh. waren mehr als zwei Drittel der Bevölkerung noch Analphabeten, und im Dorf war der Pfarrer häufig der einzige, der eine Schule besucht hatte. Die Aufklärer setzten sich deshalb für die Bildung des Volkes ein. Sie meinten, alle Menschen seien von Natur aus fähig, logisch zu denken; sie müßten nur eine Schule besuchen. Gegen Ende des 18. Jh. erfüllten viele Staaten in Europa die Forderung der Aufklärer und machten den Schulbesuch für alle Kinder zur Pflicht. In Preußen bestimmte z. B. ein Gesetz 1763 die allgemeine Schulpflicht, regelte die Dauer der Schulzeit, die Unterrichtsfächer und den Lehrplan, die Anstellung und Bezahlung der Lehrer. Man bevorzugte Unteroffiziere oder Soldaten, die wegen einer Verwundung keinen Militärdienst mehr leisten konnten. In Süddeutschland wurden meistens die Mesner oder Küster zu Lehrern ernannt. Die Eltern mußten Schulgeld bezahlen, aber die Lehrer verdienten weniger als mancher Taglöhner oder Bergmann. Es dauerte noch Jahrzehnte, bis auch auf dem Land alle Kinder zur Schule gingen. Oft waren alle vom ersten bis zum letzten Schuljahr in einer Klasse zusammengefaßt. Neben Religion, Lesen, Schreiben und Rechnen sollten die Knaben ein Handwerk erlernen, während man den Mädchen auch Kochen, Spinnen und Nähen beibrachte. Die Volksbildung sollte die Untertanen zu treuem Gehorsam gegen die Obrigkeit erziehen und sie zu tüchtigen Handwerkern, Soldaten und Beamten oder zu sparsamen und fleißigen Ehefrauen heranbilden (vgl. S. 114 u. 121).

Das Publikum für Aufklärer. Diskussionen fanden meistens in Bürgerkreisen der Großstädte statt, also in Paris, London, Wien, Berlin. Hier hatten viele Leute Zeit zum Lesen und zur Unterhaltung. Sie trafen sich in den beliebten Caféhäusern oder in den Salons vornehmer Damen, wo die neuen Ideen der Aufklärer diskutiert und ausgetauscht wurden. Die Dame war Mittelpunkt dieser Gesprächsrunden. Sie „leitete" gleichsam den Salon, mußte also selber auch gebildet sein.
Da interessierte Leute täglich neue Informationen wollten, entstanden neue Zeitungen und Zeitschriften. Um alles Wissen zusammenzufassen und jedermann zugänglich zu machen, verfaßten einige Aufklärer umfassende Nachschlagewerke, Handbücher und Lexika; das bedeutendste war die französische *Encyklopädie**, die Diderot und d'Alembert zusammen mit 200 Mitarbeitern in 32 Bänden herausgegeben hatten. → (6)

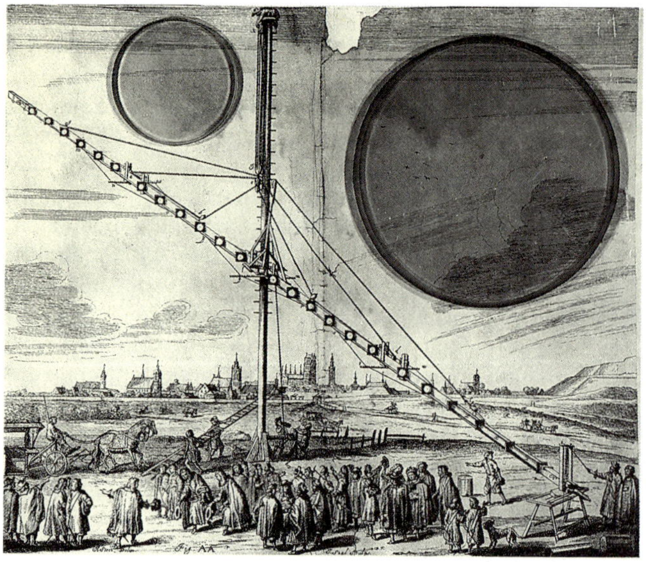

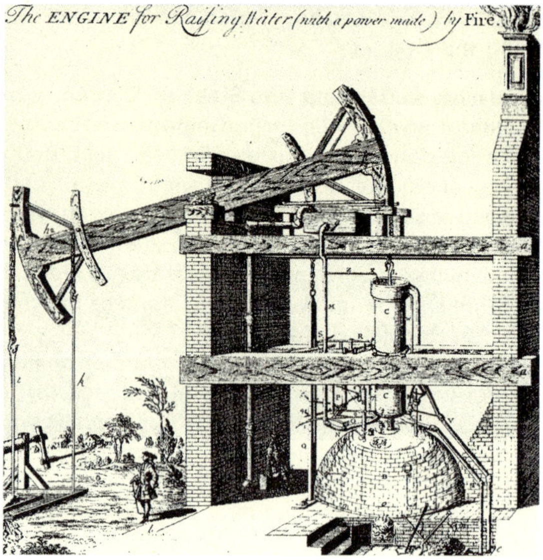

Links: Eines der größten Teleskope, die jemals konstruiert worden sind. Der Astronom Johannes Hevelius (1611–87) in Danzig fertigte ein solches Fernrohr in seiner Privatsternwarte für die Erforschung von Mond, Planeten und Sonne. Zeitgenössischer Kupferstich. Darauf liegen zwei Linsen des Teleskops. – Rechts: Die von Thomas Newcomen seit 1711 gebaute Dampfpumpe, die sich in erster Linie für die Verwendung im Bergbau eignete (Heben von Wasser). Kupferstich von Brighton. Der Unterschied zu späteren Dampfmaschinen besteht darin, daß die hier abgebildete Dampfpumpe nicht die Ausdehnungskraft des Dampfes ausnützt, sondern einen luftverdünnten Raum bei seiner Kondensation schafft. Die Leistung war entsprechend niedrig.

(1) Neue Forschungen – neue Erfindungen

Wichtige Erfindungen und Entdeckungen:

1590 Mikroskop
1610 Astronomisches Fernrohr
1618 Blutkreislauf
1643 Quecksilberbarometer
1657 Pendeluhr
1666 Gesetz der Schwerkraft
1693 Porzellan (in Europa)
1718 Quecksilberthermometer
1735 Gußstahl
1752 Blitzableiter
1766 Wasserstoff
1771 Sauerstoff

(a) Beschreibt die Bilder und sprecht über die Bereiche, in denen die beiden Geräte eingesetzt wurden.

(b) Informiert euch im Physikunterricht über die Funktionsweise einer Dampfmaschine.

(c) Für wen waren diese Erfindungen wichtig?

(2) Neue Erkenntnismethode – „Rationalismus"

„Die erste [Regel] ist: Niemals eine Sache als wahr anzunehmen, die ich nicht als solche sicher und einleuchtend erkennen würde, d. h. sorgfältig die Übereilung und das Vorurteil zu vermeiden und in meinen Urteilen nur so viel anzunehmen, wie sich mir so klar und deutlich zeigt, daß ich gar keine Möglichkeit hätte, daran zu zweifeln.
Die zweite: Jedes der Probleme, die ich untersuchen würde, in so viele Teile zu zerlegen als möglich und zur besseren Lösung wünschenswert wäre.
Die dritte: Meine Gedanken zu ordnen; zu beginnen mit den einfachsten und faßlichsten Gegenständen und aufzusteigen allmählich und gleichsam stufenweise bis zur Erkenntnis der kompliziertesten ...
Und die letzte: Überall so vollständige Aufzählungen und so umfassende Übersichten zu machen, daß ich sicher wäre, nichts auszulassen." (1) Q

(a) Schreibt die Regeln Descartes mit eigenen Worten auf.

(b) Sind diese Denkmethoden heute noch richtig?

(c) Wie verhält sich folgender Satz zu den Anschauungen von Descartes: „Ich erfasse die Wirklichkeit durch mein Gefühl."

(d) Rationalisten sagen: „Man muß alles bezweifeln." Diskutiert in der Klasse: Welche Argumente sprechen für, welche gegen diese Ansicht?

(3) Kritiker der Religion

„Ich weiß, daß es Grundsätze gibt, gegenüber denen die ausdrücklichsten und klarsten Worte der Heiligen Schrift nichts ausrichten würden, wie zum Beispiel, daß das Ganze größer ist als seine Teile, daß zwei sich widersprechende Sätze nicht beide wahr sein können. Wenn man aus der Heiligen Schrift hundertmal das Gegenteil dieser Grundsätze nachwiese, so würde der unbefangene Mensch nichts davon glauben.“ (2) Q

„Es scheint, daß die Religion überall nur dazu erfunden worden ist, den Herrschern die Mühe zu ersparen, gerecht zu sein, gute Gesetze zu geben und gut zu regieren. Die Religion ist die Kunst, die Menschen zu berauschen, indem sie dieselben mit Verzückung erfüllt, und sie davon abzuhalten, sich Gedanken zu machen über alles Übel, mit dem ihre Regenten sie hienieden überhäufen ... (3) Q

(a) Faßt die in beiden Aussagen geübte Kritik an der Religion zusammen.

(b) Warum entspricht diese Kritik den Gedanken der Aufklärung?

(c) In Frankreich wird Aufklärung mit „Les lumières“ (= „die Lichtstrahlen“) bezeichnet. Erläutert diese Bezeichnung.

(4) Über die Freiheit und Gleichheit der Menschen

Locke:

„Die Vernunft lehrt alle Menschen, daß wir alle gleich und unabhängig sind, daß dabei keiner dem andern in bezug auf sein Leben, seine Gesundheit, seine Freiheit und sein Eigentum schaden soll ... Wenn wir betrachten, in welchem Zustand sich die Menschen von Natur befinden, so sehen wir: Dies ist ein Zustand völliger Freiheit.“ (4) Q

Rousseau:

„Der Mensch wird frei geboren, und überall ist er in Ketten ... Solange ein Volk gezwungen wird zu gehorchen und gehorcht, so tut es wohl; sobald es aber das Joch abwerfen kann und es abwirft, so tut es besser ... Rechtmäßige Gewalt kann nur auf einer Übereinkunft der Menschen gründen ... Auf seine Freiheit verzichten, heißt auf seine Menschheit, die Menschenrechte, ja selbst auf seine Pflichten verzichten. Wer auf alles verzichtet, für den ist keine Entschädigung möglich. Eine solche Entsagung ist mit der Natur des Menschen unvereinbar.“ (5) Q

(a) Aufklärer unterschieden zwischen dem Leben der Menschen in der Natur und in der Gesellschaft. Beschreibt, was sie meinen, erklärt den Unterschied.

(b) John Locke zählt wichtige Menschenrechte auf. Wiederholt sie.

(c) Artikel 2 unseres Grundgesetzes lautet:

„(1) Jeder hat das Recht auf die freie Entfaltung seiner Persönlichkeit, soweit er nicht die Rechte anderer verletzt und nicht gegen die verfassungsmäßige Ordnung oder das Sittengesetz verstößt.

Links: Charles de Montesquieu. Stich nach Garnerey. – Rechts: Jean Jacques Rousseau. Zeitgenössischer Stich nach einem Gemälde von Allan Ramsay.

(2) Jeder hat das Recht auf Leben und körperliche Unversehrtheit. Die Freiheit der Person ist unverletzlich. In diese Rechte darf nur auf Grund eines Gesetzes eingegriffen werden.“ Q

Vergleicht diese Grundrechte mit den Auffassungen von John Locke.

(5) **Gewaltenteilung – Machtkontrolle – Widerstandsrecht**

Montesquieu:

„Die politische Freiheit des Bürgers besteht darin, daß er keine Angst hat und Vertrauen zu seiner Sicherheit hat. Damit man diese Freiheit hat, muß die Regierung so eingerichtet sein, daß ein Bürger den andern nicht zu fürchten braucht.
In jedem Staat gibt es drei Arten von Gewalt: die gesetzgebende Gewalt, die vollziehende Gewalt und die richterliche.
Wenn in derselben Person die gesetzgebende Gewalt mit der vollziehenden vereinigt ist, gibt es keine Freiheit ... Es gibt ferner keine Freiheit, wenn die richterliche Gewalt nicht von der gesetzgebenden und vollziehenden getrennt ist.“ (6) Q

Locke:

„Gebraucht der Herrscher die Gewalt gegen das Volk ohne Vollmacht und im Gegensatz zu dem Vertrauen, das in ihn gesetzt wurde ... so hat das Volk ein Recht, die Gewalt durch Gewalt zu beseitigen. Unter allen Umständen ist es das richtige Hilfsmittel gegen ungesetzliche Gewalt, ihr mit Gewalt zu begegnen.“ (7) Q

(a) Wann sollen sich – nach Locke – Bürger gegen den Herrscher wenden? Mit welchen Mitteln?

(b) Stellt in einem Schaubild die drei Gewalten im Staat dar und zeigt, wie durch die Teilung der Gewalten verhindert wird, daß sie mißbraucht werden und der Bürger seine Freiheit und Sicherheit verliert.

(c) Wie steht es mit den drei Gewalten in unserem Staat? (Fragt evtl. den Lehrer oder schlagt im Sozialkundebuch nach.)

(d) Erklärt, warum die Ansichten von Locke gegen absolut herrschende Könige gerichtet waren.

Einen der berühmtesten Salons führte Madame Geoffrin. Als Tochter eines Kammerdieners heiratete sie mit 15 Jahren einen Offizier. Nach dessen frühem Tod erbte sie ein beträchtliches Vermögen. Sie versammelte in ihrem Hause viele Schriftsteller und Künstler, darunter Montesquieu und Jean Jacques Rousseau. Das Bild zeigt den Aufklärer D'Alembert bei einer Vorlesung im Jahr 1745. Im Hintergrund die Büste Voltaires; die dritte in der ersten Reihe rechts: Madame Geoffrin. Gemälde von Gabriel Lemmonier.

(6) **Salon einer vornehmen Dame**

(a) Beschreibt die Zuhörer des Gelehrtenvortrages nach Alter, Geschlecht und Kleidung.

(b) Besprecht die Stellung der Frau in dieser Gesellschaft.

(c) Worin unterscheidet sich ein Salon grundsätzlich von heutigen Gesprächskreisen?

1. Über Diderot, einen Aufklärer, der zusammen mit D'Alembert das umfassendste Lexikon seiner Zeit herausgab, schreibt ein moderner Autor:

„Er war der Mann, der vor keinem Vorurteil Respekt hatte, der Mann, der alles verbessern wollte, die Unsitten der Pariser Hebammen und die Erziehung der Menschheit, die Agrartechnik und das Studium der Chirurgen, den Unterricht für Blinde und Taubstumme, die Bühnenausstattung, das Drama und unanständige Romane, die Stahlproduktion und die Psychologie und die Polizei und die Wasserversorgung von Paris und die Orthographie und unsere Vorstellung von Gott und Drehorgeln, er wollte den Absolutismus abschaffen und die Klöster, die Monopole und jedes soziale Unrecht".

Welche Ziele und Grundsätze der Aufklärung hat Diderot offenbar vertreten?

2. Erläutere, was „aufgeklärte Staatsdenker" über den Aufbau des Staates ausführen.

3. Begründe, warum folgende Bestimmungen des Grundgesetzes der Bundesrepublik Deutschland den Forderungen von Montesquieu entsprechen:

„Grundgesetz (Art. 20, Abs. 2)
Alle Staatsgewalt geht vom Volke aus. Sie wird vom Volke in Wahlen und Abstimmungen und durch besondere Organe der Gesetzgebung, der vollziehenden Gewalt und der Rechtsprechung ausgeübt." Q

4. Zähle wichtige Erfindungen auf, die im „Zeitalter der Aufklärung" gemacht wurden.

5. Nimm Stellung zur Behauptung: „Erziehung ist der Schlüssel zum Fortschritt."

Aufklärung: Von „hell bzw. klar machen"; gemeint ist die geistige Grundhaltung, die besonders von den Gebildeten in Europa im 18. Jh. vertreten wurde mit dem Ziel, die Welt im Lichte der Vernunft zu erklären, Vorurteile zu überwinden, Erkenntnisse auf Erfahrung zu gründen und sie kritisch zu überprüfen.

Enzyklopädie: Universallexikon, das alles Wissen unter Begriffen in alphabetischer Anordnung zusammenfaßt. Die von Diderot und d'Alembert 1751–80 herausgegebene „Encyclopaedie" war nicht nur ein umfassendes Nachschlagewerk über Wissenschaft, Kunst, Handwerk und Politik jener Zeit. Es brachte auch die Auffassungen der Aufklärer auf allen Gebieten zum Ausdruck und verbreitete ihre Ideen in der Öffentlichkeit.

Gesellschaftsvertrag: Politische Theorie über den Ursprung des Staates. Durch den Zusammenschluß vieler Menschen und durch einen Vertrag mit einem Herrscher soll der Staat entstanden sein.

Rationalismus: (von lat. ratio = Vernunft) Denkweise, in der die wahren Erkenntnisse nicht durch sinnliche Erfahrung, sondern durch logisches Denken (Vernunft) erreicht werden sollen.

1690	John Locke, Zwei Abhandlungen über die Regierung
1718	Montesquieu, Vom Geist der Gesetze
1762	Rousseau, Gesellschaftsvertrag

Quellennachweis

(1) Descartes: Abhandlung über die Methode des richtigen Vernunftgebrauchs, 1637. Reclam 3767, S. 18f.
(2) P. Bayle, in H.-E. Mager: Spiegel der Zeiten, Bd. 3, a. a. O., S. 71.
(3) v. Holbach: Le christianisme dévoilé, 1787. In: G. Guggenbühl, Quellen zur Geschichte, Bd. 3, a. a. O., S. 338.
(4) J. Locke: Two Treatises on Government, 1689. In: Geschichte in Quellen, Bd. III, a. a. O., S. 496.
(5) J. J. Rousseau: Der Gesellschaftsvertrag (1762). Stuttgart 1963, S. 30, 36.
(6) Montesquieu: Vom Geist der Gesetze, 1748. In: Geschichte in Quellen, Bd. III, a. a. O., S. 716 (gekürzt).
(7) Locke: ebenda S. 498.

Lesetip

Ch. Blitzer: Söldner, Diener, Majestäten. Rowohlt Life 37, Reinbek bei Hamburg 1973 (SB)
P. Gay: Dichter, Denker, Jakobiner. Aufklärung und Revolution. Rowohlt Life 39. Reinbek bei Hamburg 1973 (SB)
Proklamationen der Freiheit. Fischer Tb. (QS)

5.2. Kolonisten gründen die „Vereinigten Staaten von Amerika“

Unten: Neu-Amsterdam im Jahre 1625. Zeitgenössische Darstellung. – Rechts: Die Freiheitsstatue in New York, errichtet 1886 als Geschenk des französischen Volkes.

Aus dem Brief eines Einwanderers, 1612:

„Ich rate dir dringend ab, hierher zu kommen ... Das Leben ist hart, das Essen schlecht, oft unzureichend, und unsere Lebensverhältnisse sind menschenunwürdig ... Ich bin von der Malaria sehr geschwächt, aber da die Gesellschaft meine Überfahrt bezahlt hatte und mir das Geld für die Rückfahrt fehlt, muß ich vorläufig noch hier bleiben ... Zweimal am Tag marschieren wir in Trupps aufs Land zum Roden oder in den Wald, wo wir Holz fällen müssen.“ (1) Q

Aus der Unabhängigkeitserklärung der USA, 1776:

„Wir halten es für eine unbestreitbare Tatsache, daß alle Menschen gleich geschaffen worden sind;
daß sie vom Schöpfer mit bestimmten, unveräußerlichen Rechten ausgestattet wurden;
daß hierzu unter anderem das Recht auf das eigene Leben, die Freiheit und das Streben nach persönlichem Wohlergehen gehören.“ (2) Q

- Wie lebten die Europäer im fremden Kontinent und wie regelten sie ihr Zusammenleben?
- Warum wollten die Siedlerkolonien politisch unabhängig werden, und wie erreichten sie ihr Ziel?
- Welche Verfassung gaben sie ihrem neuen Staat?

Siedlerkolonien in Nordamerika. Warum kamen seit dem 16. Jh. Siedler – meist aus England – nach Nordamerika und gründeten Siedlungskolonien? Alle hatten die Hoffnung, in der „Neuen Welt" ein besseres Leben zu finden. Die harten und ungewissen Lebensbedingungen schreckten sie nicht, ihre Heimat zu verlassen. Taglöhner, die in Europa nicht wußten, wovon sie leben sollten, hofften auf Ackerland in Amerika; Geschäftsleute erhofften sich günstige Handelsmöglichkeiten. Viele Menschen zogen über See, weil sie wegen ihres Glaubens oder wegen ihrer politischen Anschauung in ihrer Heimat nicht geduldet wurden. Aus diesem Grund verließen auch die *Pilgerväter** England (1620) und siedelten an der nordamerikanischen Küste. Sie bauten – wie die anderen Einwanderer auch – Dörfer in unbekannter Wildnis, rodeten Wälder und gewannen fruchtbares Ackerland. Oft kam es zu harten Kämpfen mit *Indianern**, die ihr Land verteidigten. Manchmal schlossen die Siedler „Verträge" mit den Indianern. In vielen Fällen aber wurden diese verjagt oder getötet. → (1)

Billige Arbeitskräfte. Die Kolonisten in Nordamerika brauchten Arbeitskräfte. Ackerland war billig und reichlich vorhanden, aber Arbeitskräfte waren rar und teuer. Deshalb wurde armen Europäern, die auswandern wollten, aber kein Geld hatten, die Überfahrt nach Amerika bezahlt. Dafür mußten sie als Vertragsknechte auf einer Farm arbeiten. Wenn sie ihre Schulden abgearbeitet hatten, konnten sie wieder frei werden. Dann erhielten sie oft Land oder Bargeld. So konnten Tausende von Europäern in Amerika eine neue Existenz aufbauen.

Die billigsten Arbeitskräfte holte man aus Afrika. Das Geschäft war einträglich: Sklavenhändler kauften z. B. für ein paar Liter Rum an der Westküste Afrikas Neger und Negerinnen von afrikanischen „Menschenjägern". Unter schrecklichen Bedingungen – aneinandergekettet in engen Zwischendecks – wurden die Sklaven aus Afrika nach Nordamerika verschifft. Acht bis zehn von Hundert starben während des Transportes. Die Überlebenden kauften die Pflanzer in Amerika. Seit 1790 lebten in manchen Kolonien mehr Negersklaven als Weiße; 590 000 waren es insgesamt. Die weißen Pflanzer wollten ohne Negersklaven ihre großen Plantagen nicht bewirtschaften; sie brauchten die Sklaven, aber sie hatten auch Angst vor ihnen. → (3)

Siedlergemeinschaften. In wenigen Jahrzehnten waren in Nordamerika dreizehn englische Kolonien entstanden. Alle waren voneinander unabhängig, alle hatten sich unterschiedliche Gesetze gegeben. Am größten waren die Unterschiede in bezug auf die Religion. In der Kolonie Massachusetts galten z. B. sehr strenge Kirchengesetze. Hier hatten nur Mitglieder der puritanischen Kirche (vgl. S. 53) Stimmrecht, der Besuch des Gottesdienstes war gesetzliche Pflicht. Staat und Kirche waren eng verbunden. In anderen Siedlergemeinschaften galt Gewissensfreiheit. In Rhode Island lebten z. B. Christen verschiedener Konfessionen, Juden und Konfessionslose zusammen, ohne daß die Regierung die Ausübung einer bestimmten Konfession verlangte oder einschränkte.

Ende des 18. Jh. lebten zusammen mit den schwarzen Sklaven etwa 4 Millionen Menschen in Nordamerika: Engländer, Deutsche, Iren, Franzosen, Schotten, Schweizer, Italiener – also Einwanderer aus fast allen Ländern Europas. Alle brachten ihre Sprache, ihre Religion, ihre Lebensgewohnheiten mit. Doch nach kurzer Zeit fühlten sie sich als „Amerikaner". Warum? Vieles verband die Menschen, z. B. Eheschließungen, gemeinsame Sorgen um das tägliche Leben, der gemeinsame Kampf gegen die Wildnis, der Wille, eine Gemeinschaft aufzubauen, in der möglichst jeder die Chance haben sollte, wirtschaftlich voranzukommen. → (2)

Keine Industrie in Kolonien. Über neun Zehntel aller Siedler in den englischen Kolonien waren Landwirte. Dies durfte sich nach Ansicht der englischen Regierung nicht ändern. Die Kolonien sollten ja einen großen Gewinn bringen und hatten deshalb – wie andere Kolonien auch – zwei Aufgaben zu erfüllen: Rohstoffe zu liefern, die dem Mutterland fehlten, und Fertigwaren zu kaufen, die in England hergestellt worden waren. In zahlreichen Gesetzen verbot das englische Parlament den Siedlern in Nordamerika, Industriewaren herzustellen. Dies führte zu Unruhen, besonders, als sich die englische Regierung entschloß, diese Gesetze auch mit aller Strenge durchzusetzen. → (4)

Opposition der Siedler. Die englische Regierung wollte nach langen Kriegen mit Frankreich (vgl. S. 124), in denen englische Truppen in Amerika auch für die Kolonisten gekämpft hatten, die hohen Kriegskosten auf diese Kolonisten abwälzen. Das Parlament in London erließ deshalb eine neue Steuer für die amerikanischen Kolonien, die sogenannte „Stempelsteuer". Sie sollte für alle amtlichen Papiere, für Zeitungen und Spielkarten gezahlt werden.

Die meisten Kolonisten waren über diese Steuergesetzgebung im fernen London entrüstet. Sie beriefen sich auf alte Grundsätze des englischen Parlaments: „No taxation without representation!" (= Keine Steuern ohne Zustimmung der gewählten Volksvertreter). Das Parlament in London, sagten sie, habe kein Recht, für die Kolonien in Amerika Steuergesetze zu erlassen; denn im Parlament in London saßen keine Vertreter der amerikanischen Siedler. Jetzt boykottierten amerikanische Händler englische Waren, d. h. sie kauften keine Waren mehr aus England. Das traf die englischen Produzenten und Händler so hart, daß die englische Regierung das Gesetz über die Stempelsteuer wieder aufhob. Aber sie erhöhte die Zollabgaben für die Kolonien und ließ die amerikanischen Häfen streng überwachen. Neue Unruhen unter den Kolonisten zwangen die englische Regierung bald, die Zollsätze für einige Waren wieder aufzuheben. Nur der Teezoll blieb bestehen; denn die englische Regierung wollte in dieser Auseinandersetzung mit den Kolonisten nicht vollständig nachgeben.

Aufstand und Unabhängigkeitserklärung. In Boston hatten sich Kolonisten zu einer Gruppe zusammengeschlossen. Sie nannten sich „Söhne der Freiheit" und beschlossen: Wer die Einfuhr von Tee in die Kolonien unterstützt, solange ein Teezoll von England erhoben wird, soll als Feind der amerikanischen Siedler gelten. Als in Boston ein paar Schiffe im Hafen ankerten, deren Teeladung durch englische Beamte verzollt werden sollte, riefen die „Söhne der Freiheit" zum offenen Widerstand auf (1773). Zweihundert Männer verkleideten sich als Indianer und warfen die teuren Teeladungen von den Schiffen ins Meer. Jetzt wurden die englischen Truppen in Boston verstärkt und der Hafen gesperrt. Viele Kolonisten in Boston wehrten sich; sie erhielten Freundschaftsbeweise und Unterstützung aus anderen Kolonien. Als es in Boston zu Gefechten der Siedler mit englischen Truppen kam, erklärten sich alle dreizehn Kolonien solidarisch mit der Bevölkerung Bostons. → (5)
Alle Kolonisten schickten Vertreter nach Philadelphia zu einem Kongreß. Dieser erklärte am 4. Juli 1776: Die dreizehn englischen Kolonien in Nordamerika sind fortan von England unabhängig. Die englische Regierung hat in diesen Kolonien keinerlei Regierungsrechte mehr. Die Vertreter der Kolonien beriefen sich auf allgemeine *Menschenrechte**, die – wie sie meinten – jedem Menschen zustehen.

Krieg um die Unabhängigkeit. Die englische Regierung beantwortete diese Unabhängigkeitserklärung mit Krieg. Sie sandte noch mehr Truppen nach Nordamerika. Der Krieg zwischen den neuen „Vereinigten Staaten von Amerika" – so nannten die Kolonisten ihren Staat – und England dauerte lange und forderte auf beiden Seiten viele Todesopfer. Die Kolonisten waren den englischen Truppen oft überlegen. Sie kämpften im unwegsamen Gelände nicht in geschlossener Marschordnung – wie die englischen Soldaten – sondern in kleinen Trupps, zum Teil aus dem Hinterhalt. Den entscheidenden Sieg konnten sie erst erringen, als ihnen die französische Regierung half. Der König von Frankreich sah nämlich in den Kolonisten „Feinde seiner Feinde" (der Engländer) und unterstützte sie deshalb mit Kriegsmaterial und Soldaten. Erst 1783 ging der Krieg zwischen den Kolonisten und der englischen Regierung zu Ende. England anerkannte die Unabhängigkeit der „*U*nited *S*tates of *A*merica" (USA).

Die Verfassung der USA. Nach dem Krieg waren die dreizehn Kolonien dreizehn Staaten geworden, die nur der Kongreß zusammenhielt. Die einzelnen Staaten waren in vielen Fragen uneins, aber sie sahen alle ein, daß eine zentrale Regierung notwendig war, die wichtige Aufgaben von gemeinsamem Interesse durchführen konnte, z. B. Verhandlungen mit europäischen Ländern oder auch mit Indianerstämmen, Aufgaben der Kriegführung und der inneren Verwaltung, etwa der Post.
So begannen nach dem Friedensschluß langwierige Verhandlungen über eine Verfassung der ehemaligen Kolonien. Man einigte sich darüber, daß das Volk durch seine Vertreter (Repräsentanten) die Regierung bestimmen sollte. Jeder Staat sollte eine bestimmte Anzahl von Abgeordneten in das Parlament wählen. Niemand sollte das Übergewicht haben, weder die Regierung noch das Parlament. Die Regierung sollte keine Gesetze erlassen und keine Verordnungen willkürlich durchführen können. Das Parlament sollte nur Gesetze erlassen können, die den Grundsätzen der Verfassung und der Menschenrechte entsprachen. Die Gerichte sollten unabhängig arbeiten, die *Gewaltenteilung** sollte gesichert sein.
1789 trat die Verfassung in Kraft. Erster Präsident der USA wurde George Washington, der siegreiche Feldherr des Unabhängigkeitskriegs. Erstmals in der Geschichte beruhte eine Verfassung auf den 1776 verkündeten uneinschränkbaren Menschenrechten. Die Kolonisten hatten den ersten modernen Staat geschaffen, dessen Regierung sich zur Demokratie bekannte. Da herrschte kein König von „Gottes Gnaden". Das Volk hatte das Recht, seine Regierung selbst zu bestellen und abzusetzen. Die neue Regierungsform stand im Gegensatz zu allen Regierungsformen der damaligen Zeit. Heute erklären fast alle Regierungen der Welt, sie seien „demokratisch". Die Menschenrechte werden in den meisten Staatsverfassungen ausdrücklich anerkannt. Werden sie auch überall beachtet? → (6)

Siedlungsansätze im Osten Nordamerikas bis 1763.

(1) Nordamerika – Siedler aus fast allen Staaten Europas

(a) Nennt die europäischen Länder, aus denen Einwanderer nach Nordamerika kamen.

(b) Welche Städte bestehen heute noch? Schlagt im Atlas nach. Worauf verweist der Name Neu-Amsterdam, die alte Bezeichnung von New York (vgl. S. 134)?

(c) Sucht Namen von Indianerstämmen; ergänzt die Namen durch weitere euch bekannte Indianerstämme.

(2) Wie wollten die Siedler zusammenleben?

Vertrag der Pilgerväter bei der Überfahrt von Europa nach Nordamerika, 1620:

„Im Namen Gottes, Amen. Wir, die wir mit unseren Namen als treue Untertanen unseres Respekt heischenden Königs Jakob von Gottes Gnaden, des Beherrschers Großbritanniens, Frankreichs und Irlands, des Verteidigers des Glaubens usw., dieses Schriftstück unterzeichnen und die wir zum Ruhme Gottes, zur Verbreitung des christlichen Glaubens sowie zur Ehre unseres Königs und Landes diese Reise unternommen haben, um im Nordteil von Virginia die erste Kolonie zu gründen, verbünden und vereinigen uns feierlich durch dieses Schriftstück in Gegenwart Gottes zu einem geordneten Staatswesen. Wir unternehmen dies um einer besseren Ordnung und unserer Erhaltung willen und zur Förderung der obenerwähnten Zwecke. Kraft dieser Übereinkunft sollen von Zeit zu Zeit gerechte und gleiche Gesetze, Verordnungen, Beschlüsse, Verfassungen und Ämter erlassen, eingesetzt oder eingeführt werden, wie sie für das allgemeine Beste der Kolonie, der wir ergeben und gehorsam dienen wollen, am passendsten und nützlichsten erscheinen. Zum Zeugnis dieser Übereinkunft haben wir zu Cap Code am 11. November im 18. Jahr der Regierung unseres Königs Jakob über England, Frankreich und Irland sowie im 45. Jahr seiner Herrschaft über Schottland dieses Schriftstück mit unseren Namen unterzeichnet. Anno Domini 1620." (3) Q

(a) Was haben die „Pilgerväter" in ihrem Vertrag vereinbart?

(b) Erläutert, wie sie zum König von England standen.

(c) Welche Vorstellung hatten sie vom Christentum?

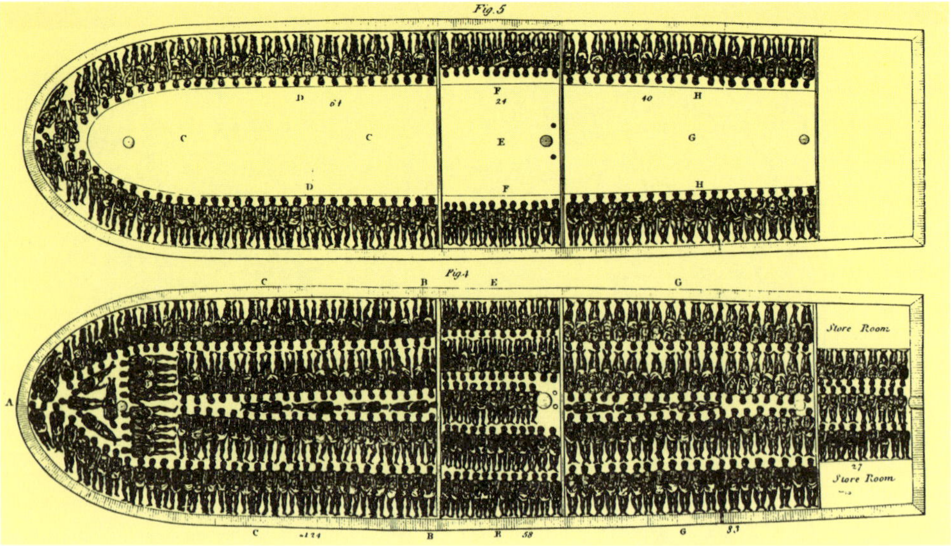

Diesen Grundriß eines Sklavenschiffs, der „Brookes“ aus Liverpool, hat Thomas Clarkson 1789 nach amtlich festgestellten Maßen angefertigt und veröffentlicht, um den „abscheulichen Handel“ bloßzustellen. Das Schiff war 30 Meter lang und faßte 450 Menschen.

(3) Sklavenhandel

Aus einem Bericht über den Transport von Sklaven, um 1700:

„Ich habe die Beobachtung gemacht, daß die große Sterblichkeit, die so oft auf Sklavenschiffen anzutreffen ist, einerseits davon herrührt, daß zu viele Menschen hineingepfercht werden, anderseits aber darauf zurückgeführt werden muß, daß man nicht weiß, wie sie an Bord zu behandeln sind.

Was nun die Einrichtung an Bord betrifft, so ist das Schiff in zwei Abteilungen getrennt; in der vorderen Hälfte bringen wir die Männer unter, in der hintern die Frauen. Auf großen Schiffen, in denen fünf- oder sechshundert Sklaven transportiert werden, sollte das Deck mindestens fünfundeinhalb bis sechs Fuß hoch sein. Das ist unbedingt erforderlich; denn je höher das Deck ist, um so besser ist die Belüftung und desto bekömmlicher ist es für eine so große Zahl menschlicher Kreaturen und infolgedessen auch für deren Gesundheit. Auch kann man sie besser beaufsichtigen. Einzelne Sklaven bilden sich ein, am Ende der Fahrt gefressen zu werden, was sie zur Verzweiflung bringt. Wenn man nicht aufpaßt, meutern sie und fallen über die Schiffsmannschaft her, in der Hoffnung, ausreißen zu können. Solchem Mißgeschick zuvorzukommen, pflegen wir sie täglich zu besuchen und dabei peinlich genau jeden Winkel zu durchstöbern, um festzustellen, ob sie nicht Mittel und Wege gefunden haben, irgendwelche eiserne oder hölzerne Bestandteile oder Messer im Schiff zusammenzulesen, ganz abgesehen davon, daß wir größte Sorge tragen, nirgends Werkzeuge oder Nägel herumliegen zu lassen oder andere Sachen, was jedoch nicht immer so genau beobachtet werden kann, wo so viele Leute im engen Raum eines Schiffes zusammen sind.

Es ist nicht ratsam, die kranken Sklaven auf dem Oberdeck unterzubringen, wie dies unvorsichtigerweise auf der Fregatte Albion geschah; denn da sie auf diese Weise plötzlich, aus der großen Hitze kommend, der freien Luft ausgesetzt wurden und hier auch in der Kühle der Nacht liegenblieben, wobei sie oft noch unter dem Wind zu leiden hatten, der durch die Segel weht, wurden sie bald von so heftigen Fiebern und Blutstürzen gepackt, daß sie innert weniger Tage starben. Die Eigentümer haben auf diese Weise dreihundert Sklaven eingebüßt, und die zweihundertundfünfzig, welche die Fahrt überlebten, glichen Skeletten.“ (4) Q

(a) Beschreibt die Unterbringung von Sklaven auf einem Sklavenschiff.

(b) Man sagte, Negersklaven seien „schwarzes Gold“. Warum?

(c) Informiert euch und berichtet, wo und wie Sklaven in früherer Zeit gehalten wurden.

(4) Industrie in den Kolonien

Aus einer Zeitung in Boston, 1765:

„Ein Kolonist kann keinen Knopf und keinen Hutnagel machen, ohne daß irgendein rußgeschwärzter Eisenhändler oder ein ehrbarer Knopfmacher in Britannien schreit und jammert. Seine Gnaden werden durch die Schufte der amerikanischen Republikaner auf ungeheuerlichste Art und Weise malträtiert, geschädigt, betrogen und beraubt.“ (5) Q

(a) Diskutiert den Grund für das Verbot von Industriebetrieben in den englischen Kolonien in Nordamerika.

(b) Nennt die Vorteile, die England aus dem Handel mit den Kolonien zog.

(c) Erklärt die „Handelsbilanz“ zwischen den Kolonien und England. Achtet dabei auf den Wert der Waren, die in den Kolonien gekauft werden, und auf den Wert der Waren, die aus England kommen.

Aus einer Handelsbilanz der Kolonien mit England:

(Warenwert in engl. Pfund)	Export nach England		Import aus England	
	1762	1774	1762	1774
Neu England	45 000	112 000	250 000	562 000
New York	60 000	80 000	285 000	438 000
Pennsylvania	40 000	70 000	210 000	625 000
Virginia + Maryland	415 000	612 000	420 000	529 000
Carolina	180 000	432 000	200 000	378 000
Georgia	6 000	68 000	23 000	57 000

(6)

(5) **Unverzichtbare Rechte**

„Wir halten es für eine unbestreitbare Tatsache, daß alle Menschen gleich geschaffen worden sind;
daß sie vom Schöpfer mit bestimmten, unveräußerlichen Rechten ausgestattet wurden;
daß hierzu unter anderem das Recht auf das eigene Leben, die Freiheit und das Streben nach persönlichem Wohlergehen gehören;
daß zur Sicherung dieser Rechte Regierungen eingesetzt worden sind, deren Autorität auf der Zustimmung ihrer Untertanen beruht;
daß, sobald eine Regierung der Verwirklichung dieser Ziele entgegensteht, das Volk das Recht besitzt, sie zu verändern oder abzusetzen und eine neue Regierung einzusetzen, die am geeignetsten erscheint, Sicherheit und Glück des Volkes zu schaffen." (7) Q

(a) Erklärt den Begriff „Menschenrechte"; nennt mindestens drei dieser Rechte.

(b) Was ist nach dieser Erklärung die Aufgabe der Regierung? Wem muß die Regierung Rechenschaft ablegen? Wann haben die Regierten (das Volk) das Recht, die Regierung abzulösen?

(c) Erörtert das Problem „Menschenrechte – Negersklaven".

(6) **Das Regierungssystem der Vereinigten Staaten von Amerika**

(a) Erklärt die Verfassung der USA:
Wer wählt den Präsidenten?
Welche Rechte hat der Präsident?
Für welchen Zeitraum wird der Präsident gewählt?
Aus welchen Kammern ist der Kongreß (= Parlament) zusammengesetzt?

Das „Blutbad" in Boston am 5. 3. 1770. Stich von Paul Revere. Bei einem Zusammenstoß eröffneten englische Soldaten das Feuer auf Zivilisten. Fünf Bürger der Stadt Boston kamen ums Leben. Die Nachricht erweckte in den Kolonien große Erregung.

Der Überfall auf englische Teeschiffe im Hafen von Boston im Dezember 1773. Zeitgenössische Darstellung.

Wer wählt das Repräsentantenhaus? Wer den Senat?
Wer ernennt die Richter des obersten Bundesgerichtes?

(b) Warum ist die Verfassung der USA demokratisch?

(c) Welche Vor- und Nachteile hat eurer Meinung nach die Trennung von gesetzgebender, ausführender und richterlicher Gewalt.

(d) Vergleicht die Aufgaben des Präsidenten der USA und des Bundespräsidenten der Bundesrepublik Deutschland. Schlagt hierzu im Grundgesetz Art. 59 und 60 nach.

Links: Die Verfassung der USA. – Rechts: George Washington. Stich nach einem Gemälde von Stuart.

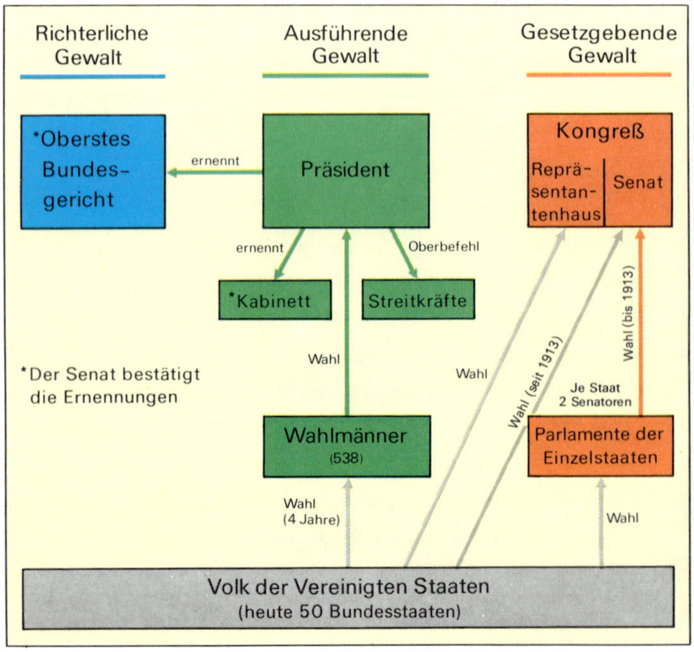

1. Berichte mit Hilfe der Bilder über den Unabhängigkeitskampf der Kolonisten.

2. „Recht auf das eigene Leben, die Freiheit und das Streben nach persönlichem Wohlergehen" – auch heute unverzichtbare Rechte; erläutere bitte, was man darunter versteht, und gib an, was zu tun ist, damit alle Menschen in den Genuß dieser Rechte kommen können.

3. Nenne wichtige Merkmale einer demokratischen Verfassung und erläutere sie am Beispiel der Verfassung der USA.

Gewaltenteilung: Trennung der staatlichen Gewalt in mehrere Teilgewalten; damit soll ein Machtmißbrauch verhindert und die Freiheit der Bürger gesichert werden. Teilung meistens in gesetzgebende Gewalt (Legislative), ausführende Gewalt (Exekutive) und rechtsprechende Gewalt (Jurisdiktion).

Indianer: Urbevölkerung in Amerika. Die Indianer wanderten vor etwa 10 000 Jahren aus der Mongolei nach Amerika und sind in viele Stämme und Sprachen gegliedert. Heute leben in Nordamerika noch etwa 510 000 Indianer.

Menschenrechte: Rechte, die jedem Menschen (nicht nur den Bürgern eines einzelnen Staates) zuerkannt werden; sie gelten als angeboren und unverlierbar und sichern die persönliche Stellung des einzelnen gegenüber der Staatsgewalt. Im Mittelpunkt stehen: Recht auf Leben, Freiheit, Gleichheit vor dem Gesetz. Als Grundrechte bilden sie Voraussetzung und Ziel unseres Gemeinwesens. Sie enthalten zugleich Pflichten jedes Menschen gegenüber den anderen.

Pilgerväter: Protestanten (Puritaner), die England verließen, um ihre Religion frei ausüben zu können; sie fuhren zunächst nach den Niederlanden und 1620 mit der „Mayflower" nach Nordamerika, wo sie die Kolonie Massachusetts gründeten.

Quellennachweis

(1) Übersetzung J. ter Haar, in: Vom Wigwam, zum Wolkenkratzer, Stuttgart, 1960, S. 102.

(2) E. Angermann: Der Aufstieg der Vereinigten Staaten von Amerika. Stuttgart, 3. Aufl. 1970, S. 27.

(3) W. Bradford, in: M. Wein (Hrsg.): Ich kam, sah und schrieb. München 1964, S. 215 ff.

(4) G. Guggenbühl: Quellen, Bd. 3, a. a. O., S. 255.

(5) Weltgeschichte im Aufriß, Bd. 2, Diesterweg 7379, S. 16.

(6) H. D. Schmid: Fragen an die Geschichte, Bd. 3. Frankfurt 1977, S. 99.

(7) Unabhängigkeitserklärung der USA, übersetzt von J. ter Haar, a. a. O., S. 102

1584	Gründung der Kolonie Virginia; erste englische Siedlung in Nordamerika
1620	Ankunft der Pilgerväter in Massachussetts
1754–1763	Krieg zwischen Frankreich und England in Nordamerika
1773	Versenkung einer Tee-Ladung in Boston
1775–1783	Unabhängigkeitskrieg
1776	Unabhängigkeitserklärung der USA
1783	Friede von Versailles; England anerkennt die Unabhängigkeit der USA
1787	Inkrafttreten der Verfassung der USA

Lesetip

D. Brown: Begrabt mein Herz an der Biegung des Flusses. Hoffmann und Campe, Düsseldorf 1979 (HR)

W. Hansen: Sie nannten ihn Lederstrumpf. Ueberreuter, Wien/Heidelberg 1980 (HR)

E. Klein: Die Indianer. Arena, Würzburg 1982 (SB)

M. Hyde: Bei den Nootka-Indianern. Aus dem Tagebuch des Schiffsschmieds John Gewitt. Rowohlt Rotfuchs 52

E. Koch: Karl Mays Väter. Die Deutschen im Wilden Westen. Hansa, Husum 1984 (SB)

R. Oth: Das große Indianer-Lexikon. Arena, Würzburg 1979 (SB)

H. Pleticha: Auf der Spur des Roten Mannes. Arena, Würzburg 1979 (SB)

M. Pütz (Hrsg.): Benjamin Franklin. Lebenserinnerungen. Winkler, München 1982 (QS)

G. Sachse: Hinter den Bergen der Freiheit. Bertelsmann, München (JB)

6. „Freiheit, Gleichheit, Brüderlichkeit“: Die Große Revolution in Frankreich

6.1. Soziale und politische Ursachen der Revolution

Zwei Karikaturen aus dem Jahr 1789. Überschrift des linken Bildes: „Man muß hoffen, daß dieses Spiel bald beendet sein wird.“ Auf dem rechten Bild: „Die gegenwärtige Zeit will, daß jeder die große Last mitträgt.“

Jeder Franzose gehörte durch Geburt oder Beruf einem bestimmten Stand an: Er gehörte zu den Geistlichen, zu den Adligen oder einfach zum *Dritten Stand**. Nach der Standeszugehörigkeit richteten sich Lebensbedingungen, Rechte und Pflichten eines jeden. Gleichberechtigung gab es nicht.

- Wie standen Adlige, Priester, Bürger und Bauern in Frankreich zueinander?
- Was machte die Menschen unzufrieden mit den Verhältnissen – und welche Möglichkeiten gab es, sie zu verändern?
- Wie verhielt sich der König beim Ausbruch der Unruhen?

Vorrechte des Adels und der Geistlichkeit. An der Spitze des Adels stand der König, der in maßlosem Luxus mit seiner Familie in Versailles Hof hielt. 15 000 Personen standen im Dienst von König, Königin, Prinzen und Prinzessinnen. Die Adligen hatten zahlreiche Privilegien. Sie besetzten die obersten Stellen in den Gerichten, im Heer und in der Verwaltung, in der allerdings auch schon viele Bürgerliche tätig waren. Viele Adlige nahmen Titel, Einkommen und Rechte in Anspruch, arbeiteten aber nicht in ihren Amtsstellungen, sondern lebten am Hof in Versailles, um der königlichen Familie aufzuwarten und sich zu unterhalten (vgl. S. 82). Geld für ihren teuren und prunkvollen Aufwand in Versailles erhielten sie durch Gnadengehälter des Königs und aus ihrem Landbesitz. Gutsverwalter schickten das Einkommen nach Versailles, das Bauern mit ihren Abgaben und Arbeitsleistungen für die Adligen erwirtschafteten. Die Mitglieder des niederen Adels wohnten – teilweise bescheiden – auf ihren Landgütern, aber auch sie lebten von der Arbeitsleistung und den Abgaben der Bauern.

Die katholische Konfession galt in Frankreich als Staatsreligion. Geistliche mußten kaum Steuern zahlen; sie waren auch nicht der staatlichen Rechtsprechung unterworfen. Der Kirche gehörte ein großer Teil des Grund und Bodens. Die meisten Bauern mußten Abgaben an die Kirche entrichten, und zwar den zehnten Teil der Ernte, den „Zehnten". Aber der Reichtum der Kirche kam nicht allen Geistlichen in gleicher Weise zugute. Landpfarrer wohnten meistens bescheiden auf ihrem Pfarrhof, während die Bischöfe – alle stammten aus Adelsgeschlechtern – in ihren Schlössern oder am Hof von Versailles verschwenderisch lebten. → (1) (3)

Der Dritte Stand. Die Gruppen innerhalb des Dritten Standes lebten sehr unterschiedlich, z. B. als reiche Händler und Bürger, als Handwerker und Kleinhändler oder als Bauern und Tagelöhner. Bürger und Großhändler in den Städten versuchten, den Lebensstil des Adels nachzuahmen. Manche waren durch ihre Geschäfte reicher geworden als viele Adlige. Sie kauften sich Ländereien und lebten wie Adlige.

Die Bauern dagegen blieben meist arm. Eine Bauersfrau berichtete einem Reisenden um 1780, ihr Mann habe nur ein Stück Land, eine Kuh und ein kleines Pferd. Dennoch müßten sie dem Grundherrn, einem Adligen, jährlich 42 Pfund Weizen und vier Hühner, 168 Pfund Hafer und eine Sau bezahlen. Dazu kam noch die schwere Last der königlichen Steuer. Diese Familie hatte sieben Kinder. Die Frau sah aus, als ob sie sechzig oder siebzig Jahre alt wäre, gekrümmt, das Gesicht voller Falten. Sie war achtundzwanzig Jahre alt.

Die Händler klagten über Steuern und Straßenzölle, die den Handel erschwerten. An vielen Orten waren Zollstationen; dies verteuerte natürlich die Waren. Für einen Schiffstransport aus dem Süden Frankreichs über Rhône, Marne und einen Kanal nach Paris waren z. B. an etwa fünfzehn Orten vierzig verschiedene Gebühren zu entrichten. Die Transportzeit verlängerte sich hierdurch etwa um 12 bis 15 Tage.

Die Handwerker waren besonders an der Abschaffung der Zünfte, also an der Einführung der Gewerbefreiheit interessiert.

Obwohl die wirtschaftliche Lage der verschiedenen Gruppen des Dritten Standes nicht gleichmäßig schlecht war, forderten alle vom König die Herabsetzung der Steuer- und Abgabenlast. Aber dieser hatte gerade die gegenteilige Absicht. → (2) (4) (6)

Opposition gegen den König. Der Staat war seit Jahren verschuldet, weil zahlreiche Kriege und die luxuriöse Hofhaltung des Königs viel Geld verschlangen. Die Regierung wollte deshalb neue Steuern erheben. Erstmals sollten auch die Adligen mehr Steuern bezahlen. Hohe adlige Amtsträger, die Notablen Frankreichs, die 1787 zusammengerufen wurden, um die Regierung zu unterstützen, lehnten eine Grund- und Bodensteuer für den Adel ab. Sie wollten ihre Gewinne nicht schmälern. Stadtbürger und Gerichte wehrten sich ebenfalls gegen die von der Regierung vorgesehene Steuererhöhung.

Allgemein wurde gefordert, daß die *Generalstände**, die für die Steuerbewilligung zuständig waren, zusammentreten sollten. Mit dem Ruf nach den Generalständen, die seit 175 Jahren nicht mehr getagt hatten (vgl. S. 69 f.), wehrten sich Adlige und Bürger gemeinsam gegen die absolutistische Regierungsweise des Königs. Ihre Argumente bezogen sie oft aus „gelehrten Kreisen", wo man sich mit den Auffassungen der aufgeklärten Philosophen (vgl. S. 129) auseinandersetzte. → (5)

Der König muß nachgeben. Da die Bevölkerungszahl in Frankreich im 18. Jh. schnell zunahm brauchte man mehr Nahrungsmittel und Arbeitsmöglichkeiten. Wenn eine Ernte schlecht ausfiel wie 1786/87, kam zur allgemeinen Armut noch eine schwere Hungersnot. In Paris plünderten im April 1789 Arbeiter und Handwerker die Häuser zweier Fabrikanten und einige Lebensmittelgeschäfte. Sie forderten billiges Brot, denn es war knapp und teuer. → (7)

Um neue Unruhen wegen der geplanten Steuererhöhungen zu vermeiden, hatte der König für Mai 1789 die Generalstände einberufen. Diese sollten den Steuererhöhungen zustimmen. Es war ein großes Ereignis. Erstmals seit 1614 wählten Angehörige des Klerus, des Adels und des Dritten Standes ihre Vertreter zu den Generalständen. Der König hatte dem Dritten Stand erhebliche Zugeständnisse gemacht, nämlich die Abgeordnetenzahl verdoppelt. Klerus und Adel sandten je 300 Abgeordnete nach Versailles zur Tagung der Generalstände, der Dritte Stand durfte 600 Vertreter schicken. Diese vertraten allerdings 98 Prozent der Bevölkerung. →(8)
Schon die erste Versammlung der Generalstände führte zu schwerwiegenden Auseinandersetzungen zwischen den Ständen. Wie sollte beraten und abgestimmt werden? Getrennt nach Ständen, jeder Stand für sich, oder nach Köpfen, d. h. die ganze Versammlung gemeinsam? Der Dritte Stand forderte die Abstimmung nach Köpfen. Aber König und Adel waren dagegen. Der König verfügte sogar, daß der Dritte Stand seine Beratungen beende. Nun widersetzten sich die Abgeordneten des Dritten Standes und schworen, nicht auseinanderzugehen, bis Frankreich eine Verfassung habe. Sie verstanden sich als Abgeordnete des ganzen Volkes und bezeichneten ihre Versammlung fortan als *Nationalversammlung**. Dann luden sie die beiden anderen Stände ein, mit ihnen zusammen zu beraten.

(1) **Aufbau der Gesellschaft**

(a) Wieviel „Stände“ sind in diese Skizze eingezeichnet?

(b) Wieviel Prozent der Bevölkerung gehören den jeweiligen Ständen an? Wieviel Personen sind dies ungefähr?

(c) Ordnet folgende Personen den drei Ständen („Klerus“, „Adel“, „Dritter Stand“) zu:
Bäckermeister, Kaplan, Taglöhner, Bäuerin, Erzbischof, königliche Prinzessin, Arbeiter in einer Manufaktur, Marktfrau, Pfarrer, Perückenmacher, Arzt, Großhändler, Herzog, Pächter.

(d) Erklärt, warum die Schemazeichnung über den Gesellschaftsaufbau in Frankreich um 1780 die vorliegende Form hat.

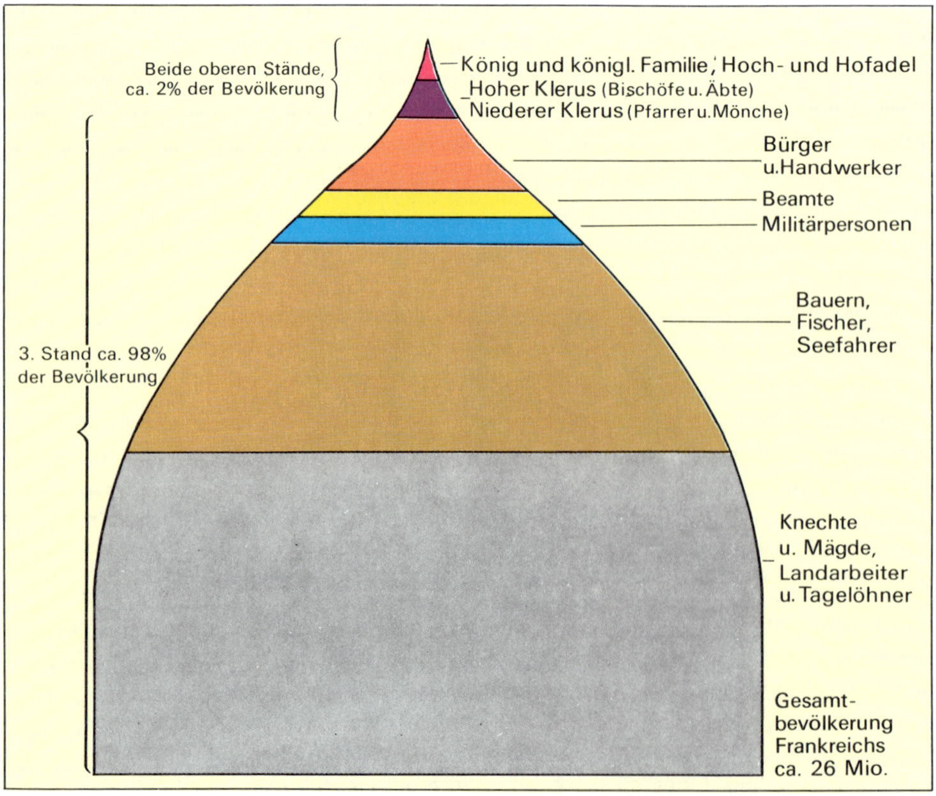

Das Austernfrühstück. Gemälde von Jean-François de Troy (1679–1752). Den Teilnehmern des Herrenfrühstücks werden Sekt und Austern gereicht, einige sehen einem in die Luft geflogenen Flaschenpfropfen nach.

(2) Beschwerden der Bauern

„Der Graf von Oisy jagt auf 20 Dörfern zu Pferde über die Äcker hinweg. Seine stets bewaffneten Wächter haben mehrere Personen getötet, unter dem Vorwande, die Rechte ihres Herrn zu wahren. Das Wild frißt alljährlich die Erntehoffnungen auf. Im Amtsbezirk Evreux wagt sich das alles vernichtende Wild bis an die Häuser heran. Der Bürger ist nicht einmal sicher, wenn er ausgeht, um das Unkraut auf seinen Feldern zu jäten. Wieviel Witwen und Waisen sind nicht wegen eines armseligen Hasen oder Kaninchens um Gatten und Väter gekommen! ...
Aus einem Protokoll geht hervor, daß in der einzigen Pfarre Vaux (bei Meulan) die Kaninchen der nahen Gehege die ganzjährige Nahrung von 800 Personen, nämlich über 7000 Acres Getreide vertilgt haben. Ganz in der Nähe, in Larochette, fressen ganze Rudel von Hirschen tagsüber die Feldsaaten ab, während sie des Nachts sogar in die Hausgärten kommen, um die Gemüse zu verzehren und die jungen Bäume abzubrechen. Nur in Gärten, die von hohen Mauern umgeben sind, kann man der Gemüseernte sicher sein. Zu Farcy pflanzt man in einem Weingarten 500 Pfirsichbäume; die Hirsche sorgen aber dafür, daß nach drei Jahren keine 20 übrigbleiben. Auf dem ganzen Gebiete von Fontainebleau sind die Gemeinden, um ihre Reben zu schützen, genötigt, Wächter anzustellen, die mit ihren Hunden – für Wächter wie für Hunde muß erst die Erlaubnis der Hauptmannschaft eingeholt werden – vom Sonnenuntergang bis Sonnenaufgang Spektakel machen müssen, um die Tiere, auf die sie nicht schießen dürfen, fernzuhalten; das geht so fort vom ersten Mai bis Mitte Oktober ..."
Ludwig XVI. schreibt am 31. August 1781: ‚Heute 460 Stück getötet'; im Jahre 1780 erbeutet er 20 534 Stück, 1781 ungefähr ebensoviel, im Laufe von 14 Jahren 1254 Hirsche und 189 251 andere Tiere. Und alles hat er hübsch bequem in der Nähe; denn seine Parks grenzen an seine Häuser." (1) Q

(a) Zählt auf, welchen Schaden die bäuerliche Bevölkerung durch die Jagdvorrechte der Adligen hatte; erläutert die Folgen für die Bauern.

(b) Sprecht über die Jagdleidenschaft des Königs und des Adels (vgl. auch das Bild S. 89).

(3) Verschwendung am Hof und in der Adelsgesellschaft

„Wenn der König großen Cercle [Empfang am Hof] abhält, wobei gespielt und in der Spiegelgalerie getanzt wird, ladet er 400 bis 500 Personen ein. Da sitzt die Elite des Adels auf gepolsterten Bänken an den Wänden oder vor den Kartentischen. In jedem wohleingerichteten Hause ist der Salon das Hauptstück, aber nirgends und niemals hat es einen glänzenderen Salon gegeben als diesen. Von der mit scherzenden Liebesgöttern geschmückten Decke hängen flammende Leuchter herab, deren Strahlenglanz von hohen Spiegeln vervielfacht wird. Das Licht fällt in Strömen auf Vergoldungen, Diamanten, geistvolle, heitere Köpfe, enorme girlandengezierte, schimmernde Kleider.

Die Schleppen der Damen bilden ein reiches Spalier, bedeckt mit Perlen, Blumen, Früchten, künstlichen Erdbeeren, Himbeeren und Kirschen, Gold, Silber und Edelsteinen. Die Pracht dieses riesigen lebenden Buketts blendet das Auge ... Die Herren sind ebenso herausgeputzt wie die Damen: Sie sind frisiert, gepudert, tragen das Haar in Locken und Knoten, Krawatten und Manschetten aus Spitzen, Röcke aus rosenroter oder blauer Seide mit Verzierungen aus Goldborten und Tressen." (2) Q

(a) Beschreibt den Luxus bei Festlichkeiten am Hof.

(b) Erklärt das Bild „Austernfrühstück" S. 145.

(c) Beurteilt den beschriebenen Luxus und vergleicht ihn mit dem Leben der Bauern.

(4) Bodenverteilung – Steuerlast – Verwendung der Steuern

(a) Erörtert, wie sich die Verteilung des Bodens auf die wirtschaftliche Lage von Adel, Klerus, Bürger und Bauern auswirken mußte.

(b) Erklärt die Darstellung unten und schreibt auf, warum Bürger und Bauern mit diesem Zustand unzufrieden waren.

(c) Wofür mußte im Staatshaushalt das meiste Geld aufgebracht werden?

(5) Forderungen von Dorfbewohnern

„1. Alle Steuern sollten von den drei Ständen ohne irgendwelche Ausnahme gezahlt werden, von jedem Stand nach seinen Kräften.
2. Gleiches Gesetz und Recht für das ganze Königreich.
3. Völlige Aufhebung der Sondersteuern und der Salzsteuer.
4. Abgabenfreiheit für alle Messen und Märkte und die Abschaffung aller Weggelder.
5. Völlige Beseitigung jeglicher Art von Zehnten in Naturalien.
6. Alle Grundbesitzer und Landwirte verlangen eine Einschränkung der Menge des Wildes, besonders die Ausrottung der Kaninchen, Verminderung der Hasen und Eichhörnchen ... um mindestens ein Drittel. Es bleibt noch reichlich Wild an Fasanen und ... Rebhühnern, die den Ernten schaden; aber ihre Erhaltung soll respektiert werden, da sie die Vergnügungen Seiner Majestät darstellen ...
7. Ausrottung der Tauben, da sie zur Aussaat- und Erntezeit beträchtlichen Schaden anrichten.
8. Alle Eigentumsrechte sollen heilig und unverletzlich sein.
9. Es möge rascher und mit weniger Parteilichkeit Recht gesprochen werden.
10. Gänzliche Abschaffung aller Frondienste, welcher Art und Natur sie sein mögen.
11. Die Einziehung zum Heeresdienst soll nur in dringenden Fällen erfolgen, und in diesem Fall sollen alle Städte ohne irgendeine Ausnahme oder Freistellung dazu beitragen ...
15. Das Volk verlangt die Herabsetzung des Getreidepreises, angesichts des großen Elendes, das in allen Landschaften herrscht.
17. Alle Pfarrer sollen verpflichtet sein, alle ihre Amtspflichten zu erfüllen, ohne dafür irgendeine Vergütung zu verlangen." (3) Q

(a) Welche Forderungen sind nach eurer Ansicht die wichtigsten?

(b) Sucht konkrete Beispiele zu einigen Forderungen, um sie zu verdeutlichen.

(c) Begründet folgende Behauptung: Wenn diese Forderungen der Bauern angenommen werden, ist die politische und soziale Ordnung in Frankreich völlig geändert.

(6) Bevölkerungszuwachs in Frankreich

In Frankreich stieg die Bevölkerungszahl im 18. Jh. von 18 Millionen (1715) auf 26 Millionen (1789), in Europa ohne England von 118 Millionen (um 1700) auf 187 Millionen (um 1800).

„Man kennt die Ursachen dieser Vermehrung noch nicht genau. Aber man kann die beträchtlichen Folgen feststellen. In der ‚Alterspyramide' haben seitdem die jungen Menschen das Übergewicht. Besonders Frankreich wird 1789 von der Jugend beherrscht; nur 24% seiner Bevölke-

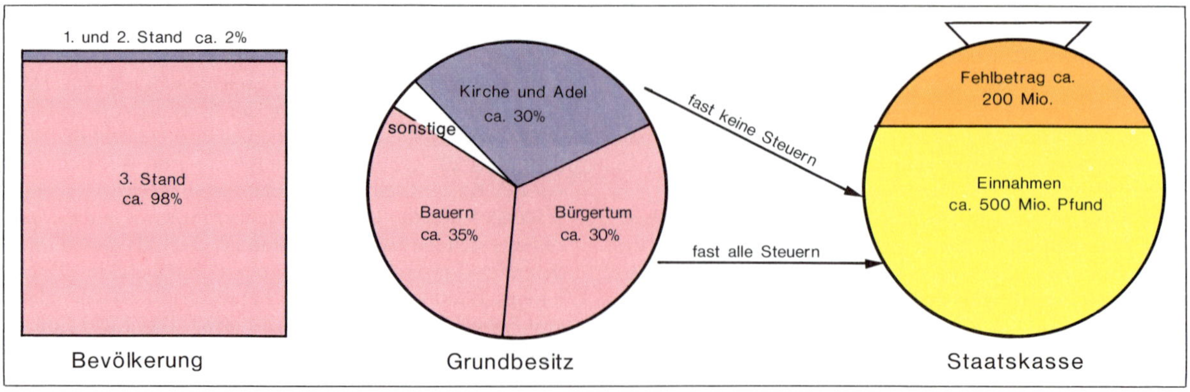

Die Eröffnung der Ständeversammlung in Versailles. Gemälde von Auguste Couder. Auf der rechten Seite die Vertreter des Adels, die ihre mit Straußenfedern geschmückten Hüte auf die Knie gelegt haben. Links die Geistlichkeit, in der Mitte die Abgeordneten des Dritten Standes. In der vierten Reihe, in nachdenklicher Haltung, Robespierre (vgl. S. 157).

rung sind älter als 40 Jahre, während 40% zwischen 20 und 40 Jahre und 36% weniger als 20 Jahre alt sind. Obwohl die relative Bevölkerungszunahme in ganz Europa fast dieselbe war, gibt es Länder, die schon 1789 ‚überbevölkert' sind – das ist in Frankreich der Fall. Gerade in Frankreich bilden die jungen Menschen die zahlreichste und explosivste Masse, weil sie ‚unterbeschäftigt' ist. Es ist sicher, daß der Bevölkerungsdruck in den armen Klassen und überbevölkerten Ländern viel spürbarer war; denn wenn die Armen überleben, leben sie schlecht." (4)

(a) Zeichnet zwei Diagramme: 1. über den Anstieg der Bevölkerung in Frankreich und auf dem Kontinent, 2. über die Altersverteilung der Bevölkerung in Frankreich.

(b) Erörtert die Bezeichnung „Bevölkerungsdruck in den armen Klassen".

(c) Erkundigt euch nach Problemen der Altersverteilung in der Bevölkerung heute; z. B. in der Bundesrepublik Deutschland.

(7) **Löhne und Preise, Paris 1789**

Preise im Juni 1789

1 Laib Brot zu 4 Pfund	$14\,^1/_2$ sous
0,5 Liter Wein	5 sous
1/2 Pfund Fleisch	5 sous
Miete täglich	3 sous

Beruf	Lohn pro Arbeitstag	tatsächliches Einkommen pro Tag
Arbeiter in der Fabrik Réveillons	25 sous	15 sous
Bauarbeiter	30 sous	18 sous
Maurergeselle	40 sous	24 sous
Schlosser-, Schreinergeselle	50 sous	30 sous
Bildhauer, Goldschmied	100 sous	60 sous

Der Unterschied zwischen Tagelohn und tatsächlichem täglichen Einkommen erklärt sich aus der hohen Zahl unbezahlter Feiertage. (5)

Der Ballhausschwur. Gemälde von Jacques Louis David. Im königlichen Ballspielhaus zu Versailles schworen die Abgeordneten der Nationalversammlung, sich nicht zu trennen, bis sie dem Königreich eine Verfassung gegeben hätten (vgl. S. 144).

(a) Zählt auf, was sich ein Bauarbeiter von seinem Lohn kaufen konnte.

(b) Erläutert, warum es im Sommer 1789 in Paris zur Plünderung von Bäckerläden kam.

(c) Besprecht folgende Behauptung: Wirtschaftliche Not kann eine Ursache für Revolten und Aufstände sein.

(8) „Generalstände" – „Nationalversammlung"

(a) Beschreibt und vergleicht die Bilder S. 147 und 148.

(b) Was verrät die Sitzordnung der Deputierten für die Generalstände über die Gesellschaftsordnung in Frankreich? Wo sitzt der König?

(c) Woraus ist ersichtlich, daß der Maler für die Nationalversammlung Partei ergreift?

1. Beschreibe den Gesellschaftsaufbau in Frankreich um 1789 und nenne Konflikte zwischen den einzelnen Ständen. Erkläre hierbei auch die Karikaturen S. 142.

2. Zähle einige Sonderrechte von Adligen und Geistlichen auf.

3. Nimm Stellung zu folgender Frage: War der Aufbau der Gesellschaft in Frankreich um 1789 gerecht?

4. Berichte über die Einberufung der Generalstände und den Streit um das Abstimmungsverfahren.

Dritter Stand: Bezeichnung für alle Bewohner Frankreichs, die nicht dem Klerus oder dem Adel angehörten. Innerhalb des Dritten Standes gab es starke Unterschiede in der Lebensweise (arm und reich) und in der politischen Zielsetzung (Landbevölkerung – Bürger der Städte).

Generalstände: Versammlung von Vertretern der drei Stände in Frankreich (Adel, Klerus und Dritter Stand). Sie wurden vom König einberufen und tagten unregelmäßig. Hauptaufgabe: Bewilligung von Steuern. Von 1614 bis 1789 waren sie nicht einberufen worden.

Nationalversammlung: Versammlung von gewählten Abgeordneten, die eine Verfassung für einen Staat ausarbeiten soll. In Frankreich erklärten sich die Abgeordneten des Dritten Standes 1789 zur Nationalversammlung.

Lesetip

G. Pernoud, S. Flaissier: Die Französische Revolution in Augenzeugenberichten. dtv 2702 (QS)
Französische Revolution für Anfänger. Rowohlt Sach-Comics 7546 (SB)
J. Wittkop: Graf Mirabeau, Reutlingen o. J. (SB)
Zeitbild: Die Französische Revolution. Ueberreuter, Wien/Heidelberg 1977

1774–1792	König Ludwig XVI.
5. Mai 1789	Eröffnung der Generalstände
17. Juni 1789	Bildung der Nationalversammlung
20. Juni 1789	Die Abgeordneten schwören im Ballhaus, sich bis zur Verabschiedung einer Verfassung nicht mehr zu trennen

Quellennachweis

(1) H. Taine, zitiert aus: R. Stielow: Die bürgerlichen Revolutionen. Diesterweg 7209, S. 24f.
(2) H. Taine, ebenda, S. 26.
(3) Beschwerdeheft des Dorfes Guyancourt bei Versailles, 1789. Grundzüge der Geschichte, Quellentaschenbuch 3, a. a. O,. S. 56.
(4) Jacques Godechot: Les Révolutions (1770–1799). Paris 1963, S. 85f.
(5) Grundzüge der Geschichte, Quellentaschenbuch 3, a. a. O., S. 57.

Camille Desmoulins ruft im Garten des Palais Royal die Menge zu den Waffen (12. Juli 1789). Stich von Pierre Gabriel Berthault nach Jean-Louis Prieur.

6.2. Die „Große Revolution" nimmt ihren Lauf

Die Erstürmung der Bastille am 14. Juli 1789. Gemälde eines unbekannten Künstlers.

Mit dem Ausbruch der Revolution in Frankreich begann eine neue Epoche in der Geschichte unserer Welt. Die französischen Ereignisse wirkten weit über die Grenzen des Landes und über die Zeit von 1789 hinaus. Mit der Revolution sollte das Zeitalter der alten Gesellschaft, die nach Ständen gegliedert und von König und Adel beherrscht war, zu Ende gehen. Was aber war das Neue, das die Revolution hervorbrachte?

- Was geschah bei der „Großen Revolution" in Frankreich von 1789?
- Wer war an den Vorgängen aktiv beteiligt? Wer war betroffen davon, begeistert oder bestürzt über das, was geschah?
- Welche Bedeutung hat die Französische Revolution von 1789 für uns heute?

Eine Festung des Königs fällt. In Versailles tagten seit Mai 1789 die Abgeordneten der drei Stände. Der König hatte insofern nachgegeben, als er die Abgeordneten des Adels und der Geistlichkeit gemeinsam mit den Vertretern des Dritten Standes beraten ließ. Aber er bestritt, daß die Nationalversammlung eine Verfassung beschließen dürfe. Truppen, die nach Versailles und Paris verlegt wurden, sollten die Nationalversammlung einschüchtern. Als am 11. Juli 1789 der – bei der Bevölkerung beliebte – Finanzminister Necker vom König entlassen wurde, riefen Redner in Paris das Volk auf, sich zu bewaffnen.

„Man drang in Klöster ein, und Büchsenmacher, Waffenschmiede und Sattler wurden in verschiedenenTeilen der Hauptstadt überfallen . . .
Am Morgen des 14. Juli wurde ein aufsehenerregender Überfall auf das Hôtel des Invalides [Kaserne mit altgedienten, z. T. verwundeten Soldaten] am rechten Seineufer gemacht. Dem sächsischen Gesandten Salmour zufolge, der Zeuge des Unternehmens war, nahmen 7000 oder 8000 Bürger daran teil; viele wurden . . . im Gedränge erdrückt. Der Gouverneur [der Befehlshaber dieser Kaserne] sah sich von seinen Truppen verlassen und mußte die Tore öffnen. Er erstattete später Bericht über das Verschwinden von mehr als 30 000 Gewehren, von denen mindestens 12 000 ‚in gefährliche Hände' gefallen waren. Inzwischen hatte sich der Ruf ‚zur Bastille!' erhoben . . .
Der unmittelbare Zweck [zur königlichen Festung Bastille zu ziehen] war nicht, die Gefangenen zu befreien, sondern das Pulver zu finden, das, wie man wußte, vor kurzem aus dem Arsenal dorthin gebracht worden war. Auch andere Motive spielten zweifellos eine Rolle. Man hielt die Festung für stark bemannt: ihre Kanonen . . . hätten in den übervölkerten Wohnvierteln schreckliches Unheil anrichten können . . . Überdies war die Bastille in der Bevölkerung als ein Symbol des Despotismus [der Willkürherrschaft] der Minister verhaßt . . .
Der Gouverneur weigerte sich, die Festung zu übergeben, er habe jedoch die Kanonen zurückgezogen und die Zusicherung gegeben, daß er nicht schießen werde, falls er nicht angegriffen würde. Bis dahin war die Volksmenge, die aus der Rue Saint-Antoine in die Festung geströmt war, erst in den äußeren der beiden Höfe eingedrungen, von dem aus man zur großen Zugbrücke und zum Haupttor der Bastille kam. Der äußere Hof war wie immer unbewacht. [Als der Gouverneur glaubte], es würde nun ein frontaler Angriff erfolgen, ließ er schießen. In dem nun folgenden Gefecht erlitten die Belagerer Verluste von 98 Toten und 73 Verwundeten; von den Verteidigern wurde nur einer getroffen . . .
Der Gouverneur wollte sich [nach einiger Zeit] ergeben, unter der Bedingung, daß die Garnison verschont bliebe; doch die wütende Menge wollte von Bedingungen nichts wissen, und die Belagerung wurde fortgesetzt. Nun scheint [der Gouverneur] den Kopf verloren zu haben: Er drohte, die Festung in die Luft zu sprengen. Seine Leute hielten ihn jedoch davon ab, und in der Verzweiflung gab er Befehl, die große Zugbrücke herabzulassen. So fiel die Bastille . . . Die ‚Sieger der Bastille', wie sie schließlich genannt wurden, zählten 800 bis 900 Personen . . .
Drei Fabrikanten sind [in der Liste der ‚Sieger'] angegeben, vier Kaufleute, der Brauer Santerre, drei Marineoffiziere . . . Der Rest besteht aus Kleinhändlern, Handwerkern und Angestellten. Von diesen sind ungefähr zwei Drittel kleine Werkstatteigentümer, Handwerker und Gesellen aus ungefähr 30 kleinen Gewerben . . . Eine Frau war darunter, eine Wäscherin . . ." (1)

Nach diesem Aufstand in Paris mit dem Fall der *Bastille** anerkannte der König die Nationalversammlung. Er mußte sich mit dem Geschehenen einverstanden erklären und legte als Zeichen hierfür die blau-weiß-rote Kokarde an, d. h. die Farben der Aufständischen. → (1)

Revolten auf dem Lande. Nicht nur in Paris, auch auf dem Land bewaffnete sich das Volk, oft mit Sensen und Knüppeln. Eine große Furcht war verbreitet: Adlige fürchteten Bauern, und Bauern fürchteten Adlige. Umlaufende Gerüchte vermehrten die allgemeine Furcht. In einigen Landschaften stürmten Bauern die Schlösser der Herren und Klöster. Sie verbrannten alte Dokumente, in denen ihre Abgabenverpflichtungen verzeichnet waren. Oft zerstörten sie die erstürmten Schlösser. Viele Adlige mußten fliehen und brachten sich über die Grenzen in Sicherheit.

Freiheit, Gleichheit, Menschenrechte. Der allgemeine Aufstand der Bauern und die Unruhen in vielen Städten ließen die Mitglieder der Nationalversammlung bereits Anfang August 1789 grundlegende Beschlüsse fassen, die das alte Feudalsystem mit seinen Privilegien für Klerus und Adel und mit seinen Ungerechtigkeiten gegenüber dem Dritten Stand beseitigen sollten. Sie bestimmten: Die Leibeigenschaft der Bauern ist abgeschafft; die Grundherren sind keine Richter mehr; die Zehntabgabe kann aufgehoben werden; die Handwerkszünfte werden aufgelöst.
Auch über eine Verfassung wurde beraten. Dabei ging die Nationalversammlung von dem Satz aus: „Der Ursprung jeder Herrschaft liegt wesensgemäß beim Volke." Die Verfassung sollte „Freiheit" und „Gleichheit" für alle Bürger gewährleisten. Ende August 1789 verkündete die Nationalversammlung die „Menschenrechte". Sie waren weit umfassender als diejenigen, die in der Verfassung der USA standen. Mit diesen Beschlüssen hatte die Nationalversammlung den absolutistischen Staat endgültig überwunden. → (2)

Aufständische Frauen. Im September 1789 wurde das Brot wieder teurer. Paris, eine Stadt von 650 000 Einwohnern, war nicht mehr ausreichend versorgt. Vor den Bäckerläden standen die Frauen Schlange. Es kam zu Unruhen, man stürmte Bäckerläden, hielt Getreidewagen an. Am 5. Oktober zog ein langer Zug von Frauen – Marktfrauen, Arbeiterinnen und gut gekleidete Bürgerinnen – von Paris nach Versailles (20 km), wo der König Hof hielt und wo die Nationalversammlung tagte. Die Frauen drängten in eine Sitzung der Nationalversammlung und verlangten eine bessere Lebensmittelversorgung.
Als die Menschenmenge drohte, das Schloß zu stürmen, bestätigte der König die Beschlüsse der Nationalversammlung. Außerdem willigte er ein, fortan in Paris im königlichen Schloß zu wohnen. Er und seine Familie wurden von den Aufständischen wie in einem Triumphzug nach Paris geführt. Frauen sollen dabei gerufen haben: „Wir bringen den Bäcker, die Bäckersfrau und den Bäckerjungen."

Eine Verfassung für Frankreich. Auch die Nationalversammlung mußte nach Paris umziehen. Noch während der Beratungen über die Verfassung entstanden neue Konflikte, zunächst mit der Kirche, die nicht nur ihre Privilegien, sondern den ganzen Grundbesitz verlor. Er wurde enteignet und verkauft, um die Staatsfinanzen aufzubessern. Nun sollte die Kirche der neuen Verwaltung angepaßt werden. Alle Diözesen sollten sich mit den staatlichen Verwaltungsgebieten, den neuen Departements, decken. Alle kirchlichen Ämter konnten fortan nur durch Wahlen besetzt werden. Die Priester wurden somit zu Staatsbeamten mit fester Besoldung. Als Beamte sollten sie den Eid auf die neue Verfassung ablegen. Zehntausende von Priestern weigerten sich, wurden verfolgt und ihrer Ämter enthoben. Da viele Menschen treu zur Kirche hielten, verlor die Revolution an Ansehen.
Der König hatte der neuen Kirchenordnung nur widerwillig zugestimmt. Sein Gewissen wehrte sich gegen die Aufhebung der kirchlichen Unabhängigkeit. Auch seine eigene Stellung war bedroht. Im Juni 1791 unternahm er mit seiner Familie einen Fluchtversuch in Richtung zur deutschen Grenze. Man erkannte ihn und brachte ihn nach Paris zurück. Fortan galt der König vielen als Hochverräter.
Im September 1791 lag der Verfassungstext vor. Noch blieb Frankreich eine Monarchie. Der König besaß die Ausführende Gewalt (= *Exekutive**). Er vertrat den Staat nach außen und behielt das Recht, Minister und Diplomaten und einen Teil der Offiziere zu ernennen. Nach innen, d. h. in der Verwaltung des Landes, blieb seine Gewalt durch die Selbstverwaltung der Departements beschränkt. Er konnte Einspruch gegen neue Gesetze erheben, aber sein Einspruch bewirkte nur, daß ein Gesetz neu verhandelt wurde. Er konnte Gesetze nicht aufheben. Die volle Macht des Staates gehörte der *Legislative** (= Gesetzgebende Versammlung). Sie machte die Gesetze und legte alle Steuern fest. Sie konnte die Minister des Königs zur Verantwortung ziehen. Nicht jeder Bürger besaß das Wahlrecht; wählen durfte nur, wer Steuern bezahlte, d. h. wohlhabende Bürger, nicht Lohnarbeiter und Besitzlose. → (3)
Auch das Rechtswesen wurde neu geordnet. Alle Verfahren mußten öffentlich verhandelt werden. In den Schwurgerichten saßen Bürger als Laienrichter, Sondergerichte des Königs und der Grundherren verschwanden. Alle Richter waren unabhängig.

(1) Revolutionäre Ereignisse – Begeisterung für die Revolution

(a) Berichtet mit Hilfe der Bilder S. 149, 150, 153 und des Textes S. 151 über die revolutionären Ereignisse.
(b) Versucht diese Ereignisse zu beurteilen.

(2) Erklärung der Menschen- und Bürgerrechte

„1. Die Menschen werden frei und gleich an Rechten geboren und bleiben es. Die gesellschaftlichen Unterschiede können nur auf dem allgemeinen Nutzen begründet werden.
2. Der Zweck jeder staatlichen Vereinigung ist die Erhaltung der natürlichen und unverjährbaren Menschenrechte. Diese Rechte sind Freiheit, Eigentum, Sicherheit und Widerstand gegen Unterdrückung.
3. Der Ursprung jeder Herrschaft liegt wesensmäßig beim Volke; keine Körperschaft, kein einzelner kann Herrschaft ausüben, die nicht ausdrücklich von ihm ausgeht.
4. Die Freiheit besteht darin, alles tun zu können, was einem anderen nicht schadet; also hat die Ausübung der natürlichen Rechte eines jeden Menschen keine anderen Grenzen als jene, die den anderen Mitgliedern der Gesellschaft den Genuß dieser gleichen Rechte sichern. Diese Grenzen können allein durch das Gesetz bestimmt werden.

Der Zug der Marktfrauen nach Versailles am 5. Oktober 1789. Zeitgenössische Darstellung.

Ludwig XVI. und seine Familie werden am 22. Juni 1791 in Varennes zur Rückkehr nach Paris gezwungen. Stich von Pierre Gabriel Berthault nach Jean-Louis Prieur.

Die Verfassung von 1791.

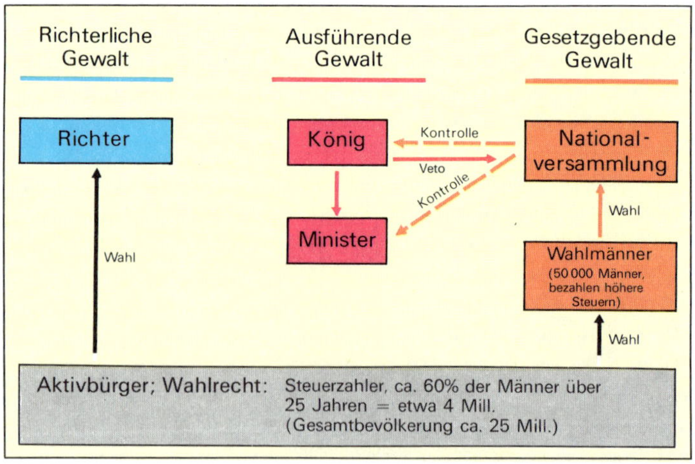

5. Das Gesetz darf nur die Handlungen verbieten, die der Gesellschaft schaden. Nur das, was das Gesetz verbietet, kann untersagt werden, und niemand kann zu einer Handlung gezwungen werden, die das Gesetz nicht gebietet.
6. Das Gesetz ist der Ausdruck des allgemeinen Willens. Alle Bürger haben das Recht, an seiner Gestaltung persönlich oder durch ihre Vertreter mitzuwirken. Es soll für alle Bürger das gleiche sein, es mag schützen oder bestrafen. Da alle Bürger vor dem Gesetz gleich sind, so sind sie auch alle in der gleichen Weise zu allen Ehrenämtern, öffentlichen Stellungen und Beschäftigungen gemäß ihren Fähigkeiten zugelassen, ohne einen anderen Unterschied als den ihrer Kräfte und Geistesgaben.
7. Niemand darf außer in den durch das Gesetz bestimmten Fällen angeklagt, verhaftet oder gefangengehalten werden, und nur nach den Formen, die es vorgeschrieben hat. Wer willkürliche Anordnungen empfiehlt, erläßt, ausführt oder ausführen läßt, soll bestraft werden; aber jeder Bürger, der kraft des Gesetzes vorgeladen oder festgenommen wird, muß sofort gehorchen; durch Widerstand macht er sich strafbar.
8. Das Gesetz darf nur Strafen festsetzen, die unbedingt und offenbar notwendig sind, und man kann nur bestraft werden auf Grund eines Gesetzes, das vor der Straftat festgelegt und verkündet war und gesetzmäßig angewendet wurde.
9. Da jeder Mensch so lange für unschuldig gehalten wird, bis er für schuldig erklärt worden ist, soll, wenn seine Verhaftung für unumgänglich erachtet wird, jede Härte, die nicht notwendig wäre, um sich seiner Person zu versichern, durch das Gesetz streng unterbunden werden.
10. Niemand darf wegen seiner Ansichten, selbst nicht der religiösen, bedrängt werden, vorausgesetzt, daß ihre Äußerung nicht die durch das Gesetz festgelegte öffentliche Ordnung stört.
11. Die freie Mitteilung der Gedanken und Ansichten ist eines der kostbarsten Menschenrechte; daher kann jeder Bürger frei sprechen, schreiben, drucken, mit dem Vorbehalt, daß er verantwortlich ist für den Mißbrauch dieser Freiheit in den von dem Gesetz festgelegten Fällen."
(2) Q

(a) Schreibt die – nach eurer Ansicht – fünf wichtigsten Rechte auf und erläutert sie.

(b) Besprecht die unterschiedlichen Ansichten aus Aufgabe a) in der Klasse.

(c) Der Antrag einer Frau (Olympe de Gouches), auch Rechte der Frauen und Bürgerinnen zu verkünden, wurde abgewiesen. Was meint ihr dazu?

(3) **Die neue Staatsordnung 1791**

(a) Wer darf wählen? Haben alle Bürger die gleichen Rechte?

(b) Welche Rechte hat der König?

(c) Ist dies eine „demokratische Verfassung"? Begründet eure Ansicht.

Der Plakattext lautet: „Unteilbare Einheit der Republik Freiheit, Gleichheit, Brüderlichkeit oder der Tod."

1. Erkläre das Bild; nenne Gründe, die zur Revolution in Frankreich führten, und erläutere die ersten Ergebnisse.

2. Erläutere mit Hilfe des Plakates die Ziele der Aufständischen.

3. Berichte, wie und mit welchen Mitteln die Aufständischen ihre Forderungen durchsetzten.

4. Begründe die Behauptung: Nach der Verabschiedung der neuen Verfassung von 1791 war Ludwig XVI. kein „absoluter König" mehr.

Karikatur auf die Ereignisse Anfang August 1789.

Bastillesturm: Die Bastille war eine königliche Stadtfestung in Paris, die auch als Staatsgefängnis diente. Sie wurde als Symbol königlicher Willkürherrschaft am 14. Juli 1789 gestürmt. Das galt als Inbegriff für den Sieg der Revolution. Deshalb wird der Tag des Bastillesturms bis heute in Frankreich als Nationalfeiertag begangen.

Exekutive: (lat. „exsequi" = ausführen). Die „Ausführende" oder „Vollziehende" Gewalt. Sie liegt in einem Verfassungsstaat mit Gewaltenteilung in der Hand der Regierung. Exekutive bedeutet im Kern dasselbe wie Regierung.

Legislative: (lat. „lex" = Gesetz). Die „Gesetzgebende Gewalt". Aufgrund der Verfassung hat in demokratischen Staaten nur die Volksvertretung (das Parlament) das Recht, Gesetze zu beschließen.

13. 7. 1789	Gründung der Bürgermiliz (Nationalgarde) in Paris
14. 7. 1789	Sturm auf die Bastille
4.–11. 8. 1789	Abschaffung der Feudalrechte
5. 8. 1789	Bauernbefreiung, Gewerbefreiheit
26. 8. 1789	Erklärung der Menschen- und Bürgerrechte
6. 10. 1789	Verlegung des Hofes und der Nationalversammlung nach Paris
2. 11. 1789	Verstaatlichung des Kirchenbesitzes
21. 6. 1791	Fluchtversuch des Königs und seiner Familie
3. 9. 1791	Verkündung der neuen Verfassung

Lesetip

H. Burton: Der Rebell. Ein Engländer erlebt die Französische Revolution. dtv junior 70025 (JB)

W. Hansen. Der Detektiv von Paris. Ueberreuter, Wien/Heidelberg 1980 (JB)

C. Wethekam: Mamie 1780–1794. Stuttgart 1975, dtv Junior 7409 (HR)

C. Wethekam: Tignasse, Kind der Revolution. Stuttgart 1972, dtv Junior 7388 (HR)

Quellennachweis

(1) G. Rudé: Die Massen in der Französischen Revolution. München 1961, S. 74ff.

(2) Grundzüge der Geschichte, Quellentaschenbuch 3, a. a. O., S. 57f.

6.3. Unter der Diktatur der Jakobiner

Die Hinrichtung Ludwigs XVI. Zeitgenössische Darstellung.

„Ich sage, der König muß als Feind gerichtet werden; wir haben ihn weniger zu richten als zu bekämpfen."
(*Saint-Just*)

„Der Augenblick für einen neuen Kreuzzug ist gekommen, zu einem Kreuzzug für die allgemeine Freiheit!"
(*Brissot*)

„Zittert, Tyrannen und Verräter,
ihr Abschaum sämtlicher Partein!
Zittert, gemeine Attentäter!
Bald wird die Rechnung fällig sein!
Wir sind Soldaten, um zu siegen,
und fällt von uns ein junger Held,
die Erde bringt ihn neu zur Welt,
euch bis aufs Messer zu bekriegen!"
(*aus der Marseillaise, 1792*) Q

Auf dem Weg zur Freiheit braucht man die *Diktatur** und den Terror, sagen Extremisten. Diktatur und Terror führen nie zur Freiheit, sagen die Vernünftigen.

- Welche Gruppe setzte sich in der Französischen Revolution durch?
- Wo stand das Volk, die breite Masse der Bevölkerung?
- Wie standen die Revolutionäre zum Ausland?

Löst ein Krieg die Probleme? Mit der neuen Verfassung von 1791 war in Frankreich noch keineswegs alles in Ordnung. Der Staat blieb verschuldet: Die Ausgaben wuchsen, und viele Bürger wollten dem neuen Staat keine Steuern bezahlen. Das Papiergeld (Assignaten), das die Regierung ausgab, verlor rasch an Wert. Die Waren verteuerten sich und blieben knapp. Viele Bauern waren unzufrieden, weil sie die Güter der Kirche oder der geflohenen Adligen, die enteignet worden waren, nicht erwerben konnten.
Die Emigranten schürten vom Ausland her den Haß auf die Revolution und bereiteten einen Krieg gegen die Revolutionäre vor. Die Abgeordneten in der neuen Gesetzgebenden Versammlung, meist jüngere Männer, hielten es für das beste, selbst mit dem Krieg zu beginnen. Sie wollten dem Ausland und den Emigranten zuvorkommen und dachten zugleich, der Krieg werde die Schwierigkeiten im eigenen Land beseitigen, die Franzosen enger zusammenführen und die Feinde im Ausland vernichten. „Krieg den Palästen, Friede den Hütten" – für diese Parole und für die Idee, Gleichheit und Freiheit allen Menschen zu bringen, begeisterten sich viele Franzosen. Sie waren entschlossen, die Revolution in andere Länder zu tragen, d. h. Krieg zu führen. Die Ideen der Revolutionäre fanden aber auch bei Bürgern im benachbarten Ausland selbst Zustimmung.
Auch König Ludwig XVI. wünschte den Krieg. Er hoffte, daß er nach einer Niederlage der französischen Armee wieder in seine alten Rechte eingesetzt würde. Ludwig XVI. rechnete dabei auf die Hilfe der Gegner der Revolution, vor allem von Seiten der emigrierten Adligen, die sich zum großen Teil im Rheinland aufhielten. Im April 1792 erklärte die französische Regierung den Krieg an Österreich, dessen Monarch, der Kaiser, die Gegner der französischen Revolution unterstützte. Zu Beginn der Kämpfe erlitt die französische Armee mehrere Niederlagen. Viele französische Soldaten und Offiziere liefen zum Feind über. → (2)

Frankreich wird Republik. Die Gefahr einer Niederlage im Krieg, Preiserhöhungen, Brotknappheit und Geldentwertung waren die Ursache für neue Unruhen in Paris. Die Volksmenge suchte „Schuldige", und so hörte man immer häufiger, daß der König abgesetzt werden müsse. Im August 1792 drang eine Volksmenge – zum großen Teil Handwerker und Kleinhändler – in den königlichen Palast in Paris, die Tuilerien, ein. Der König und seine Familie flüchteten in den Schutz der Nationalversammlung. Dennoch wurden er und seine Familie gefangengesetzt. Dann wählte das Volk nach einem geänderten Wahlrecht, das allen Franzosen über 21 Jahren die gleichen politischen Rechte gab, eine neue Volksvertretung, den sogenannten Nationalkonvent. Gleich in der ersten Sitzung am 21. September 1792 erklärte dieser Frankreich zur Republik.
Der König wurde des Hochverrats angeklagt. Noch gab es königstreue Abgeordnete; aber die Mehrzahl der Abgeordneten war republikanisch gesinnt. Der Prozeß gegen den König führte zu scharfen Auseinandersetzungen. Nach langen Debatten im Parlament stimmte eine knappe Mehrheit für den Tod des Königs. Am 21. Januar 1793 wurde Ludwig XVI. öffentlich hingerichtet. Eine Gegenrevolution schien nicht mehr möglich zu sein. → (4)

Sansculotte – die neue Lebensart. Ein großer Teil der Bevölkerung von Paris und Frankreich nahm in den Jahren der Revolution neue Sitten und eine neue Lebensart an. Die radikalen Revolutionäre nannten sich *„Sansculotten"**. Sie trugen keine Kniehosen mehr wie der Adel, sondern lockere lange Hosen und eine kurze Jacke. Ihre Kopfbedeckung war eine rote Mütze, wie sie in der Antike von freigelassenen Sklaven üblich war. Sie redeten sich mit „Bürger" an und vermieden die Bezeichnung „Herr". Sie duzten sich alle. Die Sansculotten waren Gleichheitsfanatiker. → (3)

Herrschaft der Jakobiner. Die politisch interessierten Bürger versammelten sich regelmäßig in eigenen Clubs. Diese entwickelten sich zu „Parteien", die sich hart und unerbittlich bekämpften. Eine Gruppe nannte sich *Jakobiner**, weil sie im alten St. Jakobskloster tagten. Ihre Führer Danton, Robespierre, Saint-Just und Marat waren gefeierte und gefürchtete Revolutionäre, leidenschaftliche Redner und Zeitungsschreiber. Radikal verteidigten sie die Republik, vor allem gegen eine zweite Gruppe, die *Girondisten**; diese wurden mit Hilfe der aufgeputschten Massen aus dem Parlament vertrieben. Auch nach der Hinrichtung des Königs kam es in Paris zu Unruhen wegen Brotknappheit und Teuerung. Außerdem marschierten die Truppen der Gegner auf Paris zu.
In dieser Situation allgemeiner Erregung verabschiedete der Nationalkonvent im Sommer 1793 eine neue, republikanische Verfassung. Sie trat aber nie in Kraft, weil der Konvent alle Staatsgewalt selbst ausübte. Er machte Gesetze, er regierte, er war höchstes Gericht und bildete zu diesem Zweck verschiedene Ausschüsse. Maximilien Robespierre war Vorsitzender des neu gegründeten „Wohlfahrtsausschusses" und damit verantwortlich für wichtige Fragen der Innenpolitik. Er ließ unnachsichtig alle Feinde der Republik verfolgen und hinrichten, denn

er glaubte fanatisch an Tugend und Gerechtigkeit und war überzeugt, selber am besten zu wissen, was für die französische Nation gut sei. In dem Jahr seiner Regierung wurden in Paris ca. 12 000 Bürger hingerichtet; in ganz Frankreich etwa 30 000–40 000.
Die Jakobiner-Regierung setzte Mindestlöhne für Arbeiter und Höchstpreise für Nahrungsmittel und Gebrauchsartikel fest. Damit sollte die Teuerung, die Anlaß zu so vielen politischen Unruhen gewesen war, aufgehalten werden. Die Bauern in der Umgebung von Paris wurden gezwungen, Getreide schnell und billig in die Hauptstadt zu liefern. → (1)
Die Jakobiner-Regierung führte die allgemeine Wehrpflicht ein, alle männlichen Franzosen ab 18 Jahren mußten Soldat werden. Diese allgemeine Wehrpflicht machte die französische Armee zahlenmäßig ihren Kriegsgegnern überlegen. Die französischen Soldaten konnten ihre Gegner zurückdrängen und sogar in die Nachbarländer einmarschieren, z. B. in die österreichischen Niederlande (das heutige Belgien).
Da die französische Revolutionsarmee an den Fronten siegte, glaubten viele Franzosen, die strenge Diktatur eines Mannes sei nicht mehr notwendig. Außerdem waren viele der Zwangsherrschaft überdrüssig. Die Armen waren enttäuscht, weil trotz der Hinrichtungen sogenannter Wirtschaftsverbrecher, die gegen das Gesetz der Höchstpreise verstoßen hatten, die Preise weiter stiegen. Die Gegner Robespierres nutzten den entstehenden Mißmut der „Massen von Paris" gegen die Jakobiner-Regierung. Sie wagten die Verhaftung Robespierres und verurteilten ihn zum Tode. Sein Kopf fiel unter dem Fallbeil (1794), die Zuschauer jubelten. → (5)

Fünf-Männer-Direktorium. Nach dem Sturz der Jakobiner wurde die französische Verfassung wieder geändert. Fünf Männer – ehemalige Gegner Robespierres – übernahmen die Regierungsgeschäfte, beauftragt vom neugewählten Parlament. Das gleiche Wahlrecht war abgeschafft worden, so daß nicht mehr jeder erwachsene Franzose wählen durfte, sondern nur, wer eine Steuersumme in bestimmter Höhe entrichtete (vgl. S. 154). Das reiche Bürgertum war also im Vorteil; es brachte bei Wahlen mehr Stimmen zusammen als die Masse der Bevölkerung, die, weil sie arm war, wenig oder keine Steuern zahlte.

(1) „Höchstpreise" gegen Inflation

Beispiele von Preisen:

	Juni 1790	Februar 1793	Juni 1793	September 1793
Zucker	24 Sous	60 S	100 S	110 S
Kaffee	34 S	40 S	80 S	100 S
Seife	12 S	25 S	28 S	70 S
Kerzen	15 S	20 S	40 S	44 S (1)

„Die Gegenstände, die der Nationalkonvent als die wichtigsten erachtet und für die er daher das Maximum oder den Höchstpreis festgesetzt hat, sind die folgenden: frisches Fleisch, Salzfleisch und Speck, Butter, Speiseöl, Wild, Salzfische, Wein, Branntwein, Essig, Obstwein, Bier, Brennholz, Holzkohle, Steinkohle, Kerzen, Brennöl, Salz, Soda, Zucker, Honig, weißes Papier, Leder, Eisen, Gußeisen, Blei, Stahl, Kupfer, Hanf, Flachs, Wolle, Zeug, Leinwand, Rohstoffe für Fabriken, Holzschuhe, Schuhe, Raps und Rüben, Seife, Pottasche, Tabak." (2) Q

(a) Berechnet die prozentuale Steigerung der Lebensmittelpreise zwischen 1790 und 1793.

(b) Wie reagierte die Regierung auf die Teuerung?

(c) Erklärt bei einzelnen Waren (z. B. Wein, Zucker, Schuhe), wer an niedrigen und wer an hohen Preisen interessiert sein konnte.

(2) Kriegsbegeisterung – Kriegserklärung

Jacques Brissot, ein Führer der Girondisten:

„Seit sechs Monaten, ja seit Beginn der Revolution habe ich über die Politik, die ich verfolgen wollte, nachgedacht. Die Kraft der Überlegung und der Tatsachen hat mich davon überzeugt, daß ein Volk, das nach zehn Jahrhunderten der Sklaverei die Freiheit errungen hat, des Krieges bedarf. Es braucht den Krieg, um die Freiheit zu befestigen; es braucht ihn, um die Freiheit von den Lastern des Despotismus zu säubern; es braucht ihn, um aus seinem Schoß die Männer zu entfernen, die sie verderben könnten. Segnet den Himmel, daß er selber dafür gesorgt und euch die Gelegenheit gegeben hat, die Verfassung zu befestigen ... Seit zwei Jahren hat Frankreich alle gütlichen Mittel erschöpft, um die Rebellen [die Emigranten] in seinen Schoß zurückzuführen; alle Versuche, alle Aufforderungen sind fruchtlos gewesen, sie beharren auf ihrem Aufruhr; die fremden Fürsten bestehen auf ihrer Unterstützung; kann man zögern, sie anzugreifen? Unsere Ehre, unser öffentliches Ansehen, die Notwendigkeit, unsere Revolution mit sittlichem Schwung zu erfüllen und

Der Auszug der Freiwilligen. Gemälde von Edouard Détaille. Nachdem die Gesetzgebende Nationalversammlung das „Vaterland in Gefahr“ erklärt hatte, zogen die Freiwilligen am 22. Juli 1792 durch Paris. Das Bild zeigt den Pont-Neuf (neue Brücke) mit dem Zelt der Regierungsvertreter, in dem sich die jungen Männer in die Freiwilligenlisten eintragen ließen.

sie zu festigen, das alles fordert uns dazu auf. Wäre Frankreich nicht entehrt, wenn es nach Abschluß seiner Verfassung eine Handvoll Verschwörer duldete, die seiner Regierung Hohn sprechen?“ ... (3) Q

Die Kriegserklärung vom 20. 4. 1792:

„Die Nationalversammlung erklärt, daß die französische Nation, den durch die Verfassung geheiligten Grundsätzen getreu, ‚keinen Krieg mit der Absicht der Eroberung zu unternehmen und niemals gegen die Freiheit irgendeines Volkes die Waffen zu ergreifen‘, die Waffen nur aufnimmt zur Verteidigung ihrer Freiheit und Unabhängigkeit; daß der Krieg, den sie unternehmen muß, kein Krieg ist von Nation gegen Nation, sondern die gerechte Verteidigung eines freien Volkes gegen den ungerechten Angriff eines Königs; daß die Franzosen niemals ihre Brüder verwechseln werden mit ihren wahren Feinden; daß sie nichts unterlassen wird, um die Geißel des Krieges zu lindern, das Eigentum zu schonen und zu erhalten und alle unvermeidlichen Leiden des Krieges einzig auf die fallen zu lassen, die sich gegen ihre Freiheit verschwören werden; daß sie von vornherein alle Ausländer aufnimmt, die, der Sache ihrer Feinde absagend, sich unter ihre Fahne scharen und ihre Anstrengungen der Verteidigung ihrer Freiheit weihen werden und daß sie mit allen Mitteln deren Ansiedlung in Frankreich begünstigen wird.“ (4) Q

(a) Wie begründet Brissot den Beschluß zum Krieg? Nennt die wichtigsten Sätze im Text.

(b) Wie wird der Krieg in der offiziellen Kriegserklärung begründet? Mit welcher Zielsetzung soll der Krieg geführt werden?

(c) Stellt die beiden folgenden Behauptungen einander gegenüber und prüft, ob es möglich ist, zu einem „abschließenden“ Urteil zu kommen:
1. Die französische Regierung wollte 1792 den Krieg, um die Bevölkerung von wirtschaftlichen Schwierigkeiten im Innern abzulenken.
2. Die französische Regierung mußte 1792 den Krieg erklären, da sie sich von den französischen Flüchtlingen im Rheinland bedroht fühlte.

(3) Was ist denn eigentlich ein Sansculotte?

Entwurf eines Aufrufs, 1793:

„Ein Sansculotte, Ihr Herren Schufte? Das ist einer, der immer zu Fuß geht, der keine Millionen besitzt, wie Ihr sie alle gern hättet, keine Schlösser, keine Lakaien zu seiner Bedienung, und der mit seiner Frau und seinen Kindern, wenn er welche hat, ganz schlicht im vierten oder fünften Stock wohnt.
Er ist nützlich, denn er versteht ein Feld zu pflügen, zu schmieden, zu sägen, zu feilen, ein Dach zu decken, Schuhe zu machen und bis zum letzten Tropfen sein Blut für das Wohl der Republik zu vergießen.
Und da er arbeitet, kann man sicher sein, weder im Café Chartres auf ihn zu stoßen, noch in den Spielhöllen, wo man konspiriert, ...
Am Abend tritt er vor seine Sektion [Versammlung seines Wohnbezirks], nicht etwa mit einer hübschen Larve, gepudert und gestiefelt, in der Hoffnung, daß ihn alle Bürgerinnen auf den Tribünen beachten, sondern vielmehr, um mit all seiner Kraft die aufrichtigen Anträge zu unterstützen und jene zunichte zu machen, die von der erbärmlichen Clique der regierenden Politikaster stammen.

Ein Sansculotte. Zeitgenössisches Gemälde. Die Worte auf der Fahne lauten „Freiheit oder Tod".

Übrigens: Ein Sansculotte hat immer seinen Säbel blank, um allen Feinden der Revolution die Ohren abzuschneiden. Manchmal geht er mit seiner Pike [Spieß] ruhig seiner Wege; aber beim ersten Trommelschlag sieht man ihn nach der Vendée ziehen, zur Alpenarmee oder zur Nordarmee." (5) Q

(a) Beschreibt einen Sansculotten.

(b) Worin unterschied sich ein Sansculotte grundsätzlich von anderen Bürgern?

(c) Steht der Autor den Sansculotten freundlich gegenüber oder nicht? Begründet eure Antwort.

(d) Begründet, warum die Sansculotten die gleiche Mütze trugen wie im Altertum die freigelassenen Sklaven.

(4) Prozeß gegen den König

Maximilien Robespierre:

„Hier ist kein Prozeß zu führen. Ludwig ist kein Angeklagter, Ihr seid keine Richter. Ihr seid nur Staatsmänner und Vertreter der Nation und könnt nichts anderes sein. Ihr habt kein Urteil für oder gegen einen Menschen zu fällen, sondern eine Maßnahme der öffentlichen Wohlfahrt zu treffen, einen Akt nationaler Vorsehung zu vollziehen. Was schreibt eine gesunde Politik vor, um die werdende Republik zu stärken? Den Herzen einen tiefen Abscheu vor dem Königtum einzuflößen und alle Anhänger des Königs in Betäubung zu versetzen! Wohlan, wenn man statt dessen der Welt sein Verbrechen wie eine Streitfrage, seine Sache als einen Gegenstand der feierlichsten, ernstesten, schwierigsten Verhandlung darstellt, die die Vertreter des französischen Volkes beschäftigen kann, und zwischen die Erinnerung an das, was er war, und die Würde eines Bürgers eine unendliche Entfernung legt, dann hat man gerade das Zaubermittel gefunden, um ihn der Freiheit noch gefährlicher zu machen. Ludwig war König, und die Republik ist begründet worden. Die berühmte Frage, die Euch beschäftigt, ist entschieden durch die beiden Worte: Ludwig wurde entthront durch seine Verbrechen; Ludwig klagte das französische Volk als Rebellen an; um es zu züchtigen, hat er die Waffen der Tyrannen, seiner Mitbrüder, herbeigerufen. Der Sieg und das Volk haben entschieden, daß er der Rebell war. Der König kann also nicht gerichtet werden, denn er ist schon verurteilt. Er ist verurteilt, oder aber die Nation ist nicht freigesprochen." (6) Q

(a) Schreibt die Redewendungen auf, mit denen Robespierre versucht, die Zuhörer gegen den König einzunehmen.

(b) Warum will Robespierre Ludwig XVI. nicht als „Menschen" verurteilen lassen?

(c) Betrachtet das Bild über die Hinrichtung des Königs (S. 156) und begründet, warum dies eine „schreckliche" Darstellung ist.

Revolutionsausschuß während der Schreckenszeit. Stich von Berthault nach H. E. Fragonard. Die Ausschußmitglieder empfangen ein angeklagtes Ehepaar.

(5) Terrorherrschaft der Jakobiner

Als in Lyon Bürger Widerstand gegen die Revolutionsherrschaft leisteten, beschloß der Konvent:

„Art. 1. Auf den Vorschlag des Wohlfahrtsausschusses wird der Nationalkonvent eine außerordentliche Kommission von fünf Mitgliedern ernennen, um die Gegenrevolutionäre Lyons unverzüglich militärisch bestrafen zu lassen.
Art. 3. Die Stadt Lyon wird zerstört. Alles, was von den Reichen bewohnt war, wird geschleift; es wird nichts stehenbleiben als das Haus der Armen, die Wohnungen der erwürgten oder geächteten Patrioten, die Gebäude, die besonders dem Gewerbefleiß, und die Bauten, die der Menschlichkeit und dem öffentlichen Unterricht geweiht sind.
Art. 4. Der Name Lyon wird auf der Städtetafel der Republik gestrichen. Der Haufen stehengebliebener Häuser wird künftig ‚Befreite Stadt' genannt werden.
Art. 5. Um der Nachwelt die Verbrechen und die Bestrafung der Royalisten (= Königsanhänger) dieser Stadt zu bezeugen, wird sich auf den Trümmern Lyons eine Säule erheben mit der Inschrift: Lyon hat die Freiheit bekriegt, Lyon ist nicht mehr." (7) Q

Während der Herrschaft der Jakobiner wurden (nach Schätzungen) 100 000 bis 300 000 Personen als Verdächtige verhaftet, zwischen 35 000 und 40 000 hingerichtet (ca. 0,1% der damaligen Bevölkerung). Rund 85% der Verurteilten gehörten dem 3. Stand, 8,5% dem Adel, 6,5% dem Klerus an.

(a) Beschreibt das Bild und urteilt, ob das Ehepaar ein „faires Gerichtsverfahren" zu erwarten hat.

(b) Wie denkt ihr über die Schreckensherrschaft der Jakobiner? Berücksichtigt den Beschluß des Konvents über Lyon, der sich allerdings nicht ausführen ließ.

(c) Erklärt folgende „Anekdote":
Ein Journalist soll 1793 gesagt haben: „Ein Wunder geschah in Paris: Ein Mann starb in seinem Bett."

Links: Georges Danton. Gemälde eines unbekannten Künstlers. – Rechts: Maximilien Robespierre. Zeitgenössische Darstellung.

Straßenszene in Paris während der Schreckensherrschaft 1793. Zeitgenössische Darstellung. Im Vordergrund rechts handelnde und kartenspielende Sansculotten. In der Mitte wohlhabende Bürger, die sich durch große Rosetten mit den Farben der Trikolore als Freunde der Revolution ausweisen wollen. Auf der Tafel vor dem Friseurgeschäft steht der folgende doppeldeutige Text: „Ich rasiere (ruiniere) den Klerus. Ich kämme (verprügele) den Adel. Ich richte her (versöhne) den Dritten Stand.“

1. Erläutere die Inschrift auf der Tafel vor dem Friseurgeschäft und bringe sie in einen Zusammenhang mit Ereignissen in Paris während der Revolutionsjahre.

2. Sucht ein aktuellen Beispiel für die Behauptung: „Wenn eine Regierung sehr große Schwierigkeiten im Innern des Landes hat, sucht sie Erfolge in der Außenpolitik, notfalls im Krieg." Belege diese Behauptung auch mit der Politik der französischen Regierung 1792.

3. „Die Revolution frißt ihre Kinder – und Väter." Nimm Stellung zu diesem Satz.

Diktatur: Ein einzelner oder eine Personengruppe hat alle Macht im Staat und wird von niemandem kontrolliert; es gibt also keine „Gewaltenteilung" (vgl. S. 136, 154).

Girondisten: Stammten aus dem bürgerlichen Mittelstand (Anwälte, Kaufleute oder Journalisten), hatten den Krieg befürwortet, hielten aber an den Grundsätzen von Recht und Verfassung fest. Da ihre politischen Führer aus der Gegend von Bordeaux, der Gironde, stammten, nannte man sie die „Girondisten". Sie hatten zunächst den größten Einfluß und bestimmten die Politik der Regierung.

Jakobiner: Mitglieder eines politischen Clubs, die sich im ehemaligen Kloster St. Jakob in Paris trafen. Unter der Führung von Robespierre übten sie eine diktatorische Schreckensherrschaft aus.

Sansculotten: (wörtl. = „ohne Kniehosen") Radikale Revolutionäre; spielten eine große Rolle während der Herrschaft der Jakobiner. Zusammensetzung: Kleine Geschäftsleute, Handwerker, Gesellen und Arbeiter.

20. 4. 1792	Kriegserklärung an Österreich
10. 8. 1792	Sturm auf die Tuilerien, das königliche Schloß in Paris
21. 9. 1792	Frankreich wird Republik
21. 1. 1793	Hinrichtung des Königs Ludwig XVI.
Sept. 1793–Juli 1794	Diktatur Robespierres
1795–1799	Regierung des Direktoriums
1795	Friedensschluß mit Preußen in Basel
1797	Friedensschluß mit Österreich in Campo Formio

Quellennachweis

(1) J. Grolle: Die „Große Revolution" und ihre Folgen.
(2) Aus dem Dekret über Höchstpreise, 1793. In: Geschichtliche Weltkunde, Quellenlesebuch Bd. 2., S. 159.
(3) I. und P. Hartig: Die Französische Revolution, Stuttgart 1980, S. 62.
(4) ebenda, S. 63 f.
(5) H. Krieger: Materialien, Bd. IV, a. a. O., S. 221 f.
(6) J. und P. Hartig: Die Französische Revolution, a. a. O., S. 75.
(7) H. Krieger: Materialien, Bd. IV, a. a. O., S. 223.

Lesetip

P. Gascar: Der Schatten Robespierres. Claassen, Düsseldorf 1982 (SB)
W. Grab: Freyheit oder Mordt und Todt. Revolutionsaufrufe deutscher Jakobiner. Wagenbach, Berlin 1979 (QS)
H.-Ch. Kirsch: Gewalt oder Gewaltlosigkeit. Von Robespierre bis Martin Luther King und Mao Tse-tung. Arena, Würzburg 1972 (SB)
F. C. Laukhard: Ein abenteuerliches Leben während der Französischen Revolution. Heidenheimer Verlagsanstalt, Heidenheim 1969 (SB)
H. P. Richter: Saint-Just und die Französische Revolution. Balve, 1975 (SB)

7. Wandel der Machtverhältnisse: Napoleon und Europa

7.1. Napoleons Aufstieg und Vorherrschaft in Europa

Napoleon auf dem Kaiserthron. Gemälde von D. Ingres, 1806.

Revolutionsunruhen, Angst und Unsicherheit bringen den Wunsch nach einem „starken Mann" hervor. In Frankreich sollte Napoleon für „Ruhe und Ordnung" sorgen. Doch ihm ging es um mehr.

- Was für ein Mensch war Napoleon? Was trieb ihn an? Was begünstigte seinen Aufstieg?
- Wie regierte Napoleon als Kaiser der Franzosen?
- Wie errang er die Vorherrschaft in Europa?

Die ungewöhnliche Karriere. 1769 wurde Napoleon Bonaparte in Ajaccio auf der Insel Korsika geboren. Die Insel war eben erst von französischen Truppen erobert worden, fast alle Korsen lehnten die französische Herrschaft ab. Die Familie Napoleons war arm und deshalb froh, als Napoleon mit 9 Jahren ein Stipendium an einer französischen Schule bekam. 15jährig kam er an die Militärschule in Paris; bei Ausbruch der Revolution war er Leutnant, ohne Geld, ohne Ansehen.
Seine ungewöhnlichen Fähigkeiten als Artilleriespezialist fielen erstmals bei der Belagerung von Toulon auf. Toulon, die wichtige Hafenstadt am Mittelmeer, war 1793 von Engländern besetzt worden und sollte „Brückenkopf" für eine „Gegenrevolution" werden. Napoleon bewies Mut und Organisationstalent als Artillerieoffizier, er konnte die Stadt erobern. Danach wurde er zum Brigadegeneral befördert.
Den Regierungsmitgliedern fiel er auf, als er zwei Jahre später rücksichtslos einen Aufstand von Königstreuen in Paris niederschießen ließ. Er sicherte damit die Weiterherrschaft der fünf „Direktoren" (vgl. S. 158) und erhielt zum Dank den Oberbefehl über die französische Armee in Oberitalien. Er heiratete Josephine Beauharnais und gehörte jetzt als General zur besten Pariser Gesellschaft. → (1)

Erste Feldzüge. In Italien, wo sich seit 1791 französische und österreichische Truppen gegenüberstanden, führte der junge General die Franzosen so geschickt, daß die Österreicher nach zwei Jahren besiegt waren. In diesem Krieg, in dem er eine völlig neue Strategie entwickelte, begründete er seinen Ruhm und seine Beliebtheit bei den Soldaten. Er nahm persönlich an den Schlachten teil, er lebte mit der Truppe zusammen, kannte auch die einfachen Soldaten und beförderte die Tüchtigen. Da auch seine strategischen Fähigkeiten von den Soldaten geschätzt wurden, genoß Napoleon großes Vertrauen und verfügte über eine besonders schlagkräftige Armee.
Nach dem Sieg in Oberitalien schloß Napoleon 1797 aus eigenem Entschluß Frieden mit Österreich. In den Friedensverhandlungen trat er als siegreicher, von der französischen Regierung unabhängiger General auf.
Kriegsruhm wollte Napoleon Bonaparte auch in Ägypten erlangen, um Englands Stellung im Mittelmeer zu schwächen. Aber der Plan schlug fehl. Als eine französische Armee in Ägypten gelandet war, vernichtete die englische Marine vor der Küste Ägyptens die französischen Schiffe. Der französischen Landarmee in Ägypten war die Rückkehr nach Frankreich versperrt. Nur mit Mühe konnte sich Napoleon Bonaparte mit ein paar Begleitern auf einem kleinen Schiff, das von den Engländern nicht bemerkt worden war, nach Frankreich retten. → (2)

Der Staatsstreich. In Paris war die Regierung des Fünf-Männer-Direktoriums unbeliebt geworden. Sie hatte versucht, die Bevölkerung zu einer Geldanleihe für den Staat zu zwingen; außerdem hatte sie militärische Niederlagen der französischen Armee am Rhein nicht verhindern können. Auch Oberitalien wurde von den Gegnern zurückerobert. In dieser Lage glaubten die Franzosen, der junge General Napoleon Bonaparte sei der „Retter der Nation".
Im November 1799 stürzte Napoleon Bonaparte die Regierung der fünf Direktoren und jagte das Parlament mit Waffengewalt auseinander. Die Behauptung, Jakobiner hätten sich gegen die Regierung verschworen, nahm er als Vorwand für diesen *Staatsstreich**. Napoleon ließ sofort nach seiner Machtübernahme die Verfassung ändern. Ein Kollegium von drei Männern, sogenannten *Konsuln**, bildete die Regierung. Napoleon selber übernahm als „Erster Konsul" den Vorsitz dieses Kollegiums. Napoleon Bonaparte konnte jetzt wie ein Monarch regieren. Er versuchte aber, durch Volksbefragungen den Anschein zu erwecken, daß die Franzosen ihn an der Spitze des Staates wünschten. Etwa drei Millionen Bürger antworteten bei einer Volksbefragung über die Verfassungsänderung mit „ja"; nur ungefähr eintausendfünfhundert mit „nein". Drei bis vier Millionen Bürger enthielten sich allerdings der Stimme. Napoleon verkündete bei der Bekanntgabe der neuen Verfassung: „Bürger, die Revolution bleibt in ihren Grundsätzen verankert, die ihren Anfang gebildet haben. Sie ist abgeschlossen." Die Wirren der Revolutionszeit sollten also durch eine starke Regierung beendet sein.

„Kaiser der Franzosen". Napoleon regierte als „Erster Konsul" zwar wie ein Monarch, trug aber nicht diesen Titel. Noch war Frankreich eine Republik. 1802 wurde Napoleon „Konsul auf Lebenszeit". 1804 ließ er sich zum „Kaiser der Franzosen" erheben. Die österreichische und die preußische Regierung mußten ihn als Kaiser anerkennen; denn sie hatten den Krieg verloren. Am 2. Dezember fand in Anwesenheit des Papstes die feierliche Kaiserkrönung statt. Napoleon hatte Pius VII. bewegen können, nach Paris zu reisen. Der Papst glaubte wohl, er dürfe wie bei den Kaiserkrönungen im Mittelalter einen Festgottesdienst halten und den Kaiser krönen, aber Napoleon krönte sich selbst.
Als „Kaiser der Franzosen" hat Napoleon dreizehn Jahre nach der alten eine neue Monarchie errichtet. Die Mitglieder seiner Familie wurden zu kaiserlichen Prinzessinnen und Prinzen erhoben, verdiente

Generäle und Staatsbeamte in neue, vom Kaiser gestiftete Adelsränge aufgenommen. → (3)

Von Sieg zu Sieg. Noch bevor Napoleon die Alleinherrschaft an sich gerissen hatte, bildeten 1799 die europäischen Großmächte (ohne Preußen) eine Koalition unter Führung Englands. Doch Napoleon siegte. Im Frieden von Lunéville 1801 mußte das linke Rheinufer an Frankreich abgetreten werden. Die süd- und westdeutschen Mittelstaaten, die auf Drängen Napoleons geschaffen wurden (vgl. S. 173), schlossen sich zum *Rheinbund** zusammen und unterstellten sich der Schutzherrschaft Napoleons. Der Hauptgegner des französischen Kaisers blieb England. In diesem Kampf ging es um das europäische Gleichgewicht, um den Besitz der Flußmündungen von Schelde, Maas und Rhein und um die Herrschaft im Mittelmeer. Der 1802 mit England geschlossene Friede hielt nicht lange. Napoleon hoffte, trotz der Stärke der englischen Flotte auf der britischen Insel landen zu können. Bei Boulogne zog er ein Heer zusammen und bereitete den Angriff vor. Da brachten die Briten ein neues Bündnis mit Rußland und Österreich zustande. Nur Preußen blieb wieder neutral. Als Napoleon sichere Nachricht von den feindlichen Abmachungen hatte, handelte er schnell. In Eilmärschen zog er seinen Feinden entgegen und zwang ein österreichisches Heer bei Ulm zur Kapitulation. Da erhielt er die Nachricht von der Vernichtung seiner Flotte. Es war dem Admiral Nelson gelungen, die zusammengefaßten Mittelmeer- und Atlantikgeschwader der Franzosen bei Trafalgar zu vernichten (1805). Die britische Seeherrschaft war damit gesichert. Napoleon führte seine Truppen nach Osten und errang bei Austerlitz 1805 den größten Sieg in der ,,Dreikaiserschlacht" (Franz II. von Österreich, Zar Alexander I. von Rußland und Napoleon). Der österreichische Kaiser mußte in Preßburg einen Frieden unterzeichnen, in dem er Italien, Tirol und Vorarlberg verlor. Napoleon beherrschte West-, Süd- und Mitteleuropa, doch die britische Insel konnte er mit militärischen Mitteln nicht besiegen.

Der preußische Staat bricht zusammen. Als Napoleon in Deutschland und Europa übermächtig geworden war, kam es zum Streit mit Preußen um den Besitz von Hannover. Der preußische König verbündete sich mit Rußland und erklärte Frankreich den Krieg. Doch die russische Armee stand in Osteuropa, und Napoleon stieß wieder unerwartet schnell aus Süddeutschland über den Thüringer Wald nach Norden vor, wo er auf eine schwerfällig geführte preußische Armee traf. Sie erlitt bei Jena und Auerstädt eine totale Niederlage (1806). Das entschied den Krieg, in wenigen Wochen brach das preußische Heer zusammen, die meisten Festungen ergaben sich kampflos. Die Königsfamilie floh nach Königsberg und Memel.
Napoleon zog als Sieger in Berlin ein. Das Schicksal des Staates schien besiegelt: Er sollte aufgelöst werden. Aber das verhinderte Rußland, weil der Zar keine unmittelbare Grenze mit dem Kaiser wünschte. Dadurch wurde Preußen gerettet. Es verlor allerdings die Hälfte seines Staatsgebietes. Das Heer durfte nur noch 42 000 Mann stark sein. Eine französische Besatzung blieb in den Festungen. Das geschlagene Land mußte eine drückende Kriegsentschädigung zahlen. In einem Bittgang zu Napoleon versuchte die Königin Luise, die Stadt Magdeburg für Preußen zu erhalten. Vergeblich, Napoleon blieb unerbittlich. → (5)

Wirtschaftsblockade gegen England. Noch nicht besiegt war England. Deshalb ließ Napoleon 1806 durch Gesetz verkünden: ,,Die britischen Inseln befinden sich im Blockadezustand; jeder Handel und jede Korrespondenz mit den britischen Inseln sind untersagt; Schiffe, die direkt von England oder englischen Kolonien kommen . . ., werden in keinem Hafen zugelassen." Durch diese Kontinentalsperre wollte Napoleon England mit Hilfe einer Wirtschaftsblockade bezwingen. Zugleich sollten französische Waren in den europäischen Ländern die englischen Waren verdrängen, so daß sich die französische Industrie ohne die englische Konkurrenz entwickeln konnte.
Es war nicht neu, daß ein Land versuchte, seine Wirtschaft zu schützen, indem es die Einfuhr ausländischer Waren verbot. Neu aber war, daß ein solches Verbot auf den ganzen europäischen Kontinent ausgedehnt werden sollte. Neu war auch, daß dieses Verbot als Kriegsmittel diente, um die Wirtschaft des Gegners zu ruinieren. Die englische Regierung sollte friedensbereit gemacht werden.

Wirkungen der Blockade. Im 18. Jh. ging der größte Teil des europäischen Handels über den Atlantik. In den großen Hafenstädten wie Bordeaux oder Nantes fanden viele Menschen Arbeit und Einkommen in Reedereien, Schiffsausrüstungsbetrieben und Werften. Der französische Handel mit den Kolonien brach schon in den ersten Kriegsjahren zusammen. Englische Kriegsschiffe sperrten die Zufahrten zu den Hafenstädten Frankreichs. Mit der Kontinentalsperre verödeten diese Häfen endgültig. 1808 meldete der amerikanische Konsul von Bordeaux: ,,Von der Ostsee bis zum Ägäischen Inselmeer sieht man nichts als Verzweiflung und Elend. In den Straßen der Stadt wächst Gras. Ihr wundervoller Hafen ist verlassen." In Marseille sank der Wert der jährlichen Produktion in den Jahren 1789 bis 1813 von 50 Mill. Francs auf 12 Mill. Francs. Nicht nur Kolonialwaren (z. B. Zucker und Tee) durften aufgrund der Kontinentalsperre nicht mehr eingeführt werden; auch englisches Tuch, das man seit einigen Jahrzehnten in England mit neuen Maschinen herstellte. Um das fehlende Tuch herzustellen, wurden in Europa Fabriken errichtet, die sich teilweise schnell zu Großbetrieben entwickelten. Dies kann als eine positive Wirkung der Kontinentalsperre gelten. Andererseits hatte die Sperre für die französische Außenpolitik schwerwiegende Folgen. Um den weitverbreiteten Schmuggel zu unterbinden, mußte Napoleon die ganze Nordseeküste besetzen; die Hansestädte Bremen, Hamburg und Lübeck wurden durch französische Truppen kontrolliert.

Am Mittelmeer setzte Napoleon die Kontinentalsperre in Italien und Illyrien durch; in Portugal und Spanien marschierten französische Truppen ein. Sie konnten aber die Herrschaft Napoleons nicht halten. In Spanien wurden die französischen Truppen sechs Jahre lang in einem Kleinkrieg (Guerilla) bekämpft, bis sie abzogen (1808–1814). Die englische Regierung zeigte sich durch die Kontinentalsperre nicht friedensbereit. Die Seeherrschaft blieb der englischen Flotte erhalten. Viele englische Händler exportierten anstatt nach Europa nach Südamerika. → (4)

(1) Napoleon – Feldherr und Politiker

Ein Geschichtsforscher schildert den General von 1795:

„Die Armee, die er übernimmt, kaum 40 000 Mann stark, ist heruntergekommen, in jeder Hinsicht verwahrlost; und sie hat kein Ethos [moralische Gesinnung]. Er erweckt es in ihr mit zündenden Proklamationen, die nach Inhalt und Form wesenhaft ‚napoleonisch' sind. Nicht an Patriotismus, nicht an republikanische Tugenden und Ideale appelliert er, wie man es bisher tat, sondern an den Ehrgeiz, den Ruhm, an das Soldatenherz; reichen Lohn verheißt er. Wie ein römischer Feldherr zu seinen Legionen gesprochen haben könnte, so spricht er zu seiner Armee: ‚Ich will euch in die fruchtbarsten Ebenen der Welt führen ... Dort werdet ihr Ehre, Ruhm und Reichtum finden ...' Den ‚Völkern Italiens' aber kündet er in gleich packenden Worten, daß er komme, sie vom alten Joch zu befreien, ihre ‚Ketten' zu zerbrechen. Das französische Volk ist der Freund aller Völker ... Wir führen den Krieg als großmütige Feinde und nur gegen die Tyrannen, die euch unterdrücken.' Das ist neu, revolutionierend. Als Sohn der Revolution übernimmt er aber auch den Grundsatz, daß die Freiheit kein reines Geschenk sein könne, daß sie ihren Preis habe, daß der Krieg den Krieg ernähren müsse. Jedoch als echter Soldat lehnt er disziplinlose Beute- und Raubzüge ab; da er die Kriegführung als eine Einheit begreift, sind ihm Manneszucht, strenge Disziplin Voraussetzung jedes Erfolges. So bildet er ein ganz eigenes System aus. Und dies wird zugleich zu einer Säule persönlicher Macht." (1)

Aus einem Gespräch Napoleons mit einem Diplomaten im Jahr 1797:

„Glauben Sie, daß ich in Italien Siege erringe, um den Advokaten des Direktoriums, einem Carnot, Barras usw. zur Größe zu verhelfen? Oder meinen Sie, es läge mir an der Gründung einer Republik? Welche Idee! Eine Republik von dreißig Millionen Menschen! Mit unseren Sitten, unseren Lastern! Wie wäre so etwas möglich? Das ist ein Hirngespinst, von dem die Franzosen eingenommen sind, das jedoch wie alles andere vorübergehen wird.

Die Franzosen brauchen Ruhm und Befriedigung ihrer Eitelkeit, aber von Freiheit verstehen sie nichts! Sehen Sie doch das Heer an! Die Siege, die wir davongetragen haben, und unsere Triumphe haben bereits den französischen Soldaten seiner wahren Natur wiedergegeben. Ich bin ihm alles. Wenn es dem Direktorium einfiele, mich meines Kommandos zu entsetzen, so wird man ja sehen, wer der Herr ist. Das Volk braucht ein Oberhaupt, ein durch Ruhm und Siege verherrlichtes Oberhaupt, und keine Regierungstheorien. Phrasen und Reden der Ideologen; davon verstehen die Franzosen nichts ...

Der Frieden liegt nicht in meinem Interesse. Sie sehen ja, was ich bin, was ich jetzt in Italien vermag! Ist der Frieden geschlossen, und ich stehe nicht mehr an der Spitze des Heeres, so muß ich auf diese Macht, auf die hohe Stellung, die ich mir erworben habe, verzichten, um im Luxembourg [Sitz des Direktoriums] Advokaten zu huldigen! Ich möchte Italien nur verlassen, um in Frankreich eine ebensolche Rolle zu spielen, wie sie mir hier zufällt. Dieser Augenblick ist aber noch nicht gekommen! Die Frucht ist noch nicht reif." (2) Q

(a) Welche Einstellung hat Napoleon Bonaparte zur Republik? Wie begründet er sie?

(b) Was sagt Napoleon über die Soldaten? Wie behandelt er sie? Erklärt sein Verhältnis zur Armee.

(c) Sprecht über Napoleons Behauptung, eine Republik mit dreißig Millionen Menschen sei ein Hirngespinst. Ist eine Republik nicht auch in einem großen Staat möglich? Belegt eure Stellungnahmen mit historischen Beispielen.

(2) Napoleons Truppen in Ägypten

(a) Welche Ziele verfolgte Napoleon in Ägypten? Wie hoffte er, England zu bezwingen? Warum war der Invasionsplan undurchführbar?

(b) „Soldaten! Drei Jahrtausende blicken auf euch herab!" So feuerte Napoleon seine Truppen in Ägypten an. Beurteilt diesen Ausspruch.

(3) Kaiserkrönung Napoleons

„Die Kirche Notre-Dame war mit einer Pracht ohnegleichen geschmückt. Sammetbehänge mit goldenen Bienen übersät bekleideten die Wände von der höchsten Wölbung auf den Fußboden ... Napoleon legte im erzbischöflichen Palast den kaiserlichen Mantel an und nahm Szepter und Krone. Die große Krone, der die Krone Karls des Großen als Muster gedient hatte, wurde neben ihm hergetragen. Er selbst trug vorläufig nur die Krone der Cäsaren, einen einfachen goldenen Lorbeerkranz ... Der Papst nahm die gewöhnliche Salbung an seiner Stirn, seinen Armen und Händen vor, weihte dann den Degen ... das Szepter ... und ergriff hierauf die Krone. Napoleon beobachtete seine Bewegungen mit aufmerksamem Auge, nahm die Krone ohne Hast, aber mit sicherer Entschiedenheit dem Papst aus den Händen und setzte sie selbst auf sein Haupt. Die von allen Anwesenden verstandene Handlung machte einen unnennbaren Eindruck. Dann nahm Napoleon die Krone der Kaiserin ... und setzte sie der Gefährtin seines Glücks auf, die dabei in Tränen zerfloß." (3) Q

(a) Beschreibt den dargestellten Vorgang; nennt die Zeichen der kaiserlichen Macht (Beachtet hierzu die Bilder S. 164 u. 169).

(b) Zählt wichtige Personen auf, die an der Krönung teilnahmen.

(c) Erläutert den Bericht Napoleons über seine Krönung: Begründet den Entschluß Napoleons, sich selbst die Krone aufzusetzen. Warum ist sie der Krone Karls d. Gr. nachgebildet? Warum trug Napoleon auch den Lorbeerkranz römischer Cäsaren? Warum spricht Napoleon in seiner eigenen Lebensbeschreibung von sich in der 3. Person?

(4) Die Kontinentalsperre und ihre Wirkung

Varnhagen von Ense, 1807:

„Die Herrschaft der Franzosen waltete auch hier mit verhaßter, unterdrückender Gewalt. Ohne weitere Rechtfertigung und Anfrage, bloß weil es ihm so gefiel, hatte der französische Kaiser sich der Hansestädte bemächtigt, hielt

Die Schlacht bei den Pyramiden am 21. Juni 1798. Zeitgenössischer Stahlstich.

Napoleon krönt seine Gattin Josephine in der Kathedrale Notre-Dame zu Paris am 2. Dezember 1804. Gemälde von Jacques Louis David. Rechts neben Napoleon Papst Pius VII. In der Loge im Hintergrund Napoleons Mutter, die in Wirklichkeit jedoch an der Zeremonie nicht teilgenommen hat.

sie besetzt und ließ sie durch seine Prokonsule drücken und aussaugen. Doch dem klugen und gewinnreichen Handelsgeiste waren die List und Gewandtheit der napoleonischen Polizei nicht gewachsen, und jener fand Begünstigung, Nachsicht und Gewinnteilnehmer in denen selbst, welche mit den strengsten Hemmungen und Bewachungen beauftragt waren. Mehr als irgendein Vorgänger und Nachfolger wurde in dieser Hinsicht der Marschall Bernadotte, Fürst von Ponte-Corvo, gerühmt und gepriesen, der gerade damals in dieser nordischen Gegend die vom Kaiser verliehene Macht sehr mild und nachgiebig ausübte und für die Sache der Stadt und der bedrängten Kaufleute nicht erst, wie so manche andre, durch Eigennutz gewonnen werden durfte, sondern ihr durch freies Wohlwollen und heitre Gutmütigkeit ursprünglich geneigt war." (4)
Q

(a) Wie beurteilt der Verfasser die Besetzung Hamburgs durch die französischen Truppen?

(b) Was berichtet er über den Schmuggel?

(c) Tragt in zwei Spalten ein, wie sich die Kontinentalsperre auf dem europäischen Kontinent auswirkte (positive – negative Auswirkungen).

Kontrollmaßnahmen während der Kontinentalsperre. Französische Soldaten untersuchen am Ranstädter Tor in Leipzig, ob englische Waren eingeführt werden. Radierung von Christian Gottlieb Geißler.

Europa um 1807.

(5) Höhepunkt der Macht Napoleons

(a) Zählt die Länder Europas auf, die direkt unter der französischen Herrschaft standen.

(b) Welche Länder waren abhängig?

(c) Erklärt die Bedeutung des Rheinbundes für die Politik Napoleons. Lest dazu den Text auf S. 173.

1. 1795, 1799, 1802, 1804; wiederhole mit Hilfe dieser Jahreszahlen den Aufstieg Napoleon Bonapartes zum „Kaiser der Franzosen".

2. Ludwig XIV. war „Von Gottes Gnaden, König von Frankreich", Napoleon „Kaiser der Franzosen". Erläutere den Unterschied zwischen den Titeln und bringe diesen Unterschied in eine Beziehung zu den politischen Anschauungen der beiden Monarchen.

3. Napoleon hat die Revolution vollendet, sagen die einen. Napoleon hat die Revolution rückgängig gemacht, sagen die anderen. Nimm Stellung zu diesen Aussagen.

4. Beurteile Auswirkungen einer Wirtschaftsblockade.

5. Erörtere die Frage: War Napoleon ein Befreier oder ein Unterdrücker?

Konsul: Oberster Beamter der römischen Republik; in Frankreich seit 1799 einer der drei Regierungschefs (Napoleon war der „Erste Konsul"). Heute: Vertreter eines Staates in einem anderen Land.

Rheinbund: Bündnis von zunächst 16 deutschen Fürsten mit Napoleon (1806–13). Napoleon war der Schutzherr dieser Fürsten; deshalb bedeutete der Rheinbund das Ende des „Heiligen Römischen Reiches Deutscher Nation".

Staatsstreich: Die Inhaber der Regierungsgewalt werden gewaltsam aus ihren Ämtern gedrängt, oder die Verfassung eines Landes wird gewaltsam verändert. Ein Staatsstreich wird meist durch Männer oder Frauen, die bereits ein hohes Staatsamt innehaben, ausgeführt.

1769	Napoleon in Ajaccio geboren
1795	Napoleon General in Italien
1798/99	Feldzug in Ägypten
1799–1802	Krieg Frankreichs gegen Österreich, Rußland und England
1799	Staatsstreich Napoleons
1802	Napoleon „Konsul auf Lebenszeit"
1804	Napoleon „Kaiser der Franzosen"
1805	Krieg Frankreichs gegen Österreich, Rußland und England
1805	Friede von Preßburg
1806	Rheinbund, Ende des „Hl. Römischen Reiches Deutscher Nation", Kontinentalsperre
1806/07	Krieg Frankreichs gegen Preußen

Quellennachweis

(1) M. Göhring: Napoleon. Göttingen 1965, S. 27.
(2) Aus einem Gespräch Napoleons mit dem französischen Gesandten in Toskana Miot de Melito, 1797.
In Grundzüge der Geschichte, Quellentaschenbuch 3, a. a. O., S. 66.
(3) Napoleon: Leben von ihm selbst. Stuttgart o. J., Bd. 1, S. 21, 25.
(4) Varnhagen von Ense, zit. aus: Geschichtliche Weltkunde, Quellenlesebuch, Bd. 2, a. a. O., S. 182.

Lesetip

V. Cronin: Napoleon. Claassen, Düsseldorf 1973 (SB)
K. E. Everwyn: Fünf fremde Kaiser und kein Vaterland. Arena. Würzburg (JB)
W. zu Mondfeld: Piraten und Schmuggler von S. Malo. Arena, Würzburg 1975 (JB)
A. Maurois: Napoleon. Rowohlt Bildmonographie 112 (SB)
Zeitbild: Napoleon. Ueberreuter, Wien/Heidelberg 1978 (SB)

Napoleon trifft mit Zar Alexander I. auf der Memel bei Tilsit zusammen (1807).

7.2. Politische Umgestaltung Deutschlands

Mitteleuropa 1789

Mitteleuropa 1812

Das Kartenbild zeigt die äußere Veränderung in Deutschland: Aus einem „Fleckenteppich" ist ein „Flächenteppich" geworden. Aus unzähligen Herrschaftsgebieten schuf man die deutschen Staaten, die noch heute Grundlage unserer Bundesländer sind. Zugleich entstanden durch Reformen in Staat und Gesellschaft Voraussetzungen für die heutigen Verhältnisse.

- Wie war es möglich, daß das Heilige Römische Reich Deutscher Nation nach über 900jährigem Bestehen aufgelöst wurde?
- Was geschah mit den neuen Staaten?
- Wie wurden die Verhältnisse im Innern neu geregelt?

Politische „Flurbereinigung" in Deutschland. Napoleon zwang nach seinen Siegen über Österreich den deutschen Kaiser, Deutschland umzugestalten. An die Stelle der unzähligen kleinen Fürstentümer, Klosterherrschaften und Reichsstädte sollten Staaten mittlerer Größe treten. Als vordergründige Rechtfertigung gab Napoleon an, daß man die Fürsten für die Abtretung linksrheinischer Gebiete entschädigen müsse. In Wirklichkeit brauchte er Staaten, deren Armee zu schwach war, um Frankreich anzugreifen, aber stark genug, um im Bündnis mit Frankreich gegen Österreich zu kämpfen. Ein *Reichsdeputationshauptschluß** verfügte eine umfassende *Säkularisation**, d. h. Verstaatlichung des Kirchenbesitzes, und hob die Unabhängigkeit der meisten Reichsstädte, Reichsritter und kleineren Adelsherrschaften durch die *Mediatisierung** auf. Insgesamt 112 Reichsbistümer, Reichsabteien und Reichsstädte sowie 350 Reichsritterschaften verloren ihre Selbständigkeit. Drei Millionen Untertanen wechselten ihre Herren. Hauptgewinner dieser „Flurbereinigung" waren Baden, Bayern, Preußen und Württemberg. Diese Länder wurden um ein Vielfaches vergrößert. Ein unwürdiger „Länderhandel" setzte ein. Jeder Fürst wollte möglichst viel für sich gewinnen.

„Jeder Reichsstand wollte jetzt Verluste auf dem linken Rheinufer erlitten haben und bezeichnete den Franzosen die Objekte, die er dafür zur Entschädigung wünschte; jeder handelte nach dem Grundsatze, man müsse unmäßige Forderungen stellen, um ‚vernünftige Bedingungen' zu erlangen. Ungeheuerliche Summen flossen in die Taschen Talleyrands, der jetzt französischer Minister des Äußeren war und nach den allgemeinen Anweisungen Napoleons die Verteilung vorbereitete. Kühl und voll Verachtung sah Napoleon in dieses verworrene Getriebe, und er wußte, wie es im Interesse Frankreichs zu ordnen sei. Er beseitigte die kleinen österreichfreundlichen Reichsstände und schuf lebensfähige Mittelstaaten." (1)

Das Ende des alten Reiches. Die Mittelstaaten (z. B. Baden, Bayern, Württemberg) lagen geographisch zwischen Frankreich und Österreich. Neben Preußen und Österreich bildeten sie gleichsam das „Dritte Deutschland". Sie waren militärisch und politisch von Napoleon abhängig. Der Kurfürst von Württemberg schrieb kurz vor Ausbruch des Krieges von 1805: „Ich muß Partei ergreifen entweder gegen Frankreich, das heißt, mich von Truppen überschwemmt, feindlich behandelt sehen drei Tage nach dieser Erklärung, oder ich muß mich mit Frankreich verbünden gegen den Kaiser . . ., das Reichsoberhaupt."
Die Staaten in Süd- und Westdeutschland schlossen sich zu einem Bund mit Frankreich zusammen und nannten sich „Verbündete Staaten am Rhein" (Rheinbund). In Wirklichkeit waren sie zu *Satellitenstaaten** Frankreichs geworden.
Am 1. August 1806 erklärten die Rheinbundfürsten ihren Austritt aus dem „Heiligen Römischen Reich Deutscher Nation". Kaiser Franz II. verzichtete wenige Tage darauf auf den Titel und die Rechte eines deutschen Kaisers. Er nannte sich nur noch Kaiser Franz I. von Österreich. → (1) (2)

Das Königreich Westfalen – ein Modell? Einer der wichtigsten Satellitenstaaten, das Königreich Westfalen, entstand durch einen Erlaß Napoleons 1807. Napoleon setzte seinen jüngsten Bruder, Jerôme, als König ein. Das neue Königreich sollte für die Armee Napoleons im Krieg 25 000 Soldaten stellen und als Vorbild für die anderen Rheinbundstaaten dienen: Westfalen sollte ein Modellstaat sein. Die Errungenschaften der Französischen Revolution, wie z. B. die Gleichheit aller Bürger vor dem Gesetz, sollten in allen Staaten des Rheinbundes eingeführt werden, ebenso eine straffe Staatsverwaltung, wie sie Napoleon in Frankreich geschaffen hatte.
Ein Zivilgesetzbuch, der „Code Napoléon", enthielt die neuen Rechtsbestimmungen. Sie wurden nicht nur in Westfalen, sondern auch in anderen Rheinbundstaaten von vielen Bewohnern begeistert aufgenommen. Alle Rheinbundfürsten führten die neue Rechtsordnung des Code Napoléon ein. In Baden galt sie bis 1900.
Napoleon ließ auch eine Verfassung für Westfalen ausarbeiten und schickte sie seinem Bruder. Eine echte Volksvertretung, ein vom Volk gewähltes Parlament, war in der Verfassung nicht vorgesehen. Die Untertanen hatten zwar persönliche Freiheiten erhalten, aber politische Entscheidungen durften sie nicht treffen.
König Jerôme regierte wie ein absoluter Monarch. Er war indessen trotz seiner verschwenderischen Hofhaltung in Kassel beim Volk zunächst nicht unbeliebt. Erst die ständigen Militärlasten für die Kriege Napoleons führten zum Widerstand im Volk, ebenso die häufigen Truppenaushebungen. Tausende von Soldaten desertierten.

Die preußischen Reformer. Nach der Niederlage von 1806 erkannten einige preußische Staatsmänner, daß Napoleon nur zu besiegen war, wenn die preußischen Soldaten nicht als unterdrückte Untertanen, sondern freiwillig ihr Vaterland verteidigten. Sie verlangten deshalb, daß sich die Menschen als mitverantwortliche Staatsbürger fühlen, freiwillig dem Gemeinwesen dienen und in der Staatsverwaltung mitwirken sollten. Ein neuer Geist sollte den absolutistischen Untertanengehorsam ablösen.

Solche Forderungen waren seit der Revolution in Frankreich nicht mehr neu. In Preußen haben vor allem drei Männer entsprechende Gesetze vorbereitet und durchgesetzt: Der Freiherr vom Stein, der Freiherr von Hardenberg und der General von Scharnhorst. Freiherr vom Stein hatte dem König schon vor dem Krieg in Denkschriften einschneidende Reformen vorgeschlagen, war aber deshalb in Ungnade entlassen worden. Nach der Niederlage Preußens rief der König den Reformer zurück, und Stein nahm das neue Amt an.

„Bauernbefreiung". „Gemeingeist und Bürgersinn" sollten geweckt werden. In einem Edikt vom 9. Oktober 1807 wurden die persönlichen Bindungen der Bauern an ihre Herren aufgehoben, denn noch immer hielten die adligen Grundherren ihre Bauern in Erbuntertänigkeit und nutzten sie zu unbezahlten Frondiensten aus. Sie mußten „Hand- und Spanndienste" leisten, durften ohne Erlaubnis des Herrn nicht heiraten und keinen anderen Beruf ausüben. Bereits Friedrich II. hatte das Los der Bauern auf den Staatsgütern erleichtert – jetzt aber wurden alle Bauern „frei".

Einige Jahre später (1811) führte die preußische Regierung eine Bodenreform durch. Denn was nutzte den Bauern ihre persönliche Freiheit, wenn sie kein Ackerland besaßen? Das neue Gesetz verfügte, daß ein Bauer den Hof, der einem Herrn gehörte und den er nur bewirtschaftete, jetzt als Eigentum erhielt. Für die Befreiung von Abgaben und Dienstleistungen, die sie ihrem Herrn schuldeten, sollten die Bauern eine Entschädigung leisten. Diese Entschädigung konnte auf zwei Arten erfolgen: Die Bauern sollten entweder Geld bezahlen oder einen Teil der Anbaufläche an den adligen Herrn abtreten. So verloren Bauern, die kein Geld hatten, wieder einen Teil ihrer Felder. → (3)

Weitere Reformen. Stein wollte erreichen, daß die Untertanen des Königs an den Entscheidungen im Staat mitwirkten. Am ehesten schien das in den Städten möglich. Die Bürger erhielten die Erlaubnis, Vertreter zu wählen: Stadtverordnete. Diese Männer wählten den Magistrat, d. h. die oberen Beamten der Städte. Den Bürgermeister durften sie nicht selbst bestellen, aber sie erhielten das Recht, dem König drei Kandidaten vorzuschlagen. Der König mußte einen davon ernennen. Die städtische *Selbstverwaltung** war zuständig für den Haushalt, den sie mit Einnahmen und Ausgaben alljährlich aufstellte. So entschieden die Bürger selbst, wofür sie das Geld aus Steuermitteln ausgaben. Sie konnten Schulen bauen, sie regelten das Fürsorgewesen für die Armen und übten im Namen des Staates die Polizeigewalt aus. Dies alles förderte die Verantwortung der Menschen für das Gemeinwesen, in dem sie lebten. → (4)

Steins Nachfolger, der Freiherr von Hardenberg, setzte weitere Reformen durch. Die Gewerbefreiheit sollte die Wirtschaft anregen. Darum wurde der Zunftzwang aufgehoben. Die Juden wurden gleichberechtigte Bürger (vgl. S. 116).

General von Scharnhorst machte dem König Vorschläge, wie die preußische Armee nach modernen Grundsätzen zu erneuern sei. Weil Napoleon die Mannschaftsstärke der preußischen Truppen begrenzt hielt, wurden viele junge Männer zu einer Kurzausbildung einberufen, so daß eine große Zahl von Reservisten zur Verfügung stand. Im Notfall konnten die Truppenteile rasch mit ausgebildeten Soldaten aufgefüllt werden. Scharnhorst empfahl die Allgemeine Wehrpflicht, wie sie in Frankreich während der Revolution eingeführt worden war. Die Offiziere sollten nicht mehr ausschließlich aus dem Adelsstand kommen.

Neue Volksschulen wurden errichtet, und die Zahl der Menschen, die lesen und schreiben konnten, stieg rasch. Die höheren Schulen erhielten durch Wilhelm von Humboldt eine neue Form. Sie sollten junge Menschen besonders durch das Studium der alten Sprachen bilden. Der Zugang zu den Universitäten hing künftig von der neu eingeführten Reifeprüfung ab. 1810 gründete Wilhelm von Humboldt die Berliner Universität. Hier lehrten u. a. die Professoren Fichte, Schleiermacher und Hegel.

Auch in den süddeutschen Staaten (besonders in Baden und Bayern) kamen solche Reformen in Gang. Baden erhielt ein einheitliches Landrecht, das weitgehend dem französischen Gesetzbuch Napoleons entnommen war. Die Leibeigenschaft war hier schon 1783 aufgehoben worden. Überall schuf man eine zentral gelenkte, einheitliche Verwaltung nach französischem Muster. In Württemberg regierte der neue König in der napoleonischen Zeit allerdings mit unumschränkter Gewalt.

(1) Neue Grenzen in Deutschland

(a) Erklärt mit Hilfe der Kartenausschnitte S. 172 den Begriff „Politische Flurbereinigung".

(b) Nennt einzelne Fürsten, die im „Länderhandel" zwischen 1801 und 1806 ihr Gebiet vergrößerten. Wer verlor?

(c) Vergleicht die Karte „Mitteleuropa 1812" mit einer Karte der Bundesrepublik Deutschland. Welche Bundesländer haben heute teilweise noch Grenzen wie 1812?

(2) „Entschädigung" für den Markgrafen von Baden, 1802

„§ 5. Dem Markgrafen von Baaden für seinen Theil an der Grafschaft Sponheim, und für seine Güter und Herrschaften im Luxemburgischen, Elsaß u.s.f.: das Bisthum Konstanz, die Reste der Bisthümer Speier, Basel und Straßburg, die pfälzischen Aemter Ladenburg, Bretten und Heidelberg mit den Städten Heidelberg und Mannheim; ferner: die Herrschaft Lahr, unter den zwischen dem Markgrafen von Baaden, dem Fürsten von Nassau-Usingen, und den übrigen Interessenten verabredeten Bedingungen; ferner die Hessischen Aemter: Lichtenau und Wildstädt; dann die Abteyen: Schwarzach, Frauenalb, Allerheiligen, Lichtenthal, Gengenbach, Ettenheim-Münster, Petershausen, Reichenau, Oehringen, die Probstei und das Stift Odenheim, und die Abtey Salmansweiler, mit Ausnahme von Ostrach und den unten bemerkten Zugehörungen. Die Reichsstädte Offenburg, Zell am Harmersbach, Gengenbach, Ueberlingen, Biberach, Pfullendorf und Wimpfen; endlich die mittelbaren sowohl, als unmittelbaren Besitzungen und Rechte auf der Südseite des Neckars, welche von den öffentlichen Stiftungen und Körperschaften des linken Rheinufers abhängen." (2) Q

(a) Teilt die „Entschädigungsgüter" ein in weltlichen und geistlichen Besitz.

(b) Urteilt am Beispiel des Markgrafen und späteren „Großherzogs" von Baden, was diese Entschädigung in Wirklichkeit war.

(3) Rechtsverhältnisse der Bauern in Preußen 1794 und 1807

Aus dem Preußischen Landrecht, 1794:

„Der Bauer [ist] durch Geburt oder Hofübernahme ein Untertan der Gutsherrschaft, ihr zu Treue, Ehrfurcht und Gehorsam verpflichtet. Darüber kann die Herrschaft einen Eid fordern. In Notfällen hat sie dem Untertan zu helfen. Es besteht nicht mehr die ehemalige Leibeigenschaft als eine Art persönlicher Sklaverei. Doch dürfen die Bauern das Gut, zu welchem sie geschlagen sind, ohne Bewilligung ihrer Grundherrschaft nicht verlassen. Sie können nur mit dem Gut, zu welchem sie gehören, an dritte abgetreten werden. Den Erben unter den Kindern des Bauern bestimmt der Gutsherr. Bauernkinder müssen in der Regel im Bauernstande bleiben, ausgenommen Bauernsöhne, die nach dem Urteil maßgebender Personen besonders befähigt sind. Ohne Erlaubnis des Herrn dürfen der Bauer und seine Kinder kein Gewerbe betreiben.
Heiraten sind Bauernkindern ohne gesetzmäßige Ursache nicht zu versagen, solche können sein: Faulheit, Liederlichkeit, Widerspenstigkeit, wenn durch Zeugnisse belegt, und grobe Verbrechen ... Faules, unordentliches und widerspenstiges Gesinde kann die Herrschaft durch mäßige Züchtigung zu seiner Pflicht anhalten. Dienste der Bauern sollen so viel als möglich gemessen sein." (3) Q

Aus dem Gesetz über den freien Gebrauch des Grundeigentums in Preußen, 1807:

„§ 1 Jeder Einwohner unserer Staaten darf Eigentümer jeder Art von Gütern sein.

§ 2 Jeder Edelmann ist ohne allen Nachteil seines Standes befugt, bürgerliche Gewerbe zu treiben; und jeder Bürger oder Bauer ist berechtigt, aus dem Bauern- in den Bürger- und aus dem Bürger- in den Bauernstand zu treten.

§ 10 Nach dem Datum dieser Verordnung entsteht fernerhin kein Untertänigkeitsverhältnis, weder durch Geburt, noch durch Heirat, noch durch Übernehmung einer untertänigen Stelle, noch durch Vertrag.

§ 12 Mit dem Martinitage 1810 hört alle Gutsuntertänigkeit in Unseren sämtlichen Staaten auf. Nach dem Martinitage 1810 gibt es nur freie Leute ..." (4) Q

(a) Vergleicht, welche Rechte die Bauern vor und nach den Reformgesetzen hatten; stellt sie in einer Tabelle nach folgendem Muster zusammen:

	1794	1807
Rechtsstellung		

(b) Überlegt Beispiele, die zeigen, wie sich die neue Rechtsstellung auf das Leben der Bauern auswirkte.

(c) Lest nach, wann in Frankreich und Rußland (vgl. S. 151 und S. 273) die Bauern frei geworden sind.

(4) Selbstverwaltung für die Städte

Aus der Städteordnung, 1808:

„§ 87 In jedem Jahre versammeln sich die stimmfähigen Gemeindeglieder der Stadt ... zur Wahl der Stadtverordneten. Sie nimmt allemal nach vorhergegangener gottesdienstlicher Handlung ihren Anfang.

§ 108 Die Stadtverordneten erhalten durch ihre Wahl die unbeschränkte Vollmacht, in allen Angelegenheiten des

Links: Gerhard Johann David von Scharnhorst. Zeitgenössisches Gemälde. – Rechts: Freiherr vom Stein. Zeitgenössisches Gemälde.

Gemeinwesens der Stadt die Bürgergemeinde zu vertreten ...

§ 109 Besonders sind sie befugt und verpflichtet, die zu den öffentlichen Befugnissen der Stadt nötigen Geldzuschüsse, Leistungen und Lasten auf die Bürgerschaft zu verteilen und zu deren Aufbringung ihre Einwilligung zu geben ...

§ 110 Die Stadtverordneten sind berechtigt, alle diese Angelegenheiten ohne Rücksprache mit der Gemeinde abzumachen ... Das Gesetz und ihre Wahl sind ihre Vollmacht, ihre Überzeugung und ihre Ansicht vom gemeinen Besten der Stadt ihre Instruktion [Anweisung] ... (5) Q

(a) Erläutert die Aufgaben von Stadtverordneten.

(b) Was brachte die Einführung der Selbstverwaltung den Bürgern der Städte?

(c) Erkundigt euch nach den Aufgaben einer heutigen Stadtgemeinde. Wofür ist sie zuständig? Woher bekommt sie Geld? Besucht evtl. das Rathaus eurer Gemeinde.

(5) Sinn und Ziel der Reformen

Aus Hardenbergs „Rigaer Denkschrift", 1807:

„Also eine Revolution in gutem Sinne, gerade hinführend zu dem großen Zwecke der Veredelung der Menschheit, durch Weisheit der Regierung und nicht durch gewaltsame Erschütterung von innen oder außen – das ist unser Ziel, unser leitendes Prinzip. Demokratische Grundsätze in einer monarchischen Regierung." (6) Q

Proklamation an sämtliche Bewohner des preußischen Staates, 1808, Entwurf:

„Es ist mein aufrichtiger Wunsch und ernstliches Bestreben, die vom Kriege und seinen Folgen eurem Wohlstande geschlagenen Wunden zu heilen und euch wieder zu beglücken, auch in den Stand zu setzen, ungehindert und frei, obgleich in gesetzlicher Ordnung, tun zu können alles, was eure Wohlfahrt gründet und fördert, damit ihr von Liebe und Dank durchdrungen, dem Staat innig euch anschließet, welcher dies Glück euch gewährt und sichert." (7) Q

(a) Versucht, den Inhalt der beiden Texte in eigenen Worten wiederzugeben.

(b) Wem bringen „demokratische Grundsätze in einer monarchischen Regierung" Vorteile?

(c) Die Reformen werden auch als „Revolution von oben" bezeichnet. Wie ist das zu verstehen?

1. Was haben die Bundesländer Baden-Württemberg, Bayern, Hessen, Nordrhein-Westfalen mit Napoleon zu tun?

2. Die Rheinbundstaaten galten als Satellitenstaaten Frankreichs. Gibt es auch heute noch Satellitenstaaten?

3. Welche der folgenden Reformen stammen nicht aus der hier behandelten Zeit um 1810?

Gründung der Berliner Universität – Aufhebung der Leibeigenschaft – Selbstverwaltung der Städte – Einführung der Rentenversicherung – Abschaffung der Zünfte – Kostenlose Schülerbeförderung – Allgemeine Wehrpflicht – Herabsetzung der Volljährigkeit auf 18 Jahre.

4. „Bauernbefreiung": Was ist darunter zu verstehen? Inwiefern ist der Begriff mißverständlich?

Mediatisierung: Aufhebung der Reichsunmittelbarkeit bzw. Landeshoheit weltlicher Fürsten, Ritter oder Städte und Unterstellung unter eine andere Herrschaft.

Reichsdeputationshauptschluß: Beschluß eines Reichstagsausschusses 1803 zur Entschädigung deutscher Fürsten für ihre Gebietsverluste auf der linken Rheinseite mit dem Ziel, nach dem Willen Napoleons Mittelstaaten zu schaffen.

Säkularisation: Verstaatlichung von Kirchenbesitz. Die umfassendste Säkularisation erfolgte in Deutschland 1803. Damals wurden 25 Fürstbistümer, 44 Reichsabteien, insgesamt etwa 10 000 qkm Land mit ca. 3 Mio. Einwohnern, der Kirche entzogen und weltlichen Herrschaften übergeben.

Satellitenstaat: Staat, der trotz völkerrechtlicher Unabhängigkeit dem Willen einer Großmacht gehorchen muß.

Selbstverwaltung: Die aktive Beteiligung der Bürger an politischen Entscheidungen. Im engeren Sinn bezieht sich die Selbstverwaltung auf das Recht der Bürger einer Gemeinde, über den gewählten Gemeinderat oder Magistrat an kommunalen Aufgaben mitzuwirken.

1803	Reichsdeputationshauptschluß
1806	Rheinbund
	Reformen in Preußen:
1807	Edikt zur Bauernbefreiung
1808	Städteordnung
1810/11	Aufhebung der Zünfte, Beginn der Gewerbefreiheit
1810	Gründung der Berliner Universität
1812	Ordnung für die Gymnasien
1814	Wehrgesetz, Einführung der allgemeinen Wehrpflicht

Quellennachweis

(1) F. Schnabel: Deutsche Geschichte im 19. Jahrhundert. Freiburg, 2. Aufl. 1970, S. 179.

(2) R. v. Oer: Die Säkularisation. Göttingen 1970, S. 60.

(3) W. Lippert: Geschichte der 110 Bauerndörfer in der nördlichen Uckermark. Wien 1968, S. 113.

(4) Geschichtliche Weltkunde, Quellenlesebuch 2, a. a. O., S. 208 ff.

(5) W. Conze: Die preußische Reform. Stuttgart 1970, S.57 f.

(6) Freiherr von Hardenberg, in: W. Conze: Die preußische Reform, a. a. O., S. 14 f.

(7) ebenda, S. 29.

Lesetip

G. Anrich: Räuber, Bürger, Edelmann, jeder raubt, so gut er kann. Die Zeit der großen Räuberbanden 1790–1903. Anrich, Neunkirchen 1975 (SB)

G. Holmsten (Hrsg.): Freiherr vom Stein in Selbstzeugnissen und Bilddokumenten. Rowohlt-Monographie 227. Reinbek bei Hamburg 1975 (SB)

E. Kleßmann: Deutschland unter Napoleon in Augenzeugenberichten. dtv 2715 (QS)

H. Pleticha: Das klassische Weimar. dtv-Dokumente 2935

M. v. Taack: Königin Luise. Wunderlich, Tübingen 1978

7.3. Napoleons Niederlage und die Neuordnung Europas

Napoleons Aufstieg und Sturz. Volkstümliches Blatt 1814/15.

Was wäre geworden, wenn Napoleon seinen Aufstieg unaufhaltsam fortgesetzt, alle europäischen Staaten seiner Vorherrschaft unterworfen hätte? Wir wissen es nicht und können nur feststellen, welchen Widerstand seine Herrschaft auslöste, wie die Völker die Unterdrückung abgeschüttelt haben und sich nach Frieden sehnten.

- Wie ist es dazu gekommen?
- Welches Ende nahm Napoleon, und welche Auswirkungen hinterließ seine Herrschaft?
- Wie haben die Sieger Europa und Deutschland neu geordnet?

Immer wieder Widerstand. Den zähesten Widerstand gegen Napoleon leisteten die Spanier, sie eroberten im Guerillakrieg besetztes Gebiet zurück. In Deutschland riefen Flugblätter zum Widerstand gegen die Herrschaft Napoleons auf. Wer bei der Herstellung oder Verteilung solcher Flugschriften ertappt wurde, mußte mit dem Tod durch Erschießen rechnen. In Tirol erhoben sich die Bauern unter Führung von Andreas Hofer. Doch sie erlagen der feindlichen Übermacht. Mit der österreichischen Regierung kam Napoleon nie zu einer dauerhaften Verständigung. Regierung und Hofadel in Wien sahen in Napoleon stets den Emporkömmling, der durch seine Kaiserkrönung dem Kaiser in Wien die Vorrangstellung in Europa nahm und einen Großteil der österreichischen Besitzungen raubte. Kaiser Franz beugte sich nur der militärischen Macht. Auch als Napoleon die Heirat mit der österreichischen Prinzessin Marie-Louise durchsetzte und damit Schwiegersohn des Kaisers Franz wurde, verbesserte sich das Verhältnis zwischen den beiden Monarchen nicht.

Hunger und Kälte „besiegen" die Große Armee. Es gab Anzeichen, daß die russische Regierung ein neues Bündnis gegen Frankreich anstrebte; außerdem erlaubte die russische Regierung, daß entgegen den Bestimmungen der Kontinentalsperre englische Schiffe in russischen Häfen anlegten und Waren löschten. Napoleon entschloß sich 1812 zum Krieg gegen den russischen Zaren Alexander I., um ein Bündnis gegen Frankreich zu verhindern und um die Kontinentalsperre durchzusetzen.
Über 600 000 Mann stark war die Armee Napoleons, die am 24. Juni 1812 den russischen Grenzfluß überschritt. Man glaubte an einen schnellen Sieg. War der französische Kaiser nicht unbesiegbar? Viele Soldaten meinten, man würde nach dem Sieg über die russische Armee nach Indien ziehen.

„In der ‚Großen Armee' marschierten 30 000 Bayern, je etwa 25 000 Westfalen und Sachsen, 20 000 Preußen, 15 000 Württemberger, 7000 Badener, 5000 Rheinhessen und 1400 Mecklenburger mit. Dazu kamen die Schweizer Regimenter, kam das österreichische Hilfskorps, gesellten sich Polen und Italiener, Holländer und Portugiesen: es war die größte internationale Streitmacht, die die moderne Geschichte gesehen hatte." (1)

Lange Zeit fand keine Schlacht statt. Die russische Armee zog sich in die unermeßliche Weite des Landes zurück. Sie verbrannte alle Vorräte, um den Feinden keine Nahrungsmittel zu überlassen. Erst nach langem Vormarsch kam es zu blutigen Schlachten. Mehr als hunderttausend Soldaten verhungerten, erlagen Seuchen oder fielen im Kampf; aber der Krieg war noch nicht entschieden. Im September zog Napoleon mit seinen Truppen in Moskau ein.
Ein paar Tage später brannte die ganze Stadt. Russische Soldaten hatten in allen Vierteln der Stadt Brände gelegt.
Wie sollte jetzt die französische Armee ohne Nahrungsvorräte den drohenden Winter überstehen? Napoleon mußte den Rückzug befehlen. Ein schrecklicher Rückzug: Hunger, Kälte und Angriffe der russischen Armee ließen die meisten Soldaten sterben. Von der „Großen Armee" überlebten nur wenige 10 000 Mann den Feldzug durch Rußland.
→ (1)

Der Sturz Napoleons. Nach der Katastrophe der „Großen Armee" in Rußland schlossen die Gegner Frankreichs – Preußen, Österreich, Rußland und England – erneut ein Bündnis gegen Napoleon. In Preußen wurde zum Krieg gegen den „fremden Unterdrücker" aufgerufen. Freiwillige aus allen Volksschichten meldeten sich zu den Waffen. Das Kriegsziel vieler Freiwilligen war: Gründung eines einheitlichen deutschen Staates, in dem die Einzelinteressen von Fürsten nicht ausschlaggebend sein sollten; Deutschland sollte ein Staat und eine Nation sein. → (2)
Es gelang Napoleon in kurzer Zeit, eine neue Armee aufzustellen. Im Oktober 1813 kämpften bei Leipzig die russischen, preußischen, österreichischen, englischen und schwedischen Truppen gegen diese neue Armee; sie wurde in dieser Völkerschlacht geschlagen.
Alle Rheinbundfürsten kündigten jetzt ihr Bündnis mit Napoleon. Dieser mußte auf seine Herrschaft verzichten und sich auf die Insel Elba im Mittelmeer zurückziehen. Die Monarchen von Rußland, Preußen, Österreich, England und Schweden schlossen Frieden mit dem neuen, von ihnen eingesetzten König von Frankreich, mit Ludwig XVIII. Er war ein Bruder Ludwigs XVI. Die Grenzen Frankreichs von 1792 wurden im Friedensvertrag bestätigt. Ludwig gab seinem Land eine Verfassung („Charte"), die in der Folge in vielen Monarchien nachgeahmt wurde.
Als Napoleon auf Elba von einer Unzufriedenheit im französischen Volk und von einer Auseinandersetzung zwischen seinen ehemaligen Gegnern hörte, landete er überraschend mit 1000 Soldaten in Südfrankreich. Er verjagte Ludwig XVIII. und stellte eine neue Armee auf.
Sogleich erklärten seine ehemaligen Gegner wiederum den Krieg, und sie schlugen die neue Armee im Juni 1815 bei Waterloo. Zum zweiten Mal mußte Napoleon auf seine Herrschaft verzichten. Er wurde als Gefangener der englischen Regierung auf die

Insel St. Helena im südlichen Atlantik gebracht. Dort starb er 1821. Die Franzosen überführten seine Gebeine 1840 nach Paris und bestatteten sie feierlich im Invalidendom.

Der Wiener Kongreß. Nach dem Sieg über Napoleon versammelten sich die Verbündeten in Wien, um für die Zukunft die Weichen zu stellen. Es waren Kaiser und Könige, Staatsmänner und Diplomaten, begleitet von ihren Frauen, von Hofdamen und Dienern. Gewählte Vertreter des Volkes fehlten. Es gab viel Klatsch und Affären. Die Wiener Polizei mußte die Gäste beschützen und zugleich bespitzeln. Alle Fäden liefen beim österreichischen Staatskanzler Metternich zusammen. Er bestimmte die Leitlinien des Kongresses. Man sagte: „Der Kongreß tanzt, aber er kommt nicht vorwärts." In der Tat schauten die Verantwortlichen mehr nach rückwärts und erstrebten die Wiederherstellung der früheren Zustände vor der Revolution, d. h. eine *Restauration**. Um einem revolutionären Umbruch vorzubeugen, sollten die Monarchien auf der Grundlage des Gottesgnadentums wieder gesichert werden. Darin waren die Herrscher mit Metternich einig. → (3)
Man wollte keine Rache an Frankreich nehmen. Das hatte dessen Vertreter Talleyrand durch geschickte Diplomatie verhindert. Doch künftig sollte kein Staat mehr eine Vorherrschaft in Europa ausüben. Der Frieden wurde vielmehr auf dem Gleichgewicht von fünf Großmächten aufgebaut:
- Rußland, dessen Zar zugleich König von Polen blieb,
- Preußen, das den Norden von Sachsen sowie Westfalen und das Rheinland gewann,
- Österreich, das seine Westgebiete abtrat, aber Oberitalien behielt,
- England, das seinen Kolonialbesitz erweiterte,
- Frankreich in seinen Grenzen von 1792.

Man beschwor die internationale Verständigung, verbot den Sklavenhandel und beschloß, sich im Kampf gegen revolutionäre Bestrebungen beizustehen. Dazu verpflichteten sich die Herrscher von Rußland, Preußen und Österreich in einer *Heiligen Allianz**, die nach dem Urteil eines Engländers freilich nur ein „lauttönendes Nichts" darstellte. Immerhin hatte die europäische Ordnung des Wiener Kongresses aber ein halbes, von Ausnahmen abgesehen, sogar ein ganzes Jahrhundert Bestand.

„Warum wählt ihr keinen deutschen Kaiser?", fragten Journalisten die Kongreßteilnehmer. Aus der Sicht der Herrscher gab es eine klare Antwort: Trotz vaterländischer Begeisterung in den Befreiungskriegen bildeten die Deutschen noch keine Nation. Für Württemberger galten z. B. Bayern, Preußen, Hessen oder auch Baden als Ausland – und umgekehrt ebenso. So blieben die einzelnen Königreiche, Mittel- und Kleinstaaten sowie Reichsstädte souverän. Man kehrte aber nicht zu den Verhältnissen vor Napoleon zurück, sondern bestätigte die Säkularisation der geistlichen Gebiete und Mediatisierung der kleineren Adelsherrschaften. So blieben 39 deutsche Einzelstaaten mit zusammen etwa 30 Mio. Einwohnern bestehen, davon 9,5 Mio. Österreicher, 8 Mio. Preußen, 3,5 Mio. Bayern; und von den übrigen Staaten hatten Hannover, Sachsen und Württemberg zwischen 1 und 2 Mio., die restlichen jeweils weniger als eine Mio. Einwohner.
Man einigte sich, einen *Deutschen Bund** zu gründen, der praktisch nur aus einem ständigen Kongreß der Gesandten der deutschen Einzelstaaten bestand, die weitgehend selbständig blieben. Österreich nahm den Vorsitz in diesem „Bundestag" ein, der in Frankfurt tagte. Die Teilstaaten verpflichteten sich, Truppen zu einem gemeinsamen Heer zu stellen, außenpolitisch gemeinsam zu handeln und ihren Ländern eine Verfassung zu geben. Aber Österreich und Preußen, die beiden Großmächte im Deutschen Bund, hielten sich nicht an das Verfassungsversprechen. Viele waren unzufrieden. → (4)

Erschießung von Aufständischen in Madrid im Jahre 1809. Gemälde von Francisco de Goya (1746–1828), einem der bedeutendsten Maler seiner Zeit, deren Schwächen er in eindrucksvollen Bildern geißelte. Auch gegen die Untaten der napoleonischen Truppen in Spanien hat er sich mit einer ganzen Reihe von Bildern gewandt.

(1) Napoleons Rußlandfeldzug: Wer zahlte den Preis?

Berichte von Soldaten:

„Das Land rechts und links des Weges war durch die Armee ... ausgesogen und kahlgeplündert ... Auf dem Verdeck der Wagen lagen die Unglücklichen, auf dem Vordergestell, hinten, auf Koffern, Sitzen, auf den Futterkästen ... Beim geringsten Stoß fielen die am schlechtesten untergebrachten herab; der Fahrer nahm darauf keine Rücksicht. Der nächste Wagen ... fuhr über den Körper des Unglücklichen hinweg, der zu Boden gefallen war. Jeder dachte nur noch an sein eigenes Überleben." (2) Q

„28. November ... Mit Tagesanbruch entspann sich ein mörderischer Kampf auf beiden Ufern [der Beresina]; jenseits Wittgenstein mit 40 000 Russen, diesseits Tschitschagow mit 27 000 Mann schleuderten ihre Geschosse in die verworrene Masse. Die höchste Bestürzung ergriff alles, was noch nicht herüber konnte; zum dritten Male brach die untere Brücke unter der Last zusammen und konnte nicht mehr hergestellt werden. Alles drängte sich nun zur oberen Brücke hin; Weiber und Kinder, die sich bisher auf stehengebliebenen Wagen befanden, wurden im Menschenstrome mit fortgerissen, die meisten kamen darinnen um ... Kanonenkugeln und Granaten schlugen in die drangvolle Masse, das Geschrei der Unglücklichen übertönte den Kanonendonner, und das Drängen zur Brücke wurde immer rasender; die größere Zahl stürzte sich in den Fluß und wurde wie gestern größtenteils vom Treibeise fortgerissen. So senkte sich endlich die Nacht herab, die diesem unbeschreiblichen Greuel ein Ende setzte ..." (3) Q

(a) Berichtet anhand dieser Texte und der Bilder S. 182 über die Leiden der Soldaten.

(b) Nennt Gründe für die Niederlage der „großen Armee" und berücksichtigt dabei die Weite des russischen Raumes.

Oben links: Der Brand Moskaus 1812. Zeitgenössische Darstellung. Oben rechts: Biwak im zerstörten Smolensk im November 1812. Unten links: Soldaten der „Großen Armee" auf dem Rückzug. Beide Bilder von Ch. Wilhelm von Faber du Faur, der als Offizier der württembergischen Hilfstruppen an Napoleons Rußlandfeldzug teilnahm. Unten rechts: Übergang über die Beresina. Lithographie von Albrecht Adam.

(c) Nach der Ankunft in Paris ließ Napoleon (trotz des Verlustes von einer halben Million Menschen) der Öffentlichkeit mitteilen:

„Seiner Majestät ist es gesundheitlich noch nie so gut gegangen wie gegenwärtig." Q

Was sollte damit erreicht werden? Wie wirkt die Aussage auf euch?

(d) Der österreichische Staatskanzler Metternich berichtet, Napoleon habe in einem Gespräch nach dem Rußlandfeldzug zu ihm gesagt:

„Die Franzosen können sich nicht über mich beklagen. Um sie zu schonen, habe ich die Deutschen und die Polen geopfert. Ich habe dreimalhunderttausend Mann verloren, aber es waren nicht mehr als dreißigtausend Franzosen darunter." Q

Was hättet ihr an Metternichs Stelle darauf geantwortet?

(2) Der König und die „vaterländische Gesinnung"

(a) Wann, wo und von wem wurde der nebenstehende Aufruf erlassen?

(b) An wen richtete sich der Aufruf?

(c) Was sollte der Aufruf erreichen?

(d) Was sollen die Bürger tun? Wie stellt der König die eigene Politik, wie die Napoleons dar?

(e) In welcher politischen Lage war Preußen?

Aus dem Brief eines 18jährigen:

„In diesen kritischen Zeitläufen kann und darf der Mann von Kopf und Herz nicht verzweifeln ... Daß ich nun wahrscheinlich die Muskete werde ergreifen müssen, freut mich sehr; denn es gilt Freiheit und Existenz ... Will ich nicht jeglichen Verzicht auf einen Zivilposten in meinem

Vaterland leisten, so muß ich dienen; und wenn dies einmal geschehen soll, so will ich lieber jetzt, wo es etwas zu tun bei diesem Handwerk gibt ... Denn es ist unser erhabenstes Ziel und muß unser höchstes Ideal sein, fürs Vaterland zu kämpfen, zu siegen – oder – das Feld der Freiheit und Ehre bedecken zu helfen." (4) Q

Bericht eines russischen Offiziers:

„Es wurden die Landwehr, der Landsturm geschaffen, Freiwillige aufgerufen, die Untertanen beschworen, alle möglichen Opfer zu bringen, um das Vaterland vom Joche der Franzosen zu befreien, und diese Aufforderung fiel nicht in taube Ohren. Alles strömte herbei. Der Landmann verließ seinen Pflug und stellte sich mit seinen Söhnen, um gegen den Feind zu fechten; die Jugend verließ die Universitäten, die Schulen; die Beamten ihre einträglichen Posten; die Gelehrten die Lehrstühle; jeder brachte, was er an Geld oder Geldeswert hatte, die Frauen ihr Geschmeide ... Das Fieber des Deutschtums ergriff alle und trieb ganz ernsthaft die tollsten Possen. (5) Q

(f) Schlachtfeld = „Feld der Freiheit und der Ehre"; versucht die Vorstellungen des jungen Freiwilligen vom Krieg zu beschreiben. Seid ihr gleicher Ansicht? Besprecht das Problem in der Klasse.

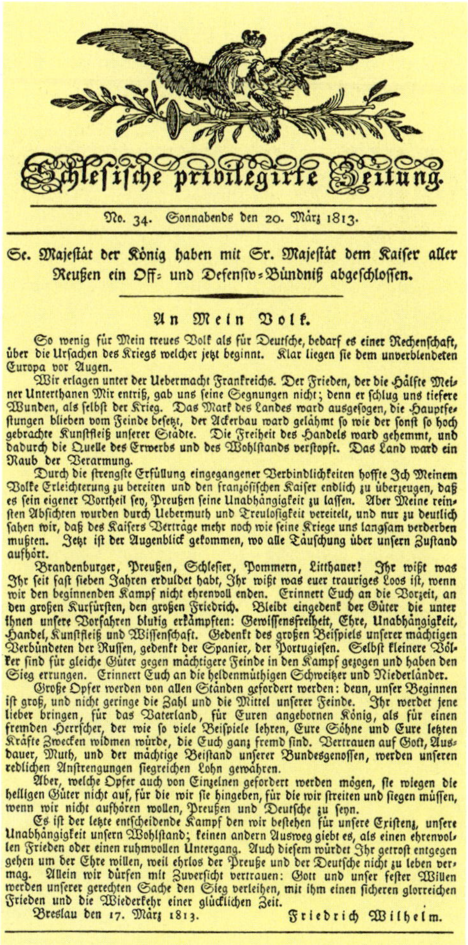

Schlesische privilegirte Zeitung.

No. 34. Sonnabends den 20. März 1813.

Se. Majestät der König haben mit Sr. Majestät dem Kaiser aller Reußen ein Off- und Defensiv-Bündniß abgeschlossen.

An Mein Volk.

So wenig für Mein treues Volk als für Deutsche, bedarf es einer Rechenschaft, über die Ursachen des Kriegs welcher jetzt beginnt. Klar liegen sie dem unverblendeten Europa vor Augen.

Wir erlagen unter der Uebermacht Frankreichs. Der Frieden, der die Hälfte Meiner Unterthanen Mir entriß, gab uns seine Segnungen nicht; denn er schlug uns tiefere Wunden, als selbst der Krieg. Das Mark des Landes ward ausgesogen, die Hauptfestungen blieben vom Feinde besetzt, der Ackerbau ward gelähmt so wie der sonst so hoch gebrachte Kunstfleiß unserer Städte. Die Freiheit des Handels ward gehemmt, und dadurch die Quelle des Erwerbs und des Wohlstands verstopft. Das Land ward ein Raub der Verarmung.

Durch die strengste Erfüllung eingegangener Verbindlichkeiten hoffte Ich Meinem Volke Erleichterung zu bereiten und den französischen Kaiser endlich zu überzeugen, daß es sein eigener Vortheil sey, Preußen seine Unabhängigkeit zu lassen. Aber Meine reinsten Absichten wurden durch Uebermuth und Treulosigkeit vereitelt, und nur zu deutlich sahen wir, daß des Kaisers Verträge mehr noch wie seine Kriege uns langsam verderben mußten. Jetzt ist der Augenblick gekommen, wo alle Täuschung über unsern Zustand aufhört.

Brandenburger, Preußen, Schlesier, Pommern, Litthauer! Ihr wißt was Ihr seit fast sieben Jahren erduldet habt, Ihr wißt was euer trauriges Loos ist, wenn wir den beginnenden Kampf nicht ehrenvoll enden. Erinnert Euch an die Vorzeit, an den großen Kurfürsten, den großen Friedrich. Bleibt eingedenk der Güter die unter ihnen unsere Vorfahren blutig erkämpften: Gewissensfreiheit, Ehre, Unabhängigkeit, Handel, Kunstfleiß und Wissenschaft. Gedenkt des großen Beispiels unserer mächtigen Verbündeten der Russen, gedenkt der Spanier, der Portugiesen. Selbst kleinere Völker sind für gleiche Güter gegen mächtigere Feinde in den Kampf gezogen und haben den Sieg errungen. Erinnert Euch an die heldenmüthigen Schweitzer und Niederländer.

Große Opfer werden von allen Ständen gefordert werden: denn, unser Beginnen ist groß, und nicht geringe die Zahl und die Mittel unserer Feinde. Ihr werdet jene lieber bringen, für das Vaterland, für Euren angebornen König, als für einen fremden Herrscher, der wie so viele Beispiele lehren, Eure Söhne und Eure letzten Kräfte Zwecken widmen würde, die Euch ganz fremd sind. Vertrauen auf Gott, Ausdauer, Muth, und der mächtige Beistand unserer Bundesgenossen, werden unseren redlichen Anstrengungen siegreichen Lohn gewähren.

Aber, welche Opfer auch von Einzelnen gefordert werden mögen, sie wiegen die heiligen Güter nicht auf, für die wir sie hingeben, für die wir streiten und siegen müssen, wenn wir nicht aufhören wollen, Preußen und Deutsche zu seyn.

Es ist der letzte entscheidende Kampf den wir bestehen für unsere Existenz, unsere Unabhängigkeit unsern Wohlstand; keinen andern Ausweg giebt es, als einen ehrenvollen Frieden oder einen ruhmvollen Untergang. Auch diesem würdet Ihr getrost entgegen gehen um der Ehre willen, weil ehrlos der Preuße und der Deutsche nicht zu leben vermag. Allein wir dürfen mit Zuversicht vertrauen: Gott und unser fester Willen werden unserer gerechten Sache den Sieg verleihen, mit ihm einen sicheren glorreichen Frieden und die Wiederkehr einer glücklichen Zeit.

Breslau den 17. März 1813. Friedrich Wilhelm.

(3) Auf dem „Wiener Kongreß"

Berichte von Teilnehmern:

„Dringt man von der geglätteten trügerischen Oberfläche in den Sinn ein, den das erhabene Schauspiel der großen Fürstenversammlung bieten soll, so trifft man auf heillose Ränke, wo man Offenheit, auf Neid, wo man Vertragen, auf Kleinlichkeit, wo man Liberalität erwarten sollte. Scheint man doch kaum noch zu wissen, warum die Monarchen hier versammelt sind." (6) Q

„Die Fürsten hatten sich für die wenigen festlosen Tage jeder eine Art Absteigequartier gewählt, wo sie sich von den Strapazen der Unterhaltungen ausruhten. Kaiser Alexander, der stürmische Verehrer der schönen Gabriele Auersperg, verkehrte im Haus seines Onkels, des Fürsten Josef Schwarzenberg, Bruders des Feldmarschalls, wo er jeden freien Abend zubrachte. Der König von Preußen beschloß seinen Tag gewöhnlich im Finanzhotel, wo er auch die Dame seines Herzens, die Gräfin Julie Zichy, Schwiegertochter des Staatsministers, sah. Der König von Dänemark hatte einfachere Allüren und mußte mit einem Gesicht, wie er es hatte, die Liebe dort suchen, wo er sie zu kaufen bekam; ebenso der alte König von Bayern. Ich weiß nicht, wohin der König von Württemberg seinen kolossalen Bauch hinschleppte; dieser war so mächtig, daß die Tischplatte an seinem Platz einen halbrunden Ausschnitt haben mußte, damit der arme König überhaupt sitzen konnte." (7) Q

(a) Welchen Eindruck gewinnt ihr von den „Politikern" jener Zeit und der Art, in der Politik gemacht wurde?

(b) Versetzt euch in die Lage von Teilnehmern am Wiener Kongreß und formuliert einige Grundsätze für die Neuordnung Europas nach Napoleons Ende.

(4) Warum unzufrieden mit dem Deutschen Bund?

Aus der Bundesakte von 1815:

„Art. 1. Die souveränen Fürsten und freien Städte Deutschlands, mit Einschluß des Kaisers von Österreich und der Könige von Preußen, von Dänemark und der Niederlande (und zwar der Kaiser von Österreich, der König von Preußen, beide für ihre gesamten vormals zum Deutschen Reiche gehörigen Besitzungen, der König von Dänemark für Holstein, der König der Niederlande für das Großherzogtum Luxemburg) vereinigen sich zu einem beständigen Bunde, welcher der Deutsche Bund heißen soll.

Art. 2. Der Zweck desselben ist: Erhaltung der äußeren und inneren Sicherheit Deutschlands und der Unabhängigkeit und Unverletzbarkeit der einzelnen deutschen Staaten.

Art. 3. Alle Bundesglieder haben als solche gleiche Rechte; sie verpflichten sich alle gleichmäßig, die Bundesakte unverbrüchlich zu halten.
Art. 4. Die Angelegenheiten des Bundes werden durch eine Bundesversammlung besorgt, in welcher alle Glieder desselben durch ihre Bevollmächtigten teils einzelne, teils Gesamtstimmen ... führen ...
Art. 5. Österreich hat bei der Bundesversammlung den Vorsitz ...
Art. 9. Die Bundesversammlung hat ihren Sitz zu Frankfurt am Main ..." (8) Q

Ein Zeitgenosse nimmt Stellung:

„Fast alle Staatsmänner und Offiziere höherer wissenschaftlicher und politischer Bildung, mit denen ich in Frankfurt und später in Bremen und in der Rheinprovinz verkehrte, erblickten die nächsten Ursachen der stets zunehmenden Unzufriedenheit des Volkes mit den Regierungen darin, daß man die Jugend erst für die Befreiung Deutschlands und seiner Fürsten aus schmachvoller Knechtschaft begeistert und ins Feld geführt, dann aber, nachdem das Werk in nie gesehener Einigkeit einer allgemeinen patriotischen Erhebung mit Strömen unschuldigen Bluts vollbracht worden und das ganze deutsche Volk mit geheiligtem Recht eine neue einheitliche Einrichtung der staatsbürgerlichen Lebensverhältnisse erwarten durfte, der Wiener Fürstenkongreß nur zu deutlich die Tendenz verriet, jene Zustände zurückzuführen, die ein halbes Jahrhundert hindurch vor den Freiheitskriegen von der großen Mehrheit des deutschen Volks verabscheut und verhöhnt worden waren ... Die mit mir gleichaltrigen Zeitgenossen werden sich noch erinnern, daß schon damals durch Deutschland die Wehklage erscholl: ‚Die Nation ist betrogen!' ..." (9) Q

(a) Arbeitet das Verhältnis zwischen dem „Bund" und den Einzelstaaten heraus. Vergleicht die damaligen deutschen Staaten mit den heutigen Bundesländern.

(b) Wer war mit dem Deutschen Bund unzufrieden – und warum?

Arbeitssitzung der bevollmächtigten Diplomaten des Wiener Kongresses. Gemälde von Jean Baptiste Isabey. Vorn links (sitzend) der preußische Staatskanzler Hardenberg. Vor dem Sessel stehend: Fürst Metternich. An der linken Tischseite (im Vordergrund) der englische Minister Castlereagh, an der rechten Talleyrand, der Vertreter Frankreichs. Neben ihm rechts sitzt Graf Stackelberg, der Bevollmächtigte des Zaren.

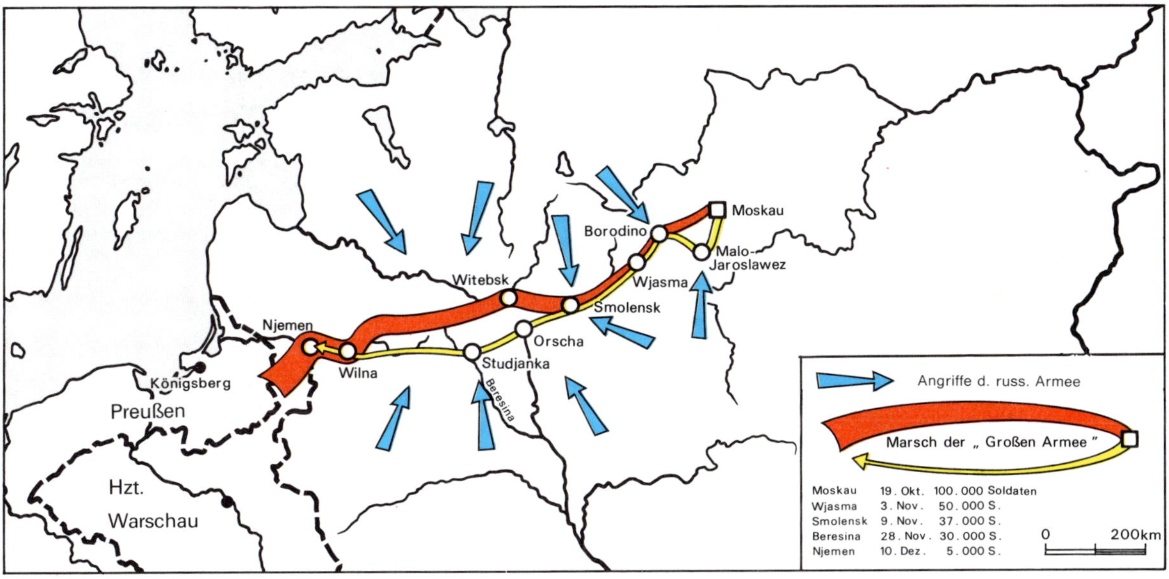

1. Erläutere anhand der Karte Verlauf und Bedeutung des Rußlandfeldzuges der „Großen Armee" Napoleons.

2. Frei – ge – heits – ker – krie – land – loo – schlacht – ter – ter – Va – Völ – Wa

Setze aus diesen Silben Wörter mit folgender Bedeutung zusammen:

a) Bezeichnung für die Entscheidungsschlacht bei Leipzig.

b) Bezeichnung für den Staat, dem man angehört.

c) Name des Ortes, an dem Napoleon endgültig geschlagen wurde.

d) Bezeichnung der Kriege gegen die Vorherrschaft Napoleons.

3. Formuliere dein Urteil über den Wiener Kongreß unter folgenden Gesichtspunkten: Wie war die Stimmung in Wien? Was wurde in Wien beschlossen? Wie lange hatten die Regelungen des Wiener Kongresses Bestand?

4. Jeder Einzelstaat im Deutschen Bund konnte seine eigene Währung, eigene Maße, eigene Gesetze behalten oder Zölle an seinen Grenzen erheben. Was bedeutete das für die Wirtschaft?

Deutscher Bund: Zusammenschluß der deutschen Fürsten und Freien Städte zu einem Staatenbund (1815). Wichtigste Bundeseinrichtung: Bundestag in Frankfurt.

Heilige Allianz: Bund, zunächst zwischen dem Zaren Alexander I., Kaiser Franz I. von Österreich und König Friedrich Wilhelm III. von Preußen (1815). Die Monarchien sollten gestützt, die Politik im Sinne der christlichen Religion geführt werden. Der Heiligen Allianz traten fast alle europäischen Staaten bei.

Restauration: (von lat. „restaurare" = wiederherstellen). Politische Bestrebung, frühere Verhältnisse wiederherzustellen, weil man sie für rechtmäßig und/oder für besser hält. Epochenbezeichnung für die Zeit nach dem Wiener Kongreß.

1812	Feldzug Napoleons nach Rußland
Okt. 1813	„Völkerschlacht" bei Leipzig; Niederlage Napoleons
April 1814	Abdankung Napoleons; Verbannung nach Elba
1815	Schlacht bei Waterloo; Napoleon nach St. Helena
1814/15	Wiener Kongreß
1815	Heilige Allianz
1815	Deutscher Bund

Quellennachweis

(1) W. Görlitz, Griff in die Geschichte. Stuttgart 1965, S. 42.
(2) Caulaincourt: Unter vier Augen mit Napoleon. Stuttgart 1956, S. 108.
(3) Aus dem Tagebuch eines württembergischen Offiziers. In: Grundzüge der Geschichte, Quellentaschenbuch 3, a. a. O., S. 72.
(4) Brief Wilhelm Albertis an seine Mutter. In: E. Kleßmann: Die Befreiungskriege in Augenzeugenberichten. Düsseldorf 1966, S. 28.
(5) Bericht des russischen Offiziers Friedrich v. Schubert, zitiert aus: E. Kleßmann: Die Befreiungskriege, a. a. O., S. 45.
(6) Aus dem Tagebuch des Grafen von Nostiz. In: H. Spiel: Der Wiener Kongreß in Augenzeugenberichten. Düsseldorf 1965, S. 42 ff.
(7) Gräfin Lulu Thürheim: Mein Leben (1788–1819), hrsg. v. R. v. Rhyn, Bd. 2, München 1923, S. 115.
(8) Staatsverfassungen, hrsg. v. G. Franz. Darmstadt, 2. Aufl. 1964, S. 121 f.
(9) G. Eilers: Meine Wanderung durchs Leben. Leipzig 1856 ff., Bd. 5, S. 118 f.

Lesetip

E. Kleßmann: Napoleons Rußlandfeldzug in Augenzeugenberichten. dtv 2714 (QS)
M. Lobe: Der Speckbacherbub. Tyrolia, Innsbruck 1974 (HR)
H. Spiel: Der Wiener Kongreß in Augenzeugenberichten. dtv 1326 (QS)

Die deutschen Länder im Deutschen Bund 1815–1866.

8. Freiheit und Einheit: Vom Deutschen Bund zum Deutschen Reich

8.1. Die Deutschen zwischen Freiheitsdrang und Obrigkeit

Der Denker-Club. Karikatur auf die Unterdrückung der Rede- und Pressefreiheit in der Zeit um 1820. Der Text auf der rechten Wandtafel lautet: „Schweigen ist das erste Gesetz dieser gelehrten Gesellschaft. – Auf daß kein Mitglied in Versuchung geraten möge, seiner Zunge freien Lauf zu lassen, so werden beim Eintritt Maulkörbe ausgeteilt. – Der Gegenstand, welcher in jeweiliger Sitzung durch ein reifes Nachdenken gründlich erörtert werden soll, befindet sich auf einer Tafel mit großen Buchstaben deutlich geschrieben."

Deutschland galt im 19. Jh. als Land der Dichter und Denker. Goethe und Schiller, Hegel und Schopenhauer und viele andere waren in ganz Europa berühmt. Aber politisch waren die Deutschen rückständig geblieben.

- Warum wurde den Deutschen noch vor rund 175 Jahren „ein Maulkorb verpaßt"?
- Was kritisierten damals die Menschen, womit befaßten sie sich? Was wollten sie ändern?
- Wie gut oder wie schlecht ging es ihnen?

Die Biedermeier sind treue Untertanen. Viele, die einst gegen Napoleon und für ein neues Vaterland gekämpft hatten, stellten die Frage: „Wo ist Deutschland, für welches zu kämpfen wir aufgefordert wurden? Es lebt in unserem Innern. Zeigt es uns, wo wir es finden, oder wir sind genötigt, es uns selbst zu suchen!". Im Deutschen Bund wurden die freiheitlichen und nationalen Hoffnungen nicht erfüllt. Das fremde Joch war abgeschüttelt, das Joch der eigenen Fürsten bestand weiterhin, aber ein großer Teil des Volkes sank in seine gewohnte politische Untätigkeit zurück. Die Fürsten regierten zwar als milde Landesväter, solange Ruhe herrschte, zeigten sich aber selbstherrlich, sobald jemand gegen ihre Ordnung aufbegehrte. Die meisten Bürger waren der Meinung, daß die Patrioten zu viel forderten. So blieb die deutsche Einheit eine Hoffnung von Schriftstellern, Gelehrten und Studenten. Deutschland war eine Idee, keine Wirklichkeit. Viele zeigten sich durchaus damit einverstanden, daß alles beim alten blieb.

Das deutsche Volk bildete eine Kulturnation, keine Staatsnation. Das Bürgertum war auf Wirtschaft und Privatleben beschränkt. Es war die Zeit der „Fleißigen und Stillen im Lande". Männerchöre sangen vom deutschen Wald und deutscher Treue; in Lesekränzchen genoß man Erzählungen und Gedichte von Eichendorff, Hauff und Uhland; im Familienkreis trieben Eltern und Kinder zusammen Hausmusik. Viele Künstler malten mit liebevoller Sorgfalt stimmungsvolle Bilder aus Natur und Landschaft. In Wien lebten Beethoven und Schubert, die großen Musiker der Zeit, dort tanzte man auch den neuerfundenen Walzer. Der Dichter Franz Grillparzer traf die Stimmung der Bürger mit dem Titel seines Schauspiels „Der Traum ein Leben". Der treuherzige, aber spießbürgerliche *Biedermeier** wurde zum Symbol der Zeit. → (2)

Studentenunruhen. In den Biedermeiersalons sprach man nicht gern davon, daß Professoren und Studenten im Kerker saßen, weil sie für eine staatliche Einheit Deutschlands eingetreten waren. In Jena hatten Studenten die Deutsche Burschenschaft gegründet. Sie wollten den politischen Zusammenschluß aller deutschen Länder. „Freiheit, Ehre, Vaterland" lautete ihr Bekenntnis, und ihr Symbol war die schwarz-rot-goldene Fahne, entsprechend den Farben, die die Lützower Jäger in den Befreiungskriegen getragen hatten. Ihre Tätigkeit verlief zunächst ohne Folgen. In geselliger Runde verherrlichten sie alles Deutsche und schimpften auf alles Fremde. An einen Umsturz dachten nur wenige. Eine radikale Gruppe allerdings redete von Tyrannenmord und wollte mit Aufruhr und Gewalt gegen die herrschenden Mächte vorgehen. Sie erreichte, daß sich der Geist der Burschenschaft wandelte. Im Jahre 1817 feierten fünfhundert Studenten auf der Wartburg bei Eisenach das Andenken an Luther und die Völkerschlacht bei Leipzig. Einige Studenten verbrannten Bücher verhaßter Schriftsteller. Alles „Undeutsche" sollte bekämpft werden. Man warf einen Zopf, einen Korporalstock und einen Husarenschnürleib, die als Zeichen der Unfreiheit galten, ins Feuer. Zwei Jahre später ermordete der Student Karl Sand in Mannheim den Lustspieldichter August von Kotzebue, der die Burschenschaft bekämpft hatte. Sand wurde hingerichtet. Er galt deshalb vielen als Freiheitsheld und Märtyrer.

Metternich sah in diesem Mord den Anfang einer deutschen Revolution. Gemeinsam mit der preußischen Regierung erließ er 1819 die „Karlsbader Beschlüsse". Alles, was an freiheitlich-nationale Verschwörung erinnerte, wurde nun unbarmherzig unterdrückt. Zensoren prüften jede Zeitung, jede Zeitschrift (*Zensur**). Buchhandlungen wurden nach verbotenen Büchern durchsucht. Hunderte von Professoren, Studenten und Schriftstellern kamen im Verlauf der „Demagogenverfolgung" vor Gericht und erhielten oft langjährige Freiheitsstrafen. Viele Demokraten wanderten nach Amerika aus.

Was wollten die Liberalen? Diejenigen, die es wagten, gegen die fürstliche Obrigkeit anzukämpfen, hießen wegen ihrer freiheitlichen Auffassung „Liberale" (*Liberalismus**). Sie beriefen sich auf die politischen Grundsätze der Aufklärung und forderten:

Der Wille des Fürsten darf nicht über dem des Volkes stehen. Das erste und heiligste Menschenrecht ist die Freiheit. Darum muß jedes Land eine Verfassung erhalten, die das Recht auf freie Meinungsäußerung, Versammlungsfreiheit und Mitwirkung des Volkes an der Rechtsprechung durch Geschworenengerichte gewährt. Das Volk muß das Recht haben, Abgeordnete in ein Parlament zu wählen, das die Gesetze beschließt und über die Steuern entscheidet.

Zum ersten Mal bildeten sich in Deutschland politische Vereine: die Vorläufer der Parteien. Ihre politischen Ziele blieben häufig unklar, dennoch unterschieden sich jetzt Liberale und Republikaner. Die Liberalen erstrebten mehr Bürgerfreiheit durch eine konstitutionelle Monarchie (= verfassungsmäßig eingeschränkte Monarchie); die „Radikalen" wünschten eine republikanische Staatsform. Beide wollten, daß alle deutschen Länder eine Verfassung erhielten; denn nur in Sachsen-Weimar, Bayern, Baden und Württemberg hatten die Fürsten ihren Untertanen bald nach dem Wiener Kongreß eine

Verfassung „geschenkt“ und gewählten Volksvertretungen ein begrenztes Mitspracherecht in der Gesetzgebung gewährt.
Nach 1830 kamen weitere Freiheiten hinzu. In Baden garantierte ein neues großzügiges Pressegesetz die ersehnte Meinungsfreiheit, und die Führer der liberalen Opposition im Landtag, die Professoren Karl von Rotteck und Karl Theodor Welcker, forderten mehr Rechte für das Volk und eine gesamtdeutsche Volksvertretung. Das freie Wort in den süddeutschen Landtagen erregte Aufsehen in ganz Deutschland. Nun gaben auch die Fürsten in den übrigen Mittelstaaten ihrem Land eine Verfassung, so z. B. in Braunschweig, Sachsen, Kurhessen, Hannover und Oldenburg. Es fehlten jetzt nur noch die deutschen Großmächte Preußen und Österreich. → (1)

Zuspitzung der Gegensätze. In der bayerischen Pfalz kam es 1832 zu großen Demonstrationen. 30 000 Freunde des Vaterlandes versammelten sich in Hambach, wo sie ein Bekenntnis zu einem geeinten republikanischen Deutschland ablegten. Sie forderten die Absetzung aller Fürsten und eine Konföderation (= Bündnis) der republikanischen Staaten Europas. Nach dem „Hambacher Fest“ vereinbarte Metternich mit der preußischen Regierung wieder harte Maßnahmen: Die politischen Vereine wurden aufgelöst, alle Versammlungen verboten. Die Pressefreiheit wurde aufgehoben, wieder arbeiteten Zensoren, wieder gab es Verhaftungen und Flüchtlinge. Aber auch die Sprache der Demokraten klang härter, vereinzelt revolutionär.
In ganz Deutschland flammte Empörung auf, als der König von Hannover die Verfassung wieder aufhob. Sieben Göttinger Professoren, darunter die Gebrüder Grimm, protestierten öffentlich gegen diesen Staatsstreich. Sie verloren sofort ihre Lehrstühle und wurden des Landes verwiesen. → (3)

Wirtschaftliche Fortschritte – soziale Probleme. Die Fürsten konnten zwar die politische Einheit Deutschlands verhindern, doch dem Zwang der Wirtschaftsentwicklung konnten sie sich nicht entziehen.
Zollgrenzen zerschnitten noch immer Deutschland und erschwerten den Handel. Die überlegene englische Industrie bot auf dem europäischen Festland gute Waren zu billigen Preisen an. Dieser Konkurrenz waren die Unternehmer in Deutschland nicht gewachsen.
Die politische Zerrissenheit erschwerte den Handelsverkehr. Da sogar Verbindungen von Preußen nach Preußen über fremde Gebiete führten, versuchte Preußen, diese Gebiete einem einheitlichen preußischen Zollsystem anzugliedern (vgl. Karte S. 186). Nach vielen Streitigkeiten gelang es, wenigstens 14 der 39 deutschen Staaten im „Deutschen Zollverein“ zusammenzuschließen (1834); es waren jedoch die bedeutendsten Staaten, in denen rund 30 Millionen Einwohner zu einer Wirtschaftseinheit zusammengeschlossen wurden.
Die Bevölkerung vermehrte sich zwischen 1815 und 1850 um rund 50%. Land wurde knapp. Ein Großteil der Menschen in Dörfern und Kleinstädten fand nur unregelmäßig Arbeit. Viele waren als Heimarbeiter beschäftigt. Sie erhielten z. B. Garn oder Wolle von einem Großhändler oder „Verleger“ und webten zuhause auf ihrem Handwebstuhl Leinwand oder Wollstoffe, die ihnen der Verleger nach Stücklohn bezahlte. Manche Verleger nutzten die Heimarbeiter rücksichtslos aus.
Die Gebrüder Zwanziger z. B. zahlten in Peterswaldau in Niederschlesien im Jahr 1844 für ein Stück Barchent (Grobleinwand), an dem ein Weber gute 8 Tage zu arbeiten hatte, 12 Silbergroschen; das ergab, selbst wenn Frau und Kinder mitarbeiteten, keine 50 Taler im Jahr. Der Unternehmer verdiente dagegen das Fünfhundert- bis Tausendfache. Die verzweifelten Weber rebellierten. Der König schickte Militär, das in die Menge schoß und damit den Aufstand schnell beendete. → (4)
In den Jahren nach dem Weberaufstand verschlechterte sich die Lage der armen Bevölkerung. Mißernten trafen fast ganz Europa. In Norddeutschland stieg der Preis für Roggen und Kartoffeln fast auf das Dreifache. In Irland verhungerten infolge der Kartoffelfäulnis mehr als eine Million Menschen. In England hatte die Industrie zu viel produziert und konnte die Waren nicht loswerden. In ganz Europa gerieten die ärmeren Schichten in äußerste Not. Viele glaubten, daß nur noch eine völlige Änderung der Verhältnisse helfen könne. Zeitungen kündigten schon die drohende Revolution an. Das von Karl Marx 1848 veröffentlichte „Kommunistische Manifest“ (vgl. S. 240) schließt mit den Worten:

„Die Kommunisten verschmähen es, ihre Absichten zu verheimlichen. Sie erklären es offen, daß ihre Zwecke nur erreicht werden können durch gewaltsamen Umsturz aller bisherigen Gesellschaftsordnung. Mögen die herrschenden Klassen vor einer kommunistischen Revolution zittern. Die Proletarier haben in ihr nichts zu verlieren als ihre Ketten. Sie haben eine Welt zu gewinnen. Proletarier aller Länder, vereinigt euch!“ (1) Q

(1) Verfassungstext und Verfassungswirklichkeit

Die süddeutschen Fürsten sicherten in den Verfassungen, die sie ihren Ländern gaben, bestimmte Rechte zu. So hieß es z.B. in der Verfassung für Württemberg:

„Kein Staatsbürger kann wegen seiner Geburt von irgendeinem Staatsamt ausgeschlossen werden.
Der Staat sichert jedem Bürger Freiheit der Person, Gewissens- und Denkfreiheit, Freiheit des Eigentums und Auswanderungsfreiheit. Die Leibeigenschaft bleibt für immer aufgehoben.
Niemand darf seinem ordentlichen Richter entzogen und anders als in den durch das Gesetz bestimmten Fällen und in den gesetzlichen Formen verhaftet und bestraft, noch länger als einmal 24 Stunden über die Ursache seiner Verhaftung in Ungewißheit gelassen werden.“ (2) Q

1820 wurde in Reutlingen Professor Friedrich List in den württembergischen Landtag gewählt. Als er Beschwerden seiner Wähler gegen ungerechte Behandlung durch die königlichen Beamten vortrug, wurde er wegen „Majestätsbeleidigung“ angeklagt, aus dem Landtag ausgeschlossen und zu 10 Monaten Festungshaft verurteilt. Nach fünf Monaten konnte er auswählen: weitere Haft oder Auswanderung nach den USA. List emigrierte nach Amerika. Er kehrte nach 5 Jahren als reicher Mann zurück und kämpfte nun für eine liberale Wirtschaftspolitik, für Gewerbefreiheit, den Abbau der Zollschranken und den Ausbau der Eisenbahn (vgl. S. 219f).

(a) Arbeitet heraus, worin die Verfassungen der süddeutschen Staaten einen Fortschritt darstellten, und zeigt am Beispiel von Friedrich List, wie begrenzt der Fortschritt war.

(b) Besprecht an Beispielen aus der Gegenwart den Unterschied zwischen Verfassungstext und Verfassungswirklichkeit.

(2) Biedermeier: Anpassung und Unfreiheit

Zeitungsmeldung aus einem „Amts- und Regierungsblatt“, 1845:

„Serenissimus hat die hohe Gnade zu haben geruht, die Wehrmänner zu Hirschberg, sechs an der Zahl, welche zu dem in Tonna ausgebrochenen Feuer geeilt und mit aufopfernster Bereitwilligkeit Dienste geleistet hatten, öffentlich vor der Front Allerhöchstselbst gnädigst zu beloben und dem Ältesten derselben (nachdem er sich durch Taufschein als solcher ausgewiesen) zum Zeichen Allerhöchster Zufriedenheit und Anerkennung höchst eigenhändig die Hand zu reichen.“ (3) Q

Der liberale Dichter Hoffmann von Fallersleben in einem Gedicht 1841:

Die Bürgerstunde. Holzschnitt von Ludwig Richter (1803–1884).

Das Hambacher Fest am 27. Mai 1832 auf der (später nach dem bayerischen Kronprinzen Maximilian benannten) Maxburg bei Hambach in der Pfalz. Schwarz-rot-goldene deutsche, weiß-rote polnische und schwarze Fahnen wurden dem Zug vorangetragen.

„Wie ist doch die Zeitung interessant
für unser liebes Vaterland!
Was haben wir heute nicht alles vernommen!
Die Fürstin ist gestern niedergekommen,
und morgen wird der Herzog kommen,
hier ist der König heimgekommen,
dort ist der Kaiser durchgekommen
bald werden sie alle zusammenkommen –
wie interessant! Wie interessant!
Gott segne das liebe Vaterland!" (4) Q

(a) Was sagt das Bild von Ludwig Richter über das Verhalten der Bürger in der Zeit des Biedermeier?

(b) Wie verhielten sich Zeitungen offenbar gegenüber der Zensur?

(c) Ein Zensor kontrolliert Zeitungen und Bücher. Welches Grundrecht wird dadurch nach unserer Verfassung verletzt? Sollen auch Verbrecher ungehindert in Illustrierten ihre Erlebnisse und Meinungen darstellen dürfen? Redet über die Schwierigkeit, die Grenzen der freien Meinungsäußerung zu bestimmen.

(3) Das Hambacher Fest

Ph. J. Siebenpfeiffer auf dem Hambacher Fest:

„Es wird kommen der Tag,
wo der Deutsche vom Alpengebirg und der Nordsee, vom Rhein, der Donau und der Elbe den Bruder im Bruder umarmt,
wo die Zollstöcke und Schlagbäume,
wo alle Hoheitszeichen der Trennung und Hemmung und Bedrückung verschwinden,
wo die Fürsten die bunten Hermeline feudalistischer Gottstatthalterschaft mit der männlichen Toga deutscher Nationalwürde vertauschen,
wo jeder Stamm, im Innern frei und selbständig, zu bürgerlicher Freiheit sich entwickelt und ein starkes, selbstgewobenes Bruderband alle umschließt zu politischer Einheit und Kraft.
Es lebe das freie, das einige Deutschland!
Hoch leben die Polen, der Deutschen Verbündete!
Hoch leben die Franken [Franzosen], der Deutschen Brüder, die unsere Nationalität und Selbständigkeit achten!
Hoch lebe jedes Volk, das seine Ketten bricht und mit uns den Bund der Freiheit schwört!
Vaterland – Volkshoheit – Völkerbund hoch!
Wir selbst wollen, wir selbst müssen vollenden das Werk, und ich ahne, bald, bald muß es geschehen, soll die deutsche, soll die europäische Freiheit nicht erdrosselt werden von den Mörderhänden der Aristokratie ..." (5) Q

(a) Welchen Eindruck habt ihr von der Stimmung auf dem Hambacher Fest? Besprecht die Forderungen des Redners.

(b) Besprecht die Bedeutung des Festes und berücksichtigt dabei die Zahl der Teilnehmer (eine Stadt wie Frankfurt hatte damals 50 000 Einwohner) und die Wirkung der Reden.

(c) Was geschieht bei politischen Demonstrationen in unserer Zeit?

(4) Weberaufstand in Schlesien

Ein Zeitgenosse berichtet 1844:

„Das anfangs nicht allzu große Vermögen der Zwanziger [Name einer Fabrikantenfamilie] war in kurzer Zeit zu großem Reichtum angewachsen. Sechs prächtige Gebäude gaben Zeugnis davon. Herrliche Spiegelscheiben, Fensterrahmen von Kirschbaumholz, Treppengeländer von Mahagoni, Kleider- und Wagenpracht sprachen der Armut der Weber Hohn. Als bei der letzten Lohnverkürzung die Weber erklärten, daß sie nun gar nicht mehr bestehen und selbst nicht mehr Kartoffeln kaufen könnten, sollen die Zwanziger geäußert haben, sie würden noch für eine Quarkscheibe arbeiten müssen oder – wie andere berichten – die Weber möchten nur, wenn sie nichts anderes hätten, Gras fressen; das sei heuer reichlich gewachsen. Als einer der Weber in einem Spottlied die Zwanziger als Schurken bezeichnete und daraufhin von der Polizei ergriffen wurde, scharten sich die andern zusammen, stürmten das Haus ihres Arbeitgebers und schlugen alles kurz und klein. In den Nachbardörfern schlossen sich weitere Aufständische an, insgesamt rund 3000 Mann. Als das Militär zum Schutz der Fabrikanten erschien, kam es zum Gefecht, und erst der Einsatz weiterer Truppen zwang die Weber zum Nachgeben. Ein paar hundert von ihnen wurden verhaftet. Die Eingezogenen sind der Beschädigung fremden Eigentums aus Rache angeklagt und dürfen sonach einer schweren Strafe gewiß sein. Doch haben sie den Trost, daß sie im Zuchthaus sich immer noch besser befinden als in der sogenannten Freiheit. Sie werden wenigstens nicht verhungern, nachdem sie der Staat in seine Obhut genommen.“ (6) Q

(a) Untersucht anhand des Textes Gründe für den Aufstand der schlesischen Weber und Ziele der Aufständischen.

Karikatur in den „Fliegenden Blättern“ von 1848 über den Weberaufstand.

(b) Beurteilt das Verhalten der Fabrikanten, der Weber und des Militärs.

(c) Wie steht der Zeichner der Karikatur zu den Ereignissen?

1. Bilde einen zusammenhängenden Text aus folgenden Stichworten:
Liberale; Wille des Fürsten – Rechte des Volkes; Menschenrechte – Freiheit – Meinung – Versammlung; Verfassung – Abgeordnete – Parlament; Gesetze beschließen – Steuern festsetzen.

2. Erläutere, was die Karikatur auf S. 187 ausdrücken will.

3. Erläutere die Karte auf S. 186. Zeige die Grenzen des Deutschen Bundes und nenne die größten Mitgliedstaaten; suche den Staat, zu dem dein Schulort damals gehörte; nenne Staaten, die sich 1834 dem Deutschen Zollverein anschlossen.

4. Was weißt du über wirtschaftliche Probleme in der Zeit vor rund 150 Jahren und über Forderungen nach einer Veränderung der damaligen Lage?

Biedermeier: Ursprünglich eine abwertende Bezeichnung für die Haltung der „biederen“ Bürger in der Zeit nach 1815, als man sich enttäuscht von der Politik zurückzog und ein gemütliches Leben zuhause anstrebte. Später bedeutet das Wort auch die „gute, alte Zeit“ und kennzeichnet den besonderen Stil der Möbel und Wohnungseinrichtung in der ersten Hälfte des 19. Jh.

Liberalismus: Politische Bewegung seit Beginn des 19. Jh. Wichtige Zielsetzungen: Freiheit und Selbstbestimmung des Staatsbürgers gegen die Bevormundung der Staatsregierung. Wesentliche Programmpunkte: Anerkennung der Menschenrechte und Staatsbürgerrechte, z. B. Wahlrecht, Gewerbefreiheit, Pressefreiheit, Freizügigkeit.

Zensur: Überwachung der Meinungsäußerungen durch die Obrigkeit; besonders Kontrolle der Presse. Zeitungen und Zeitschriften werden in Ländern, in denen eine Zensur besteht, vor dem Druck von einem staatlichen Zensor kontrolliert.

1817	Wartburgfest
1819	Ermordung von Kotzebue. Karlsbader Beschlüsse
1832	Hambacher Fest
1844	Weberaufstand in Schlesien

Quellennachweis

(1) H. Krieger: Materialien für den Geschichtsunterricht, Bd. IV, a. a. O., S. 266.
(2) E. R. Huber: Dokumente zur deutschen Verfassungsgeschichte, Bd. 1, Stuttgart 1978, S. 190.
(3) Zitiert nach: Die Reise in die Vergangenheit, Bd. 3, S. 106.
(4) Geschichtliche Weltkunde, Bd. 2, Schülerarbeitsheft 2, Diesterweg 8613, S. 46.
(5) Rede Siebenpfeiffers am 27. 5. 1832. In: H. Krieger: Materialien für den Geschichtsunterricht, Bd. IV, a. a. O., S. 263.
(6) W. Wolff: Das Elend und der Aufruhr in Schlesien, 1845. H. Krieger: Materialien für den Geschichtsunterricht, Bd. V, a. a. O., S. 21 ff.

Lesetip

G. Hauptmann: Die Weber. Illustriert v. Käthe Kollwitz. Propyläen, Berlin 1970
F. Hetmann: Georg B. oder Büchner lief zweimal von Gießen nach Offenbach und zurück. Beltz, Weinheim 1981 (JB)
F. Vollmer: Vormärz und Revolution 1848/49 in Baden. Diesterweg 7221 (QS)

Mondaufgang am Meer. Gemälde von Caspar David Friedrich (1823). Die Jahre nach dem Wiener Kongreß waren nicht nur die Zeit des „Biedermeier", sondern auch die Entstehungszeit vieler Werke der deutschen Romantik. Einer ihrer bedeutendsten Vertreter war Caspar David Friedrich, der weiträumige, geheimnisvolle Landschaften malte und die Natur als ein Gleichnis der Unendlichkeit darstellte.

8.2. Die Revolution von 1848/49

„Einigkeit und Recht und Freiheit
für das deutsche Vaterland!
Danach laßt uns alle streben
brüderlich mit Herz und Hand!

Einigkeit und Recht und Freiheit
sind des Glückes Unterpfand.
Blüh im Glanze dieses Glückes,
blühe, deutsches Vaterland!"

Die Verse wurden 1841 gedichtet. Sie drücken politische Hoffnungen und Forderungen deutscher Bürger der damaligen Zeit aus. Sie stammen aus dem Lied „Deutschland, Deutschland über alles", das 1922 zur deutschen Nationalhymne erklärt wurde. Was bedeuten „Einigkeit und Recht und Freiheit" seitdem in Deutschland?

- Wie versuchten die Deutschen in der Revolution 1848/49 Einheit und Freiheit zu erringen?
- Was konnten die gewählten Vertreter des deutschen Volkes, die Abgeordneten der Nationalversammlung, bewirken?
- Warum sind die Revolutionäre 1848/49 gescheitert – und was verdanken wir ihnen trotzdem?

Die Revolution beginnt in Frankreich. In Paris verlangten im Februar 1848 Demonstranten eine Änderung des Wahlrechts, denn nur die Reichen – rund 200 000 Franzosen – konnten damals Abgeordnete wählen. Als die Regierung sich wehrte, errichtete das Volk Barrikaden, und es kam zu Straßenkämpfen. Da dankte der König freiwillig ab. An seine Stelle trat eine „Provisorische Regierung". Sie rief die Republik aus und verkündete ein allgemeines Wahlrecht. Jetzt konnten 9 Millionen wählen. Die neue Regierung wollte den Arbeitern helfen: Sie errichtete Fabriken, die dem Staat gehörten, sogenannte „Nationalwerkstätten", in denen alle Arbeitslosen ihr „Recht auf Arbeit" finden sollten. Aber die Betriebe wirtschafteten unrentabel und brauchten Zuschüsse von der Regierung. Als das Geld knapp wurde, mußte man die Nationalwerkstätten schließen. Jetzt demonstrierten Arbeitslose, Männer und Frauen der Elendsviertel von Paris auf den Straßen und forderten Enteignung der Reichen, Verteilung des Eigentums an das Volk.

Die Abgeordneten der neuen Nationalversammlung waren zwar von Leuten aus allen Schichten gewählt, doch sie vertraten überwiegend das Bürgertum. Erschreckt von den Forderungen der Pariser Massen, fürchteten sie nun den Umsturz der bestehenden Ordnung. Sie wollten – wie die meisten ihrer Wähler – ihr Eigentum schützen und beschlossen, den Aufstand niederzuschlagen. Der Kommandant der eingesetzten Truppen befahl, den „Feind zu zerschmettern, die Masse, wie im Krieg". In dreitägigem fürchterlichen Kampf wurden die Arbeiter besiegt. Lieber wollten die Bürger künftig weniger Freiheit, wenn sie dafür mehr Sicherheit vor den Arbeitern einhandeln konnten. So stimmten sie in der Präsidentenwahl für den Kandidaten, der Frankreich als starker Mann zu regieren versprach: Louis Napoleon, einen Neffen Napoleons I. 1852 ließ er sich in einer Volksabstimmung als „Kaiser der Franzosen" bestätigen; er nannte sich Napoleon III.

Märzereignisse in Deutschland. Die Pariser „Februarrevolution" gab das Signal zu einer stürmischen Entwicklung in Deutschland. Schon am 12. Februar 1848 stellte der Führer der badischen Liberalen im Landtag den Antrag, eine nationale Volksvertretung für ganz Deutschland einzuberufen. Radikale Demokraten gingen noch weiter; sie forderten die Republik, das Ende der Fürstenherrschaft. Bauern, die noch immer von Grundherren abhängig waren, stürmten adlige Herrensitze, verbrannten Besitzverzeichnisse und verlangten die endgültige Ablösung der Feudalverhältnisse.

„Ein Sturm von Versammlungen, Straßenkundgebungen, Delegationen, getragen vom Bürgertum, verstärkt und vorwärtsgetrieben von den kleinen Leuten, Bauern, Handwerkern, Arbeitern, brachte während der ersten Märzwochen die Führer der liberalen Opposition an die Spitze der Regierungen in Baden, Württemberg, Bayern, in Darmstadt, Nassau, Kassel, Sachsen, Hannover. Es waren überall dieselben Forderungen, getönt und gesteigert je nach der Eigenart der bisherigen Mißwirtschaft; überall wurde ihnen mit der gleichen Bereitwilligkeit nachgegeben, so als seien die Herrschenden heimlich längst von der Unhaltbarkeit ihrer seitherigen Gewohnheiten überzeugt gewesen. Freiheit der Presse und der Versammlungen, Bewaffnung des Volkes oder Bürgerwehr, Geschworenengerichte, Reform des Wahlrechts, wo es eines gab, Mitarbeit am Aufbau eines deutschen Bundesstaates, all das wurde zugesagt . . ." (1)

In Wien wagten Studenten den offenen Aufruhr und rissen das Volk mit; es kam zu Straßenkämpfen. Da trat Staatskanzler Metternich, der fast 40 Jahre lang die konservative Politik in Deutschland bestimmt hatte, zurück und floh ins Ausland. Ein Bürgerausschuß übernahm die Regierung. Der Kaiser versprach dem Volk eine Verfassung. Nun brach im ganzen Habsburgerreich die alte Ordnung zusammen. Alle Völker der Monarchie wollten frei sein. Ungarn machte sich selbständig, Mailand vertrieb die österreichische Besatzung, Venedig rief die Republik aus, und die Kroaten verlangten eine eigene Verfassung.

Als in Berlin bekannt wurde, daß in Wien die Revolution gesiegt hatte, verlangte eine Volksversammlung vom König den Abzug der Truppen aus der Stadt, Pressefreiheit, Bewaffnung der Bürger, Umwandlung des Deutschen Bundes in einen Einheitsstaat. Am 18. März gab Friedrich Wilhelm IV. vom Balkon des Schlosses bekannt, daß die Forderungen des Volkes angenommen seien. Aber bevor sich die Leute entfernt hatten, entstand ein Tumult, es fielen Schüsse, und nun kam es zu Straßenkämpfen zwischen der Bevölkerung und den Soldaten. Am nächsten Morgen gab der König endgültig nach, zog die Truppen ab, und eine Bürgerwehr übernahm den Schutz von Ruhe und Ordnung. 240 Männer, meist Arbeiter und Handwerker, waren gefallen. Der König mußte den Toten auf dem Schloßplatz die letzte Ehre erweisen. → (1)

Vom „Vorparlament" zur „Paulskirche". Die Fürsten gaben überall, erschreckt durch die Unruhen, dem Volkswillen nach, ernannten liberale Minister und versprachen Reformen. Die Bauern wurden von Abgaben, Frondiensten und Zehnten endgültig befreit. Während noch allgemeine Unsicherheit herrschte, kamen rund 500 entschlossene Männer aus den Länderparlamenten in Frankfurt zusammen, um die Sache des Volkes selbst in die Hand zu nehmen und ein freies, einiges Deutschland zu schaffen. Aber wie? Die Mehrheit der Abgeordneten in diesem ,,Vorparlament" wollte ohne Gewalt vorgehen und mit den Fürsten zusammenarbeiten. Anders die radikalen ,,Demokraten". Nach ihrem Willen hätte das Volk unmittelbar selbst die Herrschaft an sich reißen und die alten Obrigkeiten verjagen sollen. Als Hecker und von Struve, Vorkämpfer der Radikalen, sich im Vorparlament nicht durchsetzen konnten, organisierten sie einen bewaffneten Aufstand in Baden; doch die wenigen Freischärler, die sich ihnen anschlossen, wurden von Truppen des Deutschen Bundes besiegt. Inzwischen hatten die Abgeordneten in Frankfurt beschlossen, freie Wahlen für eine deutsche Nationalversammlung auszuschreiben. Diesem Beschluß stimmten die Fürsten zu. → (2)

Die Abgeordneten, die am 18. Mai 1848 in der *Frankfurter Paulskirche** zur ersten deutschen Nationalversammlung zusammentraten, waren als Persönlichkeiten nach ihrem Ansehen und Vertrauen, das sie in der Öffentlichkeit besaßen, gewählt worden. Ihrer politischen Richtung nach lassen sie sich in folgende drei Gruppen einteilen:

,,Die Linke [Republikaner] mit der äußersten Linken [Radikale], das Zentrum [konstitutionelle Liberale] und die Rechte [Konservative]. Es gab keine geschlossenen Parteien, sondern nur Gruppen, denen die Abgeordneten beitraten, solange sie mit deren Absichten einverstanden waren. Von überall her waren die 586 Abgeordneten zusammengekommen: Aus Schlesien und vom Rhein, von Tirol und aus Schleswig: der Osten und der Westen, Nord- und Süddeutschland, das ganze deutsche Volk hatte zum erstenmal in der Geschichte seine Vertreter zu einer einzigen Versammlung entsandt. Man zählte unter den Abgeordneten 95 Rechtsanwälte, 224 Richter und Beamte, 104 Gelehrte, 12 Schriftsteller, 15 Ärzte, 10 Soldaten, 34 Grundbesitzer und 13 Industrielle und Kaufleute." (2)

Probleme der Nationalversammlung. Die Abgeordneten der Paulskirche verstanden es, gescheite Reden zu halten, aber Monate verstrichen, ohne daß sie in wichtigen Punkten übereinstimmten. Die Linken sagten: Das Volk will Freiheit und Gleichheit in einem Staat ohne Fürsten und Adel. Die Rechten sagten: Wir wollen zuerst die Einheit Deutschlands, und zwar unter einem starken Monarchen. Die Mitte hatte die überwältigende Mehrheit; sie diskutierte über alles, lehnte aber eine Republik ab. So einigte man sich auf die Grundrechte und beschloß, eine konstitutionelle Monarchie zu schaffen, in der die Minister dem Parlament verantwortlich sein sollten *(Ministerverantwortlichkeit*)*.

Wie aber sollten die Grenzen verlaufen? Viele Abgeordnete wollten ein *,,großdeutsches" Reich**, mit allen deutschsprachigen Teilen Österreichs und mit einem Habsburger als deutschem Kaiser. Aber Wien lehnte ab. Hier hatten inzwischen die Gegner der Revolution gesiegt. Tschechen, Italiener und Ungarn hatten vergeblich um ihre Unabhängigkeit gekämpft; ihre Aufstände waren vom österreichischen Militär niedergeschlagen worden. Der russische Zar unterstützte die österreichische Regierung mit Truppen, denn ein geeinigtes großdeutsches Reich wäre für ihn ein zu mächtiger Nachbar geworden. Österreich sollte eine selbständige europäische Großmacht bleiben und nicht in ein Deutsches Reich eingegliedert werden.

Nun planten die Abgeordneten in Frankfurt ein *,,kleindeutsches" Reich** ohne Österreich, unter Führung des preußischen Königs. Doch auch in Berlin hatte die Armee inzwischen die Stadt besetzt, das gewählte Parlament und die Bürgerwehr aufgelöst und die Macht des Königs wiederhergestellt. Als eine Delegation der Nationalversammlung dem preußischen König die deutsche Kaiserkrone antrug, lehnte der König ab (April 1849). Damit war die Revolution gescheitert. → (3) (4)

Das Ende: ein Volkskrieg scheitert. ,,Gegen Demokraten helfen nur Soldaten!" Das soll der preußische König der Delegation aus Frankfurt mitgeteilt haben. Nach der Ablehnung der Krone durch den preußischen König löste sich die Nationalversammlung in Frankfurt allmählich selbst auf. Ein Teil, der in Stuttgart weiterarbeiten wollte, wurde dort von Truppen verjagt. → (5)

Doch so leicht gewannen die Fürsten nicht. Im Mai 1849 riefen Revolutionäre – zunächst in Sachsen, dann in der Pfalz und in Baden – zu Erhebungen gegen die Fürsten auf. ,,Tod den verbündeten Tyrannen! Es lebe ein großes, ein einiges, ein freies Deutschland!", das war die Losung. Die Deutsche Republik wurde ausgerufen. Radikale Demokraten organisierten einen Volkskrieg in Baden. Sie hatten zwar über 100 000 Anhänger, darunter auch Soldaten, aber in mehreren Gefechten unterlagen sie. Preußische Truppen zogen in Baden ein und besiegten nach dreiwöchigem Bürgerkrieg die Revolutionsarmee. Nun folgte die Rache der alten Mächte: standrechtliche Erschießungen, hohe Zuchthausstrafen. Unzählige Männer – Demokraten, Liberale, Republikaner – fielen den Verfolgungen zum Opfer. Wer konnte, wanderte aus. Bis 1851 verließen über eine Million Menschen das Vaterland, um in den USA eine neue Heimat zu finden. Zu den Flüchtlingen gehörte z. B. auch Carl Schurz, der in den USA General wurde und schließlich das Innenministerium leitete. Seiner Meinung nach hatten den Sieg der Revolution verhindert: Das Offizierscorps der preußischen Armee, der Hofadel, das Junkertum und die Beamtenschaft in den Ministerien.

Barrikadenkampf in Berlin. Zeitgenössische Darstellung. Für den Guß von Gewehrkugeln werden die Bleifassungen von Fensterscheiben verwendet. Was läßt sich aus der Kleidung und Bewaffnung der Barrikadenkämpfer über ihre berufliche und soziale Herkunft schließen?

(1) **Barrikadenkämpfe in Berlin**

Carl Schurz in seinen Lebenserinnerungen:

„Am Nachmittage des verhängnisvollen 18. März versammelte sich eine ungeheure Volksmasse auf dem freien Platz vor dem königlichen Schloß, um die glückliche Verkündigung zu hören. Der König erschien auf dem Balkon und wurde mit begeisterten Zurufen begrüßt. Er versuchte zur Menge zu sprechen, konnte aber nicht gehört werden. Doch da man allgemein glaubte, daß alle Forderungen des Volkes bewilligt seien, so war man bereit zu einem Jubelfest. Da erhob sich ein Ruf, die Entfernung der Truppen fordernd, die um das Schloß her aufgestellt waren und den König von seinem Volk zu trennen schienen. Offenbar erwarteten die Versammelten, daß auch dieses Verlangen gewährt werden würde, denn mit großer Anstrengung wurde ein Durchgang für die Truppen durch die dichtgedrängte Menge eröffnet. Da erscholl ein Trommelwirbel, der jedoch zuerst für ein Signal zum Abzug der Truppen gehalten wurde. Aber, statt abzuziehen, drangen nun Linien von Kavallerie und Infanterie auf die Menge ein, offenbar zu dem Zweck, den Platz vor dem Schlosse zu säubern. Dann krachten zwei Schüsse von der Infanterie her, und nun wechselte die Szene plötzlich und furchtbar wie mit einem Zauberschlag.
Mit dem wilden Schrei: ‚Verrat! Verrat!‘ stob die Volksmasse, die noch einen Augenblick vorher dem König zugejubelt hatte, auseinander, sich in die nächsten Straßen stürzend, und allenthalben erscholl der zornige Ruf: ‚Zu den Waffen! Zu den Waffen!‘ Bald waren in allen Richtungen die Straßen mit Barrikaden gesperrt. Die Pflastersteine schienen von selbst aus dem Boden zu springen und sich zu Brustwehren aufzubauen, auf denen dann schwarz-rot-goldene Fahnen flatterten – und hinter ihnen Bürger aus allen Klassen, Studenten, Kaufleute, Künstler, Arbeiter, Doktoren, Advokaten – hastig bewaffnet mit dem, was eben zur Hand war – Kugelbüchsen, Jagdflinten, Pistolen, Spießen, Säbeln, Äxten, Hämmern usw. Es war ein Aufstand ohne Vorbereitung, ohne Plan, ohne System. Jeder schien nur dem allgemeinen Instinkt zu folgen. Dann wurden die Truppen zum Angriff befohlen. Wenn sie nach heißem Kampf eine Barrikade genommen hatten, so starrte ihnen eine andere entgegen – und wieder eine, und noch eine. Und hinter den Barrikaden waren die Frauen geschäftig, den Verwundeten beizustehen und die Kämpfenden mit Speise und Trank zu stärken, während kleine Knaben eifrig dabei waren, Kugeln zu gießen oder Gewehre zu laden. Die ganze schreckliche Nacht hindurch donnerten die Kanonen und knatterte das Gewehrfeuer in den Straßen der Stadt.
Der König schien zuerst entschlossen zu sein, den Aufstand um jeden Preis niederzuschlagen. Aber als die Straßenschlacht nicht enden wollte, kam ihm ihre furchtbare Bedeutung peinlich zum Bewußtsein. Mit jedem einlaufenden Bericht stieg seine qualvolle Aufregung. In einem Augenblick gab er Befehl, den Kampf abzubrechen, im nächsten ihn fortzusetzen. Endlich kurz nach Mitternacht schrieb er mit eigener Hand eine Proklamation ‚An meine lieben Berliner‘.“ (3) Q

Die Vorgänge aus der Sicht des Königs:

„An meine lieben Berliner! Durch mein Einberufungspatent [Einberufung des Landtags] vom heutigen Tag habt Ihr das Pfand der treuen Gesinnung Eures Königs zu Euch

Aufbahrung der im März gefallenen Revolutionäre vor der Neuen Kirche auf dem Gendarmenmarkt in Berlin. Unvollendetes Gemälde von Adolf Menzel (1848), der in vielen Bildern historische Ereignisse überzeugend wiedergegeben hat.

und zum gesamten deutschen Vaterlande empfangen. Noch war der Jubel, mit dem unzählige treue Herzen mich begrüßt hatten, nicht verhallt, so mischte ein Haufe Ruhestörer aufrührische und freche Forderungen ein und vergrößerte sich in dem Maße, als die Wohlgesinnten sich entfernten. Da ihr ungestümes Vordringen bis ins Portal des Schlosses mit Recht arge Absichten befürchten ließ und Beleidigungen wider meine tapfern und treuen Soldaten ausgestoßen wurden, mußte der Platz durch Kavallerie, im Schritt und mit eingesteckter Waffe, gesäubert werden, und zwei Gewehre der Infanterie entluden sich von selbst, gottlob ohne irgend jemand zu treffen. Eine Rotte von Bösewichtern, meist aus Fremden bestehend, die sich seit einer Woche, obgleich aufgesucht, doch zu verbergen gewußt hatten, haben diesen Umstand im Sinne ihrer argen Pläne durch augenscheinliche Lügen verdreht und die erhitzten Gemüter von vielen meiner treuen und lieben Berliner mit Rachegedanken um vermeintlich verflossenes Blut erfüllt und sind so die greulichen Urheber von Blutvergießen geworden. Meine Truppen, Eure Brüder und Landsleute, haben erst dann von der Waffe Gebrauch gemacht, als sie durch viele Schüsse von der Königsstraße dazu gezwungen wurden. Das siegreiche Vordringen der Truppen war die notwendige Folge davon.

An Euch, Einwohner meiner geliebten Vaterstadt, ist es jetzt, größerem Unheil vorzubeugen. Erkennt, Euer König und treuster Freund beschwört Euch darum, bei allem, was Euch heilig ist, den unseligen Irrtum! Kehrt zum Frieden zurück, räumt die Barrikaden, die noch stehen, hinweg und entsendet an mich Männer, voll des echten alten Berliner Geistes, mit Worten, wie sie sich Eurem Könige gegenüber geziemen, und ich gebe Euch mein königliches Wort, daß alle Straßen und Plätze sogleich von den Truppen geräumt werden sollen und die militärische Besetzung nur auf die notwendigen Gebäude des Schlosses, des Zeughauses und weniger anderer, und auch da nur auf kurze Zeit, beschränkt werden wird. Hört die väterliche Stimme Eures Königs, Bewohner meines treuen und schönen Berlins, und vergesset das Geschehene, wie ich es vergessen will und werde in meinem Herzen, um der großen Zukunft willen, die unter dem Friedenssegen Gottes für Preußen und durch Preußen für Deutschland anbrechen wird.

Eure liebreiche Königin und wahrhaft treue Mutter und Freundin, die sehr leidend darniederliegt, vereint ihre innigen, tränenreichen Bitten mit den meinigen. – Geschrieben in der Nacht vom 18./19. März 1848.

Friedrich Wilhelm" (4) Q

(a) Berichtet über die Vorgänge in Berlin und ihren Ausgang. Betrachtet dazu auch das Bild oben.

(b) Untersucht, wie der König versucht, die Berliner zu beruhigen, wie er die Aufständischen und wie er die eigenen Truppen hinstellt.

(c) Wie verhielt man sich gegenüber den „Märzgefallenen"?

(2) „Radikale" Forderungen – „radikale" Politiker?

Im „Vorparlament" stellte Struve folgenden Antrag, „die Rechte des deutschen Volkes betreffend":

„Sicherheit des Eigentums und der Person, Wohlstand, Bildung und Freiheit für alle ohne Unterschied der Geburt, des Standes und des Glaubens, ist das Ziel, nach welchem das deutsche Volk strebt. Die Mittel, zu demselben zu gelangen sind:

1. Aufhebung der stehenden Soldatenheere und Verschmelzung derselben mit der Bürgerwehr zum Behufe der Bildung einer wahren, alle waffenfähigen Männer umfassenden Volkswehr.

2. Aufhebung des stehenden Heeres von Beamten und Ersetzung desselben durch eine wohlfeile Regierung, welche aus freigewählten Volksmännern besteht.
3. Abschaffung der stehenden Heere von Abgaben, welche an dem Marke des Volkes zehren ...
4. Abschaffung aller Vorrechte ..., insbesondere des Adels, der Privilegien des Reichtums, Aufhebung der bevorzugten Gerichtsstände und Ersetzung derselben durch ein allgemeines deutsches Staatsbürgerrecht.
5. Abschaffung der Bevormundung der Gemeinden und Ersetzung derselben durch ein auf der Grundlage der Selbstverwaltung ruhendes Gemeindegesetz.
6. Aufhebung aller Klöster und klösterlichen Einrichtungen ...
8. Abschaffung der Zensur ...
9. Abschaffung der geheimen und schriftlichen Inquisitionsgerichte und Ersetzung derselben durch öffentlich und mündlich gepflogene Schwurgerichte ...
15. Aufhebung der erblichen Monarchie und Ersetzung derselben durch frei gewählte Parlamente, an deren Spitze frei gewählte Präsidenten stehen, alle vereint in der föderativen Bundesverfassung nach dem Muster der nordamerikanischen Freistaaten." (5) Q

Ein Abgeordneter der Linken, Robert Blum, schreibt über Hecker:

„Der Führer der äußersten Linken war Hecker, ein wahrer Achilles. Eine Heldengestalt und eine Heldenseele, gewaltiger als Redner wie irgendeiner in der Versammlung, donnernd und begeisternd, überzeugend und fortreißend ..." (6) Q

Hecker erklärte seinen Standpunkt folgendermaßen:

„Ich will die Freiheit, die ganze Freiheit, für alle, gleichviel in welcher Staatsform sie zu erreichen ist. Aber keine Freiheit nur für die Privilegierten oder für die Reichen; ich bin, wenn ich es mit einem Wort benennen soll, Sozialdemokrat." (7) Q

(a) Besprecht die Forderungen von Struve und die Einstellung von Hecker.

(b) Was erscheint euch daran revolutionär – welche Forderungen sind heute erfüllt?

(c) Wie wirkte Hecker auf seine Anhänger?

(3) Wie arbeitete die Nationalversammlung?

Ein Abgeordneter, Jakob Grimm, berichtet in einem Brief vom 6. 8. 1848:

„Wir haben gestern und heute die frechen und törichten anträge für Hecker und seine Partei gehabt, lärmendere sitzungen als je, und heute mußte endlich die [Zuschauer]-galerie, worauf gewiß 1500 menschen standen, geräumt werden. du kannst dir denken, mit welchem widerstreben das geschah, und über eine halbe stunde ging hin, eh es bewerkstelligt wurde, alles mußte hinaus, auch die frauen, und die türen wurden verschlossen, aber draußen auf dem platz blieben die haufen versammelt und hielten reden, bis endlich bürgermilitär anrückte und die kirche ringsum besetzte, inwendig griff die linke zu ihrem letzten mittel und entfernte sich aus dem saal, um nicht mitzustimmen; wir andern ließen uns nicht irren, sondern setzten die sache durch und stimmten sie nieder, was alles durch namentlichen aufruf geschah und viel zeit kostete. heute nacht wird es nicht an fackelzügen [für die unterliegenden] und an katzenmusiken fehlen." (8) Q

(a) Welche Gruppen (Vorläufer der Parteien) hatten sich in der Nationalversammlung gebildet?

Sitzung der Nationalversammlung in der Frankfurter Paulskirche. Auf der Rednertribüne (stehend) der Präsident Heinrich von Gagern, vor ihm der republikanische Abgeordnete Robert Blum.

(b) Wie verhielt sich das Publikum, wie verhielten sich die Abgeordneten? Berücksichtigt Text und Bild!

(c) Vergleicht mit einer Sitzung im heutigen Bundestag.

(4) Eine demokratische Verfassung für ganz Deutschland

Grundrechte in der neuen Verfassung:

„Jeder Deutsche hat das deutsche Reichsbürgerrecht. Vor dem Gesetz gilt kein Unterschied der Stände. Der Adel ist als Stand aufgehoben. Die Deutschen sind vor dem Gesetz gleich. Die Wehrpflicht ist für alle gleich. Die Freiheit der Person ist unverletzlich. Das Briefgeheimnis ist gewährleistet. Jeder Deutsche hat das Recht, durch Wort, Schrift, Druck und bildliche Darstellung seine Meinung frei zu äußern. Jeder Deutsche hat volle Glaubens- und Gewissensfreiheit. Die Wissenschaft und ihre Lehre ist frei. Für die Bildung der deutschen Jugend soll durch öffentliche Schulen überall genügend gesorgt werden.“ (9) Q

(a) Besprecht Inhalt und Bedeutung der Grundrechte. Manche von ihnen wurden auch in das Grundgesetz übernommen. Welche?

(b) Versucht mit Hilfe des Lehrers, die Verfassungsskizze zu erläutern. Wer wählte wen? Was heißt: Minister sind dem Reichstag verantwortlich?

(c) War das ein demokratischer Staat, der nach dieser Verfassung geschaffen werden sollte? Begründet eure Antwort.

Verfassungsentwurf der Paulskirche.

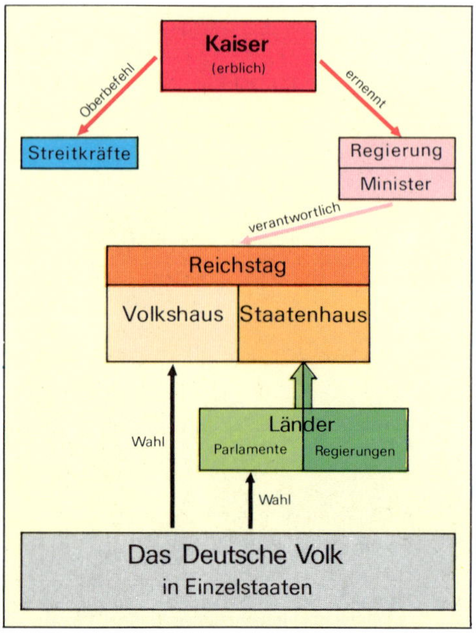

Zeitgenössische Karikatur zur Ablehnung der Kaiserkrone durch Friedrich Wilhelm IV. Rechts der Preußenkönig mit dem russischen Bären. Borussia (Preußen) fragt den Präsidenten der Paulskirche: „Wat heulst'n kleener Hampelmann?“ – „Ick habe Ihr'n Kleenen 'ne Krone jeschnitzt, nu will er se nicht!“

(5) Warum lehnte der preußische König die deutsche Kaiserkrone ab?

Friedrich Wilhelm IV. am 13. 12. 1848:

„Die Krone, die ein Hohenzoller nehmen dürfte, wenn die Umstände es möglich machen könnten, ist keine, die eine, wenn auch mit fürstlicher Zustimmung eingesetzte, aber in die revolutionäre Saat geschossene Versammlung macht, sondern eine, die den Stempel Gottes trägt, die den, dem sie aufgesetzt wird, nach der heiligen Ölung, *von Gottes Gnaden* macht, weil und wie sie mehr denn 34 Fürsten zu Königen der Deutschen von Gottes Gnaden gemacht und den Letzten immer der alten Reihe gesellt. Die Krone, die die Ottonen, die Hohenstaufen, die Habsburger getragen, kann natürlich ein Hohenzoller tragen, sie ehrt ihn überschwänglich mit tausendjährigem Glanze. Die aber, die Sie leider meinen, verunehrt überschwänglich mit ihrem Ludergeruch der Revolution von 1848, der albernsten, dümmsten, schlechtesten, wenn auch, Gottlob, nicht bösesten dieses Jahrhunderts. Einen solchen imaginären Reif, aus Dreck und Letten gebacken, soll ein legitimer König von Gottes Gnaden und nun gar der König von Preußen sich geben lassen, der den Segen hat, wenn auch nicht die älteste, doch die edelste Krone, die Niemand gestohlen worden ist, zu tragen?
... Ich sage es Ihnen rund heraus: Soll die tausendjährige Krone deutscher Nation, die 42 Jahre geruht hat, wieder

einmal vergeben werden, so bin ich es und meines Gleichen, die sie vergeben werden. Und wehe dem, der sich anmaßt, was ihm nicht zukommt!" (10) Q

(a) Wie beurteilte Friedrich Wilhelm IV. die Revolution und warum lehnte er die angebotene Krone ab?

(b) Versucht, die Karikatur zu erklären. Die Figur mit der Pickelhaube symbolisiert Preußen. Warum nennt sie den Präsidenten der Paulskirche einen „Hampelmann"? Was bedeutet das Kartenhaus? Wie verhält sich der Preußenkönig? Was hat der Bär (Rußland) zum Scheitern der Revolution beigetragen?

(c) Erörtert die Behauptung: „Friedrich Wilhelm IV. war ein Gegner der Demokratie." Begründet eure Meinung.

(6) **Revolutionäre und ihr Schicksal – drei Beispiele**

Robert Blum, 1807–1848.

Schriftsteller in Leipzig, führender Vertreter der liberalen Opposition in Sachsen; 1848 Vizepräsident des Frankfurter Vorparlaments. Tritt in der Paulskirche als Führer der Radikalliberalen für Volkssouveränität und Republik ein. Beteiligt sich am Widerstand der Bevölkerung gegen die Wiedereroberung Wiens durch das Militär und wird im November 1848 standrechtlich erschossen ohne Rücksicht auf seine Zugehörigkeit zur Nationalversammlung.

Friedrich Hecker, 1811–1881.

Rechtsanwalt in Mannheim, seit 1842 Abgeordneter im badischen Landtag; tritt 1847 für Republik ein, wird zum Führer der radikalen Demokraten in der Revolution von 1848/49. Nach Ablehnung seiner Forderungen im Vorparlament führt er eine bewaffnete Freischar („Heckerzug") durch Südbaden. Nach der Niederlage flieht er in die Schweiz, wandert dann nach den USA aus, wird Farmer in Illinois und beteiligt sich als Oberst am amerikanischen Bürgerkrieg.

Carl Schurz, 1829–1906.

Student in Bonn, Führer der Studentenbewegung in der Revolution 1848; 1849 Leutnant der Revolutionsarmee in Baden. Nach deren Niederlage Flucht in die Schweiz; seit 1852 in den USA. Kämpft für Sklavenbefreiung in der republikanischen Partei, wird General im amerikanischen Bürgerkrieg und 1877–1881 Innenminister der USA.

(a) Welche Bedeutung hatten die drei Männer für die Revolution von 1848/49? Lest auch nach, was von ihnen auf S. 196 ff. steht.

(b) Worin waren sich die drei Männer ähnlich, worin nicht?

(c) Wer von ihnen erscheint euch vorbildlich? Begründet eure Meinung.

Die Erschießung Robert Blums vor den Toren Wiens am 9. November 1848.

Vertreter der Nationalversammlung bieten Friedrich Wilhelm IV. die Kaiserkrone an. Zeitgenössische Darstellung.

1. *Wenn du die folgenden Stichworte in die richtige Reihenfolge bringst, entsteht eine Aufzählung der Ereignisse bis zur Eröffnung der Nationalversammlung in Frankfurt:*
Freie Wahlen – Unruhen – Februarrevolution – Abgeordnete – Wien – Barrikadenkämpfe – Paulskirche – Paris – Vorparlament – Berlin – „Heckerzug“ – März 1848 – Frankfurt – liberale Minister – Mai 1848.

2. *Berichte über die Ereignisse, die auf den Abbildungen S. 201 und 202 dargestellt sind, und erkläre ihre Bedeutung.*

3. *Aus den folgenden Silben lassen sich vier Begriffe bilden, die für die Geschichte von 1848/49 von entscheidender Bedeutung sind:*
fas – Grund – la – lu – ment – Par – Re – rech – sung – te – tion – Ver – vo.
(a) Gewaltsamer Umsturz
(b) Versammlung von Volksvertretern
(c) Politische Grundordnung
(d) Allgemeine Rechte der Staatsbürger

4. *Stelle verschiedene Gründe zusammen, die erklären, warum die Revolution von 1848/49 scheiterte.*

5. *Erkläre anhand der folgenden Nationalflaggen, auf welche Vorläufer die politische Grundordnung der Bundesrepublik Deutschland zurückgeführt und was damit betont wird.*

Nationalversammlung 1848/49
und Weimarer Republik 1919–1933

Kaiserreich 1871–1918

Großdeutsch: Politische Einigung Deutschlands unter Einbeziehung aller deutschen Gebiete unter Führung Österreichs.

Kleindeutsch: Einigung Deutschlands unter Ausschluß Österreichs, wobei Preußen die Führung übernehmen sollte.

Ministerverantwortlichkeit: Politische Verantwortung der Regierung gegenüber dem Parlament, das beim Versagen eines Ministers dessen Abberufung (Entlassung) verlangen kann.

Paulskirche: Kirchengebäude in Frankfurt am Main, im klassizistischen Stil 1786–1833 erbaut, das wegen seiner Größe und Form (Rundbau) der Nationalversammlung für ihre Sitzungen zur Verfügung gestellt wurde. Nach dem Gebäude nennt man auch die erste deutsche Volksvertretung oft „Paulskirche".

22.–24. 2. 1848	Februarrevolution in Paris
12. 3. 1848	Revolution in Wien
18./19. 3. 1848	Barrikadenkämpfe in Berlin
31. 3.–3. 4. 1848	Vorparlament in Frankfurt
18. 5. 1848	Eröffnung der Nationalversammlung
17. 3. 1849	Beschluß der Reichsverfassung in Frankfurt
3. 4. 1849	Ablehnung der Kaiserkrone durch Friedrich Wilhelm IV.
Mai/Juni 1849	Volkserhebung in Baden, Sachsen, Pfalz
17. 6. 1849	Endgültige Auflösung der Nationalversammlung

Quellennachweis

(1) G. Mann: Deutsche Geschichte des 19. Jahrhunderts. Frankfurt 1958, S. 189f.
(2) W. Trog: Die nationale und industrielle Revolution. Diesterweg 7211, S. 76.
(3) C. Schurz: Lebenserinnerungen, Bd. 1, Berlin 1906, S. 123f.
(4) Geschichtliche Weltkunde, Quellenlesebuch 2, a.a.O., S. 242f.
(5) Revolution 1848/49 in Baden und Mitteldeutschland. Die deutsche Frage im Unterricht, Heft 2, Stuttgart 1984, S. 29.
(6) Revolution 1948/49 in Baden und Mitteldeutschland, a.a.O., S. 33.
(7) H. Jessen (Hrsg.): Die deutsche Revolution in Augenzeugenberichten. München 1973, S. 111.
(8) ebenda, S. 188.
(9) Aus der Verfassung des deutschen Reiches von 1849. In: Geschichtliche Quellenhefte mit Überblick, Heft 8, Diesterweg 7348, S. 50.
(10) Grundzüge der Geschichte, Quellentaschenbuch 3, a.a.O., S. 97.

Lesetip

G. Berzel: Hambacher Erinnerungen. Neininger, Neustadt W. 1981 (QS)
R. Federmann: Barrikaden. Jugend und Volk, Wien 1973
H. Jessen (Hrsg.): Die Deutsche Revolution 1848/49 in Augenzeugenberichten. dtv 927 (QS)
K. Kreiler: Sie machen uns langsam tot. Zeugnisse politischer Gefangener in Deutschland 1780–1980. Luchterhand, Darmstadt 1983 (QS)
D. Reiche: Wie Spreu vor dem Wind. Anrich. Kevelaer 1981 (JB)
D. Reiche: Der verlorene Frühling. Anrich, Kevelaer 1981
C. Schurz: Flucht aus der Festung Rastatt. Waldkircher Verlagsgemeinschaft, Waldkirch 1983 (QS)

8.3. Die Gründung des Deutschen Reiches 1871

Die Kaiserproklamation von Versailles am 18. Januar 1871 wurde von Anton von Werner nach Skizzen gemalt, die er während der Zeremonie angefertigt hatte. In seinen Lebenserinnerungen berichtet er, das Ereignis sei „in prunklosester Weise und außerordentlicher Kürze“ vor sich gegangen. Die hier wiedergegebene zweite Fassung des Bildes von 1885 macht Bismarck, abweichend von dem tatsächlichen Vorgang, zur zentralen Figur.

In einem vor rund 100 Jahren weit verbreiteten Buch zur deutschen Geschichte lesen wir:

„Unsere Nation, welche seit Jahrhunderten durch alle möglichen Gegensätze – der Stämme, der Religionsbekenntnisse, der Staaten untereinander – geteilt, zerspalten, zerfetzt, fremden Eroberern eine leichte Beute gewesen war –, diese Nation, plötzlich geeint, hatte ohne Verbündete . . . die bis dahin gefürchtetste französische Macht in einer ununterbrochenen Reihe von Siegen zu Boden geworfen; und ebenso rasch hatte sich der alte Sehnsuchtstraum jetzt verwirklicht, hatte die Aufrichtung des deutschen Kaisertums sich vollzogen – vollzogen unter dem einhelligen Jubel der Bevölkerungen.“ (1)

Heute denken wir anders über die Vorgänge und fragen nüchtern:

- Wie ist es zur Gründung des „Deutschen Reiches“ und zur Proklamation eines „Deutschen Kaisers“ gekommen?
- Wer besaß die politische Macht im neuen Reich?
- Was bedeutet die Reichsgründung von 1871 für die deutsche Geschichte?

Wer will die deutsche Einheit? Mit dem Scheitern der Revolution von 1848/49 war zwar der Weg, doch nicht das Ziel des deutschen Bürgertums versperrt. Die Menschen fühlten sich in den Staaten des 1850 wiederhergestellten Deutschen Bundes erst recht als Deutsche. Sie hatten eine gemeinsame Sprache, eine gemeinsame Geschichte, eine gemeinsame Kultur. Ihr Nationalgefühl wuchs, seitdem immer mehr Menschen über die Grenzen der engeren Heimat hinausblickten; sei es auf Reisen, sei es durch Informationen in Zeitungen oder Zeitschriften; mit der Schulpflicht wuchs der Kreis derer, die deutsche Literatur und Kultur kennenlernten. Gelehrte und Schriftsteller beschrieben die besonderen Vorzüge der Deutschen. Der Dichter Hoffmann von Fallersleben hatte 1841 das Gedicht „Deutschland, Deutschland über alles!" geschrieben. Er wollte damit freilich nicht zur Überheblichkeit aufrufen, sondern seine Mitbürger ermahnen, die deutsche Einheit über alles – über Eigennutz und Sonderinteressen – zu stellen. Der Zwang zur Einigung ging jedoch am meisten von der wirtschaftlichen Entwicklung aus.

„Die aufstrebende junge Bourgeoisie (das Bürgertum) im Rheinland und in Schlesien, in Baden, Württemberg, Hannover und Sachsen ist aufeinander angewiesen. Die Webereien in Schlesien suchen ebenso Absatzgebiete wie die Grubenbesitzer Westfalens und Mitteldeutschlands. Die Reeder in Bremen und Hamburg sind auf die Verbindung mit dem Binnenland angewiesen . . ., und wenn sie ihre Schiffe übers Meer senden, aber auf die englische, französische und auch schon auf die amerikanische Konkurrenz stoßen, wird ihnen bewußt, wie gering die politische Macht ist, auf die sie sich stützen dürfen . . ." (1)

Allerdings konnte die Einheit nur noch von den Fürsten ausgehen. „Die Einigkeit unseres deutschen Vaterlandes soll nicht durch Blut und Brand, sondern in der Einigung seiner Fürsten und Völker und in Festhaltung an Obrigkeit und Recht" zustande kommen, war die Meinung eines „Volksvereins", der 1861 gegründet wurde. → (5)

Bismarck wird preußischer Ministerpräsident. Nur zwei Staaten in Deutschland besaßen die Macht, eine politische Einigung durchzusetzen: Preußen und Österreich. Sie verfeindeten sich, weil keiner dem andern die Vormacht in Deutschland zubilligen wollte. Der preußischen Regierung gelang es, Österreich zunächst wirtschaftlich aus Deutschland hinauszudrängen, und zwar durch Stärkung des Zollvereins und durch Druck auf die deutschen Mittel- und Kleinstaaten, die dazu gebracht wurden, daß sie fast nur noch mit Preußen Handel trieben.

1862 übernahm Otto von Bismarck als neuer Ministerpräsident die Regierung in Preußen. Bismarck stammte aus einem alten preußischen Adelsgeschlecht, war 1815 geboren, hatte Jura studiert und war nach 1848 in den diplomatischen Dienst Friedrich Wilhelms IV. getreten. Dessen Nachfolger, König Wilhelm I. (1861–1888), machte ihn in einer schwierigen Lage zum Ministerpräsidenten. Das Parlament hatte den Antrag des Königs abgelehnt, die Wehrpflicht auf drei Jahre zu verlängern und auf die Kontrolle über den Heeresetat zu verzichten. Als die Liberalen, die entschiedenen Gegner des Königs, bei Neuwahlen siegten, wollte König Wilhelm zurücktreten. Bismarck erklärte ihm: „Ich will lieber mit dem König untergehen, als Eure Majestät im Kampf mit der Parlamentsherrschaft im Stich lassen." Wilhelm blieb König, und Bismarck regierte jahrelang, ohne sich um den Landtag zu kümmern. Er ließ z. B. Steuern erheben ohne Bewilligung durch das Parlament. Bismarck wollte den König in Preußen und Preußen in Deutschland stark machen. Er versuchte geschickt, die nationale Stimmung in Deutschland für Preußen auszunützen. Dabei vertrat er den Standpunkt:

„Preußen muß seine Kraft zusammenfassen und zusammenhalten auf den günstigen Augenblick, der schon einigemale verpaßt ist; Preußens Grenzen . . . sind zu einem gesunden Staatsleben nicht günstig. Nicht durch Reden und Majoritätsbeschlüsse werden die Fragen der Zeit entschieden – das ist der Fehler von 1848 und 1849 gewesen –, sondern durch Eisen und Blut . . ." (2) Q

Preußen sprengt den Deutschen Bund. Den Vorwand zu einem offenen Bruch mit Österreich fand Bismarck in einer Streitigkeit um die Verwaltung der Herzogtümer Schleswig und Holstein, die Preußen und Österreich nach einem siegreichen Krieg gegen Dänemark (1864) gemeinsam ausübten. Im Februar 1866 erklärte er im preußischen Kronrat:

„Preußen ist die einzige lebensfähige politische Schöpfung, die aus den Ruinen des alten Deutschen Reiches hervorgegangen ist. Daher beruht seine Aufgabe darin, an die Spitze Deutschlands zu treten. Ohne Rücksicht auf die Gefahr eines Bruches und eines Krieges mit Österreich muß Preußen jetzt seine Interessen verfolgen." (3)

In Frankfurt verlangte er die Reform des Deutschen Bundes, den Ausschluß Österreichs und die Schaffung einer deutschen Volksvertretung nach dem allgemeinen Wahlrecht. Auf Österreichs Seite standen die meisten deutschen Länder. Aber die preußische Armee handelte rasch. Sie besetzte Norddeutschland, marschierte in Böhmen ein und schlug bei Königgrätz das österreichische Heer vollständig. → (1)

Der Krieg wie der folgende Friede waren das Werk Bismarcks. Gegen den Willen des Königs, der gern siegreich in Wien einmarschiert wäre, setzte Bismarck einen ,,Verständigungsfrieden" durch. Österreich verließ den Deutschen Bund, der sich auflöste, und mußte das Land um Venedig an das mit Frankreichs Hilfe geeinte Italien abtreten (vgl. S. 265). Preußen kassierte seine Kriegsbeute bei den Verbündeten Österreichs in Norddeutschland: Außer Sachsen, Mecklenburg und Hessen-Darmstadt wurden fast alle Gebiete nördlich des Mains dem preußischen Staat einverleibt.

Der deutsch-französische Krieg. Nach dem Frieden zwischen Preußen und Österreich (1866) gründete Bismarck den ,,Norddeutschen Bund", dem neben Preußen die restlichen Staaten nördlich des Mains angehörten. Der preußische König Wilhelm führte den Bund, der nur als Übergangslösung gedacht war. Mit den süddeutschen Fürsten schloß Bismarck ein ,,Schutz- und Trutzbündnis"; sein Ziel blieb der Zusammenschluß aller deutschen Fürsten unter preußischer Führung. Das Mittel dazu war ungewöhnlich: Krieg gegen Frankreich. In Frankreich fürchtete man die Macht eines geeinigten, von Preußen geführten Deutschland und wollte den Beitritt der süddeutschen Länder zum Norddeutschen Bund verhindern. Man rechnete auf beiden Seiten mit einem Krieg. Der Anlaß hierzu ergab sich, als die Spanier einen neuen König brauchten und dafür einen Hohenzollern, einen entfernten Verwandten des preußischen Königs, in Aussicht nahmen. Die französische Regierung widersprach heftig. Der Hohenzollernprinz trat mit Zustimmung des preußischen Königs von der Kandidatur zurück. Jetzt verlangte der französische Botschafter von König Wilhelm, der sich zur Kur in Bad Ems aufhielt, das Versprechen, daß er auch in Zukunft nie einer Kandidatur des Hohenzollernprinzen zustimmen werde. Der König lehnte ab. Bismarck formulierte eine kurze Presseerklärung, die sogenannte ,,Emser Depesche", in der es hieß, daß der französische Botschafter von König Wilhelm nicht nochmals empfangen würde, weil der König ihm nichts weiter zu sagen habe.

Diese Erklärung empfand man in Frankreich als äußerst beleidigend. Die französische Regierung erklärte Preußen den Krieg. Jetzt trat das ,,Schutz- und Trutzbündnis" zwischen Preußen und den süddeutschen Staaten in Kraft. Eine Welle nationaler Begeisterung vereinte die Deutschen nördlich und südlich der Mainlinie. Drei deutsche Armeen rückten unter Führung des preußischen Generalstabs in Frankreich ein, noch ehe die französische Armee die Mobilmachung und den Aufmarsch abgeschlossen hatte. Napoleon III. hoffte vergebens auf die Hilfe Italiens und Österreichs. Sie blieben ebenso wie England und Rußland neutral. Nach wenigen Wochen war Frankreich besiegt und Napoleon in Gefangenschaft. Das französische Kaiserreich brach zusammen, eine neue Regierung rief in Paris die Republik aus.

Ein neuer Kaiser für Deutschland. Jetzt verhandelte Bismarck mit den deutschen Fürsten über die Reichsgründung. Der König von Bayern stimmte einem Zusammenschluß erst zu, nachdem ihm einige Sonderrechte (z. B. eigene Post- und Militärhoheit) zugestanden worden waren. Am 18. Januar 1871 war es soweit:

,,Um 11.30 Uhr versammelten sich in dem großen Spiegelsaal des Schlosses von Versailles 2000 Offiziere, Beamte und Geistliche. Als die Fürsten sich dann um den König gestellt und die ganze Versammlung sich ihm zugewandt hatte, nahm der König ein Papier zur Hand und las etwa folgende Ansprache: Nachdem ihm die deutschen Fürsten und freien Städte die Kaiserwürde angeboten hätten, erkläre er unter dem Ausdruck des Dankes, die Krone des Reiches für sich und seine Erben annehmen zu wollen. Nun verlas der Kanzler des Reiches, Bismarck, ein Manifest, und dann kam die Reihe an mich. Ich rief so laut wie möglich in die harrende lautlose Versammlung: ‚Seine Kaiserliche und Königliche Majestät, Kaiser Wilhelm, lebe hoch, hoch, hoch!' Es begann ein begeistertes sechsfaches Hochrufen, das man gehört haben muß, aber nicht beschreiben kann." (4) Q → (2)

Verteilung der Macht im neuen Staat. Das *Deutsche Reich** war das Werk der Fürsten. Im Spiegelsaal von Versailles fehlten die Abgeordneten des Volkes. Entsprechend sah auch die Verfassung des Deutschen Reiches von 1871 aus. Nicht vom Volk, sondern vom Kaiser und den Fürsten ging die oberste Staatsgewalt aus. Das Reich war ein ,,unauflöslicher Verein" von 22 Monarchen und 3 Freien Städten, ein Bundesstaat. An der Spitze stand der preußische König als ,,Deutscher Kaiser". Er besaß das Recht, Bündnisse und Verträge mit dem Ausland zu schließen, Krieg zu erklären und Frieden zu schließen. Im Krieg führte er den Oberbefehl über Heer und Flotte. Der Kaiser ernannte die Mitglieder der Reichsregierung, vor allem den Reichskanzler. Dieser war nur dem Kaiser, nicht dem Parlament verantwortlich. Vertreter der Länderregierungen bildeten den Bundesrat. Dort führte der Reichskanzler den Vorsitz. Dem Bundesrat mußten alle Reichsgesetze und der Reichshaushalt zur Bewilligung vorgelegt werden.

Neben dem *Bundesrat** stand der *Reichstag**, das Parlament. Er hatte wenig Einfluß auf die Außenpolitik. Aber die inneren Verhältnisse im Deutschen

Reich bestimmte er maßgeblich. So hat er die Währung vereinheitlicht und überall die Reichsmark eingeführt, einheitliche Maße und Gewichte geschaffen, für eine einheitliche Post und Eisenbahn gesorgt und vor allem das Recht vereinheitlicht, das in den Bundesstaaten sehr ungleich gewesen war. Der Reichstag bestand aus Abgeordneten, die das ganze Volk wählte. Das Wahlrecht entsprach dem, was die Liberalen immer gefordert hatten: Es war allgemein, frei, gleich, geheim und direkt. Wer in seinem Wahlkreis die meisten Stimmen erhielt, war gewählt. Die Frauen besaßen allerdings noch kein Stimmrecht. → (3) (4)

Parteien. Die Abgeordneten im Reichstag und in den Landtagen gehörten Parteien an. Es gab drei Richtungen, die man – nach ihrer Sitzordnung im Parlament – als „rechts", „links" und „Mitte" einteilte. Rechts saßen die Konservativen (die Partei der preußischen Junker), links die Sozialdemokraten, die Partei der organisierten Arbeiter; die Mitte bildete die breite Mehrheit, die aus mehreren Parteien bestand: den „Nationalliberalen", dem „Zentrum" (der Partei der Katholiken) und einigen kleinen Parteien, die vor allem das Kleinbürgertum vertraten.

In den meisten Parteien – die Sozialdemokraten ausgenommen – gaben wenige Männer den Ton an; Leute mit großem Ansehen (Honoratioren), die finanziell unabhängig waren; denn Abgeordnete erhielten kein Gehalt (Diäten) wie heute. Die Wähler konnten weder das Programm noch die praktische Politik der Parteien beeinflussen; die Zahl der Mitglieder und Ortsgruppen war klein. Die Parteivorsitzenden ließen sich selten von Parteimitgliedern oder Parteiversammlungen leiten.

(1) Bismarcks politische Vorstellungen

Bismarck in einem Interview, 1866:

„Ich verfolge mit durchaus ruhigem Gewissen einen Endzweck, den ich als für mein Land und Deutschland nützlich ansehe. Was die Mittel betrifft, so habe ich in Ermangelung anderer mich derer bedient, die sich mir darboten. Bei der gegenwärtigen Lage Preußens in Deutschland und gegenüber Österreich mußten wir vor allem eine Armee haben. Das ist in Preußen die einzige disziplinierbare Macht. In der Armee ist jeder Preuße ein prächtiger Soldat und schlägt sich wie ein Löwe für die Ehre des Landes. Durch meine Familie, meine Erziehung bin ich vor allem der Mann des Königs. Vor sechzehn Jahren lebte ich ruhig als Landedelmann [Junker]. Da rief mich der Wille des Königs als Bundestags-Gesandten nach Frankfurt. Schon damals faßte ich den Plan, den ich jetzt auszuführen suche: Norddeutschland in seiner vernünftigen und natürlichen Gestalt unter die Führung Preußens zu bringen. Um dieses Ziel zu erreichen, würde ich allem trotzen, dem Exil und selbst dem Schafott. Im Konflikt zwischen König und Parlament stand ich auf der Seite des Königs; meine persönliche Ehrfurcht vor ihm, meine ganze Vergangenheit, alle meine Familienüberlieferungen machten mir das zur Pflicht ..." (5) Q

(a) Welche Rolle spielt die eigene Herkunft für Bismarcks politische Vorstellungen?

(b) Faßt die politischen Ziele Bismarcks zusammen; nennt die wichtigsten Wörter, mit denen Bismarck diese Ziele beschreibt.

(c) Zählt Mittel auf, mit denen Bismarck seine Ziele erreichen will.

(2) Kaiserproklamation

„Wir Wilhelm, von Gottes Gnaden König von Preußen, nachdem die deutschen Fürsten und freien Städte den einmütigen Ruf an Uns gerichtet haben, mit Herstellung des Deutschen Reichs die seit mehr denn sechzig Jahren ruhende deutsche Kaiserwürde zu erneuern und zu übernehmen, und nachdem in der Verfassung des Deutschen Bundes die entsprechenden Bestimmungen vorgesehen sind, bekunden hiermit, daß Wir es als eine Pflicht gegen das gemeinsame Vaterland betrachtet haben, diesem Ruf der verbündeten deutschen Fürsten und Städte Folge zu leisten und die deutsche Kaiserwürde anzunehmen. Demgemäß werden Wir und Unsere Nachfolger an der Krone Preußens fortan den kaiserlichen Titel in allen Unseren Beziehungen und Angelegenheiten des Deutschen Reiches führen, und hoffen zu Gott, daß es der deutschen Nation gegeben sein werde, unter dem Wahrzeichen ihrer alten Herrlichkeit das Vaterland einer segensreichen Zukunft entgegenzuführen. Wir übernehmen die kaiserliche Würde in dem Bewußtsein der Pflicht, in deutscher Treue die Rechte des Reiches und seiner Glieder zu schützen, den Frieden zu wahren, die Unabhängigkeit Deutschlands, gestützt auf die geeinte Kraft seines Volkes, zu verteidigen. Wir nehmen sie an in der Hoffnung, daß dem deutschen Volke vergönnt sein wird, den Lohn seiner heißen und opfermutigen Kämpfe in dauerndem Frieden und innerhalb der Grenzen zu genießen, welche dem Vaterlande die seit Jahrhunderten entbehrte Sicherung gegen erneute Angriffe Frankreichs gewähren. Uns aber und Unseren Nachfolgern an der Kaiserkrone wolle Gott verleihen, allezeit Mehrer des Deutschen Reiches zu sein, nicht an siegreichen Eroberungen, sondern an den Gütern und

Gaben des Friedens auf dem Gebiete nationaler Wohlfahrt, Freiheit und Gesittung.
Gegeben Hauptquartier Versailles, den 17. Januar 1871.
Wilhelm" (6) Q

(a) Wer forderte den König von Preußen auf, die Kaiserkrone anzunehmen? Stimmt das so?

(b) Schreibt Wörter aus der Proklamation heraus, die ein positives Bild von Kaiser Wilhelm geben sollen.

(c) Was sollte die Bevölkerung denken? Wie sollte sie den neuen Kaiser sehen? Betrachtet hierzu auch das Bild S. 204.

(3) Das Regierungssystem im Kaiserreich, 1871

(a) Beschreibt das Regierungssystem von 1871; beachtet dabei besonders die Rechte des Kaisers.

(b) Vergleicht die Rechte des Kaisers mit denen, die heute der Bundespräsident der Bundesrepublik Deutschland hat. (Fragt hierzu evtl. den Lehrer oder schlagt im Grundgesetz Art. 59, 60 nach).

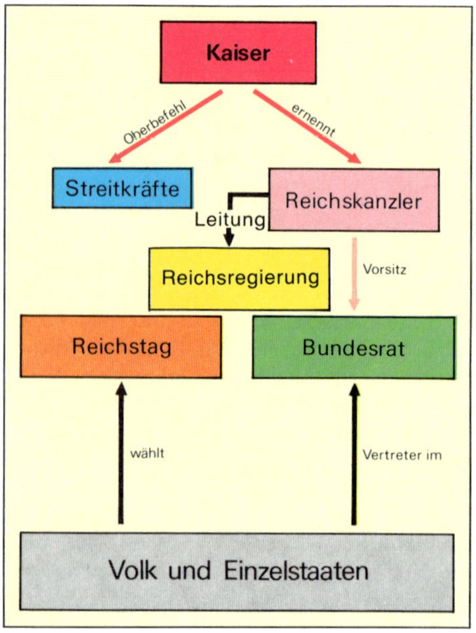

Die Reichsverfassung von 1871.

(4) Wie wurde die Reichsgründung beurteilt?

Baronin Spitzemberg, 1871:

„3. März [1871] ... Und was für ein Friede für uns Deutsche! Herrlicher und glorreicher als wir je einen geschlossen! Vereint zu einem Reiche, dem größten, mächtigsten, gefürchtetsten in Europa, groß durch seine physische Macht, nicht allein, größer noch durch seine Bildung und den Geist, der das Volk durchdringt! Jedes deutsche Herz hatte das erhofft, keines geahnt, daß seine Träume sich in dieser Weise, so bald und so herrlich erfüllen würden. Glücklich sind wir, daß wir nicht nur den Stern deutscher Größe und Herrlichkeit aufgehen sahen, sondern daß wir noch jung genug sind, um uns unter seinen Strahlen zu wärmen, um die, so Gott will, recht reichen und segensvollen Früchte zu genießen, die aus dieser unter Blut und Tränen gesäten Saat hervorgehen ..." (7) Q

Gustav Heinemann als Bundespräsident, 1971:

„Als das Deutsche Reich vor 100 Jahren in Versailles ausgerufen wurde, war keiner von den 1848ern zugegen. Ja, Männer wie August Bebel und Wilhelm Liebknecht und andere Sozialdemokraten, die sich gegen den nationalistischen Übermut des Sieges über Frankreich geäußert hatten, saßen in Gefängnissen. Um den Kaiser standen in Versailles allein die Fürsten, die Generäle, die Hofbeamten, aber keine Volksvertreter.
Die Reichsgründung hatte die Verbindung von demokratischem und nationalem Wollen zerrissen. Sie hat das deutsche Nationalbewußtsein einseitig an die monarchisch-konservativen Kräfte gebunden, die in den Jahrzehnten vorher dem demokratischen Einheitswillen hartnäckig im Wege gestanden hatten.
Für unsere französischen Nachbarn war es eine tiefe Demütigung, daß unser Nationalstaat in ihrem Lande ausgerufen und ihnen zugleich Elsaß-Lothringen weggenommen wurde. Diese Demütigung konnte Frankreich nicht vergessen.
Was 1871 erreicht wurde, war eine äußere Einheit ohne volle innere Freiheit der Bürger. Die Staatsgewalt ging nicht vom Volke aus, sie lag bei den Fürsten und den Senaten der Hansestädte. Zwar wählte das Volk den Reichstag. Der Reichstag aber bestellte nicht die Regierung und hatte nur geringen Einfluß auf die Außen- und Militärpolitik.
Darum ist es kein Zufall, daß wir viele freiheitliche, liberale und demokratische Kräfte in Opposition zum Bismarckreich sehen." (8)

(a) Vergleicht die beiden Beurteilungen der Reichsgründung. Worin unterscheiden sie sich?

(b) Erklärt, warum „viele freiheitliche, liberale und demokratische Kräfte in Opposition zum Bismarckreich" standen.

(c) Erkundigt euch in eurem Bekanntenkreis, wie Menschen heute über die Reichsgründung von 1871 denken.

(5) Deutschland im 19. Jahrhundert – ein Kartenvergleich

(a) Vergleicht die Grenzen des Deutschen Zollvereins, des Norddeutschen Bundes und des Deutschen Reiches.

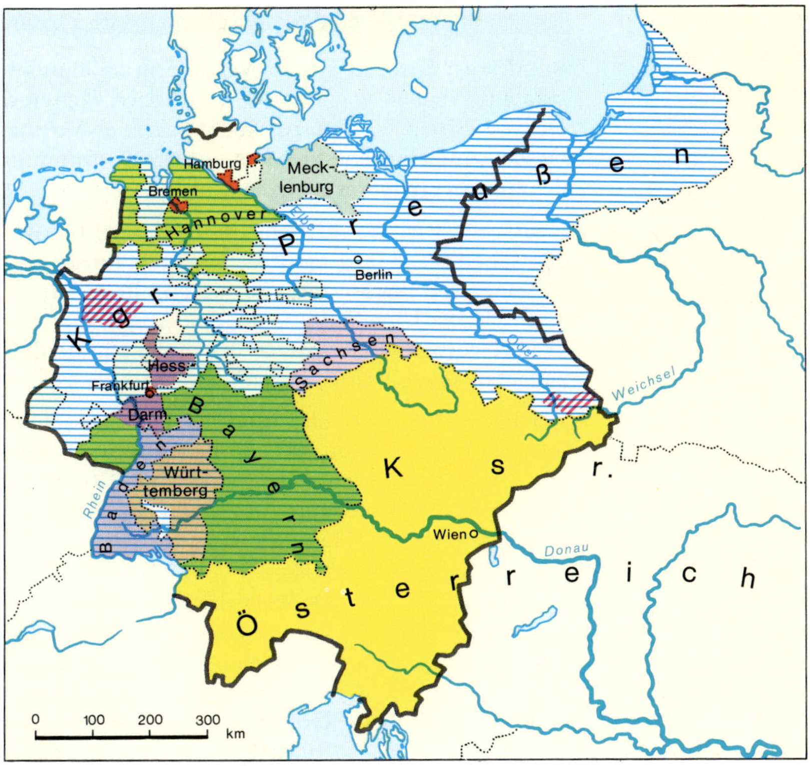

Grenze des Deutschen Bundes

Deutscher Zollverein vor 1866

Industriegebiete

Jahr des Beitritts zum Zollverein

1828	Hessen-Darmstadt
1834	Preußen
1834	Sachsen
1834	Bayern
1834	Württemberg
1836	Baden
1854	Hannover
1867	Mecklenburg
1888	Bremen
1888	Hamburg

Grenze des Deutschen Reiches 1871

Südgrenze des Norddeutschen Bundes 1867

Preußisches Staatsgebiet vor 1866

Preußisches Staatsgebiet nach 1866

(b) Welche Gebiete gehörten zum Deutschen Reich 1871, die dem Heiligen Römischen Reich Deutscher Nation nicht angehört hatten? (vgl. Karte S. 110). Welche dieser Gebiete gehören heute nicht zu Deutschland?

(6) **Sitzverteilung im Reichstag 1871–1912**

Parteien im Reichstag (Sitze)

	1871	1878	1884	1890	1912
Konservative	57	59	78	73	43
Nationalliberale	125	99	51	42	45
Fortschrittspartei	46	26	67	66	42
Zentrum	63	94	99	106	91
Sozialdemokraten	2	9	24	35	110

(a) Welche Partei hatte 1871 die meisten Sitze? Welche 1910? Welche 1912? Welche Partei hatte jeweils die wenigsten? Bei welcher Partei gab es seit 1878 die geringsten Änderungen?

(b) Welche Bevölkerungsgruppen lassen sich einzelnen Parteien zuordnen? Lest dazu S. 207.

(c) Was sagen die Wahlergebnisse über die Bedeutung dieser Gruppen?

1. Zähle Kriege auf, die Preußen stärkten und die Reichsgründung begünstigten.

2. Welche der folgenden Merkmale treffen auf Bismarck zu?
rücksichtslos – königstreu – diplomatisch – eisern – demokratisch – friedlich – konservativ – erfolgreich
Begründe deine Meinung.

3. Nimm Stellung zur Behauptung: „Die politischen Verhältnisse im Deutschen Reich von 1871 waren nicht demokratisch."

Bundesrat: Bestand aus 58 Vertretern der Bundesstaaten. Preußen war mit 17 Mitgliedern vertreten. Der preußische Ministerpräsident hatte den Vorsitz. Gesetze und Haushalt konnten nur mit Zustimmung des Bundesrats verabschiedet werden.

Deutsches Reich: Offizielle Bezeichnung für den deutschen Staat 1871 bis 1945; wichtige Einschnitte in seiner Geschichte und Verfassung brachten die Jahre 1918 (Umwandlung in eine Republik) und 1933 (Übernahme der Macht durch die Nationalsozialisten, sog. „Drittes Reich").

Reichstag: Im Mittelalter und bis 1806 Versammlung der Reichsstände. 1871 Volksvertretung, in die die Abgeordneten gewählt wurden. Der Reichstag hatte mit dem Bundesrat zusammen das Recht der Gesetzgebung und Haushaltsbewilligung.

1864	Deutsch-dänischer Krieg
1866	Krieg zwischen Preußen und Österreich
1870/71	Deutsch-französischer Krieg
1871	Gründung des Deutschen Reiches
18. Januar 1871	Kaiserproklamation in Versailles

Quellennachweis

(1) L. Tacke: Deutsche Geschichte, Bd. 2. Velhagen und Klasing, 5. Aufl. 1892, S. 807 F.

(2) K. Kersten: Die deutsche Revolution 1848/49. Frankfurt 1955, S. 14.

(3) Bismarck im September 1866. In: H. Böhme (Hrsg.): Die Reichsgründung. München 1967, S. 129.

(4) Protokoll des Kronrats am 28. 2. 1866. Zit. aus: Spiegel der Zeiten, Bd. 3, a. a. O., S. 188.

(5) Zitiert aus: H. Oncken: Großherzog Friedrich I. von Baden. In: M. Wein: Ich kam, sah und schrieb, a. a. O., S. 339 (gekürzt).

(6) Aus einem Interview zwischen Vilbort und Bismarck, 1866. In: Lesewerk zur Geschichte, Restauration und Fortschritt 1815–1871, hrsg. v. R. Ruland. Ebenhausen 1963, S. 202 ff. gekürzt.

(7) Geschichtliche Weltkunde, Quellenlesebuch 2, a. a. O., S. 252.

(8) H. Böhme: Die Reichsgründung, a. a. O., S. 273.

(9) Wildermuth (Hrsg.): Als das Gestern heute war. München, 4. Aufl. 1979, S. 122/123.

Lesetip

E. Deuerlein (Hrsg.): Die Gründung des Deutschen Reiches (1870/71. dtv 1262 (QS)

R. Hacker (Hrsg.): Ludwig II. von Bayern. dtv 2703 (WD)

H. Kranz: Bismarck und das Reich ohne Krone. Arena, Würzburg 1973 (JB)

9. Wirtschaftlicher und sozialer Wandel: Die Industrialisierung

9.1. Die Industrielle Revolution beginnt in England

Ein englisches Kohlenbergwerk am Beginn des technischen Zeitalters. Gemälde eines unbekannten Künstlers (um 1790). Der Maler zeigt die rauhe Wirklichkeit als „Idylle“. Warum?

Die „Industrielle Revolution“ hat Arbeit und Leben der Menschen grundlegend verändert. Maschinen entlasten uns von schwerer körperlicher Arbeit. Drei- bis viermal so viele Menschen wie in vorindustrieller Zeit können ernährt und versorgt werden. Aber dieser Fortschritt hat seinen Preis: Unsere Bodenschätze werden verbraucht, die Natur wird geschädigt, unsere Gesundheit ist bedroht. Wohin führt die Entwicklung, die mit der Industrialisierung begann?

- Was versteht man überhaupt unter „Industrieller Revolution“?
- Was hat zu dieser Umwälzung der Arbeits- und Produktionsweise geführt?
- Warum begann die Industrialisierung gerade in England?

Maschinen verändern die Produktion. Als ,,Industrien" bezeichnete man schon um 1700 die Manufakturen, in denen lange, bevor Maschinen aufkamen, oft Hunderte von Menschen zusammen arbeiteten und große Mengen ihrer Produkte herstellten, z. B. Spiegel, Tuche, Porzellanwaren, Messer, Nadeln. Man sprach auch von ,,Hausindustrie" und meinte damit die Heimarbeit der großen ,,Verlagsunternehmen" (vgl. S. 9 und 11). In Wirklichkeit arbeitete man in diesen Betrieben vorindustriell, von Hand, mit einfachem Werkzeug, wenn auch schon arbeitsteilig und spezialisiert. Seit der Mitte des 18. Jh. reichte in England nicht mehr aus, was die Heimarbeiter und Manufakturen lieferten. Die Bevölkerung wuchs so stark wie noch nie. Sie stieg in England (mit Schottland und Irland) von 1750 bis 1800 von 10 auf über 16 Mio. Man brauchte mehr Lebensmittel, mehr Kleidung, mehr Arbeit. Am meisten gefragt waren Baumwollstoffe, und zwar nicht nur für den Binnenmarkt. Englische Händler tauschten in Afrika schwarze Sklaven gegen Baumwolltuche ein, und die Siedler in den überseeischen Kolonien kauften Stoffe, da sie selbst keine Manufakturen errichten durften. Zugleich kam immer mehr Baumwolle aus den amerikanischen Kolonien ins Mutterland. Die Frauen konnten mit ihren einfachen Spinnrädern gar nicht genügend Garn produzieren.

Da erfand ein Tüftler 1767 die ,,spinning Jenny", mit der man eine Reihe von Fäden gleichzeitig spinnen konnte. Andere verbesserten diese Maschine und ließen sie durch Wasserräder antreiben. Zur gleichen Zeit experimentierten Techniker in England an einer ,,Feuermaschine", die mehr Kraft als die Wind- oder Wassermühlen besäße und die überall und zu jeder Zeit einsetzbar wäre. James Watt gelang 1769, indem er eine Erfindung des Franzosen Papin verbesserte, die Herstellung einer brauchbaren Dampfmaschine. Er ließ sie zuerst in Bergwerken arbeiten, um Pumpen und Zugräder anzutreiben, dann (seit 1785) auch zum Antrieb von Spinnmaschinen. Etwa zur gleichen Zeit entwickelte man einen mechanischen Webstuhl, um nun auch das massenweise erzeugte Baumwollgarn noch schneller zu verarbeiten. *Fabrik** um Fabrik wurde gebaut. 1782 gab es in Manchester zwei Dampfspinnereien, 1802 waren es 52. ,,Die Leute in London, Manchester und Birmingham sind nach den Dampfmaschinen wie verrückt", schrieb ein Reisender. Watt, der sich seine Erfindung patentieren ließ und ständig weiter verbesserte, gründete zusammen mit Boulton eine Firma, die bis 1800 schon 500 Dampfmaschinen gebaut hatte. Die für die damalige Zeit ungeheuren Kräfte, die dem Menschen plötzlich zur Verfügung standen, veränderten die Wirtschaft in Europa und Amerika. Überall stieg die Produktion, besonders die Förderung von Kohle und Erz, und neue Verfahren brachten neue Erzeugnisse auf den Markt, z. B. Stahl. →(1) (3) (4)

Die neuen Fabriken waren vorwiegend auf Kohle und Eisen angewiesen. Um den steigenden Bedarf zu befriedigen, wurden viele Bergwerke erschlossen und immer mehr Menschen im Bergbau beschäftigt. In den Gruben arbeiteten Dampfpumpen zur Beseitigung der Abwässer. So konnten die Schächte Hunderte von Metern in die Tiefe dringen. Die Mechanisierung der Förderanlage ermöglichte eine schnellere und größere Kohlenförderung.

Die Eisenindustrie entwickelte sich in der Nähe der Kohlenlagerstätten, seit es gelungen war, das Eisenerz mit Koks statt mit Holzkohle zu schmelzen. Dadurch verbanden sich Bergbau und Eisenindustrie zur *Schwerindustrie**, dem wichtigsten Industriezweig. Die Stahlproduktion wurde zum Maßstab für die industrielle Kraft eines Landes.

In seiner Patentschrift von 1784 schrieb James Watt: ,,Meine siebte Erfindung bezieht sich auf Dampfmaschinen, die zur Beförderung von Personen, Waren und andern Gegenständen von Ort zu Ort verwendet werden sollen; für solche Fälle muß die Maschine selbst beweglich sein." Viele Versuche, eine Dampfmaschine auf Straßen fahren zu lassen, scheiterten, bis sich die neuen ,,Dampfkohlenwagen" auf Schienen – zuerst wieder in Bergwerken – als brauchbar erwiesen. 1816 fuhren in England bereits Maschinen, die 70 Tonnen mit einer Stundengeschwindigkeit von 10 km zogen. Man baute die ersten Eisenbahnstrecken; in wenigen Jahrzehnten sollten sie in allen Industrieländern ein durchgehendes Verkehrsnetz bilden.

Auch die Schiffahrt kam unter Dampf. In Amerika verkehrten schon zu Anfang des 19. Jh. erste Flußdampfschiffe. 1819 überquerte der Raddampfer ,,Savannah" in 27 Tagen und 11 Stunden den Atlantik. Als Schiffsschrauben die Schaufelräder ersetzten, stieg die Reisegeschwindigkeit. Nun war die Zeit der hölzernen ,,Windjammer" endgültig vorbei. Sie wurden zur größten Verwunderung der alten Seeleute durch eiserne Schiffe ersetzt.

Eine technische Neuerung bewirkte die nächste. Die Textilindustrie förderte die Entwicklung neuer Chemikalien wie Schwefelsäure und Chlor, die man zum Bleichen oder Bedrucken der Stoffe brauchte; Soda wurde für die Fabrikation von Seife, Glas und Steingut wichtig. Man lernte, aus Kohle Teer und Lack zu gewinnen. Stahlerzeugung und Maschinenbau kamen mächtig voran.

Mehr Menschen – mehr Arbeitskräfte. Die Industrielle Revolution hängt eng mit dem Wachstum der

Bevölkerung zusammen, beide förderten sich gegenseitig. Im 18. Jh. blieben die großen Seuchen aus, und in England gab es auch keine verheerenden Kriege. Seit 1740 ging die Zahl der Sterbefälle in England zurück, die Geburtenzahl aber blieb gleich. Da vor allem weniger Säuglinge und Kleinkinder starben, entstand ein Geburtenüberschuß. So gab es jetzt viel mehr Kinder und Jugendliche und bald auch mehr Eheschließungen. Der Rückgang der Sterblichkeit hat viele Gründe. Am wichtigsten war wohl, daß sich die Menschen besser ernähren konnten, daß Kleidung billiger wurde und daß man mehr auf Sauberkeit achtete. Eine Umwälzung der Landwirtschaft hatte im Lauf des 18. Jh. – wiederum zuerst in England – die Erträge der Bauern gewaltig gesteigert. Nach rund 1000 Jahren war man von der Dreifelderwirtschaft zum jährlichen Fruchtwechsel übergegangen: Jetzt baute man ein Jahr Wintergetreide, ein Jahr Sommergetreide und ein Jahr Hackfrüchte (z. B. Kartoffeln) oder auch Klee an; die Brache fiel weg. Außerdem teilte man den unrentablen Gemeinschaftsbesitz (Weide, Wald, sumpfige Wiesen) auf und schuf geschlossene große Anbauflächen durch „Einhegungen". Das zwang allerdings kleinere Landwirte, ihre Grundstücke abzugeben und als Lohnarbeiter bei einem Großgrundbesitzer zu arbeiten. Immer mehr Menschen entschlossen sich, in die Stadt zu ziehen, um den Lebensunterhalt in einer Fabrik zu verdienen. Bei weitem nicht alle fanden jedoch in den rasch ausufernden Städten ihr Glück; die Löhne blieben niedrig, und viele mußten in Elendsquartieren hausen. →(2) (5)

Unternehmer und Kapitalisten. Wo die Menschen Arbeit und Wohnung fanden, war ihre Sache. Der Staat regierte in England seit der Glorreichen Revolution möglichst wenig in das wirtschaftliche Leben hinein. Schon 1688 war der Zunftzwang aufgehoben worden: Jeder war frei, den Beruf zu ergreifen, den er anstrebte. Können und Leistung waren gefragt, und die Ausbildung der Handwerker war auf einem hohen Stand. Manchem gelang der Aufstieg zum Techniker und Fabrikanten. Die Initiative der Kaufleute war nicht durch Gesetze eingeschränkt. Sie trieben Handel mit aller Welt. Dank der Überlegenheit der englischen Flotte und des großen Kolonialbesitzes beherrschten die Engländer den Welthandel, sowohl in die USA wie nach Lateinamerika, nach Indien, Süd- und Westafrika sowie auf dem Mittelmeer. Aus dem Welthandel erzielten sie hohe Gewinne und verfügten so über das Kapital für den Bau von Fabriken, den Kauf von Maschinen, die Anlage von Bergwerken und den Ausbau des Verkehrs mit Dampfschiffen und Eisenbahn. In Industrie und Handel wurden enorme Gewinne erzielt. Man war stolz, Erfolg zu haben. Viele Unternehmer waren sparsam, fleißig und zielstrebig. Sie produzierten mehr, als sie brauchten, und steckten die Gewinne wieder in den Betrieb (*Kapitalismus**). Diese Haltung sicherte der englischen Industrie nicht nur ihren Startvorsprung, sondern machte sie im 19. Jh. zur mächtigsten in der Welt. →(6)

(1) Schneller durch Arbeitsteilung

Adam Smith, einer der ersten Wirtschaftswissenschaftler:

„Ich habe eine kleine Fabrik gesehen, wo nur zehn Menschen beschäftigt waren und manche daher zwei oder drei verschiedene Verrichtungen zu erfüllen hatten. Obgleich nun diese Menschen sehr arm und darum nur lediglich mit den nötigen Maschinen versehen waren, so konnten sie doch zusammen zwölf Pfund Stecknadeln täglich liefern. Es konnten demnach diese zehn Menschen täglich über 48 000 Nadeln machen. Da jeder den zehnten Teil von 48 000 Nadeln machte, so läßt sich's so ansehen, als mache jeder 4800 Nadeln an einem Tage ... Diese große Vermehrung in der Quantität des Erarbeiteten, die infolge der Arbeitsteilung die nämliche Zahl Leute herzustellen imstande ist, verdankt man dreierlei verschiedenen Umständen: erstens der gesteigerten Geschicklichkeit bei jedem einzelnen Arbeiter, zweitens der ersparten Zeit, welche gewöhnlich bei dem Übergang von einer Arbeit zur andern verloren geht, und endlich der Erfindung einer Menge von Maschinen, welche die Arbeit erleichtern und abkürzen und einen einzigen Menschen instand setzen, die Arbeit vieler zu verrichten" (1) Q

(a) Worin sah Smith den Vorteil der Arbeitsteilung?

(b) Steigerung der Produktivität: Welchen Nutzen, welche Probleme seht ihr darin?

(c) Handwerksbetrieb – Manufaktur – Fabrik – Fließband – Automation
Besprecht anhand dieser Stichworte Stufen der Entwicklung.

(2) Bevölkerungsentwicklung in England (in Millionen)

Jahr	England und Wales	Schottland	Irland*
1750	6,467	1,4	2,4
1800	9,25	1,675	5,2
1810	10,5	1,88	6,0
1820	12,2	2,13	6,8
1830	14,1	2,4	7,8
1840	16,0	2,64	8,2
1850	18,0	2,915	6,6
1860	20,15	3,09	5,8
1870	22,8	3,385	5,412
1880	26,05	3,76	5,175
1890	29,075	4,060	4,705
1900	32,527	4,472	4,459
1910	36,070	4,761	4,390

* Irland: 1754, 1801, 1811 usw. Die Abnahme der Volkszahl Irlands seit 1840 ist begründet in der Hungerkrise 1845/47 und der Auswanderung. (2)

(a) Übertragt die Angaben der Tabelle in Kurven und vergleicht.

(b) Stellt fest, in welchen Jahrzehnten der Zuwachs am höchsten war.

(c) Versucht zu berechnen, wie hoch der Zuwachs prozentual pro Jahr in ausgewählten Jahrzehnten war, und vergleicht mit dem Wachstum der Weltbevölkerung in unserer Zeit.

(3) Technischer Fortschritt durch Erfindungen

Zeittafel zur technischen Entwicklung:

1690 Denis Papin baut in Marburg die erste Kolbendampfmaschine
1705 Newcomen und Cowley entwickeln die erste brauchbare Kolbendampfmaschine
1735 A. Darby gewinnt Koks aus Kohle
1738 P. Lewis erfindet mechanisches Verfahren, Baumwolle zu krempeln
1750 erste Metallwalzwerke in England und Frankreich gegründet
1766 erster Hochofen in England
1767 Hargreave erfindet die „Spinning Jenny"
1769 R. Arkwright erfindet die durch Wasserkraft angetriebene Spinnmaschine (Arkwrights Fabrik in Nottingham gilt als erste „moderne" Fabrik)
1769 erstes Patent Watts auf eine Dampfmaschine
1774 Firma Boulton & Watt in Birmingham gegründet
1775 „Mule-Jenny" (verbesserte Spinnmaschine) durch S. Crompton erfunden
1780 Puddelverfahren in der englischen Eisenindustrie eingeführt
1782 Watt konstruiert eine Dampfmaschine mit Übersetzung der Kolbenbewegung in drehbare Bewegung
1782 Dampfmaschine als Betriebsmaschine in der Eisenindustrie eingeführt
1784 J. G. Brügelmann begründet die erste mechanische Spinnerei in Deutschland („Cromford" bei Ratingen)
1785 erste deutsche Dampfmaschine auf dem Hettstedter Schacht im Mansfelder Bergrevier in Betrieb genommen
1785 Dampfmaschinen in der Spinnerei als Antriebsmaschinen
1786 E. Cartwright entwickelt den ersten brauchbaren mechanischen Webstuhl
1792 W. Murdock entwickelt erste Gasbeleuchtungsanlage
1797 erste eiserne Brücke auf dem Kontinent bei Striegau (Niederschlesien)
1802 Fabrik Cockerills für Textilmaschinen in Lüttich gegründet (später auch Dampf- und Schiffsmaschinenbau; James Cockerill)
1803 erste Lokomotive (gebaut von Trevithick und Vivian) in einem Kohlenbergwerk
1807 erstes Dampfschiff (Clarendon) durch Fulton in New York gebaut
1808 Anfänge der Gasbeleuchtung in London
1808 Jacquard-Webstuhl (Webstuhl für gemusterte Stoffe) in Lyon erfunden
1810–1814 König und Bauer bauen die ersten Schnellpressen in Eisleben und Stuttgart (erste Zeitung, die mit solcher Presse gedruckt wird, ist 1812 die „Times")
1812 Erfindung der Schiffsschraube durch J. Ressel
1814 erste Lokomotive von Stephenson (3)

(a) Ordnet die Erfindungen und technischen Neuerungen nach Sachgebieten (z. B. Textil, . . .).

(b) Informiert euch über einzelne Erfinder im Lexikon und berichtet.

(c) „Die eigentliche Leistung der Erfinder bestand nicht in einer einmaligen Idee, sondern in der stetigen Verbesserung des Vorhandenen." Diskutiert diese Behauptung.

(4) Die Dampfmaschine, das „eiserne Haustier"

„Schätzt man die Kraft eines Pferdes im Vergleich zu der eines Menschen wie $5\,^1/_2$ zu 1 und rechnet man, daß eine Dampfmaschine täglich volle 24 Stunden arbeitet, unterdessen Pferde nur acht Stunden und Menschen nur zehn Stunden am Tag arbeiten können, so leuchtet ein, daß diese Dampfmaschine [von 600 PS] täglich die Arbeit von 1800 Pferden und von 9000 Menschen verrichtet." (4) Q

„Auf dem Wege zum Maschinenhaus hörten wir die dumpfen, geheimnisvollen Schläge des Ungetüms mit jedem Schritt deutlicher. Vor dem Hause schien der Boden zu zittern, Ketten klirrten, Stangen rasselten; hinter dem Haus hörte man Wasserrauschen, als ob ein mächtiger Bach über die Felsen stürzte. Als wir eintraten in den hohen, matt erhellten Raum, war es zunächst schwierig, irgend etwas zu unterscheiden. Ein finsteres, formloses

Ein Straßenbild aus dem ärmsten Stadtteil Londons (Whitechapel). Stich von Gustave Doré (1832–1883).

Ding wie die Trommel einer riesigen Säule stand auf einem Untersatz aus rohbehauenen Quadern. Dies war der neue Zylinder, aus dem eine blinkende runde Stange emporschoß, um sodann wieder in seinem Innern zu versinken. Die Stange hing an einer schweren Kette, welche hoch oben, fast am Dach des Gebäudes, von einem Arm aus wuchtigen Holzbalken in die Höhe gezogen wurde, der sich langsam und feierlich auf und ab bewegte, aber bei jedem Niedergang mit dröhnendem Lärm auf eine Unterlage aufschlug, die im Mauerwerk angebracht war . . . Das also war die Dampfmaschine. Neben ihr, in einen unförmlichen Backsteinmantel eingemauert, stand der Dampfkessel, vor dessen feuersprühender Esse ein schweißtriefender, kohlschwarzer Mann hantierte. Wenn er die Feuertüre öffnete, um frische Kohlen auf die sausende Glut zu werfen, glühte der ganze Raum, die Hebel und Knaggen, die blinkende Kolbenstange und die schwarzen Ketten in flammendem Licht, das wildbewegte, fast greifbare Schatten in die Ecken und Winkel des finsteren Gebäudes warf. Das Unheimlichste waren die Töne des Ungetüms: das knarrte und ächzte, knallte und krachte, zischte und sauste, seufzte und stöhnte, bald da, bald dort, als ob in jedem Winkel ein anderer Kobold säße. Alles aber übertönte der donnerähnliche Schlag in der Höhe, wenn der Schwingbaum auf seine Unterlage traf. Dann war es, als ob jemand unter dem Boden auf ein Blech klopfte; langsam, widerwillig setzte der Schwingbaum sich wieder in Bewegung, unten im Schacht räusperten sich die Pumpen, und das ganze Spiel, das Ächzen und Stöhnen, das Sausen und Zischen, das Knallen und Schlagen begann aufs neue." (5) Q

(a) Wie wirkte die Dampfmaschine auf den Betrachter?

(b) Die Dampfmaschine wird von Max Eyth „poetisch" beschrieben. Zählt Textbeispiele auf, die diese Behauptung belegen.

(c) Vergleicht die Darstellung des Malers auf dem Bild S. 211.

(5) **Wachstum der Städte**

(a) Wie ist das Wachstum der Städte zu erklären?

(b) Erörtert Probleme, die das unkontrollierte Wachstum der Städte schafft: damals, heute (z. B. in Entwicklungsländern).

Das Wachstum englischer Städte zwischen 1800 und 1850.

(6) „Tugenden des Unternehmers"

Benjamin Franklin, um 1790:

„1. Mäßigkeit. – Iß nicht bis zum Stumpfsinn, trink nicht bis zur Berauschung.
2. Schweigen. – Sprich nur, was anderen oder dir selbst nützen kann, vermeide unbedeutende Unterhaltung.
3. Ordnung. – Laß jedes Ding seine Stelle haben und jeden Teil deines Geschäftes seine Zeit haben.
4. Entschlossenheit. – Nimm dir vor, durchzuführen, was du mußt; vollführe unfehlbar, was du dir vornimmst.
5. Genügsamkeit. – Mache keine Ausgabe, als um anderen oder dir selbst Gutes zu tun; das heißt, vergeude nichts.
6. Fleiß. – Verliere keine Zeit; sei immer mit etwas Nützlichem beschäftigt; entsage aller unnützen Tätigkeit.
7. Aufrichtigkeit. – Bediene dich keiner schädlichen Täuschung; denke unschuldig und gerecht, und wenn du sprichst, so sprich danach.
8. Gerechtigkeit. – Schade niemandem, indem du ihm Unrecht tust oder die Wohltaten unterlässest, die Pflicht sind.
Bedenke, daß Geld von einer zeugungskräftigen und fruchtbaren Natur ist. Geld kann Geld erzeugen, und die Sprößlinge können noch mehr erzeugen und so fort. Fünf Schillinge umgeschlagen sind sechs, wieder umgetrieben sieben Schilling drei Pence und so fort, bis es hundert Pfund Sterling sind. Je mehr davon vorhanden ist, desto mehr erzeugt das Geld beim Umschlag, so daß der Nutzen schneller und immer schneller steigt. Wer ein Mutterschwein tötet, vernichtet dessen ganze Nachkommenschaft bis ins tausendste Glied. Wer ein Fünfschillingstück umbringt, mordet alles, was damit hätte produziert werden können: ganze Kolonnen von Pfunden Sterling." (6)

Q

(a) Schreibt von den aufgezählten „Tugenden" diejenigen auf, die nach eurer Ansicht am wichtigsten sind; begründet eure Meinung.

(b) Besprecht in der Klasse die Behauptung: Solche „Tugenden" führen zum Erfolg, auch zur Vergrößerung eines Unternehmens. Versucht, konkrete Beispiele zu finden.

(c) Franklin stellte diesen Tugendkatalog um 1790 zusammen. Welche sind noch heute „bürgerliche Tugenden"?

(7) Industrialisierung und Umwelt

(a) Erläutert die Bilder S. 217, 218 und 220.

(b) In der Frühzeit der Industrialisierung machte sich niemand Gedanken über Umweltverschmutzung. Je mehr Schornsteine, desto mehr wurde produziert. Und desto mehr Leute fanden Arbeit! Wie denkt ihr heute darüber?

(c) Was könnt ihr selbst im Alltag zum Schutz der Umwelt tun?

Frauen und Kinder bei der Arbeit in einer Baumwollspinnerei in Manchester, dem Zentrum der englischen Textilindustrie (1835). Die Mechanisierung der Betriebe wurde in großem Maßstab zuerst in England verwirklicht.

Fabriken und Häuser in Manchester. Skizze von K. F. Schinkel, 1826.

1. Vergleiche Manufaktur und Fabrik und arbeite Merkmale der industriellen Produktionsweise heraus.

2. Viele Faktoren haben mitgewirkt, daß es zur Industriellen Revolution kam, u. a. folgende:
Arbeitskräfte – Baumwolle – Bergbau – Bevölkerungswachstum – Erfindungen – Ertragssteigerung – Kapital – Kolonien – Maschinen – Welthandel – Unternehmer.
Stelle die jeweils zusammengehörenden Stichworte in eine Reihe oder entwirf ein Schaubild, in dem diese Faktoren enthalten sind.

3. Nenne und erkläre anhand der Abbildungen S. 211, 222, 224 verschiedene Anwendungsmöglichkeiten der Dampfmaschine.

4. Die dritte Schlüsselfrage S. 211 lautete: Warum begann die Industrielle Revolution gerade in England? Jetzt kannst du sie beantworten.

Fabrik: Wörtlich Herstellungsbetrieb (von lateinisch „fabricare“ = herstellen). Im engeren Sinn bedeutet Fabrik ein Unternehmen, in dem Arbeitsmaschinen von Kraftmaschinen angetrieben werden und menschliche Arbeitskraft vorwiegend zur Bedienung und Steuerung der Maschinen erforderlich ist.

Kapitalismus: Bezeichnung einer Wirtschaftsform, die auf Privatbesitz an Geld (Kapital) bzw. Produktionsmitteln (Maschinen, Schiffen, Bergwerken usw.) beruht. Die Unternehmen erzeugen im Kapitalismus Waren, um sie auf einem freien Markt (mit Wettbewerbsmöglichkeiten) zu verkaufen und größtmöglichen Gewinn (Profit) zu erzielen. Der Kapitalismus setzte sich zuerst im 18. Jh. in England durch.

Schwerindustrie: Bezeichnung für die Betriebe zur Gewinnung und Verarbeitung von Kohle und Erzen, d. h. vor allem Bergbau- und Hüttenwesen. Man spricht auch von Montan- oder Grundstoffindustrie.

Quellennachweis:

(1) A. Smith: Über die Anfänge der Arbeitsteilung. Zitiert aus: Weltgeschichte im Aufriß, Band 2. Diesterweg 7379, S. 104 f. gekürzt.

(2) W. Köllmann: Die Industrielle Revolution. Klett 4231, S. 3.

(3) ebenda, S. 7 f.

(4) Treue, Pönicke, Manegold: Quellen zur Geschichte der industriellen Revolution. Göttingen 1966, S. 55.

(5) M. Eyth: Der Schneider von Ulm. Stuttgart 1906, S. 464 f.

(6) B. Franklin, in: F. Pietzcker: Deutsches Bürgertum im 19. Jh., Diesterweg 7549, S. 16 f.

Lesetip

S. C. Burchell: Bürger, Dandies, Ingenieure. Von der Industrialisierung bis zum Ersten Weltkrieg. Rowohlt Life 40. Reinbek bei Hamburg 1974 (SB)

H. Burton: Die Aufrechten. dtv junior 70040 (JB)

H.-Ch. Kirsch: England aus erster Hand. Arena, Würzburg 1975 (QS)

F. Klemm: Geschichte der Technik. Der Mensch und seine Erfindungen. rororo 7714 (SB)

J. London: Die Menschen des Abgrunds. Weltkreis, Dortmund 1974

F. Selmeier: Eisen, Kohle, Dampf. Die Schrittmacher der industriellen Revolution. rororo 7712 (SB)

1767	Erfindung der „Spinning Jenny“
1769	Erste durch Wasserkraft angetriebene Spinnmaschine
1769	Erstes Patent für Watts Dampfmaschine
1803	Erste Lokomotive im Bergbau
1807	Erstes Dampfschiff

9.2. Deutschland wird Industriestaat

Friedrich Harkorts Fabrik auf der Burg Wetter um 1834. Gemälde von Alfred Rethel.

Geschätzter Wert der Industrieproduktion im 19. Jahrhundert:

Land	1780	1800	1820	1840	1860	1888
England	177	230	290	387	577	820
Frankreich	147	190	220	264	380	485
Deutschland	50	60	85	150	310	583
Österreich	30	50	80	142	200	253
USA	15	25	55	96	392	1443
Rußland	10	15	20	40	155	363

(Angaben in Millionen engl. Pfund; nach: Görtemaker: Deutschland im 19. Jahrhundert. Bonn 1983, S. 132)

Die Bundesrepublik Deutschland zählt heute zu den führenden Industriemächten der Welt und exportiert mehr Industriegüter als jedes andere Land in Europa. Die Anfänge dieser Entwicklung sollte man kennen.

- Wie und wann wurde Deutschland industrialisiert?
- Wer hat die industrielle Entwicklung ermöglicht? Wer hat sie angetrieben?
- Die Eisenbahn wird in Deutschland gerade 150 Jahre alt. Was hat sie mit der Industrialisierung zu tun?

Verzögerter Start. Die Industrialisierung griff von England zuerst (noch vor 1800) auf Frankreich und Belgien über. In Deutschland kam sie erst nach den politischen Umwälzungen und Reformen der Napoleonischen Zeit in Gang. Die Befreiung der Bauern von ihren Leib- und Grundherren erlaubte der Landbevölkerung, im Gewerbe zu arbeiten, in die Stadt zu ziehen, einen Beruf zu ergreifen. Eine ähnliche Wirkung hatte die Aufhebung des Zunftzwanges. Wer einen Arbeitsplatz, eine ,,Erwerbsstelle" fand, konnte heiraten: Die Zahl der Ehen stieg sprunghaft an. Überhaupt wuchs die Bevölkerung auch in Deutschland, und zwar aus ähnlichen Gründen wie zuvor schon in England. Noch schneller aber wuchsen die Erträge der Landwirtschaft. Die Aufhebung der Grundherrschaft, das Recht der freien Erbteilung und die steigende Kinderzahl in den Familien führten dazu, daß kleine Bauern verarmten und ihre Höfe verkaufen mußten. Der Großgrundbesitz nahm weiter zu. Großbauern und Großgrundbesitzer bewirtschafteten ihr Land mit billigen Arbeitskräften, konnten die ersten Maschinen anschaffen und ihre Landwirtschaft viel rentabler betreiben. Sie konnten Getreide, Kartoffeln, Zuckerrüben u. ä. für den wachsenden Bedarf der Städte anbauen, Holz für den Schiffsbau, Wolle und Flachs für die Textilfabriken liefern und sogar Agrarprodukte ins Ausland verkaufen. Sie schufen damit privaten Wohlstand und konnten mit dem Kapital, das sie ansammelten, Maschinen in England kaufen und englische Techniker anstellen. Auf diese Weise wurde die Industrie gleichsam nach Deutschland ,,importiert". → (1) (2)

Träger der Frühindustrialisierung. Anders als in England half der Staat bei den Anfängen der Industrialisierung tatkräftig mit. Er gab Unternehmern Startkapital, vermittelte Arbeitskräfte, stellte Gebäude (z. B. aufgehobene Klöster) zur Verfügung und fördert den Absatz von Industriewaren aus dem eigenen Land. Während der Kontinentalsperre ersetzte man fehlende Importgüter durch einheimische Erzeugnisse: So entstanden z. B. Textilfabriken, Seifensiedereien, Zuckerfabriken. Am wirkungsvollsten waren staatliche Maßnahmen bei der ,,Infrastruktur": beim Bau von Straßen, Kanälen, Holzabfuhrwegen, bei der Förderung von Schulen, der Beratung von Bauern, Handwerkern und Heimarbeitern. Auch der Abbau der Zollschranken im Zollverein (vgl. S. 189) trug maßgeblich zur Beschleunigung der Industrialisierung bei.
Nicht minder wichtig waren die Leistungen der Erfinder und Unternehmer. Justus Liebig entwickelte als Professor der Universität in Gießen neue Methoden der Landwirtschaft, vor allem die künstliche Düngung. Zwei Deutsche – König und Bauer – erfanden die Schnellpresse für den Buchdruck. Zeiss in Jena, Frauenhofer und Steinheil in München verbesserten die Kunst des Glasschliffs und entwickelten neue optische Geräte. Männer wie Friedrich Harkort oder Friedrich Krupp legten den Grundstein für die Entwicklung des Ruhrgebietes zum Industriezentrum. Als Schmiedemeister hatte Krupp 1811 in Essen eine ,,Fabrik zur Verfertigung des englischen Gußstahls und aller daraus resultierenden Fabrikate" gegründet: Der Meister arbeitete zusammen mit zwei Angestellten.

,,Aber Friedrich Krupp war ehrgeizig: Er wollte dem damals weltberühmten und unerreichten englischen Stahl mit eigenen Produkten Paroli bieten. Hatte Krupp sich mit diesem Ziel übernommen? Als er 1826 an Erschöpfung starb, stand seine kleine Firma vor dem Konkurs. Sein nur 14jähriger Sohn Alfred (1812–1887) mußte die Leitung des kleinen Werkes übernehmen. Alfred hatte von seinem Vater nicht nur den Ehrgeiz, sondern auch Unternehmungsgeist und ein außergewöhnliches technisches Talent geerbt. Er gab sich nicht damit zufrieden, die damals gebräuchlichen Stahlgeräte – Münzstempel, Stanzen, Spindeln, Tuchscheerblätter, Walzen u. dgl. – auf traditionelle Weise herzustellen. Krupp suchte stets das Neue: Er führte als erster die moderne Stahlerzeugung nach den Bessemer- und Siemens-Martin-Verfahren auf dem Kontinent ein. Als seine bedeutendste Erfindung betrachtete Alfred Krupp die des nahtlosen Eisenbahnrades (1854) – die Voraussetzung für schnelleren und sichereren Transport auf der Schiene. Und auch auf dem Gebiet der sozialen Sicherung und Unterstützung seiner Arbeiter war Krupp ein Pionier. Aber noch vor den Eisenbahnrädern hatte Krupp für seine Firma einen weiteren wesentlichen Anwendungsbereich für Stahl entdeckt: Kanonen. Und auch hier waren die Produkte aus Essen bald besser, moderner und leistungsfähiger als die der Konkurrenz. Zwischen 1850 und 1860 schaffte Alfred Krupp den Durchbruch: Der Umsatz, inzwischen in Millionenhöhe, verdreifachte sich, die Belegschaft wuchs um das Siebeneinhalbfache an." (1) → (3) (4)

Die Eisenbahn als Schlüsselindustrie. Am Anfang der Industriellen Revolution in England stand die Baumwoll- bzw. die Textilindustrie. In Deutschland wurden noch 1840 nur etwa 6% der Baumwollmenge der englischen Fabriken verarbeitet. Zur Triebkraft der Industrialisierung in Deutschland wurde der Eisenbahnbau (*Schlüsselindustrie**). Weitsichtige Männer wie Friedrich List überwanden Bedenken bei Politikern und in der Öffentlichkeit. Der Staat förderte zusammen mit finanzkräftigen Privatleuten den Bau der Eisenbahn. Das Kapital wurde durch Aktiengesellschaften beschafft.

„Am 7. Dez. 1835 dampfte die erste deutsche Personeneisenbahn von Nürnberg nach Fürth. Die nächsten Strecken waren schon geplant und staatlich genehmigt. Ab 1839 ging es Schlag auf Schlag. 1850 gab es schon 6000 km deutsche Eisenbahnstrecken. Deutschland war von Ost nach West, von Süd nach Nord mit Schienen durchzogen. Das Tor zur industriellen Welt stand weit offen. Mangel an Kapital und Unternehmertalent war dabei nicht aufgetreten. Deutschland wurde dank der Möglichkeit raschen und billigen Massentransports erstaunlich schnell zum einheitlichen Marktgebiet zusammengefaßt. 1850 war die Eisenbahn schon das wichtigste Verkehrs- und Transportmittel. Und das billigste dazu. Die Transportkosten fielen auf ein Fünftel bis ein Sechstel ihrer alten Höhe. Durch Zunahme der Transportkapazität, Erhöhung der Transportgeschwindigkeit und Senkung der Transportkosten konnten Güter nun auch über weite Strecken von dort hergeholt werden, wo sie am günstigsten hergestellt wurden.“ (2)

Mit dem Eisenbahnbau kam die gesamte Wirtschaft in Schwung. In den fünfziger Jahren des 19. Jh. wurden ein Fünftel aller *Investitionen** in die Eisenbahn und ihre Zulieferbetriebe gesteckt. Zunächst benötigte man für die Eisenbahnanlagen Eisen und Holz. Roheisen wurde mit Koks verhüttet, wofür man Massen von Kohlen benötigte. Das beschleunigte den Ausbau des Kohlebergbaus, vor allem im Ruhrgebiet, und zwar im Abbau unter Tage, wozu man dampfgetriebene Fördermaschinen brauchte. Das gab den Anstoß für den Aufbau und Ausbau einer Maschinenbauindustrie. Für den Bahnbetrieb selbst brauchte man Wagen und Lokomotiven. Die ersten mußten noch eingeführt werden. Doch bald deckten inländische Firmen – Borsig, Henschel, Maffei u. a. – den deutschen Bedarf und konnten auch schon das Ausland versorgen.

„1873 gab es bereits mehr als 20 000 Streckenkilometer. 10 Milliarden Mark waren bis dahin in den Eisenbahnbau investiert worden. Für 5,5 Milliarden Mark waren Anlagen und Betriebsmittel angeschafft. 4,5 Milliarden als Löhne ausgezahlt worden. 1852 wurden 110 000 Menschen beim Bau und Betrieb der Bahnen beschäftigt, 1866 schon drei- und 1873 sechsmal so viel. Die Löhne waren mit der Beschäftigtenzahl gestiegen, von durchschnittlich (umgerechnet) 350,– Mark im Jahr 1840 auf 722,– Mark (1873) im Jahr beim Bahnbau, von 455,– auf 1070,– Mark beim Bahnbetrieb.“ (3) → (5)

Die industrielle Entwicklung geschah in Deutschland in drei Schüben: Langsam setzte die Entwicklung mit der Kontinentalsperre ein, beschleunigte sich dann in den Jahren zwischen 1850 und 1870 und war seit 1871 – als das Deutsche Reich gegründet wurde (vgl. S. 249) – in voller Fahrt. Jetzt konnte sich das *industrielle Wachstum** von selbst fortsetzen. Allerdings vollzog sich die Industrialisierung nicht in allen Teilen Deutschlands gleichzeitig und gleichmäßig. Preußen war eindeutig führend, vor allem mit dem Ruhrgebiet, Berlin, Oberschlesien und dem Aachener Revier. Neben die Schwerindustrie, die Textilbranche und den Maschinenbau trat in Deutschland bald die Elektroindustrie: 1833 erfanden Gauß und Weber den Telegraphen, und schon 1847 gründete Siemens zusammen mit Halske die erste deutsche Elektrofirma. Im Bereich der Elektroindustrie, später auch in der Chemischen Industrie und im Automobilbau erreichte Deutschland eine führende Stellung in der Welt.

Borsigs Maschinenfabrik vor dem Oranienburger Tor in Berlin. Holzschnitt 1848. Beachte, wie im Fabrikhof eine Dampfmaschine (sogenanntes „Lokomobile“) transportiert wird.

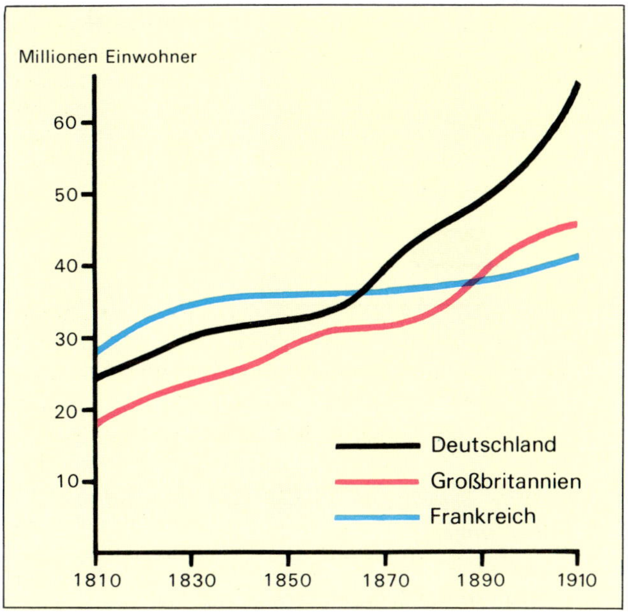

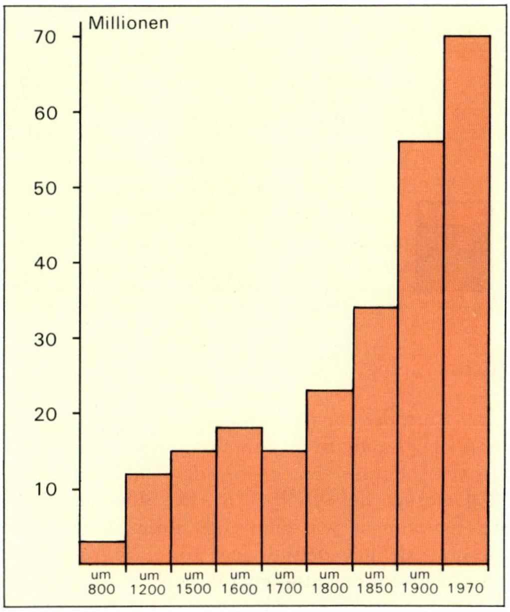

Links: Das Wachstum der Bevölkerung in Deutschland, Großbritannien und Frankreich. – Rechts: Das Wachstum der deutschen Bevölkerung seit der Zeit Karls des Großen.

(1) Bevölkerungsentwicklung in Deutschland

Einwohner in Tausend in Deutschland:

	1816	1910	Zunahme in %
insgesamt	24 833	64 926	161,9
in einzelnen Gebieten:			
Brandenburg	1 086	4 093	276,9
Rheinland	1 910	7 121	272,8
Berlin	198	2 071	945,9
Hamburg	154	1 015	559,1
Baden	1 006	2 143	113
Württemberg	1 411	2 438	72,8
Bayern	3 607	6 887	90,9 (4)

(a) Beschreibt die Bevölkerungsentwicklung in Deutschland bis 1800, seit 1800.

(b) Vergleicht die Bevölkerungskurven von Deutschland mit denen von England und Frankreich.

(c) Wie hat sich die Bevölkerung in eurer Heimat (z. B. eurem Schulort, eurem Bundesland) im Vergleich mit anderen Ländern entwickelt. Warum war die Entwicklung ähnlich, anders?

(2) „Revolution“ auch in der Landwirtschaft?

Entwicklung der Hektarerträge in Deutschland:

Jahr	Weizen dz	%	Roggen dz	%	Kartoffeln dz	%	Wiesenheu dz	%
1800	10,3	100	9,0	100	80	100	25	100
1860	13,0	126	11,2	124	–	–	–	–
1895	16,9	164	13,9	154	117	146	35,9	144
1910	20,7	201	17,8	198	133,4	167	42,1	168

Entwicklung der Viehbestände in Deutschland (in 1000 Stück):

Zeit	Pferde	Rindvieh	Schweine	Schafe
1800	2 700	10 150	3 800	16 190
1861	3 194	15 000	6 463	28 017
1913	4 558	20 994	25 659	5 521

Insgesamt wurde die Milcherzeugung in diesem Zeitraum verfünffacht, die Fleischproduktion verneunfacht. Der Fleischverbrauch je Kopf der Bevölkerung stieg von 17 kg im Jahre 1800 über 35 kg 1880 auf 53 kg 1912 (heute beträgt er über 70 kg pro Kopf und Jahr). (5)

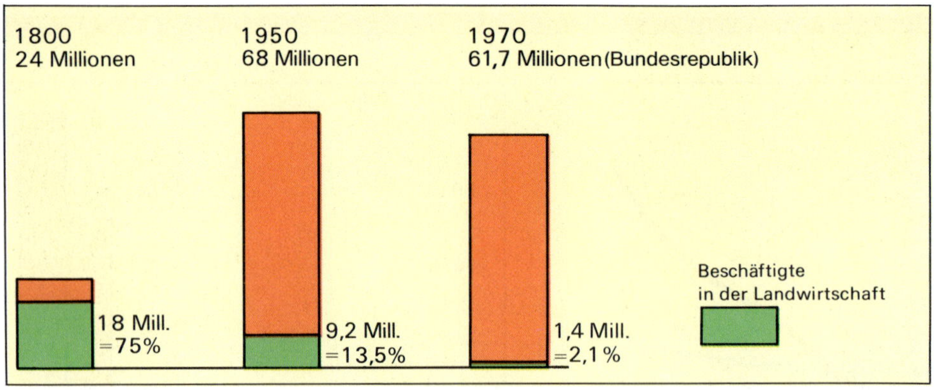

Anteil der in der Landwirtschaft Beschäftigten in Deutschland.

Justus Liebig, Über moderne Landwirtschaft, 1859:

„Der Kern der chemischen Lehre ist so einfach, und was man den Landwirten zumutet, liegt so sehr in ihrem eigenen Interesse, daß einem jeden Unbefangenen nur ihr Widerspruch unbegreiflich ist. Die Wissenschaft hat auf sich genommen, was die Praxis ihrem Wesen nach nicht konnte; sie hat den Boden, die Luft, die Tier- und Menschenexkremente, jede Wurzel, die Blätter, Halme, die Samen, Früchte und Knollen, das Blut und Fleisch der Tiere, kurz alles untersucht, was die Organismen an verbrennlichen und unverbrennlichen Bestandteilen enthalten und was bei ihrer Erzeugung in Betracht kommen kann; sie hat die Ergebnisse ihrer Analysen den Landwirten vorgelegt und gezeigt, daß die Pflanzen, der Dünger und der Boden gewisse Bestandteile gemein haben. Aus dem konstanten Vorkommen dieser Bestandteile in den Pflanzen hat sie geschlossen, daß sie zur Bildung der Pflanze und ihrer Teile notwendig seien, woraus sich von selbst ergibt, daß sie auch notwendig sind für einen Boden, aus welchem sich die Pflanzen entwickeln sollen und auch notwendig im Dünger, wenn er zu ihrer Erzeugung beitragen soll.“ (6) Q

(a) Was sagt das Schaubild, was sagen die Tabellen aus?

(b) Wie begründete Liebig die Verwendung von Kunstdünger?

(c) Erläutert das Bild und sprecht über die Fortschritte in der Landwirtschaft bis heute.

(d) Was versteht man heute unter „biologischer Anbaumethode“, und welche Argumente sprechen für oder gegen sie.

(3) Firmen und ihre Produkte

(a) Beschreibt und erklärt, so weit als möglich, die Abbildungen. Ihr könnt dabei nach dem Dreischritt verfahren: Was sehe ich? Was weiß ich davon? Wie denke ich darüber?

Technisierung der Landwirtschaft: Dampfbetriebene Dreschmaschine.

Stahlgewinnung mit der Bessemerbirne.

Die Riesenkanone von Krupp auf der Pariser Weltausstellung 1867.

(b) Sammelt Informationen und Abbildungen von Firmen in der Umgebung, die mehr als 100 Jahre alt sind.

(4) Arbeitskräfte und Arbeitsbedingungen

Verordnung für die Arbeiter der C. Reichenbach'schen Maschinenfabrik:

„§ 1. Die Arbeitszeit ist von Morgens 6 bis 12 Uhr und Nachmittags von 1 bis 7 Uhr, mit Ausnahme des Samstags, an welchem um 6 Uhr Feierabend gemacht wird. Der Arbeiter hat sich, nachdem er in die Fabrik eingetreten ist, sogleich an seine Arbeit zu begeben, außerdem eine Strafe von 6 kr. erfolgt. Wer 5 Minuten nach dem Läuten nicht an seiner Arbeit ist, wird um 1 Stunde gestraft." (7) Q

Fabrikordnung der Baumwollspinnerei Straub & Söhne in Altenstadt, 1853:

„§ 22 Der Fabrikbesitzer ist zur augenblicklichen Entlassung des Arbeiters ohne Vergütung von Lohn berechtigt, wenn dieser das eine oder andere der nachstehenden Vergehen sich zu schulden kommen läßt.
1) Diebstahl oder Untreue.
2) Prügelei, Unzucht oder Betrunkenheit im Fabrikgebäude.
3) Komplotte oder Auflehnung gegen die Fabrikordnung.
4) Beschimpfung der Aufseher.
5) Tätliche Widersetzlichkeit.
6) Weigerung der Übernahme einer ordentlichen Arbeit in der Fabrik.
9) Beharrlicher Ungehorsam.
§ 27 Es hat sich jeder Arbeiter bei seinem Eintritt durch seine Unterschrift zur genauen Beobachtung dieser Fabrikordnung, welche die Stelle des Dienstvertrages vertritt, verbindlich zu machen und hiermit den Bestimmungen derselben zu unterwerfen." Q

Die Entwicklung der Firma Krupp läßt sich an folgenden Zahlen überschauen:

Jahr	1815	1830	1840	1850	1860	1870	1875
Arbeiter	4	8	60	241	1705	8400	13 900

„Was für Gebäude waren es, in denen die ersten Fabriken etabliert wurden! Da liegt Cromford, im Jahre 1784 als erste Spinnerei vom Kaufmann Brügelmann gegründet. Ein fünfstöckiges Haus mit niederigen Sälen, engen Fenstern, früher dicht aneinandergedrängten Maschinen; das Mühlwerk so eng, daß selbst der schlankste Jüngling nur mit äußerster Vorsicht zwischen der Wand und dem umgehenden Rade passieren kann; erst in meiner Gegenwart, also nach bald hundert Jahren, ordnete der Fabrikinspektor eine Schutzvorrichtung an ...
Eine der ältesten, aus den 1820er Jahren stammende Fabrikanlage wird noch gegenwärtig in Aachen benutzt; ich bin zurückgetaumelt, als mir die staubige, stinkende, heiße Luft aus den niedrigen Räumen durch die Tür entgegenströmte. Vielfach wurden auch alte Klöster, Schlösser und sonstige Baulichkeiten zu Werkstätten eingerichtet. In den Wollspinnereien war die Staubentwicklung noch die geringste, weil das Material geölt wurde, am größten und am gefürchtetsten war sie in den Baumwollspinnereien. Man bedenke nur, daß die damaligen Wölfe, in welchen die Baumwolle durch rasche Umdrehung zerfasert und gereinigt wird, ohne Umhüllung und Abzugsventil waren. Der ganze Raum war erfüllt von umherfliegenden Baumwollteilchen, und eine schwere Wolke von feinstem und ganz grobem Staub schwebte über den Arbeitern und drang in ihre Atmungsorgane ein; der Lärm war so entsetzlich, daß kein Wort vernommen wurde." (8)

(a) Sprecht über die Arbeitsbedingungen in den Anfängen der Industrialisierung.

(b) Wie erklärt ihr den Anstieg der Beschäftigtenzahl bei Krupp? Woher kamen die Arbeiter? Lest darüber auch im Text S. 230.

(c) Mehr zu diesem Thema könnt ihr im Kapitel 9.3. finden.

(5) Die Eisenbahn und ihre Bedeutung

Friedrich Harkort über die Bedeutung der Eisenbahn:

„Durch die rasche und billige Fortschaffung der Güter wird der Wohlstand eines Landes bedeutend vergrößert ... Größere Vorteile als die bisherigen Verkehrsmittel (Kanäle, schiffbare Ströme und Straßen) scheinen Eisenbahnen zu bieten ... Eine Maschine von acht Pferdekraft würde innerhalb 10 Stunden 1000 Zentner Kohlen von Duisburg nach Arnheim schaffen; die Lastkähne liegen allein acht Tage in Ladung. Die sämtlichen Ruhr-Zechen erhielten durch eine Eisenbahn den unschätzbaren Vorteil eines raschen und regelmäßigen Absatzes unter großen Frachtersparungen ...
Möge auch im Vaterlande bald die Zeit kommen, wo der Triumphwagen des Gewerbefleißes mit rauchenden Kolossen bespannt ist." (9) Q

Ein bayerisches Ärztekollegium über die Eisenbahn, 1837:

„Die schnelle Bewegung muß bei den Reisenden unfehlbar eine Gehirnkrankheit ... erzeugen. Wollen aber dennoch Reisende dieser gräßlichen Gefahr trotzen, so muß der Staat wenigstens die Zuschauer schützen ... Es ist notwendig, die Bahnstelle auf beiden Seiten mit einem hohen Bretterzaun einzufassen." (10) Q

Länge des Schienennetzes in Deutschland:

1835	6 km	1860	11 023 km
1840	549 km	1880	33 865 km
1845	2 131 km	1900	49 878 km
1850	5 822 km	1910	59 031 km

Die erste württembergische Eisenbahn wurde 1845 von Cannstatt nach Esslingen gebaut, die erste badische 1840 von Heidelberg nach Mannheim. Über sie berichtet ein Reisender am 19. September 1840:

„Wir eilten nun dem Bahnhofe zu und hatten genug Mühe, Karten zu erhalten, denn das Büreau war dicht umstellt. Eines der beiden Locomotive war hinreichend, die 14 Wagen mit etwa 500 Personen weiter zu befördern. So viel man auch über Eisenbahnen schon gehört und gelesen haben mag, so macht doch der Augenblick, in welchem sich der ungeheure Wagenzug aus eigener Kraft in Bewegung setzt, das Geräusche der Dampf entladenden Maschine und die rasche Bewegung über die Bahn-Schienen hinweg einen eigenen Eindruck auf den zum erstenmal Fahrenden, und jetzt erst setzt ihn das Furchtbare, das in dieser Erfindung liegt, in wahres Erstaunen, das sich bei zarten Naturen wohl mit einem heimlichen Grauen vermischen mag. Die beiden Locomitive ‚der Löwe und der Greif' sind in dem Atelier der Herren Schurz und Robert in England verfertigt worden und sollen an Größe und Kraft alle Maschinen des Kontinents übertreffen. Die Wagen, besonders der ersten Klasse, sind elegant und bequem eingerichtet und fassen in jeder Abteilung 20 Personen. Auf der Decke der Wagen sind ebenfalls, wie ungewöhnlich, Plätze eingerichtet. Eine Fahrt hin und zurück erfordert ungefähr 20 Zentner Steinkohlen, und um die Maschine gehörig in Gang zu bringen, sind 2 ½ Stunden Heizung nöthig. Diese Eisenbahn diente bereits auch militärischen Zwecken, denn am 7. Sept. fuhr die Großherzoglich badische Pionier-Kompagnie nach Beendigung ihrer Übungen auf dem Rhein mittelst derselben von Mannheim nach Heidelberg. Man bezahlt auf dieser Strecke, je nach den verschiedenen Klassen 48, 30 und 18 Kreuzer und eben so viel wieder zurück; nach Friedrichs-

Die Eröffnung der Eisenbahn München-Augsburg am 1. September 1839. Lithographie von G. Kraus.

Entwicklung des Eisenbahnnetzes in Mitteleuropa bis 1855.

feld, das halbwegs liegt und wo einige Minuten angehalten wird, um Passagiere abzusetzen oder aufzunehmen, die Hälfte ... Die Schranken, welche außerhalb des erhöhten Dammes, auf dem die Bahn läuft, angebracht sind, waren auf große Strecken dicht mit Zuschauern besetzt, deren Gesichter man mit zunehmender Schnelligkeit kaum mehr erkannte ... Wir erreichten Mannheim, das von Heidelberg (zu Fuß) 4 Stunden entfernt ist, nach 26 Minuten." (11) Q

In der Eisenbahn hatte der Fahrgast die Wahl zwischen vier Klassen: Die vierte Wagenklasse hatte nur hölzerne Bänke ohne Kissen und kein Dach; sie hing unmittelbar an der Lokomotive, so daß, wie ein Zeitgenosse schrieb, man „den Vorteil hat, beim etwaigen Springen des Dampfkessels sofort bei der Hand zu sein und überhaupt einigen Aschenstaub und Feuerflocken auf den Rock zu bekommen, wovon schon die dritte Klasse unter dem Segeltuch nichts bemerkt".

(a) Erörtert Pro und Contra für den Eisenbahnbau in bezug auf die Zeit vor rund 150 Jahren.

(b) Schreibt anhand des Bildes und des Berichtes des Reisenden von 1840 eine (erfundene) Geschichte: Meine erste Fahrt mit der Eisenbahn!

(c) Wie hängen wirtschaftliche Einigung Deutschlands und Eisenbahnbau zusammen?

(d) Was hat die heutige Bundesbahn für Probleme und wie sucht man sie zu lösen?

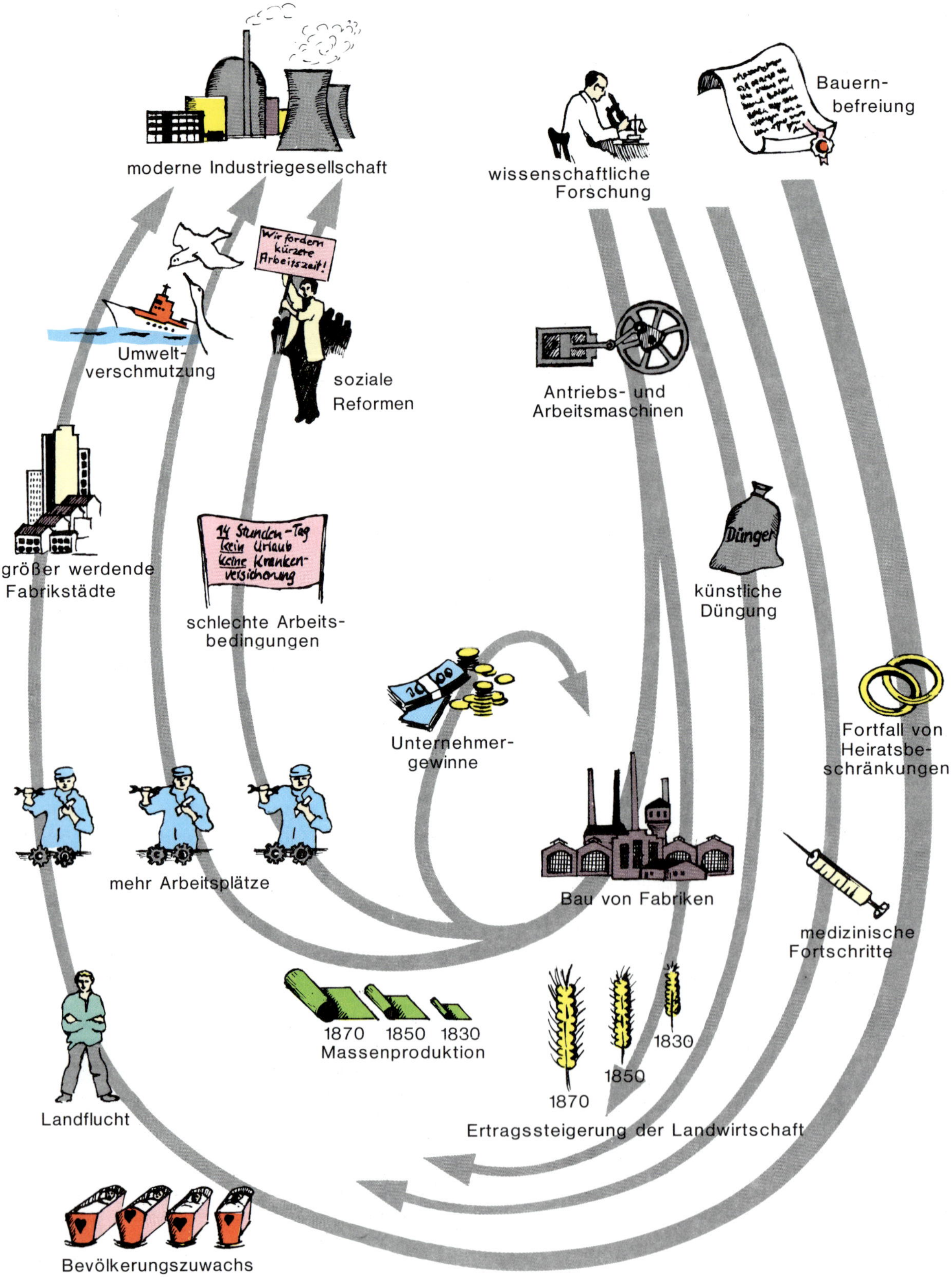
moderne Industriegesellschaft
wissenschaftliche Forschung
Bauern-befreiung
Wir fordern kürzere Arbeitszeit!
Umwelt-verschmutzung
soziale Reformen
Antriebs- und Arbeitsmaschinen
größer werdende Fabrikstädte
14 Stunden-Tag
Kein Urlaub
keine Kranken-versicherung
schlechte Arbeits-bedingungen
Dünger
künstliche Düngung
Unternehmer-gewinne
Fortfall von Heiratsbe-schränkungen
mehr Arbeitsplätze
Bau von Fabriken
medizinische Fortschritte
1870 1850 1830
Massenproduktion
1830
1850
1870
Ertragssteigerung der Landwirtschaft
Landflucht
Bevölkerungszuwachs

1. Arbeite an dieser Tabelle heraus, in welchem Abstand zu Großbritannien und Frankreich die Industrialisierung in Deutschland erfolgte.

Roheisenproduktion in Millionen Tonnen:

	1820	1830	1850	1860	1870	1880	1890	1910
USA			0,6	0,8	1,7	3,9	9,4	27,7
Großbritannien	0,4	0,7	2,3	3,9	6,0	7,8	8,3	10,2
Deutschland			0,2	0,5	1,4	2,7	4,7	14,8
Frankreich		0,3	0,4	0,9	1,2	1,7	2,0	4,0
Rußland						0,5	0,9	3,0

(12)

2. Bestimme anhand der folgenden Tabelle den Zeitabschnitt, in dem sich die Industrialisierung in Deutschland am stärksten beschleunigt.

Dampfmaschinen in Preußen:

1830	245	Dampfmaschinen mit insgesamt	4 485 PS
1846	1 139	Dampfmaschinen mit insgesamt	21 715 PS
1855	3 050	Dampfmaschinen mit insgesamt	61 690 PS
1861	6 779	Dampfmaschinen mit insgesamt	137 377 PS
1878	35 431	Dampfmaschinen mit insgesamt	958 366 PS

(13)

3. Erläutere anhand der Grafik (links) die verschiedenen Kräfte, die zur Ausbildung der modernen Industriegesellschaft führten.

4. Man nennt die Eisenbahn auch „das eiserne Haustier der Menschen". Erkläre diese Redewendung.

Industrielles Wachstum: Steigerung der Produktion, d. h. der Gütererzeugung eines Landes. Es erscheint zur Verbesserung der Einkommen und Sicherung der Arbeitsplätze notwendig. Für den Start („take off") in die Industrialisierung war eine überdurchschnittliche Zunahme der Investitionen notwendig, damit sich danach das Wachstum „selbst tragen" konnte. Neuerdings spricht man von den „Grenzen des Wachstums" und kritisiert vor allem übermäßig hohe Steigerungen der Produktion.

Investitionen: Langfristige Verwendung von Geldmitteln zur Anschaffung von Sachgütern für ein Unternehmen (z. B. für Gebäude, Maschinen, Werkzeuge). Sie können sowohl zur Gründung als auch zur Erhaltung, Erweiterung oder Verbesserung des Betriebes dienen.

Schlüsselindustrie: Zentraler Bereich der Wirtschaft, der viele andere zur Produktion veranlaßt und für den wirtschaftlichen Aufschwung entscheidend ist. In England bildete die Textilindustrie in den Anfängen der Industrialisierung die Schlüsselindustrie, in Deutschland der Eisenbahnbau. Zur Zeit gehören der Automobilbau und die Elektronik zu den Schlüsselindustrien.

1810	Schnellpresse für Buchdruck
1811	Gründung der Firma Krupp in Essen
1833	Erfindung des Telegraph
1835	Erste deutsche Eisenbahn (zwischen Nürnberg und Fürth)
1837	Gründung der Firma Borsig in Berlin
1839	Erste Eisenbahn in Preußen (zwischen Berlin und Potsdam)
1840	Justus Liebig begründet künstliche Düngung
1846	Gründung der Zeiss-Werke in Jena
1847	Erste Dampfschiffahrtslinie zwischen Bremen und New York Gründung der ersten Elektrofabrik von Siemens und Halske

Quellennachweis

(1) Geschichte mit Pfiff 11/1979, S. 37.
(2) V. Hentschel, in: Ploetz: Deutsche Geschichte. Epochen und Daten. Freiburg–Würzburg 1979, S. 213, gekürzt.
(3) ebenda, S. 214.
(4) Zahlen u. a. aus: W. Köllmann: Die industrielle Revolution. Stuttgart 1972, S. 1.
(5) Zahlen nach M. Görtemaker: Deutschland im 19. Jahrhundert. Entwicklungslinien. Bonn 1983, S. 136.
(6) Justus Liebig, in: Geschichtliche Weltkunde, Quellenlesebuch 2, a. a. O., S. 211.
(7) Fragen an die deutsche Geschichte. Historische Ausstellung im Reichstagsgebäude in Berlin. Katalog Tafel IV/108.
(8) W. Köllmann: Die Industrielle Revolution, a. a. O., S. 15 f.
(9) F. Harkort: Über Eisenbahnen. In: Treue, Pönicke, Manegold: Quellen zur Geschichte der industriellen Revolution, a. a. O., S. 69.
(10) Bayerisches Obermedizinalkollegium. Ebenda, S. 84.
(11) Quellen zur Geschichte von Baden-Württemberg. Diesterweg 7356, S. 60 f.
(12) M. Görtemaker: Deutschland im 19. Jahrhundert, a. a. O., S. 133.
(13) E. Deuerlein: Gesellschaft im Maschinenzeitalter, a. a. O., S. 22.

Lesetip

E. Deuerlein: Gesellschaft im Maschinenzeitalter. Rowohlt tele 15 (SB)
H. Glaser u. N. Neudecker: Die deutsche Eisenbahn. Bilder aus ihrer Geschichte. Beck, München 1984 (SB)
W. Ruppert: Die Fabrik. Geschichte von Arbeit und Industrialisierung in Deutschland. Beck, München 1983 (WD)
W. Schivelbusch: Geschichte der Eisenbahnreisen. Hanser, München 1977 (WD)
So lebten sie zur Zeit der ersten Eisenbahnen. Tessloff, Hamburg 1979 (JB)

Eisenwalzwerk. Gemälde von Adolf Menzel (1875).

9.3. Sozialer Wandel und soziale Not

Links: Wohnungsnot im Hamburger Gängeviertel am Ende des 19. Jh. – Rechts: Slumviertel in einem Land der „Dritten Welt" (Manila/Philippinen).

Viele bezeichnen das Elend breiter Bevölkerungsschichten in der Dritten Welt als die Geburtswehen einer neuen Gesellschaft, die im Zuge einer neuen „Industriellen Revolution" unvermeidlich seien. Vor einhundert bis zweihundert Jahren hätten die Völker Europas ähnliches durchgemacht. Stimmt der Vergleich?

- Wie haben sich die sozialen Verhältnisse mit der Industrialisierung bei uns verändert?
- Wer war Nutznießer, wer Leidtragender der damaligen Entwicklung?
- Welche sozialen Probleme der damaligen Zeit bestehen noch heute – und welche sind überwunden?

Landflucht und Verstädterung. Um 1800 hatten noch gut drei Viertel der Deutschen auf dem Land gelebt, nur ein Viertel in Gemeinden mit mehr als 2000 Einwohnern. Gerade 3% wohnten in Großstädten; nur Wien, Berlin und Hamburg hatten mehr als 100 000 Einwohner. 1910 gab es in Deutschland 48 Großstädte. Der Bevölkerungsanstieg verschlechterte zuerst die Lage der Landbevölkerung. Mit der Bauernbefreiung verlor die ländliche Unterschicht nicht nur den Herrn, sondern auch Schutz und Bindung. In schlechten Erntejahren brachen schwere Hungersnöte aus (besonders 1770, 1816, 1847). Manche waren gezwungen, Heu, Hunde und Katzen zu essen. In ihrer Verzweiflung plünderten die Verarmten Bäckerläden und raubten Getreidewagen aus. Erst als immer mehr Menschen aus der ländlichen Überbevölkerung in die Städte abwanderten, ging die Verarmung (*Pauperismus**) zurück. Seit der Jahrhundertmitte wuchs nur noch die Stadtbevölkerung. Die ,,Landflucht" führte zu einer wahren ,,Völkerwanderung" vom Dorf in die Stadt. Um 1900 wohnte nur noch die Hälfte der Deutschen an dem Ort, wo sie geboren waren. Die Umsiedlung vom Land in die Stadt bedeutete weit mehr als einen Wohnungswechsel. Man war oft auf Jahre fremd, entwurzelt, heimatlos. Millionen kamen aus den ländlichen, teils polnisch besiedelten Gebieten Ostdeutschlands in die westlich gelegenen Industrieorte, nach Berlin, nach Sachsen, ins Ruhrgebiet. Sie alle suchten Arbeit in den Fabriken. Viele, die auch in der Stadt keine Möglichkeit sahen, ihren Lebensunterhalt zu verdienen, wanderten aus; von 1820 bis 1890 insgesamt 4 ½ Millionen Menschen.
Um 1800 hatte es in Deutschland rund 80 000 ,,Fabrikarbeiter" gegeben, um 1850 stieg ihre Zahl auf rund 800 000; bis etwa 1910 wuchs die Arbeiterschaft auf 8 Millionen – etwa 30% der Beschäftigten – an. Der Anteil der Selbständigen fiel auf knapp 20%. Er hatte um 1800 noch über 50% betragen, von denen freilich die meisten, besonders Kleinbauern und kleine Handwerker, kaum das Nötigste erwirtschaftet hatten. → (1)

Sozialer Aufstieg und Abstieg. Die Landflucht war nur ein Zeichen für die Auflösung der traditionellen Verhältnisse: Die ganze Gesellschaftsordnung war in Bewegung geraten. Eine neue soziale Schicht bildete sich, die Arbeiterschaft (das *Proletariat**). Ihr wichtigster Gegenspieler war das Bürgertum (die *Bourgeoisie**), wenn es daneben auch noch den Adel sowie das Kleinbürgertum und die Bauern gab, so daß manche von vier Klassen der Gesellschaft sprachen.
Seit es jedem erlaubt war, seinen Beruf und seinen Arbeitsplatz frei zu wählen, einen Betrieb oder ein Geschäft zu gründen, wo er wollte (vgl. S. 174), eröffneten oft auch Unerfahrene einen Handwerksbetrieb oder ein Geschäft; viele Gesellen machten sich selbständig. Die Konkurrenz wurde immer größer, und nicht selten brachen diese Betriebe nach kurzer Zeit zusammen. Ihre Inhaber verarmten und waren von Unterstützung abhängig.
Manchen Kaufleuten, Handwerkern oder ,,Verlegern" gelang es jedoch, Großhändler, Fabrikant und Unternehmer zu werden. Auch die Ärzte, Apotheker, Advokaten, Gelehrten, Gymnasialprofessoren gewannen eine geachtete Stellung und zählten – wie auch die Geistlichen – zu den ,,Honoratioren" der Gesellschaft.

Das Bürgertum. All diese Gruppen bildeten zusammen mit den höheren Beamten das Bürgertum, die Bourgeoisie. Aus dieser Schicht kamen die meisten Abgeordneten in den Landtagen und Stadtparlamenten. Die Söhne aus dieser Schicht besuchten das Gymnasium, und später wurde es üblich, daß diejenigen, die nicht studieren wollten (oder konnten), wenigstens versuchten, das ,,Einjährige" zu erreichen, d. h. den Abschluß der Untersekunda (10. Klasse); damit konnten sie in einer einjährigen Militärdienstzeit zum Reserveleutnant aufsteigen. Das bedeutete: Sie zählten aufgrund von Rang und Uniform zur ,,besseren" Gesellschaft.
Durch Kleidung und Wohnung zeigte man, daß man zum Bürgertum oder sogar zu dessen Spitze gehörte. Man lebte bürgerlich, wenn man gepflegte Kleidung trug, eine gut eingerichtete Wohnung hatte, Besuche empfangen und machen konnte und genügend Geld hatte, um Söhne studieren zu lassen oder Töchtern eine reiche Aussteuer zu geben. Allerdings bestanden auch große Unterschiede innerhalb des Bürgertums; dies ist aus den Gehaltsabstufungen bei Beamten abzulesen. Amts- und Justizräte verdienten z. B. rund zehnmal so viel wie ein Bürodiener einer Behörde. → (2)

Das Leben der Arbeiterschaft unterschied sich von dem des Bürgertums so sehr, als wohnten die beiden Gesellschaftsklassen auf zwei verschiedenen Planeten. Zwischen ihnen bestand weder Verbindung noch Sympathie. Die Fabrikarbeiter lebten in den Anfangsjahren der Industrialisierung in Bedrückung und Abhängigkeit. Da immer mehr Menschen darauf angewiesen waren, in der Industrie zu arbeiten, war kaum jemand unentbehrlich. Der Arbeitslohn richtete sich deshalb – wie auf dem Warenmarkt – nach Angebot und Nachfrage. Wenn ein großes Warenangebot besteht, kann der Preis sinken; besteht ein großes Arbeiterangebot, kann der Arbeitslohn gesenkt werden. Oft waren die

Unternehmer auch nicht in der Lage, gute Löhne zu bezahlen; denn der Preis der Fertigwaren sollte wegen der scharfen Konkurrenz niedrig sein.
Eine Arbeiterfamilie mit drei Kindern benötigte in Elberfeld 1849 durchschnittlich in der Woche 4 Taler und 4 Silbergroschen[1] für: Miete, 3 $^1/_2$ Pfund Fleisch, 3 Schwarzbrote, Kleider, Schuhe usw. Als guter Lohn galten in der Woche 3 Taler und 7 Silbergroschen. Ein Arbeiter verdiente also oft weniger, als er zum Lebensunterhalt seiner Familie brauchte. Daher mußten Frau und Kinder mit Geld verdienen. Manche Fabrikanten bevorzugten sogar Frauen und Kinder als Arbeitskräfte, da sie diesen noch weniger Lohn bezahlen konnten als den Männern. Um 1850 zählten die Frauen noch weniger als 10% der im Gewerbe Beschäftigten, um 1900 schon fast ein Drittel, die meisten davon im Textilgewerbe. In der Regel verdienten sie ein Drittel weniger als Männer in gleicher Stellung.
Der Arbeitstag dauerte in Fabriken um 1840 oft 15 bis 17 Stunden. Erst zwischen 1870 und 1890 einigte man sich auf 12 Stunden Arbeitszeit, 1900 waren dann 10 bis 11 Stunden üblich. Die Arbeiter aßen meistens am Arbeitsplatz, um keine Arbeitszeit zu verlieren. Die Arbeitsplätze boten in der Regel keinen Schutz gegen Unfälle; viele Arbeiter verletzten sich daher und wurden arbeitsunfähig.
In den immer schneller wachsenden Industriestädten baute man billige Wohnviertel für die Arbeiterschaft, meist mehrstöckige „Mietskasernen" mit mehreren Hinterhöfen. Tür an Tür lagen kleine Räume, jedes Zimmer oft von sechs und mehr Personen belegt.

„Aber selbst für diese Wohnungen hatten viele . . . nicht das Geld, vor allem nicht junge Arbeiter und Arbeiterinnen. Da die Arbeitenden beim Morgengrauen das Haus verließen und erst am Abend zurückkehrten, waren sie in erster Linie an einer Schlafmöglichkeit interessiert. Daraus entwickelte sich das „Schlafburschentum". Die jungen Arbeiter und Arbeiterinnen konnten sich lediglich eine Schlafstelle in dem von der Familie des Vermieters meistens bereits voll genutzten Wohnraum leisten – eine Lagerstelle, nicht mehr, und auch diese nur für Stunden. Zahlreiche Vermieter vermieteten die Lagerstätte bei Nacht und auch bei Tag. Das Bett, oder besser das, was dafür ausgegeben wurde, wurde nicht kalt. Aber nicht nur Einzelstehende, auch Familien besaßen in der Regel nur einen Raum, der Koch-, Wohn- und Schlafraum war. In Berlin gab es . . . 1895 27 471 Wohnungen mit einem Zimmer und sechs und mehr Bewohnern . . . Die Einrichtungen dieser Wohnungen waren denkbar bescheiden. [Eine Arbeiterwohnung wird wie folgt beschrieben:] Ein großer, grob gearbeiteter stark abgenutzter Tisch, gegenüber, gewissermaßen als Sofa, eine Gartenbank mit Lehne, eine alte Kommode, drei Betten mit zerrissenen Strohsäcken und weichen, nicht vollen Federkissen, das Fenster ohne Vorhang . . ., zwei alte Holzstühle und als Schmuck eine Schwarzwälder Uhr." (1) →(3) (4)

[1] 1 Taler = 30 Silbergroschen.

Kinder als Arbeiter. Heute ist bei uns Kinderarbeit in der Fabrik verboten. Vor 150 Jahren jedoch betrachtete man Kinderarbeit als selbstverständlich:

„Die Kinder waren ebenso billige – wie auf Grund ihrer Not – willige Arbeitskräfte. In einer rheinischen Spinnereifabrik arbeiteten 1825 . . . bei Tage 95, bei Nacht 80 Kinder. Die Arbeitszeit dauerte im Sommer von 7 Uhr früh bis 9 Uhr abends, im Winter von 8 Uhr früh bis 9 Uhr abends. Die Nachtarbeit begann mit dem Schluß der Tagarbeit und dauerte bis zu deren Wiederbeginn. Der Verdienst war nach Alter gestaffelt. Die kleineren Kinder bekamen in dieser Fabrik bis zu zwei Silbergroschen, die größeren drei Silbergroschen täglich . . ." (2)

Die Arbeitszeit für Kinder betrug durchschnittlich 10 bis 15 Stunden. In vielen Betrieben mußten Kinder Arbeit tun, für die Erwachsene zu groß waren, z. B. den Schornstein reinigen oder in Bergwerksschächten die Kohlenwagen schieben. Oft saßen kleinste Kinder von vier oder fünf Jahren 12 Stunden lang täglich im Dunkeln, um die Schachttüren vor den Kohlewagen zu öffnen und, wenn diese vorbei waren, wieder zu schließen. Viele Kinder erkrankten bei solch harter Arbeit.
Selbstverständlich blieb die Schulbildung dieser Kinder schlecht. 1819 ergab eine Untersuchung in Berlin: „Von 715 Arbeiter-Kindern können 234 ein wenig rechnen; 351 können ein wenig schreiben; 455 können lesen; Religionskenntnisse besitzen 39."
Einsichtige Politiker, die versuchten, die Kinderarbeit einzuschränken, stießen auf Widerstand. Viele Fabrikherren waren nämlich überzeugt oder gaben vor, sie seien Wohltäter, wenn sie Kinder beschäftigten; denn hierdurch würden die Kinder zu „ordentlichen Arbeitern" erzogen und müßten nicht mehr betteln gehen.
Die Lage mancher Arbeiterkinder besserte sich ein wenig, als Regierungen erste Gesetze zum Schutze der Kinder erließen. Das geschah z. T. auch deshalb, weil die Kinderarbeit einen schlechten Gesundheitszustand der Rekruten zur Folge hatte. So bestimmte 1839 ein Gesetz in Preußen:

„Ein Kind unter zehn Jahren darf nicht in einer Fabrik arbeiten. Jedes Arbeiter-Kind soll einen dreijährigen Schulbesuch nachweisen können. Die Höchstarbeitszeit für Kinder beträgt zehn Stunden am Tage. Zwischen diesen zehn Stunden sollen zwei Freistunden liegen, in denen Bewegung in freier Luft gewährt werden soll." (3)

Q

Im Jahr 1853 verbot die preußische Regierung die Fabrikarbeit für Kinder unter zwölf Jahren. In der Heimarbeit und in der Landwirtschaft konnten Kinder jedoch noch viele Jahrzehnte beschäftigt werden. →(5)

(1) **Arbeiterstädte**

Einwohner Essens		Beschäftigte bei Krupp	
1800	4 000	1812	2
1850	9 000	1830	8
1880	57 000	1850	241
1900	119 000	1870	8 400
		1890	24 000
		1910	68 000

Zeche Neumühl:

„Zeche Neumühl liegt in Hamborn, einem Orte an der Mündung der Emscher in den Rhein. Hamborn hatte im Jahre *1890* zirka 8000 Einwohner. Zu dieser Zeit begann der Großindustrielle August Thyssen in der Gemeinde die Schächte ‚Deutscher Kaiser' abzuteufen und erbaute das Hüttenwerk gleichen Namens. Die Familie Haniel errichtete von *1893* an die Schachtanlage Neumühl. Diese Bauten zogen riesige Arbeitermengen heran. Im Jahre *1900* war die Einwohnerzahl bereits auf 33 000 gestiegen, dann aber nahm sie jedes Jahr um zirka 10 000 zu, bis mit der Erreichung der 150 000 diese wilde Entwicklung abschloß.

Ein Muster dieser amerikanischen Entwicklung war die Zeche Neumühl. Im Jahre *1893* begann mit 28 Arbeitern das Abteufen. Die Zeche hatte *1895* 69, *1900* 1872, *1902* 3520 und *1904* schon 4895 Mann Belegschaft. Mit zirka 5500 Mann war sie dann auf dem Höhepunkt ... Als im Jahre *1904* an einem Tage die Zusammensetzung der Belegschaft festgestellt wurde, setzte sie sich aus 3108 Deutschen, von denen 1340 aus den östlichen Provinzen stammten und polnisch als Muttersprache redeten, ferner aus 1095 Österreichern aus Krain und Steiermark, Slovener oder Cuditsche genannt, aus 240 Holländern, 156 Italienern, 53 Russen, 33 Belgiern und 4 sonstigen Ausländern zusammen. Aber diese Zahlen sind noch nicht das Entscheidende für die Beurteilung des Geistes der Belegschaft. Wenn solche Menschenmengen in kurzer Zeit zusammenkommen, drängen sich auch alle jene nach dieser Stelle hin, die aus irgendeinem Grunde untertauchen wollen, und Neumühl gab jedem Arbeit. So beschäftigte die Zeche mehr ehemalige Zuchthäusler, als in einem großen Zuchthause untergebracht sind.

Der Schnapsausschank in der an der Zeche gelegenen Wirtschaft Ostrop betrug monatlich zirka 300 hl. Neumühl war ‚Wild-West'. Allmonatlich wurde mindestens ein Mensch totgeschlagen. Die Steiger hatten jeder einen Waffenschein und trugen Revolver bei sich." (4)

(a) Erklärt, wie die Einwohnerzahl der Stadt Essen und die Beschäftigungszahl bei der Firma Krupp zusammenhingen.

(b) Rechnet aus, um wieviel Prozent sich die Belegschaft der Zeche Neumühl zwischen 1895 und 1904 vergrößerte.

(c) Woher kamen die Arbeiter?

Wohlhabende Bürgerfamilie. Gemälde von August Kugler, 1894.

Wohnungselend in Berlin, 1872. Baracken obdachloser Familien am Stadtrand. Zeitgenössische Darstellung.

(d) Nennt die Folgen, die das schnelle Wachsen der Zeche für das Zusammenleben der Menschen hatte.

(e) Sprecht über die Meinung: „Gastarbeiter" gibt es in Deutschland erst seit etwa 25 Jahren.

(2) Eine bürgerliche Villa

Aus den Erinnerungen eines Hamburger Kaufmannssohnes:

„Wer lebte alles in einem solchen Haus? Da das unsrige sehr geräumig war, brauchte meine Mutter außer dem Kinderfräulein, das das Kindermädchen abgelöst hatte und beim Nähen half: eine Köchin, eine Unterköchin, ein Serviermädchen, eine Jungfer und ein Dienstmädchen, das vor allem putzte. Das war gar nicht mal ein besonderer Aufwand. In anderen Häusern öffnete noch wie früher ein Diener die Tür – aber von einem solchen hätte meine Mutter schon wegen der sittlichen Gefahr für die ‚Dienstmädchen' nichts wissen wollen.
Die Wäsche wurde außerhalb des Hauses gewaschen; zum Stiefelputzen und Anmachen der Heizung kam eine männliche Hilfskraft; der Garten wurde alle paar Tage durch Herrn Bannow, der als Zeichen seiner militärischen Vergangenheit einen martialischen Schnurrbart trug, und seinem Gehilfen betreut, im Sommer rutschten außerdem noch ‚Jätefrauen' in unvorteilhafter Positur auf den Rasenflächen herum und stachen mit Messern das Unkraut heraus. Die Fenster durften die Mädchen wegen der damit verbundenen Lebensgefahr nicht putzen, dafür stellte sich von Zeit zu Zeit der Glaser ein. Zum Schleifen des Parketts kam alle paar Monate ein von uns gespannt beobachteter Spezialist, der sich Bürsten unter die Fußsohlen schnallte und auf dem Parkett Bewegungen wie ein Schlittschuhläufer ausführte. Durch Anschaffung neuerfundener Haushaltsgeräte sorgte meine Mutter dafür, daß sich die verbleibende Arbeit noch mehr verminderte.
Die ‚Zofe' meiner Mutter hatte viel zu tun, weil zu der damaligen Damentoilette ja unzählige Spitzen, Litzen, Volants, Federn usw. gehörten, die gehegt und gepflegt sein wollten. Auch wurde noch die Kinderwäsche im Hause angefertigt. Jedes Stück war nicht nur komplizierter als heute, hatte nicht nur das Mehrfache an Knopflöchern, die umnäht sein wollten, sondern mußte auch immer gleich in Stapeln bereitliegen. Diese bedurften wieder ständiger Kontrolle, ob nicht ein Riß, ein Loch drohte.
Und dann die Einrichtung! Das Mahagoni der Möbel und die hölzernen Wandverkleidungen, die Türdrücker und Beschläge aus Messing, das Silber und das Kristall auf dem Tisch konnten ihre Aufgabe, zu repräsentieren, ja nur erfüllen, wenn sie ständig neu auf Hochglanz gebracht wurden." (5) Q

(a) Stellt zusammen, welches „Personal" man in diesem bürgerlichen Haushalt benötigte und was es arbeiten mußte.

(b) Welche Vorstellungen von „schönem Wohnen" drücken Text und Abbildung aus? Vergleicht mit den Wohnverhältnissen der Arbeiter.

(c) Welche Vorstellungen von „schönem Wohnen" habt ihr heute? Vergleicht!

(3) Arbeiterwohnungen

In einer „Armenkolonie":

„Vor dem Hamburger Tore, im sogenannten Vogtland, hat sich eine förmliche Armenkolonie gebildet. Am leichtesten übersieht man einen Teil der Armengesellschaft in den sogenannten ‚Familienhäusern'. Sie sind in viele kleine Stuben abgeteilt, von welchen jede einer Familie zum Erwerb, zum Schlafen und als Küche dient. In 400

Gemächern wohnen 2500 Menschen. Ich besuchte daselbst viele Familien und verschaffte mir Einsicht in ihre Lebensumstände.
Im ‚Querhause' (Gartenstraße 92a) Stube Nr. 9 wohnt der Tischlergeselle Gellert. Ich traf ihn nicht zu Hause. Seine Schwiegertochter lag todkrank auf dem Stroh. Die Frau scheint auch sehr krank zu sein; sie hielt sich mit Mühe aufrecht und erzählte mir, daß der Mann 14 Tage ohne Arbeit und jetzt ausgegangen sei, „um Brot zu suchen"; die Kinder seien in der Schule. – Im Dachstübchen Nr. 76 wohnt ein Schuster, Schadow. Ich sah lange Zeit durch die gespaltene Tür ins Zimmer. Er arbeitete fleißig; die Frau saß am Boden und nähte einige Lumpen zusammen; zwei kleine Kinder saßen am Boden und spielten mit einer alten Tabakspfeife. Als ich eintrat, war Schadow erschrocken; er hätte mich für den Inspektor gehalten, dem er Miete schuldig ist, und sah sich gern enttäuscht. Das Zutrauen der Unglücklichen hat man sich bald erworben: es dauerte nicht lange, so erzählte mir der Mann seine Lebensgeschichte. Daß er dabei nicht viel von seinen Fehlern sprach, schien mir sehr verzeihlich und zum Teil überflüssig, da ich an ihm ja leicht merken konnte, daß er den Branntwein liebte und seine Frau sehr unordentlich ist. Sch. ist der Sohn armer Eltern; er konnte Berlin nie verlassen, weil er dieselben bis zum Tode unterstützen mußte. Er verheiratete sich früh, etablierte sich in der Stadt und machte gute Geschäfte. Seine Familie vermehrte sich schnell, worauf er bei den Ausgaben zu wenig Rücksicht nahm und was daran schuld gewesen sei, daß er in der Stadt nicht mehr wohnen konnte (große arme Familien werden von den Hausbesitzern nicht geduldet). 1836 zog er ins Familienhaus. Fünf seiner Kinder starben an den Pocken, und während sie krank waren, fehlte es ihm an Arbeit. Von niemand unterstützt, geriet er dadurch so in Schulden, daß er mehrmals aus dem Hause geworfen werden sollte. Er verkaufte Hausgeräte und Kleider und ist jetzt so entblößt von allem, daß er nicht einmal ein Hemd besitzt. Durch Arbeit kann er sich nicht wieder aufschwingen, weil es ihm an Leder fehlt und die Flickarbeit, die er den Leuten im Familienhaus macht, schlecht bezahlt wird ... Ich sah es selbst, wie seine Frau um Arbeit ausging und er unterdessen die Kinder hütete. Es war 3 Uhr abends, und er hatte an demselben Tag erst 2 Silbergroschen verdient; den einen gab er wieder aus für Zwirn, für den anderen kaufte er Brot ..." (6) Q

(a) Vergleicht das Bild S. 233 mit dem Bericht Bettinas von Arnim. Welche Not wird besonders gezeigt? Welche Stellen im Bericht entsprechen dem Bild S. 229?

(b) Politiker gingen bis in die Zeit um 1900 davon aus, daß eine Wohnung erst überbelegt war, wenn in einem Zimmer mehr als 6 Personen, in zwei Zimmern mehr als 11 Personen untergebracht waren. Stellt fest, wieviel Raum heute durchschnittlich eine Familie hat.

(c) Nehmt Stellung zu folgenden Behauptungen: 1. Je enger die Wohnverhältnisse sind, desto mehr Auseinandersetzungen entstehen zwischen den Menschen. 2. Der Mensch braucht einen Raum, in dem er für sich sein kann.

Bürgerliche Küche in Berlin, 1839. Zeitgenössische Darstellung von Carl Wilke.

(4) **Zwei Kochbücher – zwei „Welten“**

Aus dem Kochbuch für die feinere Küche, 1877:

„Das Jagdfrühstück wird von den Herren um die Mittagszeit meistens im Freien und zwar einfach aus der Hand verzehrt, um nicht lange dadurch aufgehalten zu werden. Dasselbe besteht aus Butterbrot, am besten Vierpfennigsbrötchen. Ins Butterbrot legt man Fleisch verschiedenster Art, als: Kalbsbraten, Schinken; sehr beliebt sind auch Röllchen von Schweinefleisch, Wurst, auch Käse. Die benannten Beilagen kann man auch, zierlich aufgeschnitten, auf Tellern hinausschicken; doch ist ersteres Verfahren der Einfachheit wegen vorzuziehen. Bei einigen Jagden wird jedes Brötchen in weißes Papier eingewickelt. Daneben gibt man gewöhnlich eine kalte Pastete. Als Getränk pflegt man guten Rot- und Weißwein, auch Portwein und Madeira zu geben. Man rechne auf jeden Herrn eine halbe Flasche. Die Jäger, welche zur Dienerschaft gehören, erhalten die Butterbrote wie die Herren, jedoch nur mit einer Sorte Fleisch und mit Käse, dazu jeder eine halbe Flasche gewöhnlichen Wein. Die Treiber bekommen jeder eine Flasche Bier, in einem oder zwei großen Krügen; auch wird wohl, wenn ältere Männer dabei sind, etwas Branntwein (doch von allem nicht zuviel) mitgenommen. Jeder Treiber bekommt dazu ein tüchtiges Butterbrot, bestehend aus zwei Schnitten Schwarzbrot mit einem derben Stück Fleisch dazwischen, etwas Sauerbraten oder Schinken und ein mit Butter bestrichenes Achtpfennigbrötchen mit holländischem oder selbstgemachtem Käse. Sind die Äpfel geraten, so erhalten die Treiber wohl auch ein Körbchen Äpfel. Für die Hunde wird Butterbrot, Fleisch und Wasser mitgenommen; denn ‚der Gerechte sorgt auch für sein Vieh‘.“ (7) Q

(a) Vergleicht die Speisevorschläge und sprecht darüber.

(b) Diskutiert in diesem Zusammenhang: „Die Deutschen essen zu viel“ – „Hunger in der Dritten Welt“.

Aus einem Haushaltungsbuch für Arbeiterfrauen, 1881:

Mittags-Mahlzeiten für 4 Erwachsene in sehr dürftigen Verhältnissen. Für Winter und Frühjahr. (Der Tageslohn betrug ca. 1,40–1,90 Mark)			
Sonntag	3 Pfd. Sauerkraut	9 Pf.	44 Pf.
	5 Pfd. Kartoffeln	15 Pf.	
	1/4 Pfd. frischer Speck	20 Pf.	
Montag	1 1/2 Pfd. Erbsen in Suppe	25 Pf.	47 Pf.
	6 Pfd. Kartoffeln	18 Pf.	
	1 Pfd. frische Schweineknochen	4 Pf.	
Dienstag	1/2 Pfd. Gerste in Suppe	10 Pf.	35 Pf.
	6 Pfd. Kartoffeln	18 Pf.	
	Wurstbrühe od. Buttermilch	7 Pf.	
Mittwoch	1 1/2 Pfd. weiße Bohnen in Suppe	24 Pf.	43 Pf.
	5 Pfd. Kartoffeln	15 Pf.	
	Oel und Zwiebel	4 Pf.	
Donnerstag	7 Pfd. Kartoffeln	21 Pf.	45 Pf.
	Zwiebelsauce mit Oel	4 Pf.	
	1 1/2 Pfd. Panhas	20 Pf.	
Freitag	4 Pfd. Kartoffeln in Suppe	12 Pf.	39 Pf.
	1 Pfd. Buchweizenmehl in Pfannkuchen	20 Pf.	
	Fett zu Suppe u. Oel zu Kuchen	7 Pf.	
Samstag	1/2 Pfd. Reis in Suppe	9 Pf.	28 Pf.
	5 Pfd. Kartoffeln	15 Pf.	
	1 Lit. Wurstbrühe	4 Pf.	
Mark			2,81 Mark

(8) Q

Kinderarbeit in einer Fabrik in Aschaffenburg, 1858.

(5) Kinderarbeit – Kinderelend

Aus einem Bericht eines Regierungsrates 1834:

„Die Kinder sind täglich von 5 Uhr Morgens bis 12 Uhr Mittags, Nachmittags von 1 Uhr bis zum späten Abend, im Winter natürlich bey Lichte, beschäftigt. Schulunterricht genießen sie gar nicht, weder in frühern Jahren, noch während der Zeit, in welcher sie hier Arbeit finden; nicht einmal in Sonntagsschulen, die man überhaupt in Bonn nicht kennt ...
Der Professor Kaufmann und ich machten hierüber dem Werkmeister einige anregende Vorhaltungen. Der Mann wußte aber keinen Rath und keine Mittel gegen diese vor Augen drohende Verwilderung der nächsten Generation. Er versicherte, daß in Bonn überhaupt auf den regelmäßigen Schulbesuch der Kinder gar nicht gehalten werde, daß die Geistlichen nur darauf sähen, daß sie zu ihrer Zeit konfirmiert würden, und dazu die Kinder lieber unwissend in dem Unterricht erhielten, als zum Selbstdenken fähig und vorgebildet. Die Kinder armer Leute gingen ohnedieß nicht in die Schule, sie möchten in Fabricken arbeiten, oder nicht. Die in Fabricken arbeitenden seyen daher immer noch die sittsamsten und anständigsten. Die andern gingen durch Bettelwesen, den Einfluß der Witterung und die äußerste Unregelmäßigkeit ihrer Lebensweise zu Grunde ... Die Fabrickkinder müßten zwar allerdings täglich 12–15 Stunden arbeiten. Allein dabey werde doch das tägliche Brodt regelmäßig verdient u. die nothdürftigste Disziplin gehandhabt. Die Bälge, die ganze Tage in den Chausseegraben niederkauerten, um durch Verstellung und Lügen dem nächsten Reisenden einige Pfennige kläglich abzuwinseln, und in den Zwischenzeiten Feld- u. Gartendiebstähle verübten, seyen aller Zucht entwachsen und entfremdet, kämen vor Elend und Noth gelegentlich unter freyem Himmel um, oder nähmen ihr Ende zu Werden oder Brauweiler in den Zucht- u. Arbeitshäusern der Provinz.“ (9) Q

Adelheid Popp berichtet über Erlebnisse, die sie im Alter von etwa 12 Jahren hatte:

„Wir zogen in die Stadt zu einem alten Ehepaar in eine kleine Kammer, wo in einem Bett das Ehepaar, im andern meine Mutter und ich schliefen. Ich wurde in einer Werkstätte aufgenommen, wo ich Tücher häkeln lernte; bei zwölfstündiger fleißiger Arbeit verdiente ich 20 bis 25 Kreuzer im Tage. Wenn ich noch Arbeit für die Nacht nach Hause mitnahm, so wurden es einige Kreuzer mehr. Wenn ich frühmorgens um 6 Uhr in die Arbeit laufen mußte, dann schliefen andere Kinder meines Alters noch. Und wenn ich um 8 Uhr abends nach Hause eilte, dann gingen die anderen gut genährt und gepflegt zu Bette. Während ich gebückt bei meiner Arbeit saß und Masche an Masche reihte, spielten sie, gingen spazieren oder sie saßen in der Schule. Damals nahm ich mein Los als etwas Selbstverständliches hin, nur ein heißer Wunsch überkam mich immer wieder: mich nur einmal ausschlafen zu können. Schlafen wollt ich, bis ich selbst erwachte, das stellte ich mir als das Herrlichste und Schönste vor. Wenn ich dann manchmal das Glück hatte, schlafen zu können, dann war es erst kein Glück, dann war Arbeitslosigkeit oder Krankheit die Veranlassung. Wie oft an kalten Wintertagen, wenn ich abends die Finger schon so erstarrt hatte, daß ich die Nadel nicht mehr führen konnte, ging ich zu Bett mit dem Bewußtsein, daß ich morgens um so früher aufstehen müsse. Da gab mir die Mutter, nachdem sie mich geweckt, einen Stuhl in das Bett, damit ich die Füße warm halten konnte und ich häkelte weiter, wo ich abends aufgehört hatte.“ (10) Q

Aus dem Bericht des Kultus- und Gesundheitsministers von Altenstein 1818:

„Bleiche Gesichter, matte, entzündete Augen, aufgeschwollene Leiber, aufgedunsene Backen, geschwollene Lippen und Nasenflügel, Drüsenschwellungen am Halse, böse Hautausschläge und asthmatische Anfälle unterscheiden diese unglücklichen Geschöpfe, die frühe dem Familienleben entfremdet wurden und ihre Jugendzeit in Kummer und Elend verbrachten, in gesundheitlicher Beziehung von Kindern derselben Volksklasse, welche nicht in Fabriken arbeiten." (11) Q

(a) Berichtet mit Hilfe des Bildes und der Texte, was Kinder in der Anfangszeit der Industrialisierung arbeiten mußten.

(b) Zählt die Krankheiten auf, an denen die Kinder nach dem Bericht des Kultus- und Gesundheitsministers von Altenstein meistens erkrankt waren, und erklärt, was bestimmte Tätigkeiten für die Gesundheit der Kinder bedeutete.

(c) Diskutiert die Ansicht, daß Arbeit die Kinder vor Verwahrlosung bewahre.

1. Ordne die folgenden Begriffe den richtigen Erklärungen (Definitionen) zu:

(1) Auswanderer	(a) Absolvent der 10. Klasse einer Höheren Schule
(2) Einjähriger	(b) Reist auf Dauer in ein fremdes Land aus
(3) Landflucht	(c) Mehrstöckiges Haus mit vielen Wohnungen
(4) Mietskaserne	(d) Untermieter, erhält ein Bett für einige Stunden
(5) Schlafbursche	(e) Abwanderung vom Dorf in die Stadt

2. Am Ende des 19. Jh. teilte ein Wissenschaftler die Gesellschaft in Deutschland in vier „Klassen" ein, nämlich in den Adel (die „Junker"), das Bürgertum (die „Bourgeoisie"), das Kleinbürgertum (z.B. kleine Handwerker, Ladenbesitzer) und die Arbeiter (das „Proletariat"). Welche dieser „Klassen" passen zusammen, welche nicht? Wo gibt es auch heute noch eine 1. Klasse und 2. Klasse bzw. 1. Rang, 2. Rang usw.?

3. Erläutere die Tabelle:

Wachstum deutscher Großstädte im 19. Jahrhundert. Einwohnerzahlen in Tausend:

	1800	1850	1880	1900	1910
Berlin	172	419	1 122	1 889	3 730
Hamburg	130	132	290	706	932
München	30	110	230	500	595
Leipzig	40	63	149	456	588
Dresden	60	97	221	396	547
Köln	50	97	145	373	516
Breslau	60	114	273	423	512

4. Berichte über Kinderarbeit vor rund 150 Jahren.

5. Erkläre das folgende Schaubild. Es zeigt, wie hoch das Jahreseinkommen von Bauarbeitern war und was eine Familie mit 5 Personen zur Ernährung brauchte. Das „Existenzminimum" umfaßt die lebensnotwendigen Ausgaben (einschließlich Miete usw.).

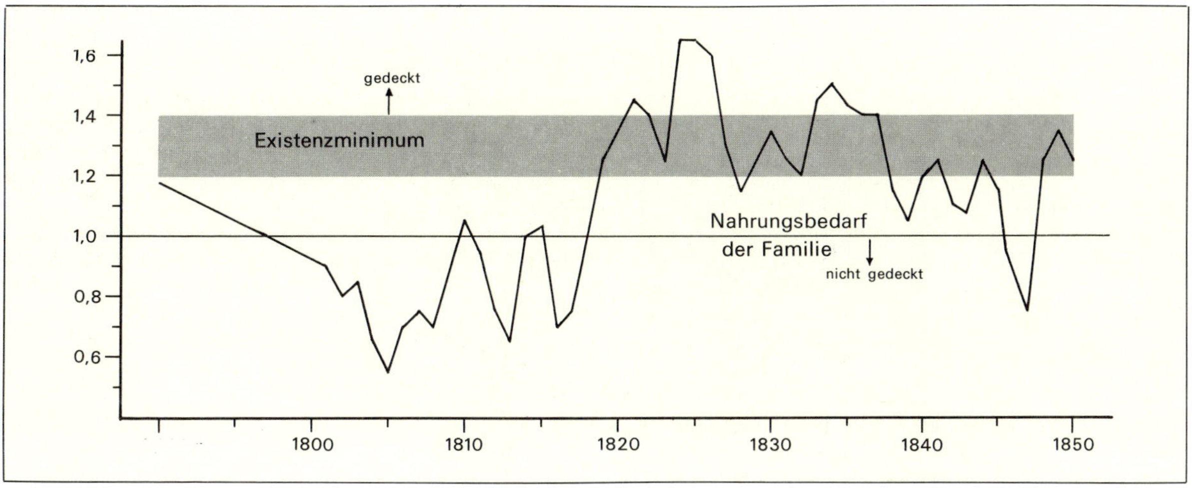

Bourgeoisie: Französisches Wort für Bürgertum, Stadtbevölkerung (d.h. Gesellschaftsschicht zwischen Adel und Bauern). Seit der Industrialisierung unterscheidet man das mehr oder weniger wohlhabende Bürgertum von der übrigen, besitzlosen Bevölkerung (Arbeitern und kleinen Angestellten). Im Marxismus (vgl. S. 240) wird die „herrschende Klasse" der „Kapitalisten" als Bourgeoisie bezeichnet.

Pauperismus: Wörtlich Verarmung, Verelendung. Das Wort bezeichnet die Verhältnisse auf dem Land in der 1. Hälfte des 19. Jh., als nach Aufhebung der Grund- und Leibherrschaft die Bevölkerung anwuchs und viele Bauern ihren Hof verloren und in äußerste Not gerieten.

Proletariat: Die durch die Industrialisierung entstandene Klasse der Lohnarbeiter, die nichts besitzen als ihre Arbeitskraft. Nach der Lehre des Marxismus steht das Proletariat im unaufhebbaren Widerspruch zur Bourgeoisie und muß sich seine Rechte durch die Revolution erkämpfen.

1800	Rund $^3/_4$ der Bevölkerung in Gemeinden unter 200 Einw.
1839	Erstes Gesetz gegen Kinderarbeit
1871	Rund $^2/_3$ der Bevölkerung in Gemeinden unter 2000 Einw.
1875	Rund 3 Millionen Fabrikarbeiter in Deutschland
1910	Rund 60% der Bevölkerung in Gemeinden über 2000 Einw.
1913	Rund 8 Millionen Fabrikarbeiter in Deutschland

Quellennachweis

(1) Ernst Deuerlein: Gesellschaft im Industriezeitalter. Hamburg 1970, S. 55f.
(2) ebenda, S. 51 f.
(3) Regulativ der preußischen Regierung vom 9.3. 1839, zitiert aus W. Köllmann: Die Industrielle Revolution, a.a.O., S. 33.
(4) Georg Werner: Ein Kumpel. Berlin 1929, S. 123.
(5) P.E. Schramm: Neun Generationen. Zitiert aus: F. Pietzcker (Hrsg.): Deutsches Bürgertum im 19. Jahrhundert. Diesterweg 7549, S. 39f.
(6) Bettina von Arnim, zitiert aus: H. Pönicke: Die wirtschaftliche und soziale Entwicklung Europas im 19. Jahrhundert. Paderborn 1970, S. 99f.
(7) Henriette Davidis: Praktisches Kochbuch für die gewöhnliche und feinere Küche, 1877. In: Curriculum Geschichte III/12, Diesterweg 7959, S. 144.
(8) Das häusliche Glück. Vollständiger Haushaltsunterricht nebst Anleitung zum Kochen für Arbeiterfrauen, 1882. Nachdruck München 1975, S. 204.
(9) Bericht des Regierungsrates Keller, 1834. In: J. Kuczynski: Geschichte der Kinderarbeit in Deutschland 1750–1939. Berlin (Ost) 1958, S. 75f.
(10) A. Popp: Jugend einer Arbeiterin. Nachdruck Berlin 1977, S. 53.
(11) H. Pönicke: Die wirtschaftliche und soziale Entwicklung, a.a.O., S. 93.

Lesetip

P. Lahnstein: Report einer „guten alten Zeit". dtv 1290 (QS)

L. Niethammer (Hrsg.). Wohnen im Wandel. Hammer, Wuppertal (WD)

H. Weder (Hrsg.): Ulrich Bräker Lesebuch. Fischer Tb. 1371 (QS)

U. Wölfel: Jakob, der ein Kartoffelbergwerk träumte. Anrich, Neunkirchen 1980 (JB)

9.4. Wie läßt sich die Soziale Frage lösen?

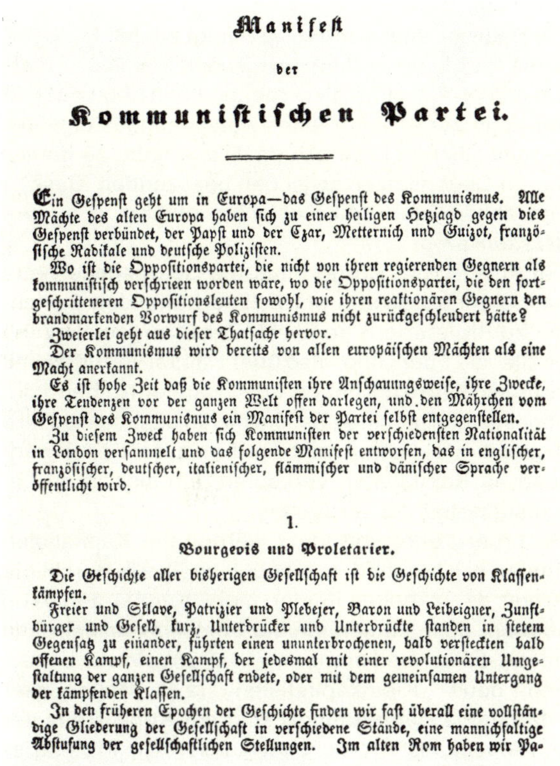

Manifest

der

Kommunistischen Partei.

Ein Gespenst geht um in Europa—das Gespenst des Kommunismus. Alle Mächte des alten Europa haben sich zu einer heiligen Hetzjagd gegen dies Gespenst verbündet, der Papst und der Czar, Metternich nnd Guizot, französische Radikale und deutsche Polizisten.

Wo ist die Oppositionspartei, die nicht von ihren regierenden Gegnern als kommunistisch verschrieen worden wäre, wo die Oppositionspartei, die den fortgeschritteneren Oppositionsleuten sowohl, wie ihren reaktionären Gegnern den brandmarkenden Vorwurf des Kommunismus nicht zurückgeschleudert hätte?

Zweierlei geht aus dieser Thatsache hervor.

Der Kommunismus wird bereits von allen europäischen Mächten als eine Macht anerkannt.

Es ist hohe Zeit daß die Kommunisten ihre Anschauungsweise, ihre Zwecke, ihre Tendenzen vor der ganzen Welt offen darlegen, und den Mährchen vom Gespenst des Kommunismus ein Manifest der Partei selbst entgegenstellen.

Zu diesem Zweck haben sich Kommunisten der verschiedensten Nationalität in London versammelt und das folgende Manifest entworfen, das in englischer, französischer, deutscher, italienischer, flämmischer und dänischer Sprache veröffentlicht wird.

1.

Bourgeois und Proletarier.

Die Geschichte aller bisherigen Gesellschaft ist die Geschichte von Klassenkämpfen.

Freier und Sklave, Patrizier und Plebejer, Baron und Leibeigner, Zunftbürger und Gesell, kurz, Unterdrücker und Unterdrückte standen in stetem Gegensatz zu einander, führten einen ununterbrochenen, bald versteckten bald offenen Kampf, einen Kampf, der jedesmal mit einer revolutionären Umgestaltung der ganzen Gesellschaft endete, oder mit dem gemeinsamen Untergang der kämpfenden Klassen.

In den früheren Epochen der Geschichte finden wir fast überall eine vollständige Gliederung der Gesellschaft in verschiedene Stände, eine mannichfaltige Abstufung der gesellschaftlichen Stellungen. Im alten Rom haben wir Pa-

Links: Die erste Seite der Erstausgabe des „Kommunistischen Manifestes“ aus dem Jahre 1848. – Rechts: Karl Marx. Zeitgenössischer Stich (um 1880).

„Mann der Arbeit, aufgewacht!
Und erkenne deine Macht!
Alle Räder stehen still,
wenn dein starker Arm es will.

Brecht das Doppeljoch entzwei!
Brecht die Not der Sklaverei!
Brecht die Sklaverei der Not!
Brot ist Freiheit, Freiheit Brot!“

(Aus dem Bundeslied für den Allgemeinen Deutschen Arbeiterverein) Q

Die Not der Arbeiter war unverkennbar. Aber war sie zu ändern – oder entsprang sie gleichsam einem Naturgesetz? War nicht jeder seines eigenen Glückes Schmied – und galt nicht der Grundsatz: Freie Bahn dem Tüchtigen?

- Wie läßt sich die soziale Not der Industriearbeiter erklären?
- Wer kann, wer soll, wer will den Arbeitern helfen?
- Selbsthilfe oder Solidarität aller – was ist der bessere Weg?

Die „Arbeiterfrage". Die Arbeiter bildeten den vierten und untersten Stand. Sie waren Lohnarbeiter, die ihre Arbeitskraft einsetzten, um leben zu können. Sie hatten kein Eigentum, weder an Grund und Boden, noch an anderen Produktionsmitteln, etwa an den Maschinen in der Fabrik. Sie konnten auch nicht mit fertigen Waren handeln. Die Arbeiter hatten meist die gleichen Probleme: Erhöhung der Löhne, Verbesserung der Arbeitsplätze, Verkürzung der Arbeitszeit, Schutz vor Arbeitslosigkeit, Vorsorge gegen Krankheit und Unfall, Verbesserung der Ausbildung und Bau von Wohnungen. Und sie hatten auch gleiche politische Forderungen: dasselbe Wahlrecht, das den Angehörigen der höheren Stände zustand, Vertretung im Parlament, politische Gleichberechtigung.
Die Arbeiterfrage lautete also zusammengefaßt: Wie können die Arbeits- und Lebensbedingungen der Arbeiter verbessert werden, und wie erreicht die Arbeiterschaft, daß sie gleichberechtigt in Staat und Gesellschaft über das, was alle angeht, mitbestimmen kann?

Karl Marx. Wohl keiner hat sich ein Leben lang so konsequent um die Lösung der „Arbeiterfrage" bemüht wie Karl Marx und sein Freund Friedrich Engels. Karl Marx wurde als Sohn eines Rechtsanwalts 1818 in Trier geboren. Er studierte in Berlin Philosophie und Geschichte, wurde Journalist und leitete eine liberale Zeitung in Köln. Wegen „staatsfeindlicher" Artikel erhielt er von der preußischen Regierung Schreibverbot. Er emigrierte 1843 zunächst nach Paris, dann nach Brüssel, wo er 1848 mit Friedrich Engels zusammen das *Kommunistische Manifest** verfaßte (vgl. S. 189). Schließlich ging er nach London, wo er bis zum Tode in meist ärmlichen Verhältnissen lebte. In London schrieb er sein Hauptwerk „Das Kapital", das zum Teil erst nach seinem Tod 1883 von Engels herausgegeben wurde.
Marx forschte nach den Ursachen des sozialen Wandels, den er in seiner Zeit erlebte. Er führte die gesamte geschichtliche Entwicklung darauf zurück, daß sich die Produktionsweise der Menschen fortwährend veränderte. Er sah, daß die wachsende Arbeitsteilung in der Industrie dazu führte, daß die Menschen über das, was sie herstellten, immer weniger verfügen konnten: Sie wurden der Arbeit entfremdet. Die Arbeit verschaffte ihnen statt einer Befriedigung nur noch den kargen Lohn. Marx schreibt: „In Manufakturen und Handwerk *bedient* sich der Arbeiter des Werkzeuges, in der Fabrik *dient* er der Maschine." Das war nach seiner Auffassung nur dadurch zu ändern, daß die Arbeiter die Verfügung über die Produktionsmittel (Maschinen, Fabriken, Grundbesitz, Handelsbetriebe) selbst in Besitz nahmen, um gemeinsam die Güter herzustellen, die sie zur Befriedigung ihrer Bedürfnisse brauchten. → (1)

„Proletarier aller Länder, vereinigt euch!" So lautete die Parole im „Kommunistischen Manifest". Warum dieser Aufruf an die Arbeiterschaft? Marx sah in der Lage der Arbeiter eine zwangsläufige Folge der geschichtlichen Entwicklung. Diese habe zu immer neuen Gegensätzen zwischen besitzenden Klassen und abhängigen Volksschichten geführt, d. h. zum *Klassenkampf**.
Der Aufstieg des Bürgertums, der Bourgeoisie, hatte nach Auffassung von Marx die arbeitenden Schichten zu Proletariern gemacht. Zur Bourgeoisie zählt er alle, die über Geld, also über Kapital verfügen, mit dem sie Fabriken bauen oder Handel treiben können. Proletarier sind alle, die nichts besitzen als ihre Arbeitskraft; diese Arbeitskraft müssen sie fortwährend an Kapitalisten verkaufen, um sich ihren Lebensunterhalt zu verdienen.
Nach der Lehre von Marx werden die Kapitalisten immer reicher und mächtiger, weil sie durch die Arbeit der Arbeiter immer mehr Kapital anhäufen können; deshalb können sie immer mehr Fabriken bauen. Es können immer mehr Großbetriebe entstehen, denn „Kleinkapitalisten" (z. B. Handwerker oder kleine Unternehmer) sind der Konkurrenz der „Großkapitalisten" nicht gewachsen. Die Proletarier werden indessen immer abhängiger von den Kapitalisten; vor allem weil durch die Verbesserung der Maschinen immer weniger Arbeiter notwendig sind, andererseits die Zahl der Arbeiter aber ständig zunimmt. Wenn jetzt die Kapitalisten mehr Waren herstellen lassen, als die Bevölkerung kaufen kann, kommt es zu einer Wirtschaftskrise, zu einer sogenannten „Überproduktionskrise"; für Waren kann dann nicht mehr der entsprechende Gegenwert in Geld eingetauscht werden.
Nach der Überzeugung von Marx häufen sich im Kapitalismus diese Krisen; sie zwingen die Kapitalisten dazu, die Löhne zu senken und Arbeiter zu entlassen. Das führt zu einer weiteren Verelendung der Proletarier. Werden sich die Arbeiter ihrer Lage bewußt und entwickeln ein einheitliches Klassenbewußtsein, dann können sie sich organisieren und in einer proletarischen Revolution den Sturz der Bourgeoisieherrschaft erzwingen. Nach dem Sieg über die Kapitalisten verfügen die Proletarier selbst über die Produktionsmittel und über die alleinige Macht im Staat. Wenn unter dieser „Diktatur des Proletariats" schließlich nichts mehr um des Profites willen hergestellt wird, sondern alle zur Befriedigung der Bedürfnisse der ganzen Gesellschaft arbeiten, dann

gibt es auch keine Klassen und folglich keine Klassenkämpfe mehr. Die „kommunistische Gesellschaft", in der es keine Klassenunterschiede mehr gibt, kann Wirklichkeit werden. Das war das Bild, das Marx von der künftigen Entwicklung entwarf. Er begründete damit den „wissenschaftlichen Sozialismus". → (2) (3)

Forderungen der Kommunisten. Eine damals noch unbedeutende Vereinigung von Arbeitern, für die Marx und Engels das „Kommunistische Manifest" verfaßt hatten, war der „Bund der Kommunisten". 1864 entstand die erste internationale Arbeitervereinigung. Marx hat sie unterstützt und ihr Programm maßgeblich bestimmt. Dieses „marxistische" Programm zielte auf einen allgemeinen gesellschaftlichen Umsturz, auf eine sozialistische Revolution. Diese Zielsetzung bewirkte, daß die Kommunisten in fast allen Ländern verboten wurden. Erst Jahrzehnte nach dem Tod von Karl Marx fand die erste sozialistische Revolution (1917 in Rußland) statt. Schon damals war die marxistische Lehre jedoch verändert und weiterentwickelt worden. Inzwischen gibt es unterschiedliche Richtungen des „Marxismus", die sich indes alle auf die Lehren von Karl Marx berufen.

Arbeiterfrage und Kirchen. Fürsorge für die Armen war immer Sache der Kirche gewesen. Manche Geistliche wollten nun im Sinne eines „aktiven Christentums" den Arbeitern helfen. Auf katholischer Seite setzte sich schon 1848 Bischof Emanuel von Ketteler für die Arbeiter ein. Er meinte: „Die Arbeiterfrage ist in ihrem Wesen eine Arbeiterernährungsfrage." Katholische Professoren wie Franz Joseph von Buß und Franz von Baader machten früh auf die schädlichen Wirkungen der Industrialisierung aufmerksam, forderten soziale Reformen und Schutz für die Benachteiligten in der Gesellschaft. In ähnlichem Sinn handelte Adolf Kolping, der Vereine gründete, um die katholischen Gesellen vor Verwahrlosung zu schützen. Er baute in vielen Städten eigene Häuser für sie (Kolpinghäuser), wo sie sich weiterbilden und ihre Freizeit sinnvoll nutzen konnten. Auf evangelischer Seite leitete Heinrich Wichern in Hamburg ein Heim, in dem junge Leute ohne Beruf und Familie eine Unterkunft und Ausbildung erhielten. Pastor Bodelschwingh schuf in Bethel eine Pflegestelle für Nervenkranke und Körperbehinderte. Aus der Arbeit von Wichern und Bodelschwingh entwickelte sich das Hilfswerk der evangelischen Kirche, die „Innere Mission"; auf katholischer Seite entstand die „Caritas", wie die „Innere Mission" eine Organisation zur Unterstützung der sozial Schwachen. Die Kirchen appellierten an die Hilfsbereitschaft der Mitmenschen und waren zur Fürsorge für notleidende Arbeiter bereit; für die politischen Ziele der Arbeiter hatten sie wenig Verständnis. Die Mehrheit der Arbeiter wurde daher der Kirche entfremdet. → (4)

Stellungnahme von Unternehmern. Nicht alle Unternehmer handelten nach dem Grundsatz: Jeder ist für sich selbst verantwortlich und soll sich selbst vor Schicksalsschlägen wie Krankheit, Unfall oder Invalidität schützen. Einige Unternehmer erkannten, daß die Arbeiter zu wenig Geld verdienten, um solche Vorsorgen zu treffen. Sie versuchten deshalb, die Lebensverhältnisse ihrer Arbeiter durch Stiftungen oder durch den Bau von Werkswohnungen zu verbessern. Sie wollten durch solche Fürsorge auch ein besseres Arbeitsklima in der Fabrik schaffen und dadurch eine höhere Arbeitsleistung erzielen. Der Baumwollfabrikant Bodemer verfügte z. B. zugunsten seiner Arbeiter: „Ich bestimme, daß nach meinem Ableben eine besondere Arbeiterpensionskasse für die Arbeiter meiner Baumwollspinnerei eingerichtet wird. Zu diesem Zweck stifte ich 10 000 Mark." Die Firmen Siemens und Zeiss versuchten, Arbeiter am Gewinn der Firma zu beteiligen. Auch sie richteten Pensionskassen ein. Die Badische Anilin- und Sodafabrik (BASF) baute Wohnhäuser für ihre Arbeiter. Sie galten als mustergültig. Aber konnte diese vereinzelte Hilfe von Unternehmern die allgemeinen Lebensverhältnisse der Arbeiter entscheidend verbessern? → (5)

Zusammenschluß von Arbeitern. Schon früh erkannten Arbeiter, daß sie ihre Lage am wirksamsten verbessern konnten, wenn sie sich zusammenschlossen und gemeinsam ihre Forderungen an die Unternehmer richteten. Wenn alle Arbeiter einem Unternehmer einmütig gegenübertraten, bekamen sie ihre Forderungen vielleicht erfüllt. Die Fabrikbesitzer konnten nämlich nicht riskieren, z. B. viele oder gar alle Facharbeiter gleichzeitig zu entlassen. Die Regierungen verboten zunächst solche Arbeiterzusammenschlüsse; aber die Revolutionstage von 1848 waren günstig, um Arbeitervereine zu gründen. In Leipzig versammelten sich 1848 z. B. 2500 Handwerksgesellen und Arbeiter.

„[Sie] traten zu einem ‚allgemeinen Gesellenverein zusammen, der seinen Namen bald gegen den eines ‚Arbeitervereines' eintauschte. Was bewegte die Arbeiter? Sie beschlossen die Errichtung von Kassen zur gegenseitigen Hilfeleistung bei Krankheits- und Unglücksfällen und zur Unterstützung der Kindererziehung. Sie beschlossen ferner, Volksbibliotheken und Sonntagsschulen zu begründen, um sich zu einer besseren Bildung zu verhelfen und ihren Meistern und Arbeitgebern gegenüber nicht länger als einfältig und ungebildet dazustehen und vor allem in

Zukunft als vollwertige Staatsbürger angesehen zu werden.“ (1) → (6)

Gewerkschaften. In anderen Städten schlossen sich Arbeiter ebenfalls zusammen. Aus solchen Zusammenschlüssen entstanden die späteren *Gewerkschaften**. 1871 erhielten die Arbeiter in ganz Deutschland das Recht, sich zu solchen Organisationen zusammenzuschließen. Dies geschah meist in Berufsgruppen, z. B. durch den Zusammenschluß der Drucker oder der Metallarbeiter; die Berufsgruppen bildeten Einzelgewerkschaften, die sich später zu einem Verband zusammenschlossen.
In den Jahrzehnten vor dem Ersten Weltkrieg sind viele Arbeiter den Gewerkschaften beigetreten; fast 3,5 Millionen waren im Jahr 1913 organisiert, 2,5 Millionen davon als Mitglieder der „Freien Gewerkschaften“, die der SPD (s. u.) nahestanden. Die Gewerkschaften verhandelten mit den Unternehmern um höhere Löhne, um kürzere Arbeitszeit und um bessere Arbeitsbedingungen. Sie organisierten u. a. Streiks, um ihre Forderungen durchzusetzen. Sie unterstützten arbeitslose und kranke Mitglieder aus der Gewerkschaftskasse und richteten preisgünstige Ladengeschäfte (Konsum) ein. So erkämpften Gewerkschaften immer mehr Rechte für die Arbeiter, deren Lage sich spürbar besserte. → (7)

Arbeiterparteien. Genügte es, mit den Unternehmern zu verhandeln, damit sich die wirtschaftliche Lage der Arbeiter verbesserte? Mußten Arbeiter nicht auf die Gesetzgebung einwirken, wenn sie ihre Lage grundsätzlich ändern wollten? Dazu brauchten sie eine eigene politische Partei. 1863 gründete Ferdinand Lassalle in Leipzig den „Allgemeinen Deutschen Arbeiterverein“ (ADAV), die erste deutsche Arbeiterpartei, der 1864 bereits 4600 Mitglieder angehörten. Lassalle wollte die Forderungen der Arbeiter durch Einfluß auf die Regierung politisch verwirklichen. Eine zweite Arbeiterpartei gründeten August Bebel und Wilhelm Liebknecht 1869 in Eisenach, die „Sozialdemokratische Arbeiterpartei“ (SDAP). Sie stand in grundsätzlicher Opposition zur Regierung. Im Grunde stellten ADAV und SDAP jedoch überwiegend gleiche Forderungen.
1875 schlossen sich ADAV und SDAP zu einer Partei zusammen, zur „Sozialistischen Arbeiterpartei Deutschlands“. Sie nennt sich seit 1891 „Sozialdemokratische Partei Deutschlands“ (SPD). Die SPD bekannte sich in ihrem Programm zum Marxismus und zur Revolution. In der praktischen Politik versuchte sie dagegen, durch Reformgesetze die sozialen Mißstände abzubauen und die Arbeiterfrage schrittweise zu lösen. Sie arbeitete eng mit den Gewerkschaften zusammen und beteiligte sich in demokratischer Weise an den Wahlen zum Reichstag, zu den Länder- und Stadtparlamenten.
Die Partei konnte sich trotz vieler Behinderungen und obwohl sie von 1878 bis 1890 vom Staat verboten war (vgl. S. 250) als politische Vertretung der Arbeiter durchsetzen. Kurz vor dem Ersten Weltkrieg besaß die Partei über eine Million Mitglieder, darunter 175 000 Frauen. Fast viereinhalb Millionen Wähler gaben der SPD 1912 ihre Stimme. → (6)

(1) **Marx und Engels: Klassenkampf**

„Die Geschichte aller bisherigen Gesellschaft ist die Geschichte von Klassenkämpfen.
Freier und Sklave, Patrizier und Plebejer, Baron und Leibeigner, Zunftbürger und Gesell, kurz, Unterdrücker und Unterdrückte standen in stetem Gegensatz zueinander, führten einen ununterbrochenen, bald versteckten, bald offenen Kampf, einen Kampf, der jedesmal mit einer revolutionären Umgestaltung der ganzen Gesellschaft endete oder mit dem gemeinsamen Untergang der kämpfenden Klassen ...
Von allen Klassen, welche heutzutage der Bourgeoisie gegenüberstehen, ist nur das Proletariat eine wirklich revolutionäre Klasse. Die übrigen Klassen verkommen und gehen unter mit der großen Industrie, das Proletariat ist ihr eigenstes Produkt ...
Die Lebensbedingungen der alten Gesellschaft sind schon vernichtet in den Lebensbedingungen des Proletariats. Der Proletarier ist eigentumslos; sein Verhältnis zu Weib und Kindern hat nichts mehr gemein mit dem bürgerlichen Familienverhältnis; die moderne industrielle Arbeit, die moderne Unterjochung unter das Kapital, dieselbe in England wie in Frankreich, in Amerika wie in Deutschland, hat ihm allen nationalen Charakter abgestreift. Die Gesetze, die Moral, die Religion sind für ihn bürgerliche Vorurteile, hinter denen sich ebenso viele bürgerliche Interessen verstecken ...
Die wesentlichste Bedingung für die Existenz und für die Herrschaft der Bourgeoisklasse ist die Anhäufung des Reichtums in den Händen von Privaten, die Bildung und Vermehrung des Kapitals; die Bedingung des Kapitals ist die Lohnarbeit. Die Lohnarbeit beruht ausschließlich auf der Konkurrenz der Arbeiter unter sich. Der Fortschritt der Industrie, dessen willenloser und widerstandsloser Träger die Bourgeoisie ist, setzt an die Stelle der Isolierung der Arbeiter durch die Konkurrenz ihre revolutionäre Vereinigung durch die Assoziation [Zusammenschluß].

Mit der Entwicklung der großen Industrie wird also unter den Füßen der Bourgeoisie die Grundlage selbst weggezogen, worauf sie produziert und die Produkte sich aneignet. Sie produziert vor allem ihre eigenen Totengräber. Ihr Untergang und der Sieg des Proletariats sind gleich unvermeidlich.“ (2) Q

(a) Schreibt auf und erläutert, wie Karl Marx und Friedrich Engels den Ablauf der Geschichte sehen.

(b) Nennt und beschreibt die zwei großen gegnerischen Klassen, die sich – nach Marx und Engels – im 19. Jh. feindlich gegenüberstehen.

(c) Versucht herauszubekommen, ob die Aussagen von Marx und Engels in allen Punkten stichhaltig waren bzw. sind.

(2) Karl Marx: Mehrwert

„Was ist der Wert der Arbeitskraft? Der Wert jeder Ware wird gemessen durch die zu ihrer Herstellung erforderliche Arbeit. Die Arbeitskraft existiert in der Gestalt des lebendigen Arbeiters, der zu seiner Existenz sowie zur Erhaltung seiner Familie, welche die Fortdauer der Arbeitskraft auch nach seinem Tode sichert, einer bestimmten Summe von Lebensmitteln bedarf. Die zur Hervorbringung dieser Lebensmittel nötige Arbeitszeit stellt also den Wert der Arbeitskraft dar. Der Kapitalist zahlt ihn wöchentlich und kauft dafür den Gebrauch der Wochenarbeit des Arbeiters ... Gesetzt, der Wochenlohn eines Arbeiters repräsentierte drei Arbeitstage, so hat der Arbeiter, der montags anfängt, am Mittwoch abend dem Kapitalisten den vollen Wert des gezahlten Lohnes ersetzt. Hört er dann aber auf zu arbeiten? Keineswegs. Der Kapitalist hat seine Wochenarbeit gekauft, und der Arbeiter muß die drei letzten Wochentage auch noch arbeiten. Diese Mehrarbeit des Arbeiters über die zur Ersetzung seines Lohnes nötige Zeit hinaus ist die Quelle des Mehrwertes, des Profits, der stets wachsenden Anschwellung des Kapitals.“ (3) Q

(a) Warum betrügt – nach Marx – der Kapitalist den Arbeiter?

(b) Erklärt den Begriff „Mehrwert“.

(c) Macht Vorschläge zur Verwendung des „Mehrwerts“.

(3) Karl Marx: Theorie der wirtschaftlichen Entwicklung

(a) Erläutert das Schaubild oben.

(b) Vergleicht S. 226 oder 240 und fragt den Lehrer, ob die Entwicklung der Wirtschaft und Geschichte so verlaufen ist, wie Marx glaubte.

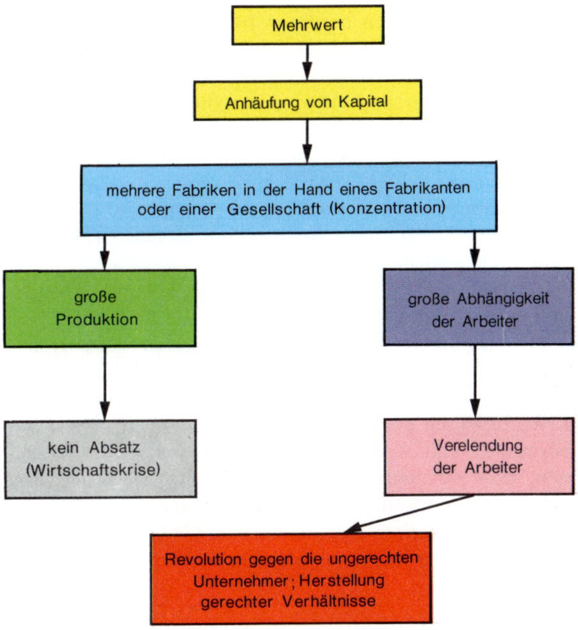

(4) Kirchliche Vorschläge zur Lösung der „Sozialen Frage“

Bischof von Ketteler:

„Die sogenannte Arbeiterfrage ist in ihrem Wesen Arbeiterernährungsfrage. Sie ist daher ... so wichtig wie die Ernährung ...
Die Aufgabe des Christentums ist es, die Welt von dieser neuen Form der Sklaverei zu befreien und an dieser Aufgabe seine göttliche Kraft zu betätigen ...
Das erste Hilfsmittel, welches die Kirche dem Arbeiterstande auch fortan bieten wird, ist die Gründung und Leitung der Anstalten für den arbeitsunfähigen Arbeiter.
Das zweite Hilfsmittel ... um auch seiner materiellen Not Abhilfe zu gewähren, ist die christliche Familie mit ihrer Grundlage, der christlichen Ehe ...
Das dritte Hilfsmittel, wodurch das Christentum dem Arbeiterstande hilft, besteht in seinen Wahrheiten und Lehren, die dem Arbeiterstande zugleich die wahre Bildung geben ...
Das vierte Hilfsmittel des Christentums ... besteht in den sozialen Kräften desselben ...
Als fünftes Hilfsmittel ... nennen wir endlich die Förderung der Produktiv-Assoziationen [der Genossenschaften].“ (4) Q

Papst Leo XIII.:

„Die Kirche, als Vertreterin und Wahrerin der Religion, hat zunächst in den religiösen Wahrheiten und Gesetzen ein mächtiges Mittel, die Reichen und die Armen zu versöhnen und einander nahezubringen; ihre Lehren und Gebote führen beide Klassen zu ihren Pflichten gegeneinander und namentlich zur Befolgung der Vorschriften der Gerechtigkeit.

Von diesen Pflichten berühren folgende die arbeitenden Stände: vollständig und treu die Arbeitsleistung zu verrichten, zu welcher sie sich frei und mit gerechtem Vertrage verbunden haben; den Arbeitgebern weder an der Habe noch an der Person Schaden zuzufügen; in der Wahrung ihrer Interessen sich der Gewalttätigkeit zu enthalten und in keinem Falle Auflehnung zu stiften; nicht Verbindung zu unterhalten mit Übelgesinnten, die ihnen trügerische Hoffnungen vorspiegeln und nur bittere Enttäuschung und Ruin zurücklassen.
Die Pflichten, die hinwieder die Besitzenden und Arbeitgeber angehen, sind die nachstehenden: die Arbeiter dürfen nicht wie Sklaven angesehen und behandelt werden; ihre persönliche Würde, welche geadelt ist durch ihre Würde als Christen, werde stets heilig gehalten; Arbeit und Erwerbssorgen erniedrigen sie nicht, vielmehr muß, wer vernünftig und christlich denkt, es ihnen als Ehre anrechnen, daß sie selbständig ihr Leben unter Mühe und Anstrengung erhalten; unehrenvoll dagegen und unwürdig ist es, Menschen bloß zu eigenem Gewinne ausbeuten und sie nur so hoch anschlagen, als ihre Arbeitskräfte reichen." (5) Q

(a) Schreibt die Wörter heraus, die „aufschließen", was Bischof von Ketteler und Papst Leo XIII. sagen, und faßt diese Aussagen mit eigenen Worten zusammen.

(b) Erläutert den grundsätzlichen Unterschied zwischen diesen Aussagen und denen von Karl Marx und Friedrich Engels.

(c) Beschreibt den Arbeitsraum des „Rauhen Hauses" und versucht, Berufe aufzuzählen, in denen Jugendliche dort ausgebildet wurden.

(d) Fragt im zuständigen Pfarramt nach, welche Aufgaben „Caritas" und „Innere Mission" heute erfüllen.

(5) Hilfe von Unternehmern

Jakob Bodemer, Bekanntmachung an seine Arbeiter, 1846:

„Wegen der teuren Lebensmittel soll für einen Weihnachtsfeiertag, einen hohen Neujahrstag und zwei halbe heilige Abende gewährt und am 30. Dezember ausgezahlt werden:

Jedem Spinner	2. – Taler
Jeder Spinnerin	0,20
Jedem Krempelmädchen	0,18
Jedem Andreher	0,07"

Bodemer, 1886:

„Wenn ein Mädchen seit mindestens 1 Jahr in meiner Fabrik ist und dann das ‚Erste Kind' bekommt, mindestens 260 Tage nach ihrem Hochzeitstage, so bitte ich um die Ehre, Pate stehen zu dürfen." (6) Q

(a) Zählt auf, warum der Unternehmer Bodemer Sonderzahlungen leistete.

(b) Vergleicht die Höhe der Zahlungen.

(c) Schreibt auf, welche Absichten den Unternehmer veranlassen konnten, die Lage der Arbeiter zu verbessern.

Arbeitsraum für Knaben dem von Heinrich Wichern begründeten „Rauhen Haus" in Hamburg (1845). Zeitgenössischer Stich.

Überreichung einer Petition durch eine Arbeiterdelegation an den Magistrat in Düsseldorf am 9. Oktober 1848. Gemälde von Johann Peter Hasenclever (1849).

(6) Arbeiter-Forderungen

Forderungen einer Fabrikarbeiterversammlung in Köln, 1848:

„1. Alle Fabrikarbeiter, welche vom 8. April an entlassen wurden, sollen sofort wieder in Arbeit genommen werden, vorausgesetzt, daß nicht ein gesetzlich begründetes Verbrechen oder Vergehen gegen sie kann geltend gemacht werden.
2. Die Arbeitsstunden sollen mit dem Schlage sechs Uhr morgens beginnen und mit dem Schlage sechs Uhr abends aufhören, mit der ausdrücklichen Bedingung, daß dem Arbeiter morgens eine halbe Stunde zum Frühstück, mittags eine halbe Stunde zum Essen, und nachmittags eine halbe Stunde zum Kaffee gelassen werde.
3. Jede Mehrarbeit soll nach Maßgabe des Tageslohns bezahlt werden ...
5. Die Weiber und Kinder erkrankter Arbeiter werden drei Monate hindurch mit der Hälfte des von letzterem bezogenen Tageslohnes unterstützt.
6. Der Lohn eines erwachsenen Arbeiters soll nicht weniger als zwanzig Silbergroschen täglich betragen.
7. Es soll, von den Behörden veranlaßt, ein Schiedsgericht aus einer gleichen Zahl von Arbeitern und Fabrikherren gebildet werden, damit aller und jeder Willkür von beiden Parteien vorgebeugt werde, und vorkommende Mißhelligkeiten können geschlichtet werden.“ (7) Q

Aus dem Gothaer Programm der Sozialdemokraten, 1875:

„1. Allgemeines, gleiches, direktes Wahl- und Stimmrecht, mit geheimer und obligatorischer Stimmabgabe aller Staatsangehörigen vom 20. Lebensjahr an.
2. Direkte Gesetzgebung durch das Volk. Entscheidung über Krieg und Frieden durch das Volk.
3. Allgemeine Wehrhaftigkeit. Volkswehr an Stelle der stehenden Heere.
4. Abschaffung aller Ausnahmegesetze, namentlich der Preß-, Vereins- und Versammlungsgesetze, überhaupt aller Gesetze, welche die freie Meinungsäußerung, das freie Denken und Forschen beschränken.
5. Rechtsprechung durch das Volk. Unentgeltliche Rechtspflege.
6. Allgemeine und gleiche Volkserziehung durch den Staat. Allgemeine Schulpflicht. Unentgeltlicher Unterricht in allen Bildungsanstalten. Erklärung der Religion zur Privatsache.

[Außerdem forderte die Partei:]
... 2. Eine einzige progressive Einkommensteuer für Staat und Gemeinde ...
4. Gleiche Arbeitszeit für alle („Normalarbeitstag"). Verbot der Sonntagsarbeit.
5. Verbot der Kinderarbeit und aller die Gesundheit und Sittlichkeit schädigenden Frauenarbeit.
6. Schutzgesetze für Leben und Gesundheit der Arbeiter ..." (8) Q

(a) Faßt die Forderungen der Kölner Fabrikarbeiter zusammen und zeigt am Beispiel dieser Forderungen, wie die Arbeitsbedingungen damals waren.
(b) Vergleicht die Forderungen der Sozialdemokraten mit denen der Kölner Fabrikarbeiter.
(c) Stellt nebeneinander: Forderungen der Arbeiterschaft im 19. Jh., die heute in der Bundesrepublik Deutschland erfüllt sind; Forderungen der Arbeiterschaft heute, die unerfüllt sind.

(7) Ansichten von Unternehmern über Arbeiterparteien und Gewerkschaften

Alfred Krupp, Ansprache an seine Arbeiter, 1877:

„Genießet, was Euch beschieden ist. Nach getaner Arbeit verbleibt im Kreise der Eurigen, bei den Eltern, bei der Frau und den Kindern, und sinnt über Haushalt und Erziehung. Das sei Eure Politik, dabei werdet ihr frohe Stunden erleben. Aber für die große Landespolitik erspart Euch die Aufregung. Höhere Politik treiben erfordert mehr freie Zeit und Einblick in die Verhältnisse, als dem Arbeiter verliehen ist. Ihr tut Eure Schuldigkeit, wenn Ihr durch Vertrauenspersonen empfohlene Leute erwählt. Ihr erreicht aber nichts als Schaden, wenn Ihr eingreifen wollt in das Ruder der gesetzlichen Ordnung. Das Politisieren in der Kneipe ist nebenbei sehr teuer, dafür kann man im Hause Besseres haben." (9) Q

C. F. Frh. von Stumm-Halberg, Ansprache an seine Arbeiter:

„Ich glaube mit gutem Gewissen sagen zu dürfen, daß ich keinen meiner Berufsgenossen in den Wohlfahrtseinrichtungen nachstehe, jedenfalls nicht in dem Bestreben, nach bestem Wissen und Gewissen für Euer materielles und geistiges Wohl zu sorgen und das praktische Christentum zu betätigen, wofür ich mich vor Gott verantwortlich fühle. Auf diese Weise hoffe ich, weit über meine eigenen Lebenstage dafür zu sorgen, daß Ihr für die Lockungen der Sozialdemokraten und anderen falschen Propheten unempfänglich bleibt, das ist die beste Wohlfahrtseinrichtung, welche ich Euch gewähren und hinterlassen kann. Bleibt fest für alle Zeit in der alten, unerschütterlichen Treue zu unserem erhabenen Monarchen, bleibt fest in der christlichen Nächstenliebe und der echten Gottesfurcht, welcher Konfession Ihr auch angehört, dann wird es Euch nach menschlichem Ermessen auch fernerhin wohlergehen." (10) Q

(a) Welche Meinung äußern Krupp und v. Stumm-Halberg über Arbeiterparteien und Gewerkschaften? Wiederholt die Sätze, in denen diese Meinung deutlich wird.
(b) Wie sehen Krupp und v. Stumm-Halberg ihre Rolle als Fabrikanten gegenüber ihren Arbeitern? In welchen Sätzen wird ihre Haltung besonders deutlich?
(c) Schreibt eine „Gegenrede", die ein Vertreter der Arbeiter hätte halten können. Welche Überschrift wäre passend?

---

1. Welche der folgenden Sätze stammen von Karl Marx?
- Die Geschichte aller bisherigen Gesellschaft ist die Geschichte von Klassenkämpfen.
- Hilf dir selbst, so hilft dir Gott.
- Die Gesetze, die den Arbeitslohn regeln, sind eherne Naturgesetze.
- Von allen Klassen ist nur das Proletariat eine wirklich revolutionäre Klasse.
- Proletarier aller Länder, vereinigt euch!

2. Von den folgenden Begriffen lassen sich jeweils drei zusammenfassen, um a) die Entwicklung des Proletariats, b) die Entwicklung der kapitalistischen Wirtschaft zu skizzieren:

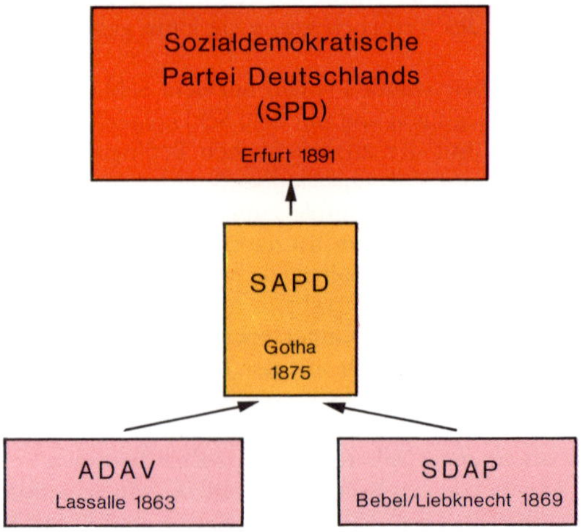

Klassenbewußtsein – Krise – Mehrwert – Revolution – Überproduktion – Verelendung.

3. *Berichte anhand folgender Stichworte über den Beitrag der Kirchen zur Lösung der Sozialen Frage:* Caritas – Kolpingverein – Innere Mission – Rauhes Haus.

4. *Erkläre den „Stammbaum" der SPD auf S. 246 unten.*

5. *Nenne Aufgaben der Gewerkschaften a) im 19. Jahrhundert, b) heute.*

Klassenkampf: Nach der Lehre von Marx stehen sich in der Geschichte die Gesellschaftsklassen der Besitzenden und Besitzlosen unversöhnlich gegenüber. Nachdem das Bürgertum zur besitzenden Klasse geworden sei, komme es nun zum Klassenkampf zwischen ihm und dem Proletariat, wobei das Proletariat siegen werde.

Kommunismus: Revolutionäre Bewegung mit dem Ziel der vollen Gleichheit aller und der Aufhebung des Privateigentums an Produktionsmitteln. 1847 wurde der „Bund der Kommunisten" gegründet, für den Marx und Engels das „Kommunistische Manifest" verfaßten. Anfang des 20. Jh. entstanden eigene kommunistische Parteien, die sich von den sozialdemokratischen Arbeiterparteien abspalteten.

Gewerkschaft: Zusammenschluß von Arbeitern, zuerst um 1800 in England (zu sogenannten „Trade Unions"), mit dem Ziel, die Arbeits- und Lohnverhältnisse zu verbessern. Als Kampfmittel dient den Gewerkschaften der Streik.

1846	Gründung von Kolpingvereinen
1847	Gründung des Bundes der Kommunisten
1848	Kommunistisches Manifest Gründung der Inneren Mission
1863	Gründung des ADAV
1868	Gewerkschaften in Deutschland
1869	Gründung der SDAP
1875	Zusammenschluß von ADAV und SDAP
1897	Gründung des Deutschen Caritas-Verbandes

Quellennachweis

(1) H. Pönicke: Die sozialen Theorien im 19. Jahrhundert in Deutschland. Paderborn o. J., S. 8.

(2) Manifest der Kommunistischen Partei. Zitiert aus: Marx, hrsg. v. F. Borkenau, Fischer Tb. 112, S. 98 ff.

(3) F. Engels: Das Kapital von Marx. Erschienen im „Demokratischen Wochenblatt" Leipzig vom 21. und 28. März 1868. Zitiert aus: H. Pönicke, Die sozialen Theorien, a. a. O., S. 33.

(4) E. v. Ketteler: Die Arbeiterfrage und das Christentum; zitiert aus: H. Pönicke, a. a. O., S. 54 ff.

(5) Leo XIII.: Enzyklika „Rerum novarum", 1891. In: Weltgeschichte im Aufriß. Bd. 3. Diesterweg, 7373 S. 148.

(6) Zitiert aus: H. Pönicke, a. a. O., S. 86 f.

(7) E. Schraepler: Quellen zur Geschichte der sozialen Frage in Deutschland. Band 1, Göttingen 1964, S. 154.

(8) W. Treue: Deutsche Parteiprogramme. Göttingen 1956, S. 67.

(9) E. Schraepler: Quellen zur Geschichte der sozialen Frage in Deutschland. Band 2, Göttingen 1964, S. 98.

(10) Hofacker, Materialien zum historisch- politischen Unterricht. Stuttgart 1975, S. 13 f.

Lesetip

H. M. Enzensberger u. a.: Klassenbuch 1–3. Ein Lesebuch zu den Klassenkämpfen in Deutschland 1756–1850. Luchterhand, Darmstadt 1972 (QS)

A. Popp: Jugend einer Arbeiterin. Dietz, Berlin/Bonn 1977

L. Tetzner: Die Schwarzen Brüder. Ravensburger Tb. 593 (JB)

U. Schulz (Hrsg.): Die Deutsche Arbeiterbewegung in Augenzeugenberichten. dtv 2709 (QS)

10. Demokratie und Nationalstaat: Entwicklungen in Europa und Amerika

10.1. Das Deutsche Kaiserreich der Bismarckzeit

Der Spittelmarkt in Berlin im Jahr 1882. Zeitgenössische Darstellung.

Der preisgekrönte Entwurf zum Reichstagsgebäude in Berlin von Paul Wallot. In jahrelanger Arbeit wurde der Plan immer wieder geändert, bis schließlich 1884 die Grundsteinlegung erfolgte.

Die „Jugendjahre“ des Deutschen Kaiserreiches fielen in eine Zeit der stürmischen Entwicklung von Gesellschaft, Staat und Wirtschaft. Die Eltern unserer Großeltern haben jene Zeit als Kinder oder Jugendliche miterlebt. So gehört sie bereits in einem engeren Sinn zu „unserer Geschichte“.

- Unter welchen Bedingungen haben unsere Urgroßeltern gelebt und gearbeitet?
- Was für Gegensätze und Probleme gab es – und wie wurden sie gelöst?
- Was haben wir bis heute den Leistungen jener Zeit zu verdanken?

Gesellschaft und Wirtschaft. Die Deutschen mußten im neugegründeten Nationalstaat erst zur Nation werden. Hindernisse lagen im Wege: Gegensätze zwischen arm und reich, zwischen Stadt und Land, zwischen Gebildeten und der übrigen Bevölkerung, von der über 90% nur die Volksschule besuchen konnten. Ein Streit über die Schul- und Kulturpolitik spaltete zu Beginn das Reich in zwei Lager, als der *„Kulturkampf"** der katholischen Kirche viele Rechte entzog. Am ehesten wurde im wirtschaftlichen Aufschwung die Nation zur Einheit.

„Um 1830 hatten vier Fünftel der Bevölkerung ihren Lebensunterhalt in der Landwirtschaft gefunden, Mitte der achtziger Jahre war es knapp die Hälfte. Die Industrie entfaltete sich in fast märchenhafter Weise: Zwischen 1871 und 1874 entstanden genau so viele Hochöfen, Eisenhütten und Maschinenfabriken wie in der Zeit von 1800 bis 1870. An die Stelle der handwerklichen Einzelanfertigung trat die Massenfabrikation im Großbetrieb." (1)

Die gesamte Produktion erhöhte sich in Deutschland von 1850 bis 1913 auf das Fünffache. Da sich die Bevölkerungszahl im gleichen Zeitraum etwa verdoppelte, kann man errechnen, daß pro Kopf der Bevölkerung 1913 etwa zweieinhalb mal so viel produziert wurde wie 1850.
Die Zahl der Menschen, die im Deutschen Reich lebten, stieg von 1871 bis 1910 von 41 auf 65 Millionen, allein in Preußen nahm die Bevölkerung von 25 auf 40 Millionen zu. Der Anteil der Stadtbewohner erhöhte sich überdurchschnittlich rasch. Über ein Drittel der Deutschen wohnte zu Beginn des 20. Jh. in großen Städten. Gleichzeitig veränderte sich die Zusammensetzung der deutschen Bevölkerung. Der Anteil derjenigen, die in der Landwirtschaft arbeiteten, ging ständig zurück; andere Wirtschaftszweige wie Industrie, Handwerk, Handel, beschäftigten immer mehr Arbeitskräfte.

„Gründerjahre" – „Gründerkrise". In den ersten Jahren des Deutschen Kaiserreiches herrschten beste wirtschaftliche Bedingungen. Die Regierung vertrat den Grundsatz: Jeder soll sein Glück versuchen, soll herstellen und verkaufen, wovon er sich Gewinn verspricht.
Rund 5 Milliarden Mark mußte Frankreich als Kriegsentschädigung bezahlen; viel Geld, das die Wirtschaft antrieb. Große Banken wurden gegründet, Aktiengesellschaften entstanden, in den Jahren von 1871 bis 1874 mehr als tausend. Man nennt diese Zeit daher auch die *Gründerjahre**. Die Großbanken spielten eine wichtige Rolle.

„Deutsche Bank, Dresdner Bank, Darmstädter Bank, Disconto-Gesellschaft, Berliner Handelsgesellschaft. Sie wachsen an der Industrie, deren Wachstum sie fördern, finanzieren ihre Expansion, beteiligen sich an Neugründungen, gründen selber. Ihre Direktoren sitzen, mitkontrollierend, in den Aufsichtsräten der industriellen Unternehmungen. In keinem anderen Land, sagen uns die Fachleute, besitzen einige wenige Großbanken einen so entscheidenden Einfluß auf die Steuerung der Wirtschaft wie in Deutschland; dergestalt, daß schließlich beide Machtbereiche, Industrie und Finanz, wie zu einem einzigen werden." (2)

Mit dem Geld der Aktionäre wurden Eisenbahnen und Fabriken, Geschäftshäuser und Restaurants gebaut; ganze Stadtviertel schossen aus dem Boden – es herrschte ein wirtschaftlicher Aufschwung ohnegleichen.
Dann kam es 1873/74 zur großen „Gründerkrise". In der Hoffnung auf Profit hatten viele mehr Geld ausgegeben, als sie besaßen: Sie hatten auf Kredit gewirtschaftet. Zahlreiche Firmen mußten Konkurs anmelden, die Aktionäre verloren ihr Geld, die Konkurrenz, vor allem die ausländische, zwang die Unternehmer zu Preisen, die unter den Herstellungskosten lagen. In dieser Lage verlangte das bisher so liberale Bürgertum den Schutz des Staates, einen starken Staat. Die gleiche Forderung kam auch von den „Rechten", von der konservativen Partei und den adligen Gutsbesitzern. Auch sie fühlten sich durch die freiheitliche Handelspolitik bedroht, denn seit die Dampfschiffe Getreide, Holz und Wolle billig aus Übersee brachten, ging der Absatz der einheimischen Landwirtschaft zurück. Daher forderten Großindustrielle und Großgrundbesitzer staatliche Schutzzölle auf die Einfuhr ausländischer Waren, damit diese teurer als die eigenen Erzeugnisse würden. Bismarck ging 1878/79 auf diese Forderungen ein und gewann so Adel und Großbürgertum für seine Politik. Die Schutzzölle schützten nicht den Verbraucher, sondern den Produzenten; überdies sorgten sie dafür, daß die Reichsregierung mehr Geld bekam, denn die Zolleinnahmen flossen in die Reichskasse.

Gesellschaftliche Verhältnisse. Die Zollpolitik Bismarcks brachte das „Bündnis" zwischen Landadel und Großbürgertum zustande, zwischen „Roggen und Stahl", das viele Jahrzehnte hielt. Aus diesen Schichten kamen die hohen Offiziere und leitenden Beamten (vgl. S. 230). Noch um 1900 waren in Preußen von 25 kommandierenden Generälen 22 adliger Herkunft, 3 stammten aus geadelten Bürgerfamilien. 11 von 12 Oberpräsidenten waren Adlige, 23 von 36 Regierungspräsidenten, weit über die Hälfte (268 von 481) der Landräte hatten einen Adelstitel. → (4)

„Dem Adel am nächsten stand die oberste Schicht des Bürgertums: das Besitz- oder Großbürgertum, die eigentlichen Vertreter des Kapitalismus. Die Fabrikherren, Bankiers und Inhaber von Großhandelsfirmen standen dem Adel näher als den übrigen Gruppen des Bürgertums. Nicht wenige von ihnen wurden denn auch in den Adelsstand aufgenommen.“ (3)

Wer in den unteren Schichten lebte, blieb trotz des allgemeinen Fortschrittes oft in Not und Elend, besonders in den Städten, wo Tausende von Menschen neu zugezogen waren. In den Großstädten wohnte die Mehrzahl der Arbeiter menschenunwürdig, nicht selten mit der ganzen Familie in einem Zimmer.

„In den 12 größten Städten des Reichs lebten zu Beginn des 20. Jh. zwei Drittel bis drei Viertel der Menschen in Wohnungen großer Wohnblocks mit nur einem oder zwei beheizten Räumen . . . Bei steigender Nachfrage wurden die Mieten zu teuer und oft hat man aus Geldnot Schlafburschen oder Schlafmädchen zur Nacht aufgenommen. Bei steigender Wohnungsüberfüllung stieg die Sterblichkeit bis über das Doppelte des Durchschnitts an.“ (4)

Andererseits stiegen die Löhne der Arbeiter im Durchschnitt von 1871 bis 1913 etwa um 50 Prozent. Insgesamt brachte die wirtschaftliche Entwicklung in Deutschland nach 1871 den meisten Menschen einen höheren Lebensstandard. →(1)

Die Arbeiterpartei. Bismarck und die meisten Adligen, aber auch das Bürgertum, betrachteten die Sozialdemokraten mit großem Mißtrauen. Diese Partei (vgl. S. 242) hatte 1877 rund eine halbe Million Wähler und 12 Reichstagsabgeordnete. Man hielt die Sozialisten für „Reichsfeinde“, weil ihr Programm marxistische Ideen enthielt, die den neuen Staat bedrohten. So wartete Bismarck auf eine Gelegenheit, um die Sozialdemokraten durch scharfe Gesetzesmaßnahmen zu vernichten. Diese Gelegenheit kam, als zwei Attentate auf Kaiser Wilhelm verübt wurden. Bismarck legte ein „Gesetz gegen die gemeingefährlichen Bestrebungen der Sozialdemokratie“ vor, obwohl sich herausstellte, daß die Sozialdemokraten nichts mit den Attentaten zu tun hatten. Der Reichstag nahm das Gesetz mit großer Mehrheit an. Es verbot alle sozialistischen Vereine und Zeitungen sowie alle sozialistischen Versammlungen und ermöglichte die Inhaftierung oder Ausweisung der Parteiführer (1878). Über die Auswirkungen des „Sozialistengesetzes“ schreibt ein heutiger Geschichtswissenschaftler:

„Die Partei hatte in der Zeit der Verfolgung unter dem Sozialistengesetz 1878–1890 fast den Charakter einer großen Familie angenommen, die für ihre Mitglieder nicht nur eine politische Gesinnungs-, sondern auch eine soziale Gemeinschaft bildete . . ., eine eigene Gesellschaft in der Gesellschaft, einen Staat im Staat. Der sozialdemokratische Arbeiter trank sein Bier in einer von einem Parteigenossen betriebenen Kneipe; er bezog seinen Tabak im Zigarrenladen eines Genossen; seine Frau kaufte die Lebensmittel der Familie bei einem sozialistischen Ladenbesitzer; er kegelte, sang, schwamm oder turnte in einem aus Parteianhängern gebildeten Verein, er beteiligte sich mit seiner Frau und seinen Kindern an den von der lokalen Parteiorganisation veranstalteten Sommerfesten, Theateraufführungen, Konzerten und Bildungsveranstaltungen, er hatte seine Freunde und Skatpartner unter den Parteigenossen und fand die Zahlabende der lokalen Partei, wo man jeden kannte, so richtig gemütlich. Nicht die Stärkung der revolutionären Kräfte, sondern Entfremdung vom Staat, Abkapselung von der bürgerlichen Gesellschaft . . . waren also die bedeutsamsten Konsequenzen der Unterdrückungspolitik des Staates.“ (5)

Da die Partei ihre Arbeit im geheimen fortsetzte oder sie als Bildungsarbeit tarnte, blieb sie stark. Als das Sozialistengesetz 1890 aufgehoben wurde, erhielt die SPD fast 20% aller Wählerstimmen. 1912 war sie mit 110 Abgeordneten die stärkste Partei und besaß als moderne Massenpartei die weitaus größte Mitgliederzahl mit einem gut ausgebauten Parteiapparat. →(2)

Stellung der Frau. Besonders schwer hatte es die berufstätige Frau. Der Mitbegründer der deutschen Sozialdemokratie, August Bebel, schrieb 1879 ein Buch mit dem Titel „Die Frau und der Sozialismus“, in dem er ausführte, daß Frauen und Arbeiter immer unterdrückt worden seien, aber erst in dieser Zeit die Ursachen dafür erkannt hätten und sie zu überwinden begännen. Gewiß hatten schon die vornehmen Damen im 18. Jh. für ihre „Emanzipation“ gekämpft, nicht ohne Erfolg (vgl. S. 129). Aber das Schicksal der Frauen in den unteren Schichten hat sich in den Anfängen der Industrialisierung verschlechtert. Sie waren für viele Fabrikherren billige Arbeitskräfte. Eigene Rechte konnten sie nicht erkämpfen. Sie hatten kein Wahlrecht und konnten nicht in führende Stellen gelangen. Erst seit 1892 durften Frauen an einzelnen deutschen Universitäten studieren. 1919 erhielten die Frauen durch die neue Verfassung der Republik das Wahlrecht. Eine völlige soziale und rechtliche Gleichstellung – am Arbeitsplatz, in der Ehe und in der Öffentlichkeit – kommt erst in unserer Zeit zustande.

Sozialpolitik und Sozialgesetzgebung. Parlament und Regierung erkannten wohl die sozialen Probleme der Zeit. Bismarck forderte die Abgeordneten auf: „Geben Sie dem Arbeiter das Recht auf Arbeit, solange er gesund ist, sichern Sie ihm Pflege, wenn er krank ist, sichern Sie Ihm Versorgung, wenn er alt ist . . .!“ Deshalb sorgte Bismarck in den 80er

Jahren für die Verbesserung der Lebensbedingungen der Arbeiter; er setzte eine Reihe von Versicherungsgesetzen durch:

- das Krankenversicherungsgesetz (1883),
- das Unfallversicherungsgesetz (1884),
- das Altersversicherungsgesetz (1889).

Auch andere für die Industriearbeiter wichtige Fragen wurden durch Gesetze geregelt: z. B. Löhne, Zahl der Arbeitsstunden, Freizeit, Sicherheit am Arbeitsplatz.
Die *Sozialversicherung** im Deutschen Reich war damals einmalig. Kein anderes Land der Welt besaß ähnliche Einrichtungen. Sie verbesserte auf lange Sicht die Lage der Arbeiterschaft spürbar. Dennoch gelang es Bismarck nicht, die Arbeiter der Sozialdemokratie zu entfremden. Sie wollten nicht nur materielle Verbesserungen, sondern Gleichberechtigung als Staatsbürger und – teilweise – eine grundsätzliche Änderung der sozialen Verhältnisse. → (3)

Bismarcks Außenpolitik. Die französische Nation fühlte sich durch die Niederlage von 1870/71 in ihrer Ehre gekränkt. Es gab Politiker, die „Revanche" forderten. Für das Deutsche Reich erklärte Bismarck, es sei „saturiert" (gesättigt) und habe keine weiteren Ansprüche. Aber dem traute man nur zögernd; zu sehr hatte der deutsch-französische Krieg die Machtverhältnisse Europas verändert. Das Deutsche Reich bildete in der Mitte einen starken Machtkern, mit dem sich die anderen Nationen nicht leicht abfanden. Sie fürchteten, Deutschland würde seine Kraft künftig zur Unterwerfung Europas verwenden. Bismarck bemühte sich, die Furcht zu zerstreuen. Seine Anstrengungen richteten sich darauf, den Frieden in Europa zu wahren und das Verhältnis der Großmächte zueinander zu entspannen. Um das Gleichgewicht in Europa zu sichern und auch um Frankreich zu isolieren, schloß Bismarck Bündnisse mit Österreich und Rußland. Er vermittelte weitere Bündnisverträge zwischen Österreich, Italien und England. Als neutraler Vermittler half er, daß Konflikte zwischen Staaten beigelegt wurden (z. B. beim „Berliner Kongreß" vgl. S. 265). In diesen Jahren war Berlin ein Zentrum der europäischen Politik und der Weltpolitik. Der dauerhafte Frieden gab den europäischen Staaten die Möglichkeit zu einer einzigartigen wirtschaftlichen Entfaltung.
Bismarck blieb stets bemüht, „den Draht nach Petersburg nicht abreißen zu lassen". Seine Außenpolitik zielte ab auf eine „politische Gesamtsituation, in welcher alle Mächte außer Frankreich unser bedürfen, um von Koalitionen gegen uns durch ihre Beziehungen zueinander nach Möglichkeit abgehalten zu werden". → (5)

„Als Rußland sich später Berlin annäherte, gelang es sogar, wieder ein Bündnis der drei Ostmächte zustande zu bringen, in dem sie sich Neutralität bei Verwicklungen mit einer vierten Macht zusagten und Österreich und Rußland ihre Balkaninteressen ausglichen (Dreikaiservertrag vom 18. Juni 1881). Der Zweibund wurde 1882 durch den Anschluß Italiens zum *Dreibund** erweitert. 1883 ging Rumänien ein Schutzbündnis mit Österreich-Ungarn ein, dem das Deutsche Reich und später auch Italien beitraten ...
Der Ablauf von Dreibund und Dreikaiservertrag führte zu neuen Verhandlungen. Während der Dreibund wieder verlängert wurde, konnte der Dreikaiservertrag nicht mehr erneuert werden. Das Deutsche Reich ersetzte diese Bindung durch den zweiseitigen Rückversicherungsvertrag vom 18. Juni 1887 mit Rußland, in dem sich beide Staaten Neutralität im Kriege mit einer dritten Macht zusicherten; doch sollte diese nicht gelten, wenn Rußland Österreich oder Deutschland Frankreich angriffe ..." (6)

Der Kanzler tritt zurück. Der Reichstag hatte zwar innenpolitisch maßgeblichen Einfluß (vgl. S. 206), aber die Macht im Staat lag in Wirklichkeit bei anderen: beim Monarchen, beim Reichskanzler, bei den Beamten, bei der Armee. Bismarck konnte ziemlich selbständig regieren, auch wenn er sich immer wieder um Zustimmung des Reichstages bemühen mußte. Ein starker Staat lag im Interesse der preußischen Junker und des hohen Beamtentums, das ebenfalls Gehorsam und Pflichterfüllung verlangte, wie auch im Interesse der staatstreuen Armee. Im Ganzen standen die oberen Schichten positiv zu Bismarcks Staatsführung. Denn sie war erfolgreich für sie: Deutschland entwickelte sich unter Bismarck zur führenden Wirtschaftsmacht.
Da der Reichskanzler dem Reichstag gegenüber nicht verantwortlich war, genügte das Vertrauen des Kaisers. Solange Wilhelm I. lebte, konnte Bismarck unbesorgt sein, denn dieser hielt den Kanzler für wichtiger als sich selbst; er ließ ihm freie Hand. Kaiser Wilhelm I. starb 1888. Sein Sohn Friedrich III., von dem man eine liberale Politik erwarten konnte, war schwer krank, als er an die Regierung kam. Er starb bereits nach 99 Tagen. Mit 29 Jahren wurde sein Sohn als Wilhelm II. deutscher Kaiser. Er geriet bald in heftigen Gegensatz zu Bismarck. Der junge, ehrgeizige Monarch wollte sich von seinem jetzt 75jährigen Kanzler nichts vorschreiben lassen. Schließlich reichte Bismarck ein Rücktrittsgesuch ein. Der Kaiser entließ ihn am 20. März 1890. → (6)

(1) Lebensbedingungen von Arbeitern

Löhne und Preise im Deutschen Kaiserreich um 1880:

Durchschnittlicher Tageslohn für Männer (Baden)	1,90 Mark
Durchschnittlicher Tageslohn für Frauen (Baden)	1,43 Mark
Jahreseinkommen einer vierköpfigen Familie eines Schwarzwälder Uhrenschildmalers	1125,64 Mark
Jahreseinkommen einer dreiköpfigen Familie eines Nürnberger Arbeiters	1091,36 Mark
1 kg Brot kostete 1880 (in Baden)	27 Pfennig
1 Zentner Kartoffeln	3,30 Mark
1 Pfund Rindfleisch	52 Pfennig
1 Pfund Butter	1,00 Mark
10 Eier	60 Pfennig
1 Liter Rapsöl	87 Pfennig

Eine Arbeiterfamilie in Leipzig 1887:

Die Eltern arbeiten in einer Kunstdüngerfabrik. Sie verdienen gemeinsam etwa 1100,– Mark im Jahr. Die Familie hat drei Kinder (4, 8 und 11 Jahre alt).

Ausgaben für:

Nahrungsmittel	666,64 Mark
Kleidung	151,00 Mark
Heizung und Beleuchtung	119,60 Mark
Miete	72,00 Mark
Reinigungsmittel	21,84 Mark
Kinderaufsicht	52,00 Mark
Steuern und Schulgeld	15,80 Mark
	1098,88 Mark

Für die Mahlzeiten standen pro Woche je ca. 35 Pfund Schwarzbrot und Kartoffeln, zwei Pfund Butter sowie ein Viertelpfund Kaffee und ein Pfund Gerste zur Verfügung. Die Eltern erhielten zum Frühstück und zum Mittagessen in der Fabrik täglich 60 g Käse oder Wurst und zum Vesper eine Gurke. Das gemeinsame Abendessen bestand aus Kartoffeln, zweimal in der Woche zusätzlich einen Salzhering, einmal in der Woche gab es zusätzlich ein Pfund Quark. Am Sonntag gab es für die Familie ein halbes Pfund Rindfleisch.

Die Wohnung hatte 18 qm (für fünf Menschen): einen Wohnraum, der zugleich Küche und Waschraum war (3,4/2,9 m); eine Kammer, in der alle zusammen in zwei Betten schliefen (2/1,9 m); einen winzigen Vorraum (1,35/1,35 m). (7) Q

(a) Versucht zu beurteilen, wie gut oder schlecht es den Menschen damals ging. Welche Schwierigkeiten ergeben sich bei der Beurteilung?

(b) Wie ist der Lohnunterschied von Männern und Frauen zu erklären?

(c) Besorgt euch Informationen über Löhne und ihre Kaufkraft heute.

(2) Sozialisten-Gesetz

Aus der Erklärung der Sozialdemokraten im Reichstag (Wilhelm Liebknecht) am 9. 10. 1878:

„Das Gesetz, um welches es sich handelt, ist ein Ausnahmegesetz in des Wortes schlimmster Bedeutung – ein Ausnahmegesetz, durch welches eine Million deutscher Reichsbürger vogelfrei erklärt, politisch geächtet wird ... Sagen Sie, meine Herren, da auf der rechten Seite: wir hassen die Sozialdemokratie und wollen sie beseitigen, weil sie demokratisch ist, und Sie [zu den Nationalliberalen], weil sie sozialistisch ist, weil sie unser Klasseninteressen bedroht! ... Haben Sie den Mut, die wahren Motive zu erklären, und klagen Sie uns nicht einer Schuld an, die nicht besteht ... Mit uns, mit der Sozialdemokratie, ist überhaupt die Freiheit geächtet ... Die Verantwortlichkeit dafür falle auf diejenigen, welche das Gesetz bringen!

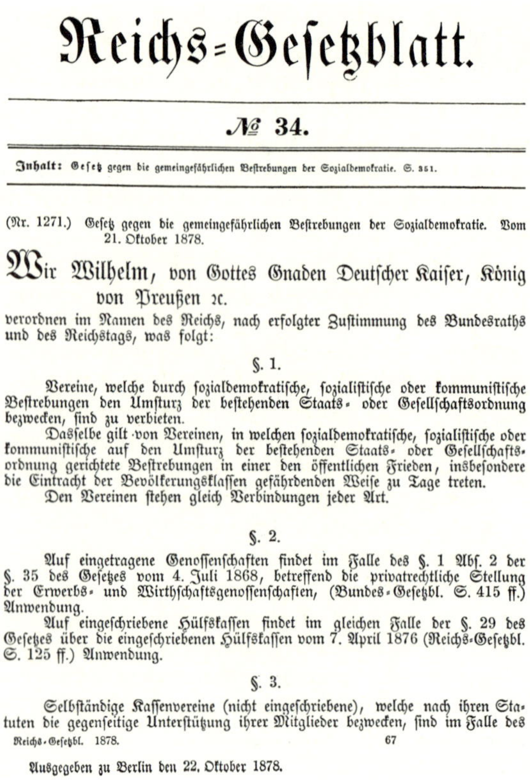

Reichs-Gesetzblatt.

№ 34.

Inhalt: Gesetz gegen die gemeingefährlichen Bestrebungen der Sozialdemokratie. S. 351.

(Nr. 1271.) Gesetz gegen die gemeingefährlichen Bestrebungen der Sozialdemokratie. Vom 21. Oktober 1878.

Wir Wilhelm, von Gottes Gnaden Deutscher Kaiser, König von Preußen rc.

verordnen im Namen des Reichs, nach erfolgter Zustimmung des Bundesraths und des Reichstags, was folgt:

§. 1.

Vereine, welche durch sozialdemokratische, sozialistische oder kommunistische Bestrebungen den Umsturz der bestehenden Staats- oder Gesellschaftsordnung bezwecken, sind zu verbieten.

Dasselbe gilt von Vereinen, in welchen sozialdemokratische, sozialistische oder kommunistische auf den Umsturz der bestehenden Staats- oder Gesellschaftsordnung gerichtete Bestrebungen in einer den öffentlichen Frieden, insbesondere die Eintracht der Bevölkerungsklassen gefährdenden Weise zu Tage treten.

Den Vereinen stehen gleich Verbindungen jeder Art.

§. 2.

Auf eingetragene Genossenschaften findet im Falle des §. 1 Abs. 2 der §. 35 des Gesetzes vom 4. Juli 1868, betreffend die privatrechtliche Stellung der Erwerbs- und Wirthschaftsgenossenschaften, (Bundes-Gesetzbl. S. 415 ff.) Anwendung.

Auf eingeschriebene Hülfskassen findet im gleichen Falle der §. 29 des Gesetzes über die eingeschriebenen Hülfskassen vom 7. April 1876 (Reichs-Gesetzbl. S. 125 ff.) Anwendung.

§. 3.

Selbständige Kassenvereine (nicht eingeschriebene), welche nach ihren Statuten die gegenseitige Unterstützung ihrer Mitglieder bezwecken, sind im Falle des

Reichs-Gesetzbl. 1878. 67

Ausgegeben zu Berlin den 22. Oktober 1878.

Hausdurchsuchung bei einem politisch Verdächtigen. Zeitgenössische Darstellung

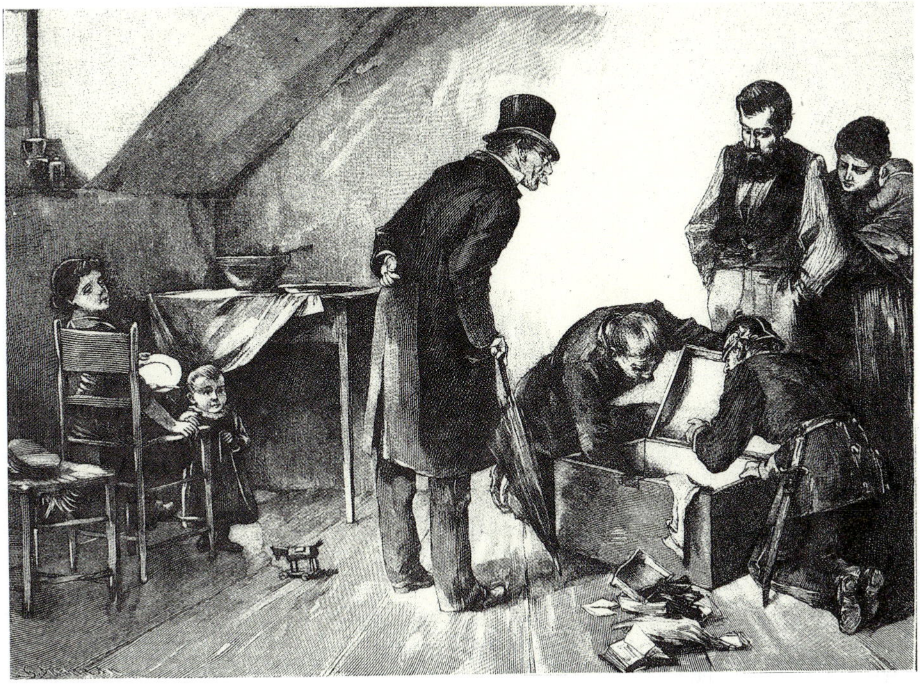

Der Tag wird kommen, wo das deutsche Volk Rechenschaft fordern wird für dieses Attentat an seiner Wohlfahrt, an seiner Freiheit, an seiner Ehre!" (8) Q

Über die Wirkungen schrieb August Bebel, Führer der Sozialdemokraten:

„Sobald das Gesetz verkündet und in Kraft getreten war, fielen die Schläge hageldicht. Binnen wenigen Tagen war die gesamte Parteipresse mit Ausnahme des Offenbacher Tageblatts und der Fränkischen Tagespost in Nürnberg unterdrückt. Das gleiche Schicksal teilte die Gewerkschaftspresse ... Ebenso verfielen der Auflösung die zahlreichen lokalen sozialdemokratischen Arbeitervereine, nicht minder die Bildungs-, Gesang- und Turnvereine, an deren Spitze Sozialdemokraten standen ... 67 unserer bekanntesten Parteigenossen, bis auf einen sämtliche Familienväter, wurden ausgewiesen. Einige mußten binnen 24 Stunden die Stadt verlassen, die meisten anderen binnen 48 Stunden, einigen wenigen räumte man eine Frist von drei Tagen ein ... Die fortgesetzten Ausweisungen und die Schikanierung der Ausgewiesenen durch die Polizei hatten aber einen Erfolg, den unsere Staatsretter nicht vorausgesehen. Durch die Verfolgungen aufs äußerste erbittert, zogen sie von Stadt zu Stadt, suchten überall die Parteigenossen auf, die sie mit offenen Armen aufnahmen, und übertrugen jetzt ihren Zorn und ihre Erbitterung auf ihre Gastgeber, die sie zum Zusammenschluß und zum Handeln anfeuerten. Dadurch wurde eine Menge örtlicher geheimer Verbindungen geschaffen, die ohne die Agitation der Ausgewiesenen kaum entstanden wären." (9) Q

(a) Was wird den Sozialdemokraten im Gesetz vom 21. Okt. 1878 unterstellt? Welche Absicht verfolgten die Parteien im Reichstag nach Ansicht Liebknechts mit dem Gesetz?

(b) Wie wirkte sich das Sozialistengesetz aus? Was schreibt Bebel? Was zeigt das Bild?

(c) „Aus Märtyrerblut sprießt neues Leben." Erklärt diesen Satz mit Beispielen aus der Geschichte.

(3) Sozialgesetzgebung

Bismarck, 1878:

„Wenn der Arbeiter keinen Grund mehr zur Klage hätte, wären der Sozialdemokratie die Wurzeln abgegraben."

Bismarck, Zur Sozialversicherung, 1884:

„Das ganze liegt in der Frage begründet: Hat der Staat die Pflicht, für seine hilflosen Mitbürger zu sorgen, oder hat er sie nicht? Ich behaupte, er hat diese Pflicht, und zwar nicht bloß der christliche Staat, wie ich mir mit den Worten ‚praktisches Christentum' einmal anzudeuten erlaubte, sondern jeder Staat an und für sich ... Es gibt Zwecke, die nur der Staat in seiner Gesamtheit erfüllen kann ... Zu diesen letzten Zwecken gehört die Landesverteidigung, gehört das allgemeine Verkehrswesen ... Zu diesen gehört auch die Hilfe der Notleidenden und die Verhinderung solcher berechtigter Klagen, die das wirklich nutzbare Material zur Ausbeutung durch die Sozialdemokratie ja in der Tat geben. Das ist die Staatsaufgabe, der wird sich der Staat nicht auf die Dauer entziehen können." (10) Q

Sozialversicherung im Deutschen Kaiserreich:

Gesetz	Beitragsanteil der Arbeitgeber	Beitragsanteil der Arbeitnehmer	Leistungen
1883 Krankenversicherung	1/3 (1/2)[1]	2/3 (1/2)[1]	freie ärztliche Behandlung Krankengeld
1884 Unfallversicherung	1/1	–	ärztl. Versorgung, 2/3 Lohn bei Unfall. Hinterbliebenenrente bei tödl. Unfall
1889 Alters- und Invalidenversicherung	1/2	1/2	Invalidenrente bei Arbeitsunfähigkeit; Altersrente nach dem 70. Lebensjahr

[1] Heutige Beitragsverteilung

(a) Wie begründet Bismarck das Gesetz zur Sozialversicherung?

(b) Vergleicht die Aussagen Bismarcks von 1878 und 1884 (s. S. 253). Was verschweigt Bismarck 1884? Warum wohl?

(c) Besprecht, was die Gesetze dem Arbeiter „brachten", und versucht, das an Beispielen zu verdeutlichen.

(d) Welche Bedeutung haben die Versicherungen heute? Wer bezahlt die Beiträge? Wie hoch können sie sein? Erkundigt euch.

(e) Warum soll der Staat für Bürger, die Hilfe benötigen, sorgen? Gibt es auch andere Meinungen darüber? Besprecht die Fragen.

(4) Die Deutschen im Bismarckreich: eine Klassengesellschaft?

Der Dichter Theodor Fontane:

„Sie wissen so gut wie ich oder besser als ich, daß es in unserem guten Lande Preußen (wie übrigens in jedem andren Lande auch) etablierte Mächte gibt, denen man sich unterwirft. Diese Mächte sind verschieden: Geld, Adel, Offizier, Assessor, Professor. Es kommt nun darauf an, daß einen das Leben richtig einrangiert. Ist man aber aus seiner richtigen Rubrik 'raus, so ist das Elend da. Bankierssöhne sind in Offiziers- und Professorenkreisen der größten Nichtachtung ausgesetzt, Offiziere werden in Bankierkreisen wie Hungerleider behandelt ...
Jede Gesellschaftsklasse, jeder Hausstand, hat ein bestimmtes Idol. Im Ganzen aber darf man sagen, es gibt in Preußen nur sechs Idole, und das Haupt-Idol des preußischen Cultus ist der Leutnant, der Reserve-Offizier." (11) Q

(a) Arbeitet besondere Merkmale der „besseren Gesellschaft" heraus.

(b) Eine Redensart nennt die Jahre um 1890 „die gute alte Zeit". Für welche Gesellschaftsschicht(en) gilt diese Meinung? Was wird hier unter „gut" verstanden? Vgl. die Darstellung S. 250.

(c) Man sagt, zwischen Gesellschaftsklassen seien die Gegensätze größer als die Gemeinsamkeiten. Wie denkt ihr darüber?

(5) Bismarcks Außenpolitik

Bismarck über seine Ziele:

„Wenn ich sage, wir müssen dauernd bestrebt sein, allen Eventualitäten gewachsen zu sein, so erhebe ich damit den Anspruch, daß wir noch größere Anstrengungen machen müssen als andere Mächte zu gleichem Zwecke, wegen unserer geographischen Lage. Wir liegen mitten in Europa. Wir haben mindestens drei Angriffsfronten. Frankreich hat nur seine östliche Grenze, Rußland nur seine westliche Grenze, auf der es angegriffen werden kann. Wir sind außerdem der Gefahr der Koalition nach der ganzen Entwicklung der Weltgeschichte ... mehr ausgesetzt als irgendein anderes Volk. Gott hat uns in eine Situation gesetzt, in welcher wir durch unsere Nachbarn daran verhindert werden, irgendwie in Trägheit oder Versumpfung zu geraten. Er hat uns die kriegerischste und unruhigste Nation, die Franzosen, an die Seite gesetzt, und er hat in Rußland kriegerische Neigungen groß werden lassen, die in früheren Jahrhunderten nicht in dem Maße vorhanden waren. So bekommen wir gewissermaßen von beiden Seiten die Sporen und werden zu einer Anstrengung gezwungen, die wir vielleicht sonst nicht machen würden." (12) Q

(a) Nennt mögliche Gegner, die Bismarck fürchtete, und beschreibt, wie Bismarck diese Furcht überwinden wollte.

(b) Erklärt die Bedingungen des „Dreibundvertrages" und die Skizze über das Bündnissystem.

(6) Bismarck und die Deutschen

Max Weber, Sozialwissenschaftler, 1890:

„Was war Bismarcks politisches Erbe? Er hinterließ eine Nation ohne alle und jede politische Erziehung ... Und

Das Bündnissystem Bismarcks.

vor allem eine Nation ohne allen und jeden politischen Willen, gewohnt, daß der große Staatsmann an ihrer Spitze für sie die Politik schon besorgen werde.“ (13) Q

Golo Mann, Historiker, 1966:

„Dem großen Staatsmann [Bismarck] alles das anzulasten, was nach ihm verfehlt, verpfuscht und verbrochen wurde, wäre sehr falsch. Ludendorff und Hitler haben Bismarcks Werk nicht fortgesetzt, sie haben es zerstört. Hätten sie es aber zerstören können, wenn nicht seine Grundlage ungesund gewesen wäre? Der Ursprung gewalttätig, nicht organisch wie der Ursprung der amerikanischen Union; die Verfassung des neuen Reiches schief, die Gesellschaft zänkisch, die Regierung cäsaristisch [obrigkeitsstaatlich], Macht und Erfolg der neue Gott. Wenn nicht Bismarck die üble Gewohnheit ins Land gebracht hätte, jeden, der der Obrigkeit Schwierigkeiten machte, als ‚Reichsfeind‘ zu verketzern . . . Zu lernen gäbe es trotzdem von ihm [Bismarck]. Zum Beispiel: Daß Politik gerade da, wo sie die schwierigsten, einmaligen und unvergleichlichen Aufgaben zu lösen hat, eine Kunst ist und keine Wissenschaft, . . . die Kunst des Möglichen. Daß sie die eigenen Kräfte im Kräftespiel richtig einschätzen muß und nicht verbrauchen darf für Zwecke, die den Aufwand nicht lohnen . . . Dergleichen findet sich in Bismarcks Taten, findet sich in seinen Reden; solche sind darunter, die man jedes Jahr einmal lesen sollte. Aber unseren Politikern fehlt wohl die Zeit dazu.“ (14)

(a) Es gibt viele Meinungen über Bismarck. Welche kommt in den Worten des Wissenschaftlers, welche im Bismarckdenkmal, welche in der Karikatur zum Ausdruck?

(b) Welchen Eindruck macht das Denkmal auf euch? Kennt ihr weitere Bismarckdenkmäler? Wo gibt es in eurer Nähe eine Bismarckstraße, Bismarckschule o. ä.?

(c) Formuliert selber ein Urteil über die Politik Bismarcks.

Links: Das Bismarckdenkmal in Hamburg, errichtet 1906. – Rechts: „Wie stehen wir nun in der Welt da?“ Karikatur im „Kladderadatsch“, 1884.

Beschäftigte in den Wirtschaftszweigen 1849–1939 in v. H. aller Beschäftigten:

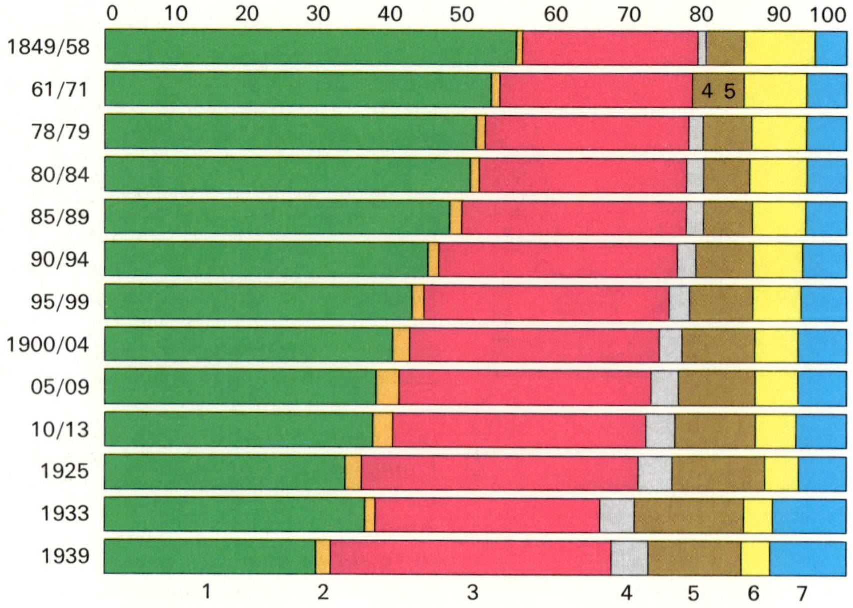

1 = Landwirtschaft, Forstwirtschaft, Fischerei; 2 = Bergbau und Salinen; 3 = Industrie und Handwerk; 4 = Verkehr; 5 = Handel, Banken, Versicherungen, Gaststätten; 6 = häusliche Dienste; 7 = sonstige Dienstleistungen einschl. Verteidigung (15)

1. Berichte über die Entwicklung der deutschen Wirtschaft nach der Reichsgründung. Erkläre in diesem Zusammenhang das Schaubild.

2. Was weißt du über die Lage der Arbeiter und die Entwicklung der Arbeiterpartei in Deutschland? Wiederhole auch Kap. 9.4.

3. Ein deutscher Wissenschaftler (W. Sombart) untersuchte um 1900 den Aufbau der Gesellschaft und kam zu folgendem Ergebnis:

„Danach unterscheiden wir in der modernen Gesellschaft vier soziale Klassen: 1. die Feudalaristokratie, kürzer und schlichter: die Junker; 2. die Bourgeoisie; 3. das Kleinbürgertum, auch Handwerkertum im weiteren Sinne bezeichnet; 4. das Proletariat." Q

Gib zu jeder der vier Klassen einzelne Berufe an, die es in ihr gab oder gibt.

4. Nimm Stellung zur Behauptung: „Nur durch eigene Stärke kann der Frieden erhalten werden." Berücksichtige dabei Bismarcks Bündnispolitik.

5. Was sagt die Karikatur? Was hat Bismarck für die Deutschen geleistet?

Der Lotse geht von Bord. Englische Karikatur (1890).

Dreibund: Ein 1882 geheim abgeschlossenes Verteidigungsbündnis zwischen dem Deutschen Reich, Österreich-Ungarn und Italien. Der zunächst auf 5 Jahre abgeschlossene Vertrag wurde bis zum Ersten Weltkrieg mehrfach erneuert. Der Dreibund ist nicht zu verwechseln mit dem „Dreikaiserbund", der als lose Vereinbarung zwischen dem deutschen, österreichischen und russischen Herrscher geschlossen und 1881 in einem Dreikaiserbündnis erneuert wurde, aber nur wenige Jahre bestand.

Gründerjahre: Bezeichnung für die Jahre nach der Reichsgründung 1871. Die wirtschaftliche Einigung (einheitliche Währung usw.), die französische Kriegsentschädigung (5 Mrd. Goldfrancs), hohe Gewinnerwartungen („Spekulationsfieber") der Bürger bewirkten einen starken wirtschaftlichen Aufschwung, die Gründung zahlreicher Firmen. Auf die Gründerjahre folgte ein Rückgang der Konjunktur durch die „Gründerkrise".

Kulturkampf: Zwischen 1871 und 1878 vom Staat und den Liberalen gegen die katholische Kirche gerichtete Maßnahmen mit dem Ziel, die alleinige Schul- und Kulturhoheit des Staates durchzusetzen. Ausbildung und Anstellung der Priester wurden kontrolliert, der Jesuitenorden verboten, die Zivilehe eingeführt. Man verbot politische Äußerungen von der Kanzel und verstaatlichte kirchliches Vermögen. Der Widerstand der Katholiken stärkte ihre Partei, das Zentrum.

Sozialversicherung: Da der einzelne die Vorsorge für unvorhergesehene Ereignisse (Krankheit, Unfall usw.) und für das Alter nicht mehr allein tragen konnte, Familie und Kirche ebenfalls überfordert waren, entstanden freiwillige Einrichtungen zur Selbsthilfe (z. B. Genossenschaften) und Pflichtversicherungen aufgrund staatlicher Gesetze (zuerst durch Bismarck). Die Beiträge werden von Arbeitnehmern und Arbeitgebern gemeinsam bezahlt. Die Versicherungsleistungen waren anfangs sehr gering, wurden aber in den letzten 100 Jahren nach und nach stark erhöht.

Lesetip

J. Belli: Die rote Feldpost unterm Sozialistengesetz. Dietz, Berlin/Bonn 1978 (QS)
H. Glaser u. W. Pützstück (Hrsg.): Ein deutsches Bilderbuch 1870–1918. Beck, München 1982 (SB)
W. Mommsen: Otto von Bismarck. Rowohlt Bildmonographie 122 (WD)
Th. Zottmann: Aufbruch aus dem Schatten. Arena, Würzburg 1972 (JB)

1871–1873	Gesetze zur Vereinheitlichung von Maßen, Gewichten, Währung, „Gründerjahre"
1873/74	„Gründerkrise"
1878	Schutzzölle
1878	Sozialistengesetz
1882	Dreibund
1890	Entlassung Bismarcks

Quellennachweis

(1) K. H. Höfele: Geist und Gesellschaft der Bismarckzeit (1870–1890). Göttingen 1967, S. 25.
(2) G. Mann: Deutsche Geschichte, a. a. O., S. 393.
(3) E. Deuerlein: Gesellschaft im Maschinenzeitalter, a. a. O., S. 137 f.
(4) W. Conze, in: Handbuch der deutschen Wirtschafts- und Sozialgeschichte, Bd. 2, Stuttgart 1976, S. 638.
(5) G. A. Ritter (Hrsg.): Historisches Lesebuch, Bd. 2. Frankfurt 1967, S. 17.
(6) H. Hürten, in: Studienbuch Geschichte. Stuttgart 1974, S. 785.
(7) W. Conze, in: Ploetz: Deutsche Geschichte. Freiburg, Würzburg 1979, S. 219 f.
(8) Geschichtliche Weltkunde, Quellenlesebuch 2, a. a. O., S. 254 f.
(9) A. Bebel: Aus meinem Leben. 3. Teil, S. 20 f.
(10) H. Krieger: Materialien, Bd. V, a. a. O., S. 81.
(11) W. Pöls u. a. (Hrsg.): Das Wilhelminische Deutschland. Frankfurt 1965, S. 67 f. (gekürzt).
(12) G. Guggenbühl: Quellen zur Geschichte der neuesten Zeit, a. a. O., S. 230 f.
(13) M. Weber, in: Historisches Lesebuch, Bd. 2, a. a. O., S. 262.
(14) G. Mann, in: „Die Zeit", zitiert aus: Weltgeschichte im Aufriß, Bd. 2, Diesterweg 7379, S. 303.
(15) K. Borchardt, in: Handbuch der deutschen Wirtschafts- und Sozialgeschichte, Bd. 2. Stuttgart 1976, S. 211).

10.2. Demokratien in Westeuropa

Königin Viktoria und Prinzgemahl Albert eröffnen die Londoner Weltausstellung 1851. Gemälde von H. C. Selous. Das Ausstellungsgebäude, der sogenannte „Kristallpalast", bestand aus gegossenen Metallteilen und Glas und leitete eine neue Epoche der Bautechnik ein.

England und Frankreich waren im 19. Jh. den übrigen Staaten Europas wirtschaftlich und politisch voraus. In England bedeutete die Viktorianische Epoche, geprägt durch die lange Regierungszeit der Königin Viktoria, eine Epoche des Aufschwungs und des Wohlstands. In Frankreich ließ sich Kaiser Napoleon III. vom Ziel leiten, Ruhm und Größe des Staates zu mehren.

- Wie haben sich die Verhältnisse für die Bevölkerung in den beiden Ländern entwickelt?
- Welche großen Ereignisse haben die Geschichte Englands und Frankreichs zu jener Zeit bestimmt?
- Welche Bedeutung hatten die beiden Staaten für Europa?

Wirtschaftliche Überlegenheit Englands. 1851 fand die erste „Weltausstellung" statt. 6500 Aussteller zeigten, was Industrie und Technik damals leisteten. Die Stadt, die dieses imposante Schaufenster des Fortschritts zum ersten Mal aufbaute, war – selbstverständlich für die damalige Zeit – London; England füllte allein die Hälfte der rund 100 000 qm Ausstellungsfläche mit seinen Maschinen und industriellen Erzeugnissen.

Kein Land der Welt konnte damals mit England konkurrieren. Hier standen die größten Hochöfen, hier wurden die ersten eisernen Schiffe und Brücken konstruiert, hier wurden die besten Stoffe gefertigt, und hier lebten auch die meisten Millionäre. In England gelang (1855) die Herstellung von Stahl – ein Grund mehr, den industriellen Vorsprung zu halten, zumal genug Kohle da war, um immer mehr Erz zu schmelzen und mehr Dampfmaschinen anzutreiben. Dazu kam, daß England vorzügliche Techniker, weltweite Handelsbeziehungen und Geld (Kapital) besaß.

Ganz offensichtlich hat England seinen wirtschaftlichen Fortschritt auch damit erkauft, daß die Unternehmer die Arbeiter ausnutzten. Die Klassenunterschiede waren – wie überall in Europa – groß, aber England vermittelte seinen Bürgern das stolze Gefühl: Wir sind angesehen in aller Welt, wir sind mächtig. Die englischen Häfen waren Knotenpunkte des Welthandels; englische Schiffe beherrschten die Meere, englische Banken den internationalen Geldverkehr. Die Kurse an der Börse in London zeigten täglich: England war zugleich eine wirtschaftliche und eine politische Weltmacht; es regierte das mächtigste Kolonialreich der Welt. → (2)

Die Ausweitung des Wahlrechts. England konnte man auch um 1800 noch nicht als Demokratie bezeichnen. Nur Grundstückseigentümer, meist Großgrundbesitzer auf dem Land und Hauseigentümer der Städte, konnten wählen oder gewählt werden. Wer der Anglikanischen Staatskirche nicht angehörte, hatte kein Wahlrecht. Nur etwa 5% der Gesamtbevölkerung besaßen damals das Recht zu wählen. Das Land war in Wahlbezirke eingeteilt, die sich nach den Verhältnissen vor der Industrialisierung richteten. Die neuen Fabrik- und Arbeiterzentren waren schwer benachteiligt: Sie konnten überhaupt keinen Abgeordneten ins Parlament entsenden. Als in Manchester 60 000 Arbeiter dagegen protestierten, setzte die Regierung Truppen ein; es gab 12 Tote unter den Demonstranten. Erst auf starken Druck der Bevölkerung, die mit Revolution drohte, wurde 1832 eine Wahlrechts- und Parlamentsreform beschlossen. Die Wahlkreise wurden neu eingeteilt, Industriestädte bekamen Sitze im Parlament, zurückgebliebene Kleinstädte verloren sie; Grundstückspächter erhielten das Wahlrecht, ebenso Bürger, die ein Vermögen besaßen. Jetzt hatten etwa 7,1% der Engländer das Wahlrecht; ausgeschlossen blieben Handwerker, Arbeiter und andere Lohnempfänger. Selbstverständlich saßen im Parlament nur Reiche. → (1)

Der Kampf um Demokratie ging weiter; es dauerte noch Jahrzehnte, bis jeder Engländer wählen durfte und gewählt werden konnte. 1867 erhielten Kleinbürger und Facharbeiter, 1884 auch ländliche Wohnungsbesitzer das Wahlrecht. Erst 1918, nach dem Ersten Weltkrieg, konnten alle Männer vom 21. und Frauen vom 30. Lebensjahr an in England wählen. 1928 erhielten die Frauen ab 21 das Wahlrecht.

Die Entwicklung der Parteien. Die Auseinandersetzungen um Wahlrecht und Demokratisierung hatten die Bedeutung der großen Parteien in England gestärkt, der Konservativen und Liberalen Partei und seit 1893 der Arbeiter-Partei (Labour Party). Die Konservativen waren stets gegen die Ausweitung des Wahlrechts gewesen, während die Liberalen mehr für Reformen eintraten. Von den Liberalen und von den Gewerkschaften (Trade Unions) wurden bis zur Bildung einer eigenen Arbeiterpartei auch die Interessen der ärmeren Schichten vertreten.

Als Königin regierte von 1837 bis 1901 Viktoria. Mit ihr endete die gleichzeitige Herrschaft des britischen Königshauses über Hannover.

Frankreichs ehrgeiziger Kaiser. Seit 1852 regierte in Frankreich Napoleon III. (vgl. S. 195). Er wollte, daß alle Welt auf Frankreich mit Bewunderung blicke. In Paris wurden etwa 60 000 Häuser neu gebaut, die breiten Prachtstraßen, die Boulevards, wurden angelegt; Paris wurde zur „Lichterstadt" mit all ihren Reizen der Kunst und des Vergnügens. Mit prunkvollen Staatsempfängen und Auslandsreisen demonstrierte Napoleon III. den „Glanz der Nation". Er sprach von Friede und Völkerverständigung, suchte aber auch den militärischen Erfolg. → (3)

Er machte sich 1854 zusammen mit England zum Schutzherr der Türkei, die gegen Rußland Krieg führte, und seine Truppen besiegten die russische Armee (Krimkrieg). Er half italienischen Patrioten, die Italien zu einem einheitlichen Staat machen wollten, gegen Österreich und gewann auch diesen Krieg (1859). Das französische Bürgertum, die führende Schicht, war stolz auf die Siege des Kaisers; es war auch bereit zum Krieg gegen Preußen 1870. Die Niederlage in diesem Krieg traf Napoleon III. und Frankreich hart. Napoleon wurde gefangengenommen und mußte abdanken, die neue französische Regierung mußte Elsaß-Lothringen an das Deutsche

Reich abtreten und außerdem 5 Milliarden Goldmark als Kriegsentschädigung bezahlen.

Die Dritte Republik in Frankreich. Die Niederlage von 1870 führte zum Bürgerkrieg in der Hauptstadt. Viele Pariser, vor allem Kleinbürger und Arbeiter, lehnten die im Februar 1871 gewählte Nationalversammlung ab, weil sie glaubten, diese werde Frankreich an den Feind verraten und die Monarchie wiederherstellen. Sie wählten einen „revolutionären" Gemeinderat, die *Kommune**. Doch die Regierung, die sich inzwischen in Versailles gebildet hatte, ließ Truppen gegen die Kommune marschieren. Das politische Ziel der Kommune war:

„Anerkennung der Republik. Anerkennung des Rechts von Paris, sich zu regieren durch einen frei erwählten und innerhalb der Grenzen seiner Befugnisse souveränen Rat, seine Polizei, seine Finanzen, seine öffentliche Wohltätigkeit, seinen Schulunterricht und die Ausübung der Gewissensfreiheit zu regeln. Die Obhut von Paris ist ausschließlich der aus allen berechtigten Wählern zusammengesetzten Nationalgarde anvertraut." (1) Q → (4)

Aber dem Rat der Kommune blieb kaum Zeit, Gesetze zu machen oder sie durchzuführen. Man war sich auch nicht einig: Die einen wollten mehr Freiheit, die andern mehr Gleichheit der Bürger. Eine klare Linie war nicht zu erkennen. Man enteignete den Besitz der Kirche. Man verbot die Erhöhung der Mieten und die Nachtarbeit in den Bäckereien; mehr erreichte man nicht. Seit April 1871 tobte der Bürgerkrieg. Alle Revolutionäre in Europa sahen die große sozialistische Revolution gekommen und verfolgten mit größten Hoffnungen den Verlauf der Kämpfe. Es gelang den Truppen der Nationalversammlung, den „Kommuneaufstand", der auf beiden Seiten mit großer Grausamkeit geführt wurde, nach wenigen Wochen niederzuschlagen.

„Der Kampf während der ‚Blutigen Woche' wurde mit der Leidenschaft eines Bürgerkriegs geführt. Straße um Straße mußte gewonnen werden . . . Öffentliche Gebäude wie die Tuilerien und das Hôtel de Ville wurden niedergebrannt, 480 Geiseln, darunter der Erzbischof von Paris, erschossen, während andererseits die Regierungstruppen Gefangene kurzerhand niedermachten und Standgerichte gegen 20 000 Todesurteile vollstrecken ließen. Kriegsgerichte besorgten anschließend die Verurteilung der Aufständischen . . . 36 000 Communards kamen vor 26 Kriegsgerichte, etwa 10 000 wurden zu Zwangsarbeit, Deportation, Verbannung und Gefängnis verurteilt; von 93 Todesurteilen sind 23 vollstreckt worden." (2) → (5)

Die neue französische Verfassung kam erst nach einer jahrelangen Übergangsphase zustande. Nur langsam gewann Frankreich seine Großmachtstellung zurück. Es konzentrierte seine Außenpolitik nunmehr auf den Erwerb von Kolonien, vor allem in Afrika und Südostasien. Die französische Außenpolitik stand noch jahrelang unter dem Eindruck des Krieges von 1870/71. So blieb das Verhältnis zum deutschen Nachbarn gespannt.

(1) Forderungen englischer Arbeiter, 1839

Mit 1 280 000 Unterschriften forderten Arbeiter 1839 vom englischen Parlament die Anerkennung folgender Grundsätze:

1. Allgemeines Stimmrecht für jeden mündigen Mann, der gesund und kein Verbrecher ist.
2. Jährlich ein neues Parlament.
3. Gehalt (Diäten) für Parlamentsmitglieder.
4. Wahl durch Stimmzettel.
5. Gleichgroße Wahlkreise.
6. Wählbarkeit für alle, nicht nur für diejenigen, die 300 Pfund in Grundbesitz haben.

(a) Begründet, warum dies Forderungen nach mehr Demokratie sind.

(b) Erläutert mit Hilfe der Informationen S. 259, warum diese Forderungen von den Mitgliedern des Unter- und Oberhauses abgelehnt worden sind.

(2) Winston Churchill, Bedeutung der Königin Viktoria

„Die Herrscherin war zum Symbol des Empire geworden. Bei den Krönungsjubiläen der Königin in den Jahren 1887 und 1897 waren Indien und die Kolonien bei den Staatsfeierlichkeiten glanzvoll vertreten gewesen. Die Krone stellte das Bindeglied zwischen der wachsenden Familie der Völker und Rassen dar, die Lord Roseberry, der ehemalige Premierminister, so vorausschauend das ‚Commonwealth' getauft hatte . . .
Die Königin selbst hatte sich von der Größe ihrer Rolle mitreißen lassen. Sie schickte ihre Söhne und Enkel auf offizielle Reisen durch die sich mehrenden Dominien, wo sie herzlich willkommen geheißen wurden. In England empfing sie die Ehrenbezeigungen eines Stromes kolonialer Würdenträger. Sie gliederte indische Diener in ihren Haushalt ein und erlernte von ihnen Hindustani. Auf diese Weise versuchte sie mit jedem ihr zu Gebote stehenden Mittel ihre verschiedenen Völker in Treue zur britischen

Napoleon III. empfängt zusammen mit Kaiserin Eugenie eine siamesische Gesandtschaft im Schloß Fontainebleau. Zeitgenössisches Gemälde. Siam (Thailand) gehörte damals zum Interessengebiet Frankreichs wie Indochina, das damals französische Kolonie wurde.

Krone zu vereinen, und ihre Bemühungen standen im Einklang mit dem imperialen Geist des Zeitalters. Zu ihrer letzten öffentlichen Handlung gehörte ein Besuch in Irland. Sie war damals über achtzig Jahre alt ...
Ihre irischen Untertanen, ja selbst die Nationalisten unter ihnen, bereiten ihr einen jubelnden Empfang. Noch immer gab es in Irland viel Sympathie für den Thron, aber die englische Regierung unterließ es leider, sich diese Sympathien zunutze zu machen ...
Sie verkörperte die Zuverlässigkeit und Beständigkeit der britischen Tradition, und je älter sie wurde, desto mehr Verehrung brachte man ihr entgegen. Als sie starb, hatte sie beinahe 64 Jahre regiert. Nur wenige ihrer Untertanen konnten sich einer Zeit entsinnen, da sie nicht ihre Herrscherin gewesen war." (3) Q

(a) Wie beurteilte Churchill die Königin Viktoria?

(b) „Glanz des Empires" – was war das? Beschreibt das Bild S. 258.

(c) Wie sieht Churchill das Verhältnis der Iren zur englischen Königin? Wie stehen Iren in Nordirland heute zur englischen Regierung?

(3) Napoleon III., Vorzüge eines Kaiserreiches, 1852

„Mißtrauisch sagen sich einige: Das Kaiserreich ist der Krieg. Ich sage: Das Kaiserreich ist der Friede. Es ist der Friede, denn Frankreich wünscht ihn, und wenn Frankreich zufrieden ist, ist die Welt ruhig. Unglück über den, der Europa zuerst das Zeichen zu einem in seinen Folgen unberechenbaren Zusammenstoß geben würde!
Ich räume indessen ein, daß ich wie der Kaiser (Napoleon I.) viele Eroberungen zu machen habe. Ich will wie er die streitenden Parteien versöhnen und die feindlichen Einzelströme, die sonst ohne Nutzen für jemand versickern, in den Lauf des großen Volksstroms zurückleiten. Ich will der Religion, der Sittlichkeit, dem Wohlstand den noch so zahlreichen Teil der Bevölkerung gewinnen, der, mitten in einem glaubensstarken Lande, die Lehren Christi kaum kennt, der, mitten im fruchtbarsten Lande der Welt, kaum die notwendigsten Lebensbedürfnisse befriedigen kann. Wir haben ungeheure Strecken unbebauten Bodens urbar zu machen, Wege zu bahnen, Häfen anzulegen, Flüsse schiffbar zu machen, Kanäle zu vollenden, unser Eisenbahnnetz auszubauen. Marseille gegenüber haben wir ein großes Reich Frankreich anzugliedern. Wir haben alle unsre großen Westhäfen dem amerikanischen Festland durch schnellere Verkehrsmittel näher zu bringen. Wir haben schließlich überall Ruinen wiederaufzubauen, falsche Götter zu stürzen und Wahrheiten zum Siege zu führen.
So würde ich das Kaiserreich auffassen, wenn das Kaiserreich wiederhergestellt werden sollte." (4) Q

(a) Faßt in Stichworten das „Regierungsprogramm" Napoleons zusammen.

(b) Durch welche Absichten möchte er die Bürger auf seine Seite bringen?

(c) Wie wirken das Kaiserpaar, die Umgebung, die Gäste aus Siam auf euch?

(4) Was wollte die Kommune in Paris?

An das Volk von Paris (Plakat 1871):

„Hat die Regierung, die am 4. September das Werk der nationalen Verteidigung übernahm, ihre Mission erfüllt? Nein! Wir sind 500 000 Kämpfer, und 200 000 Preußen halten uns umzingelt! Wer ist dafür verantwortlich, wenn nicht diejenigen, die uns regieren? Sie dachten immer nur an Verhandeln, statt Kanonen zu gießen und Waffen zu erzeugen. Sie haben sich der Massenerhebung widersetzt. Sie haben die *Bonapartisten** auf ihren Posten gelassen und die Republikaner ins Gefängnis geschickt ... Wenn

Einer der vielen Prozesse gegen Teilnehmer am Kommuneaufstand. Zeitgenössische Fotomontage.

die Männer im Stadthaus noch ein wenig Patriotismus besitzen, ist es ihre Pflicht, abzutreten und dem Volke von Paris die Sorge um seine Befreiung zu überlassen. Nur die Munizipalverwaltung oder Kommune, wie man sie nennen mag, kann das Volk retten, sie ist seine einzige Zuflucht vor dem Tod." Q

Aus der Zeitung „Le Vengeur" vom 18. März 1871:

„Das Frankreich des Volkes beginnt mit dem 18. März eine neue Ära, eine neue Fahne. Das Frankreich des Adels ist 1789 mit der weißen Fahne gestorben! Das bürgerliche Frankreich ist 1871 mit der Trikolore gestorben, keine Kasten, keine Klassen mehr!
Das Frankreich des Rechtes, das Frankreich der Pflicht, das Frankreich der Arbeit, das Frankreich des Volkes, das Frankreich aller beginnt, jung, neu, lebendig, wie seine rote Fahne!" (5) Q

Freiheit, Gleichheit, Brüderlichkeit (Plakat 1871):

„Die Frauen von Paris fordern im Namen des Vaterlandes, im Namen der Ehre und auch im Namen der Menschlichkeit den Waffenstillstand.
Sie sind der Meinung, daß die Entbehrungen, die sie in diesem Winter während der Belagerung so mutig auf sich genommen haben, ihnen das Recht geben, von den Parteien gehört zu werden, und sie hoffen, daß sie als Frauen und Mütter die Herzen in Paris wie in Versailles bewegen werden.
Müde der Leiden, erdrückt vom Unglück, die sie immer noch bedrohen, dieses Mal ohne Ruhm, appellieren sie an die Großmut von Versailles und an die Großmut von Paris!
Sie flehen diese beiden Städte an, die Waffen niederzulegen, zumindest für einen Tag, für zwei Tage: das wäre um der Brüder willen die Zeit, um wieder zur Besinnung zu kommen und sich zu verstehen, die Zeit um eine friedliche Lösung zu finden.
Alle Frauen, deren Kinder in ihren Wiegen von den Granaten getroffen werden können, deren Männer sich aus Überzeugung schlagen, deren Ehemänner und Söhne jetzt das tägliche Brot auf den Wällen verdienen, alle Frauen, die heute die alleinigen Hüterinnen der Häuser sind, überhaupt alle, von den stillsten bis zu den wildesten, fordern aus tiefstem Herzen von Paris und von Versailles den Frieden, den Frieden!" (6) Q

(a) Besprecht in der Klasse die unterschiedlichen Standpunkte und Ziele der Aufrufe; nehmt Stellung dazu.
(b) Erkundigt euch, in welchen Bewegungen heute viele Frauen mitwirken.

(5) Grausame Bestrafung der Aufständischen

„Von Anfang Juni an wurden die Gefangenen in Viehwagen eingepfercht, deren hermetisch verschlossene Schirmdächer keine Luft durchließen, und an die Seehäfen transportiert. In einem Winkel war ein Haufen Zwieback aufgestapelt. Da sie aber selbst auf diesem Haufen lagen, so hatten ihn die Gefangenen bald zu Staub zerdrückt. 24, bisweilen 32 Stunden lang erhielten sie keine andern Lebensmittel und kein Getränk. Man balgte sich in diesem Gedränge um ein wenig Luft und Platz. Einige wurden tobsüchtig und stürzten sich, von Halluzinationen geblendet, auf ihre Kameraden. Eines Tags entstand in la Ferté-Bernard Geschrei in einem Waggon. Der Chef der Escorte läßt den Zug halten, die Stadtsergeanten feuern ihre Revolver durch die Schirmdächer ab, es wird stille und die beweglichen Särge fahren mit vollem Dampf weiter.
Vom Juni bis zum September warf man auf diese Weise 28000 Gefangene in die Reeden, die Forts und die Inseln

des Ozeans von Cherbourg bis zur Gironde. Fünfundzwanzig Pontons [Brückenschiffe] nahmen gegen 20 000, die Forts und die Inseln 8087 Gefangene auf. Auf den Pontons bestehen statutenmäßige Foltern. Die Gefangenen, in Käfigen von Eichendielen und Eisenstangen eingepfercht, erhielten nur einen Streifen Licht durch die vernagelten Stückpforten. Es war gar keine Ventilation vorhanden. Von den ersten Stunden an war der Gestank unerträglich. Die Schildwachen gingen in dieser Menagerie auf und ab mit dem Befehl, beim geringsten Lärm zu schießen. Kanonen, mit Kartätschen geladen, überwachten das Verdeck. Es gab weder Hängematten, noch Decken, und die Nahrung bestand nur aus Zwieback, Brot und Bohnen. Kein Wein und kein Tabak wurde verabreicht. Als die Bewohner von Brest und Cherbourg Vorräte und einige Gaben sandten, wurden sie von den Offizieren zurückgeschickt." (7)

(a) Schildert die Strafmaßnahmen gegen die Kommunemitglieder.
(b) Begründet, warum diese Strafen den Menschenrechten widersprachen.

1. Versuche den Aufstieg der englischen Wirtschaft zu beurteilen aus der Sicht
– eines englischen Arbeiters,
– eines englischen Staatsmannes,
– eines englischen Fabrikbesitzers.

2. Berichte über die Politik Napoleons III.

3. Nimm Stellung zu folgender Behauptung von Karl Marx: „Das Paris der Arbeiter, mit seiner Kommune, wird ewig gefeiert werden als der ruhmvolle Vorbote einer neuen Gesellschaft."

Bonapartismus: Herrschaftsform, die nach Napoleon I. und Napoleon III. benannt wird. Der Monarch hat die Zustimmung des Volkes, herrscht aber autoritär und praktisch ohne Parlament. (Titel Napoleons III.: „Kaiser der Franzosen durch die Gnade Gottes und den Willen der Nation").

Pariser Kommune: Revolutionäre Bewegung der Pariser Bevölkerung gegen die Nationalversammlung und die neue Regierung, die nach der Niederlage Frankreichs (1870/71) Frieden schließen wollte. Der Aufstand wurde Ende Mai 1871 blutig niedergeschlagen.

1837–1901	Regierungszeit Königin Viktorias von England
1852–1870	Regierungszeit Kaiser Napoleons III.
1851	Erste Weltausstellung in London
1855 und 1867	Weltausstellungen in Paris
1854–1856	Krimkrieg
1859	Krieg in Italien
1870/71	Deutsch-französischer Krieg; Gefangennahme Napoleons III.
1871	Aufstand und Niederlage der Kommune in Paris

Quellennachweis

(1) B. Becker: Geschichte der Pariser Kommune. In: H. Swoboda (Hrsg.): Die Pariser Kommune 1871. München 1971, S. 142.
(2) B. v. Albertini: Die Dritte Republik bis zum Ende des 1. Weltkriegs (1870–1918). In: Handbuch der europäischen Geschichte. Hrsg. v. Th. Schieder, Bd. 6. Stuttgart 1968, S. 236 f.
(3) Geschichtliche Weltkunde, Quellenlesebuch, Bd. 2, a. a. O., S. 264 f.
(4) G. Guggenbühl: Quellen, a. a. O., S. 147.
(5) Grundzüge der Geschichte. Quellentaschenbuch 3, a. a. O., S. 128 f.
(6) Wildermuth (Hrsg.): Als das Gestern heute war, a. a. O., S. 118.
(7) P. Lissagaray: Geschichte der Commune von 1871. Frankfurt 1971, S. 385 ff., gekürzt.

Lesetip

Th. Corley: Napoleon III. Ein demokratischer Despot. Kohlhammer, Stuttgart 1970 (WD)
K. Wocker: Königin Victoria. Claassen, Düsseldorf 1978 (SB)

10.3. Nation und Nationalitäten – Italien und Südosteuropa

Der Berliner Kongreß 1878. Gemälde von Anton von Werner. Bismarck steht neben dem Grafen Andrassy, dem österreichisch-ungarischen Ministerpräsidenten, und schüttelt dem russischen Grafen Schuwalow zum Abschied die Hand. Links, in einem Sessel sitzend, die rechte Hand auf einen Gehstock gestützt, Fürst Gortschakow, der sich mit dem englischen Ministerpräsidenten Disraeli unterhält. Zwischen Bismarck und Andrassy im Hintergrund der Kopf des Geheimrats Holstein, der nach dem Sturz Bismarcks eine bedeutende Rolle spielen sollte.

Für die nationale Einigung sind im 19. Jh. – und auch im 20. Jh. noch – blutige Kriege geführt worden. Unzählige Menschen haben für dieses Ziel ihr Leben riskiert oder sind dafür in den Tod geschickt worden. Warum dies alles?

- Welche Schwierigkeiten verzögerten die nationale Einigung in Italien und auf dem Balkan?
- Welche Staaten entstanden – und wie wurden sie regiert?

Staatsgründung in Italien. Im Jahr 1848 gab es auch in Italien – wie fast in allen Staaten Mitteleuropas – regionale Aufstände und politische Bewegungen mit dem Ziel, einen einheitlichen Nationalstaat zu gründen; doch ohne Erfolg. Auch die Bemühungen des Königs von Piemont-Sardinien, in Norditalien ein Reich zu gründen und die Lombardei und Venetien von Österreich abzutrennen, blieben zunächst erfolglos.

Doch 1858 konnte der Erste Minister des Königreiches Piemont-Sardinien, Graf Camillo Cavour, den französischen Kaiser Napoleon III. für den Plan gewinnen, Italien zu einem Nationalstaat zu einigen. Napoleon III. wollte bei dieser Gelegenheit Österreich verkleinern, Frankreich durch den Gewinn von Savoyen und Sardinien vergrößern und insgesamt seine Bedeutung in der europäischen Politik verstärken, gemäß einem Ausspruch: ,,Napoleon I. hat die Völker erobert, um sie frei zu machen; Napoleon III. wird sie frei machen, ohne sie zu erobern."

Es gelang Cavour und Napoleon III., die österreichische Regierung zu einer Kriegserklärung zu provozieren. Im folgenden Krieg wurden die österreichischen Truppen in zwei blutigen Schlachten bei Magenta und Solferino geschlagen.

Im Friedensschluß wurde Venetien bei Österreich belassen, Nizza und Savoyen indessen Frankreich zugesprochen. König Viktor Emanuel II. von Piemont-Sardinien nahm diesen Landverlust hin. Er erreichte aber in kurzer Zeit den Anschluß der mittelgroßen Staaten Parma, Modena, Lucca und Toscana an sein Königreich.

Garibaldi in Süditalien. Garibaldi, ein Republikaner, der bereits 1848 an den Aufständen in Italien beteiligt gewesen war, landete mit einer kleinen Freiwilligen-Truppe in Sizilien (1860), um ganz Süditalien von der Herrschaft eines unbeliebten Königs aus dem französischen Königsgeschlecht der Bourbonen zu befreien. Er siegte in mehreren Gefechten, die Bevölkerung war begeistert.

Als Garibaldi mit seinen Truppen gegen Rom, gegen den Kirchenstaat zog, drohte ein Konflikt mit Napoleon III. Dieser ließ nämlich den Papst durch französische Truppen beschützen. Garibaldi unterstellte sich dem König von Piemont-Sardinien, um einen weiteren Krieg zu vermeiden. Jetzt konnten die Monarchisten die Gründung des Königreichs Italien durchsetzen. → (1)

Ein neues Königreich. 1861 wurde König Viktor Emanuel II. von Sardinien-Piemont als ,,König von Italien" ausgerufen. Die neue Regierung forderte immer wieder, daß die ,,unerlösten" Gebiete – z. B. Venetien – Italien einverleibt werden sollten. Außerdem sollte Rom, das weiterhin dem Papst unterstand, ,,italienisch" werden. Beide Forderungen wurden erfüllt: Als Österreich 1866 den Krieg gegen Preußen verlor (vgl. S. 206), wurde Venetien besetzt; als Napoleon III. 1870 seine Truppen aus Rom abzog, weil er sie im Krieg gegen Preußen benötigte (vgl. S. 259), konnten italienische Truppen in Rom einziehen. → (2)

Gründung des ,,Roten Kreuzes". Henri Dunant, ein Genfer Kaufmann, erlebte die Schrecken des Krieges in der blutigen Schlacht bei Solferino; er stellte fortan seine ganze Kraft in den Dienst der Menschheit. Er überzeugte jahrelang Freunde in Europa und Amerika, daß es notwendig sei, eine internationale Organisation zu gründen, um Verwundeten im Krieg zu helfen. Das ,,Rote Kreuz" entstand.

Es gelang Dunant 1864, eine internationale Konferenz in Genf zu organisieren. Dort unterzeichneten 16 Staaten die erste *Genfer Konvention**. Das ,,Rote Kreuz" war damit international anerkannt. Seither wirkt das ,,Internationale Rote Kreuz" in der ganzen Welt; überall hilft es, wo Menschen durch Krieg und Katastrophen in Not geraten. → (3) (4)

Nationalitäten in Südosteuropa. Die Völker in Südosteuropa wollten sich von der Herrschaft der Türken befreien. Es gab zahlreiche Aufstände und seit Beginn des 19. Jh. richtige Befreiungskriege. 1821 bis 1829 erkämpften sich die Griechen ihre Unabhängigkeit. Auch die Serben, Bulgaren und Rumänen versuchten, eigene *Nationalstaaten** zu gründen, und zwar mit Hilfe der russischen Regierung. Diese versprach, den ,,slawischen Brüdern" auf dem Balkan gegen die Herrschaft der Türken beizustehen. Außerdem wollte sie die Meerengen bei Istanbul kontrollieren. So gefährdeten die Freiheitsbewegungen in Südosteuropa immer wieder den europäischen Frieden.

Nach einem Krieg zwischen Rußland und der Türkei (1878) beschlossen die europäischen Mächte auf einem internationalen Kongreß in Berlin, dem ,,Berliner Kongreß" (vgl. S. 251), daß neue unabhängige Staaten auf Kosten des Osmanischen Reiches entstehen sollten: Serbien, Rumänien, Montenegro; Bulgarien blieb noch tributpflichtig, d. h. abhängig vom türkischen Sultan. Die Provinzen Bosnien und Herzegowina kamen unter österreichische Verwaltung. → (6)

Nationalitätenprobleme auch in Österreich-Ungarn. Die Völker in der Donaumonarchie strebten auseinander; so verlangten die Ungarn mehr Selbständigkeit und erhielten sie 1867, als der Staat zu einer ,,Doppelmonarchie" umgestaltet wurde: Der Kaiser

in Wien war zugleich König von Ungarn, und seine Regierung leitete die gemeinsame Außenpolitik, das Militär und das Finanzwesen. Im übrigen war Ungarn ein selbständiger Staat mit Parlament und Regierung in Budapest. Die Tschechen verlangten mehr Rechte; sie wehrten sich gegen die Deutschen in Böhmen. Prag erhielt 1882 eine tschechische Universität, und die tschechische Sprache wurde als Amtssprache in Böhmen zugelassen.
Aber die Gegensätze der Nationalitäten ließen sich durch solche Zugeständnisse nicht beseitigen. Viele Slawen, also Tschechen, Polen, Serben und vor allem Russen, dachten an ein großes Reich aller Slawen unter russischer Führung. Das verschärfte die Spannungen zwischen Österreich und Rußland; denn dieser *Panslawismus** bedrohte die Einheit des österreichischen Staates. Auch die außenpolitischen Interessen der beiden Großmächte stießen auf dem Balkan aufeinander. Da brauchte Wien einen starken Verbündeten. Den suchte es im Deutschen Reich (vgl. S. 251). →(5)

(1) Garibaldi – der „Freiheitsheld"

Aus Garibaldis Memoiren:

„Kein großes Aufgebot von Bewaffneten lieferte uns die Stadt Palermo, weil ja die Bourbonen ängstlich besorgt gewesen waren, sie aller Waffen zu berauben; aber es muß gesagt werden: die Begeisterung jener wackeren Bürger ließ sich durch nichts abschrecken – weder durch die blutigen Kämpfe in den Straßen noch durch das mitleidslose Bombardement von seiten der feindlichen Flotte, von dem Fort von Castellammare und dem königlichen Palast. Vielmehr stellten sich viele bei uns ein, die aus Mangel an Gewehren sich mit Dolchen, Messern, Spießen und Eisengeräten jeder Art bewaffnet hatten ... Selbst die Frauen waren hinreißend in ihrer patriotischen Begeisterung; inmitten des dichtesten Hagels der Bomben und Flintenkugeln ermutigten sie die Unsrigen durch Kundgebungen des Beifalls, durch Gebärden, durch Lebehochs! Sie warfen Stühle, Matratzen, Geräte aller Art für den

Der Einzug Garibaldis in Messina 1860. Zeichnung von A. Beck.

Die Einigung Italiens.

Barrikadenbau aus den Fenstern, und viele wagten, selbst auf die Straße hinabzusteigen, um bei der Errichtung mit Hand anzulegen. Die Bevölkerung war durch unseren kühnen Einmarsch überrascht worden, aber nach den ersten Augenblicken der Unschlüssigkeit wuchsen ihr Mut und ihre Unerschrockenheit von Tage zu Tage. Die Barrikaden stiegen wie durch Zauber empor, und ganz Palermo erschien wie von Barrikaden bewehrt.“ (1) Q

(a) Warum gelang es Garibaldi leicht, Palermo und letztlich das Königreich Sizilien zu „erobern“?

(b) Paßt der Bericht Garibaldis zu dem Bild über den Einzug in eine Stadt? Beschreibt die Haltung der Einwohner.

(2) Die Einigung Italiens

(a) Zählt die Staaten auf, aus denen Italien entstand; versucht sie nach der Größe zu ordnen.

(b) Welche Teile Italiens kamen zuerst, welche zuletzt zum neuen Staat?

(3) Die Schlacht bei Solferino, 1859

Henry Dunant berichtet:

„Die Sonne des 25. Juni beleuchtet eines der schrecklichsten Schauspiele, das sich erdenken läßt. Das Schlachtfeld ist allerorten bedeckt mit Leichen von Menschen und Pferden. In den Straßen, Gräben, Bächen, Gebüschen und Wiesen, überall liegen Tote, und die Umgebung von Solferino ist im wahren Sinne des Wortes mit Leichen übersät. Die Felder sind verwüstet, Getreide und Mais sind niedergetreten, die Hecken zerstört, die Zäune niedergerissen, weithin trifft man überall auf Blutlachen. Die Dörfer sind verlassen. Überall zeigen sich Spuren von Verwüstungen, die durch Gewehrschüsse, Stückkugeln, Granaten und Haubitzgeschosse angerichtet sind ... Bei Solferino, vor allem auf dem Friedhof des Dorfes, liegen haufenweise Gewehre, Tornister, Patronentaschen, Gamaschen, Tschakos, Helme, Käppis, Koppel und daneben zerfetzte, blutbespritzte Kleidungsstücke und zerbrochene Waffen.

Die unglücklichen Verwundeten, die man tagsüber aufsammelt, sind bleich, fahl und verstört. Einige, und insbesondere diejenigen, die stark verstümmelt sind, sehen stier vor sich hin und scheinen nicht zu begreifen, was man zu ihnen sagt ... Andere sind unruhig, ihre Nerven sind völlig erschüttert. Sie zucken krampfhaft zusammen. Die, deren offene Wunden sich bereits entzündet haben, sind wie von Sinnen vor Schmerzen. Sie verlangen, daß man sie umbringt, sie winden sich mit verzerrten Gesichtern in den letzten Zügen des Todeskampfes. An anderen Stellen liegen Unglückliche, die von Kugeln oder Granatsplittern getroffen und zu Boden gestreckt sind, denen aber darüber hinaus noch durch die Räder der Geschütze, die über sie hinwegfuhren, Arme und Beine zermalmt wurden ... Wer diesen weiten Schauplatz der Kämpfe vom vorigen Tage durchwandert, trifft bei jedem Schritt und inmitten einer Verwirrung ohnegleichen, unaussprechliche Verzweiflung und entsetzliches Elend ... Unter den toten Soldaten haben einige im Antlitz den Ausdruck stiller Ruhe. Das sind diejenigen, welche, als sie getroffen wurden, auf der Stelle tot waren. Aber eine große Zahl zeigt Spuren des Todeskampfes. Die Glieder sind starr ausgestreckt, der Körper ist mit bleifarbenen Leichenflecken bedeckt, die Hände sind in den Boden gebohrt, die Augen starren weit offen, der Schnurrbart ist stachlig gesträubt, ein unheimliches krampfhaftes Lächeln verzieht den Mund und läßt die zusammengepreßten Zähne sehen. Drei Tage und drei Nächte hat man gebraucht, um die Leichen des Schlachtfeldes zu beerdigen. Aber auf diesem weiten Gelände waren viele Körper in Gräben verborgen, in Ackerfurchen, hinter Gebüsch oder in Erdlöchern. Sie wurden erst viel später gefunden ...

Auf den steinernen Fliesen der Spitäler und Kirchen von Castiglione liegen Seite an Seite Kranke aller Nationen: Franzosen und Araber, Deutsche und Slawen. Man legt sie einstweilen dort nieder, wo Platz ist, und sie haben nicht mehr die Kraft, sich zu bewegen, und können sich auf dem engen Raum nicht rühren. Flüche, Lästerungen und Schmerzensschreie, die wiederzugeben die Sprache nicht fähig ist, hallen von den Gewölben der geweihten Räume wider. ‚Ach, Monsieur, wie leide ich', sagte einer dieser Unglücklichen zu mir, ‚man läßt uns im Stich, man läßt uns elend sterben, und doch haben wir uns tapfer geschlagen!' Sie haben schwere Mühe ausgestanden, sie haben Nächte ohne Schlaf verbracht, dennoch können sie keine Ruhe finden. Verzweifelt flehen sie nach einem Arzt, sie werfen sich in Zuckungen hin und her, bis schließlich der Starrkrampf eintritt oder der Tod sie erlöst ...
Da sind einige, bei denen Mantel, Hemd, Fleisch und Blut eine unbeschreibliche schauervolle Mischung bilden, in die sich Würmer eingefressen haben. Viele erzittern bei dem Gedanken, von diesen Würmern zernagt zu werden. Sie glauben, die Maden kämen aus ihrem eigenen Körper, während sie doch von den Myriaden von Fliegen stammen, von denen die Luft wimmelt." (2) Q

(a) Sprecht über diesen Bericht.

(b) Welche Konsequenzen sind zu ziehen?

(4) **Dunant gründet das „Rote Kreuz"**

H. Dunant, 1862:

„Gibt es während einer Zeit der Ruhe und des Friedens kein Mittel, um Hilfsorganisationen zu gründen, deren Ziel es sein müßte, die Verwundeten in Kriegszeiten durch begeisterte, aufopfernde Freiwillige, die für ein solches Werk besonders geeignet sind, pflegen zu lassen? ... Da man jeden Tag neue und schreckliche Vernichtungsmittel erfindet, und zwar mit einer Ausdauer, die eines besseren Zweckes wert wäre, ... da man ... gemäß der geistigen Lage in Europa Kriege voraussehen kann, die, wie es scheint, in näherer oder fernerer Zukunft unvermeidlich sein werden – warum sollte man da nicht eine Zeit verhältnismäßiger Ruhe und Stille benutzen, um eine Frage von so großer und umfassender Wichtigkeit von dem doppelten Standpunkt der Menschlichkeit und des Christentums aus zu studieren, warum sollte man nicht versuchen, hierüber zu einem Entschluß zu kommen! ... Hätte es bei Solferino ein solches internationales Hilfswerk gegeben, oder waren am 24., 25. und 26. Juni in Castiglione oder zur gleichen Zeit auch in Brescia, Mantua oder Verona solche freiwilligen Helfer gewesen, wieviel unbeschreiblich Gutes hätten sie leisten können! Welchen Nutzen hätte eine Schar tatkräftiger, begeisterter und mutiger Helfer auf dem Felde der Vernichtung bringen können in jener unheilvollen Nacht vom Freitag zum Sonnabend, als Tausende von Verwundeten vor Qual stöhnten und herzzerreißend um Hilfe riefen! ...
Menschlichkeit und Zivilisation verlangen gebieterisch, daß man ein Werk, wie wir es hier angedeutet haben, in Angriff nimmt. Ja, es dürfte so sein, daß jeder Mensch, der irgendwelchen Einfluß besitzt, die Pflicht hat, hieran mitzuarbeiten, so wie jeder Wohldenkende zum mindesten eine Idee hierzu beitragen sollte." (3) Q

(a) Was forderte Dunant? Wie begründete er seine Forderung?

(b) 1863 gründete Dunant das Rote Kreuz. Zählt Aufgaben des Roten Kreuzes auf (im Krieg, im Frieden). Kennt ihr konkrete Hilfsmaßnahmen?

(c) Besucht eine Rot-Kreuz-Station in eurer Nähe und erkundigt euch über die Arbeit der Rot-Kreuz-Helfer.

(5) **Vielvölkerstaat Österreich**

(a) Zählt die Völker auf, die in Österreich-Ungarn in einem Staat zusammengeschlossen waren.

(b) Welche Völker in Österreich-Ungarn zählten mehr als 2 Millionen Menschen?

(c) Überlegt, welche Schwierigkeiten in einem Staat durch diese Bevölkerungszusammensetzung entstehen können. Versucht, konkrete Beispiele zu finden.

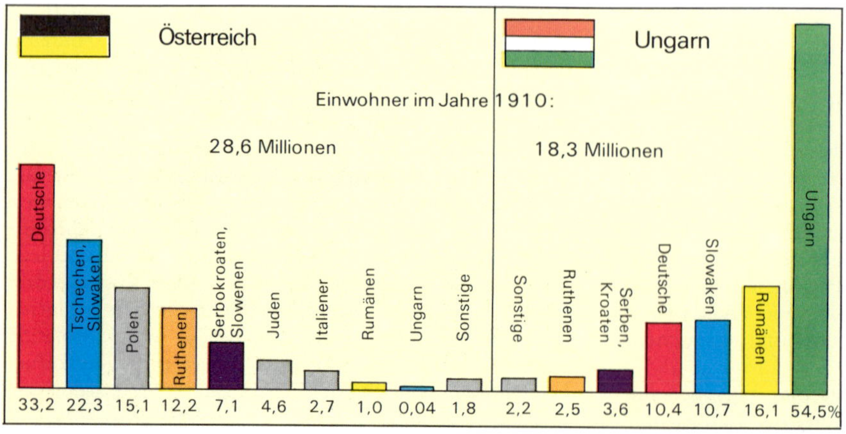

Die Nationalitäten in Österreich und Ungarn.

Europa um 1890.

(6) **Südosteuropäische Nationen**

(a) Zählt die Staaten auf, die nach 1878 in Südosteuropa gegründet wurden.

(b) Die neuen Staaten führten zwischen 1878 und 1914 mehrfach Krieg untereinander. Was bedeutete dies für den Frieden in Europa?

1. Nimm Stellung zu der Behauptung: Die Gründung des Königreiches Italien ist das Ergebnis einer demokratischen Volksbewegung.

2. Erkläre besondere Schwierigkeiten bei der Staatsgründung Italiens.

3. Nenne Probleme, die zwischen einzelnen Völkern in Österreich-Ungarn und im Osmanischen Reich bestanden.

4. Weshalb waren Nationalitätenprobleme in Südosteuropa Ursache für Aufstände und Kriege.

Zeitgenössische Karikatur auf den Berliner Kongreß. Bismarck kuriert die Leiden der Welt: Der „kranke Mann am Bosporus" (die Türkei) liest ein Rezept. Frankreich bekommt einen lindernden Sirup (Bismarcks Hinweis auf mögliche französische Erwerbungen in Nordafrika). Der Russe steht grollend im Hintergrund.

Genfer Konvention: Nach der Gründung des „Roten Kreuzes“ durch H. Dunant mehrere Übereinkommen, in denen sich heute nahezu alle Staaten der Welt verpflichten, im Falle eines Krieges, Verwundete, Kriegsgefangene und Zivilbevölkerung zu schützen.

Nationalstaat: Alle Menschen mit gemeinsamen Merkmalen wie Sprache, Kultur, Abstammung, die sich ihrer Gemeinsamkeit bewußt sind, leben in einem gemeinsamen Staat.

Panslawismus: Bestrebung, alle Slawen zu einem politischen Zusammenschluß zu bringen. Seit Ende des 19. Jh. bezeichnet sich die russischen Regierung als Schützer aller Slawen, auch der Südslawen in Südosteuropa.

Quellennachweis

(1) H. Krieger: Materialien, Bd. V, a. a. O., S. 50.
(2) ebenda, S. 53 f.
(3) ebenda, S. 54 f.

1859	Krieg in Italien: Frankreich und Piemont-Sardinien gegen Österreich
1860	Garibaldi in Sizilien
1864	Erste Genfer Konvention nach der Gründung des „Roten Kreuzes“
1871	Rom Hauptstadt des Königreiches Italien; Viktor Emanuel II. König von Italien
1877–78	Russisch-türkischer Krieg
1878	Berliner Kongreß: Neugründung von Staaten auf dem Balkan

Lesetip

H. Flesch-Brunningen: Die letzten Habsburger in Augenzeugenberichten. dtv 2716 (QS)
H. Pleticha: Italien aus erster Hand. Arena, Würzburg 1969 (QS)
J. Rich: Henri Dunant. Held ohne Waffen. Ensslin und Laiblin, Reutlingen o. J. (SB)
G. Schreiber: Balkan aus erster Hand. Arena, Würzburg 1971 (QS)

Die erste praktische Erprobung des „Roten Kreuzes“ im Krieg um Schleswig-Holstein (vgl. S. 205). Auf dem Bild sieht man ein Feldlazarett, das bei Düppel eingerichtet wurde. Zeitgenössische Darstellung.

10.4. Das russische Zarenreich

Auf der Arbeiterfahne steht: „Leben in Freiheit, Sterben im Kampf.“ Über den Bauern und Arbeitern das Bürgertum mit dem Motto: „Wir prassen für Euch.“ Darüber das Militär mit der Bemerkung: „Wir schießen auf Euch.“ Die Geistlichen meinen: „Wir halten Euch zum Narren.“ Die darüberstehende Hocharistokratie wird gekennzeichnet mit den Worten: „Wir regieren Euch.“ Auf der Spitze das Zarenpaar mit dem Anspruch: „Wir herrschen über Euch.“ Unter der Pyramide steht folgender Satz: „Es wird Zeit, daß das Volk sich empört, es strafft den gekrümmten Rücken – und mit einem einzigen gemeinsamen und mächtigen Schulterdruck werfen wir diese Hierarchie um!“

Karikatur der russischen Gesellschaft auf einem 1900 von der Union russischer Sozialisten im Ausland herausgebrachten Flugblatt. Am Fuß der Pyramide die Bauern und die neue Klasse der Industriearbeiter mit dem Motto: „Wir arbeiten für Euch, wir ernähren Euch.“

Rußland erlebte 1917 eine Revolution, aus der der erste sozialistische Staat, die heutige Sowjetunion, hervorging. Die kommunistischen Führer Rußlands haben die Zarenherrschaft abgelöst, setzen jedoch in vielem die Politik aus dem Zarenreich fort.

- Welche Politik machten die Zaren im 19. Jh.?
- Wie waren die sozialen und wirtschaftlichen Verhältnisse in Rußland unter der Zarenherrschaft?
- Welche Erfolge, welche Mißerfolge hatten die Zaren?

Ausdehnung nach Osten. Im 19. Jh. wurde Sibirien, das schon lange zum russischen Zarenreich gehörte, planmäßig besiedelt und wirtschaftlich erschlossen. Auf Alaska konnte der Zar verzichten. Er verkaufte das riesige Gebiet für 7 Millionen Rubel an die USA. In Zentralasien rückte der Zar die russische Grenze immer weiter nach Osten und Süden voran: Turkestan, Taschkent, Samarkand, Buchara und weitere Chanate wurden dem russischen Reich als Kolonien einverleibt. „Wir brauchen die Eroberung Asiens", schrieb der Dichter Dostojewskij 1881, „weil Rußland nicht nur in Europa, sondern auch in Asien liegt, weil der Russe nicht nur Europäer, sondern auch Asiate ist. Und noch mehr als das: in Asien liegen vielleicht noch mehr unsere Hoffnungen als in Europa."

Schon 1858/60 hatte man China in „ungleichen Verträgen" gezwungen, das Gebiet an Amur und Ussuri an Rußland abzutreten. 1860 wurde Wladiwostok (zu deutsch: „Beherrsche den Osten") am Pazifischen Ozean gegründet; 1875 gewann Rußland die Insel Sachalin. „Wo einmal die russische Fahne aufgezogen ist", hieß es in St. Petersburg, „da soll sie nicht wieder heruntergeholt werden."

Rußland brauchte keine überseeischen Kolonien; mit Nordasien hatte es ein Riesengebiet, das es wirtschaftlich nutzen konnte, denn viele Rohstoffe lagern dort. Wichtig für die Erschließung dieses großen Gebietes war der Bau der Transsibirischen Eisenbahn (1891–1904). → (4)

Reformen und Widerstand. Rußland war zwar nach Größe und Bevölkerungszahl die stärkste Macht in Europa, aber in der Wirtschaft konnte das Zarenreich mit dem Westen noch nicht konkurrieren. Es war in seinen östlichen Teilen dünn besiedelt, besaß wenig Industrie, hatte schlechte Straßen, kaum Eisenbahnlinien und kein Kapital, um die Wirtschaft anzukurbeln. Zar Alexander II. (1855–1881) meinte, schuld an den Mängeln sei vor allem die Leibeigenschaft der russischen Bauern. Er erließ deshalb ein Gesetz (1861), das die Leibeigenschaft aufhob.

Dies war eine umwälzende Reform, denn sie betraf einen großen Teil der Bevölkerung. Etwa 78% aller Bewohner Rußlands waren Bauern, davon etwa 50% leibeigen.

Die Reformen wirkten nicht so, wie der Zar gehofft hatte. Da die Bauern immer noch den Dorfgesetzen unterworfen waren und weil sie den Gutsherren Ablöse-Geld für ihre Freiheit zahlen mußten, wurden sie teilweise noch ärmer, als sie vor der „Befreiung" gewesen waren.

Auch Adlige waren unzufrieden. Sie hatten ihre alten Rechte behalten wollen. Die übrige Bevölkerung, Bürger und Arbeiter, waren unzufrieden, weil der Zar keine demokratischen Reformen zuließ, wie sie in den westlichen Staaten inzwischen erfolgt waren (vgl. S. 259). So bildete sich eine vielfältige Opposition im Lande. Junge Leute, Studenten und Angehörige des gebildeten Bürgertums fingen an, aus den Städten aufs Land hinauszugehen, um dort die Bauern politisch aufzurütteln. Man nannte sie *Narodniki**, die Volksfreunde. Eine radikale Gruppe (*Nihilisten**) wollte die bestehende Herrschaftsordnung gewaltsam ändern. Sie legten Brände in den Städten, verübten Anschläge auf Regierungsgebäude und töteten Polizeipräsidenten, Gouverneure und hohe Beamte. Auch Zar Alexander II. erlag einem *Attentat** in St. Petersburg (1881). → (1) (2)

Attentate und Unruhen führten dazu, daß der Zar immer strenger regierte und demokratische Bewegungen nicht zuließ. Außerdem gab es Schwierigkeiten mit Völkern, die selbständig werden wollten, z. B. mit den Polen. 1863 wurde ein Aufstand in Polen blutig niedergeschlagen.

Rußland war vor 100 Jahren ein Land voller Gegensätze. Die Bevölkerung stieg von 1815 bis 1913 von 45 auf 175 Millionen, aber zu Beginn des 20. Jh. lebten erst etwa 17% davon in Städten. Der Unterschied zwischen der Lebensweise in den wenigen Großstädten (z. B. St. Petersburg, Moskau) und den vielen Dörfern war sehr groß, ebenso der Unterschied zwischen Adligen und Bauern, zwischen Reichen und der Masse der Ärmsten. Deshalb verbreiteten sich in Rußland die Ideen des Marxismus und bildeten sich immer mehr revolutionäre Gruppen, vor allem im städtischen Bürgertum. Die Arbeiter hofften, daß ihnen die „Intelligentsia", d. h. die Gebildeten, helfen würden, sich aus dem Elend zu befreien. 1898 wurde eine „Allrussische Sozialdemokratische Arbeiterpartei" gegründet. Der Staat verbot die Partei; ihre Führer wurden nach Sibirien verbannt oder flohen ins Ausland. Als im Januar 1905 eine erste Revolution in St. Petersburg ausbrach, kamen viele zurück und organisierten einen bewaffneten Aufstand, der aber von den Truppen des Zaren niedergeschlagen wurde. → (3) (5)

(1) **Was bedeutete Leibeigenschaft in Rußland?**

Aus den Memoiren des Fürsten Kropotkin:

„Einmal ließ ein Grundeigentümer einem anderen gegenüber die Bemerkung fallen: ‚Warum, Eure Exzellenz, vermehrt sich auf Ihrem Besitz die Seelenzahl so langsam? Sie kümmern sich wahrscheinlich nicht um Ihre Heiraten?'
Wenige Tage darauf kehrte der General auf sein Gut zurück. Er ließ sich eine Liste aller Dorfbewohner bringen und entnahm daraus die Namen aller Burschen, die das achtzehnte Lebensjahr erreicht hatten, sowie die der Mädchen über sechzehn Jahre – dies ist nach russischem Gesetz das heiratsfähige Alter. Dann schrieb er auf: ‚Johann soll Anna heiraten, Paul – Paraschka', und so weiter, im ganzen fünf Paare. ‚Die fünf Hochzeiten', fügte er hinzu, ‚müssen in zehn Tagen, am übernächsten Sonntag stattfinden.'
Ein allgemeiner Aufschrei der Verzweiflung erhob sich im Dorfe. In jedem Hause weinten die Frauen, die jungen wie die alten. Anna hatte Gregor zu freien gehofft, Pauls Eltern hatten schon mit den Fedotows wegen ihrer bald mannbaren Tochter gesprochen. Überdies war nun die Zeit, wo die Äcker zu bestellen waren, nicht aber Hochzeiten zu veranstalten, und wie soll man in zehn Tagen ein Hochzeitsfest vorbereiten? Zu Dutzenden kamen die Bauern zum Grundherrn, seine Gnade anzurufen, und Gruppen von Bauernfrauen standen am hinteren Hauseingang mit auserlesenen Leinwandstücken für die Frau des Gutsbesitzers, um ihre Vermittlung zu gewinnen. Alles war umsonst.
Zu der festgesetzten Zeit bewegten sich die Hochzeitszüge, in diesem Falle mehr wie Trauerzüge, zur Kirche. Laut weinten die Frauen, wie sie es bei Begräbnissen zu tun pflegten. Ein Hausdiener wurde zur Kirche geschickt, um es seinem Herrn zu melden, wenn die Trauungen vorüber wären; aber bald kam er, mit der Kappe in der Hand, bleich und bekümmert, zurückgelaufen und sagte: ‚Paraschka will nicht, sie weigert sich, sich Paul antrauen zu lassen. Der Vater (das heißt, der Priester) fragt sie: Ist es dein Wille? aber sie erwiderte laut: Nein, ich will nicht.' Der Gutsherr wurde wütend, ‚Geh und sage dem langmähnigen Trunkenbold (damit war der Priester gemeint; die russische Priesterschaft trägt langes Haar), wenn Paraschka nicht sofort getraut wird, so werde ich ihn beim Erzbischof als Trunkenbold anzeigen. Wie kann der schmutzige Pope es wagen, mir den Gehorsam zu verweigern? Sag ihm, man wird ihn in ein Kloster stecken und da verfaulen lassen, und Paraschkas Familie werde ich draußen auf meinem Steppengut ansiedeln.' Der Diener überbrachte die Botschaft, Paraschkas Verwandte und der Priester umringten das Mädchen, weinend fiel ihr die Mutter zu Füßen und beschwor sie, nicht die ganze Familie ins Verderben zu stürzen. Das Mädchen sagt zwar immer noch: ‚Ich will nicht', aber mit immer leiserer Stimme bald nur flüsternd, bis sie schließlich stumm dastand. Man setzte ihr die Hochzeitskrone auf den Kopf, sie leistete keinen Widerstand mehr, und schleunigst rannte der Diener zurück mit der Meldung: ‚Sie sind verheiratet.' "(1) Q

Aus den „Erinnerungen eines Dorfgeistlichen":

„Der Herr beschmutzte seine Hände nicht an den Schnauzen der Bauern. Wenn er auf dem Lande war, wo er sich häufig aufhielt, folgten ihm zwei Kutscher mit Knuten wie seine Schatten. Wo er irgendeine Unordnung wahrnahm, mußten die Kutscher gleich mit den Knuten zuhauen. Einst kam er nach der Heumahd auf das Gut, ließ den Verwalter kommen und frug denselben: ‚Ist das Heu aufgenommen?' – ‚Jawohl, Herr.' – ‚Ist das Heu gut?' – ‚Es ist schönes Heu.' – ‚Grün?' – ‚Ja, grün.' – ‚Gebt ihm die Knute!' – Der Verwalter wurde ausgestreckt und erhielt von zwei Leuten Knutenhiebe; der Herr aber saß dabei und sprach: ‚Mähe das Gras nicht zu früh. Es wäre noch gewachsen; wir hätten mehr Heu, mehr. Haut ihm ordentlich auf, dem Halunken! Man rufe seinen Vater!' Es kam der Vater, ein Greis von 80 Jahren. ‚Gebt ihm die Knute!' Auch ihn legte man hin und hieb auf ihn ein. Der Herr redete weiter: ‚Lehre deinen Sohn! Das Gras wäre nach dem Regen noch gewachsen. Dir, Verwalter, werde ich morgen noch mehr geben lassen.' Doch in der folgenden Nacht machte der Verwalter seinem Leben ein Ende, er erhängte sich in der Scheune." (2) Q

(a) Beschreibt die Rechte, die der Gutsherr in Anspruch nahm; was bedeutete das für die Bauern?
(b) Wie findet ihr das Verhalten der Gutsherrn?

(2) **Das Gesetz über die Bauernbefreiung, 1861**

Das Gesetz über die Bauernbefreiung, 1861:

„Die bisher an die Scholle gebundenen leibeigenen Bauern werden zivilrechtlich für frei erklärt. Sie dürfen, wie alle anderen russischen Untertanen, selbständig Verträge eingehen und sich verehelichen, ohne zuvor die Zustimmung des Gutsherrn einzuholen. Sie erhalten Haus und Hof zu dauernder Nutzung, mit dem Recht des Kaufes zu gesetzlich vorgeschriebenem Preis. Im übrigen bleiben die Güter Eigentum der Grundherren, die jedoch den Bauern (bzw. den Bauerngemeinden) einen ... zu vereinbarenden Landanteil zu dauernder Nutzung anzuweisen haben ...
Für die Nutzung des Landes werden den Bauern bestimmte Zahlungs- und Dienstverpflichtungen auferlegt, die nach zwanzig Jahren revidiert werden können. Die Bauern heißen fortan ‚auf Zeit verpflichtete Bauern', denn ihre Verpflichtungen hören auf, sobald sie ihren Landanteil mit Einbewilligung des Gutsherrn durch Kauf erwerben und damit in die Kategorie des ‚grundbesitzenden Bauern' aufrücken.
Über Landnutzung, Zahlungs- und Dienstverpflichtungen haben die Gutsherren binnen zwei Jahren urkundlich ein Statut auszufertigen. Sobald es in Kraft tritt, erlischt die Pflicht des Grundherrn, sich um Ernährung und Unter-

kunft der Bauern zu kümmern, für die Regelmäßigkeit ihrer Steuerentrichtung zu haften und vor Gericht ihre Interessen wahrzunehmen. Es erlischt auch seine polizeiliche und richterliche Gewalt ...
Das leibeigene Hausgesinde erhält, auf Wunsch, die Freiheit gratis, ohne Land, jedoch erst zwei Jahre nach Inkrafttreten des Gesetzes." (3) Q

Durchschnittliche Größe der Bauerngüter in Rußland:

um 1860: 8–10 ha; nach 1861: 5 ha; um 1910: 2,8 ha

(a) Zählt die wichtigsten Bestimmungen auf.

(b) Vergleicht die Bestimmungen mit dem Gesetz zur Aufhebung der Leibeigenschaft in Preußen (vgl. S. 175).

(c) Besprecht, wie die Bauern nach der Befreiung dastanden; beachtet dabei die durchschnittliche Größe der Bauerngüter in Rußland.

(3) Der „Nihilist" – ein gefährlicher Mensch?

Peter Kropotkin:

„Zuvörderst erklärte der Nihilist den Krieg gegen alles, was man die konventionellen Lügen der zivilisierten Gesellschaft nennen kann. Unbedingte Aufrichtigkeit war für ihn charakteristisch, und um dieser Aufrichtigkeit willen gab er jeden Wahn, jedes Vorurteil, jede Angewohnheit und Sitte auf ... Vor keiner Autorität außer der Vernunft wollte er sich beugen; er unterzog alle sozialen Einrichtungen oder Sitten einer kritischen Prüfung ... Natürlich warf er den Aberglauben seiner Väter von sich ... und wandte sich heftig gegen die Heuchelei, welche die Leute antreibt, sich die Maske einer Religion aufzulegen, die sie doch beständig als unnützen Ballast beiseitewerfen.
Das ‚gesittete' Leben ist voll von kleinen konventionellen Lügen. Wenn sich Leute, die einander nicht leiden mögen, auf der Straße treffen, so lassen sie ihr Gesicht von einem glücklichen Lächeln erglänzen. Der Nihilist blieb gleichgültig und lächelte nur denen zu, über deren Begegnung er sich wirklich freute. Alle nur dem Scheine dienenden äußeren Höflichkeitsformen waren ihm in gleicher Weise verhaßt ... Ehe ohne Liebe und vertrauter Verkehr ohne Freundschaft wurden ebenfalls verworfen. Die Nihilistin, die ihre Eltern nötigten, eine Puppe in einem Puppenhause zu sein und sich zu einer Geldheirat herzugeben, ließ lieber ihr elterliches Haus und ihre seidenen Kleider im Stich; sie legte ein schwarzes Wollkleid der einfachsten Art an, schnitt ihr Haar kurz und besuchte eine Hochschule, um sich selbständig ihr Brot verdienen zu können. Sah eine Frau, daß ihre Ehe keine Ehe mehr war, daß weder Liebe noch Freundschaft mehr die verband, die vor dem Gesetz als Weib und Mann galten, so zerbrach sie lieber die

Ein am Ort des Attentats auf Alexander II. in Petersburg 1881 errichteter Altar. Zwei Grenadiere halten die Ehrenwache. Links vom Altar sieht man das Kreuz der russisch-orthodoxen Kirche. Zeitgenössische Darstellung.

Bande, die allen ihren Wert verloren hatten; oft genug schaute sie mit ihren Kindern der Armut ins Auge, zog aber Einsamkeit und Elend einem bequemen Leben vor, in dem sie ihr besseres Ich beständig verleugnen mußte.“ (4)

Q

(a) Schreibt in Stichworten auf, was ein Nihilist wollte und was er nicht wollte.

(b) Sprecht über die Schwierigkeiten, die ein Nihilist mit seiner Umwelt hatte: mit Elternhaus, mit Schule, mit Staatsbehörden.

(c) Begründet die Behauptung: Um an der Macht zu bleiben, mußte die Regierung die Nihilisten bekämpfen.

(d) Kennt ihr Gruppen, die heute den Gesellschafts- und Staatsaufbau von Grund auf ändern wollen? Welche Schwierigkeiten hat der Staat, welche Schwierigkeiten haben die „Veränderer“?

(e) Erläutert in diesem Zusammenhang die Bilder; am besten nach dem Dreischrittverfahren: Was sehen wir? Was wissen wir davon? Wie denken wir darüber?

Hinrichtung russischer „Terroristen“. Zeitgenössische Darstellung.

(4) Die Bedeutung Sibiriens für Rußland

(a) Erörtert mit Hilfe der Karte, warum die russische Regierung so großes Interesse an Sibirien hatte.

(b) Welche Bedeutung hat Sibirien für Rußland heute? Erkundigt euch im Lexikon oder im Geographiebuch.

Rußland um 1900.

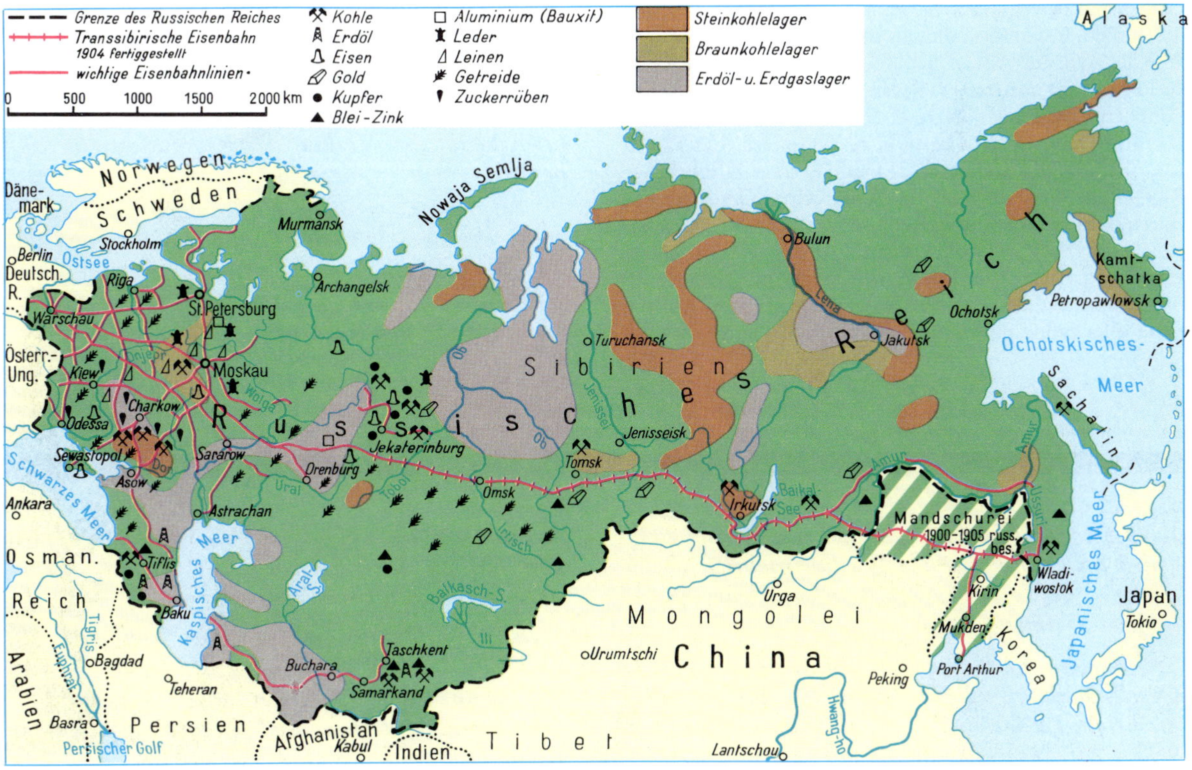

Am 22. Januar 1905 zogen in Petersburg etwa 140 000 Menschen mit Fahnen und Bildern des Zaren zum Winterpalais, um eine Bittschrift zu überreichen. Soldaten eröffneten das Feuer, Hunderte von Demonstranten wurden getötet.

(5) Die Revolution von 1905

„Die Streikbewegung in St. Petersburg schlägt im Januar 1905 in die Revolution um, als eine friedliche Demonstration der Arbeitermassen niedergeschlagen wird. Die Revolution ergreift mit Streiks, Kundgebungen, Attentaten fast ganz Rußland. Auch die russische Intelligenz tritt für die Revolutionäre ein. Ein kaiserliches Manifest vom 17./30. Oktober 1905 kündigt die Erfüllung der bürgerlichen Freiheiten an: allgemeines Wahlrecht, Gesetzgebung durch ein Parlament (die ‚Reichsduma'). Erster Ministerpräsident wird Graf Witte. Fortdauer der revolutionären Bewegung. In St. Petersburg wird der im Oktober als Streikkomitee entstandene Sowjet (d. h. Arbeiterrat) das erste allgemeine politische Vertretungsorgan der hauptstädtischen Arbeiterschaft. Es kommt zu Judenpogromen (Judenverfolgungen). Der vom Moskauer Arbeitersowjet geführte Dezemberaufstand wird bis Neujahr niedergeworfen." (5)

(a) Arbeitet den Verlauf der Revolution von 1905 heraus.

(b) Besprecht das Bild: Wofür demonstrieren die Menschen? Wie wirken sie auf den Betrachter? Was war geschehen?

(c) Erörtert die Frage: Was können, was sollen Demonstrationen bewirken?

---

1. Versetze dich in die Lage eines russischen Leibeigenen und schreibe einen Beschwerdebrief an den Zaren – oder verfasse einen Bericht für eine oppositionelle Zeitung.

2. Wie nennt man die russischen Radikalen, die die Gesellschaftsordnung im Zarenreich ablehnten: Anarchisten, Fatalisten, Nihilisten oder Spartakisten? Schlag die Ausdrücke in einem Lexikon nach.

3. Erläutere die Abbildung S. 271 und zeige daran den Aufbau der russischen Gesellschaft; erkläre, was dir daran ungerecht erscheint.

4. Berichte über die Ausdehnung Rußlands nach Osten im 19. Jahrhundert.

5. Lies in Kap. 9.4. nach, was Marx und die Sozialisten forderten, und erkläre, was das für Rußland bedeutete.

Attentat: Anschlag auf das Leben bzw. die Freiheit von einem einzelnen oder mehrerer Menschen, meist mit dem Ziel, den politischen Gegner auszuschalten.

Narodniki: (russisch = Volksfreunde). Russische Intellektuelle, meist Studenten, die das Volk unterrichten und über die Mißstände in Rußland aufklären wollten. Sie wurden von Söhnen und Töchtern aus reichen Familien unterstützt und fanden bei den Arbeitern breite Anerkennung. Ihre größte Bedeutung hatten sie in der Zeit etwa von 1860 bis 1900.

Nihilisten: (von lateinisch „nihil" = nichts). Radikale Gegner der russischen Gesellschafts- und Staatsordnung im Zarenreich; sie lehnten alle festgelegten Werte ab. Da sie keine Autorität gelten ließen, nannten sie sich auch „Anarchisten" (d. h. Anhänger der Überzeugung, daß jede staatliche Herrschaft verschwinden müsse, da sie die Freiheit des einzelnen beschränke).

Lesetip

C.-G. Ekerwald: Die Gefangene des Zaren. Hoch, Düsseldorf 1974 (JB)
R. Federmann: Rußland aus erster Hand. Arena, Würzburg 1971 (QS)
H.-O. Meissner: In Alaska bin ich Zar. Cotta, Stuttgart 1969 (SB)

1860	Gründung von Wladiwostok
1861	Aufhebung der Leibeigenschaft
1881	Attentat auf Zar Alexander II.
1898	Gründung der Allrussischen Sozialdemokratischen Arbeiterpartei
1891–1904	Bau der Transsibirischen Eisenbahn
1905	Revolution in St. Petersburg

Quellennachweis

(1) H. Krieger: Materialien für den Geschichtsunterricht, Band V, a. a. O., S. 34f.
(2) ebenda, S. 34.
(3) ebenda, S. 35f.
(4) ebenda, S. 36., gekürzt.
(5) Der farbige Ploetz. Illustrierte Weltgeschichte von den Anfängen bis zur Gegenwart. Würzburg 1975, S. 374.

10.5. Politik in Lateinamerika und in den USA

Die südamerikanischen Staaten zu Beginn des 19. Jahrhunderts.

Präsident Monroes Kongreßbotschaft vom 2. Dezember 1823

„Wir werden jeden Versuch, das System der Heiligen Allianz auf irgendeinen Teil unserer Hemisphäre auszudehnen, als gefährlich für unseren Frieden und unsere Sicherheit betrachten ... So können wir irgendein Eingreifen einer europäischen Macht mit dem Zweck, eine Regierung [auf dem amerikanischen Kontinent] zu unterdrücken oder ihr Geschick auf andere Weise zu bestimmen, nur als Kundgebung einer unfreundlichen Gesinnung gegen die Vereinigten Staaten betrachten ..." (1) Q

„Amerika den Amerikanern" – eine Parole, die im 19. Jh. die Menschen in Nord- und Südamerika bewegte. Kriege wurden geführt, neue Staaten gegründet. Die Menschen sollten glücklicher werden, aber soziale und politische Spannungen verhinderten – wie heute – einen echten Frieden.

- Wie verliefen die Unabhängigkeitsbewegungen und -kriege in Mittel- und Südamerika?
- Welche wirtschaftlichen und gesellschaftlichen Probleme hatten die neuen Staaten?
- Warum konnten die Vereinigten Staaten von Amerika im 19. Jh. eine Großmacht werden?

Unabhängigkeitskampf in Lateinamerika. Nach der Französischen Revolution und unter dem Einfluß der Unabhängigkeit Nordamerikas entstand auch in Lateinamerika eine Unabhängigkeitsbewegung: Die Menschen forderten Freiheit. Die Zeit war günstig, denn Napoleon I. (vgl. S. 167) hatte die Könige von Spanien und Portugal verjagt. Als sie nach dem Sturz Napoleons I. wieder auf ihren Thron zurückkehrten, verlangten die Kolonien die volle Unabhängigkeit. Die weißen Siedler, die in den Kolonien geboren und aufgewachsen waren („Kreolen") wollten nicht länger spanischen Beamten und Offizieren aus dem Mutterland dienen. Weil die Spanier nicht nachgaben, kam es zum Krieg. Die Mestizen und Indios kämpften meist auf der Seite der Kreolen. Man kämpfte in kleinen Trupps, siegte in vielen Gefechten, bis Männer wie José de San Martin und Simon Bolivar einzelne Befreiungsgruppen zu großen Armeen zusammenfaßten. England half den Aufständischen und schickte Soldaten, Kriegsschiffe, Waffen und Geld, und so besiegte Bolivar 1824 die Spanier. Er gilt als „Befreier Lateinamerikas". Brasilien erhielt kurz zuvor (1822) die Freiheit, und zwar mit dem Einverständnis des Königs von Portugal, dessen Sohn zum Kaiser eines unabhängigen Brasiliens ausgerufen wurde. →(1)

Zwist untereinander – Einigkeit gegenüber Europa. Vergeblich versuchten Bolivar und andere, die unabhängigen Staaten Lateinamerikas zu einem Staatenbund zu vereinigen. Brasilien, Argentinien und Chile wollten selbständig bleiben, Großkolumbien zerfiel in mehrere kleine Staaten, Mexiko ging bald seinen eigenen Weg, gegen Paraguay führten die Nachbarstaaten sogar einen Krieg, dem fast die ganze Bevölkerung des Landes zum Opfer fiel. Nur gegen die Ansprüche der europäischen Kolonialherren wehrten sich die neuen Staaten gemeinsam, ja sogar mit Hilfe der Vereinigten Staaten. Der Präsident der USA, Monroe, warnte 1823 in einer berühmten Erklärung die europäischen Großmächte vor jeglicher Einmischung in den Staaten Nord- oder Südamerikas. Diese *Monroe-Doktrin** bedeutete nichts anderes, als daß künftig Amerika den Amerikanern gehören sollte und Europa hier keinen politischen Einfluß mehr habe. Tatsächlich handelten die USA bis heute nach der Monroe-Doktrin.

Der wirtschaftliche Einfluß des Auslands. In den Kolonien war die Wirtschaft ganz einseitig entwickelt worden: Die weißen Herren ließen Indios und Negersklaven auf Plantagen und in Bergwerken arbeiten, produzierten Nahrungsmittel und Rohstoffe wie Baumwolle oder Erze; aber alle Gebrauchsgüter mußten aus Europa eingeführt werden. Deshalb hat sich das Handwerk kaum entwickelt, die Industrie überhaupt nicht. Folge: Die industrialisierten Staaten Europas fanden im freien Lateinamerika einen günstigen Markt, vor allem die Engländer, Franzosen und Deutschen, und seit der Mitte des letzten Jahrhunderts die USA. Durch den Import ausländischer Waren ging der einheimischen Wirtschaft viel Geld verloren, und es fehlte der Anreiz zum Aufbau einer eigenen Industrie. Die lateinamerikanischen Länder mußten im Austausch gegen Industriewaren ihre eigenen Erzeugnisse liefern, vor allem Baumwolle, Zucker, Kaffee und Kakao. Auf den großen Plantagen, auf denen auch nach dem Verbot der Sklaverei noch immer Hunderte von Sklaven beschäftigt wurden, produzierten die Großgrundbesitzer diese Erzeugnisse, die fast ausschließlich für den Export bestimmt waren, während sie die einheimische Landwirtschaft kaum entwickelten. Viele Länder blieben ganz auf ein einziges oder auf wenige Produkte spezialisiert, sie waren dadurch ganz vom Weltmarkt abhängig. So produzierte z. B. Brasilien Rohzucker und Kaffee, Kuba lieferte fast ausschließlich Zucker, Argentinien Fleisch von seinen riesigen Rinderherden der Pampa, Chile Salpeter und später Kupfer. Der Handel befand sich meistens in der Hand von Europäern, vor allem von Engländern, die dabei glänzend verdienten. Guano, ein Düngemittel aus Peru, wurde z. B. in Europa für das Zwanzigfache des Preises verkauft, den die Peruaner dafür erhielten. Europäer gaben auch das Kapital zum Ausbau von Eisenbahnlinien, die freilich fast nur dem Transport der Rohstoffe zu den Seehäfen dienten, nicht der Erschließung des Landes. Europäische Banken gründeten Niederlassungen in den Hauptstädten und prägten mit ihren prachtvollen Marmorpalästen das Stadtbild. Ausländisches Geld beherrschte immer mehr die lateinamerikanische Wirtschaft.

Ausdehnung der USA. Ganz anders entwickelten sich die Vereinigten Staaten. In der Zeit nach der Gründung der USA (Pionierzeit) war jeder auf sich gestellt, vor allem die „Grenzer", die in den *Wilden Westen** vordrangen; sie bildeten eine gemischte Gesellschaft von Farmern und Jägern, Abenteurern und Geschäftemachern. Im Jahr 1829 war ein Mann vom Schlag der Pioniere zum Präsident der USA gewählt worden: Andrew Jackson. Er prägte den Stil der amerikanischen Demokratie im letzten Jahrhundert. In ihr kam alles auf den Erfolg an: im Staat, in der Wirtschaft und in der Partei. Die Beamtenposten besetzte er mit Leuten, die machten, was er wollte. Sein Grundsatz war: „Dem Sieger gehört die Beute!" Es gab keine Privilegien, aber auch keine soziale Hilfe für Schwache. Jeder sollte sich selbst durchsetzen – oder er ging unter.

„Westwanderung". Im 19. Jh. vollzog sich eine „zweite" Entdeckung Amerikas: Siedler erschlossen die weiten Gebiete im mittleren Westen und drangen bis zum Pazifischen Ozean vor. Auf verschiedenen Wegen durchquerten die Siedler den Gebirgszug der Appalachen. Die Indianer, die hier ihre Jagdgründe hatten, wurden mit Verträgen überlistet, die kein Weißer einhielt; nach und nach vertrieb oder vernichtete man alle Indianer bis auf etwa 200 000, ein knappes Fünftel der Ureinwohner. Sie wurden in Reservaten angesiedelt. Riesige Gebiete wurden teils von anderen Staaten gekauft (z. B. Louisiana, Florida, Kalifornien, Alaska), teils in Kriegszügen erkämpft (z. B. Texas, New Mexiko). Wenn in einem Gebiet die Zahl der Siedler auf 60 000 Männer gestiegen war, erklärte die Bundesregierung das Gebiet zum Staat innerhalb der Union. Als wichtigste Verbindungslinien wurden Eisenbahnen gebaut.
Die unbestimmte Grenze im Westen zog immer neue Menschen an. Sie suchten und fanden billiges Land, entdeckten Gold oder andere Bodenschätze, brachten Rinder in die grasreiche Gegend zwischen den Rocky Mountains. Hier hatten vorher Millionen von Büffeln geweidet, deren Fleisch zur Versorgung der Bauarbeiter diente. Jetzt weideten da Viehherden:

„Sie weiden rings um die großen, holzgebauten Farmen, die Festungen gleichen und in der Lage sind, sich gegen die Indianer zu verteidigen. Man kann das Vieh sich selbst überlassen und braucht es nur gegen Diebstahl zu schützen. Die Cowboys wachen in der Prärie, in der das Vieh aufwächst und sich vermehrt wie in der argentinischen Pampa. Der Verkauf des Fleisches bringt viel Geld ein, da die Ausrüstung der Cowboys primitiv und billig ist: guter Stacheldraht, ein Lasso, feste Stricke und natürlich der unentbehrliche Colt." (2)

Ein volles Jahrhundert verging, bis 1890 die letzten Flächen des nordamerikanischen Kontinents (ohne Kanada) den USA gehörten und von seinen Bürgern erschlossen und neu besiedelt waren. Ursprünglich hatten die USA 13 Bundesstaaten, am Ende des 19. Jh. waren es 48. Dort lebten um 1900 zwanzigmal mehr Menschen als um 1800, und 1983 waren es 234 Millionen. → (2) (3)

Bürgerkrieg um die Einheit der Vereinigten Staaten. Ein Streit entstand um die Frage, ob in den südlichen Bundesstaaten die Sklaverei erlaubt oder verboten sein sollte wie in den nördlichen Staaten. In den Südstaaten hielt die weiße Herrenschicht die Beschäftigung von Negersklaven für selbstverständlich; auf jeder Plantage arbeiteten in der Regel ein paar Hundert von ihnen. Im Norden lehnten die Farmer, Industriearbeiter und die städtische Mittelschicht die Sklaverei ab. Angeregt durch den Roman „Onkel Toms Hütte" verlangte die öffentliche Meinung im Norden, geführt von dem 1861 zum Präsidenten gewählten Abraham Lincoln, die Abschaffung der Sklaverei in allen Staaten. Dagegen wehrten sich einzelne Südstaaten und traten aus den Vereinigten Staaten aus. Sie bildeten einen selbständigen Staat, die Einheit der Nation war zerstört. Jetzt kam es zu einem harten und verlustreichen Bürgerkrieg (*Sezessionskrieg**) zwischen den Nord- und Südstaaten. Er dauerte vier Jahre (1861–1865) und endete mit der Niederlage der Südstaaten.
Der Friede brachte, was die Mehrheit in den USA anstrebte: Die Sklaverei wurde in allen Staaten gesetzlich verboten, und die Einheit der Nation blieb erhalten. Die Südstaaten, verwüstet und schwer geschädigt, unterstanden mehrere Jahre einem harten Besatzungsregime des Nordens. Sie haben bis heute den wirtschaftlichen Wohlstand und die demokratische Struktur des Nordens der USA nicht eingeholt. Die „freien" Schwarzen blieben arm und sozial verachtet. Ein neuer Gegensatz, der Rassengegensatz, entstand; er ist bis heute nicht überwunden.
→ (4) (5)

Entwicklung der Wirtschaft in den USA. Die Industrie der Nordstaaten machte durch den Krieg große Geschäfte. Waffenfabriken, Schiffswerften, Textilbetriebe, Waggonfabriken bekamen Millionenaufträge. Nach dem Krieg trieb die Regierung die Erschließung des Westens beschleunigt voran, verkaufte den Boden für billiges Geld und unterstützte den Bau der Transkontinentalbahnen. Die landwirtschaftlichen Maschinen – Stahlpflüge, Getreidemäher, von Windrädern getriebene Wasserpumpen – machten den Boden ertragreicher. Der Absatz stieg an, denn die Lebensmittel- und Konservenindustrie nahm gewaltige Mengen auf: Allein in den Schlachthäusern von Chicago wurden am Fließband pro Jahr eine Milliarde Konservendosen gefüllt. Wenn die Farmer gut verdienten, konnten sie mehr Maschinen, Möbel und Hausrat anschaffen. Davon profitierte wieder die Industrie; sie produzierte so viel, daß das ganze Land mit Industriewaren überschwemmt wurde. Große Warenhäuser entstanden und brachten – wie heute noch – einen Massenabsatz von billigen Waren. Da begannen nach 1873 in der ganzen Welt die Preise zu fallen. Die Europäer versperrten ihre Märkte durch Schutzzölle (vgl. S. 249), so mußten die amerikanischen Farmer ihre Ernten zu Schleuderpreisen verkaufen. Der Absatz stockte, viele Menschen wurden arbeitslos, vor allem Landarbeiter, die in die Städte strömten und die Zahl der Arbeitsuchenden vermehrten. Nun sorgte die amerikanische Regierung ebenfalls durch Schutzzölle dafür, daß kaum mehr Waren importiert werden konnten; außerdem gab sie Staatskredite und vermehrte die Geldmenge, so daß die Banken günstige Zinsen gewährten. So erholte sich die amerikanische Wirtschaft rasch. Die Reichen konnten von der Krise profitieren und riesige Vermögen erwerben. Vanderbilt und Harriman besaßen die größten Eisenbahnlinien; Carnegie, der „Stahl-König", beherrschte die Stahlindustrie; Rokkefeller, der Öl-Millionär, schuf einen Mammutkonzern zur Förderung und zum Vertrieb des Petroleums. Alle diese Männer kamen aus einfachen Verhältnissen: Der eine war Bootsvermieter in seiner Jugend, der andere Laufbursche, ein anderer (Jacob Astor) war vom Metzgerburschen zum reichsten Mann der USA aufgestiegen. Manche sind durch Erfindungen reich geworden: Edison entwickelte 1882 die Glühbirne und baute in New York das erste Elektrizitätswerk der Welt. Auch die Farmer und Industriearbeiter suchten einen angemessenen Anteil am wachsenden Wohlstand zu erringen. Die meisten Amerikaner hielten ihr Gesellschafts- und Wirtschaftssystem für das beste der Welt. → (6)

(1) Simon Bolivars Aufruf zur Befreiung, 1813

„Venezolaner!

Von eurem Unglück berührt, konnten wir dem euch von den barbarischen Spaniern zugefügten Leid nicht gleichgültig gegenüberstehen: Sie haben euch durch ihre gierige Ausbeutung vernichtet; sie haben Zerstörung und Tod unter euch gebracht; sie haben die heiligsten Menschenrechte verletzt; sie verstießen gegen die feierlichsten Abmachungen und Verträge; und schließlich begingen sie eine Unsumme von Verbrechen und verwandelten dadurch die Republik von Venezuela in ein Land der schrecklichsten Verheerungen. Und so verlangt denn die Gerechtigkeit Rache und zwingt uns, sie zu nehmen, auf daß die Ungeheuer für immer von der südamerikanischen Erde verschwinden mögen, die sie verpesten und mit Blut bedecken. Das abschreckende Beispiel möge dem Ausmaß ihrer Niedertracht gleichkommen, um auf diese Weise unsere Schmach abzuwaschen und den Nationen der Welt zu zeigen, daß man die Söhne Südamerikas nicht ungestraft beleidigt." (3) Q

(a) Schreibt auf, mit welchen Wörtern Bolivar das Verhalten der Spanier und mit welchen er sein eigenes bezeichnet.

(b) Begründet, warum dies ein typischer „Kriegsaufruf" ist.

(c) Legt eine Liste der Staaten Südamerikas an, die im 19. Jh. unabhängig wurden.

Simon Bolivar. Zeitgenössischer Stich.

Die USA in der zweiten Hälfte des 19. Jh.

(2) Die USA – vom Osten nach Westen über den ganzen Kontinent.

(a) Welche Staaten kamen nach 1850 zu den USA?

(b) Wie heißen die drei Bundesstaaten im äußersten Westen?

(c) Durch welche Staaten führen die drei großen Transkontinentaleisenbahnlinien?

(3) Indianer und Einwanderer im „Wilden Westen"

Der Ausspruch eines amerikanischen Generals, um 1868: „Die einzigen guten Indianer, die ich je sah, waren tote Indianer."

Ein indianischer Wissenschaftler heute: „Wir [die Indianer] sind die einzigen in der amerikanischen Nation, die nicht als Flüchtlinge hierher gekommen sind."

Goldgräberstadt im „Wilden Westen". Zeitgenössische Darstellung.

Ein Indianerhäuptling (Sitting Bull) über die Weißen:

„Doch höre mich an, mein Volk, wir haben es jetzt mit einer anderen Rasse zu tun – sie war klein und schwach, als unsere Väter sie zuerst trafen, doch jetzt sind sie groß und anmaßend. Seltsam genug, sie lieben es, den Boden zu bebauen, und die Freude am Besitz ist bei ihnen eine Krankheit. Diese Menschen haben viele Gesetze gemacht, welche die Reichen brechen dürfen, aber die Armen nicht. Sie nehmen den Zehnten von den Armen und Schwachen, um die Reichen und Herrschenden zu stärken. Sie beanspruchen diese unsere Mutter, die Erde, als ihr Eigentum und jagen ihre Nachbarn davon; sie entstellen die Erde mit ihren Gebäuden und ihrem Abfall. Diese Nation ist wie eine Frühjahrsüberschwemmung, die ihre Ufer überflutet und alles auf ihrem Weg vernichtet. Mit ihr können wir nicht Seite an Seite wohnen.“ (4) Q

(a) Sprecht über die Ansicht des Generals. Welche Einstellung hat dieser „weiße Mann“?

(b) Welche Schlüsse auf das Schicksal der Indianer könnt ihr aus einem solchen Ausspruch ziehen?

(c) In vielen Geschichten wird erzählt, wie es im „Wilden Westen“ zuging. Berichtet und beschreibt auch die Bilder.

(d) Wie beurteilte Sitting Bull die weißen Siedler?

Lately imported from Antigua and to be Sold by Edward Jones in Isacc Norris's Alley.

A PARCEL of likely Negro Women & Girls from thirteen to one and twenty Years of age, and have all had the Small-Pox.

To Be SOLD, TWO verly likely Negroe Boys, Enquire of Capt. Benjamin Christian, at his House in Arch-Street.

Also a Quantity of very good Lime-juice to be Sold cheap.

Sklavenmarkt in den Südstaaten.

(4) Menschenverkauf auf dem Sklavenmarkt um 1860

Aus den Berichten ehemaliger Sklaven:

„Zuerst wurden wir angewiesen, uns sorgfältig zu waschen und, wenn es nötig war, zu rasieren. Dann wurden wir neu eingekleidet – billig, aber sauber. Die Männer bekamen Hüte, Jacken, Hemden, Hosen und Schuhe, die Frauen Kattunkleider und Kopftücher. Darauf wurden wir in einen großen Saal im vorderen Teil des Gebäudes geführt, wo der ‚Markt‘ stattfinden sollte, damit wir vor Ankunft der Kunden die richtige Aufstellung proben konnten. Die Männer wurden der Größe nach an der einen Seite des Saales aufgereiht, die Frauen an der anderen. Emily stand am äußersten Ende der Frauen. Freeman befahl, uns unsere Plätze zu merken und immer freundlich und frisch auszusehen. Den ganzen Vormittag bemühte er sich, uns mit vielen Drohungen die Kunst ‚smart auszusehen‘ beizubringen und uns unsere Plätze in der genauen Reihenfolge einnehmen zu lassen ...
Am nächsten Tag trafen die Kunden ein, um Freemans ‚neuen Warenposten‘ zu besichtigen. Dieser sprang geschwätzig umher und pries langatmig unsere Qualitäten und guten Seiten an. Er ließ uns den Kopf heben und schnell vor- und zurückmarschieren, während die Kunden unsere Hände, Arme und Körper abtasteten, uns herumdrehten, uns nach unseren Fähigkeiten fragten und sich unsere Zähne zeigen ließen, genau wie sich ein Jockey vor seinem Pferdekauf benimmt. Ab und zu wurde ein Mann oder eine Frau zurück in das kleine Haus im Hof geführt, ausgezogen und noch eingehender betrachtet. Narben auf dem Rücken eines Sklaven wurden als Ergebnis eines rebellischen oder unruhigen Geistes gewertet und erschwerten seinen Verkauf.“ (5) Q

„Mammi und Pappi warn mächtig froh, verkauft zu werden, un sie und ich, wir wur'n mit noch so zehn andern Niggern zusamm auf'n Block gestellt. Wie wir zu dem Block hinkam, warn haufenweise weiße Leute gekomm, sich uns ansehn. Ein Mann zeigt Intresse an Pappi. Er hieß Hawkins. Er red'te mit Pappi, und Pappi red'te mit ihm un sagt: ‚Das mein Frau und Kindern. Bitte kauft uns alle und habt Erbarmen mit uns.‘ Sagt Massa Hawkins: ‚Das Mädel, das's 'n ganz hübsches Nigger, is stattlich un stark. Aber drei, schätz ich, sind mehr, als ich haben will.‘ Der Handel ging los, und nich lange danach kam Pappi auf den Block. Massa Hawkins kriegt den Zuschlag für Pappi, und wie Mammi raufgestellt wurde, kriegt er auch sie. Dann wur'n drei oder vier andre Nigger verkauft, bis ich dran war. Da rief Massa Black mich zum Block, un der Ausrufer sagte: ‚Was wird geboten für dies stattliche starke junge Mädel? Sie hat noch nie was verpaßt gekriegt und wird'n guten Wurf machen.‘ Ich wartete, Massa Hawkins bieten zu hörn, aber er sagte nichts. Zwei andre Männer boten gegen'nander, und ich kriegte das heulende Elend. Tränen liefen mir nur so die Backen runter, weil sollt ich doch verkauft wer'n, weg von mein Mammi. Ein

Mann bot 500 Dollar, un der Ausrufer fragte: ‚Hör ich mehr? Sie steht auf 500.‘ Dann sagte jemand: ‚525 Dollar‘ un der Ausrufer sagt: ‚Verkauft, für 525 an Massa Hawkins.‘ War ich froh und aufgeregt! Oh, ich bibbert am ganzen Leib.“ (6) Q

(a) Beschreibt den Handel auf einem Sklavenmarkt. Wie wurden die Sklaven aufgestellt? Wie begutachtet?

(b) Nennt Erwartungen, die Käufer an ihre „Ware“ stellten.

(c) Warum widerspricht ein Sklavenhandel der amerikanischen Verfassung? (vgl. S. 139)

(d) „Vom Sklavenproblem zum Rassenproblem.“ Erkundigt euch über Probleme der Schwarzen in den USA heute.

(5) Kräftevergleich zwischen den Nord- und den Südstaaten vor dem Bürgerkrieg

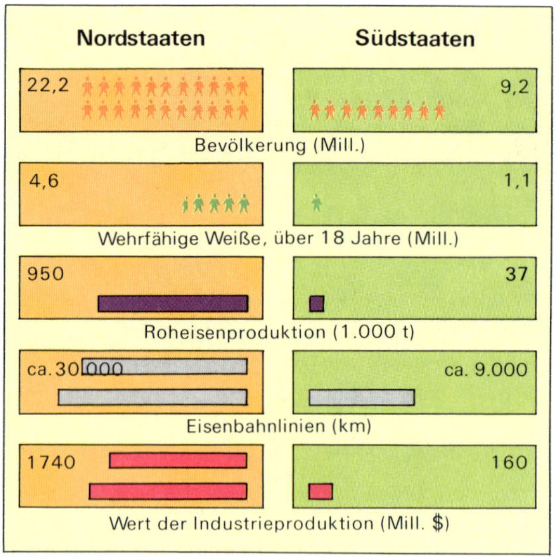

Bevölkerung und Wirtschaft in den USA um 1861.

(a) Vergleicht, wie stark die Nord- und Südstaaten waren. Worin waren die Nordstaaten zweimal, dreimal, zehnmal überlegen?

(b) Warum konnten die Nordstaaten im Bürgerkrieg gewinnen?

(6) Über die Demokratie in den USA

A. de Tocqueville, Die Demokratie in Amerika, 1832:

„Es gibt heute auf der Erde zwei große Völker, die, von verschiedenen Punkten ausgehend, zum selben Ziel vorzurücken scheinen: die Russen und die Anglo-Amerikaner. Alle anderen Völker scheinen etwa die Grenzen erreicht zu haben, die ihnen von der Natur gezogen sind, und scheinen diese nur noch bewahren zu wollen. Rußland aber und Amerika wachsen. Der Amerikaner kämpft gegen die Hindernisse, die die Natur ihm bietet. Um sein Ziel zu erreichen, baut der Amerikaner auf das private Interesse und läßt die Kraft und die Vernunft des einzelnen wirken, ohne sie zu dirigieren. Der Amerikaner erobert mit dem Pflug, der Russe mit dem Schwert des Soldaten. Freiheit ist dem einen der Antrieb, Knechtschaft dem anderen. Ihr Ausgangspunkt ist verschieden, verschieden ist ihr Weg; und doch nach einem geheimen Plan der Vorsehung scheint jeder von ihnen berufen, dereinst die Geschicke der halben Welt zu lenken.“ (7) Q

Aus der Antrittsrede des Präsidenten J. F. Kennedy, 1961:

„Meine Mitbürger in der Welt: Fragt nicht, was Amerika für euch tun wird, sondern fragt, was wir zusammen für die Freiheit der Menschen tun können. Und schließlich, ob ihr Bürger Amerikas oder der Welt seid, verlangt von uns das gleiche hohe Maß an Stärke und Opferbereitschaft, das wir von euch verlangen werden. Mit einem guten Gewissen als einzigem sicheren Lob, mit der Geschichte als dem letztlichen Richter unserer Taten laßt uns die Aufgabe in Angriff nehmen, das Land zu führen, das wir lieben, laßt uns um Gottes Segen und um seine Hilfe bitten – in dem Wissen aber, daß hier auf Erden unser Werk wahrhaft Gottes Werk sein muß.“ (8)

O. Vossler, Demokratie in Amerika, 1964:

„[Die Auswanderer aus Europa] gehen dahin [in die USA], wo sie hoffen, frei zu sein von den mancherlei Schranken, die ihnen Freiheit und Aufstieg versperrt haben, und wo sie leben können nach eigener Kraft und eigenem Sinn. Denn drüben wird, nach den Worten Franklins, der Ankömmling nicht gefragt: Wer bist du?, sondern: Was kannst du? Das heißt, in der kolonialen Umgebung, an der Frontier, wo man – wie an der Front – jeden braucht im Kampf gegen die Wildnis, fragt man nicht lange nach Stand, Geburt, Titel, Konfession, Bildungsausweis und Verbindungen, sondern nur danach, ob einer seinen Mann steht und frisch mit Hand anlegt an der großen Gemeinschaftsaufgabe ...“ (9)

(a) Worin unterscheiden sich nach Tocqueville Amerikaner und Russen? Was sagte Tocqueville vor mehr als 150 Jahren über die Bedeutung der beiden Völker voraus?

(b) Stellt Aussagen aus den drei Texten zusammen, die bestimmte Merkmale der amerikanischen Demokratie hervorheben.

(c) Vergleicht mit den Verhältnissen in den USA im 19. Jh.!

Bevölkerungsentwicklung in den USA.

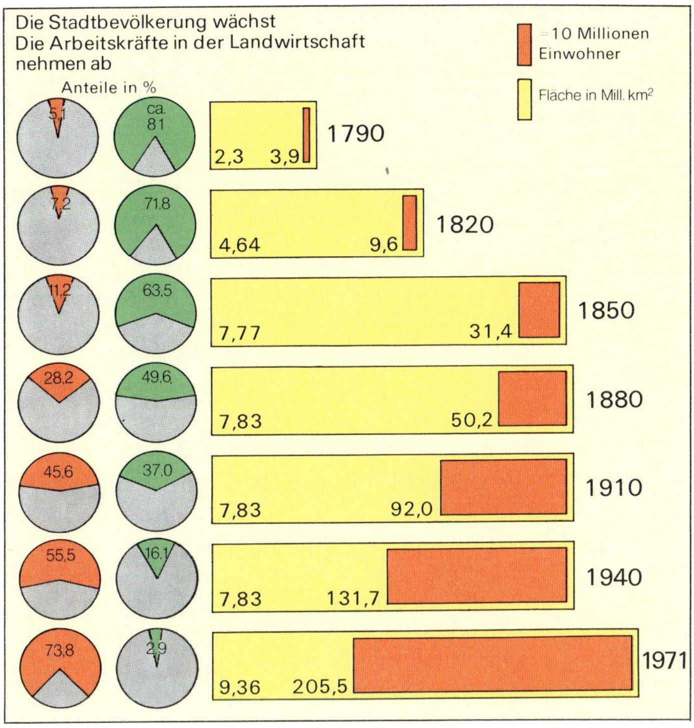

1. *Berichte über die Unabhängigkeitskämpfe der Länder in Lateinamerika im 19. Jh.*
2. *Erläutere das Schaubild.*
3. *Erzähle mit Hilfe von Text und Bild S. 280 und 282 f. vom Leben im „Westen" der USA.*
4. *Berichte a) über das Sklavenproblem in den USA im 19. Jh., b) über den Krieg zwischen den Nord- und Südstaaten.*

Die Vollendung der Pacific-Bahn. Begegnung der Lokomotiven bei Promontory/Utah am 10. Mai 1869. Historische Ereignisse werden seit der Jahrhundertmitte in zunehmendem Maße auch durch die Fotografie überliefert.

Monroe-Doktrin: Erklärung des Präsidenten Monroe (1823), die USA würden sich widersetzen, wenn europäische Staaten in Amerika (auch in Mittel- und Südamerika) ihre Macht behalten bzw. ausdehnen würden.

Sezessionskrieg: Bürgerkrieg in den USA 1861–1865; der Krieg entzündete sich vor allem an der Sklavenfrage.

Wilder Westen: Gebiet an der jeweiligen Westgrenze der USA, in dem sich die Siedler mit Indianern und mit den Mühen der Landerschließung auseinandersetzen mußten.

1811	Unabhängigkeitserklärung von Venezuela
1811	Unabhängigkeitserklärung von Paraquay
1816	Gründung von Argentinien
1821	Gründung von Mexiko und Peru
1822	Gründung von Brasilien
1823	Monroe-Doktrin
1820–1860	Erschließung der Weststaaten in den USA
1861–1865	Bürgerkrieg in den USA

Quellennachweis

(1) E. Krautkrämer, F. Tent: Die Vereinigten Staaten von Amerika. Diesterweg 7558, S. 66.
(2) C. Morazé: Das Gesicht des 19. Jahrhunderts. Die Entstehung der modernen Welt. Düsseldorf 1959, S. 303 f.
(3) Geschichtliche Weltkunde, Quellenlesebuch, Bd. 2. Diesterweg 3302, S. 280 ff.
(4) P. Jakobs u. a.: Brüder, sollen wir uns unterwerfen? München 1975, S. 29.
(5) Solomon Northrup, in: V. Austin (Hrsg.): Der amerikanische Bürgerkrieg in Augenzeugenberichten. Düsseldorf 1963, S. 47 ff.
(6) Rose Williams, in: H. Krieger: Materialien, Bd. V, a. a. O., S. 42.
(7) A. de Tocqueville, Die Demokratie in Amerika. 1832. Hrsg. v. J. P. Mayer, Fischer Bücherei 138, Frankfurt/M. 1956. Auszüge von S. 17, 39, 125 f.
(8) Das politische System der USA. Informationen zur politischen Bildung 199, Bonn 1983, S. 27.
(9) Weltgeschichte im Aufriß, Band 2, a. a. O., S. 28.

Lesetip

J. Bayer: Jamba. Geschichte einer Reise von Liverpool nach Barbados. Ravensburger Tb. 641 (JB)
M. Cortesi: Wie wild war der Wilde Westen? Schweizer Jugend-Verlag, Solothurn 1977 (JB)
P. Fox: Sklavenfracht für New Orleans. Rowohlt Rotfuchs 219 (JB)
A. Hageni: Gefährliche Fracht. Arena, Würzburg 1983 (JB)
R. Herfurtner: Die Bibermänner. dtv junior 70036 (JB)
F. Hetmann: Mustangs, Rinder, Schienenstrang. Arena, Würzburg 1976 (SB)
P. Mann/W. Siegal: Der Mann, der seine Freiheit kaufte. dtv junior 70009 (JB)
H. G. Noack: Der gewaltlose Widerstand. Arena, Tb. 1113 (JB)
G. Pausewang: Südamerika aus erster Hand. Arena, Würzburg 1970 (QS)
K. Recheis (Hrsg.): Laßt mein Volk leben. Hoch, Düsseldorf (JB)

Register der Begriffserläuterungen

Register der Orts-, Länder- und Personennamen

Verzeichnis der Karten

Bildnachweis

Archiv für Kunst und Geschichte, Berlin (13). Archiv Gerstenberg, Wietze (4). Jean Arlaud, Genf (1). Bayer. Nationalmuseum, München (1). Bayer. Staatsgemäldesammlung, München (1). Bibliothèque National, Paris (1). Bildarchiv Holle, Baden Baden (2). Bildarchiv Preuss. Kulturbesitz, Berlin (34). Erwin Böhm, Mainz (1). Brit. Museum, London (1). Borsig AG., Berlin (1). Deutsches Museum, München (3). Diapofilm, Paris (4). Dokumentenkabinett, Vlotho (2). dpa, Frankfurt (2). DVA, Stuttgart (1). Fürstlich Waldburg Zeil'sches Gesamtarchiv, Schloß Zeil (1). German. Nationalmuseum, Nürnberg (2). Generallandesarchiv, Karlsruhe (1). Hachette Photothèque, Paris (1). Haus der Bayer. Geschichte, München (1). Heeresgeschichtl. Museum, Wien (1). Herzog Anton-Ulrich Museum, Braunschweig (1). Hist. Museum der Stadt Frankfurt (2). Hist. Museum der Stadt Wien (2). Historia-Photo, Hamburg (9). Keystone, Hamburg (1). Kunstmuseum Basel (Colorphoto Hinz) 1. Landesmuseum Münster (1). Laenderpress, Düsseldorf (1). London Museum (1). Mauritius, Mittenwald (3). Metropolitan Museum of Art, New York (1). Musée Cantonal des Beaux-Arts, Lausanne (1). Museum für Völkerkunde, Wien (1). Österr. Nationalbibliothek, Wien (1). Photographie Bulloz, Paris (2). Photographie Giraudon, Paris (14). Photo Gundermann, Würzburg (1). Prado, Madrid (Colorphoto Hinz) 1. Prenzel-Ifa, München (1). Radio Times Hulton Picture Library, London (2). Jean Roubier, Paris (1). Scala, Florenz (8). Staatl. Graph. Sammlungen, München (2). Staatl. Kunstsammlung, Kassel (1). Staatsbibliothek Bremen (1). Stadt Augsburg – Kunstsammlungen – (1). Stadt Nürnberg – Denkmalsarchiv – (1). Stadtmuseum München (1). Ullstein Bilderdienst, Berlin (4). USIS, Bonn (1). Victoria & Albert Museum, London (1). Walker Art Gallery, Liverpool (1). Zefa, Düsseldorf (2). Zeitbild Maiwald, Garmisch Partenkirchen (3).

987 6